미국 형사사법의 위기

The Collapse of American Criminal Justice

미국 형사사법의 위기

윌리엄 스턴츠 지음 | 김한균 옮김

마이크 클라만, 대니 리치맨, 캐롤 스트라이커

– 세상에서 가장 고결한 동료들에게

| 감사의 말 |

빌 스턴츠William J. Stuntz가 이 책의 최종원고를 마친 때는 호스피스 병동으로 옮겨진 2011년 1월이었다. 3월 15일 세상을 떠나기 1~2주 전까지도 출판사 편집자와 디자이너와 협의를 했다. 출판 과정은 빌의 동료들이 챙겨주었다. 우리 가족은 동료들, 그리고 빌이 이 책을 쓰기 시작할 때부터 마칠 때까지 도와주었던 모든 분들에게 감사를 드릴 수 있게 되어 기쁘다.

대화와 공동 강의, 격려와 지지, 신중한 독해와 건설적인 비판을 통해 많은 분야의 동료들이 여러 해에 걸쳐 빌이 생각을 가다듬는데 도움을 주었다. 빌은 버지니아대 로스쿨과 하버드대 로스쿨에서 각각 10년 이상을 보냈다. 두 대학의 동료들, 학생들, 학장과 교직원들은 빌의 삶과 빌의 사상에서 빼놓을 수 없는 사람들이다. 빌은 여행 중 길거리에서도, 참석했던 수많은 워크숍에서, 회의탁자에서, 심포지엄에서도 아이디어를 얻었다. 빌이 감사하고 싶었을 모든 분들을 다 여기에 적기란 불가능하기 때문에 우리 역시 그렇게 못했다. 빌이 감사했을 모든 분들이 알아주시기를 바란다.

그래도 세 분만큼은 특별히 언급하려 한다. 캐롤 스트라이커, 대니 리치맨, 마이크 클라만은 빌의 학문 활동 내내 충실한 친구이자 지적 대화 상대였다. 원고 단계부터 최종 출판에 이르는 절차를 살펴준 이들의 친절함에 대한 빌의 감사한 마음은 이 책의 헌사에 담겨 있다. 이들의 도움으로 이 책이 더 나아졌다. 다만 잘못된 부분은 저자의 책임이다.

빌은 동료들뿐만 아니라 자신의 학생들에게서도 배웠는데, 특히 빌은 이 책의 작업을 도와준 하버드 로스쿨 연구조교들을 언급하고 싶어 했다. 앨런 클리프, 제니퍼 데인, 마리아나 잭슨, 매튜 켈리, 조슈아 맛츠, 케이틀란 맥룬, 라지브 모한, 제이콥 로빈슨, 린제이 씨, 셔드 타바콜리, 팀 테일러, 코니 우가 그들인데 이들의 지성과 노고, 그리고 헌신에 대해 감사해 했다. 또한 빌은 하버드대 도서관 연구책임자 자넷 캇츠의 전문적 지원에 도움을 받았으며, 특히 지난 3년간 하버드대학 과조교로 뛰어나게 일해준 로렌 샤우프의 도움과 우정에 진심으로 감사해 했다.

하버드대 출판부 편집진들은 빌의 오랜 투병생활 기간 중 원고를 마칠 수 있도록 큰 도움을 주었다. 빌은 초고에 대해 유용한 조언을 해준 4명의 익명 심사자들에게 감사해 했다. 특히 하버드대 출판부 법학 담당 편집책임자 엘리자베스 크놀에게 감사해 했다.

암 치료를 받던 몇 년 동안 빌은 매사추세츠 종합병원과 노스 쇼어 호스피스 병동의 의사, 간호사, 직원들의 전문성과 친절함에 감사해 했다. 이들은 빌이 생애 마지막 시간을 이 책을 마치는데 바칠 수 있도록 가능한 만큼, 가능한 동안 빌을 돕고자 했다.

빌은 또한 교회와 교우들에게서 커다란 힘을 얻었다. 케임브리지 크라이스트 더 킹 장로교회, 그리고 최근에는 보스턴 파크스트리트 교회 목사와 교우들의 기도와 격려는 빌에게, 그리고 우리 가족들에게 정말 큰 힘이 되어주었다.

빌은 자신이 알고 있는 것보다 훨씬 더 많은 친구들을 가지고 있었다. 친구들의 사랑과 격려에 빌은 놀라워하고 감사해 했다. 2008년 데이비드 스킬과 함께 운영하던 블로그에서 빌은 자신의 병중에 "내가 알지 못했던 사람들을 포함해 많은 친구들이 정확히 도움이 필요한 부분에서, 내가 전혀 부탁하기도 전에 뜻밖의 곳에서 나타나 축복과 지지, 도움과 격려를 베풀어 주었다"고 쓴 바 있다.

우리 가족, 빌의 부모와 형제 역시 그런 친구들의 도움을 받았기에 정말 감사드린다. 우리 가족은 빌이 학문과 강의와 우리에게 헌신한 삶을 가까이서 지켜볼 수 있었기에 더 많은 축복을 받았다. 우리 가족은 병중의 빌을 돌봤지만, 빌은 견디기 힘든 병중에도 줄곧 우리를 돕고 위로하고 격려했다. 빌은 우리에게 항상 최선을 다했다. 우리 가족은 빌과 함께 했던 시간들에, 그리고 빌의 삶의 업적을 기념할 기회를 갖게 된 데 감사를 드린다.

루스 스턴츠
사라 스턴츠
사무엘과 엘리자베스 쿡-스턴츠
앤드류 스턴츠

차례

너무 많은 법의 지배

국가를 가장 밑바닥 야만 상태에서 최고의 부국으로 끌어올리는데 필수적인
요소는 바로 평화와 관대한 세금, 그리고 관용적인 법집행이다.
― 아담 스미스Adam Smith, 〈국부론(1776)〉

천국에는 전혀 법률이란 없으니, 사자 떼들이 어린 양과 누워 있으리… 지옥
에는 오직 법률밖에 없으니, 적법절차가 엄격하게 준수되리라.
― 그랜트 길모어Grant Gilmore, 〈미국법의 시대(1977)〉

우리 시대, 놀랄 만한 이야기 하나가 감춰져 있다. 미국 형사사법 체
계가 20세기 후반부터 무너져 내리고 있다는 사실이다. 도대체 어쩌다
가 이렇게 되었을까? 미국 사법체계가 제대로 기능하려면 어떻게 개혁
해야 할까? 두 가지 물음에 대한 답을 이 책에서 찾아보고자 한다. 첫
번째 물음에 대한 답은 두 번째 질문에 대한 답과 크게 다르지 않다.

붕괴신호는 어디서나 볼 수 있다. 국가시설에 구금된 수형자 수는
줄곧 최고기록을 갈아치우며 점점 더 통제할 수 없을 정도로 증가했
다. 더구나 구금된 수형자들 중 아프리카계 미국인의 비중은 계속 더
늘고 있다. 흑인 남성들에게는 집 근처 구금시설에서 얼마간 갇혀 있
는 일이 보통의 인생 경험처럼 되어버렸다. 불과 한 세대 전만 해도 이
렇지는 않았다. 놀랄 일이지만 사실이다. 누구나 겪는 인생 경험이라
면 범죄 억지효과는 적을 수밖에 없다. 역사적으로 볼 때 대규모 형사

처벌은 높은 수준의 도시지역 폭력과 함께 나타났다. 1990년대 폭력 범죄율의 큰 하락에도 불구하고, 남부지역을 제외한 대부분 도시의 살인범죄율은 60년 전에 비해 두 배에 달한다.[1] 도시 내에서도 안전지역의 범죄율은 낮지만 위험지역에서는 여전히 높다. 위험지역은 빈곤지역과 흑인 거주지역에 편중되어 있다. 결국 미국 사법체계가 함부로 불공정하게 적용되는 경우가 많다는 생각을 하지 않을 수 없는데, 뒷받침할 만한 증거들도 상당하다. 형사소송에서는 끔찍한 오판이 거듭 나온다. DNA 분석 결과 유죄선고를 받았던 피고인이 무죄 석방되는 사례도 빈번하다.[2] 형사사법 체계의 분명한 목표는 정의를 실현하고, 차별을 방지하며, 법의 보호가 가장 필요한 사람들을 보호하고, 형사처벌의 합리적 한계를 지키는 가운데 범죄를 통제하는데 있다. 하지만 어떤 기능도 제대로 못하고 있다.

그렇다고 늘 못하지는 않았다. 미국 역사의 대부분 동안 ―물론 남부지역을 제외하면― 형사사법제도는 필요한 형벌은 집행하고, 최악의 차별까지는 어느 정도 방지해왔다. 대부분의 경우 범죄자를 공정하게 처우했다. 물론 사법체계는 늘 결함이 있었고, 불의를 저지르기도 했다. 그래도 형사사법이 본래의 기능은 하고 있다고 말할 수는 있었다. 이젠 더 이상 그렇지도 않다.

형사사법 체계가 제 기능을 못하게 된 데는 세 가지 이유가 있다. 각각 뿌리 깊은 역사적 연원이 있지만, 전부가 뿌리 내리게 된 건 지난 60년 동안이었다. 첫째, 법의 지배가 붕괴하고 있다. 형사사법의 성과는 법원칙이나 배심원의 평결보다는 법집행관의 권한에 좌우된다. 지난 과거사를 봐도 이 정도는 아니었다. 둘째, 흑인 피의자와 흑인 범죄 피해자 모두에 대한 차별이 계속 심해지고 있다. 이상하게도 민권보호가 법적으로 확대되던 시기 동안 더욱 심해졌다. 오늘날 수많은 흑인 마약범죄자들이 처벌받고 있는 반면, 백인 마약범죄자들은 대체로 처벌을 면한다(미국의 범죄통계와 관련해 보면 남미계 미국인들은 중간 정도에 위치하는데, 보통은 흑인보다는 백인 범죄자에 가깝게 취급된다).[3] 뿐만 아니라 흑인들이 중한 폭력범죄 피해를 입어도 가해자 처벌이 이루어지지 않는 경우도 되풀이되고 있다. 셋째 이유는 아주 낯선 경향이다. 20세기 후반기 동안 일종의 시계추 사법pendulum justice 현상이 뚜렷해졌다. 기록적인 범죄율을 보이는 와중에서도 미국 사법체계 사상 처음으로 교도소 수형자 수가 급격히 줄었다가 다시 급증했다. 1960년대 후반에서 1970년대 초반 기간 동안 미국의 사법체계는 세계에서 가장 관용적이었다. 하지만 20세기 말에 이르자 미국은 민주국가 역사상 가장 가혹한 사법체계를 가진 나라가 되었다.

세 가지 이유들을 다시 살펴보기로 한다. 미국 고속도로에서 운전해 본 사람들이라면 잘 안다. 미국 법은 말하는 바와 뜻하는 바가 다른 경우가 흔하다. 도로표지판의 제한속도 표시는 속도를 규제하려는 의도로 보인다. 잘 정비된 고속도로에서는 시속 100~110km, 주거지역 내 지방도로에서는 45~50km이며, 상업지구 중심도로와 지방국도는 그 중간 정도다. 하지만 제한속도 표시를 그대로 지키다가는 깜짝 놀라게 된다. 교통량이 적은 도로에서 규정 제한속도보다 느리게 운전한다면 운전자들이 욕설을 하거나 가운데손가락을 들어 올리며 추월해갈 것이다. 미국에서 도로표지판의 제한속도는 최대속도 규정이 아니다. '최소한'의 속도다. 그렇다면 누가 실제로 규정 속도를 위반했다고 운전자에게 교통위반 딱지를 떼거나, 누가 위험한 속도를 정해 제한하는가? 해당 차도를 순찰하는 경찰관이 정한다는 것이 답이다. 주州 경찰이나 지방경찰과 같은 법집행기관들은 집행하는 법 자체를 자신들이 정한다.

따라서 길거리에서 법을 정하는 권한을 가진 경찰관은 주행 중인 다른 대부분의 차들보다 과속을 하지 않아도 선별적으로 엄격히 벌금을 부과할 수 있다. 그리고 (과속도 범죄라 부른다 치면) 다른 범죄를 조사하거나 불법마약 수색절차를 위해 차량을 정지시킬 수 있다.[4] 이러한 일상적인 실무가 "인종적 프로파일링"(역주: racial profiling. 인종이나 민족이 경찰의 직무집행 기준이 됨으로써 특정집단에 체포나 수사가 집중되는 현상)이라는 말을 낳았다. 경찰관들이 고속도로를 순찰하면서 교통법규 위반을 표면상 이유로 흑인이 운전하는 차들을 정지시켜 마약범죄의 증거를 수색하기 때문이다.[5] 어느 경우나 결과는 같다. 거의 모든 운전자들이 교통법규를 위반하기 때문에 고속국도에서도, 지방도에서도 관련법은 기능하지 못한다. 법이 너무 많으면 법이 전혀 없는 상태와 다를 바 없다. 누구나 범법자가 될 수밖에 없는 법규를 만든다면 실제 범죄의 성립 여부는 법집행관의 의지에 달려 있다. 법의 지배는 현실적으로는 법집행관 재량의 지배가 된다.

그래서 어쨌단 말인가? 교통법규를 멋대로 집행한다고 해서 나라가 위기에 처하지는 않는다. 훨씬 더 심각한 형태의 인종 차별이 가져올 수 있는, 또 실제 인종 차별을 낳는 문제들을 생각하면 교통법규의 차별적 집행 정도는 큰 문제도 아니다. 하지만 사소한 문제라도 우려해야 할 이유는 있다. 왜냐하면 교통법규 집행에서 드러나는 차별적 특성은 많은 지역에서 경찰과 검찰이 중범죄와 씨름하는 방식에서도 유사하게 나타나기 때문이다. 그 결과는 무질서한 법질서, 차별적인 법질서다.

1920년대 금주법(역주: Prohibition. 수정헌법 제18조에 따라 1919년부터 1933년 기간 중 미국 내 술의 제조, 유통, 판매가 금지되었다)을 집행하는 기관은 밀주 제조·판매자를 처벌했을 뿐 술을 사거나 마시는 사람들은 대상이 아니었다.[6] 오늘날에는 불법마약 판매를 기소하는 지역은 드문 데 비해 정작 단순소지 또는 "유통 의도의 소지", 즉 소량의 마약 소지와 복용 행위를 기소하는 경우는 많다. 쉽게 입증할 수 있기 때문이다. 더 부당한 경우는 일부 중한 폭력범죄자들을 처벌하는 주요 수단의 하나로 마약 소지 행위를 기소하는 일이다. 살인, 강도, 상해죄는 입증이 어려운 경우가 드물지 않다. 증인이 법정 증언에 동의하고 협조해야 하기 때문이다. 하지만 경찰관이 피고인의 신체나 주거에서 마약이나 불법무기를 찾아낸다면 증인소환의 필요도 없고, 입증이 어려운 범죄를 수사할 필요도 없다. 마약이나 총기 소지 범죄의 기소는 소지 사실만 입증되면 추가증거가 필요 없기 때문에 기소가 어려운 중범죄 대신 범죄자를 기소할 구실이 된다.

이러한 현상은 마약범죄에만 한정되지 않는다. 마사 스튜어트Martha Stewart의 내부자 거래 행위를 입증해 기소하기란 불가능하다. 하지만 상관없다. 스튜어트는 내부자 거래가 아니라 그 은폐를 위한 행위만으로도 처벌할 수 있다.[7] O. J. 심슨은 전처의 죽음과 관련해 살인죄로 기소될 처지였다. 역시 상관없다. 현재 장기구금형에 처해져 있다. 도둑맞은 스포츠 기념품을 되찾으려던 단순 범죄(역주: 2007년 라스베이거스에서 강도죄로 체포되었다)로 인해 장기구금형을 선고받았으며, 가석방은 9년 이후에나 가능하다.[8] 정부가 테러용의자를 테러 행위로 기소하는 경우는 드물다. 출입국관리법 위반으로 기소하는 편이 더 간단하다.[9] 이러한 모든 사례에서 보는 바와 같이 형법은 법으로서 제 기능을 못하고 있다. 오히려 법규정은 경찰이나 검사의 판단에 따라 적절하게 활용할 수 있는 선택사항 목록에 불과하다.

재량과 차별은 함께 간다. 흑인 남성의 10%가 불법마약을 사용한다. 백인 남성은 9%, 남미계 남성은 8%다. 하지만 흑인이 마약범죄로 구금형 처벌을 받을 가능성은 백인보다 9배, 남미계보다 3배 더 높다.[10] 마약거래꾼들의 인종적 구성 비율을 들어 이러한 격차의 일부를 설명할 수 있다. 하지만 대부분의 격차는 이유를 찾기 어렵다.[11] 흑인 마약범죄자를 차별하는 체계가 폭력범죄의 피해를 당한 흑인들도 마찬가지로 차별한다. 중한 폭력범죄의 용의자를 실제 체포하는 비율, 즉 사건해결률clearance rate은 도심지역보다는 소규모 마을이나 시골에서 더 높고, 소도시보다는 교외지역에서 더 높으며, 대도시보다는 소도시에서 더 높다.[12] 이러한 관련성은 빈곤과 인종문제와 결합되어 있다. 즉 지역주민 중 빈곤층과 흑인이 많을수록 폭력범죄 가해자를 실제 처벌하는 경우가 더 적다.[13] 빈곤이 고질적인 흑인 거주지역 주민들은 경찰 활동이나 형사처벌이 가져다줄 수 있는 최고의 혜택, 즉 안전은 거의 누리지 못하면서 그 가장 나쁜 해악, 즉 실제 처벌은 가장 많이 당하게 된다.

법집행관의 재량 확대는 시계추 사법의 등장과 때를 같이 한다. 1950년 무렵부터 미국 북동부와 중서부 지역의 구금형 비율은 감소하기 시작했다. 1960년대 중반까지 감소 추세는 가속되었고, 전국으로 확대되었다. 전국적으로 구금형 비율은 20% 이상 떨어진 반면, 중한 폭력범죄 및 중한 절도범죄를 대신해 살인범죄율이 두 배로 상승했다.[14] 북부지역 도시들에서는 이러한 추세가 더욱 극단적으로 나타났다. 시카고 시의 살인범죄율은 1950년에서 1972년 사이 3배가 되었고, 일리노이 주의 구금형 비율은 44% 감소하였다. 뉴욕 시의 살인범죄는 22년 동안 5배 이상 늘어났고, 뉴욕 주의 구금형 비율은 3분의 1 이상 감소하였다. 디트로이트 시에서는 살인범죄율이 7배 이상 늘어났고, 미시간 주의 구금형 비율은 30% 감소하였다.[15] 이 같은 추세들을 종합해보면 형사사법 체계가 과거에 비해 형사처벌을 큰 규모로 축소했음을 알 수 있다. 이처럼 빠르게 진행된 관용적 태도는 더욱 빠르게 엄벌주의로 급전환된다. 1972년부터 2000년까지 전국적으로 구금형 비율은 5배 증가했다. 살인범죄에 대한 구금형 기간도 9배 증가했다.[16] 리처드 닉슨 행정부 첫 해 교도소 수형자가 20만 명에 미치지 못했던 것이 버락 오바마 행정부 출범 당시에는 150만 명을 넘어섰다. 지방 단위 구금시설에도 80만 명이 더 수용되어 있다.[17]

미국 형사사법 체계는 정상적인 궤도를 벗어나버렸다. 법에 따른 정의justice가 아니라 법집행관 재량에 따른 '정의'를 실현하고 있다. 재량적 사법discretionary justice이 차별적 사법discriminatory justice에 다를 바 없게 되는 경우가 너무 많다. 그리고 형사처벌이 얼마나 확장되고 가중되는지를 좌우하는 규제 체제 자체가 불안정하기 때문에 극단적인 관용과 더더욱 극단적인 엄벌 사이를 큰 폭으로 오가는 상황이 되었다.

왜? 답은 두 가지이다. 하나는 법, 다른 하나는 민주주의와 관련된다. 강제력 없는 속도제한이 고속도로 교통경찰관에게 권한을 위임하는 것과 마찬가지로, 미국 형법은 법을 집행하는 검사에게 권한을 위임한다. 바로 그 재량적 권한은 상대적으로 부유한 도시지역 사회와 빈곤한 도심지역에서 차별적으로 행사된다. 현행법은 그러한 차별을 막기는커녕 차별을 방조한다. 이처럼 서글픈 현실은 미국 법 역사의 한 부분에 뿌리를 두고 있다. 수정헌법 제14조(역주: 제1항 "어떠한 주도 정당한 법의 절차에 의하지 아니하고는 어떠한 사람으로부터도 생명, 자유 또는 재산을 박탈할 수 없으며, 그 관할권 내에 있는 어떠한 사람에 대하여도 법률에 의한 평등한 보호를 거부하지 못한다")의 제정은 "평등한 법적 보호"를 보장했다. 그 주요 목표 중의 하나는 형법이 흑인과 백인을, 다시 말해 과거의 노예와 소유주를 모두 똑같이 다루어서 동일한 법적 기준으로서 정립됨에 따라 흑인이든 백인이든 범죄 피해로부터 동일한 법적 보호를 받을 수 있게 하는데 있었다.[18] 평등한 보호에 대한 역사적 이해는 남부 주의 재건Reconstruction(역주: 남북전쟁 종식 후 1863년부터 1877년에 걸쳐 연방정부에 의해 남부 주 재건사업이 시행되었다) 실패와 함께 상실되었다.[19] 오늘날 형법 집행에서 평등한 보호의 보장은 의미를 잃었다. 마약범죄와 중한 폭력범죄에 대한 법집행에서 백인과 흑인 지역사회가 차별받는 이유이기도 하다.

답과 관련된 민주주의의 문제 또한 역사적인 뿌리가 있다. 즉 미국 지방정부의 역사다. 대부분의 국가에서는 주 정부나 지방정부가 형법을 집행한다. 미국에서는 주로 시 경찰국이나 지역검찰청과 같은 지방 기관들이 법집행의 대부분을 담당한다. 배심재판을 선택한 피고인들은 지역에서 선정된 배심원들이 평결한다. 대부분의 국가에서 검사와 법관은 민간 공무원이다. 미국에서 대다수의 형사사건을 담당하는 지방검사들과 1심 재판을 담당하는 법관들(항소심 법관도 마찬가지다)은 거의 예외 없이 해당지역 유권자들에 의해 선출된다.[20] 적어도 이론적으로는 이러한 사법체계의 특징 때문에 범죄로 점철된 지역 거주 시민들이 지역 내 형법 집행기관들을 통제할 수 있는 상당한 정도의 힘을 가진다.

한때는 시민들이 실질적인 힘을 가졌지만 점점 약화되고 있다. 20세기 전반에 걸쳐 서서히 진행된 네 가지 변화 때문이다. 첫째, 범죄는 점점 더 도시지역에 집중 발생하게 되었고, 특히 도심에서도 빈민거주 지역이 그렇다.[21] 역사적으로 미국의 도시문제에 범죄는 포함되지 않았었다. 도시지역의 살인범죄율은 전국적 살인범죄율에 비해 높지 않았다.[22] 지난 60년간 상황이 바뀌었다. 빈곤한 도심지역은 이전보다 더욱 위험해졌다. 상대적으로 부유한 도시와 외곽지역은 더 안전하게 되었다. 오늘날 대도시 지역에 사는 사람들 상당수에게 범죄는 하나의 추상적 개념일 뿐, 주거생활에 영향을 주는 현실 문제가 아닌 경우가 많다. 때문에 사법체계의 운영방식에 따른 이해관계가 적은 유권자들이 형사사법을 통제하는 힘을 갖게 된다. 둘째, 대도시 지역의 교외주거 인구가 급속히 늘어나고 있다. 지역인구 분포의 변화는 중대한 문제다. 검사와 법관들이 대체로 지역 단위에서 선출되기 때문이다. 오늘날 주요 도시가 속한 지역들은 과거에 비해 교외지역 유권자들의 비중이 훨씬 더 높다. 이는 과거에 비해 대체로 범죄가 주요 현안이 아닌 교외지역 유권자들이 도심지역의 형사사법에까지 더 큰 힘을 행사하게 됨을 의미한다.

셋째, 한때 일반적이었던 배심재판은 점점 더 축소되고 있다. 95% 이상 절대다수의 형사소추는 유죄인정을 통해 이루어지며, 그 대부분이 유죄인정협상plea bargain의 결과다.[23] 이러한 변화에 따라 배심원석에 앉는 지역주민들의 권한은 지방검사보assistant district attorney에게로 넘어간다. 지방검사보가 누구를 얼마나 처벌할지 결정하게 된다는 의미다. 마지막으로 넷째, 주 의원과 연방의원, 연방법관 모두 과거에 비해 형사처벌과 관련한 더 많은 권한을 행사하게 되었다. 자세한 내용은 복잡하다. 이러한 변화가 어떻게, 또 왜 일어나게 되었는지가 이 책에서 주로 다루게 될 내용이다. 일단 핵심은 이미 분명하다. 즉 지역 사법체계가 점점 더 중앙집권화 되어가고 있다.

이러한 모든 변화는 폭력범죄율이 가장 높은 도심 빈민지역 거주자들이 가진 힘을 제약한다. 이들 지역주민들은 대부분 아프리카계 미국인들로 과거에 비해 경찰과 검사를 민주적으로 통제할 힘이 부족하다. 지역 민주주의local democracy가 쇠퇴하면서 법의 지배도 와해되고 차별은 더욱 일상적이 되어간다. 형사처벌은 점점 극단적으로 관대하거나 아니면 가혹하게 되어간다. 이러한 현상들이 동시에 일어나고 있다면 우연 그 이상이다. 형사사법이 더 공정해지기 위해서는 범죄와 형벌의 비용을 직접 치러야 하는 시민들이, 법을 집행하고 형벌에 비용을 지출하는 사람들에 대해 더 많은 권한을 행사해야 한다.

그렇다면 물어야 할 질문은 분명하다. 이러한 상황을 어떻게 바로잡을 것인가? 현 체계의 다양한 문제들에 대한 해법에는 두 가지 주요 요소가 있다. 첫째는 평등한 법적 보호라는 이상을 되살려야 한다. 형사처벌을 통한 법적 보호가 차별적으로 이루어지는 한 합리적 비용의 범죄통제는 불가능하다. 둘째는 한때 미국 형사사법을 지배하던 지역 민주주의를 크게 확대해야 한다. 이러한 개혁 방향은 이미 실현 중이다. 즉 지역사회 경찰 활동community policing(역주: 지역사회 내 범죄, 무질서 문제 해결을 지향하는 경찰과 지역사회 협력전략이다)의 등장에 따라 지역경찰은 최악의 범죄율에 시달리는 사람들의 필요에 적극적으로 응하게 되었다. 이러한 추세는 더욱 확대될 필요가 있다. 뿐만 아니라 유죄인정협상을 축소하는 대신 배심재판을 다시 확대할 필요가 있다. 검사가 아니라 지역주민들에게 누가 형벌을 받을 만하고, 누가 그렇지 아니한지 판단할 권한을 주기 위해서다. 배심재판의 확대는 다시 다른 형태의 형법, 즉 과거 미국 형법에 더 가까운 법을 필요로 한다. 주 경찰이 고속도로 여행자들에게 제한 없는 권한을 행사하도록 하는 속도제한 규정과는 좀 더 달라져야 한다.

이 책의 나머지 구성은 다음과 같다. 제1부는 두 장으로 나누어 논의를 위한 큰 그림을 제시한다. 제1장에서는 두 차례 대이민great migrations의 결과가 범죄와 형벌에 미친 영향을 비교해본다. 즉 1840년대에서 제1차 세계대전에 이르는 기간 동안 미국으로 들어온 유럽 이주민들과, 1960년대에 이르기까지 남부 농업지역에서 북부도시로 이주한 흑인 이주민들과 관련한 논의다. 제2장에서는 현대 미국 형사사법의 주된 문제, 즉 엄청난 규모로 불균형적인 흑인 수형자 문제를 살펴본다.

이 책 대부분의 지면은 제2부가 차지한다. 어떻게 미국 사법체계가 무원칙하고 차별적이며 징벌적인 괴물이 되어버렸는가를 설명하는데 목표가 있다. 제3장에서는 두 가지 주제를 다룬다. 즉 미국 형사사법의 구축에 기여한 헌법적 권리의 확립과, 남북전쟁Civil War 이전 북부의 형사사법과, 남부 노예주의 좀 더 민간화된 형태의 '사법'을 구분 짓는 제도와 실무의 등장이 그것이다. 제4장에서는 평등한 법적 보호라는 이상이 단기간 동안 등장하고 빠르게 몰락하는 과정을 기록했다. 평등한 법적 보호의 이상은 남북전쟁 이후 상당 기간 동안 국가 형사사법 체계의 형성에 많은 역할을 했다고 여길 수도 있다. 실제로는 그렇지 않았다. 지금도 여전히 마찬가지다. 제5장의 주제는 대체로 남부주의 재편입 완료부터 대공황의 시작까지 반세기 동안 이어진 금권정치시대Gilded Age(역주: 남북전쟁 종식 후 1870~80년대 급속한 근대산업화와 인구 증가 시기)의 형사사법이다. 이 시기 북부도시들은 오늘날보다 더욱 관용적이고 평등주의적이며 효과적인 형태의 형사사법 체계를 구축하였다. 남부지역에서는 형사사법 체계가 더 엄벌적이고 차별적이었으며, 폭력적인 범죄를 안정적이고 성공적으로 통제하기에는 부족했다. 서부지역은 초기에는 남부지역 주에 가까웠지만 점차 북부지역의 실무를 따르게 되었다.

제6장에서는 금권정치시대 형사사법의 특별한 측면을 살펴본다. 즉 1880년대 일부다처제 폐지운동부터 시작해 1930년대 초반 금주법의 폐지에 이르는 동안의 문화투쟁이 그것이다. 이 기간 동안 사법체계는 주 정부의 복권사업, 전국적인 성매매, 불법마약과 싸워야 했다. 이러한 싸움들이 연방형법을 재규정했으며, 점차 주 형법의 재규정에도 이르게 되었다. 형법은 점차 구금형 대상 행위를 규정하는 수단이라기보다는 유죄판결을 용이하게 하는 수단이자 기소 권한의 지속적 확대 근거가 되었다. 제7장에서는 1960년대 이전 형사사법에 대한 헌법적 규제의 등장과, 이러한 규제가 효과를 거두기 위해 마땅히 가야 했으나 그렇지 못했던 세 가지 경로에 대해 논의한다. 제8장에서는 얼 워렌 Earl Warren 대법원장 시절 대법원의 업적과, 20세기 후반 형사사법에 창궐한 불평등과 불안을 법원이 어떻게 더 악화시켰는지를 다룬다. 제9장에서는 오늘날 미국 사법체계를 규정하는 네 가지 경향을 탐구한다. 즉 1950년대 북부지역 도시들에서 시작된 40년간에 걸친 범죄의 급증, 뒤이은 10여 년간의 범죄 감소, 1950년대 북동부지역에서 시작된 형사처벌의 급격한 축소와, 1960년대에서 1970년대 초 이러한 경향의 전국적 확산, 그리고 1970년대 중반부터 시작되어 30년간 지속된 구금형 수형자 수의 전국적 폭증이 그것이다. 범죄는 늘어나기도,

줄어들기도 한다. 하지만 범죄의 증가폭은 감소폭보다 크다. 이러한 추세는 우리가 목격하고 있는 역기능적인 현행 사법체계의 징후인 동시에 원인이기도 하다.

제3부는 미래를 전망하는 하나의 장으로 구성된다. 여기서는 고장난 미국의 형사사법 제도를 개선할 수 있는 수단들을 간략히 살펴본다. 이 책은 희망을 가져야 할 얼마간의 온당한 이유를 제시하는 간단한 결론으로 끝을 맺는다. 여기서 온당한modest이라는 표현을 강조하고자 한다. 적어도 부분적으로는 개선이 이루어지기를 기대한다는 의미다.

방법론에 대한 언급도 덧붙인다. 이 책의 대부분은 과거에 관한 내용이고, 경험적 자료도 일부 다루기는 하지만 필자는 역사학자도, 경험적 연구를 하는 사회과학자도 아니다. 역사학자나 사회과학자들이라면 금방 알아차릴 것이다. 훌륭한 역사학자는 과거에 대한 이해는 자기 목적적이어야 한다고 본다. 과거로부터 현재에 대한 교훈을 이끌어내는 일은 "현재 중심적presentist"이기 때문이다. 필자의 목표를 고려하면 미국 형사사법의 역사는 두 가지 현재 중심적인 목적에 기여한다. 즉 한편으로는 현행 사법체계가 경계삼아야 할 이야기가 되며, 다른 한편으로는 따를 수 있는 유용한 모델이 된다. 학문으로서의 역사학 역시 대개 넓이보다는 깊이를 강조한다. 이 책은 다른 길로 방향잡았다. 그렇지 않으면 나무를 보려고 숲을 놓친다. 이제껏 형사사법 영역에서 숲을 너무 많이 놓쳐 왔다.

훌륭한 경험주의자라면 자신이 확보한 자료에 근거해 입증된 사실만을 주장한다. 이는 사법체계의 과거를 이해하려는 모든 연구자들에게 중대한 도전이다. 1970년대 이전까지 범죄와 형벌에 관한 양질의 자료도 드물고, 일반적이지도 않았다.[24] 자동차 열쇠를 가로등 불빛 아래서 찾고 싶은[25] 마음은 크지만 가장 잘 볼 수 있는 곳은 다름 아닌 머나먼 과거, 빛이 제대로 비춰지지 않는 공간이다. 오늘날의 형사사법을 규정한 과거를 간과하기보다는 불완전한 증거에 근거해서라도 확신은 어려운 결론이나마 이끌어내는 편이 낫다.

이 책의 결론이 확실함과는 거리가 있는 데는 다른 이유도 있다. 현대 미국의 범죄, 범죄사, 현대 형사사법과 그 역사, 범죄의 정치학과 그 역사에 관하여는 일급 연구자들이 상당한 문헌을 내놓았다. 반면 범죄와 형사사법의 다방면을 다룰 수 있는 연구자는 부족했다. 이 주제를 연구하는 역사학자, 경제학자, 사회학자, 심리학자와 법학교수들이 서로에게 제시할 만한 연구는 거의 없었다. 코끼리 각각의 부분은 잘 묘사했지만, 코끼리 전체의 모습을 본 사람은 없었다. 현재와 과거, 법과 정치, 범죄와 형사사법 사이의 연결점은 찾지 못했다. 이 책의 또 하나의 목표는 그러한 연결점의 일부를 찾는데 있다. 미국 형사사법 체계가 이렇게 범죄가 많이 발생함에도 그토록 정의를 실현하지 못하는 이유가 무엇인지 더 제대로 이해해보기 위해서다.

필자는 법학교수다. 학자로서의 삶을 범죄와 형법의 법원칙legal doctrine을 연구하는데 바쳐 왔다. 필자 역시 다른 법학자들처럼 미국 형사사법의 어떤 측면에 대해서는 비판적이지만, 법원칙이 중요한 역할을 해왔다고 믿는다. 이 책에서도 법원칙이 중요한 역할을 한다. 그런데 많은 사람들이 법원칙의 역할을 생소해 할 뿐만 아니라 오해하고 있다. 즉 법은 주로 법집행 기관에게 더 큰 재량과 집행권한을 주는 수단일 뿐이며, 법집행 기관에 대한 통제는 법원칙이 아니라 정치와 정치가들의 몫이라는 오해다. 이처럼 법과 정치의 왜곡된 상호관계가 사법체계에서 정의에 반하는 최악의 결과들을 숱하게 초래했다. 특히 법률가들은 이러한 불의를 바로잡기 위한 중요한 개선책을 정치보다는 법에서 찾아야 한다고 생각하는 경향이 있다. 치안과 범죄 처벌에 관한 정부권력을 헌법적으로 제한해야 한다는 것이다. 헌법적 제한의 강화 방안은 장점이 있다. 올바른 헌법적 규제를 통해 더 개선된 공정한 사법체계를 만들 수 있다. 그렇다 해도 좋은 정치가 더욱 시급히 필요하다. 그것은 처벌받는 범죄사와 범죄 피해를 입은 사람들이 겪는 상이한 위해危害를 충분히 고려하는 정치다. 범죄와 형벌을 겪어야 하는 사람들이 자신들의 삶터를 더욱 평화롭고 정의롭게 만드는 힘을 갖도록 해주는 정치다.

제1부

죄와 벌

두 번의 대이민에 뒤이은 범죄의 물결은 미국 범죄사와 형벌사의 대부분을 규정짓는다. 19세기 후반에서 20세기 초에 걸쳐 유럽 이민자들이 쇄도하면서 폭력이 상당히 증가했다. 이에 대처하여 지역 중심적이고 관용적인 태도의 사법체계가 구성되었다. 20세기 남부지역 흑인들이 북부로 이주하면서도 폭력범죄가 증가했다. 이상하게도 오히려 형사처벌은 크게 감소했다가 뒤이어 다시 전례 없는 수준으로 증가했다.

이러한 추세의 결과 구금형 수형자 수는 유지가 어려울 정도로 많아졌다. 그 중에서도 도시 빈민지역에 사는 아프리카계 미국인 청년들이 비정상적으로 많은 수를 차지하게 되었다. 어떤 민주주의 사회도 그렇게 많은 빈민층을 구금해놓고 가난한 사람들의 지지를 얻을 수는 없다. 가난한 수형자들의 대부분이 대다수 국민들과는 다른 특정 인종이라면 더더욱 그렇다. 물론 한 세대 이전의 높은 범죄 수준으로 되돌아갈 수는 없다. 정치적으로 용납되지 않는다. 빈민층에게도 사회적 재앙이다. 구금형 수형자 수가 급격히 감소했던 마지막 시기, 즉 1960년대와 1970년대 초반에는 범죄가 급격히 증가했었다. 아마도 비슷한 현상이 다시 일어날 것이다. 미국 형사사법을 개혁하려는 정부는 바로 이러한 곤경에 처해 있다.

토머스 제퍼슨Thomas Jefferson이 거의 200년 전에 예상했던 내용에 가까운 곤경이다. 제퍼슨은 노예제도가 철폐되어야 할 대단히 잘못된 제도라고 보았다. 하지만 흑인 노예들이 풀려난다면 백인 노예주들에게는 어떤 끔찍한 일들이 닥치게 될 것인가? 제퍼슨과 동료 백인들에게는 생각하기도 끔찍스런 일이었다.

과연 정말 그랬던가? 역사는 제퍼슨의 염려가 틀렸음을 가르쳐준다. 노예제도는 백인 노예주들에게 아무런 해도 끼치지 않고 훨씬 빨리 폐지될 수도 있었다. 노예제도는 결코 해결될 수 없는 문제가 아니었다. 비용이 많이 들지만, 아무튼 분명히 해결 가능한 문제였다. 범죄와 형벌의 문제에서도 마찬가지다. 미국의 엄청난 구금형 수형자 수는 또 다시 범죄율의 상승을 가져오지 않고서도 실질적으로 줄일 수 있다. 정부가 수형자들을 석방하려는 의지만 있다면 말이다.

제1장

두 번의 대이민

우리나라는 이민자들의 나라다.
– 전 뉴욕 주지사 허버트 리먼Herbert H. Lehman,
하원 출입국 및 귀화 소위원회 증언(1947)

흑인의 이주는 역사상 가장 대규모로 가장 빠르게 진행된 대이민 중의 하나
다. 우리나라에 이주한 다른 어떤 민족들보다도 압도적으로 수가 많다.
– 니콜라스 리먼Nicholas Lehman
〈약속의 땅: 흑인들의 대이민과 미국의 변화(1992)〉

　　제1차 세계대전 이전 70년간 3천만 명 이상의 유럽인들이 유럽을
떠나 미국으로 향했다.[26] 이들 이민자들 중의 일부는 미국 남부에 정
착했고, 일부는 중부지역 대평원에 농장을 세웠지만, 대부분은 미국의
산업 벨트 지역, 즉 포토맥 강과 오하이오 강의 북부지역, 미시시피 동
쪽지역에 자리 잡았다. 이 지역 도시들은 격변을 맞았다.

　　이러한 변화를 보여주는 예가 있다. 1854년 매사추세츠 주 의회는
보스턴 시 거의 모든 지역구를 포함해서 3석을 제외한 모든 의석을 반
이민 정당인 부지당不知黨(역주: Know-Nothing Party는 미국 태생이 아닌 사
람의 관직 취임에 반대한 정당으로, 법정에서 당에 관한 심문을 받으면 항상 I Know
Nothing이라 대답한 데서 유래한 명칭이다)이 차지하고 있었다.[27] 아일랜드 대
기근Irish potato famine(역주: 1845~1852년에 감자 흉작으로 인해 아일랜드 국민
100만 명이 아사하고, 100만 명이 국외 이민을 떠났다) 이후 10여 년 동안 보스

턴 시의 인구변화가 진행되기 시작하던 시기에 양키Yankee들이 도시를 완전히 장악했음을 보여준다. 하지만 30년 후 보스턴 시는 최초의 아일랜드 출신 시장을 선출했고, 양키들의 우세는 과거사가 되고 말았다. 다시 20년 후에는 이민자들과 그 후손들이 시정을 장악하게 되었다. 1900년 이후 열 번의 시장선거에서 아일랜드 출신 후보가 일곱 차례 당선되었다. 두 차례 당선된 존 피츠제럴드John Fitzgerald는 제35대 대통령(역주: 존 F. 케네디)의 할아버지이며, 세 차례 당선된 제임스 마이클 컬리James Michael Curley는 보스턴 시의 주요 정치인으로 정치적으로 악명 높았다(컬리는 네 번째 임기 중에는 교도소에 수감된 채 시장 업무를 봐야 했었다).[28] 양키 개신교도 선조의 본거지이자, 캐벗Cabots(역주: 보스턴의 정치명문가. 그 후손인 로지 가문과 함께 다수의 정치가를 배출하였다)과 로지Lodges(역주: 최초의 보스턴 가문이라 불리는 뉴잉글랜드 정치명문가)의 거주지였던 보스턴은 아일랜드와 이탈리아계 가톨릭교도들에 의해서, 그리고 그들을 위해서 운영되는 도시가 되었다. 피츠제럴드의, 컬리의 시가 되었다. 북동부와 중서부 지역에서도 사정은 비슷했다.

20세기 전반기 30여 년 동안에는 700만 명의 흑인들이 남부지역 주를 떠나 북부도시로 이주했다.[29] 다시금 도시지역의 정치와 인구 구성이 변화했다. 1910년 흑인은 필라델피아 인구의 6%, 시카고와 클리블랜드의 경우 2%, 디트로이트 인구의 1%에 지나지 않았다. 70년이 흘러 그 인구 비율은 각각 38%, 40%, 44%, 63%가 되었다.[30] (이러한 극적인 증가는 부분적으로 남부지역 흑인들의 북부 이주, 그리고 도시지역 거주 백인들의 교외 이주 때문이다.) 20세기 중반 이전에는 백인 유권자들이 핵심 공업지대 도시들을 지배했다. 도시를 지배하는 체제 존속에는 유권자의 표가 필요하다. 더 많은 흑인들이 북부지역 도시들로 유입되고, 그보다 더 많은 백인이 도시지역 외곽으로 이주하면서 흑인 유권자들이 점차 도시지역을 지배하는 중심세력이 되어갔다. 1980년대 초반까지 앞서 언급한 도시들에서 흑인이 시장으로 선출되었다. 1967년 클리블랜드 시의 칼 스톡Carl Stoke, 1973년 디트로이트 시의 콜맨 영Coleman Young, 1983년 시카고 시의 해럴드 워싱턴Harold Washington, 필라델피아의 윌슨 구드Wilson Goode가 그들이다. 얼마 지나지 않아 흑인 이주민 1세대들이 대도시 지역 경찰총수의 자리에 올랐다.[31] 미국 대도시에서 "블랙 파워black power"는 단지 표어가 아닌 현실이 되었다.

1. 두 가지 형태의 범죄 증가

두 번의 대이민으로 인해 도시지역 내 범죄가 증가했다. 당연해보이기도 하거니와 피할 수 없는 현상이기도 하다. 대개 빈곤층인 청년들 수백만 명이 고향을 떠나 혼잡한 도시 빈민구역으로 이주해왔다면 폭력과 무법 상황은 당연해보인다. 사실 관련된 자료를 살펴보면 이처럼 범죄가 급격히 증가한 현상은 놀라운 일로 봐야 한다. 19세기 중반 아일랜드 청년들은 당시 미국 청년들에 비해 아주 평화로운 사람들이었다.[32] 다른 유럽 이민자들 역시 마찬가지였다.[33] 당대의 유럽 지역 범죄율에 근거해 볼 때 유럽인들이 미국으로 대규모 이민해 들어오면 미국의 범죄율은 높아지기보다는 낮아져야 했었다. 남부지역 흑인들의 북부 이주 역시 마찬가지다. 1890년대 이전까지 북부와 남부지역 모두에서 백인의 살인범죄율(즉 백인이 살해당하는 비율이 아닌 백인이 살인범죄를 자행하는 경우)은 흑인의 살인범죄율보다 높았다.[34] 한 세기가 지나자 흑인의 살인범죄율은 북부와 남부지역 똑같이 상승했다. 오늘날에는 백인의 살인범죄율보다 흑인의 살인범죄율이 7배 높다.[35] 하지만 대이민Great Migration이 시작되던 시기에는 북부지역 도시의 흑인 인구 증가가 폭력범죄의 물결을 몰고 올 것이라 예상할 아무런 근거가 없었다.

예상 밖의 범죄 고조 현상에도 큰 차이가 있다. 단기간 지속되는 약한 형태의 현상이 있는 반면, 장기간 지속되는 심각한 현상인 경우도 있다. 이민자들의 범죄와 관련하여 뉴욕과 런던의 살인범죄율을 비교해보면 이해에 도움이 된다. 즉 19세기 후반과 20세기 초반, 런던은 뉴욕에 비해 이민자가 훨씬 적다. [표 1]을 보면 그 차이를 알 수 있다.

[표 1] 인구 10만 명당 살인범죄율, 뉴욕과 런던, 1840~1925[36]

기간(년)	뉴욕	런던
1840~45	4.4	0.3
1860~65	10.8	0.6
1880~85	4.4	0.3
1900~05	3.5	0.4
1920~25	5.3	1.3

어느 시기에나 뉴욕 시민들이 런던 시민들보다 실제로 더 폭력적이

다. 하지만 두 도시의 범죄 양상은 대체로 동일하다. 뉴욕은 수백만 유럽 이민자들의 입국 지점이며 정착지가 되는 경우도 많았다. 그 결과는 주로 남북전쟁 직전, 그리고 전쟁 기간 중에 나타났다. 즉 뉴욕 시의 살인범죄율은 잠시 급증했다가 곧 대이민 이전 시기의 수준으로 되돌아갔다. 다만 급증 시기 동안에도 20세기 최고 수준의 3분의 1 정도에 지나지 않았다. 둘째, 1920년대 두 도시 모두 높은 범죄율 수준은 오해의 소지가 있다. 주로 가벼운 범죄의 증가가 많았기 때문이다. 20세기 전반기 치명적인 교통사고가 대단히 많이 일어났다. 사람들이 자동차 운전을 익히고, 보행자들이 차를 피하는 법을 익히는 데 시간이 걸렸기 때문이다. 오늘날에는 살인 및 치사죄 통계자료에 교통사고 사망은 포함하지 않는다. 1920년대에는 그렇지 않았다. 일부 지역에서는 교통사고 사망도 일반 살인 및 치사죄로 다루었기 때문에 해당 지역의 살인범죄 건수가 부풀려지기도 했었다.[37]

교통사고 사상이 통계에 미치는 영향이 어떠하든 주요 내용에는 변함없다. 즉 두 도시의 살인범죄율은 유럽으로부터 미국을 향한 이민자들의 대규모 쇄도가 시작되기 전에도 대략 10만 명당 4명 수준이었고, 대량 이민이 멈춘 후에도 여전히 같은 수준을 유지했다. 폭력범죄 수준만으로 보자면 엘리스 아일랜드(역주: Ellis Island. 1892년부터 1954년까지 미국 이민국이 위치한 뉴욕 항의 입국 장소로, 1200만 명의 이민자들이 이곳을 거쳐 입국했다)의 대가, 즉 미국이라는 용광로가 치를 비용은 아주 낮다.

대량 이민의 규모와 특성을 고려해볼 때 더욱더 그렇다. 이 시기에 북부도시들은 6개국으로부터 들어온 이민자들로 넘쳐나고 있었다. 이들이 떠나온 유럽에서는 서로 전쟁하는데 익숙했던 나라들이었다. 개신교도가 압도적이었던 미국에 들어온 대부분의 이민자들은 가톨릭교도였으며, 그리스정교도들과 유대인들도 얼마간 있었다. 이민자들은 젊은 남성이 대다수였는데, 도시의 거리를 장악하기 위해 갱단을 조직하고 서로 싸웠다. 이 모든 현상이 산업혁명에 뒤따른 사회경제적 대혼란의 한복판에서 일어났다. 이 시기는 매 15년마다 찾아오는 심각한 불황기 동안 실업자들에 대한 정부 지원의 안전망이 부재했던 때다. 종교적, 인종적 대립과 젊은 남성 인구의 과잉, 혹독한 경제 위기와 사회 변화, 이러한 조건들은 지난 세대가 목격한 벨파스트와 보스니아, 베이루트와 바그다드에서의 피바다를 초래했던 정황과 어느 정도 닮은꼴이다.[38] 다만 20세기 초반 10여 년 동안 미국 도시들의 폭력 양상은 21세기 초반 10여 년 동안 문제된 도시들에서의 폭력과 닮은 점이 전혀 없다. 당시 범죄는 일정 수준으로 억제되었다. 오늘날의 기준으로 볼 때 이민자들이 지배하던 미국 도시들은 안전한 지역이었다.

흑인 이주 이후에는 상당한 수준으로 불안이 높아졌다. 1930년대에는 북부도시들에서 흑인의 살인범죄율이 백인의 살인범죄율보다 몇 배 높았다.[39] 따라서 이들 도시들에서는 흑인 인구 비율이 급격히 높아지면서 폭력범죄율도 함께 높아졌다. [표 2]는 북부 도시별 흑인 인구 비율과 살인범죄율을 10년 단위로 보여준다.

북부도시에서 살인범죄율이 상승했지만 흑인 인구의 단순 증가가 유일한 원인은 아니었다. 미국 전체적으로 범죄가 증가했다. 즉 미국의 살인범죄율은 30년간 2배로 상승한 데 비해 흑인 인구 비율은 완만

[표 2] 일부 도시의 흑인 인구 비율과 인구 10만 명당 살인범죄율[40], 1950~1980

도시	1950		1960		1970		1980	
	살인 범죄율	흑인 인구 비율(%)	살인 범죄율	흑인 인구 비율(%)	살인 범죄율	흑인 인구 비율(%)	살인 범죄율	흑인 인구 비율(%)
보스턴	1	5	4	9	18	16	16	22
시카고	7	14	10	23	24	33	29	40
클리블랜드	7	16	10	29	36	38	46	44
디트로이트	6	16	9	29	33	44	46	63
뉴욕	4	9	5	14	14	21	26	25
필라델피아	6	18	8	26	18	34	26	38
미국	5	10	5	11	8	11	11	12

주: 도시지역 살인범죄율 자료는 각 해당연도 FBI, Uniform Crime Report. 도시 지역 흑인 인구 비율 자료는 C. Campbell & K. Jung, Historical Statistics on Population Totals by Race, 1790 to 1990, and by Hispanic Origin, 1970 to 1990, for Large Cities and Other Urban Places in the US (US Census Bureau, Working Paper No.76, 2005)

히 상승했을 뿐이다. 대이민 시대가 막을 내리면서 베이비붐 세대들이 10대 후반이 되었다. 이 시기는 남성의 범죄성이 가장 높을 때다. 1960년대 중반 이후 살인범죄율의 급등은 1940년대 후반 이후 출산율의 급등과 관련이 있음이 틀림없다.

그렇지만 20세기 말 인종과 도시지역 폭력의 상호연관성은 뚜렷하다. [표 2]의 살인범죄율과 인구수를 산포도로 보면 다음의 [도표 1]과 같다.

흑인 인구 증가와 살인범죄율 상승 사이의 연관성은 인근 지역의 살인범죄율을 더 광범위하게 알 수 있다면 더욱 분명해진다. 인종뿐만

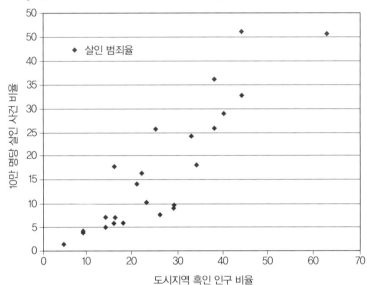

[도표 1] 일부 도시 살인범죄율과 흑인 인구 비율, 1950~1980

아니라 빈곤 요소도 통제된 자료라면 연관성을 더 강하게 입증할 수 있겠다. 시카고의 중상층, 대부분 백인이 거주하는 하이드파크 지역의 현재 살인범죄율은 10만 명당 3건이다. 인근 지역 빈곤층, 흑인 비율이 98%인 워싱턴파크 지역의 살인범죄율은 10만 명당 78건이다.[41] 도시지역 범죄는 인구 구성상으로도 집중되어 있을 뿐만 아니라 지리적으로도 집중되어 있다.

[도표 1]에서 볼 수 있는 인구 구성상의 연관성은 더욱 논란의 여지가 있다. 하지만 지리적 연관성이 더 중요할 수 있다. 1950년대 북부 도시들에서의 살인범죄율은 전국적 살인범죄율에 비해 약간 높았을 따름이었다. 1970년대부터는 더 이상 높지 않게 되었는데, 오늘날까

지 여전하다.[42] 대도시의 일부 구역은 전쟁터나 다름없지만, 다른 구역은 전국의 다른 도시들과 마찬가지로 상당히 안전하다. 2007년 뉴욕주에서 교통사고를 제외한 살인범죄율이 0인 도시나 마을에 살고 있는 시민은 300만 명에 달한다. 합쳐서 인구 50만 명인 버팔로와 로체스터시의 경우에는 살인범죄율이 104건에 달한다.[43] 폭력범죄에 노출될 위험에 관한 한 미국인들은 서로 완전히 다른 두 개의 나라에 살고 있는 셈이다. 이러한 진실은 미국 형사정책의 독특한 결정구조를 더 구체적으로 볼 수 있게 해준다. 안전한 지역에 거주하는 주민들이 선출한 관리가 위험지역에 관련된 형사사법을 좌우하게 되기 때문이다.

다시 인구 구성의 문제에 관해 [표 2]와 [도표 1]을 보면, 20세기 후반 흑인의 높은 폭력범죄율은 일부 측면에 치우친 관념이 아니라 역사적 사실이다. 20세기 후반 범죄의 거대한 물결이 거세지면서 범죄에 대한 정치적 수사修辭들이 점차 인종과 관련되는 표현으로 변화하는데 주목한 수많은 연구들이 있다.[44] 물론 정치판에 등장한 인종 차별적 조치들은 많다. 다만 그 수사까지 인종 차별적이지는 않았다. 인종 문제와 범죄는 한때 이민 문제와 범죄가 그랬듯이 한 묶음으로 취급되면서 그 정도가 더 심해졌다. 이 같은 추세가 정점에 달한 곳은 흑인 노예가 있었던 남부가 아니라 더 문명화된 북부였다. 정점에 달한 시기는 인종 분리의 시대가 아니라 아프리카계 미국인들을 위한 민권운동이 일어나고, 아프리카계 미국인들이 지방정부를 장악하던 시대였다. 이런 맥락에서 보면 보스니아, 베이루트와 바그다드의 경우도 이해가 된다.

인종주의 때문에 흑인 범죄가 급증했다는 인식이 생긴 것이 아니라면 인종 차별 때문에 흑인 범죄가 늘어났다고 보아야 할 것이다. 범죄 양상이 변화하는 역사적 원인은 다양하기도 하거니와 분석하기도 어렵다. 불의한 인종 차별의 미국 역사에 익숙한 사람들에게는 인종 차별이 20세기 거대한 범죄의 물결을 더 거칠게 했다는 생각이 그리 놀랍지 않다. 이 점에 대해서는 뒤에서 다시 논의하기로 하겠다. 일단 여기서 지적하고자 하는 점은 인종 차별과 범죄가 상호적으로 작용했을 개연성이다. 즉 인종 차별이 범죄의 급증에 기여를 했다면 범죄의 급증 자체가 일종의 인종 차별을 초래하기도 했다. 적어도 그 대상에게는 인종 차별이나 다름없는 차별로 받아들여졌다.

흑인 거주지역에 사는 범죄 피해자들은 지역경찰들에게 자신들의 범죄 피해 문제를 심각하게 다루어줄 것을 설득하기 어려웠다. 범죄 피해가 워낙 만연해 있기 때문이었다. 게다가 경찰은 흑인 남성을 범죄혐의자로 간주하는데 망설임이 없다. 같은 상황에서 백인이라면 그렇게 대하지 않을 것이다. 택시기사들도 백인 손님 앞에는 얼른 차를 세우지만, 흑인에게는 그렇지 않다. 행인들은 길을 건너다가 젊은 흑인 남자가 마주해오면 들고 있던 물건을 더 꽉 움켜잡기 마련이다. 미국 최초의 흑인 대통령의 할머니[45]조차도 그런 경험을 말한다. 다른 인종집단에 속하는 사람들과 마주쳤을 때와 태도가 다르다. 이러한 모든 행동의 원인은 하나다. 흑인 범죄율이 백인 범죄율보다 엄청나게 높기 때문이다. 택시기사, 행인, 경찰관 할 것 없이 모두들 인종집단에 따라 범죄발생률이 실질적으로 차이가 난다는 것을 알고 있다. 흑인 청년은 다른 인종집단들보다 훨씬 많이 중한 폭력범죄를 저지른다.

높은 범죄율 때문에 검은 피부를 가진 청년을 볼 때면 택시기사든 행인이든 겁을 먹는다. 경찰관들은 다른 사람들보다 범죄에 대한 두려움이 적기는 하겠지만, 행태가 달라지기는 한다. 범죄율이 높은 지역에서 근무하는 경찰관들은 소수의 중범죄에 매달려야 하기 때문에 다른 경찰 활동은 어렵다. 오히려 범죄가 적은 안전지역의 경찰관들이 범죄피해에 더 관심을 기울일 수 있다.[46]

랜들 케네디Randall Kennedy는 바로 이러한 현상을 가장 잘 포착하고 있다. 그의 글에 따르면 흑인 남성은 일종의 '인종세人種稅, racial tax'를 부담한다. 개인의 행태와 무관하게, 경찰관과 시민들 모두 흑인 남성들을 보호가 필요한 잠재적 피해자라기보다는 처벌할 필요가 있는 잠재적 범죄자로 보기 쉽다.[47] 나이, 성별, 피부색이 결합하여 마치 헤스터 프린Hester Prynne(역주: 소설 〈주홍 글씨〉의 여주인공)의 '주홍 글씨'처럼 작용한다. 여기서 비롯된 범죄 의심은 20세기 후반에서 21세기 초반 동안 미국인들의 사회적 삶을 규정하는 주요 요인들 중의 하나다. 인종 차별이라기보다는 합리적인 의심이라 할 수도 있다. 하지만 이런 의심 대상이 되는 당사자들에게는 분명 인종 차별처럼 받아들여진다.

2. 반발

두 차례의 대이민은 정치적 반발을 불러왔고[48], 두 경우 모두 범죄와 상당한 관련이 있다. 아일랜드 가톨릭교도의 유입이 시작된 지 반세기만에 한 세대 동안에 걸쳐 도시의 타락에 맞선 성전聖戰이 시작되었다. 1890년대부터 1900년대 초반까지 일종의 문화십자군들은 도시의 성매매 시장을 주요 표적으로 삼았다.[49] 타락과의 성전anti-vice crusade은 1910년 "부도덕한 목적"의 주간 여성 이전州間女性移轉, interstate transportation of women을 금지하는 연방법인 만 법Mann Act(역주: 정식 명칭은 White-Slave Traffic Act. 법안을 발의한 James Mann 의원의 이름에 따른 약칭. 성매매와 인신매매를 금지하는데 입법의도가 있었으나 부도덕한 목적이라는 요건이 불명확하여 합의된 성관계의 형사처벌에도 광범위하게 적용되었다)의 입법에서 그 절정에 달했다.[50] 1910년 연방법은 20세기 초반 문화전사들culture warriors에게 힘을 실어주었다. 이후 15년 동안 문화십자군들은 두 가지 큰 승리를 거뒀다. 술의 제조와 판매를 금지한 수정헌법 제18조, 그리고 대량 이민을 금지하는 1924년 이민법Immigration Act이 그것이다.[51]

이민법이 시행된 지 얼마 지나지 않아, 다시 말해 감자 농사 흉작으로 아일랜드인의 미국 이민이 시작된 지 8년 만에 미국 이주민과 그 후손들은 최악의 정치적인 패배를 당했다. 뉴욕 주지사 알 스미스Al Smith는 아일랜드 이민의 후손이자 이민자들의 꿈의 상징으로 1928년 민주당 대통령후보에 지명되었다. 하지만 미국 역사상 최대 표차로 선거에서 패배했다. 개신교도 국민들의 반대는 구교도 이민자들이 통치하게 된다는 생각 때문인 것으로 보인다. 하지만 스미스의 패배는 반이민적 반동의 절정이 아닌 그 끝을 알리는 사건이었다. 몇 년 후 금주법은 폐지되었다. 연속해서 세 차례 큰 표 차이로 대통령선거에서 패배한 끝에 금주법을 반대하는 정파가 다섯 번 연속 승리했다.[52] 대량 유럽 이민이 시작된 지 불과 한 세기 만에 이주민들의 후손들은 자신들의 대통령 케네디John F. Kennedy를 백악관에 보내는데 기여했다.

이민자에 대한 반발과 흑인 범죄의 역사적 문제는 어떤 면에서는 기묘할 정도로 비슷해 보인다. 한 세대에 걸친 도시지역 성매매와 선술집과의 싸움은 이민자 사회를 차별적 대상으로 삼았고, 역시 1970년대부터 한 세대 가까운 마약과의 전쟁에서도 흑인 사회가 차별적 대상이었다.[53] 마약과의 전쟁 역시 차별적이었다. 마약과의 전쟁이 절정에 달한 1986년에는 코카인 파우더 100g 소지죄와 크랙crack(역주: 가장 중독성 강한 코카인의 일종으로서 1984년경 뉴욕, LA, 마이애미 도시지역에서 유행하기 시작했다) 1g 소지죄를 동일하게 처벌하는 연방법이 통과되었다(코카인 소지 범죄의 대부분 피고인들은 백인이다. 흑인 크랙 사용자는 소수인데, 크랙 범죄 피고인들의 절대 다수는 흑인들이다[54]). 크랙이 한창 유행이던 시기는 대규모 이민이 시작된 지 80년이 지난 때었다. 아일랜드 내이민이 처음 시작된 때부터 알 스미스가 선거에서 패배한 때까지의 시간 간격과 같다. 1988년 아버지 부시 대통령의 대선 승리에는 월리 호튼Willie Horton이라는 망령이 기여했다(역주: 윌리 호튼은 1974년 일급 강도살인죄로 가석방 없는 무기구금형에 처해졌으나, 1986년 매사추세츠 주 교정 당국의 주말귀휴제도에 따라 외출했다가 교도소로 복귀하지 않은 채 강간범죄를 저질렀다. 주말귀휴제도는 1972년 당시 공화당 소속 주지사가 도입하였으며 일급 살인범죄자에게는 해당되지 않았으나, 이후 주 대법원이 모든 범죄자에게 적용되어야 한다고 판결한 바 있다. 이에 주 의회가 입법을 통해 제한을 두고자 하였으나, 당시 주지사 듀카키스는 범죄인 교정에 도움이 된다는 이유로 해당 법안에 거부권을 행사했다. 이 때문에 1988년 대통령선거 당시 상대 공화당 진영에서 듀카키스 후보를 공격하는 소재가 되었다). 매사추세츠 주 교정 당국은 이 흑인 강간살인범에게 귀휴조치를 허가했고, 당시 주지사는 마이클 듀카키스Michael Dukakis, 바로 민주당 대통령후보였다.[55]

알 스미스가 허버트 후버에게 패배했던 선거처럼, 윌리 호튼이 쟁점이었던 선거는 범죄와 관련된 정치적 반동이 끝나기 시작한다는 신호였다. 몇 년이 지난 1990년대 초반부터, 즉 대이민이 끝난 지 약 20년 후부터는 20세기 들어 두 번째로 범죄 급감의 추세가 시작됐다.[56] (처음으로 범죄가 급감했던 추세는 1934년부터 시작되었다. 유럽으로부터의 대량 이민이 제1차 세계대전의 발발과 함께 끝난 지 20년이 지난 시기다).[57] 흑인 다수가 지지했던 정당은 세 차례 연속 압도적인 표차로 대선에서 패배한 뒤, 이후부터는 다섯 차례의 대선에서 네 차례 승리하고, 마지막 다섯 번째 선거에서는 근소한 차이로 패배했다. 남부 흑인들을 실은 열차가 북부도시로 향한 지 한 세기—아일랜드 대기근에 따른 이민의 시작과 케네디의 대통령 당선 사이의 간격과 대략 같은 시간—가 지난 뒤 흑인 이주민들의 후손들은 미국 최초의 흑인 대통령 선출에 기여하게 되었다.

비슷해 보이기는 하지만 과거 이민자들과 근래 흑인 범죄에 대한 정치적 대응은 크게 다르다. 대이민에 대한 반발에 편승해 경력을 쌓은 정치인들보다는 이민사회 안에서 경력을 쌓아올린 정치인들을 보면 이러한 차이를 가장 잘 파악할 수 있다.

20세기 전반기에는 대도시 이민사회를 기반으로 선출된 정치인들이 지속적으로 등장했다. 데이비드 월시David Ignatius Walsh는 헨리 로지Henry Cabot Lodge 1세의 후임자이자, 헨리 로지 2세의 선임자로서 매사추세츠 주지사 2년을 거쳐 주 상원의원 4선을 지냈다.[58] 로버트 와그너Robert F. Wagner는 뉴욕 주 상원의원 4선을 지냈고, 그 아들은 뉴욕 시장을 세 차례 연임했다. 대선에서 허버트 후버에게 대패하기 전까지 알 스미스는 공화당 정권기에 뉴욕 주지사를 네 차례 연임했었다. 와그너는 독일 태생으로 9살에 미국으로 이민왔다. 월시와 스미스는 아일랜드 이민의 후손이다. 세 사람 모두 가톨릭신자였다(와그너는 성인이 돼서 개종했다). 월시의 부친은 머리빗공장 노동자였다. 스미스의 부친은 소규모 외식사업을 운영하다가 아들이 12살이 되던 해 죽었고, 스미스는 신문배달과 소규모 식품점 계산원으로 일하며 가족생계를 도왔다. 이들과 같은 사례는 미국 산업지대 전역에 걸쳐 나타났다. 즉 일리노이 주지사 헨리 호너Henry Horner, 뉴욕 주지사 허비드 리민Herbert Lehman은 유대계 이민 후손이었고, 코네티컷 주 상원의원 브라이언 맥마흔Brien McMahon(본명인 James O'Brien McMahon을 개명했다)이 많은 사례들 중의 일부다.[59]

정치적으로 그렇게 고위직에 오른 흑인 정치인은 드물다. 미국 최초의 흑인 대통령 버락 오바마Barack Obama 역시 미국 역사상 흑인 상원의원으로는 세 번째에 불과하며, 두 명의 선임자들 모두 상원의원 현직이 아니다. 이들 세 명의 흑인 상원의원, 매사추세츠 주의 에드워드 브룩Edward Brooke, 일리노이 주의 캐롤 브라운Carol Moseley Braun과 오바마는 모두 합쳐도 4선밖에 안 된다. 월시와 와그너는 각각 4선이었다. 주지사에 흑인이 당선된 경우도 세 차례밖에 없다. 1989년 버지니아 주 더글러스 와일더Douglas Wilder, 2006년과 2010년 매사추세츠 주 드발 패트릭Deval Patrick의 경우다. 이처럼 수가 적은 이유는 틀림없이 백인 인종주의의 영향 때문이다. 하지만 이민 배척주의나 배타적 개신교 역시 스미스, 와그너, 월시와 같은 이민 출신 정치인들에게는 커다란 장애물이었다. 두 가지 형태의 이민이 그 규모가 달랐다는 점 또한 원인이 되었다. 1920년대까지 이민자와 그 후손들은 북동부 유권자의 다수를 차지했다. 흑인들은 최남부 지역Deep South(역주: 조지아, 앨라배마, 미시시피, 루이지애나, 사우스캐롤라이나 주. 이 지역을 Cotton States라고도 함)에서만 다수였는데, 1965년까지는 사실상 투표권을 갖지 못했다. 그 이후로도 최남부 지역 백인 유권자들은 여전히 흑인에게 적대적이었다. 알 스미스나 데이비드 월시 같은 정치인들은 더글러스 와일더나 드발 패트릭이 70년 후에나 확보할 수 있었던 것보다 더 큰 지역 지지기반을 가졌었다.

그래도 정치인 숫자나 인종 차별만으로는 모두를 설명하지는 못한다. 20세기 후반기 흑인 범죄에 대한 백인들의 두려움은 20세기 전반기 미국 태생 개신교도들의 가톨릭 이민자들의 범죄에 대한 두려움보다 훨씬 심각했다. 당연하게도 지난 20세기 이후 도시 범죄율은 한 세기 전 이민자들이 다수인 도시지역의 범죄율보다 훨씬 높다. 도시지역 폭력이 급증하던 시대에는 흑인이나 백인을 가리지 않고 대도시 출신 유명 정치인들이 주지사 선거에서 고전했다. 1980년대와 1990년대 초반 범죄율이 높던 시기에 애틀랜타와 로스앤젤레스, 뉴욕의 유명한 시장 출신들은 주지사 선거에서는 모두 패배했다.[60] (로스앤젤레스 시장 탐 브래들리Tom Bradley의 경우는 주지사 당선에 가장 근접했었는데, 그가 경찰 출신이었다는 점은 의미심장해 보인다.) 한 시대 동안 이러한 패턴은 흑인 정치인들을 도시지역 기반에만 묶어두었다.

1990년대 범죄율의 감소가 진행된 지 6년여가 지나, 오바마는 민주당 대통령후보 경선에서 교외지역 백인주민들로부터 수백만 표를 얻었고, 1천만 표 이상을 더 얻어 대통령선거에서도 승리했다. 20년 전 제시 잭슨Jesse Jackson은 두 차례 대선도전에서 아프리카계 미국인들 외에는 거의 표를 얻지 못했다.[61] 물론 오바마와 잭슨의 정치적 역량이 다르기 때문에 백인들의 지지를 얻는 수준에 차이가 있었다. 그래도 오바마와 같은 흑인 정치인의 백인 유권자들에 대한 호소력이 잭슨 시기에는 나타나지 못했다는 사실은 우연의 일치 그 이상인 것으로 보인다. 1970년대와 1980년대 흑인 범죄는 흑인 정치인들의 야심에 기다란 장애물이었다. 21세기 초반에 이르러 이 같은 장애물은 산산조각 났다. 그렇지 않았다면 오바마 부부는 워싱턴 백악관이 아니라 아직 시카고 하이드파크에 살고 있을지 모른다.

3. 몇 가지 설명

20세기 초와 20세기 말의 상이한 범죄 패턴은 상이한 정책을 낳았다. 그렇다면 무엇이 상이한 범죄 패턴을 낳았을까? 간단히 답하자면, 아무도 모른다. 범죄 동향은 경기순환과 비슷하다. 과거 동향에 대한 설명은 쉽다. 하지만 미래를 예측할 수 있는 사람은 없어 보인다. 그래서 과거에 대한 설명조차 의심을 받는다. 좀 더 길게 답하자면, 1950년대 북부도시들에서 시작되어 곧이어 전국으로 퍼져나간 인종적으로 왜곡된 대규모 범죄의 물결에서도, 19세기 마지막과 20세기 초 몇 해 동안 상당히 낮아진 범죄율에서도 단일의 결정적 요인은 없다. 모든 걸 설명하는 만능이론은 없다. 하지만 두 차례 대규모 이민이 낳은 상이한 범죄 동향에 영향을 미친 것으로 보이는 원인은 적어도 세 가지가 있다.

첫째, 잠재적 원인은 경제다. 19세기와 20세기 초반 유럽을 떠나 미국으로 이주해온 청년들은 미국 기업에서 직업을 찾고, 규율과 사회적 계층 상승을 추구했다. 위법 행위를 삼가는데 따르는 보상이 컸다. 하지만 시카고, 뉴욕, 필라델피아, 디트로이트행 북상열차를 탔던 흑인 청년들은 그렇지 못했다. 고향 남부지역에서보다 더 높은 임금을 받는 직업을 구했지만 자신과 자신의 아들세대들은 보수인상과 승진을 기대할 수 있는 직업이나 경력으로부터는 배제되었다. 이들에게는 준법보다 범죄가 더욱 매력적이었다. 흑인 청년들은 백인 노동자 이웃들보다 잃을 것이 적었기 때문이었다. 두 차례의 세계대전 기간 중 흑인 살인범죄율의 감소는 당연했다. 이 시기에는 흑인 남성과 여성 모두에게 경제적 기회가 확대되었다. 많은 백인 남성들이 징집되었고, 임금이 높은 군수공장들은 일할 수 있는 노동자들이 필요했기 때문이었다. 세계대전이 끝나면서 기회들은 사라지고, 흑인 살인범죄율은 다시 상승 추세로 돌아섰다.[62] 1964년 (마침내) 인종 차별적 고용을 법적으로 금지하게 되었지만, 최고의 일터였던 공장들은 이미 흑인들이 살던 북부도시에서 빠져나가 버렸다. 사양지역Rust Belt에서 기업들이 떠나고 공동화되면서 인종 차별을 겪던 세대가 구했던 일자리마저 사라졌다.[63]

이처럼 경제적 관점의 설명은 상당히 설득력 있게 들린다. 하지만 범죄에 관한 경제학 이론은 범죄 동향과 경기순환 사이의 외관상 관련성 그 이상은 설명하지 못한다. 지난 한 세기 동안 폭력범죄율은 1934년과 1992년 두 차례 십수 년에 걸쳐 실질적으로 감소했다. 제1차 폭력범죄율 감소는 대공황 후반기와 제1차 세계대전에 따른 경제부흥 시기와 일치한다. 제2차 폭력범죄율 감소는 인터넷기업 호황dot-com bubble과 함께 시작된 장기 경제성장기와 일치한다. 1950년대와 1960년대도 유사한 경제호황기였으며, 1970년대에는 인플레이션과 실업에 더해 두 차례 큰 불경기가 찾아왔다. 이리한 세 번의 기간 동안 상이한 경제 상황에 따라 상이한 범죄 동향이 나타나지는 않았다. 동일 기간 중 모두 북동부, 중서부, 서부해안지역에 걸쳐 범죄율이 급증했다. 1960년대와 1970년대 초기에는 전국에 걸쳐 범죄가 증가했다. 1980년대 초 미국인들은 두 자릿수의 실업률과 거의 50년 만의 심각한 불경기를 겪었다. 살인범죄율은 25% 낮아졌다. 1980년대 중후반에는 낮은 인플레이션과 함께 경제가 빠르게 성장했다. 이 시기에는 살인범죄율이 20% 이상 증가했고, 다시 1990년대 낮은 인플레이션 상태의 장기 경제성장기 동안에는 급감했다.[64] 이들 조합에는 아무런 뚜렷한 패턴이 없다. 미국의 경제 상황은 어느 정도 범죄 동향과 관련 있을 것이지

만, 그 연관성 규명은 놀랄 만큼 어려운 일이다.[65]

범죄율과 형벌 패턴 사이의 역사적 연관성은 좀 더 분명해 보인다. 1950년대, 1960년대와 1970년대 초기에 걸쳐 범죄가 증가하는 동안 미국 북부와 서부지역 교도소 수형자 수는 감소했다. 즉 범죄별 수형자 수는 급락했다. 1950년대 뉴욕 주에서는 뉴욕 시에서 발생하는 살인범죄 한 건 대비 28명이 구금되어 있었다. 1972년에는 3명으로 떨어졌다. 시카고와 디트로이트, 로스앤젤레스, 보스턴의 경우도 비슷했다.[66] 형벌을 집행하면 범죄를 방지할 수 있다는 사회과학 연구들이 많다.[67] 그렇다면 형벌이 줄어들면 범죄가 늘어나야 할 것이다. 즉 1950년대 이후 형벌이 급감했다면, 이후 세대에서는 범죄가 급증해야 마땅했다. 19세기 말과 20세기 초 이민자들이 다수였던 도시들에서는 비교할 만한 아무런 현상도 없었다. 범죄당 수형자 수는 상당히 안정적 수준이었다. 즉 뉴욕과 뉴잉글랜드 주에서는 다소 감소했으며, 구舊 중서부지역 대다수에서도 안정적이었다. 도시지역 폭력범죄율도 마찬가지였다. 19세기 후반기에는 다소 감소했으며, 20세기 초기에는 다소 증가했다.[68]

하지만 실업률 수준에서와 마찬가지로 형벌 수준에서의 변화는 외관상의 변화 이상은 설명하지 못한다. 1950년과 1960년대 범죄율이 급증하는 동안 구금형 비율은 가파르게 떨어졌고, 1990년대에는 구금형 비율이 높아지는 동안 범죄율이 떨어진 것이 사실이다. 1970년대와 1980년대 구금형 비율은 급증하면서 도시 이외 지역의 범죄는 줄어들었다. 그런데 도시지역 내 폭력범죄는 계속해서 늘어났다. 1972년 뉴욕 시의 살인범죄율은 인구 10만 명당 22건이었으며, 같은 해 뉴욕 주 구금형 비율은 최저점을 찍었다. 1990년대 뉴욕 시의 살인범죄율은 31건까지 늘어났다. 시카고의 경우도 22건에서 31건으로 증가했다. 로스앤젤레스의 경우는 18건에서 28건으로 늘어났다. 디트로이트의 경우 42건에서 57기로 증가했다(같은 시기 전국적인 살인범죄율은 인구 10만 명당 9건에서 11건으로 늘어났다가 9건으로 떨어졌다). 각 주의 구금형 비율이 3배 이상 높아진 시기의 현상이다. 뉴욕 주와 일리노이 주에서는 4배 이상 높아졌다.[69] 구금형을 늘려 20세기 후반기 범죄의 물결에 파괴된 도시 내 흑인 거주지역을 구할 수 있었다고 하려면, 바로 그 범죄의 물결은 그보다 앞서 정점에 달해 있었어야 했을 것이다.

세 번째 설명이 가장 중요하다. 역사학자 랜돌프 로스Randolph Roth에 따르면 정부와 법률이 미덥지 못하거나 준수할 만하다고 보이지 않을 때 청년들은 살인범죄로 나아간다.[70] 심리학자 톰 타일러Tom Tyler에 따르면 사람들은 법집행 체계가 공정하기 때문에 존중받을 가치가 있다고 신뢰할 때 법을 준수한다.[71] 사법체계가 정당성을 인정받는다면, 청년들은 그 체계의 규칙에 따를 가능성이 높다. 마찬가지로 부당하다고 인식하면 범죄는 더 빈발하고, 범죄 통제는 더 어려워지게 된다.

정당성legitimacy이란 말은 무미건조한 학문적 용어처럼 보인다. 정당성이라는 말 뒤에서 일어나는 현상은 무미건조함과는 거리가 멀 뿐만 아니라 학문적 상상력의 산물도 아니다. 누구의 권력이 올바르게 행사되는가에 대한 논쟁은 우리 문화적 유산의 일부다. 수세기 동안 문학작품들은 현 국왕과 정당한 왕위계승자 간의 분쟁을 소재로 삼아왔다. 셰익스피어의 많은 희곡들도 그러한 분쟁을 다룬다. 독재자들의 통치는 국민들이 독재 권력의 취약성과 부당성을 인식하는 순간 무너져버린다. 필리핀에서 정적 아키노의 암살 이후 페르디난트 마르코스나, 이슬람 시위를 막을 수 없었던 이란 왕이나, 대규모 항의시위로 더 이상 루마니아의 도시들을 통제할 수 없게 된 차우셰스쿠의 몰락이 그 예다. 왕족과 독재자들은 민주주의라는 바이러스에 특히 취약하다. 하지만 민주주의는 면역성이 없다. 미국 남북전쟁의 발발, 독일 바이마르공화국의 붕괴, 프랑스 제3공화정과 제4공화정의 패망과 같은 역사적 사건들의 핵심은 관련 선거의 승자들이 실제로 국민들을 대표하지 못한다는 인식이 널리 퍼져 있었다는 점이다. 에이브러햄 링컨 정권이 남부동맹을 저지하지 못했던 것처럼, 히틀러 정권도, 페탱 정권도, 드골의 전임자들도 그들이 통치하고자 했던 국민들 다수로부터 존경받지 못했을 뿐만 아니라 두려움의 대상조차 되지 못했다. 이러한 인식은 범죄율에 영향을 미치지 않을 수 없다.

이러한 가정이 옳다면, 두 개의 아주 다른 범죄의 물결은 처음 생각보다는 이해할 만도 하다. 19세기 말, 즉 이민자들이 지배하던 도시들에서 범죄가 대체로 감소하고, 증가하지 않았던 시기에는 대체로 노동자계급 이민자들과 그 후손들 자신들이 도시의 사법체계를 지배했다. 아프리카계 미국인들은 오늘날까지도 그런 권력을 가져본 적이 없다.

금권정치시대 북부도시들에서는 정치 세력에 따라 경찰 관직이 임명되었는데, 바로 경찰 순찰 활동을 가장 필요로 하는 노동자계층 이주민 유권자들의 표가 정치 세력을 좌우했다.[72] 바로 이러한 정치 세력이 범죄사건을 기소하는 지방검사와 재판하는 법관들도 선택했다. 현재와 마찬가지로 당시부터 지방검사와 형사법관들은 대체로 각 지역에서 선출했다. 당시에도 대도시 지역은 시 경계 주변에 많은 수의 교외지역을 거느리고 있었다. 19세기 말에서 20세기 초에 걸쳐 교외지역에는 거의 사람들이 거주하지 않았지만, 도심지역은 유권자들을 확보하고 있었다.

도시지역 공동체들은 투표함ballot boxes에서 뿐만 아니라 배심원석 jury boxes에서도 권력을 행사했다. 지역에서 선정된 배심원들[73]이 (거의 절반 가까운) 중범죄 사안의 평결을 내렸다.[74] 이들 배심원들은 검사들의 거수기 역할에 불과했다. 대부분의 범죄들은 모호하게 규정되어 있어서 변호인 측의 변론에 광범한 법적 여지를 남겨주었다. '무효 배심 jury nullification'(역주: 배심원이 피고인의 범행 사실을 인정하면서도 적용 법률이 부당하거나 해당 사안 적용이 부적절하다고 판단할 경우 무죄평결을 내리는 경우다. 반대로 피고인에게 적용할 법률이 없는 경우라도 불법적 행위가 인정될 경우 유죄평결을 내릴 수도 있다)이라는 용어는 한 세기 전까지만 해도 알려져 있지 않았다. 배심원들이 법을 더 잘 존중해서가 아니라 관대한 처분을 구하는 변론에 유리한 법률 때문이었다. 검사는 피고인이 관련 형사법규를 위반했다는 점뿐만 아니라, 당해 행위를 '범죄적 의도criminal intent' 또는 '범의犯意, guilty mind', 혹은 윌리엄 블랙스톤William Blackstone(역주: 영국의 법학자로서 영국 법을 학문적으로 집대성한 Commentaries on the Laws of England(1765~1769)를 통해 미국 법 발전에도 큰 영향을 미쳤다)의 더 날카로운 용어에 따르면 '악의惡意, vicious will'로써 행하였다는 점을 입증해야 했다.[75] 이러한 법적 기준은 실체적 진실 발견이 아니라 도덕적 평가를 필요로 한다. 배심원들은 형량 결과 형사처벌이 부당하다고 보이는 경우 얼마든지 무죄평결을 내릴 수 있었다.

배심원들은 실제로, 게다가 종종 무죄평결을 내렸다. 19세기 말에서 20세기 초에 걸쳐 시카고 지역 살인사건의 4분의 3 이상이 형사처벌을 받지 않았다. 가해자의 신원이 확인되지 않아서가 아니라, 배심원들이 유죄평결을 하지 않으려 했기 때문이었다.[76] 이 기간 중 시카고 살인사건사 기록을 보면 통제 불능인 법정 다툼들의 목록에 다름없다. 다툼은 거의 모두 증인들 면전에서 일어났고, 대부분 피고인 측의 승리로 끝났다.[77] 가해자 피고인이 이처럼 쉽게 승소할 수 있는 체계에서는 교도소 수형자 수가 적을 수밖에 없다. 과거 북동부에서 중서부 지역에 이르기까지 교도소 수형자 수는 적었다. 오늘날 이들 지역에는 전체 거주인구의 약 6분의 1이 교도소에 구금되어 있다.[78]

낮은 범죄율, 높은 무죄율, 적은 교도소 수형자 수라는 조합은 21세기 미국인들에게는 불가능해 보인다. 형사처벌을 그처럼 절제하는 체계라면 어떻게 폭력에 빠져들기 쉬운 불안정한 청소년들을 통제할 수 있겠는가? 대답하자면, 형사처벌이 주된 수단이 되어서는 폭력을 통제할 수는 없다. 거시적으로 폭력은 지역 민주주의와 이를 뒷받침하는 관계망을 통해서 통제된다. 금권정치시기 형사처벌은 바로 그 관계망 속에 구현되어 있었다. 경찰관들은 자신들이 순찰하는 지역에 거주하고 있는 경우가 많았고, 도시의 정치 체계를 대변하는 지역 책임자들을 통해 이웃과 정치적 유대관계를 형성하고 있었다. 순찰은 도보순찰이었고, 경찰관과 순찰대상인 사람들, 순찰을 돌며 보호하는 주민들 모두 서로 알고 지냈다. 많은 경우 경찰, 범죄 피해자, 범죄자와 배심원들 모두가 서로 동떨어진 지역 주민들이 아니라 이웃들이었다.[79] 범죄자의 강탈행위에 대한 분노는 피고인에 대한 동정심 때문에 누그러지기도 했으며, 이웃사람의 아들을 주립교도소에 보내는 일을 망설였다. 이런 체계에서는 중범죄를 저지르려 해도 자신의 행동이 상당한 충격을 가져오리라는 것을 잘 알기에 범죄의 유혹이 약해지기 마련이다. 좀 더 현대적인 용어를 사용해서 설명하자면, 금권정치시대의 사법체계는 범죄 방지를 위해 소프트파워soft power와 사회적 자본social capital에 크게 의존했다.

옛 사법체계를 낭만화해서는 안 된다고 보는 사람도 있다. 당시 경찰 활동은 20세기 말보다 지역사회와 밀접한 관련이 있었지만, 더 폭력적이고 부패하고 태만했다. 어떤 학자가 지적하듯이 경찰관은 악행을 방지하기보다는 악행을 저지를 자격을 부여하고, 범죄를 일소하기보다는 규제할 뿐이었다.[80] 사법체계는 전반적으로 오늘날보다는 덜 엄격했지만, 그 관대함이란 부분적으로는 도시지역 발생 범죄사건을 다루기에 검사와 법관의 수가 크게 부족했던 결과다. 다수의, 추측건대 거의 대다수의 배심원들은 중산층으로서 노동자계급의 피고인들을 심판했기 때문에 체계 자체가 계급적 갈등과 밀접히 연관되어 있었다.[81] 다만 적어도 미국의 북동부 지역의 사법체계는 오늘날보다 더 관대하고, 지역 민주주의가 발전했으며, 차별이 덜하고 더 효과적이었다.

오늘날의 사법체계는 보다 중앙집권적이고, 더 실정법화·관료화되어 강제력hard power에 대한 의존도가 더 크다. 19세기 이민자들이 떠나온 유럽 제국들의 제국경찰처럼 19세기 말에서 20세기 초에 걸쳐 미국 도시지역 경찰은 전문 관료조직이었으며, 지역 정치의 관직이 아니었다. 이러한 사실은 흑인 출신 경찰간부의 존재 여부보다 더 중요하다. 경찰관들의 순찰지역 주민들과의 관계는 개인적 친분보다는 전문직업적 공평무사함에 의해 규정되었다.[82] (지난 20년간 지역사회 경찰활동community policing의 등장은 이러한 흐름을 뒤집기 시작했다.) 과거와 마찬가지로 오늘날 대부분의 도시지역 검사와 형사법관은 지역사회에서 선출되지만, 대도시 지역 유권자의 구성은 변화했다. 교외지역과 부유한 도시 인근지역 유권자 수의 증가 때문이다.

극히 소수의 사건만 형사재판에 회부되기 때문에 배심원들이 형사사법의 결과에 대해 통제할 수 있는 여지는 거의 없다. 기소된 중죄사건 20건당 19건은 유죄인정으로 종결되며, 3분의 2 정도 수준이었던 1960년대와 비교된다.[83] 나머지 배심재판이 진행되는 경우에도 과거에 비해 배심원들에게 법적으로 보장된 재량권한도 적다. 블랙스톤 식의 '악의'와 같은 기준은 대부분 사라졌다. 100년 전 형사재판에서 행해지던 피고인 측의 변론은 오늘날의 체계에서는 대다수 허용되지 아니한다. 피고인은 범의의 부재를 입증하기가 더욱 어렵다. 법 개념이 더욱 기술적이고, 검사 측에 훨씬 유리하도록 규정되기 때문이다. 당연하게도 유죄판결률이 더 높아졌다.[84] 동시에 형사법관의 양형 재량도 축소되었다. 즉 필요적 최저형 규정과 구속적인 양형기준이 과거 양형법관의 판단 재량의 대상이었던 선고형을 결정한다.[85] 법체계는 더욱 중앙집권화되고, 특히 의원과 항소법관과 같은 연방 및 주 관리의 역할도 과거보다 더 중요해졌다. 지역배심원이나 법관의 도덕적 평가 역할의 중요성은 축소되었다.

중앙집권화의 진전에 따라 20세기 말부터 21세기 초반부에 걸쳐 범죄의 피해자이면서 수형자가 되기도 하는 유권자들, 즉 도시지역 흑인들의 영향력도 축소되었다. 미국의 형사사법 체계에 미친 영향도 상당하다. 1920년대와 1930년대 초, 이주민 노동자사회는 금주법의 가혹한 집행에 맞서 고투를 벌였고, 결국 이겼다. 20세기 말, 마약 관련 법집행은 비슷한 정치적 싸움을 전혀 불러오지 않았다. 그 상당한 원인은 가혹한 마약 관련 법집행의 비용을 치러야 할 자들에게 앞세대 이민자들이 가졌던 만큼의 정치적 힘이 부족했기 때문이다. [표 3]의 주州 형벌 통계에서 그 효과를 알 수 있다. 유럽 대량 이민 시기 동안([표 3]의 1~3열에 해당되는 시기) 교도소 수형자 수는 중서부와 펜실베이니아에서는 다소 증가했는데, 매사추세츠나 뉴욕에서는 크게 감소하였다. 20세기 중후반기([표 3]의 4~6열), 즉 흑인 대이주에 뒤이은 범죄 급증에 사법체계가 대응한 시기 초기에는 구금형 수형률이 기록을 경신하여 최고치에 이르렀다가 범죄율 최고치에서 급락했으며, 곧이어 다시 급증했다. 변하지 않는 건 범죄율이 계속 변했다는 점이다.

변화의 크기를 과장하기는 어렵다. 1950년대, 1960년대와 1970년대 초, 미국 역사상 가장 큰 규모의 범죄 급증시기 동안 북동부, 중서부, 서부해안지역 교도소 수형자 수는 21세기 서구 세계의 가장 낮은

[표 3] 일부 주 인구 10만 명당 구금형 비율, 1880~2000

주 / 연도	1880	1904	1923	1950	1972	2000
일리노이	60	47	65	90	50	371
매사추세츠	61	65	36	78	32	252
미시간	72	54	91	134	94	480
뉴욕	124	71	58	107	64	383
오하이오	40	53	69	121	77	406
펜실베이니아	43	39	47	73	53	307
미국	61	69	74	118	93	469

주: 제1~4열의 자료는 Margaret Werner Cahalan, Historical Corrections Statistics in the US, 1850~1984, 30면, 표 3-3(Bureau of Statistics, 1986). 제5~6열의 자료는 Sourcebook 1991, 637면 표 6.72. Online Sourcebook, 표 6.29. 2008

구금형 비율에 견줄 만했다. 2007년 덴마크, 노르웨이, 스웨덴은 각각 인구 10만 명당 44, 55, 55명이 구금되어 있었다. 러시아의 구금형 비율은 513명이다. (유럽 평균은 10만 명당 116명이다.)[86] 1972년 매사추세츠, 일리노이, 뉴욕 주의 구금형 비율은 각각 32, 50, 64명이다. [표 3]에서 보는 바와 같이 교도소 수형자 수는 이후 30년간 급증했다. 뉴욕의 구금형 비율은 6배가 되었다. 일리노이의 경우 7배 이상, 매사추세츠에서는 거의 8배 증가했다. 이처럼 급격한 증가에도 범죄율 간의 차이점을 고려하면 형사처벌 실무상의 변화 정도는 크지 않다. 전국적으로 살인범죄당 실제 구금기간은 1970년대 중반부터 21세기 초까지의 기간 동안 700% 증가했다.[87] 30여 년 동안 미국의 초기 형사처벌 수준은 스웨덴보다 낮았으나, 이후 러시아보다 더 엄벌적인 사법체계를 구축했다.[88]

형사처벌 실무의 급격한 선회는 흑인 거주지역을 가장 세게 강타했다. 20세기 후반기에 걸쳐 범죄 증가는 흑인 인구가 다수를 차지하는 도시지역에 집중되었다. 제2차 세계대전 이후 한 세대 동안의 교도소 수형자 수 감소는 대부분 공업지대, 즉 흑인 인구가 다수이고 계속 증가하던 북부지역 도시들이 포함된 주에서 나타났다.[89] 1950년대와 1960년대, 그리고 1970년대 초의 관용적 시대를 지나 1990년대의 그 유명한 엄벌주의로의 전환punitive turn 시기에 이르면, 그 영향은 흑인들에게 차별적으로 미쳤다. 1972년 이후 교도소 수형자 수가 증가하면서, 수형자 중 흑인 비율도 1970년대 초 약 40%에서 1990년대 중반에는 절반까지 높아졌다.[90] 많은 흑인 지역사회에서 구금형은 흑인 남성에게 일상적인 삶의 일부가 되었으며, 일종의 통과의례로서 영광스런 훈장으로 여겨지기까지 했다. 오늘날 백인 구금형 비율은 인구 10만명당 500명 정도로 미국 역사상 현격한 최고치에 달해 있다. 흑인 구금형 비율은 최고 3,000명에 달하며, 20대와 30대 흑인 남성 중에서는 7,000명이 넘는다.[91]

현재의 추세가 지속된다면, 대학교육을 받지 못한 흑인 남성의 3분의 1이 일정 기간 교도소에 구금될 것이다. 고등학교 중퇴 흑인 남성들의 구금형 비율은 60%에 달한다.[92]

이러한 극단적인 흐름들을 종합해보면, 다음과 같이 사정이 파악된다. 1950~75년 시기 미국의 형사제재는 실패했다. 범죄율 높은 흑인 거주지역은 방치되었다. 1976~99년에는 흑인 거주지역 청년들이 대규모로 구금형에 처해졌다. 한 세대에서는 아나키즘anarchism에 다름

없다가 다음 세대에서는 전체주의를 불러오는 것처럼, 극단적인 가혹한 처벌 다음에는 극단적인 관대함이 뒤따른다. 범죄자가 범죄에 대해 치르는 대가의 측면에서 보면 사법체계는 처음에는 기록경신적인 디플레이션을 보여주다가, 뒤이어 그만큼 유례없는 인플레이션을 보여준다. 적정성, 일관성, 예측 가능한 대가는 효율적인 금융 체계뿐만 아니라 효과적인 사법체계의 특징이기도 하건만 어디서도 찾아볼 수 없었다.

　이상하게도 사회개혁Great Society(역주: 1960년대 린든 존슨 행정부의 빈곤과 인종 차별을 해소하기 위한 사회개혁 프로그램)과 민권법 세대는 정부기관의 권한과 혜택을 신뢰하면서도 급증하는 범죄에 맞선 형사처벌의 실패는 용인했다. 아나키즘과는 확실히 거리가 먼 시대에 나타난 일종의 아나키즘이었다. 인종 차별과 빈곤을 근절할 수 있을 것으로 신뢰받던 바로 그 정부가 범죄를 제대로 처벌할지는 신뢰받지 못했다는 점이 분명했다. 더욱 이상한 일은 그 다음 세대에서 나타났다. 레이거니즘 Reaganism(역주: 레이건 행정부 시기 자유시장경제와 정부 규제 완화를 중시한 정책 이념)을 수용하고 큰 정부 시대의 종언을 선언했으면서도, 유례없는 대규모의 교정관료 체계가 정부의 범죄통제 정책의 핵심에 자리잡았다. 시장에 대한 정부 규제는 바람직한 결과보다는 부작용이 많다는 것이 1990년대 만연한 상식이었다. 그런데도 바로 그 엉터리 정부 관료들이 자신들 자리를 지키는 것 외에는 아무런 성과가 없으면서도 대규모 불법 마약시장은 억제할 수 있다고 여겼던 것이다.

　어떤 정치구조가 그처럼 독특한 결과를 낳을 수 있었을까? 미국이 점점 더 부유해지면서, 그리고 거의 백인들로 이루어진 교외지역(20세기 중반부터 이미 그러했다)이 제2차 세계대전 직후부터 우후죽순처럼 늘어나면서 범죄는 점차 도시지역, 특히 도시 내 흑인 거주지역에 더욱 집중되어 왔다. 범죄율 높은 지역의 주민들이 많은 인구 덕분에 행사하던 정치적 영향력은 쇠퇴했다. 반면 도시와 교외 백인 주거지역의 영향력은 늘어났다. 도시 교외지역의 백인 거주민들은 흑인 게토 지역의 범죄 때문에 잃을 것이 거의 없었다. 1950년대부터 1960년대 초반에 걸쳐 북부지역 도시들에서 높아지는 폭력범죄율은 교외지역 유권자들에게는 전혀 사회문제거리가 되지 않았으며, 해당 도시들의 안전지역에 거주하는 이들에게는 사소한 문제였다. 자신들끼리는 충분히 평화로웠으며, 다른 지역 주민들의 상황은 크게 개의치 않았다. 1960년대 중후반 도시지역 폭동이 일어나면서 무관심은 공포로, 그리고 분노로 바뀌었다. 1970년대 초중반에는 교도소 수형자 수가 바닥을 쳤지만, 1976년부터 구금형 비율은 급격히 높아졌다.[93] 그 결과 미국 역사상 가장 관대했던 형사사법 체계를 뒤따라 가장 가혹한 체계가 등장했다. 미국의 형사사법이 더 이상 지방정부의 소관이 아니게 되면서 안정성이나 균형은 사라져버렸다. 대신 즉흥성과 극단성이 자리를 차지했다.

진짜 이유는 간단하다. 범죄와 형사처벌의 문제라면, 어느 지역 주민들이나 안전하기도 하고 위험에 처해 있기도 하기 때문에 두 개의 상충하는 정책적 동기가 있다. 한편으로 주민들은 자신들의 생활을 영위할 수 있는 안전한 거리를 원한다. 그렇다고 자신들의 아들과 형제들이, 이웃과 동료들이 투옥되어야 한다는 사실에 대해서는 혐오감을 나타낸다. 질서에 대한 욕구와 자유에 대한 열망, 범죄에 대한 분노와 경찰이 체포하고 검사가 기소하는 젊은이들에 대한 동정심, 이 모두 강력한 감정들이며, 서로 부딪친다. 누구라도 중범죄의 피해자가 되면 가해자가 처벌받기를 바라기 마련이며, 이는 우리 본성의 일부다.[94] 동시에 자신이나 이웃의 아들들이 구금되어 있다면, 구금형이 가족과 지역사회에 미치는 고통을 깨닫게 된다.[95] 지역정치의 형사사법에 대한 통제력은 바로 두 가지 동기를 함께 동력으로 삼는다.

두 개의 상충하는 정책적 동기 사이의 균형은 형사처벌에 대한 권한이 실제 범죄가 발생하고 처벌이 행해지는 지역사회에 거주하지 않는 유권자들과 관리들에 주어질 때 다른 양상을 보인다. 분노나 동정심 모두 실제생활에서 경험하는 유권자들과 달리, 저녁 뉴스에서 범죄보도를 시청할 뿐인 유권자들에게는 힘이 약할 수밖에 없다. 분노나 동정심이 약할 때에는 두 감정 어느 쪽에 약간의 변화만 있어도 체계적인 결과는 클 수 있다. 즉 처벌의 강화나 약화 경향을 통제할 반대 방향의 억지력도 약하기 때문이다. 극단적인 변화가 일상적이 되어가고, 안정적인 균형 상태는 드물게 된다. 체계가 상식적 수준의 관용과 응보 사이에서 변동하는 게 아니라 전면적인 무관심과 억제되지 않는 분노 사이를 오가게 된다. 실제로 미국인들은 지난 반세기 동안 무한한 관용에 이어 상상할 수 없을 정도의 가혹함이 뒤따르는 현상을 목격해왔다. 이런 악순환은 즉시 끊어야 한다.

4. 성공과 실패

지난 반세기 동안의 극단적인 사법체계에도 큰 성과로 볼 만한 경우가 있다. 즉 1990년대 도시지역 범죄율이 극적으로 감소하여 전국적으로는 범죄율의 3분의 1이 감소하였고, 일부 도시에서는 3분의 2 수준까지 감소했다.[96] 겉모습에 속아서는 안 된다. 1991년 이후 실제 범죄는 감소했지만, 교도소 수형자 수가 급증하기 시작한 지 20년이 지나서야 범죄율이 감소했다. 처벌의 증가가 범죄 감소의 주된 원인이려면 범죄율은 더 크게, 그리고 더 조기에 감소하기 시작했어야 한다. 그리고 범죄 감소 수준도 과거 한 세대 기간 동안의 도시지역 범죄 급증 정도를 훨씬 밑돈다. 도시지역 폭력범죄율은 50년, 100년 전보다 여전히 상당 수준 높은 상태다.

뉴욕은 미국에서 가장 안전한 대도시로서, 1990년대와 2000년대 초에 걸쳐 가장 큰 규모로, 가장 빠르게 범죄율이 감소했다. 하지만 뉴욕의 살인범죄율은 20세기 초에 비해 80% 높은 수준이며, 물론 구금형 비율도 4배 더 높다.[97] 이 같은 범죄율 차이는 오히려 오해할 수 있을 정도로 적다. 20세기 초에 피살되었던 사람들 중 다수는 오늘날이라면 응급의학의 발전으로 인해 치명상에도 불구하고 생존했을 것이다. 의학발전을 고려해보면 뉴욕은 한 세기 전보다 두 배만큼이 아니라 몇 배 이상 폭력적이다. 범죄율의 감소는 기껏해야 아주 짧은 동안만큼의 성과에 불과했다고 평가해야 한다.

유감스럽지만 공공정책의 영역에서는 단기간의 성과만 가능할 뿐이다. 오히려 개혁이 왜곡되는 경우가 더 일반적이다. 20세기 중반 관용적인 정책전환은 부분적으로는 게토 지역의 폭력에 대한 형사처벌이 지나치게 가혹하다고 보았던 법관, 검사와 정치인들의 결정 때문이었다.[98] 1960년대 이래 연방대법원은 형사피고인의 법적권리를 확대했다. 이는 빈민층과 흑인 피고인들이 백인 정부 관리들이 지배하는 체계의 피해자이기도 하다는 사실을 인식했기 때문이다.[99] 엄중한 마약 관련법의 등장 역시 거시적으로는 도시 빈민지역에 미치는 불법 마약시장의 끔찍한 해악을 저지하기 위한 개혁적 노력의 산물이었다.[100] 이러한 변화의 상당수는 개혁가를 자임한 사람들의 결단에서 나왔다. 하지만 이들의 개혁은 나쁜 상황을 더 악화시키는 괴상한 능력을 보여주었을 뿐이다.

아돌프 베를Adolf Berle과 가디너 민즈Gardiner Means는 그 이유를 이해했을 것이다. 80여 년 전 두 사람은 미국 정부 역사상 가장 중요한 책을 출간했다.[101] 이 책의 핵심 주제는 기업의 소유와 경영이 분리되었다는 점이다. 소유권이 없는 전문경영인의 경영과 경영권 없는 주식 소유 주주의 등장에 따라 경제학자들이 말하는 '대리인 비용agency cost'의 문제가 제기된다. 즉 경영진은 자신들을 고용한 주주들의 이익이 아닌 자신들의 이익을 위한 방식으로 기업을 경영하게 되기 마련이다. 저자들은 이러한 문제 때문에 기업경영인들로 하여금 공익에 복무하도록 통제하는 정부 규제 확대가 정당화된다고 보았다. 금융 체계가 경제 전체에 미치는 위험과 적절한 금융 규제에 관한 현대적 논쟁에서도 동일한 논리가 되풀이되고 있다. 현대 회사법학자들은 대체적으로 기업 소유와 경영의 분리를 정당화한다. 전문경영인으로 하여금 국민 일반의 선호가 아니라 주주들의 이해관계에 맞춰, 기업 소유주들의 필요에 더 잘 복무할 수 있도록 하는 제도이기 때문이다.[102]

두 논변은 모두 동일한 관점에 근거를 두고 있다. 즉 전문경영인들의 이익은 주주나 일반 국민들의 이익에 우선해서는 안 된다는 점이다. 주주들은 기업자산을 사유재산과 마찬가지로 자신들의 이익을 위해 사용할 도덕적 권리를 주장할 수 있다. 국민들 역시 사회 전체 부의 창출에 해가 되기 때문에 기업경제력의 집중을 제한할 정당한 권리를 주장할 수 있다. 전문경영인들은 아니다. 이들의 결정은 기업이 어떻게 경영되어야 하는지에 대해 중요한 이해관계를 가진 자들을 충실하게 대리하는 한에서만 신뢰할 수 있다.

현대 미국 형사사법은 마찬가지의, 하지만 더 열악한 형태의 거버넌스governance 문제에 직면해 있다. 어쨌든 전문경영인들은 자신들이 경영하는 기업이 지속적으로 이익을 내야 할 이유가 충분하다. 자신들의 일자리가 달려 있기 때문이다. 오늘날 도시지역 형사사법 체계의 책임자들은 경영의 잘못으로 잃을 것이 적다. 도시 현장에서의 경찰 활동과 형사처벌의 양태를 결정하는 교외지역 유권자들, 주 의회 의원들과 연방 및 각 주 항소법관들에게 형사사법 정책은 정치적 상징이나 법적 추상일 뿐이지, 이웃의 삶을 결정짓기 위한 대책으로서의 문제가 아니다. 일이 잘 풀린다 해도 범죄율이 높은 지역 주민들이 이익을 보는 것이지, 관련된 결정을 내린 정부 관리가 이익을 보지는 않는다. 일이 잘못된다 해도 범죄 피해를 입은 지역사회 주민들이 그 값을 치르게 된다. 정책결정자들은 올바른 결정으로 이익을 거두지도 않고, 잘못된 결정의 대가를 치르지도 않는다. 범죄도 처벌도 실감하지 못하는 유권자들이 좌우하는 체계에서는 극단적인 관용이나 극단적인 가혹함도 자연스런 일이다. 개혁을 하면 효과가 있을까? 물론이다. 하지만 20세기 법률가와 정치인들이 추구했던 그런 식의 개혁은 아니다. 핵심 원리는 기업법의 원리와 동일하다. 즉 대리인 비용을 절감하고, 범죄율이 높은 지역사회 주민들에게 더 많은 권한을 주어야 한다. 바로 이들이야말로 기업 이익의 증감 효과를 절감하는 주주들처럼 범죄와 처벌의 증감율의 효과를 절감하는 당사자이기 때문이다. 형사사법을 보다 지역 민주주의적으로 개혁한다면 범죄통제에 있어서 더욱 합리적이고 평등하며, 더욱 효과적인 사법체계가 될 것이다.

법은 이러한 목표실현에 기여할 수 있으며, 실제 기여한 적도 있다. 형법은 법원칙과 범죄에 대한 정의定意를 규정한다. 과거 형법은 처벌 대상인 피고인이 자신들의 이웃과 동료들의 관점에서 마땅한 처벌을 받도록 설계된 법으로 인식되었다. 오늘날 미국 형법은 형사소추와 검사의 유죄인정협상이 용이하도록 설계된 법이다. 20세기 후반기 이전까지 소송절차법은 배심재판의 비용을 낮추고 상당히 효과적으로 운영될 수 있도록 규정되어 있었다. 그로 인해 배심재판이 보편화될 수 있었다. 오늘날 정교한 소송법제는 소송절차를 예외적이고 높은 비용이 드는 데다가, 오류도 쉽게 일어날 수 있도록 만들고 있다. 실체법적으로나 절차법적으로 전통적인 법원칙을 회복한다면, 적어도 오늘날 사법체계가 드러내는 불의不義를 어느 정도 줄일 수 있을 것이다. 또한 범죄통제의 기능도 좀 더 잘할 수 있을 것이다.

100년 전 아일랜드와 이탈리아 이민자들이 불의에 맞서 자신들을 지키는데 헌법적 기본권과 절차에 의지하지 않았다는 사실을 기억해 둘 만하다. 금권정치시대 사법체계에서 헌법은 극히 작은 역할밖에 하지 못했다. 이민자들의 이익을 연방이나 주 의회의 입법이 보호해주지도 않았었다. 대부분 이민자들이 다수인 도시지역에서 범죄는 연방이나 주 차원이 아니라 지역정치에 의해 통제되었다. 범죄가 실제 발생하는 거리 인근에 거주하는 유권자들의 표는 중요시되었다. 관련된 정부 관리들이 자리를 지키려면 유권자들을 존중해야 했기 때문이다. 흑인들은 그런 권력을 누려본 적이 없다.

미국의 형사사법은 심하게 고장난 상태이며, 그 결과는 재앙이라 불러 마땅할 지경이다. 최근 일련의 형사사법 개혁은 또 다른 개혁을 시급히 요하는 문제를 만들어 내는데 기여했을 뿐이다. 오늘날 개혁을 추구하고자 한다면 이러한 사실을 염두에 두고, 생산적인 변화를 가져올 최선의 모델을 현대 입법과 판결이 아니라, 우리 의식 속에서 거의 사라져버린 과거에서 찾을 수 있음을 고려해야 마땅할 것이다. 때로 앞으로 나가는 최선의 길은 뒤돌아서야 보인다.

제2장
"늑대의 귀를 잡다"

"우리는 늑대의 귀를 붙잡은 꼴이어서(역주: wolf by the ears는 로마 티베리우스 황제가 이런 저런 위험에 대한 염려 때문에 늘 결정을 주저하였다는 데서 유래된 말로, 진퇴양난의 난감한 상황을 의미한다) 계속 붙잡고 있을 수도 없고, 놔주자니 안심할 수도 없습니다. 한 쪽 저울에는 정의가, 다른 한 쪽에는 자기보호가 놓여 있습니다."

— 토머스 제퍼슨, 존 홈즈에게 보낸 편지(1820)[103]

1. 제퍼슨의 예견

제퍼슨Thomas Jefferson의 편지는 다음과 같은 구절로 더 잘 알려져 있다. "이 같이 중대한 문제는 한밤중 화재경보처럼 나를 깨워 두려움에 빠지게 합니다. 나는 대번에 연방에 대한 흉조라 생각하게 되었습니다." 물론 이 문제란 흑인 노예의 지위를 말한다.

편지를 보낼 당시 존 홈즈John Holmes는 매사추세츠 주 하원의원이었고, 이후 메인 주 상원의원이 되었다. 메인 주는 오랫동안 매사추세츠 주의 일부였다가, 1819년 주민들이 독립된 주로서 연방 편입을 신청했다. 곧 독립 주가 될 지역의 주요 정치인사들 중의 한 사람이었던 홈즈는 메인 주의 연방 편입에서 이득을 취하고자 했다. 1820년 메인 주를 양분한 노예제 논쟁에서 잘못 편드는 바람에 지역구민들과의 갈등을 풀려고 제퍼슨에게 도움을 청했던 것이다.

연방의회에서 메인 주의 승인은 노예제도를 인정하는 미주리 주 역시 당시 연방the Union 편입을 신청한 직후여서 문제가 되었다. 뉴욕 출신 연방 하원의원 제임스 탤맷지James Tallmadge는 자신의 임기종료 한 달을 앞두고 미주리 주의 신청에 대해 반노예 수정안(역주: 1819년 민주당 하원의원 탤맷지 2세가 제출한 Tallmadge Amendment는 당시 연방의회에서 노예 인정 주와 노예 폐지 주의 수적 균형이 미주리 주의 연방 편입으로 인해 무너지게 되는 문제를 해결하기 위해 연방 편입을 조건으로 미주리 주가 노예제도를 점진적으로 폐지하도록 하는 내용이었다)을 제출함으로써 전국적인 정치적 위기를 불러왔다. 탤맷지 수정안에 따르면 새로 연방에 가입한 주에는 더 이상 노예가 유입될 수 없고, 연방 가입 이후 출생한 모든 노예는 25세 이후 (노예 소유주가 남부 주 지역에 이미 팔아버리지 않는 극히 드문 경우) 해방된다. 점진적으로, 히지만 결국 미주리 주는 노예제도 인징 남부 주가 아니라 노예해방 북부 주의 일원이 될 수밖에 없었다. 수정안은 북부 주가 다수인 하원에서는 신속하게 통과되었다. 남부 주가 다수인 상원에서는 부결되었다. 논쟁은 점점 더 치열해졌다.[104]

결국 양원은 다음과 같은 절충안에 합의하였다. 즉 미주리 주는 노예 인정 주가 되는 동시에 메인 주는 노예 해방 주로 하여 상원에서 양측의 균형을 유지하는 것이다. 그리고 프랑스로부터 구입한 지역 Louisiana Purchase(역주: 1803년 제퍼슨 행정부는 프랑스로부터 프랑스령 루이지애나 지역을 구입했다. 이 지역은 오늘날 아칸소, 미주리, 아이오와, 오클라호마, 캔자스, 네브래스카 주와, 미네소타, 노스다코타, 사우스다코타, 뉴멕시코, 텍사스, 몬태나, 와이오밍, 콜로라도, 루이지애나 주 일부에 해당된다)의 경우 미주리 주 남쪽 경계를 기준선으로 그 이북 지역에서 노예제도를 금지하였다. 하원의 장 헨리 클레이Henry Clay(노예제도를 인정한 켄터키 주 출신)가 계속 압박한 끝에 북부 주 의원들은 하원 통과를 위한 절충안을 가까스로 받아들였다.[105] 홈즈는 클레이 의장의 가장 충실한 지지자로서 탤맷지 수정안이 표결에 부쳐질 때마다 반대표를 행사했던 다섯 명에 불과한 북부 출신 의원 중의 한 사람이었다.[106] 제퍼슨의 서한은 북부 주에서 재선에 도전한 홈즈 의원이 지나치게 친남부적pro-southern이라는 비난에 맞서는데 도움이 돼주려는 의도였다.

지지자들을 염두에 둔 제퍼슨은 노예제 반대 입장에 서서 노예 유입 확산에 찬성했다.[107] 흑인 노예들이 남부 일부 지역에만 밀집해 있는 한, 백인 노예주들의 입장에서는 노예해방에 따른 결과에 대한 두려움 때문에 노예제 폐지에 대한 어떤 논의도 불가능하게 될 것이다. 제퍼슨이 "한 쪽 저울에는 정의가, 다른 한 쪽에는 자기방위가 놓여 있습니다"라고 썼다는 점에서 어느 편으로 기울었는지 알 수 있다. 즉 제퍼슨에 따르면 노예의 영속화와 백인 노예주에 대한 대규모 살육, 양자택일의 상황을 피할 수 있는 유일한 길이 있다. 노예들을 전국적으로 널리 흩어놓아서, 백인들이 그렇게 두려워하는 흑인들보다 인구수에서 압도할 수 있게 하는 것이다. 바로 이러한 논리로 노예해방 지지자들은 제임스 탤맷지가 아니라 존 홈즈의 편에 섰다.

제퍼슨의 서한은 흔히 탁월한 선견지명을 보여주었다고 평가받는다. 실제로 노예제 논쟁은 마치 "한밤중의 화재경보"라는 편지 구절처럼 연방 해체와 남북전쟁에 이르게 되었다. 이를 예견했던 사람은 제퍼슨뿐만은 아니었다. 미주리 관련 논쟁이 한창이던 당시 존 퀸시 애덤스John Quincy Adams는 자신의 일기에서 같은 내용의 예견을 했고 또 반겼다. (애덤스는 노예해방을 위해서라면 내전도 불사해야 한다고 생각했다. "사태는 불행하고 비참하게 진행될 수밖에 없겠지만, 그런 만큼 영광스런 결말을 맺을 것이다. 신이 나를 심판할 것이로되, 나는 감히 그것을 원했다 말할 것이다."[108]) 아무튼 제퍼슨이 존 홈즈에게 보낸 서한에 담긴 핵심 논리는 또 다른 예견으로, 별개의 문제에 대한 답으로 바뀌었다. 흑인 노예들이 해방된다면, 그리고 해방된 이후 백인 주인들에게 어떤 일이 일어날 것인가? 이 질문에 대한 제퍼슨의 대답은 선견지명이 아니었다. 반대로 틀린 것으로 판명되었다.

　1860년대 노예들은 실제 남북전쟁(그리고 링컨의 전시 해방선언 Emancipation Proclamation)으로, 수정헌법 제13조Thirteenth Amendment로, 그리고 노예들 자신의 노력으로 해방되었다. 흑인 군인들에 의해 사살된 백인 군인을 제외하고는 해방 이후 흑인들의 과거 백인 주인들에 대한 어떠한 폭력도 촉발되지 않았다.[109] 오히려 폭력과 학살은 반대 방향으로 일어났다. 남북전쟁 기간 중 남부연맹군의 포로가 된 흑인 군인들은 어김없이 처형되었다. 포트 필로우Fort Pillow에서 나단 베드포드 포레스트Nathan Bedford Forrest 부대에 의한 학살, 피터스버그에서 크레이터 전투Battle of Crater의 학살이 가장 널리 알려진 예들이며,[110] 이 밖에도 사례가 많았다. 멤피스와 뉴올리언스에서의 유혈 인종폭동들의 경우 거의 모든 피살자는 흑인이고, 살인자들은 모두 백인이었다. 이로 인해 수정헌법 제14조가 신속히 비준되었다. 남북전쟁 종전 후 십여 년 동안 전국적으로 가장 살인범죄율이 높았던 지역인 루이지애나 주의 캐도 패리시 카운티의 경우 살인사건의 80%가 백인이 흑인을 살해한 경우다.[111] 1870년대 중반 남부 재건Reconstruction이 실패하면서, 백인 민병대는 흑인들이 투표하지 못하도록 수천 명의 흑인을 학살하여 백인 민주당원의 지배를 유지했다. 학살자들 일부는 남부지역의 주요 정치인이 되었다. 아무도 사법 처리되지 않았다. 남부지역 전역에서 남부 백인들의 일련의 폭력적인 쿠데타로 인해 주 정부가 붕괴했다. 거의 대부분 흑인들은 폭력의 희생자였지, 가해자가 아니었다.

정의와 자기방위는 서로 전혀 충돌하지 않는 것으로 드러났다. 분명 백인 주인들에 관해서는 그렇지 않았다(해방노예들에게는 또 다른 이야기다. 이들에게 자기방위를 위해서는 정의에 대한 모든 희망을 포기할 것이 요구되었다). 자유와 사회 안정은 제퍼슨과 그의 동료 노예 소유주들이 상상했던 것보다 서로 조화를 이뤘다. 노예제도는 훌륭하게 해결 가능한 문제였던 것이다. 그 해결의 주된 장애물은 자유시민들의 의지였지 노예들의 성향이라 알려졌던 폭력성이 아니었다.

21세기 미국의 수형자들과 19세기 미국의 노예들 사이에는 크고 분명한 차이가 많이 존재한다. 전자의 수는 후자보다 비율로나 절대수치로나 훨씬 적다. 남북전쟁 직전 남부 백인들은 400만 명에 가까운 흑인 노예를 소유하고 있었고, 미국 전체 인구는 3,100만 명이었다.[112] 오늘날 교도소와 교정시설 수형자들의 수는 230만 명에 달하며, 미국 전체 인구는 3억 명이다.[113] 이들 수형자의 절대 다수에게 자유 박탈은 일시적이다. 형기 종료 후 석방된다. 남부 주 북부지역Upper South (역주: 남북전쟁 개전 이후 남부연맹에 가입한 버지니아, 노스캐롤라이나, 테네시, 아칸소 주를 가리킴)의 일부에서는 자발적 노예 방면manumission이 일상적이었지만, 대부분의 흑인 노예들은 지위에 변함이 없었다. 수형자들은 여러 인종이 있지만, 노예들은 모두 아프리카계였다. 마지막으로 가장 중요한 차이는 노예의 지위는 태어나면서 부여되지만, 수형자들은 자신의 행동 때문에 구금되었다는 점이다. 적어도 일정 정도 교도소와 교정시설 수형자들은 격리구금incarceration을 자초한 것이다.[114] 노예들은 태어나면서부터 강제노역에 희생되어어야 했지만, 이들이 받은 억압은 전적으로 자초한 것도 아니었고, 정당화될 수도 없었다.

반면 중요한 유사점들도 있다. 격리구금은 일종의 노예제도다. 수정헌법 제13조의 문언에 따르면 "적법하게 유죄선고를 받은 당사자의 범죄에 대한 형벌이 아닌 한, 미국 내에서는 어떠한 노예제도나 강제노역도 인정될 수 없다."[115] 노예처럼 수형자들도 규정에 복종해야 한다. 수형자가 놓인 처지의 핵심 내용은 타인의 의지에 복종해야 한다는 것이다. 흑인 노예제는 범죄자의 격리구금과 마찬가지로 최빈곤 계층을 통치하는 수단의 하나였다. 즉 남북전쟁 이전 남부지역 주에 존재하지 않았던 적절한 규모의 정상적인 공식 사법체계를 사적으로 대체했던 수단이다. 오늘날에는 민영교도소가 점차 일반화되어 가고 있으며, 최빈곤 계층의 사람들에게 구금형이 집중된 정도는 심각하다.[116] 노예들은 투표권이 없었지만, 그들의 존재가 백인 소유주들의 권력을 강화해

주었다. 즉 선거구는 자유시민의 수에 노예 수의 5분의 3을 합산해 획정되었다. 오늘날 수형자와 전과자들도 유사한 지위를 가진다. 중범죄자 참정권 박탈법felon disenfranchisement law 때문에 구금형에 처해졌었거나 수형 중인 사람은 주 또는 지역 선거구 주민 수에는 포함되지만 투표권을 행사하여 자신의 대표를 택할 수는 없다.[117] 흑인 노예의 후손들은 전체 인구의 13%에 지나지 않지만, 전체 수형자의 약 40%를 차지하고 있다.[118] 이러한 수치를 보면, 남북전쟁 이전 남부지역 흑인들에게 노예제가 보편적인 현실이었던 점에 비해 격리구금은 보편적인 수준까지는 미치지 못한다. 그렇다 하더라도 아프리카계 미국인들에게 일종의 단기적 노예상태의 위협은 문화적 특징의 일부가 되었다.

중요한 유사점 두 가지가 더 있다. 첫째, 노예제도와 구금형은 모두한때 필요악으로 간주되었고 나중에는 도덕적, 사회적 재화로 인식되었다. 건국 당시 노예 소유주 대부분조차도 노예제도가 신생국가의 유감스런 오점이라 인식했다. 그래서 그 규모와 범위와 지속은 가능한 한 최소화되어야 한다고 보았다. 다수의 남부 백인 주민들은 이 같은 견해를 남북전쟁 직전까지도 지니고 있었다.[119] 하지만 전쟁 십여 년 전부터 상이한 견해가 퍼지기 시작했다. 존 캘혼John C. Calhoun의 주장에 따르면 노예제도는 '적극적인 선positive good'으로서 보호되고 확장되어야하지 제한되거나 규제되어서는 안 된다.[120] 마찬가지로 미국의 과거사에서 한때는 범죄에 대한 구금형은 비극적인 필수품으로서 그 부과와기간은 최소화되어야 한다고 보았었다.[121] 20세기 마지막 10년 동안 이러한 견해는 범죄에 대한 격리구금이 적극적인 선을 넘어 도덕적 의무로서 확실히 비극적인 필수품은 아니라는 관념에 의해 대체되었다.

둘째, 19세기 초 남부 백인들이 흑인 자유민에 대한 망상으로 두려움에 떨었던 것처럼, 21세기 초에는 전국적인 엄청난 수형자 수를 감축하려는 방안이 구금시설 바깥 일반 시민들을 두렵게 했다. 지난 75년 동안 미국의 구금형 비율은 두 차례 급감했었다. 첫 번째는 제2차 세계대전 직후, 두 번째는 1960년대와 1970년대 초였다. 제2차 세계대전 직후 전국적인 살인범죄율은 30% 가까이 상승했다. 1960, 70년대 살인범죄율은 두 배가 되었다.[122] 이러한 사례들에 근거해, 보통의 시민들은 전국적으로 늘어나는 수형자 수를 줄인다고 해서, 도시지역 범죄 때문에 가장 심하게 고통 받을 흑인 지역공동체들에게조차 실제 위협이 될 것이라 생각할 만큼 어리석지는 않았다. 정의의 관점에서는 너무 많은 흑인 청년들이 구금되어 있다는 결론에 이르게 되겠지만, 자기 보호의 관점에서는 그럼에도 불구하고 흑인 청년들을 구금하는 것이 소극적 대안으로서는 그나마 최선이라 주장할 수 있다. 제퍼슨의 말은 그가 편지에 썼던 노예들보다는 오늘날의 대규모의, 인종적으로 편향된 구금형 수형자들에게 더욱 적합해 보인다.

대규모 구금형 수형자 문제의 배후에는 두 가지 묶음의 문제들이 놓여 있다. 첫째는 숫자의 문제다. 얼마나 많은 수형자가 있어야 수형자 수가 너무 많다 할 것인가? 적정선이 어디 있으며, 21세기의 미국은 그 선을 넘었는가? 둘째는 위험과 관련된 문제다. 오늘날 수형자 수가 지나치게 많다고 본다면, 애초 그 수형자들을 구금시켰던 바로 그 범죄가 늘어날 위험 없이도 수형자 수를 줄일 수 있겠는가? 정의와 자기

보호는 상충하는가? 제퍼슨의 예견이 노예제에 대해서는 틀렸을지라도, 범죄와 형벌에 관해서는 맞지 않을까?

2. 숫자

제퍼슨은 정의와 자기 보호를 견주었다. 오늘날 구금형 수형자 문제의 본질과 효과를 이해하기 위해서는 상이한 관점이 요청된다. 즉 숫자와 그것이 보여주는 사회현실이다.

특정장소와 시기에 적정한 수형자 수는 누구도 알 수 없다. 일반적으로 승인된 척도가 존재하지 않기 때문이다. 답을 내놓는 사람마다 자신이 택한 기준을 근거 삼는다. 즉 현대 미국의 형벌 실무를 비교 평가하는 관점이다. 설득력 있어 보이는 기준에는 세 가지가 있다. 오늘날의 구금형 수형자 수는 과거 미국 수형자 수와 비교해볼 수 있다. 또는 미국의 형벌 실무를 유사한 정치적, 법적 전통을 가진 서구민주주의 국가의 실무와 비교해볼 수도 있다. 이 두 가지 기준이 관련된 연구들을 지배하는 관점이다. 마지막으로, 구금형 수형자 수는 중범죄 발생 건수에 비교해 평가할 수 있다. 즉 수형자 수보다는 수형자 수와 주요범죄 발생 건수의 비교가 관건이다. 세 번째 기준은 미국 유권자 다수가 선호할 가능성이 높다.

이러한 기준들을 차례로 살펴보기로 한다. 과거 미국의 형벌 수준과 비교해보면, 오늘날 구금형 수형자 수는 대단히 많다. 1980년 이전까지 미국 역사상 최고의 구금형 비율은 1939년의 인구 10만 명당 137명이었다. 2008년 구금형 비율은 과거 역사적 기록을 3.5배 이상 상회한다.[123] (달리 언급되지 않는 한, 수치는 교도소 수형자 수만을 가리킨다. 미결구금시설jail 수감자 수에 대한 역사적 자료가 제한적이기 때문이다.) 높은 수치에 이를 정도의 격리구금의 추세는 전국적인 규모였다. 모든 지역에서 20세기 후반기 동안 구금형은 적어도 3배 이상 증가했다.[124] 일부 주에서 그 증가 규모는 훨씬 더 컸다. 1950년 텍사스 주 인구 10만 명당 77명이 주 교도소에 구금되었는데, 2000년에는 730명에 달했다. 매사추세츠 주의 구금형 비율은 1972년 32명에서 1997년에는 278명으로 높아졌다. 1973년에서 2003년에 이르는 동안 미시시피 주의 구금형 비율은 76명에서 763명으로 높아졌다.[125]

수형자 수의 증가는 기소 및 유죄판결 피고인의 수 증가가 주된 원인이었다. 1960년 주 법원 중죄 유죄판결 피고인의 평균 구금형 수형기간은 28개월에 달했다. 1999년에는 34개월로 늘어났다.[126] 오늘날 사법체계는 과거에 비해 실제로 범죄를 더 엄중하게 처벌한다. 하지만 진정한 특징은 더욱 광범위하게 처벌한다는데 있다. 이러한 명제는 모든 유형의 범죄에 대해 타당하다. 지난 20세기 동안 마약범죄 사건은 2배 증가했다. 마약범죄의 구금형 비율은 20세기 후반 30년 동안에 10배 증가했다. 하지만 마약범죄 수형자 수는 전체 구금형 수형자의 20%에 불과하다.[127] 모든 마약범죄 사건을 통계에서 제외해도, 미국의 구금형 비율은 여전히 지난 35년간 4배 높아졌다. 마약범죄는 교도소 수형자 수를 폭증시키는 중요한 요인이지만, 그 1차적 원인은 아니다. 마약 이외의 다양한 범죄를 가중처벌하는 삼진법three-strikes laws(역

주: 1993년 미국 워싱턴 주에서 시작되어 여러 주에서 채택한 법으로서, 3회 이상 중죄를 범한 범죄자에 대해 절대적 무기형을 선고하도록 규정한다)이나 절대적 최저형 mandatory minimum sentences도 마찬가지다. 과거보다 더 많은 수형자들이 주와 연방 교도소에 구금된 주된 이유는 검사들이 과거보다 더 많은 피고인을 기소하고 유죄판결에 이르게 하기 때문이다.

범죄가 증가해도 전체 인구에 골고루 퍼지지는 않는 것처럼 [표 4]에서 보는 바와 같이 구금형의 증가 현상도 고르지 않다. 일반적인 구금형 비율이 높다 한다면 흑인의 구금격리 비율은 천문학적이라 할 만큼 높을 것이다.

[표 4] 인구 10만 명당 백인과 흑인의 구금형 비율, 1950~2000

	1950	1960	1970	1980	1990	2000	1950~2000 기간 중 변화
흑인	402	441	361	495	1203	1830	355%
백인	86	86	64	73	177	244	184%

주: 1950, 1960, 1970, 1980년 인종별 구금형 비율 자료는 M. W. Cahalan, Historical Corrections Statistics in the US, 1850-1984, 65면, 표 3-31. (Bureau of Justice Statistics, 1986); 인종별 구분된 전체 인구자료는 각 해당연도 Statistical Abstract. 1990년, 2000년 인종별 교도소 수형자 수 자료는 각각 1991 Sourcebook, 641면, 표 6.75, 2001 Sourcebook 498면, 표 6.28. 1990년과 2000년 인종별 구분된 전체 인구자료는 2001 Statistical Abstract, 13면, no.10.

2000년 흑인의 구금형 비율은 1950년 구舊 소련의 구금형 비율보다 4분의 1 이상 높았다. 1950년은 스탈린 정권 말기에 가까운 때로 교도소 수형자 수가 정점에 달한 시기였다. 미결구금시설 수감자 수까지 더한다면 흑인 구금형 비율은 스탈린 정권이 수용소gulag에 가둔 국민 비율보다 80%나 더 높다.[128]

이러한 사실이 사람들에게 미친 영향은 알려져 있지 않거니와 적어도 현재로서도 알 수가 없다. 다만 재앙적이라는 사실은 입증 가능할 것이다. 지난 35년 동안, 즉 전국적으로 수형자 수가 7배 증가한 시기 동안, 흑인의 혼인율은 백인보다 두 배 더 빨리 감소했다. 40% 이상의 흑인 남녀는 미혼이며, 흑인 아동의 다수가 사실혼 관계에서 출생한다.[129] 이러한 통계의 원인은 상당수 혼인 적령기 흑인 남성이 구금되어 있거나 구금되기 직전이거나 막 석방되었다는 데 있다.[130] 흑인의 실업률도 백인의 실업률보다 두 배 이상 높은 데, 수형자 수는 포함하지 않은 수치다.[131] (구금형 수형자 수도 산입한다면 실업률 격차는 상당히 더 벌어질 것이다).[132] 또한 흑인 구금형 비율이 그러한 격차에 기여하기도 한다. 즉 형기를 마친 전과자가 얻을 수 있는 합법적 직업은 거의 없을 뿐더러 그럴 듯한 직업도 없다.[133] 이러한 사실은 마약공급망 조직이 가난한 흑인 지역사회에서 저임금으로 수많은 청년들을 고용할 수 있는 이유를 설명해준다.[134] 낮은 임금에 노동 강도 높은 마약 거래 일거리라도 상당한 임금을 받는 합법적 직업을 구하기 힘든 곳에서는 지속될 수밖에 없다. 연구자들은 경제활동 기회의 빈약성이 흑인 범죄에 미치는 영향에 대해 주목해왔다.[135] 하지만 인과관계는 양면적 효과를 가진다. 즉 흑인 범죄는 구금형으로 이어지고, 다시 흑인 지역사회의 경제적 기회 수준이 낮아지게 되며, 이는 다시 흑인 범죄 증가를 부추긴다.

이러한 악순환은 경제적 영향만큼 문화적인 영향도 미친다. 흑인 지역사회에서 상당수의 청년 남성과 그보다는 적지만 점점 더 많은 수의 청년 여성들이 격리된다는 사실은 지역사회 정체성 인식과 문화적 정체성의 근거인 집단규범mores에 변화를 가져오지 않을 수 없다. 그 상처는 가장 폭력적인 전쟁이나 가장 치명적인 질병보다 더 깊게 남을 수 있다. 전쟁은 때때로 지역사회의 청년들을 앗아간다. 하지만 대부분의 전쟁은 몇 년 만에 끝나고, 대부분의 청년들은 참혹한 전쟁으로부터 돌아온다. 전염병은 엄청난 수의 사람들을 죽게 하지만, 미국 역사상 최악의 전염병인 1918년 스페인 독감 피해자도 흑인 지역사회의 구금형 수형자 수보다는 적다.[136] 전쟁처럼 전염병도 끝이 있다. 창궐하다가 소멸한다. 하지만 대규모 격리구금은 끝없이 계속되고 있다. 미국 형사사법 체계의 본격적 변화를 가로막고 있는 흑인 구금형 비율은 오늘날과 마찬가지로 한 세대가 지나도 여전히 높거나, 거의 마찬가지 수준일 것이다. 이렇게 엄청난 사회적 사실로부터는 크나큰 결과가 나올 수밖에 없다.

흑인 수형자 수의 엄청난 규모만큼이나 놀라운 사실은 그 상승률의 가파름이다. 지난 20세기 후반 30년 동안 흑인 수형자 수는 7배 이상 증가했다.[137] 빠르고도 지속적인 변화는 미국 역사상 전례가 없다. 미국에서 교도소 수형자 수가 극적으로 전국적으로 증가한 때는 1920년대 초반에서 1930년대 후반까지 금주법과 뉴딜 시대가 유일하다. 구금형 비율이 인구 10만 명당 74명에서 137명으로 거의 두 배 증가했다. 이에 비해 1972년부터 2006년까지 전국 구금형 비율은 인구 10만 명당 93명에서 491명으로 4배 이상 증가했다. 금주법과 뉴딜 시대에는 연평균 증가율이 4% 이하에 불과했지만, 1972~2006년 기간 중에는 평균 5% 이상으로 30년 이상 지속되었다. 금주법 시대의 형벌강화 추세 속에서 노스캐롤라이나 주의 구금형 비율은 3배 이상 증가했다. 20세기 말에는 여러 주에서 구금형 비율이 7, 8, 9배까지 증가했다. 미시시피 주의 경우 10배 이상 증가했다.[138] 이처럼 20세기 말, 미국 교도소 수형자 수의 증가는 미국 역사상 전례 없는 현상이다.

물론 형벌 수준이 과거에 비해 상당한 정도 높다는 사실이 그 자체 높은 수준이라는 증거는 아니다. 과거 세대의 사법체계가 지나치게 관용적이었기 때문일 수 있다. 이는 1960년대에서 1970년대 초에는 사실이었다. 수형자 수의 폭발적 증가는 중범죄의 특성이나 빈도의 변화에 따른 논리적 결과일 수도 있다. 흑인 범죄율은 실질적으로 백인 범죄율보다 높게 나타난다. 따라서 양 범죄율의 차이가 흑인과 백인의 구금형 비율 차이를 전부는 아니라도 상당 부분 설명해준다.[139] 중요한 것은 그처럼 커다란 변화의 정도를 근거 지을 만한 설명이 더 필요하다는 점이다. 미국의 수형자 수는 어떤 규모이든지 정상은 아니다. 미국 역사를 기준으로 봐도 비정상이다.

미국 이외의 서방세계 기준으로도 정상이 아니다. 2007년 잉글랜드·웨일즈의 인구 10만 명당 구금형 비율은 132명, 스코틀랜드는 114명이다. 같은 해 미국은 506명이다. 영국은 인근 서유럽 국가들보다 더 형벌 수준이 높다. 네덜란드의 구금형 비율은 78명, 독일은 74명이며, 프랑스는 72명, 스칸디나비아 국가들은 그보다도 낮은 수준이다. 유럽 국가 평균은 116명인데, 구齧 공산권인 중부와 동부 유럽 국가들 때문이다. 중·동부 유럽 국가들조차도 미국보다 구금형 비율이 낮다. 2007년 우크라이나는 252명, 라트비아는 213명, 폴란드는 200명이다. 유럽 대륙 전체에서 러시아가 유일하게 구금형 비율에서 미국과 맞먹는다. 2007년 인구 10만 명당 구금형 비율은 513명이다.[140]

각국의 범죄율을 각각 고려해보면, 미국과 여타 국가들의 형벌 현실의 격차는 더욱 크게 드러난다. 살인범죄를 예외로 하면, 대부분의 서유럽 국가들도 미국 못지않은 범죄율을 보여준다. 벨기에, 프랑스, 포르투갈, 스페인과 영국 모두 미국보다 강도범죄율이 높다. 오스트리아, 덴마크, 네덜란드, 스페인, 스웨덴, 스위스와 영국의 주거침입절도 범죄율은 미국보다 2배 가까이 높다. 프랑스, 덴마크, 스웨덴, 영국의 차량절도 범죄율도 미국보다 높다.[141] 서유럽 국가들처럼 범죄율에 따라 구금형 수형자 수도 정해진다면 미국은 영국이나 프랑스, 포르투갈이나 네덜란드에 비슷한 구금형 비율이 되어야 한다. 그런데 미국이 4배 내지 7배까지 더 높다.

자료를 어떻게 분석해도 기본적 사실은 변함없다. 부유한 서방세계, 즉 경제적, 정치적, 법제도적으로 미국과 가장 유사한 국가들을 기준으로 볼 때 미국의 구금형 수형자 수는 경악스러울 만큼 많다. 구소련 해체 이후 등장한 국가들을 기준으로 봐도 놀라운 정도로 많다. 지난 시기 미국의 사법체계에 심각한 문제가 있었거나, 아니면 부유하고 자유로운 서유럽 국가보다는 러시아가 미국의 형사처벌의 적정 수준을 가늠할 적절한 비교기준이 된다.

3. 정의

세 번째 가능성은 미국의 과거나 유럽의 현재가 잘못된 비교기준일
수 있다는 점이다. 대신에 다른 기준으로 판단해볼 수 있다. 즉 미국의
형사사법 체계의 성과가 얼마나 정의에 근접하는지 평가하는 것이다.
이런 관점에서 보면 적절한 평가척도는 과거나 현재, 또는 국내외 교
도소 수형자 수가 아니다. 그보다는 미국 내 수형자 수는 미국 내 범죄
자의 중범죄 수와 비교될 필요가 있다.

현재 미국 내 로스쿨에서 가르치는 형사처벌에 관한 두 개의 통설은
바로 이러한 기준이 포함되어 있다. 도덕적 이론은 범죄는 도덕적으로
잘못된 행위이므로, 범죄의 처벌은 도덕적 선善이라고 주장한다. 경제
적 이론은 도덕적인 옳고 그름이 아니라 비용과 이익의 문제로 본다.
즉 범죄는 사회적 비용을 부담하는 행위이므로 범죄에 관련될 지기 치
러야 할 비용을 높임으로써 범죄를 줄일 수 있다. 구금형을 정당화하
는 응보 내지 억지 이론이나 도덕적 내지 경제적 이론이나 모두 핵심
은 동일하다는 점에 주목해야 한다. 즉 범죄를 처벌할수록 더 좋은 결
과에 이른다. 응보론자들이 볼 때 범죄에 대한 처벌의 극대화는 도덕
적 선의 극대화를 의미하므로, 그 자체로서도 도덕적인 선이다.[142] 고
전적인 억지 이론을 주장하는 사람들이 볼 때 범죄에 대한 처벌을 확
대할수록 범죄는 줄어든다. 어느 이론이든 옳다면 미국 내 교도소 수
형자 수의 적절성 여부는 앞서 제시했던 통계자료가 아니라, 다음과
같은 하나의 질문에 대한 답에 달려 있다. 즉 미국의 수형자들은, 혹

은 적어도 수형자들 대부분은 기소 및 처벌의 대상이 된 범죄에 대해 유죄인가? 과잉처벌이 아닌 한, 그리고 처벌받는 자들이 범죄자인 한, 구금형은 얼마나 자주 부과되든지 도덕적으로나 사회적으로나 선이라 할 것이다.

　이를 뒷받침하는 논리와 이론은 상식에 부합되어 보인다. 물론 도덕적으로 적절한 사법체계라면 사욕을 채우려고 훔치고, 해치고, 죽인 범죄자들을 처벌하는데 주저할 필요 없다. 또한 합리적으로 볼 때 살인자, 강간범과 차량절도범이 처벌을 받을 가능성이 클수록 그만큼 살인, 강간, 절도범죄자가 줄어들 것이다. 아무튼 1960년대 및 1970년대 역사상 최악인 범죄의 물결이 미국을 휩쓰는 동안 교도소 수형자 수는 줄어들었다. 20세기 동안 가장 큰 규모의 범죄 감소는 1930년대와 1990년대 두 차례였다. 두 기간 모두 교도소 수형자 수가 기록적으로 높았다.[143] 이와 같은 명제에 따르면 지난 세대에 대한 구금형의 대량 증가를 교정이 필요한 불의나 설명이 필요한 난제 어느 것으로도 볼 수 없다. 사실 표준적인 응보적 원칙이나 전통적인 억지에 대한 가정에 따라 판단해보면, 미국의 교도소 수형자 수는 지나치게 적다. 연방수사국 자료에 따르면 2008년 경찰에 신고된 중한 폭력범죄와 절도범죄는 모두 1,100만 건이다.[144] 암수범죄暗數犯罪까지 합친다면, 범죄 건수는 상당히 많아진다. 전국피해자조사National Victimization Survey에 따르면 매년도 실제 중한 폭력범죄와 절도범죄 건수는 2,300만 건이다.[145] 이 수치에는 마약범죄는 포함되지 않았다. 수천만 명의 미국인들이 불법마약을 상용하고 있다. 분명 마약판매상의 숫자도 100만 단위에 이른다. 언급한 범죄 건수와 비교해보면 마약범죄 수형자 30만 명을 포함해 150만 명에 달하는 교도소 수형자 수는 엄청나다고 말하기에는 많이 부족하다.[146] 매년 발생하는 수천만 건의 중범죄 중에서 검사는 110만 건을 기소하고, 대략 피고인 중 70만 명 정도가 구금형 수형자가 된다.[147] 세계에서 가장 엄정한 사법체계가 중한 범죄 중 극히 일부만 처벌하고 있다. 무엇을 말해주는가?

핵심적인 답은 다음과 같다. 즉 다른 사법체계와 마찬가지로 미국 사법체계도 모든 주요 범죄를 처벌할 만한 역량은 부족하다. 모든 범죄를 다루지 못한다. 분명히 그렇다. 미국 정부는 매년 대략 2,000억 달러를 경찰, 형사법원과 교정기관 운영에 쓴다.[148] 만일 중범죄의 3분의 1 정도가 체포, 기소되어 처벌에 이른다면, 연간 소요예산은 1조 달러가 넘게 된다. 오늘날 경찰과 형사처벌 분야 정부예산은 노령연금과 건강보험에 소요되는 예산과 거의 같은 수준에 있다. 미국과 같은 부유한 나라마저도 형벌은 수지가 맞지 않는다고 판단하기 때문에 심각한 범죄행위의 대부분을 처벌하는 일은 감당이 안 된다.

이 같은 명제는 처벌의 극대화가 범죄 억지 극대화를 위한 최선의 수단이라 할지라도 마찬가지다. 그 주된 이유는 두 가지다. 다니엘 네이긴Daniel Nagin에 따르면 첫 번째 이유는 다음과 같다.

인식−기반 억지에 관한 연구결과에 따르면 공식적 제재의 억지효과는 주로 제재부과에 따른 사회적 낙인에 대한 두려움에서 나온다… 낙인에 대한 두려움이 저지체계의 주요 요소라 한다면, 두려움이 처벌의 실제 집행 여부에 좌우되는 일은 거의 없을 것으로 보인다. 헤스터 프린에게 주홍글씨의 낙인은 청교도사회에서 간통이 비행이었기 때문이었다. 일상적인 일이었다면 범죄전과만으로는 사회적, 경제적으로 따돌림을 받지 않는다. 단기간 유효한 정책이라도 장기간 계속되어서 낙인찍힌 사람의 비율이 점점 더 늘어나게 한다면 결국 그 효과성의 기초를 허물게 된다…[149]

1980년대 정치적 논쟁의 중심에 있었던 래퍼 곡선Laffer Curve의 경우를 보기로 한다.[150] 보수적 경제학자 아서 래퍼Arthur Laffer의 주장에 따르면 한계세율marginal tax rate이 높아질수록 낮은 한계세율일 때보다 세수가 줄어들게 된다. 한계세율의 상승은 국세청이 거둬들이는 세수의 비율은 높이지만, 세수의 양 자체는 줄인다. 노동에 따른 수익 액수가 줄어들기 때문이다. 래퍼의 이론에 따르면 감량효과가 비율 상승효과를 능가하는 경우가 많다. 세수에 관한 래퍼의 이론이 얼마나 맞는지에 대해서는 논란이 많지만, 사실 여부를 떠나 래퍼 이론과 유사한 현상이 범죄와 처벌 영역에서도 일어나고 있다. 더 많은 범죄자를 감방에 가두면 범죄자들이 치러야 할 유형적인 죗값도 증가한다. 하지만 구금형이 너무 자주 부과된다면 비유형적인 죗값은 감소하게 된다. 가까운 구금시설에 수용되는 일이 삶의 일상적인 경험처럼 되어버리기 때문이다. 마찬가지로 감소효과가 증가효과를 능가하게 된다. 다시 말해서 처벌이 증가할수록 억지효과는 줄어든다.

앞서 언급한 범죄 건수를 보면 그 같은 상황이 일어날 가능성이 있다. 부유하고 범죄율 낮은 사회라 할지라도 최상의 자원을 확보한 사법체계가 감당할 수 있는 처벌 정도보다는 범죄가 더 많이 일어난다. 결과적으로 일정한 유형의 형벌을 통해 잠재적 범죄자들에게 두려움을 준다면, 가난한 지역에서는 범죄 억지에 충분할 만한 두려움을 주지 못한다. 무조건적인 형벌은 자유민주주의가 용인하기에는 지나치게 가혹하며, 구금형이 빈번해지면 범죄를 포기할 구실이 되기도 어려워질 수밖에 없다. 연방수사국 자료에 따르면 매년 미국에서 발생하는 약 440,000건의 강도사건 중 강도죄로 유죄판결을 받는 경우는 39,000건에 불과하다.[151] 연간 범죄 피해 조사결과와 범죄 건수를 대조해 맞춰보면, 범죄 피해와 범죄 건수 사이의 불일치는 더 커진다. 비유형적 형벌의 가치를 보존함으로써만 우리 사법체계는 범죄자에게 범죄로는 이득을 취할 수 없다는 점을 분명히 인식시켜줄 수 있다. 이런 목표는 유죄판결과 주 교도소 수형생활이 교도소에 수감된 청년들에게 통과의례처럼 된다면 실현하기 어렵다.[152]

범죄로 이득을 취할 수 있는지 없는지는 잘못 설정된 물음이다. 형사처벌은 하나의 도덕적 행위다. 사회적 이익을 가져오기 때문이 아니라 도덕원칙을 존중한다는 의미에서 정당화된다. 책임 있는 정부가 모든 중한 범죄를 처벌해야 할 도덕적 책무가 있다면, 처벌의 억지효과 여부는 고려대상이 아니다. 분명 도덕적 책무 완수는 불가능하며, 어떠한 자유사회라도 그런 책무는 다할 수 없다고 믿을 만한 이유가 충분하기에 사실 책무라 할 수도 없다. 형사처벌은 선별적이어야 한다. 경찰국가에서나 가능한 감시와 가혹한 형벌이 아니라면 다른 대안은 없다. 그런데도 응보형주의자들은 도덕적으로 의식있는 정부라면 최선을 다해 범죄를 처벌하기 위해 노력해야 한다고 주장할 것이다. 이런 관점에서 보면 교도소 수형자 규모의 한계는 교도소 수형기간과 관련하여 낙인을 유지하는데 필요한 만큼이 아니라, 정부예산 규모에 따라 결정되어야만 한다.

이러한 논변은 추상적으로 답하기 어렵다. 형사처벌이 도덕적 절대명령이라면 오늘날 엄청난 교도소 수형자 수는 도덕적 책임의 징표라 할 것이다. 처벌이 일정한 필요악이라면, 처벌의 부과만큼이나 자비의 실행도 도덕적인 선이라면, 엄청난 수형자 수는 미국 정부가 방향을 상실했다는 징표인가? 어느 쪽인가?

다시 말하자면 형사처벌의 본질이 문제에 대한 해답의 열쇠다. 예산상의 제약에 따라 교도소 수형자 수가 결정된다면, 손쉽게 붙잡혀 유죄판결을 받은 사람일수록 죗값을 가장 비싸게 치르는 범죄자일 것이다. 이 같은 구조에서는 차별적 처벌을 낳을 수밖에 없다. 정부로서는 도시 빈민지역에서 마약 관련 범죄자를 체포해 기소하는 편이 훨씬 손쉽다(값싸다). 마약거래가 은밀하게 개인적으로 이루어지는 교외지역과는 달리 길거리 특정지점에서 마약이 거래되기 때문에 경찰로서는 손쉽게 체포할 수 있다.[153] 흑인 빈민보다 백인 빈민이 더 많다. 다만 백인 빈민인구는 지리적으로 흩어져 살고 있지만, 남부 주 이외 지역의 경우 흑인들은 주로 도시에 밀집해 있다.[154] 정부예산 범위 안에서 마약범죄처벌을 극대화하면, 틀림없이 흑인 마약범죄 수형자 수가 크게 늘게 된다. 미국의 현실이다.

법집행의 경제학에 따르면 가장 빈곤한 범죄자들이 언제나 더 많이 처벌을 받는 것은 아니다. 때때로 반대가 된다. 경찰에 신고된 폭력범죄 사건처리율, 즉 실제 체포된 건수의 비율은 인구밀집도에 따라 다르다. 경찰의 범죄사건 처리율은 대도시보다 소도시, 소도시보다 교외 지역, 다시 교외 지역보다 농어촌 작은 마을의 경우가 더 높다. 범죄조직은 보통 인구가 밀집된 지역에서 활동하는데, 범죄조직이 활동하는 지역에서는 경찰이 폭력중범죄 기소에 필수적인 증인을 찾아내서 보호하기 어렵다. 이런 이유로 거의 백인들만 거주하는 작은 마을에서는 폭력중범죄의 5분의 3 정도 용의자를 체포하는데 비해, 대부분 흑인 인구가 다수인 대도시 지역에서는 3분의 1 정도에 불과하다. 극빈층 지역에서는 그 비율이 훨씬 더 낮게 나타난다.[155]

따라서 흑인 빈민지역은 두 가지 측면에서 모두 최악의 경우다. 마약범죄에 대한 구금형처럼 처벌의 효과가 미미할 따름인 경우에는 처벌이 너무 과하다. 폭력범죄로부터 사회질서를 지키기 위해 매우 필요한 경우에는 처벌이 너무 약하다. 법집행 예산이 빠듯한 응보주의 사법체계의 당연한 결과다. 자원이 한정된 경찰은 체포하고 유죄판결받기 손쉬운 문제에 시간과 노력을 기울이기 마련이다. 폭력중범죄나 폭력으로 점철된 지역처럼 해결이 더 어려운 범죄 문제는 회피한다. 응보형주의가 주장하는 것처럼 예산이 허용하는 한 최대한 범죄를 처벌하는 목적이라면, 상이한 지역에서 발생한 동일범죄를 상이하게 처벌하는 결과를 낳는다. 가능한 한 많은 범죄를 처벌해야 한다는 도덕적 논변은 다양한 구성의 집단에 속한 범죄자와 범죄 피해자를 동일하게 대해야 한다는 도덕적 논변에 이른다. 응보주의 사법retributive justice은 차별적 사법을 낳을 수밖에 없다.

그런 이유에서 과거 30년간 미국을 동요시킨 응보주의 사법 형태를 당시 사람들 누구도 받아들이지 않았을 것이다. 미국 대부분의 지역에서 과거 30년 동안 사법체계를 운영하는 정부 관리들이나 이들을 선출한 유권자들은 형사처벌에 대하여 때로 필요하지만 늘 위험스러운 것으로서, 신중하게 사용하되 타당한 사유가 있는 한 가급적 삼가야 할 수단으로 여겨왔다. 오직 20세기 말 10여 년 동안 미국의 대부분 법집행 관리들과 유권자들만이 범죄자 처벌을 분명한 도덕적 선이라고 판단했다. 형사처벌이 도덕적 사회적 절대명령이라는 관념, 즉 건전한 형사사법 체계는 마땅히 처벌가능한 모든 범죄자를 처벌해야 한다는 이념은 1980년대 이전까지만 해도 거의 받아들여지지 않았다.

1970년 당시 치솟는 도시지역 폭력범죄율을 고려할 때 분명히 미국의 교도소 수형자 수가 지나치게 적다고 말할 수 있었다. 마찬가지로 오늘날에는 미국의 수형자 수가 지나치게 많다는 점이 분명하다. 다른 나라의 수형자 수와 견주어 봐도, 지난 시기 미국 수형자 규모와 비교해 봐도, 형사처벌의 도덕적 특성을 고려해 봐도, 처벌의 범죄 억지효과를 고려해 봐도 많다. 미국의 구금형 수준은 가장 타당한 역사적, 제도적 기준과 비교해 봐도 엄청나게 초과하고 있다. 처벌의 억지효과는 오늘날 교도소 수형자 규모의 반도 안 되던 과거에 비해 실질적으로 적은 것으로 나타난다. 형사처벌이 너무 과중하고 너무 빈번하다고 결론 내릴 수밖에 없다.

일정 시기 한 사회의 교도소 수형자 적정수를 알기는 어렵다. 하지만 오늘날 미국에서의 적정숫자가 얼마만큼이건 실제 미국의 수형자 규모는 대단히 크다. 현재 흑인의 구금형 비율이 기록적인 백인 구금형 비율의 6배에 달한다.[156] 도시 흑인 거주지역 주민에게 적용할 경우 결론은 더욱 명백해진다. 21세기 미국은 너무나 많은 국민들을 구금격리하고 있다. 흑인 인구 중 비율은 훨씬 더 높다.

4. 자기 보호

모두 사실일 것이다. 게다가 많은 수의 흑인 수형자를 포함한 미국 교도소 수형자의 엄청난 규모를 단기간 내 상당한 정도로 제대로 줄이기는 어렵다. 상당수 구금형의 억지효과가 거의 없을 지경이라 할지라도 일단 격리효과는 실질적이라 할 수 있다. 교도소에 구금되어 있는 동안에는 도시의 길거리에서 범죄를 저지를 수는 없다. 만일 수형자들을 석방한다면, 그리고 비슷한 처지에 놓인 다수의 범죄자들을 기소하지 못한다면 몹시 당혹스러운 결과에 이르게 된다. 제퍼슨은 노예였던 사람들을 위한 정의와 노예를 부렸던 사람들을 위한 자기 보호는 상충할 것이라 추측했는데, 노예를 크게 잘못 판단한 추측이었다. 오늘날 교도소 수형자는 범죄를 저질러 수형자가 되는 것이지, 피부색 때문이 아니다. 제퍼슨 당대에는 틀린 말이었겠지만, 오늘날을 보면 미리 예견한 듯하다.

달리 믿을 만한 충분한 이유도 있다. 형사처벌의 억지효과는 그 양

뿐만 아니라 질에도 달려 있다. 즉 무죄한 사람이 아니라 범죄자가 처벌을 받을 때만이 범죄를 억지한다. 미국의 교도소 수형자 수의 증가는 사법체계가 처벌이 마땅한 사람과 그렇지 않은 사람을 효과적으로 분리하지 못하게 된 시기와 일치한다. 유감스러운 사실이지만 기회이기도 하다. 즉 처벌의 질을 높이면서 양은 줄인다면 억지효과를 강화할 수 있다.

1970년대 미국의 교도소 수형자 수의 폭발적 증가에 따라 경찰관, 검사, 형사변호사도 급증하지는 않았다. 오히려 교도소 예산이 빠르게 늘어나는 동안 경찰, 변호사, 법원 예산은 쉽게 증가하지 않았고, 인력 증원은 더 느렸다. 1970년대와 1980년대 지방경찰관 수는 약 20% 증가했는데, 전체 인구도 같은 만큼 증가했다. 지방검사 수 역시 같은 정도 증가했다.[157] 보스턴, 뉴욕, 시카고, 로스앤젤레스 등 대도시 최고 우범지역 순찰 경찰관 수는 해당기간 동안 사실상 줄었다.[158] 형사변호사 수에 대한 신뢰할 만한 자료는 없지만, 인플레이션을 고려할 때 빈곤층 피고인에 대한 건당 국선변호인 비용지출은 1970년대 말에서 1990년대 초에 이르는 동안 절반 이상 줄어들었다. 이러한 추세가 이어지는 동안 중죄에 대한 기소건수는 적어도 2.5배 이상 증가했다.[159] 미국 정부의 다른 어떤 분야보다도 형사피고인의 기소와 처벌의 효율성은 극적으로 높아졌다. 점점 더 사법체계는 사안을 판단하기보다는 처리하는 조립생산라인처럼 되어갔다.

조립생산라인 같은 사법절차는 정확함과는 거리가 멀다. 1인당 처리할 사건 비율이 높아질수록 증거를 신중하게 살펴볼 기회는 줄어든다. 그럴 수 있는 기회는 이미 많지 않아서 중죄기소의 폭증 이전에도 검사와 피고 양측 모두 좀 더 조사해볼 기회를 갖기도 전에 초기단계 유죄인정협상을 선호하는 경향이 있었다.[160] 오늘날 사법체계에서는 이러한 경향이 더욱 강화된다. 단순히 편리하기 때문이 아니라 유죄인 정을 빨리 할 수밖에 없다. 요약하면 미국 형사소송에서 유죄인정이 보통이고, 증거의 신중한 조사수집은 예외적이다.[161]

이런 사실 때문에 사법체계의 가장 악명 높은 추문들이 드러난다. 듀크 대학 라크로스lacrosse 선수들에 대한 기소 실패가 그 예다. 피고 인 모두 백인이자 부유한 집안의 자녀들로서 2006년 3월 노스캐롤라 이나 주 듀크 대학교 더램 캠퍼스 파티에서 흑인 스트리퍼를 강간했다 는 사건이다. (역주: 당시 스트리퍼 크리스탈 맹검이 라크로스팀 코치 집에서 열린 파티에서 백인 선수 세 명에게 강간당했다고 고발하면서 시작되었다. 검찰수사팀은 인 종적 동기익 증오범죄라고 주장했다. 성폭행 피해의 허위주장과 검찰과 경찰의 불법수 사 사실이 드러나, 주임검사는 사법왜곡죄로 기소되어 유죄판결을 받았으며, 노스캐롤 라이나 주 변호사 자격도 박탈당했다.) 피고인 전원에 대해 결국 기소가 취하 되었는데, 대체로 DNA 증거 때문이었다. 증거에 따르면 피해자는 사 건 당일 여러 명과 성교를 했고, 피해자의 주장과는 달리 피고인들은 그 파티에 가지 않았다는 것이다. 마이크 니퐁Mike Nifong 검사는 담당 검사직에서 해임되고 결국 변호사 자격도 박탈당했다. 피해자 증언이 허위임을 입증해주는 과학증거가 아니라 피해자의 증언을 믿기로 판 단했기 때문이었다.[162]

니퐁 검사의 행동에 대해서는 분노해야 한다. 하지만 더 분노할 일은 다수의 사안에서 아무런 과학증거도 수집하지 않고 통상적인 단기간 경찰수사만으로 그만큼 짧은 시간 안에 유죄인정협상이 이루어진다는 것이다. 경찰도 변호사도 더 조사할 시간이 없다. 용의자가 가난한 흑인이었다면 수사는 더욱 허술했을 것이고, 전혀 다른 유감스러운 결과에 이르렀을 것이다. 1990년대 연구에 따르면 연방수사국 과학수사실이 DNA를 분석한 성폭력 사건의 25% 이상의 경우에서 용의자의 혐의가 벗겨졌다. 이는 DNA 증거가 수집 분석되지 아니한 사건이나, 검찰 측의 입증을 압박할 수 있는 변호사를 선임할 경제력이 없는 경우, 무고한 피고인이 얼마나 쉽게 유죄가 될 수 있는지를 보여준다.[163]

형사처벌에서 선별은 불가피하지만, 종종 부당한 기준에 따라 선별이 이루어진다. 대부분의 중죄사건의 특징인 신중한 수사의 미흡함 때문에 사실상 상당수의 결백한 피고인은 자신이 저지르지 않은 범죄에 대해 유죄를 인정할 수밖에 없게 된다. 또한 실제 유죄인 피고인들 중에서도 가장 엄중한 처벌을 받는 자들은 종종 가장 중한 범죄를 저질렀기 때문이 아니라 최악의 유죄인정협상을 했기 때문이다. 종종 최고의 협상결과를 얻는 피고인은 제공할 정보가 많은 경우다. 즉 범죄 전력이 가장 많은 범죄자인 경우다. 더 공정하고 더 효과적인 사법체계라면 더 적은 수의 피고인을 처벌하면서도 정확한 사유에 따라 처벌이 필요한 범죄자를 정확히 겨냥하여 더 강력한 범죄 억지신호를 보내야 한다. 지난 대부분의 시기에 걸쳐 미국 사법체계는 형사처벌의 질보다는 양을 강조해왔다. 이런 문제를 해결해야 형사사법 체계의 개혁이 가능하다. 더 적은 처벌을 통해 더 효과적인 범죄통제를 실행하는 것이다.

미국의 엄청난 교도소 수형자 수는 결코 늑대의 귀를 잡는 문제가 아니다. 수형자들, 그리고 언제든지 수형자가 될 수 있는 수백만 명의 사람들이 그 밖의 사람들의 자기 보호와 부딪힌다 해도 합당한 정의실현의 수단이 아니다. 반대로 수형자나 일반 사람들이나 공통적으로 사법체계에 바라는 바는 오늘날 만연된 과도한 처벌이 아니라 적절한 처벌을 추구하는 것이다. 제퍼슨 시대의 노예에 대해서처럼 이러한 문제에 대한 해법은 주로 돈과 정치적 의지를 필요로 한다. 교도소 예산은 논외로 하고, 적어도 근래에 와서는 돈과 정치적 의지의 부족으로 인해 미국 형사사법 체계가 기능을 다하지 못하고 있다. 앞으로도 그럴 수밖에 없는 건 아니다. 지나간 과거를 보면 필요한 개혁에 더 유용한 모델을 찾을 수 있다.

남북전쟁 발발 당시 남부 백인 주민들은 덜 폭력적이고 더 평화로운 문화 속에서 흑인 이웃들과 더 큰 자유를 함께 누릴 수 있는 기회기 있었다. 그 기회를 놓쳤다. 오늘날 사법체계는 비슷한 기회를 마주하고 있다. 남북부 모두 더 큰 자유와 민주주의, 그리고 범죄 감소를 흑인 지역사회에 가져올 수 있다. 기회를 잡으려면 (수정헌법 제13조의 문구에 따라) "비자발적 예속involuntary servitude"의 극대화가 폭력과 불법을 통제하는 최선의 수단이 못 된다는 점을 이해하는 데서 출발해야 한다. 지난 수십 년 동안 미국인들은 그 교훈을 잊고 있었다. 우리는 교훈을 다시 배울 필요가 있다. 어떻게 교훈을 얻게 되었는지 알고, 그처럼 중요한 진실을 어찌 잊게 되었는지 깨닫기 위해서다.

제2부

과거

미국 독립 이후 첫 100년 동안 미국 형사사법 체계를 지배할 두 종류의 법이념이 등장했다. 제임스 매디슨James Madison의 권리장전과 존 빙엄John Bingham의 수정헌법 제14조, 특히 "평등한 법적 보호equal protection of the laws"의 약속이 그것이다. 같은 시기 사법체계의 일상작용을 지배할 두 종류의 제도적 실무도 성립되었다. 북부 주에서는 지역 민주주의가 통치기능 대부분을 수행했다. 남부 주에서 민주주의는 부유한 백인이나 백인 군중의 지배를 의미했다.

1930년대 이후 20세기 내내 사법체계는 잘못된 이념과 잘못된 제도 구성을 받아들였다. 얼 워렌과 그의 동료들은 지역 경찰과 검사에게 빙엄의 헌법이 아니라 매디슨의 헌법을 적용했다. 북부 공업지역에서의 형법집행을 지배했던 지역사회 차원의 민주주의는 쇠퇴하고, 점차 남부 식의 민주주의로 대체되었다. 즉 범죄율이 낮은 지역사회 주민들이 범죄에 시달리는 도시지역을 지배할 법규를 제정한다. 오늘날 흑인 범죄는 대부분 백인 유권자들이 선출한 백인 법관과 백인 정치인들이 다스린다.

지역 민주주의가 축소되면 사회불안이 커진다. 20세기 2/4분기 동안 형사처벌이 급증했다가, 3/4분기에는 급감했고, 범죄는 급증했다. 4/4분기 동안 사법체계는 더욱 엄벌주의적으로 나아갔고, 교도소 수형자 수는 폭증했다. 하지만 도시지역 범죄율은 1990년대 범죄율 전반의 감소에도 불구하고 변함없이 높았다. 그 결과 전국적으로 흑인 수형자 수의 불균형은 기록을 경신할 정도가 되었으며, 과거 세대에는 남부지역 도시들에만 일상적이었던 높은 범죄율이 남부와 북부지역 도시들에서 모두 나타나게 되었다.

제3장
이념과 제도

우리 헌법이 상당히 정연하게 실행되다보니, 마치 우리가 스스로 작동하는 기계를 발명이라도 한 것처럼 보입니다. 그래서 우리의 행운에 대한 믿음마저 생겨나서, 남북전쟁조차 잠시 동안의 소란에 지나지 않았다고 생각합니다.
— 제임스 러셀 로웰James Russell Lowell, 뉴욕 개혁 클럽 연설(1988)

헌법의 아버지들은 우리가 상상할 수 없는 위험을 무릅쓰면서 법의 지배와 인간의 권리를 보장하는 헌법을 기초했습니다. … 그 이념들은 오늘도 전 세계를 비춰주고 있습니다. 우리는 결코 형편에 따라 포기하지 않을 것입니다.
— 버락 오바마Barack Obama, 대통령 취임연설(2009)

형법의 집행은 정부의 가장 중요한 임무 중 하나이면서 동시에 가장 위험한 임무이기도 하다. 범죄를 너무 적게 처벌한다면, 길거리 폭력에 경찰이 잘 대치하지 않는다면, 증인을 잘 보호하지 못한다면 폭력과 무질서는 홉즈가 상정했던 정도에 이를 수 있다. 반면 범죄를 너무 심하게 처벌한다면, 경찰이 무자비하게 행동한다면, 외부 사람들이 어떤 공동체의 청년 다수를 교도소에 구금한다는 법령을 만든다면 사법체계는 복종을 강요받은 사람들의 눈에 낯선 강압기구의 모습으로 나타나게 된다. 흔히들 말하기를 오믈렛은 달걀을 깨뜨려야 만든다고 한다. 형법의 지배 영역에서도 오믈렛을 만들어야 한다. 어떤 정부도 형법집행의 작동체계 없이는 오래 버틸 수 없다. 이런 체계는 경찰관이나 검사의 표적이 되는 사람들에게는 거슬릴 수밖에 없다. 그래도 안전뿐만 아니라 자유도 중시하는 사람에게는 달걀 깨기를 신중하게, 그리고 최소한으로만 이루어지도록 감독하는 일도 대단히 중요하다.

따라서 입헌민주주의는 두 방향의, 그러나 잘못 설정된 위험에 직면한다. 카오스냐 억압이냐, 모자란 법집행이냐 지나친 법집행이냐, 민주주의 국가는 이런 두 위험에 대해 유사한 방식으로 대처하기 마련이다. 경찰과 검찰기관을 설치하고 사회를 안전하게 유지하기에 충분한 권한과 인력을 부여하면서, 개인의 권리보장과 공정한 처우를 위해 법집행 권력을 제한하는 법 규율을 부과한다. 더 간단히 말하면, 민주국가에서 형사사법의 성격은 대개 일정한 법이념에 따라 제한되는 일련의 정부제도에 달려 있다. 이러한 법이념은 계약, 주택, 이혼, 주식매입을 규율하는 일반법 원리와는 다른 형식을 취한다. 억압적인 형법집행을 지배하는 이념은 주로 헌법에 근거를 둔다. 즉 정치인들이 쉽게 바꾸거나 무시할 수 없다는 뜻이다.

21세기 미국에서 이 같은 이념과 제도의 결합은 그 취지처럼 작동하지 않는다. 우리의 형사사법 체계가 "스스로 작동하는 기계"라 한다면 지금은 기계가 망가졌다. 고장을 수리하려면 원인을 찾아야 하는데, 그러자면 사법체계의 제도적 설계 의도, 법체계의 대상이 되는 시민들을 보호한다는 법이념, 그리고 제도와 이념의 역사적 기원에 대한 이해가 필요하다.

1. 설계 의도

미국 역사 거의 대부분에 걸쳐 미국 형사사법의 설계 의도에는 두 가지 핵심 특징이 있다. 첫째, 중앙과 주변의 관계에서 권력은 주변, 즉 국가나 연방이 아닌 지방관리, 다시 말해 체포 대부분을 담당하는 지방경찰기관과 대부분의 형사사건을 기소하는 지방검찰청으로 흘러 내려간다. 둘째, 공무원과 정치인의 관계에서 권력은 주로 정치인들이 잡고 있다. 선출된 관리들이 형사입법, 범죄자 소추, 공판절차를 규정하며, 또 다른 선출된 관리들이 대부분의 범죄자를 체포하는 지방경찰관들을 감독한다. 두 가지 설계 의도의 특징은 여전하지만, 점차 시간이 흐를수록 희미해져 간다. 범죄문제와 처벌에 관해서는 주와 연방 관리들이 과거보다 더 큰 권한을 행사한다. 연방법원 정점에 위치한 종신임명직 대법관들과 마찬가지다. 과거에는 지방정치와 지방정치인들의 통치권한이 가장 컸다. 오늘날에는 주와 연방 정치인들, 그리고 비非정치적이라는 연방법관들과 권한을 공유하고 있다.

상세한 내용의 설명은 쉽다. 지방경찰이나 보안관은 기관장이 임명직이건 선출직이건[164] 범죄를 수사하고 범죄자를 체포한다. 카운티 단위에서 선출되는 지방검사는 형사피고인을 기소한다. 공익변호사들은 변호사를 선임할 형편이 못되는 극빈자들을 변호한다. 지방 선출직 판사들은 유죄인정협상을 승인하고 형사사건 공판을 주재하며 유죄평결을 받은 피고인에 대하여 형을 선고한다. 주 항소법원 판사는 대부분의 주에서 각 주 및 법원 관할마다 선출되는데[165], 지방법원에서 유죄선고를 받은 자들의 항소를 심리하고 판결한다. 주−지방 사법체계는 연간 약 1,400만 건의 체포 및 기소, 100만 건 이상의 중죄사건을 처리한다.[166]

연방정부에는 자체적인 형사사법 체계가 있다. 주-지방 체계보다는 정치적 책임을 덜 질 뿐만 아니라 중요성도 덜하다. 연방공무원은 형사사건을 거의 다루지 않기 때문이다. 중죄 기소사건의 7%, 경죄는 1% 미만이다.[167] 10여 개의 연방경찰기관은 약 10만 명의 연방공무원을 두고 있으며, 이 중 가장 중요한 연방수사국 요원은 약 12,000명이다.[168] (대조적으로 미국 내 지방경찰은 62만 명에 달하며, 주 경찰도 그 10분의 1 정도 규모다.[169]) 연방기관은 지방기관과 마찬가지로 연방범죄를 수사하고 연방범죄자를 체포한다. 연방검사와 검사보는 5,800명인데, 지방검사는 약 27,000명에 달한다.[170] 연방검사는 연방법원 연방사건을 기소한다. 연방지방법원 판사US District Judges가 연방형사사건을 관할한다. 연방항소법원US Court of Appeals 12개 순회구 판사는 연방항소사건을 심리, 판결한다. 연방대법원은 연방항소법원 판결에 대한 상고심을 심리하며, 지방 경찰과 검사를 규제하는 헌법적 규칙을 정한다. 연방법원 판사들은 모두 선출직이 아닌 임명직이다. 연방법관들은 종신직이며, 연방관리와 검사들은 임명권자가 임면한다. 물론 종신직 연방법관들이 더 큰 정치적 독립성을 가진다. 하지만 연방수사국과 연방검찰 역시 조지 부시 행정부의 법무부를 낙담시킬 만큼은 독립성이 있다.[171]

이 같은 이원적 사법체계에 대해 언급할 만한 두 가지 다른 특징들은 다음과 같다. 첫째, 예산이다. 앞에서 살펴본 규모와 같이 지방경찰과 지방검사는 연방정부 중죄사건의 14배를 다룬다. 경죄의 경우는 수백 배의 사건을 처리한다. 그런데 지방경찰과 연방요원의 비율은 6대 1에 불과하며, 지방검사와 연방검사의 비율은 5대 1에도 못 미친다.

지방 법집행기관은 대개 총력가동 상태다. 지방정부가 지원할 수 있는 사건당 예산보다 넉넉하게 지원받는 덕분에 연방사법체계는 어느 정도 여유를 누린다. 미국의 대부분 역사에서 예산상의 차이가 형법집행의 특성과 질에 영향을 미친 경우는 없다. 고질적인 빈곤에 처했던 남부 주 외에는 지방경찰과 검찰은 지방정부가 기대하는 만큼 주어진 예산으로 역할을 수행했다. 오늘날에는 예산 차이의 영향이 아주 크다.

둘째 특징은 연방법의 중요성 또는 중요성의 결여와 관련 있다. 연방법이 적용되는 대부분의 경우 연방정부는 규제 영역을 독점하고 있다. 즉 주와 지방정부는 종속적이다. 형사사법의 운영은 다르다. 살인, 강간, 강도와 주거침입절도와 같은 중범죄로서 지역주민들의 관심이 가장 높은 범죄에 대해서는 거의 예외 없이 지방경찰, 지방검사와 지방 선출직 법관 및 주법의 관할이다. 연방 형법을 집행하는 관리들은 특별하면서 중대성에서 차이가 나는 사안을 다룬다. 즉 첨단 화이트칼라 범죄, 출입국법 위반, 연방재산침해 사안과 함께, 보통 주−지방 사법체계가 다루지만 여러 관할에 걸친 마약 및 폭력범죄를 대상으로 한다. 연방법의 가장 중요한 효과는 연방사건이 아니라, 주법에 따라 지방검사가 기소하는 사건에서 나타난다. 연방 형법에 따른 중형을 위협함으로써 당해 사건에서 유죄인정협상을 할 수 있기 때문이다. 또한 연방법은 주법의 모델이 되기도 한다. 즉 각 주는 연방법원이 선례로 정립한 법원칙을 따른다. 간단히 말해 연방 형법은 중요한 간접적 효과를 가진다. 직접적 효과는 크지 않다.

제도적으로도 마찬가지다. 형사사법 체계의 핵심적인 법이념은 권리장전의 개별조항들로부터 나온다. 즉 연방 헌법의 최초 10개 수정조항 중 4개 조항이 형벌과 범죄와 관련된다. 이들 조항 역시 쉽게 설명할 수 있다. 수정헌법 제4조는 "부당한 압수 수색unreasonable searches and seizures"을 금지하고 상당한 사유에 따라 압수대상을 특정한 수색영장을 요건으로 규정한다.[172] 수정헌법 제5조는 일사부재리 원칙에 따라 "동일 범죄for the same offence"에 대하여 다시 재판받지 않음으로써 무죄판결이 최종적이며 항소대상이 아님을 규정한다.[173] 또한 수정헌법 제5조는 자백의 강요를 금지하고, 중죄 기소의 경우 대배심grand jury을 요건으로 규정한다. "적법절차due process of law"에 따르지 아니한 형사처벌 부과를 금지하는 일반조항이기도 하다.[174] 수정헌법 제6조는 피고인에게 기소사실에 대해 고지받을 권리, 신속하고 공개적인 배심재판에서 기소사실과 관련하여 검찰 증인을 교차신문하고 피고인측 증인을 세울 수 있으며, "변호인의 변호를 받을assistance of counsel for defense" 권리를 보장한다.[175] 수정헌법 제8조는 "과도한 벌금excessive fines"과 "잔혹하고 비정상적인 처벌cruel and unusual punishments" 모두를 금지한다.[176] 수정헌법 제5조의 대배심 요건은 연방사건에만 적용되며, 그 밖의 조항들은 모두 연방, 주, 지방 모든 차원의 정부에 대해 구속력을 가진다.

역사적으로 언제나 그렇지는 않았다. 수정헌법 제1조는 "연방의회는 (종교·언론·출판·집회의) 자유와 권리를 제한하는 어떠한 법률도 만들 수 없다"고 규정하였던 바, 애초 권리장전은 연방정부에 대해서만 적용될 의도였으며, 20세기에 이르기까지는 그러하였다.[177] 그래도 역사적인 계획은 보기보다 중요하지 않다. 권리장전 상의 형사사법 관련 조항들은 이미 권리장전이 비준된 1791년 당시 다수의 주 헌법에 수정된 형태로 포함되어 있었다. 연방의 확대에 따라 가입한 거의 모든 주들도 수정헌법 제4, 5, 6, 8조를 주 헌법에 거의 글자 그대로 반영하였다. 연방대법원이 연방 사건뿐만 아니라 주 사건에도 수정헌법을 적용하기 훨씬 이전부터(수정헌법 제5조 상의 대배심 기소를 제외하고) 이미 권리장전 상의 법원칙은 미국 전국에 걸쳐 적용되었다.

이상하게도 권리장전 상의 법원칙은 1960년대 이전까지는 별다른 변화를 가져오지 않았다. 주 헌법도 자체적인 권리장전을 가지고 있었지만 대부분의 주 법원들은 헌법조항을 축소해석했다. 지방경찰관이 어떤 압수 수색을 하더라도 대체로 상당한 사유 있는 것으로 인정했다(또는 상당한 사유가 인정되지 않더라도 불법 압수 수색에 대한 배상은 거의 인정되지 않았다).[178] 피고인의 자백을 받아내는 실무도 거의 항상 적법절차에 상응하며 자기부죄금지 특권에 반하지 않는다고 판단했다. 거의 대부분의 주법상 권리장전은 거의 아무런 기능을 못했다. 얼 워렌의 대법원 시대에 이르러 연방 권리장전을 주에도 적용하고, 동시에 다수의 권리장전 상의 조항을 재해석함으로써 주와 지방기관의 실무가 변화되었다. 이에 관하여는 다음 장에서 설명한다.[179]

권리장전 상의 형사절차 조항들은 일종의 아이콘이다. 헌법을 기초한 위대한 역사적 인물 제임스 매디슨James Madison의 펜 끝에서 나왔기 때문이다. 앞서 기술한 정부 제도는 높은 평가를 받기에는 상당히 부족해 보인다. 사법체계의 제도적 구성 또한 어느 정도 허술해보이는 바, 마치 삼류 정치인들이 자신들이 설립하는 체계에 대해 별다른 생각없이 관련 기관과 제도를 묶어 급조한 듯싶다. 대략 실제 그렇게 되었다. 게다가 제도는 지방정치의 풍향 변화에 지나치게 민감하게 흔들리는 것으로 보였다. 미국에서 지방정치는 도시지역의 구조적인 하위 정치를 의미한다. 아마도 카운티 보안관 선출은 지방 하위 정치에 어느 정도 상응하겠지만, 형사사건을 기소하는 지방검사와 사안을 판결하는 법관 모두를 선출한다는 관념은 유감스럽게도 지역주민 투표로 유죄판결을 내리는 법정 텔레비전 프로그램에 다름없어 보인다.

진실은 더욱 놀랍다. 미국 역사의 대부분 동안 그처럼 허술하고 정치화된 제도가 (남부지역 외에는) 상당 수준 제대로 기능을 했다는 사실이다. 매디슨의 저명한 헌법적 권리들의 성과는 훨씬 못하다. 즉 20세기 중반 이전까지 거의 기능을 못했고, 그 이후로도 거의 왜곡되었다. 요점을 다음과 같이 제시하는 편이 더 좋겠다. 즉 미국 사법체계는 개인의 권리와 형사사법제도 간, 법이념과 정치적 제도 간의 불일치로 인해 문제가 생겼다. 정치인들이 형사입법과 형사사건 기소를 모두 맡게 되면, 주 의원들과 지방검사 두 부류의 선출직 관리들은 공동의 정치적 목표달성을 위해 공조하기 마련이다. 입법자는 형법을 광범위하게 규정하고 중형을 부과하여 검사로 하여금 유죄인정협상을 쉽게 진행할 수 있도록 하고, 이는 다시 검사로 하여금 형사피고인을 적은 비용으로 처벌함으로써 입법자로 하여금 형법집행에 더 많은 세금을 지출할 필요 없도록 해준다.[180] 헌법은 입법자의 범죄화 및 형사처벌 입법권을 제한함으로써 이 같은 정치적 공모의 위험을 줄일 수 있다. 권리장전은 그런 역할을 하지 못했다. 매디슨이 초안한 문언은 사법체계의 독특한 제도설계가 낳은 핵심문제들을 간과했다.

왜? 답은 우선 시기와 관련 있다. 경찰과 검찰을 규제하는 핵심 헌법 조항들이 먼저 제정되었고, 미국 형사사법 제도에 관한 규정이 뒤따라 제정되었다. 전자의 조항들이 후자를 제대로 지배하지 못한 것도 당연하다. 이념이 연관된 제도라는 점을 염두에 두지 않은 채 규정되었기 때문이다. 더 넓게는 미국 형사사법을 규정하는 법이념과 정치적 제도 모두 시대의 산물이며, 신중한 설계보다는 역사적 우연에 의존했기 때문이다. 상정해볼 만한 다른 상황에서라면 이념과 제도는 다른 형태로 발전했을 것이다. 권리장전에 검사가 쉽게 위반할 수 없는 절차적 제한을 둠으로써 정부의 직접적인 처벌권한을 제한하고, 법집행 제도에 관해서는 지방 선출직 기관이 아니라 중앙집권적 정부관료제도에 경찰의 체포와 형사기소에 대한 통제권을 부여했을 것이다. 미국 형사사법은 세계 다른 나라와 비슷한 형태가 되었을 것이다.

2. 시대적인 제약을 받는 체계

역사는 언제나 사실이 필연적으로 보이게 한다. 오늘날 권리장전과 권리장전을 해석하고 적용하기 위한 다수의 법원칙은 마치 시대를 초월한 법의 지혜이자, 국가적 헌법 전통의 틀림없는 일부라 생각된다. 이를 바꾸는 일은 법적으로, 정치적으로 생각도 할 수 없다.

하지만 언제나 그렇지는 않았다. 권리장전 상의 원리들은 보이는 것만큼 지혜롭지 않으며, 시대를 초월한 내용도 아니다. 미국의 전통적 민주주의자들조차도 반드시 지방 정치인들이 형법 집행 통제에 중요한 역할을 해야 한다고 판단하지 않았다. 미국 형사사법의 역사는 법 원칙의 실현보다는 역사적 우연에 더 가깝다.

세계적으로 존경받는 헌법들 중에서도 가장 존경의 대상인 권리장전부터 살펴보기로 한다. 권리장전 상의 핵심적인 형사사법 규정들은 일련의 시대초월적인 법 원리가 아니라, 17~18세기 몇몇 유명 판례들로부터 도출되었다. 존 릴번John Lilburne이라는 인물은 17세기 영국 내전 시기 정치 논객이었는데, 어쩌다 보니 내전을 벌인 양측 모두를 공격하는 정치적 팸플릿을 썼다가 반역적 명예훼손seditious libel을 했다는 혐의로 기소되었다. 그가 쓴 다양한 팸플릿이 크롬웰 공화정부를 마땅한 정도로 존중하지 않았다는 것이다. 존 릴번의 팸플릿은 널리 알려져 있었지만, 가명으로 작성했다. 당시 실정법상으로 자백 없이는 본인의 발언임을 입증할 수 없었다. 그래서 존 릴번은 단호하게 자백을 거부하면서, 모든 영국 국민은 죄를 자백하도록 강요당하지 않을 권리가 있다고 주장했다. 릴번의 주장이 승리를 거둔 결과, 자기부죄自己負罪 거부의 특권을 릴번 법Lilburne's Law이라 부르게 되었다.[181]

100년 후, 왕의 관리들이 정부 비판 팸플릿을 만든 두 사람의 집을 수색해서 집필 중인 책과 문서들을 압수했다. 이에 존 엔틱John Entick과 존 윌크스John Wilkes(링컨 암살범은 윌크스의 이름을 따랐다)는 재물손괴로 고소하여 상당한 배상을 받았다. 엔틱은 300파운드, 윌크스는 무려 5,000파운드를 받았다. 두 사건을 재판한 법관은 불법적 수색이 보통법common law에 반한다고 판시했다. 이 판결은 이후 수정헌법 제4조의 내용이 되었다.[182] 영미 법제사의 상당 부분이 존이라는 이름을 가진 사람들에 의해 만들어졌다. 존 피터 젠거John Peter Zenger는 당시 식민지 뉴욕 총독에 대한 신문기사로 인해 명예훼손죄로 기소되었다. 젠거의 항변사유는 기사가 진실이라는 점밖에 없었다. 당시 실정법은 명예훼손 내용이 진실인지의 여부와 무관하게 형사책임을 인정했다. 그런데도 젠거의 변호인 앤드류 해밀턴Andrew Hamilton은 결국 무죄판결을 받아냈다. 이로써 형사사건에서 배심은 어떤 근거에서든지 무죄평결을 할 수 있으며, 법관은 이러한 평결을 변경하지 못한다는 원칙이 정립되었다.[183]

릴번, 윌크스, 엔틱과 젠거는 미국 독립혁명가들이 경외했던 전형적인 인물들이다. 독립정신을 지닌 개인이 정부권력에 맞서 중요한 일을 이룬 것이다. 위의 네 가지 사례들은 공통적으로 특정한 유형에 해당한다. 모두 정치적 반대자들의 저술을 처벌하려는 정부의 시도에 관련하여 오늘날에는 수정헌법 제1조에 해당될 사안이다. 하지만 해당 사건들이 법체계에 포함될 당시에는 수정헌법 제1조에 대해 알지 못했다. 오늘날 미국법상 반역적 명예훼손죄와 같은 범죄는 존재할 수 없다. 그러한 형법 규정이 있다면, 수정헌법 제1조가 보장하는 "언론 출판의 자유the freedom of speech, or of the press"를 침해하기 때문이다. 17~18세기 영국에서는 반역적 명예훼손죄의 역사가 길다. 명예훼손죄 처벌을 금지하는 보통법은 존재하지 않았다. 존재할 수도 없었다. 17~18세기 영국은 수차례 내전과 잦은 반란으로 만신창이가 된 불안정한 나라였기 때문이다. 당대 권력에 대한 신랄한 비판은 아무 의미도 없거나, 아니면 반역이 일어날 전조일 수도 있었다. 미국 독립 이전 200년간 일곱 차례나 일어났던 일이다.[184] 그 같은 상황에서 정치적 범죄는 범죄가 될 수 없다는 관념은 실로 왕과 왕의 관리들에게는 급진적으로 보였을 것이다. 릴번, 젠거, 엔틱과 윌크스의 재판을 담당했던 법관들에게도 마찬가지였을 것이다. 다만 '반역'이라는 법 개념은 강력한 개념인 만큼 대단히 문제가 많은 개념이기도 하다. 공공연한 불충은 내전으로 이어질 수는 있지만, 비판의 억압은 17세기 스튜어드 왕조처럼 폭정을 낳을 수도 있다.

릴번과 같은 창의적인 소송인, 해밀턴과 같은 창의적인 법률가 그리고 엔틱과 윌크스 재판을 주재했던 캠든 경Lord Camden과 같은 창의적인 법관들이 보통법이 종종 대면했던 두 방향의 위협에 맞서 답을 내놓았다. 이들이 역사를 만들었다. 또한 이들은 논변에 있어서 실질적 부분을 다투지 않고서도 실체적인 오류를 바로잡는데 법적 절차를 활용하는 우회로를 택했다. 릴번 사안에서 자기부죄 거부 특권은 저항할 권리를 인정하지 아니한 법체계 내에서 그 권리를 보장하는 우회적이고 부분적인 수단이 된다. 엔틱과 윌크스에게 인정된 부당한 수색을 받지 아니할 권리, 젠거에게 인정된 정부 임명법관이 아닌 배심원에게 형사재판을 받을 권리의 경우도 마찬가지다. 이들 사안에는 두 가지의 공통된 실마리가 있다. 피고인 모두 정치적 범죄로 기소되었다. 그리고 절차의 창의적 활용 덕분에 승소했다.

수정헌법 제6조 상의 법률적 조력을 받을 권리는 단일한 역사적 근거가 없다. 다만 제6조의 기초자는 보스턴 학살사건(역주: Boston Massacre. 1770년 3월 보스턴 주둔 영국 군인과 보스턴 시민들 간의 충돌로 11명의 사상자가 발생했다. 5년 후 미국 독립전쟁의 전조가 되었다)으로 기소된 영국 군인들을 성공적으로 변호했던 존 아담스 사건을 잘 알고 있었다. 이 사건에서 변호사는 떼법mob justice으로부터 피고인을 보호했다. 공식적인 기소 죄명은 살인죄였지만, 사건의 발단이 군인들이 아니라 몰려든 군중이었다는 점에서 실제 기소 이유는 군중에 맞섰기 때문이었다. 릴번, 젠거, 엔틱이나 윌크스처럼 이른바 반역적인 문건이나 기사 때문에 정치적 범죄로 기소된 경우와 마찬가지였다. 변호사 없이 진행된 형사소송이 대부분이었지만 보통 형사피고인들의 경우 상당한 정도로 보호를 받았다. 어쩌면 너무 잘 보호받았다고 할 수 있다. 18세기 영국의 변호사들과 법관들은 유죄평결률이 너무 낮아서 국가 사법체계가 위기에 처해 있다고 믿을 정도였다. 하지만 보스턴 학살사건처럼 정치적인 사안에서는 외부 조력의 필요성은 더욱 분명했다.[185]

권리장전이 입안되던 당시 이러한 법적 보장은 일반적인 형사소추와는 무관했다. 부당한 압수 수색 금지는 정부에 대해 기소에 충분한 증거가 확보될 때까지 피고인의 서적과 서류 수색을 막았다. 금지조치는 반역적 문건 배포자에게는 도움이 되었지만, 폭행이나 절도죄로 기소된 피고인의 경우 서적이나 서류와 무관했기 때문에 아무런 도움이 되지 않았다. 자기부죄 금지 특권은 필명을 지닌 정치적 저술가를 보호하고 이단자의 기소를 거의 불가능하게 했지만, 일상적인 형사사건의 경우에는 아무런 영향을 미치지 못했다. 수정헌법 제5조가 입안

되고 비준되던 당시 대부분의 형사피고인들은 변호인 없이 스스로의 방어를 위해 변론해야 했었다. 진술거부권의 행사는 가능한 선택이 아니었다.[186] 배심원의 재판을 받을 권리와 이와 관련한 일사부재리 원칙은 정부가 정부 비판자들을 처벌하도록 법원에 명령을 내릴 수는 없도록 했다. 배심원은 정부의 지시나 법관의 설시說示를 거부할 수 있었기 때문이었다. 미국 건국 시기 형사소추는 대부분 사인소추였으며, 따라서 검찰보다는 범죄 피해자가 당해 사안의 기소 여부를 결정했었다.[187] 피해자들은 가해자들을 금전상의 손해에 관련한 민사소송의 경우와 동일한 방식으로 법원에 제소했다. 이런 사안에서 정부가 소송절차를 왜곡할 위험성은 적었다. 변호를 받을 권리는 정치적 이유로 기소된 범죄의 경우 검사와 피고인 양측 모두 ―피고인이 존 아담스나 앤드류 해밀튼 같은 변호사를 세울 수 있는 한― 최대한 주장을 펼친 후에야 처벌 여부를 가릴 수 있게 해주었다. 대부분의 피고인이 속한 평범한 형사 피고인 부류들에게 이러한 권리는 거의 도움이 되지 못했다.

피고인의 권리가 이단자나 반역자가 아니라 살인자나 강간범을 처벌하는 사법체계의 법적 기초가 되어야 한다는 관념은 권리장전을 기초한 사람들에게는 생소했다. 대체적으로 권리장전의 헌정적 이념이 적용되는 오늘날의 형사사법 체계가 당시에는 존재하지 않았기 때문이다. 권리장전이 비준되었던 1791년 당시에는 경찰기관이나 지방검찰청이 없었다. 권리장전에는 검사의 재량권, 유죄인정협상이나 소추재량과 같이 현대 사법체계의 근본적 특성에 해당하는 규율조항이 없었으며, 18세기에는 알려지지 않은 사항이었다. 아담스나 해밀튼 같은 변호사는 거의 없었으며, 오늘날 형사소송의 특징인 검사와 변호인 간의 논쟁은 매우 드문 일이었다.

1860년에 이르러서는 모든 상황이 바뀌어서, 오늘날 우리에게 익숙한 형사사법 체계의 필수적 특징이 나타나게 되었다. 형사변호인과 검사의 존재가 보편적이 되었다. 유죄인정협상은 형사사건 처리의 일반적 수단이 되었으며, 이에 따라 과중한 형사재판을 줄일 수 있었다.[188] 민간인이 아닌 경찰관이 범죄증거를 수집하게 되었다. 하지만 제도적 실무의 변화는 너무 늦게 나타났고, 사법체계의 권한을 제한해야 할 법적 권리는 이미 정립되어 있었다. 매디슨과 그 동료들이 선각자는 아니었다. 대부분의 입법자들처럼 헌법을 기초하면서 자신들이 보지 못한 미래가 아니라 알고 있던 과거에 사로잡혀 있었다. 그들이 알고 있던 과거가 다른 모습이었기나 권리장전이 아직 알 수 없던 미래가 도래한 수십 년 뒤에 제정되었다면 헌법상의 기본권 목록은 다른 모습으로 나타났을 것이다. 권리장전은 그 시대, 그 장소의 산물이었다.

19세기 전반에 형사사법 기제는 이렇게 형성되었다. 1840년대와 1850년대 유럽의 대량 이민에 대응하여 지방경찰기관이 구성되었다. 각 주에서 임명직 법관이 선출직으로 바뀌던 같은 시기 지방검사도 선출하게 되었는데, 이러한 변화는 시민들이 주 의회에 대한 반감으로 인해 입법부의 사법체계에 대한 권한을 제한하려 했다는 데 일부 기인한다.[189] 이 부분에 대해서는 후술하겠다. 일단 지적할 점은 지역 정치인의 형사사법기관에 대한 통제는 미국 역사상 유일하게 그러한 통제가 당연하게 받아들여질 수 있는 시대에만 실현가능했으리라는 사실이다.

권리장전의 기초와 비준, 형사사법기관에 대한 지역 선출관리의 통제 확대와 같은 중요한 법적, 정치적 발전은 그 어느 것도 필연적이지는 않았다. 법적 원칙이나 정치적 신념만큼이나 적절한 시점과 관련되었다. 독특한 미국 사법체계의 법제와 핵심적인 법이념 모두 부분적으로는 매디슨과 그의 동지들, 19세기 중반 주 헌법을 개정했던 회합 구성원들의 의도적인 설계 결과다. 이들 설계자들은 자신들이 살았던 시대를 만들었다고 믿어 의심치 않았다. 하지만 시대가 그들을 만들기도 했다. 역사적 사건과 우연은 미국의 독특한 형사사법 체계의 구축에 큰 역할을 했다. 우연한 사건들의 일부는 좋은 결과를 가져 왔을 수 있다. 하지만 모두가 그렇지는 않았으며, 오늘날 기꺼이 수용되지 못할 사건들도 있다.

3. 실체법과 절차법

범죄와 형벌을 규율하는 두 종류의 법이 있다. 실체법은 범죄와 법정형, 즉 살인죄와 치사죄, 강간과 강도죄 등의 정의 그리고 특정 범죄의 형량 범위를 규정한다. 이름 그대로 절차법은 절차를 규정한다. 즉 경찰의 수색영장 요건, 피의자 신문을 위한 사전고지사항, 배심원 선정수단, '일사부재리' 원칙의 의미, 반대신문의 권리, 유죄판결의 파기를 위한 법적 흠결의 요건 등과 관련된 사항의 규정이 그것이다. 형사실체법은 경찰관과 검사의 권한을 규정한다. 형사절차법은 권한의 집행방식에 대해 규정한다.

헌법 기초자들은 실체법이나 절차법 중 적어도 하나는 제한이 필요하다는 데 의견이 일치했다. 그렇다면 어떤 법일까? 헌법은 범죄를 정의하고 법정형을 정하는 권한을 제한해야 하는가? 불공정한 절차가 더 위험할까? 나쁜 통치자가 국민을 탄압할 경우라면 실체법이나 절차법 모두 똑같이 위험한가?

18세기 말 무렵, 헌법의 제정이 아직 낯선 일이었던 시대에는 이러한 물음에 답하려는 두 종류의 헌법 초안자들이 있었다. 거의 동시에 그러나 서로 무관하게 헌법 기초작업을 했는데, 제임스 매디슨은 1789년 6월 이후 미국의 권리장전이 될 헌법 초안을 발표했다. 11주 후에 프랑스 국민의회는 인류와 시민의 권리에 관한 선언을 채택하였다. 오늘날에도 비교가 더욱 흥미로운 것은, 매디슨의 친구이자 정치적 멘토였던 토머스 제퍼슨Thomas Jefferson이 당시 국민의회의 주요 인물이었던 라파예트 후작Marquis de Lafayette과의 교류를 통해서 프랑스 인권선언의 기초에 기여했다는 사실 때문이다. 제퍼슨은 당시 프랑스 주재 미국 대사로, 이후 조지 워싱턴 대통령의 국무장관을 지냈다.[190]

미국 권리장전과 프랑스 인권선언은 유사한 연원에도 불구하고, 앞서 제기되었던 물음들에 서로 다르게 답했다. 매디슨이 초안했던 권리장전 중 범죄 및 형사사법과 관련된 수정헌법 제4, 5, 6, 8조를 보면 다음과 같다.

수정헌법 제4조. 인민의 안전할 권리는 인신, 주거, 문서와 동산에 대한 부당한 압수 및 수색으로 인해 침해되어서는 아니 된다. 선서 또는 확증에 의해 뒷받침되고, 특히 수색 대상 장소와 압수 대상 인신 또는 물건이 특정되지 아니한, 상당한 이유에 의하지 아니한 영장은 발부될 수 없다.

수정헌법 제5조. 누구도 기소배심의 기소 없이는 중죄로 처벌받지 아니한다. 누구도 동일한 범죄로 이중처벌 받지 아니하며, 형사사건에서 자기부죄를 강요당하지 아니하며, 적법 절차에 의하지 아니하고는 생명, 신체 또는 재산을 박탈당해서는 아니 된다.

수정헌법 제6조. 모든 형사재판에서 피고인은 신속하고 공개된 재판을 받을 권리를 가져야 한다. 공판은 범죄지에 해당하는 사전 법정된 지역의 공정한 배심에 의해 행해져야 하며, 피고인에게는 기소의 내용과 사유에 대해 고지해야 하며, 증인에 대한 반대신문권이 보장되고, 자신에게 유리한 증인을 절차적으로 보장받아야 하며, 변호인의 조력을 받을 권리가 인정되어야 한다.

수정헌법 제8조. 과도한 보석금 또는 과도한 벌금이 부과되어서는 아니 되며, 잔인하고 비정상적인 형벌이 부과되어서는 아니 된다.[191]

이들 조항은 대부분 절차에 관한 규정이다. 표현의 자유 및 종교의 자유를 보장한 수정헌법 제1조를 제외하면, 권리장전 상의 어떤 조항도 입법자의 범죄화 권한을 제한하지 아니한다. 수정헌법 제8조에서 약한 수준의 제한 외에는 권리장전 상의 어떤 조항도 형사처벌의 중한 정도를 제한하지 아니한다. 한편 수정헌법 제4, 5, 6조는 형사피의자와 피고인에 대하여 개별적인 15개의 권리를 보장하고 있다. '적법절차'에 따른 형벌집행에 대한 일반적 요건까지 더하면 16개가 된다.[192] 주 헌법상의 유사한 문언과 함께, 이들 조항들은 정치인의 손에 형사 실체법을 맡겨두고 있다. 선출된 주 의회 의원들은 형법과 양형 규정을 제정한다. 절차는 주 법원의 선출직 법관이 아니라, 연방 법원의 종신 임명직 법관들에 의해 규율된다.

이제 프랑스 인권선언 상의 형사사법 관련 조항 문언들을 살펴보면, 인권선언 17개 조항 중 5개 조항의 전부 또는 일부가 형사사법과 관련된다. 그 내용은 다음과 같다.

제4조. 자유는 타인을 해치지 아니하는 한 무슨 일이든 할 수 있는 능력에 있다. 따라서 각자의 자연적 권리행사는 타인이 동일한 권리행사를 보장하는 한에서 아무런 제한을 받지 아니한다. 제한은 오직 법에 의해 부과될 수 있을 뿐이다.

제5조. 법은 사회에 해로운 행위에 한해서 금지할 권한이 있다. 법에 의하지 아니하고는 어떠한 행위도 금지할 수 없으며, 누구도 법에 규정되지 아니한 행위를 행하도록 명령받지 아니한다.

제7조. 법에 의해 규정된 요건과 절차에 의하지 아니하고는 누구도 기소, 체포 또는 구금되지 아니한다. 자의적 명령을 야기하거나 집행하거나 집행토록 한 자는 처벌되어야 한다. 법에 의해 소환 또는 체포된 모든 시민은 법에 따라야 하며, 위반할 경우 유죄의 책임을 진다.

제8조. 법은 오직 엄중하고 명백한 필요성에 따라 처벌을 규정해야 하

며, 누구도 소급입법에 따라 처벌받지 아니한다.

제9조. 모든 사람은 유죄가 확정될 때까지 무죄의 추정을 받으며,[193] 체포가 불가피한 상황일지라도 신병확보에 필요치 아니한 어떤 가혹행위도 법에 의해 엄격히 금지되어야 한다.

대략적으로 볼 때 인권선언은 권리장전과 서로 닮은꼴이다. 권리장전에서 실체법 규율은 단순한 반면 절차법 규율은 대단히 상세하다. 인권선언에서는 절차법 규율이 단순하면서도 권리장전의 규율보다는 신중하다. 실체법에 대한 규율은 적극적으로 규정되어 있어 인권선언이 구속력이 있었다면 그 제약의 정도가 강했을 것이다.

제7조는 수정헌법 제5조의 적법절차 규정과 취지가 같지만, 법집행 관리의 불법 행위에 대해서는 '마땅히 처벌해야 한다'는 유용한 규정을 덧붙이고 있다(권리장전의 법집행에 대한 제한은 그러한 제한의 위반에 대한 구제장치를 두고 있지 않다). 제9조는 권리장전에는 없는 두 가지 유용한 절차적 보장을 규정하고 있다. 무죄추정의 원칙과 경찰의 고문 금지가 그것이다.[194] 위에서 언급한 그 밖의 조항들은 절차법이 아니라 실체법 관련 조항들이다. 미국 법률가들 누구라도 인권선언의 문언들에 감탄한다. 제4조는 '타인을 침해하지 않는 한 무엇이든지 할 수 있는 자유'를 보장한다. 제5조는 '사회에 해악이 되는 행동에 한해서만 법으로 금지할 수 있다'고 선언한다. 이는 존 스튜어트 밀John Stuart Mill의 해악원칙harm principle이 실재로서, 밀 자신의 명저 〈자유론〉에서 주장했던 내용보다 70년을 앞선 것이다. 밀은 〈자유론〉에서 법적 처벌은 피고인이

타인을 침해할 경우에만 부과될 수 있다고 주장했다. 즉 공중의 도덕을 규율하려는 의도만으로는 범죄자를 구금할 합당한 이유가 되지 못한다.[195] 밀의 이념은 자신이 살던 시대의 법체계에 비추어 지나치게 급진적이었다. 오늘날 우리의 법체계에 대해서도 마찬가지다. 영국도, 미국도 한 번도 그 이념을 실현시키지 못했다. 프랑스 혁명가들이 더더욱 놀라운 이유는 밀이 태어나기 거의 200년 전에 이미 인권선언을 제정했다는 데 있다.

인권선언 제8조에 대비되는 수정헌법 제8조는 '과도한 벌금'과 '비정상적이고 잔인한 형벌' 모두를 금지한다. 하지만 미국법상 가장 엄중한 형사 제재를 금지한 것이 아니다. 수정헌법 제8조는 '비정상적인' 처벌만을 금지했을 뿐이기 때문에 낙인형, 채찍형을 포함한 기존 제재는 금지된 처벌 대상에서 제외하였다. 즉 '엄격히 그리고 명백하게 필요한' 경우에 해당되지 않는 모든 처벌을 금지했을 뿐이다. 제4조와 제5조는 무죄추정을 명하고 있는데, 제8조의 문언은 피고인에 대해서 죄의 중함에 따라 유죄의 추정을 요구한다. 자유나 관대함은 법적인 규범이어야 한다. 형사책임과 중벌은 신중하게 제한하여 예외적으로 인정되어야 한다. 미국법은 정부 권력에 대한 실체적 제한을 알지 못한다.

프랑스 혁명은 인간의 자유를 노래한 인권선언의 문구에 그치지 아니하였다. 4년 뒤 새로운 권리보장 목록이 등장했다. 이 목록은 당시 프랑스를 다스리던 쟈코뱅 당에게는 덜 구속적이었으며, 필요한 조치로 생각되었다. 이에 좀 더 친정부적인 두 번째 인간과 시민의 권리선언이 채택되었다.[196] (좀 더 극단적인 자유주의적 표제를 붙인 것은 우연이 아니다.) 십여 년 뒤 나폴레옹의 유사-권위주의적 법전이 뒤따랐고, 프랑스는 1789년 잠시 경험했던 헌정과는 다른 길을 걷기 시작했다. 그러는 동안 권리장전은 매디슨의 초안 그리고 거의 유사하게 권리를 보장한 미국 주 헌법들에서 모두 지속되어, 연방에 신규 편입되는 주들도 뒤따랐다. 1960년대 얼 워렌Earl Warren 대법원장과 동료 판사들은 매디슨의 문언을 확장하여 수정헌법 제4조, 제5조와 제6조를 사법부에 의해 상세화, 실효화된 형사소송 법규로 만들었다.

그래서 베를린 장벽이 무너지고, 소련과 남아프리카공화국 아파르트헤이트 정부가 붕괴되면서 20세기 마지막 10년 동안 각국에서 헌법 제정의 필요가 강력히 제기되자, 공정한 형사사법을 위한 법적 권리의 간명한 문언 모델은 프랑스 인권선언이 아니라 미국 수정헌법이었다. 미국 수정헌법에는 명시되었으나 프랑스 인권선언에는 부재한 경찰의 압수 수색 권한의 제한, 자기부죄의 금지는 민주화 국가들에서 새로 제정된 헌법의 공통된 특징이 되었다. 공판절차상 요구되는 절차상의 보장목록도 마찬가지였다. 현대 비교법학에서 가장 논쟁적인 이슈 중의 하나는 융합convergence이다. 즉 학자들은 유럽 대륙과 남미에 걸쳐 채택된 성문법적 사법체계가 영국과 미국에서 채택된 영미법 체계common law system에 점점 가까워지고 있다고 주장한다. 즉 성문법 기반 사법체계가 점차 절차화되어 가고 있다.[197] 반면 해악 없는 행동의 범죄화나 '엄격하고 명백하게 필요한' 요건에 미치지 못하는 형벌을 금지한 밀의 원칙은 전 세계 헌법 중에 그 예를 찾아보기 어렵다.[198]

매디슨의 절차주의적 이상이 오늘날의 대세이지만, 올바른 비전일까? 그렇게 생각하지 않는 두 가지 이유가 있다. 첫째 형사실체법보다 형사절차법은 실용적 판단과 변화하는 조건에 따른 적용에 달려 있다. 시간이 지날수록 성문 헌법 규율을 통해 절차를 고정한다면 잘못된 절차를 보장하게 된다. 반면 실체법의 많은 부분은 고정될 수 있고, 또 그래야 한다. 즉 변화하는 경험 현실이 아니라 고정된 도덕원칙에 근거를 두고 있기 때문이다. 둘째, 형사실체법은 선출된 관리의 권력에 맡겨진다면 형사절차법의 경우보다 더 위험하다. 정치인들은 불편한 절차를 회피하기 위해 다른 어떤 우회수단보다 쉽게 실체법을 이용할 수 있다.

대체로 60% 정도의 주 교도소 수형자들은 살인 및 치사, 강간, 폭행, 강도, 주거침입절도, 방화, 차량절도, 사기죄로 구금되어 있다.[199] 여기서 나열한 범죄들은 보편적 범죄로서 모든 법체계에서 처벌된다. 차량절도 외에는 모든 해당 범죄들이 250년 전 출판된 윌리엄 블랙스톤William Blackstone의 영국 법 주석Commentaries on the Laws of England 제4권에 전부 규정되어 있다.[200] 살인죄 외에는 블랙스톤의 해당 범죄에 대한 개념 정의가 19세기 미국 거의 대부분의 주에서 적용되었다. 오늘날 사법체계에도 별다른 문제없이 쉽게 적용될 수 있다. 금지된 행위의 도덕적 특성은 변하지 않는다. 강도는 다른 시간, 다른 장소에서, 다른 흉기를 사용할 수 있지만 강도의 본질과 처벌 이유는 여전히 같다. 범죄의 특성과 발생량은 계속해서 변하지만 범죄의 의미는 쉽게 변하지 않으며, 입법자들이 선택할 경우 역시 그럴 수 있다.

형사절차법은 더 변화할 수 있다. 미국에서 법관은 증거수집과 증인 심문에 있어 가장 보수적이다. 유럽 대륙법 체계에서 법관은 수사감독에서 더 적극적인 역할을 맡는다. 어떤 방식이 더 정확한 판결에 이를까? 어떤 방식이 피고인으로 하여금 공정한 처우를 받는다고 납득시킬 수 있을까? 이는 도덕적 진실이 아니라 사회적 사실의 문제다. 미국법은 공판에서 증인의 진술에 크게 의존한다. 미국의 조직폭력 범죄자들이 증인을 위협하는 일이 바로 이 때문이다. 이러한 사실로 인해 당국이 조직폭력을 직접 처벌할 수 없는 경우도 있다(조직폭력의 피해가 심한 지역에서 마약범죄에 대한 처벌이 그처럼 엄중한 이유 중의 하나는 중한 폭력범죄를 입증할 수 없는 검사가 대신 마약범죄로 기소하기 때문이다). 유럽법에서는 사안자료와 문서증거에 더 비중을 두는 경향이 있다. 따라서 증인 위협은 범죄수법으로는 효과가 적다. 양 형사절차 체계의 상대적 장점은 두 종류 증거의 진실가치와 증거수집의 상이한 비용에 달려 있다. 이는 다시 관련 장소와 시간에서 발생한 폭력범죄의 특성에 의존한다. 다시 말하거니와 주요 변수는 사회적 사실이지 도덕적 원칙이 아니다.

이러한 모든 사실은 미국 헌법이 절차를 지나치게 강조하는 반면, 실체 규정에는 너무 관심을 두지 않는다는 점을 보여준다. 이러한 결론을 지지해주는 이유 하나가 더 있다. 피고인이 보호적 실체법을 피하기 위하여 절차법을 이용하기는 어렵다. 하지만 보장적 절차를 회피하거나 무력화하기 위해 실체법을 이용하는 것은 너무나도 쉽다. 미국 정치인들이 자주 해온 일로 익히 알 수 있는 바다.

두 가지 시나리오를 각각 보기로 한다. 강도죄를 기소하는 상황을 가정하고, 해당 범죄가 영미법 전통의 개념 정의에 따라 폭력 또는 폭력행사를 위협하여 타인의 소유물을 취득 또는 소유하는 의도적 행위[201]로 규정된다고 가정해본다. 마지막으로, 검사 측이 해당 범죄 개념 정의의 일부를 입증할 수 없다고 가정한다. 예를 들어 피고인의 의도가 불분명하거나 폭력 또는 위협을 입증하기 어려운 경우다. 유죄를 입증하지 못한 강도죄 피고인에게 유죄판결이 내려지도록 절차법을 이용하려는 정부 관리라면 어떻게 하겠는가? 여러 가지 잘 알려진 가능성들이 있다. 경찰은 저지르지 않은 행위마저 자백할 때까지 피고인을 때릴 수 있다. 입증책임을 완화시켜 검사로 하여금 부족한 증거를 가지고 기소를 진행하게 할 수도 있다. 피고인에게 사실관계를 조사할 변호인을 의뢰할 권리를 부정함으로써 결과적으로 효과적인 변론을 하지 못하게 할 수도 있다. 마지막으로, 해당 사안을 해당 피고인이 유죄판결을 받기를 바라는 정부 관리의 압력 하에 놓인 법관에 맡길 수도 있다. 이러한 모든 가능성은 바로 한 가지 사실의 다양한 변주다. 즉 절차는 오직 하나의 결과만이 나오게 하도록 조작될 수 있다. 바로 독재자들이 존재하지 않은 범죄로 정치적 반대자들을 처벌할 때 동원하던 방법이다. 1930년대 구舊 소련의 공개재판 기록을 보면, 이 모든 방식들이 실제 사용되었음을 볼 수 있다.

무엇보다도 익숙한 모습이기 때문에 민주국가의 관리가 이러한 수법을 이용했는지 여부를 입증하기는 쉽지 않다. 이러한 문제를 해결하기 위한 어느 정도의 기본적인 절차 규칙들이 있다. 즉 자백강요 금지,

유죄입증 부담의 강화, 변호인의 도움을 받을 권리뿐만 아니라 과학수사 전문가의 도움을 받을 권리, 검찰의 통제를 받지 않는 공정한 법관(배심재판인 경우 공정한 배심)의 재판을 받을 권리가 그것이다. 거의 예외 없이 민주정부는 해당 규칙들을 두고 있다. 이를 적용한다면 실체법을 절차적으로 우회하는 일은 불가능하다.

범주를 뒤집으면 회피 방법도 쉬워진다. 동일한 강도죄 기소를 광범한 피고인 보호절차를 갖춘 체계에서 진행한다고 가정해보기로 한다. 앞서 특정한 기본규칙들에 더해 미국의 헌법과 증거법상의 다수 절차적 보장 규정이 있는 경우다. 이번에도 검사는 유죄판결을 원한다. 또 검사도 피고인의 행위가 의도적이었거나, 실제 폭력이나 위협이 금품을 취하기 위해 사용되었는지 합리적 의심의 여지없이 입증할 수 없는 경우다.

앞서의 경우처럼 상황을 뒤집을 방법은 여러 가지다. 하지만 회피수단은 앞서 열거한 방법들보다 덜 익숙하고 또 막기도 더 어렵다. 주 의회는 강도죄의 법 규정을 개정할 수 있다. 예를 들어 강도죄의 경우 의도는 자동적으로 간주되도록 규정하거나, '유형력의 행사 또는 행사의 위협'을 일상적인 절도의 경우와 동일한 정도로 규정하는 경우다.[202] 또는 입법자들이 서로 별 차이 없는 일련의 강도죄 유형을 규정할 수 있다. 예를 들어 흉기를 휴대한 절도죄, 상해의 위험을 가중한 절도죄, 타인에 대한 해악의 위험 있는 절도죄, 공공장소에서의 절도죄, 은행 등 특정장소에서의 절도죄 등이다. 이러한 긴 목록은 어떠한 미국 형법들을 살펴봐도 틀림없이 발견할 수 있다.[203] 이러한 종류의 범죄 규정이 일단 입법되면, 검사는 가정한 사례의 피고인을 얼마든지 기소할 수 있다. (이중위험금지 원칙을 위반하는 경우로 보이겠지만 그렇지 않다. 개별 범죄의 성립에 다른 범죄에서 요구되지 않는, 적어도 하나의 사실요건의 입증을 요구하는 한, 피고인은 각각 기소된 범죄에 대해 유죄판결을 받고 처벌받을 수 있다. 동일한 사건으로부터 기소된 경우일지라도 그러하다.[204]) 기소된 범죄들이 모두 입증하기 어려운 범죄일지라도, 적어도 하나의 범죄에 대해 유죄인정협상을 하는데 충분할 정도라면 검사 측에서는 유죄판결을 받아낼 기회가 있다.

또 입법자들은 강도와도, 어떠한 중범죄와도 무관한 일련의 범죄들을 규정할 수 있다. 이러한 수법은 다수 집단이 저지르는 범죄일 경우 특히 유용하다. 강도죄를 입증하기 어려운 검사는 피고인이 저지른 좀 더 모호한 유형의 범죄를 찾아내 이를 기소할 수 있다. 구형을 충분히 높게 한다면 피고인은 강도죄의 경우만큼이나 중하게 처벌받을 수 있다. 강도죄를 입증할 필요가 없게 되는 것이다. 이러한 수법을 교활하게 변형한 형태가 때때로 연방범죄 기소에서도 활용된다. 검사의 판단에 유죄가 어려울 경우 피고인이 아니라 피고인과 가장 가까운 배우자나 애인, 또는 그 부모나 자녀를 수사하기도 한다.[205]

가장 보편적인 회피수단은 아직 설명하지 않았다. 입법자는 양형 규칙을 만들어 정당하다고 생각하는 수준보다 더 중하게 처벌할 수 있게 한다. 검사는 이러한 중벌을 위협하면서 좀 더 적당한 수준의 형벌이 가능한 범죄에 대해 유죄답변협상을 이끌어낼 수 있게 된다. 과거 세대의 사형존치 주 검사들은 흔히들 일반 살인범죄 피고인을 사형 대상 살인죄로 기소한 뒤, 무기구금형 대상인 살인죄에 대해 유죄인정의 동의를 받아냈다.[206] 해당 사안에서 사형제도의 역할은 살인범을 처형하는 것이 아니라 유죄인정을 이끌어내는데 있다. 권리장전이 보장한 절차적으로 공정한 형사재판의 요건을 회피했다.

스탈린의 공개재판에서만 이용되었던 수법이 아니었다. 앞서 설명한 상황을 뒤집는 방법들 각각은 바로 미국 형사소송의 일반적인 특징이다. 미국법이 제공하는 광범한 절차적 보장을 무력화시킨다. 입증이 필요한 사실이 언제나 제시된다면 입증 부담의 강화는 관련이 없어진다. 변호인의 도움을 받을 권리(필요한 경우 국선변호인의 도움을 받을 권리), 공정한 법관과 배심의 재판을 받을 권리, 항소할 권리는 유죄인정의 압박을 받는 피고인에게는 아무런 수용이 없다. 이러한 사실이 의미하는 바는 다음과 같다. 절차를 통해서 형사소송의 실체를 무시하는 일은 거의 없다. 잘 알려져 있는 바다. 미국을 비롯한 민주국가에서는 드문 일이다. 다만 실체법을 통해 절차법이 무시되는 일은 많이 일어나는데, 형사사법 종사자들 외에는 잘 알려져 있지 않다. 미국에서는 바로 이러한 회피수법 이용이 만연해 있다. 뿐만 아니라 형사실체법은 절차법보다 시간과 장소, 상황에 덜 구속받는다. 실체법이 더 위협적이다.

그렇다면 미국 헌법의 핵심 문언을 기초하고 승인한 사람들이 그런 위험을 인식하지 못한 이유가 무엇일까? 왜 형사절차는 어느 정도 상세히 규율하면서 형사실체법만 손대지 않았을까? 세 가지로 답할 수 있다.

첫째, 200년 전에는 실체법이 오늘날보다 덜 정치적이었다. 연방 헌법과 권리장전을 제정할 당시, 대부분 미국 형법은 식민지 아메리카에 가장 많이 보급된 블랙스톤의 주석서에 담긴 영국 법을 내용으로 구성되었다. 영국의 보통법은 선출된 입법자에 의한 입법이 아니라 사법부의 판결을 기반으로 형성되었으며, 18세기 영국과 영국의 식민지에서 법관은 선출직이 아닌 임명직이었다. 블랙스톤 주석서 네 권은 수백년간 사법실무를 통해(코크, 헤일, 그리고 블랙스톤과 같은 학자들이 다듬어) 산출한 결과물이다. 미국의 독립운동가들조차도 이를 존중했기 때문에, 미국의 모든 주 법원들은 영국 전통법의 권위를 인정했다. 미국 건국 세대들 중 아무도 영미법 형사절차가 훗날 광범위한 범죄 개념과 마약범죄 엄벌규정들로 가득 찬 현대 미국 형법전을 낳을 줄은 예상치 못했다. 당연히 그럴 만하다. 현대 형법의 광범위성과 엄벌성은 법관이 아닌 의회의 작품이다. 건국 초기 미국 형법은 의회가 아닌 법관이 만들었다.

두 번째 이유는 앞서 언급한 바 있다. 18세기 미국의 형사실체법은 오늘날과 다른 양상으로 집행되었다. 범죄 피해자의 사적 집행이 일상적이었고, 정부의 집행은 오히려 예외적이었다.[207] 국세 탈세범죄와 같은 일부 경우 외에는 초기 미국 형법은 오늘날 개인상해 손해배상소송이라 불리는 사안을 규율하는 불법행위법tort law에 가까웠다. 이에 비해 현대 형법은 정부 관리로서 법집행을 전담하는 검사가 집행한다. 아무도 불법행위법에 헌법적 제한이 필요하다고 생각지 않았다. 헌법은 사적 소송이 아니라 정부권력을 제한하기 위해 필요했기 때문이었다.

마지막으로, 가장 중요한 이유는 절차상의 사유다. 오늘날처럼 18세기에도 형사피고인은 배심재판의 권리를 누리고 있었다. 하지만 200년 전 권리의 개념은 오늘날과는 상당히 달랐다. 즉 18세기 미국 배심원은 사실관계뿐만 아니라 법 해석에 대해서도 판단할 권한이 있었다. 젠거의 성공적인 변론이 그 예다.[208] 21세기의 배심원은 법적 문제에 대한 권한은 작다. 건국 시기 배심원은 오늘날처럼 단순히 거짓말을 가려내는 역할에 머물지 않았다.[209] 배심원들은 도덕적 중재자로서, 피고인이 어떤 행위를 했는가, 그리고 그 행위가 처벌을 받을 만한가를 판단하는 역할을 했다. 형법이라 함은 배심원이 결정하는 바를 의미했다. 배심원의 결정은 블랙스톤의 주석보다도 우선했다. 막강한 권한의 미국 배심원이 범죄를 개념 규정하고 적용했기 때문에 건국 당시의 정치가들은 의회와 검사가 결탁하여 실체적 형법을 국민들의 자유를 침해하는 방식으로 이용하리라고 우려할 만한 이유가 없었다. 배심원의 권한이 축소되면서, 형법의 영역이 극적으로 확대되리라고는 예상치 못했다.

권리장전에 지혜나 예지가 있는지가 수수께끼는 아니다. 그보다는 권리장전이 살아남았다는 사실이 수수께끼다. 릴번과 젠거, 엔틱과 윌크스는 18세기 억압적 정부로부터의 위험을 보여주는 좋은 사례였다. 하지만 이들 사례들은 오늘날 형사사법 체계가 그 대상들에게 벌을 주는 형태의 억압과는 전혀 다르다. 프랑스 인권선언은 막강한 법집행 기관의 권한을 제한하는데 가장 이상에 가까운 모델로 보인다. 그래서 인권선언은 범죄를 규정하고 형을 법정하는 입법자의 권한을 대단히 제한한다. 형사사법 영역에서 미국 권리장전이 규정한 경찰관과 검사 권한의 제한은 쉽게 회피할 수 있고, 입법적 권한에 대해서는 아무런 제한을 두지 않은 것에 다름없다. (앞서 인용한 바) 오바마 대통령은 편법을 고려하지 않고 헌법적 제한의 존중에 기여하고자 한다. 기여하는 쉬운 길이 있다. 관련 권리를 구체화하면, 법집행 관리들이 자신들 편의대로 법을 집행하는 일을 상당히 막을 수 있다.

헌법적 제한의 실체 없는 특성이야말로 그 호소력의 주된 원천일 수 있다. 20세기 말과 21세기 초에 헌법 제정자들은 정부의 권력을 제한하는 만큼 확대하는 데도 열심이었다. 그래서 다수의 현대 헌법에 담겨 있는 교육, 보건, 취업의 적극적 권리가 인기가 있다. 헌법 초안에 발언권이 큰 정부 관리들은 자신들의 실질적 권한을 좀 더 직접적인 방식으로 제한하는 법적 보장보다는 정부 규제를 통한 광범한 재량 영역을 남겨둘 수 있는 절차적 권리규정을 선호하기 마련이다. 권리장전은 정부 권력의 제한이라는 역할에 성공했기 때문에 유지되었다고 볼 수 없다. 그보다는 그 실패 때문에 법적 생명을 길게 누린다고 하겠다.

4. 저절로 움직이는 장치

시인이자 하버드대 교수이며 영국 공사를 지낸 제임스 로웰James Russell Lowell은 헌법을 가리켜 '저절로 움직이는 장치a machine that would go of itself'라 했다. 헌법을 지지하기보다는 비꼬는 의미였다. 그의 연설은 남북전쟁이 끝나고 한 세대가 지난 뒤, 말년에 이르러 연방 헌법의 손질이 필요하다는 주장을 지지하기 위함이었다. 미국 사람들이 생각하는 것보다 연방 헌법의 법적, 제도적 장치는 더 취약하다는 주장이었다.[210]

　매년 100만 명 이상의 중죄 유죄판결을 만들어내는 장치의 경우도 마찬가지다. 남북전쟁 발발 한 해 전까지 북부와 남부의 주들은 각자 상이한 형사사법 제도들을 구축했으며, 지역 민주주의에 대한 서로 다른 전망에 따라 규율했다. 얼마 지나지 않아 형사사법 절차는 정치적으로 독자적인 존재가 되기 시작했다. 즉 관련 제도와 실무는 사실상 저절로 움직이는 장치가 되었다. 20세기 형사사법 제도와 실무는 그 지역 민주주의 특성을 침해하는 방식으로 진화해왔다. 이러한 현상은 입법자들이 미국 형사사법의 제도에 대해 더 많은 설계가 필요하다고 판단했기 때문이 아니다. 그보다는 형사사법 제도가 필요한 만큼의 손질을 받지 못했기 때문에 일어난 현상이다. 로웰의 헌법에 대한 시각이 틀렸고, 헌법 문헌은 손질이 아니라 추종이 필요하다고 말하는 사람도 있겠지만, 전국적 형사사법 체계에 관해서는 전적으로 옳은 말이다.

　이에 관하여는 후술하기로 한다. 여기서는 독립전쟁과 남북전쟁 사이의 세대에서 사법체계가 진화해 간 과정의 상이함에 대해 살펴보기로 한다.

　북부 주의 형사사법은 세 가지 제도에 의해 규정되었다. 즉 지방검찰청, 형사법원과 도시지역 경찰기관이 그것이다. 세 가지 제도는 독일이나 캐나다처럼 주나 도, 영국과 프랑스처럼 중앙정부가 아니라, 과거부터 지금까지 지방정부의 관할이다. 지난 150년 동안 검찰, 법원, 경찰은 정치인들이 구성하고 통제해 왔다. 이 또한 서구 세계 다른 국가에서의 탈정치적 사법체계와는 다른 점이다. 지방 유권자들은 지방검사를, 그리고 일부 주에서는 형사법관까지도 직접 선출했다.[211] 도시 유권자들은 시 경찰기관을 관할하는 시장과 시의원을 선출했다. 19세기 대도시 지역에서는 도시와 지방 유권자들 모두 동일한 상황이었다. 교외지역에는 거의 사람이 살지 않거나 유권자들이 존재하지 않았다.

미국 건국 세대들과 남북전쟁에 참전하고 남부 재건에 참여했던 세대들이 핵심적인 헌법적 문헌들을 만들었다면, 남북전쟁 이전 세대는 핵심적인 형사사법제도를 규정했다. 건국 시기 지방검사는 주 검찰총장이나 지방법관이 임명하는 행정관리였다.[212] 오늘날 지방검사는 주 관리도 법관도 아니며, 행정직원은 더욱 아니다. 또한 건국 시기에는 수 정부가 형사사건을 심리하고 판결하는 법관을 임명했다. 18세기 말 법관은 18세기 말 지방검사보다 권한이 컸지만, 현대 법관들보다는 권한이 상당히 작다.[213] 마지막으로, 도시지역 경찰기관은 18세기 영국에서도, 신생 독립국가 미국에서도 존재하지 않았다. 런던 경시청은 1829년 당시 내무장관 로버트 필이 설립했다(그래서 런던 경찰관을 보비 bobbies라 부르게 되었다). (역주: Robert의 애칭이 Bob 또는 Bobbie다.) 미국 도시에서는 지역주민들이 교대로 봉사하는 야경꾼으로 이루어진 소규모의 순찰관들이 치안을 유지했다. 초기 미국 형사사법 체계를 민영화 체계라 부를 만도 하다. 다만 민영화라는 용어 자체는 정부통제를 기본으로 한다는 점을 전제로 하는데, 18세기 미국에서는 오늘날 보편적인 정부가 관장하는 사법체계라는 관념조차 존재하지 않았다. 남북전쟁 십여 년 전에 민간이 운영하던 체계는 소수의 주 관리들에 의해 감독을 받으며 점점 더 민주적이고 권한이 강해지면서 더욱더 지방정부의 통제 하에 들어가게 되었다.

세 가지 제도를 차례로 살펴보기로 한다. 식민지 시대 대부분 기간 동안 검찰청은 존재하지 않았다. 범죄 피해자들이 대부분 직접 기소를 했고, (대체로 오늘날의 특별검사와 같은) 임시 임명관리가 나머지 사안들을 기소했다. 18세기 동안 일부 지역에서는 전담 정부 관리들이 민간 시민−검사citizen prosecutor를 점차 대체해 갔다. 신설된 지방검사는 지역 단위에서 업무를 수행했지만, 종종 주 검찰총장이 임명하기도 했다. 초기 미국 지방검사의 또 하나의 특징은 언급해 둘 만하다. 처리사안만큼, 때로는 유죄판결 건수에 따라 보수를 받았다.[214]

21세기 독자들이 보기에는 놀랄 만한 일이다. 검사의 역할은 정의를 실현하는 것이지, 처벌을 극대화하거나, 때로 복수심에 사로잡힌 범죄 피해자를 위해 일하는 게 아니다. 연방대법원 판례에 따르면 검사는 "엄중하게 기소할 수는 있지만, 부당한 수단을 쓸 자유는 없다. 진범을 법정에 세우는데 정당한 모든 수단을 모두 사용해야 하는 것처럼, 잘못된 유죄판결을 내릴 수 있는 부당한 방식을 삼가야 할 의무도 있다."[215] 검사의 업무는 불편부당해야 한다고 전제된다. 피고인 역시 검사가 복무하는 지역의 주민이다. 검사에게 사안처리 건수에 따라 보수를 지급한다면, 공정한 관리였을 사람을 무자비한 자베르 경감으로 만드는 셈이다. 생계를 유지하기 위해서라면 경미한 범죄조차도 처벌하려 들 것이기 때문이다.[216] 유죄판결 건수에 따라 수당을 지급하는 경우는 더욱 심각하다. 검사로 하여금 승소를 위해서라면 정당한 수단이든 부당한 수단이든 필요하다면 가리지 않고 부추길 것이기 때문이다.

그런데 18세기 말과 19세기 초 미국민들은 그렇게 보지 않았던 것 같다. 건당 수당 지급의 대안이라면 전임 봉급을 지급하는 것인데 많은 지역에서 검사의 업무상 전임이 필요하지 않았다. 게다가 당시 형법, 즉 블랙스톤의 정의에 따르면 보통법 형법common law of crimes에는 현대 형법전에 가득한 행정범죄나 마약범죄 규정이 많지 않았기 때문이다. 거의 예외 없이, 보통법상 범죄는 해당 지역의 유권자들이 언제라도 가능할 경우 기소를 기대하는 종류의 범죄를 의미한다. 따라서 건당 수당이나 유죄판결당 수당지급은 검사업무를 수행하는 관리의 시민들에 대한 복무를 확실히 하는 수단이었다. 즉 납세자들의 필요를 무시하고 태만하게 세금으로 봉급을 받지 못하도록, 자신들의 업무를 확실히 하도록 하기 위함이었다.[217]

보수의 성격이 곧 관청의 특성을 결정짓는다. 오늘날 봉급을 받는 검사들은 엄청난 재량권을 행사한다. 어떤 위법행위를 기소할지 기소하지 않을지, 어떤 피고인이 처벌을 받고 어떤 피고인은 선처를 받을지 재량권이 크다. 이론적으로는 건당 수당을 받는 검사도 동일한 재량권이 있지만, 실제로는 그렇지 않다. 건당 수당을 받는 검사라면 입건된 범죄 사안을 선별하지 않고 모두 기소하기 마련이다. 유죄판결 건수에 따라 보수를 받는다면, 범죄의 중한 정도에 따라 우선순위를 두지 않고, 유죄판결을 받기 쉬운 사안부터 기소하기 마련이다. 건당 수당지급방식은 건국 초기 지방검사의 역할을 행정보조에 다름없게 만들었다. 사건을 접수하고, 다른 기관이 소송가치 여부를 판단한 사안들의 서류업무를 처리하는 법원서기나 마찬가지였다. 조금 덜 가혹한 비유를 들자면, 초기 지방검사들은 오늘날 개인 상해 전문변호사의 역할과 비슷했다. 초기 미국 검사들처럼 개인 상해 전문변호사personal injury lawyer들은 승소가능성이 있어 보이는 모든 고소사안을 다룬다. 일부 기소사안이 패소했다는 사실은 해당 범죄의 처벌이 필요 없다는 판단을 의미하지 않는다. 그런 판단은 입법자, 배심 또는 판사의 손에 달려 있다. 상황에 따라 전통적인 원고의 고소제기권은 형사사안에서도 범죄 피해자나 경찰, 또는 기소배심, 지방 치안판사, 간단히 말해 검사가 아닌 자들에 의해 행사되었다.

만일 검사의 역할이 건국 초기 그대로였다면, 미국의 형사사법은 서유럽 형사사법 체계처럼 진화하여 정치와 무관한 관료들이 형사사안의 기소업무를 담당했을 것이다. 대신 제도 실무에서의 두 가지 변화가 미국 형사소추제도의 전환을 가져왔다. 첫째, 건당 수당지급은 정부 정규 급여로 대체되었다.[218] 둘째, 지방검사는 자신이 복무하는 지역 유권자들에 의한 선출직 관리가 되었다.[219] 첫 번째 변화는 모든 사안을 기소해야 할 필요가 없게 했다. 두 번째 변화는 지역 유권자들이 기소를 원하는 범죄만을 소추하도록 했다. 검사는 점점 더 강력한 지위를 갖게 되었다. 유권자들의 선호에 부응하는 검사라면 경찰이나 범죄 피해자의 선택을 단순히 따르기보다는 자신이 판단을 내려야 했다. 건당 수당지급방식의 폐지는 19세기 전반에 걸쳐, 특히 1840년대 이후 60년 동안 진행되었다. 지방검사의 선출제도는 주로 1840년대 후반부터 1850년대 초반에 걸쳐 도입되었다.

건국 초기 미국 지방검사들처럼, 초기 미국 형사법관들은 주 정부 관리, 대개는 주 의회가 임명했다. 뉴잉글랜드의 경우, 임명직 법관제를 오늘날까지 유지하고 있다. 나머지 주들에서 대다수 제1심과 항소심 법관들은 선출직 관리로서, 자신들이 근무하는 법원 관할지역 유권자에게 책임을 진다.[220] 지방검사의 경우와 함께 남북전쟁 이전 시기 제도적 변화가 일어났다. 당시 26개 주 가운데 15개 주에서 1844년부터 1853년 기간 중 헌법을 개정했다. 연방에 새로 가입한 5개 주들도 새로운 주 헌법을 제정했다. 이들 신헌법 중 상당수는 판사와 지방검사를 선출직 관리로 규정했다. 나머지 주들에서는 같은 제도를 법률에 규정했다.[221]

판사와 검사의 또 하나의 유사점은 굳이 언급할 필요도 없다. 선출된 지방검사들이 임명직 검사들보다 더 큰 권한을 가졌던 것처럼, 선출된 주 판사들도 임명직 판사들보다 더 큰 권한을 행사했다. 미국 독립 이후 십수 년간 법률가가 거의 없었던 이유도 있어서, 법원의 판결에 항소하는 원고나 피고도 거의 없었다. 항소법원도 할 일이 없었다. 미국 초대 대법원장 존 제이John Jay는 재임 중 뉴욕 주지사 선거에 출마하고, 영국과 주요 조약 협상에 나설 여유마저 있었다. 일이 없다고 정치적 힘도 없는 건 아니었다. 제이 대법원장은 두 번째 도전한 뉴욕 주지사 선거에서 당선되면서 대법원을 떠났는데, 1801년 당시 존 애덤스John Adams 대통령이 두 번째 대법원장 직을 제안했을 때는 뉴욕에 있는 자신의 땅에 남아 농사를 택했다.[222] (애덤스 대통령이 대신 임명한 대법원장은 존 마샬John Marshall이었다.)

배심원이 법률문제와 사실문제 모두를 결정할 권한이 있었기 때문에, 항소법관은 법원칙을 형성하고 적용할 여지가 거의 없었다. 이러한 배심원의 권한은 19세기 전반기 동안 축소되었으며, 이에 따라 항소는 증가했다. 또 하나 증가한 것은 항소법원의 위헌결정이었다. 즉 1840년대 주 항소법원의 주법에 대한 위헌판결 건수는 1850년대에는 2.5배 늘어나 남북전쟁 때까지 같은 수준을 유지했다.[223] 판사 권한의 강화는 주 의회 권한 약화와 시기를 같이했다. 1840년대 1인당 주 정부 지출은 급격하게 줄면서, 주 헌법은 개정되고 더욱 적극적인 주 법원이 등장했다.[224]

주 정부의 권한이 줄어들면서, 지방정부의 권한은 늘어났다. 1850년 이후 남북전쟁을 제외한 나머지 기간 동안 지방정부 지출은 주 정부 지출의 두 배였다.[225] 지방정부 권한 증가를 촉진한 또 하나의 힘은 도시지역 경찰기관의 확산이었다. 1845년 뉴욕 시에서 최초의 지방경찰이 설립되었다. 이전까지 도시지역 치안은 소수 지방경찰관의 책임이었고, 교대로 야경을 맡는 일반 시민들의 보조를 받았다.[226] 뉴욕 시가 사설 야경 체계를 폐지한 이후, 다른 도시들도 곧 뒤따랐다. 볼티모어는 1847년, 필라델피아는 1850년, 보스턴은 1854년에 지방경찰을 설립하였다.[227] 이들 초기 도시경찰기관들은 주 의회가 창설했지만, 얼마 지나지 않아 지방정부의 통제 하에 놓이게 되었다.[228] 도시경찰의 창설은 아일랜드를 비롯한 유럽으로부터 제1차 대규모 이민의 물결이 밀려들면서 나타난 도시지역 폭력의 증가와 때를 같이 한다. 야경체계로는 라이벌 범죄조직들이 배회하는 도시 길거리의 평화를 유지할 수 없었다. 도시 경찰기관은 바로 이러한 상황에 대처하기 위해 기획되었다.[229]

종합해보면 이러한 모든 변화들은 주 및 지방정부에게는 혁명에 다름 아니었다. 이러한 숨은 혁명, 그리고 그 시점을 어떻게 설명할 수 있을까? 그 답은 판사와 검사를 선출하는 주 헌법이 한창 제정되던 시기 이후 십여 년간 주 정부의 재정위기가 찾아왔다는 우연 아닌 우연에서부터 찾아볼 수 있다. 뉴욕 주가 이리 운하(역주: Erie Canal. 뉴욕 알바니에서 버팔로에 이르는 584km의 운하로 1817년 착공, 1825년 개통하였다) 건설로 큰 성공을 거두자 주 정부들은 더 많은 운하건설에 착수했는데, 거의 대부분의 건설비용을 주 정부 채권으로 조달하는 경우가 많았다. 계획은 제대로 시행되지 못했다. 이리 운하는 뒤따르려던 나른 운하들보다 적시에 맞춰 건설되었기 때문에 1825년 개통 직후부터 성공적이었다. 뉴욕은 곧바로 미국에서 제일가는 항구로서, 중서부 농장 곡물의 중심 선적지가 되었다. 십여 년 뒤부터는 호수나 강이 위치하지 않은 지역까지 철도가 비교적 값싼 장거리 화물운송 수단으로서 역할을 하기 시작했다. 이어 1837년 대공황의 충격이 닥쳐왔다. 화물운송과 주 정부 과세는 특히 어려움에 처하게 되었다. 철도의 발달과 경기침체로 인해 1835년 이후 대부분의 운하건설 계획은 경제적 전망이 불확실해졌다. 세입감소와 가파르게 치솟는 주 정부 채무로 인해 결국 당시 미국 전체 주의 3분의 1인 9개 주가 채무이행불능 상태에 빠졌다. 다른 주들

도 거의 파산상태였다.[230]

　에이브러햄 링컨의 정치 입문 시절이 보여주듯, 정치적 결과도 엄청났다. 1830년대 후반 링컨은 일리노이 주의 운하건설 계획을 앞장서서 지지했다. 이 계획으로 인해 링컨은 주 의회에서 전도유망한 공화당 의원으로서 정치적 스타로 떠오를 수 있었다. 하지만 얼마 안 가 운하건설 비용을 댈 수 없다는 사실이 분명해졌고, 완공되지 못했다. 1842년 링컨은 일리노이 주 의회를 떠나야 했다. 4년 뒤 일리노이 주에서 공화당이 안정적으로 확보한 지역구의 연방하원의원으로 당선됐지만, 다음 선거에서 민주당후보에게 패했다.[231]

　링컨의 운하계획을 반대했던 유권자들은 주 의회의 권한을 제한하면서 지역 선출 지방검사와 형사법관을 포함한 선출직 공직을 더 많이 만들었다. 더 많은 민주주의에 대한 요구는 유권자들이 기성 민주적 제도는 실패했으니 개혁이 필요하다고 인식한 데서 비롯되었다. 이러한 인식은 형사사법을 훨씬 넘어서는 영역에까지 적용되었으나, 형사사법 영역에 가장 큰 영향을 미쳤다. 최초의 도시 경찰기관은 아일랜드계 이민자들로 인해 도시지역 살인범죄율이 높아지고, 미국 정치에서는 이민배척주의가 최대 세력이던 시기에 설립되었다(부지당不知黨과 매사추세츠 의회가 그 예다). 19세기 중반 유권자들은 멀리 떨어진 주도州都에 자리잡은 의원들에 대한 불신 때문에 지방검사와 판사들의 지역 선출을 선호했다. 지리적인 거리는 남북전쟁 이전 시기 정치의 가장 중요한 요소들 중의 하나였다.[232] 인근에 거주하는 선출직 관리들이 가까이에서 유권자들의 보호를 책임질 수 있었다. 1850년대에는 이민자들의 범죄로부터 원주민들을 보호한다는 의미였다.

1840년대와 1850년대 제도개혁의 배경이 된 동기의 일부가 그러하다면, 개혁의 근저에 아이러니가 숨겨져 있다. 목표는 아일랜드계 청년들로부터 원주민들을 보호하기 위함이었지만, 장기적 결과로는 자신들의 범죄를 재판할 판사를 선출하는 권한을 이민자 사회에 부여함으로써, 이민청년들과 그 후손들의 권력을 강화시켰다. 19세기 말에 이르러 북동부와 중서부 대부분의 도시들에서는 이민자들과 그 후손이 다수가 되었다. 이민자 사회가 지역경찰을 장악하고, 아일랜드계 경찰들이 아일랜드계 범죄자들을 체포할 권한을 행사하게 되었다.[233] 주 의회는 형법을 제정할 권한은 여전히 가지고 있었지만, 1840년대와 1850년대 헌법 개정으로 인해 지역 관리들이 제정된 형법을 어떻게, 언제, 누구에게 적용할 것인지를 결정하게 되었다. 오랜 동안 법을 제정하는 권력보나 집행 권력이 더 중요하게 되었다.

남북전쟁 이전의 남부지역 주민들은 세 가지 종류의 사법체계를 만들어 놓았다. 법원의 재판, 고용주master 재판, 그리고 군중mob 재판이 그것이다. 법원은 통상의 법적 형식을 따랐지만, 고용주 재판이나 군중재판은 규칙 없이 행해졌다. 공식적 체계는 북부의 사법체계와 비슷해서 도시지역의 경찰이나 지방보안관이 범죄자를 체포하고, 지방검사가 기소하며, 지방구치소나 주 교도소에서 유죄가 확정된 수형자들을 구금했다. 대부분의 경우 공식적 사법체계는 북부와 마찬가지로 피고인의 권리를 보장했다. 일부 사안에서는 오늘날의 체계보다도 더 보장되었다. 수정헌법 제4조에 따르면 체포영장은 피체포자의 주거지 문을 부술 수 있는 권한을 부여하는데, 피체포자에 대해서만 특정하고 주거장소에 대해서는 특정하지 않는다. 버지니아 주 대법원은 장소도 특정될 것을 요구했다.[234] 오늘날 수정헌법 제5조의 일사부재리 조항에 따르면 복수의 주에서 동일 범죄의 기소가 가능하다. 앨라배마 주 대법원은 해당 범죄가 타 주에서 기소될 가능성이 인정되는 경우 앨라배마 주에서의 기소를 금지하였다.[235]

이 같은 판례는 통상적이어서, 백인이 피고인인 사안에만 한정되지 아니하였다. 남부 주 법원들은 때때로 노예들의 범죄도 재판했는데, 이러한 사안에서도, 심지어는 노예제도가 가장 번성했던 최남부(역주: Deep South. 조지아, 앨라배마, 미시시피, 루이지애나, 사우스캐롤라이나 주)에서도 피고인의 권리가 놀랄 만큼 잘 보장되었다. 역사학자 윌리엄 프리링 William Freehling에 따르면 남북전쟁 이전 시대 백인 피해자를 살인한 흑인 피고인 사건 31건 중 미시시피, 앨라배마, 루이지애나 주 대법원에서 16건이 무죄판결을 받았다.[236] 앨라배마 주 판례 중의 하나인 노예 밥Bob 사안의 경우, 밥이 자신의 아내인 디나Dinah에게 도끼를 빼앗아 그녀를 살해하려고 실랑이를 벌이다가 옆에 서 있던 백인아이를 죽게 했다. 일부 증언에 따르면 의도적인 살해였다고 했고, 다른 증인들은 밥이 디나를 죽이려 했을 뿐이므로 사고였다고 진술했다. 밥은 살인죄로 기소되어 유죄판결을 받았다. 어떤 증언을 사실로 믿든지 상관없이 살인죄 기소는 피할 수 없어 보이는 경우다. 오늘날과 마찬가지로 19세기 판례법에 따르면 어떤 자를 상해 또는 살해하려는 시도로 다른 피해자를 살해하는 결과에 이른다면 살인죄에 해당되기 때문이다. 앨라배마 주 대법원은 원심판결을 파기하고, 살인죄보다 경한 과실치사죄만을 인정했다.[237]

또 다른 앨라배마 주 사안이 바로 그 놀라운 보장을 설명해준다. 주법에 따르면 노예인 피고인을 심리하는 배심원의 3분의 2는 노예주로 구성해야 했다. 그런데 백인 살해죄로 기소된 해당 사안에서 유죄판결이 파기되었다. 배심원 중의 하나가 부친으로부터 노예를 상속받게 되어 있었지만 당시에는 노예를 실제 소유하지 않은 상태였는데, 이 배심원을 제외하면 3분의 2 규정이 충족될 수 없었기 때문이었다.[238] 당시 노예는 가치가 높은 소유물로서 불필요하게 손실되어서는 안 되는 인간재산이었다. 노예 피고인의 보호는 곧 노예 소유주의 보호를 의미했다.

테네시 주 사안은 노예 엘리아Elijah가 살인죄로 유죄판결을 받은 경우다. 노예주가 고용한 엘리아의 변호인은 항소심에서 노예주가 직접 노예를 위해 변론할 수 있도록 허용되어야 한다고 주장했다. 논란의 여지가 없어 보이는 요청이었지만, 19세기 당시 법에서는 형사피고인 내지 민사재판에서의 원고, 그리고 소송으로부터 이익 또는 손실이 기대되는 당사자는 선서 증언을 할 수 없었다.[239] 이러한 원칙이 적용되면 엘리아의 주인은 증언을 할 수 없었다. 그런데도 테네시 주 대법원은 이를 허용했다. 대법원의 판결문에 사용된 언어는 진정성은 없어 보이지만 감동적이다.

이 같은 사안(in a case like this)에서 법은 … 노예를 그 주인의 지배에서 벗어나게 하여 해당 권리와 소유권을 부인하며, 해당 노예는 도덕적·사회적 공동체적 책임과 의무를 다할 수 있는 합리적이고 이성적인 인간존재로 간주한다. 그리고 해당 노예에게는 권력에 대한 경계와 자유에 대한 열망이 자유민에게 스스로를 보호할 수 있도록 감싸준 모든 형태의 재판상 권리가 부여된다.

판결문의 핵심은 "이 같은 사안에서"에 있다. 리스Reese 판사는 앞서 언급했던 앨라배마 주 대법원 판결문과 마찬가지로 노예의 권리에 초점을 맞추었다. 하지만 엘리아 사안과 두 건의 앨라배마 사안 모두 핵심은 노예주의 이익이었으며, "노예를 그 주인의 지배에서 벗어나게 하여"라는 언명은 실제와는 다르다.[240]

일부 노예주들은 법원에 의뢰하지 않고 노예들에게 소송에 유사한 절차를 적용했다. 제퍼슨 데이비스Jefferson Davis의 미시시피 대농장에서는 노예의 경우 노예 판사와 노예 배심원들이 재판했다. 농장주의 노예감독관이 검사의 역할을 하고, 일정한 처벌이 부과된 경우 집행을 했다(데이비스는 노예법정이 부과한 처벌을 가중할 권한은 없었지만 감경 권한을 가졌다).[241] 데이비스 농장의 체계는 드문 경우였지만, 바탕이 된 생각은 그렇지 않았다. 즉 바로 이 노예주가 멕시코 전쟁에 참전하고 연방 상원의원과 피어스Pierce 대통령 시절 장관을 지냈으며, 남북전쟁 기간 동안에는 남부연맹 대통령을 역임했다.

데이비스는 일생의 대부분을 멕시코 전장과 수도 워싱턴 그리고 리치몬드에서 보냈다. 데이비스만큼 부재기간이 길지는 않아도 많은 대농장주들은 대부분 인근 도시에 거주하면서 농장관리는 감독관들에게 맡겼다. 부재 농장주들은 감독관들이 얼마나 채찍질을 하는지 상세히는 알 수 없어도, 매년 목화 수확 규모는 분명히 알고 있었다. 결과적으로 감독관들은 목화를 심고 거두며 다음해 목화를 경작할 인간 노예의 건강보다는 수확량에 훨씬 신경을 쓰지 않을 수 없었다. 데이비스는 지나치게 가혹한 감독관들로부터 자신의 노예들을 지키고자 했던 것이다. 마치 목장주가 자신의 소떼들을 부주의한 고용인으로부터 보호하려는 것과 똑같은 이유로 말이다.[242]

대부분의 노예주들은 그다지 관대하지 못했고, 노예법정의 성격도 노예의 권리가 아니라 노예주의 성향에 따라 결정되었다. 이 같은 사적 사법체계는 종종 잔혹하고 자의적이었고, 법적 절차로 볼 만큼의 어떠한 수의도 행해지지 않았다. 게나가 노예를 위한 재판은 체계도 없고, 정례적이지도 않았다. 노예주로서는 원인이나 가해자가 알려지지 않은 경미한 범죄들은 용인할 수밖에 없었다. 노예주가 노예를 관리하는 방식은 언제나 서로 상반된 동기에 좌우되었다. 노예의 건재는 노예주 재산의 증가를 의미한다. 다른 한편으로 노예는 잠재적 반란자들로 노예주의 집과 가족에 가까워질수록 더욱 위험한 존재였다. 노예주들은 때로는 노예를 신뢰하면서도 두려워하기도 했다. 1859년 북부 텍사스 지역에서 이상고온과 건조기후로 인한 사고가 틀림없었지만 산불이 확산되자, 십여 명의 노예들과 선동혐의가 인정된 백인 몇몇이 함께 방화범으로 몰려 처형되었다.[243] 최종심 법관도 권력에 대한 제한과 자유에 대한 열망을 입에 올렸을지는 모르지만, 공허한 말일 뿐이다. 위급한 상황이 되면 노예주의 권력은 사실상 제한이 없었고, 노예의 자유란 존재하지 않았다.

북부 텍사스에서의 방화범 처형사건은 바로 남부지역에서 시행되었던 세 번째 유형의 사법체계인 군중재판의 사례다. 종종 군중재판은 노예순찰대slave patrol에 의해 행해졌는데, 이론적으로는 이들 백인 폭력집단은 미국 독립전쟁 시기에 도시 거리를 지켰던 남부지방 야경 체계에 상응한다. 야경꾼들이 마을의 평화를 해치는 잠재적 범죄자들을 감시하듯이, 노예순찰꾼들은 사회적 안정과 질서를 해치는 자들을 감시했다. 주로 도망노예나 주인의 허가 없이 이동하는 노예, 그리고 이들을 돕는 백인이 대상이었다. 노예주들은 자신들의 인간재산을 스스로 처리하는 편을 선호했고, 대개 그렇게 했다. 하지만 노예순찰대를 이루고 있는 가난한 백인들은 흑인 노예에 대한 자기 나름의 적절한 처리에 대한 생각을 가지고 있는 경우가 종종 있었다. 그 결과 상당히 많은 노예들이 린치를 당했다. 그 규모는 아무도 모른다.[244]

시간이 흘러 이들 노예순찰대는 남부 전통의 집행자로 행세하면서 위험한 이념을 전파한다는 혐의를 받는 백인들에게까지 관할을 넓혀갔다. 켄터키 출신으로 노예 반대 주인 오하이오에서 교육받은 존 피이John Fee 목사는 무모하게도 자신의 고향으로 돌아와 인종통합 학교와 교회 네트워크를 세웠다. 피이의 이웃들이 몰려와 총구를 겨누고 오하이오로 쫓아 보내면서, 오하이오 강을 다시 넘어오면 사살하겠다고 위협했다. 텍사스에서는 북부 출신 성공회 목사 맥키니McKinney와

블런트Blunt가 채찍질을 당하고 인디언 보호구역(오늘날의 오클라호마)으로 쫓겨났다. 역시 되돌아오면 사살하겠다는 위협과 함께. 그나마 이들 목사들은 나은 경우다. 미시시피 주에서는 목화기계에 불을 질렀다는 혐의를 받은 지역의 목수 세 사람이 군중재판으로 교수형 당했다. 남북전쟁 이전 300년 동안 남부지역에서 300명의 백인이 군중재판으로 처형당했다.[245] 그렇게 처형당한 노예는 더 흔했을 것이지만, 쉽게 군중재판에 넘겨지지는 않았을 것이다. 노예는 노예주들에게 값나가는 재산이었기 때문이다. 상황이 주어진다면 오히려 백인을 처형하는 편이 더 간단했을 것이다. 심한 모욕을 주고 북부로 추방하는 경우도 마찬가지였다.

남부사람으로서 자격 없다고 간주된 백인에 대한 군중재판의 사례들은 모두 남부지역에서의 폭력과 그 원인의 징후다. 최남부 지역 백인들 중 남북전쟁 이전 살인범죄율은 천문학적이다. 플로리다 수의 경우 백인 간 살인범죄율은 인구 10만 명당 40~70명에 달했지만, 살인죄 유죄율은 낮았다.[246] (비교해보면, 오늘날 미국 전국의 살인범죄율은 10만 명당 6명 이하이며, 미국 내 폭력범죄율이 가장 높은 도시인 디트로이트의 경우에도 10만 명당 34명이다.)[247] 플로리다의 높은 살인범죄율은 당시 남부지역에 만연한 명예문화에도 일부 원인이 있다. 남북전쟁 이전 시기 남부 백인들 간에는 모욕에 대한 보복으로서 살인을 저지르는 현상이 보편적이었다.[248]

또한 남부 백인문화를 양분하는 뿌리 깊은 차이에도 원인이 있다. 한 편에서는 부유한 노예주들이 있었고, 이들 중 일부는 작가 조지 핏츠휴George Fitzhugh의 추종자들이었다. 핏츠휴는 북부의 "임금노예"보다 남부의 노예제도가 더 우월하다고 주장했다.[249] 북부 백인 노동자들보다 흑인 노예의 처지가 더 낫다면, 가난해서 노예를 소유할 수 없는 남부 백인들의 지위는 어떻게 될까? 다른 한 편에서는 남부 백인의 대다수를 차지하는 가난한 이들이 힌튼 헬퍼Hinton Rowan Helper를 추종했다. 헬퍼는 백인 노예주들이 노예를 가지지 못한 백인들을 착취하고 있다는 장광설로 유명한 저술가였다.[250] 가난한 백인들이 헬퍼 같은 사람의 말을 따른다면, 남부 노예제도의 지위는 유지될 수 있을까? 노예주와 가난한 남부 백인들 간의 격차는 남부지역 범죄통제에서도 그대로 나타났다. 노예를 소유한 남부 백인은 자신의 농장 안에서 법 그 자체였다. 가난한 남부 백인들은 종종 백인들까지도 처벌하는 노예순찰대를 통해 많은 권력을 행사했다. 양측 모두 "정의"의 집행은 기존 법체계에 구속받지 않는 경우가 예사였다.

법체계의 규제를 벗어난 재판 뒤에는 두려움이 자리잡고 있었다. 남북전쟁 이전 십여 년간 남부의 북쪽 경계와 서쪽 경계지역에서는 노예제가 위협을 받았다. 1845년 연방 편입 이전 텍사스는 당시 노예제를 인정하는 독립공화국으로서 노예제를 폐지한 대영제국과 협상 중이었다. 남부 백인들은 텍사스가 영국의 자치령이 되면 노예들이 탈출할 것을 우려했다. 1860년이 되면서 델라웨어 주의 흑인 노예 90%, 메릴랜드 주의 흑인 노예 50%가 이미 자유인이 되었다. 볼티모어에는 25,000명의 해방노예가 거주했고, 노예는 2,000명에 미치지 못했다. 웨스트버지니아는 사실상 해방지역이었다. 미주리의 경우 노예인구가

10% 미만이었고, 계속해서 감소했다.[251] 캔자스 주에서는 단기간 노예 소유가 합법적이었지만, 미주리를 둘러싼 세 개의 주들은 모두 해방지역이었다. 다른 주들에서는 노예제도가 쇠퇴하는 동안, 최남부만 여전히 노예제를 유지하는 지역으로 고립되어 갔다. 토머스 제퍼슨의 악몽이었다.

이러한 두려움 때문에 최남부 정치인들에게 늘 지지를 받았던 남부 경계지역의 정치인들은 노예제의 장래에 대해 남부 백인들이 결정할 권리를 법적으로 보장하고자 했다. 1820년 켄터키 출신 헨리 클레이Henry Clay의 주도로 노예인정 주인 미주리의 연방 편입에 관한 타협이 이루어졌다. 메릴랜드 출신 윌리엄 존슨William Cost Johnson은 1830년대 후반 연방하원의 노예 반대청원 심의를 막는 금지령을 통과시켰다. 버지니아 출신 존 타일러John Tyler 대통령은 임기 말 텍사스의 연방 편입을 조약이 아닌 의회 합동결의안으로 싱사시켰다. 조약의 경우 상원 3분의 2 찬성요건을 피해 가기 위해서였다. 5년 뒤 버지니아 출신 제임스 메이슨James Mason 상원의원이 발의한 1850년 도망노예법Fugitive Slave Act은 북부 해방지역으로 도주한 노예에 대한 노예주의 소유권 주장 절차를 간소화했다. 메이슨 본인도 남부 경계지역 노예주였다. 미주리 출신 데이비드 애치슨David Atchison은 동료 상원의원인 스티븐 더글러스Stephen Douglas에게 압력을 가해 더글러스의 캔자스-네브라스카 법안Kansas-Nebraska bill을 수정해서 캔자스에서 노예제를 인정할 여지를 부여했다. 그런 뒤 애치슨은 미주리 주민들에게 캔자스 선거에서 노예제도에 찬성하는 의원들이 선출되도록 부정투표를 독려했다. 메릴랜드 출신으로서 20년 전 자신의 노예들을 해방시킨 연방대법원장 로저 테니Roger Taney는 드레드 스콧 판결의 다수 의견에서 전국 모든 지역에서 노예제의 허용이 가능하도록 판결했다. 이들 중 일부는 노예제가 유지할 가치가 있다고 보았고, 일부는 제도가 사라지기를 희망했다. 존슨은 노예폐지론자들이 더 이상 떠들지 않고 북부의 간섭 없이 남부 주민들이 스스로 자신들의 문제를 해결하게 놔둔다면, 자신의 고향인 메릴랜드가 곧 해방지역이 될 것이라 장담했다.[252]

간단히 말해서 남부 주민들은 남부 경계지역의 불안정이 경계 너머의 반노예적 선동 때문이라고 생각했다. 최남부 노예주들은 경계지역이 곧 해방지역이 될 것을, 노예가 없는 백인들도 흑인 노예들에게 지배당할 것을 두려워했다. 법적인, 정치적인 승리는 노예제를 유지하려는 남부를 오히려 더 불안정하게 만들었다. 남부 주민들이 막으려 했던 북부의 반대가 더 심해졌기 때문이다. 북부의 반대는 다시 남부의 두려움을 낳았고, 이로 인해 남부사람 자격이 없다고 간주된 백인 300명이 군중재판으로 처형을 당하고, 피이, 맥키니, 블런트와 같은 많은 이들이 강제추방되었다.

이러한 군중재판은 어떠한 300건의 판결들보다도 더 파급효과가 컸다. 일반적으로 범죄와 처벌은 구분되는 영역이다. 처벌은 범죄에 대한 법적 대가다. 남북전쟁 이전 남부에서는 처벌 그 자체가 범죄였으며, 범죄가 무엇이고 처벌이 무엇인지 법은 말해주지 못했었다.

남부에서나 북부에서나 법은 흔히 생각하듯 형사사법의 특징과는 별 연관이 없었다. 모두 형사재판을 관장하는 판사를 선출했다. 모두 선출된 지방검사가 어떠한 범죄로 누구를 기소할지를 판단했으며, 선출된 지방정부가 도시 경찰기관을 관할했다. 남부와 북부 모두 각 지역 배심원들이 유죄 여부를 결정했다. 상이한 형태의 민주주의가 사법체계에 대해 큰 영향력을 행사하는 동안, 법원칙의 영향은 놀라울 만큼 크지 않은 상태였다. 각 주에서 형법전이 제정된 이후조차도 블랙스톤의 일반 법 원리들이 형사 실체법 대부분을 규정했다. 권리장전 역시 주 헌법을 통해 형사절차를 규정했지만, 그 정도는 약했다. 피고인의 다양한 절차적 권리의 의미가 소송에서 다루어지는 경우는 드물었다. 남북전쟁 이전 형사절차는 법률보다는 전통과 지방관습에 더 의존했다. 남부와 북부 모두 마찬가지였다. 양 지역의 실체법과 절차법은 상당히 유사했다.

형사사법을 규율한 지역 민주주의의 특성은 또 다른 문제다. 이 짐에서는 북부와 남부가 극적인 차이가 있었다. 북부에서는 지방정부가 선거와 배심재판을 통해 형사사법제도를 운영했다. 남부에서도 어떤 시기에는 마찬가지였지만, 단지 일정기간 동안뿐이었다. 대다수 범죄는 노예주와 노예감독관에 의해 처리되었고, 소수이지만 중요한 범죄의 경우 노예순찰대와 군중들이 처단했다. 북부의 형사사법은 자치정부가 집행했다. 남부에서는 대체로 흑인에 대해서는 백인 노예주와 노예순찰대가, 노예제에 반대하는 백인에 대해서는 백인 군중들이 집행하였다.

제4장
수정헌법 제14조의 약속 위반

모든 주는 … 모든 사람에게 평등한 법적 보호를 보장해야 한다.
— 수정헌법 제14조, 미국 연방 헌법(1868년 비준)

깜둥이들을 쏴죽여야만 우리가 시달려 왔던 압제로부터 벗어날 수가 있습니다.
— 사우스캐롤라이나 상원의원 벤자민 틸먼Benjamin Tillman,
레드 셔츠단 집회연설(1909)

　　연방 헌법 원안에서는 주 정부가 형사사법 체계를 전적으로 관할하게 되어 있었다. 연방의회의 권한을 규정한 문서의 제8절 제1조는 연방의회의 입법권한을 열거하였다. 모두 29개 대상의 긴 목록이며, 나머지 하나는 다음과 같은 포괄규정이다. "연방의회는 전술한 29개 대상 입법권한의 실행에 필요한 모든 법률을 제정할 권한을 가진다." 입법권한 목록 중 형법과 관련된 것은 화폐위조, 해적 행위, "국제법 위반 범죄", 군 범죄에 불과했다. 전적으로 일반적인 법적 문제들이었다. 여타 연방 형사범죄는 의회권한의 집행을 위해 "필요하고도 적절한" 경우에 규정될 수 있게 된다. 하지만 매디슨과 그의 동료들은 형사입법의 범위가 더 확대되리라고 보지는 않았다. 다음과 같은 법규들의 특징을 보면 알 수 있다. "연방 증권 및 화폐위조에 대한 처벌" 근거규정은 연방의회의 조폐권한 규정에 바로 뒤이어 규정되어 있다.[253]

화폐위조 규정은 화폐위조를 처벌할 권한이 "조폐" 권한 규정에 포함되어 있지 않다는 전제에서만 필요했었다. 이는 헌법기초자들의 관점에서는 형사처벌에 관한 연방권한이 크지 않다고 생각했다는 의미다. 연방 형법의 범위는 좁고, 연방 형법집행은 드물다고 보았다.

연방 형법에 대한 생각은 잘못된 것으로 드러났지만, 연방 형법집행에 대해서는 오늘날도 타당하다. 연방 형법의 영역은 확대되었지만, 주 형법이 대부분 중첩적으로 규율하고 있다. 즉 사기, 마약범죄와 일부 폭력중죄와 절도 범죄가 그것이다. 주 및 지역 관리들이 해당 범죄의 대다수를 처리하고 있기 때문에, 연방정부는 중죄 기소의 6% 정도만을 책임지고 있다.[254] 헌법기초자들이 계획했던 방식대로 운영되는 경우는 매우 적다. 하지만 형법집행만큼은 최우선적으로 주와 지방정부의 임무로 남아있다. 연방정부가 형법집행 영역에서도 중요한 역할은 하지만, 여전히 역할이 작다.

미국 역사에서 이런 패턴을 벗어나 연방정부가 범죄와 처벌에 대한 상당 부분의 역할을 맡게 된 경우가 두 차례 있었다. 첫 번째는 남부재건, 두 번째는 금주법 시기였다. 금주법 시대 연방수사관과 검사들은 미국의 금주법 집행을 주도했다. 남부 재건 시기에는 연방해방노예국(역주: The Bureau of Refugees, Freedmen, and Abandoned Lands, 1865년에 남부 재건 시기 해방노예를 지원하기 위해 링컨 대통령이 설립한 연방정부기관), 연방보안관과 검사가 KKK(역주: Ku Klux Klan, 백인우월주의와 반이민주의 극우테러단체. 초기 KKK는 1860년대 말부터 1870년대 말까지 남부지역에서 활동했으며, 1920년대 말 전국적으로 재등장했다가, 제2차 세계대전 이후 민권운동 시기에 다시 활동을 시작했다)와 그 유사단체들의 정치적, 인종적 테러를 종식시키는 책임을 맡았다. 두 시기 모두 연방의 권한이 크게 확대되었으며, 수정헌법을 근거로 삼았다. 즉 제14조는 해방노예에 대하여 "평등한 법적 보호"를 보장했으며, 제18조는 주류의 제조와 판매를 금지했다.

두 시기 모두 확대된 연방권한은 적어도 일정기간 동안은 효과가 있어 보였다. 연방보안관과 검사들의 노력 덕분에 앨라배마와 사우스캐롤라이나의 KKK 지도자가 투옥되고, 남부 흑인들에 대한 폭력이 줄어들게 되었다.[255] 미국민들은 인종적, 정치적 평화의 시대를 기대할 수 있었다. 금주법 시행 초기 몇 년 동안에는 주류 소비량이 급감했고, 그에 따라 음주 관련 비행도 줄어들었다.[256] 선술집들이 사라지면서 번영과 낮은 범죄율의 시대가 찾아올 것 같았다. 두 시기 모두 1873년 공황과 1929년 대공황으로 인해 장기간에 걸친 경기침체가 시작된 때로서 미국 정치의 변환을 가져왔다. 경기침체의 타격 이후 연방 형법집행에 대한 지지는 빠르게 약화되었다. 주가 대폭락 4년 뒤, 그리고 금주법을 제정한 수정헌법 제18조가 제정된 지 13년 뒤, 제18조는 수정헌법 제21조에 의해 폐지된다. 법 앞의 평등한 보호 규정을 폐지한 수정헌법이 제정되지는 않았다. 하지만 1876년 연방대법원의 연방 대 크룩생크US v. Cruikshank 판결[257]에 의해 사실상 폐지되었다. 1873년 공황이 시작된 지 3년 만에, 수정헌법 제14조가 비준된 지 불과 8년 만의 일이었다.

1876년 판결은 평등한 법적 보호 규정을 KKK로부터 피해자를 보호하기보다는 연방검사로부터 KKK를 보호하는 방향으로 해석했다. 이 같은 판결은 앞에서 말을 인용했던 "갈퀴" 틸먼[258](역주: Benjamin Ryan "Pitchfork Ben" Tillman, Jr. 1890~1894년 사우스캐롤라이나 주지사, 1895~1918년까지 민주당 소속 연방상원의원을 지냈다. 백인의 우월성과 린치법을 옹호하는데 앞장섰으며, 1876년 사우스캐롤라이나의 흑인지역에서 백인 민병조직 레드셔츠Red Shirts를 이끌고 햄버그 학살사건Hamburg Massacre을 주도해 정치적 입지를 세웠다) 같은 사람들에게 남부 주 정부 탈환을 위해 살인도 서슴지 않고 두고두고 자랑삼도록 적극적으로 권하는 일에 다름 아니다. 틸먼은 당대 가장 유명한 연설가들 중의 한 사람으로 북부에서 대규모 군중을 불러 모아 남부 흑인들에 대한 백인들의 지배를 옹호하는 순회강연을 했다.[259] 백인들의 지배를 위해서라면 수천 명의 해방노예들의 희생을 대가로 치러야 하며, 그들이 확실하게 유권자가 되지 못하도록 죽여야 한다는 내용이었다. "평등한 법적 보호"를 위해서도 그렇게 해야 한다는 것이다.

1. 남부 재건의 시작

1866년 5월 1일, 테네시 주 멤피스에서 마차 두 대가 충돌했다. 한쪽 마부는 흑인이었다. 이 지극히 평범한 사고가 3일 간의 폭동을 촉발하여 50여 명이 죽고 상당수 여성들이 강간당했으며, 다수의 집과 상점이 파괴되었다. 폭동 희생자의 거의 전부가 흑인이었다. 가해자들에는 백인 경찰과 소방관이 다수 가담했다.[260] 이어 7월 30일에는 유사한 폭동이 뉴올리언스에서도 일어났다. 당시 남북전쟁의 종전이 가까워지면서 루이지애나 주지사는 주 제헌의회를 소집했다. 제헌의회는 당시 링컨 대통령이 남부 재건의 모델로 삼았던 주 헌법을 기초하였다. 뉴올리언스 흑인 주민들은 제헌의회 장소까지 흑인참정권과 남부연맹 시절 공직자들의 공직 취임권 박탈을 지지하는 행진을 벌였다. 제헌의회 역시 지지 입장이었다. 행진에 참가한 흑인 일부는 무기를 들고 있었다. 백인 주민이 행진대열에 돌을 던지자 대열 중 일부가 백인 군중들을 향해 발포했다. 그러자 백인 경찰관들이 공격을 시작해 34명의 흑인 사망자와 1백 명 이상의 부상자가 나왔다. 백인 4명도 사망했다.[261]

멤피스 대학살 6주 뒤, 그리고 뉴올리언스 대학살 한 달 전, 연방의회는 수정헌법 제14조를 통과시키고 각 주의 비준을 요청했다. 제14조 제1항은 다음과 같다.

미국에서 출생했거나 국적을 취득하고 미국의 관할 하에 있는 모든 사람은 미국의 시민이며, 거주하는 주의 시민이다. 모든 주는 미국 시민의 특권을 축소하는 법을 입법하거나 집행해서는 아니 된다. 모든 주는 사람의 생명, 자유와 소유권을 적법 절차없이 침해해서는 아니 된다. 모든 주는 그 관할하의 모든 사람에게 평등한 법적 보호를 부인해서는 아니 된다.

제2항은 모든 주에서 성인 남성에 대하여 "반역 및 기타 범죄 가담" 이외의 사유로 선거권이 박탈될 경우, 그에 상응하는 수만큼 의원 수를 축소하도록 규정하였다. 제3항은 남부연맹을 지지했던 주 및 연

방 공직자들에 대하여 의회의 사면이 없는 한 공무담임권을 박탈하였다. 제4항은 남부연맹의 전쟁부채 상환을 금지했다. 제5항은 연방의회에게 "본 수정조항의 실행을 위해 적절한 입법을 할" 권한을 부여하였다.[262] 제2항과 제3항은 수정헌법 제14조와 관련하여 가장 논쟁거리였지만, 실제 드러난 바로는 제1항과 제5항이 가장 문제였다.

전통적인 해석에 따르면 제14조 제1항은 적법절차, 평등한 보호, 시민특권조항의 근거로서, 남부의 흑인 관련 법령을 폐지하기 위해 입법되었다. 남북전쟁 초기 남부연맹 주들은 해방노예를 이전 노예주와 고용계약을 맺은 하인으로 묶어두는 법률을 입법했다. 흑인들은 고용거부가 허용되지 않았으며, 고용주들은 흑인들을 규율하기 위해 신체형까지 쓸 수 있었다. 링컨의 노예철폐를 대체하는 사실상의 노예제였다. 1866년 3월 연방의회는 최초의 민권법Civil Rights Act을 제정하여 흑인 차별법들을 철폐하고, 흑인과 백인 모두에게 동등한 계약권 및 소유권을 보장하였다. 앤드류 존슨Andrew Johnson은 거부권을 행사했고, 연방의회는 4월 9일 재의결했다. 멤피스 대학살이 일어나기 3주 전이었다. 당시 수정헌법 제14조는 이미 실행 상태였는데, 제14조의 입법을 주도한 오하이오 출신 하원의원 존 빙엄John Bingham과 그의 동료들은 민권법의 위헌성 여부에 주목했다(민권법 이전까지는 계약과 소유가 전적으로 주 관할의 문제였기 때문에 민권법은 위헌적인 연방권한 부여라는 지적을 받을 수 있었다). 또한 제14조가 규정한 "시민의 특권"과 적법절차 조항 및 제5항이 연방의회에 제14조의 실행에 필요한 "적절한 입법" 권한을 부여한 의도는 민권법에 대한 위헌논란을 줄이기 위

해서였다.[263]

하지만 제14조 제1항의 목적이 그 하나만은 아니었다. 제1항의 문언은 네 가지 목적이 있었다. 첫째, 해방노예를 시민권 개념규정에 포함시킴으로써 로저 테니의 악명 높은 1875년 스콧 대 스텐포드Scott v. Standford 판결[264]을 뒤집는 것이다. 둘째, "미국 시민의 특권을 축소하는" 주법을 철폐하는 것이다. 셋째, 수정헌법 제5조의 "적법절차" 규정을 확대하여, 주 및 지방 정부에 적법절차 규정을 강제할 수 있도록 한 것이다.[265] 넷째, 제14조는 모든 시민에게 "평등한 법적 보호"를 보장한 것이다. 제14조의 내용에 따르면 정부 관리들에게 적용되지만, 민간인에게는 적용되지 않는다. 제1항에 따르면 "모든 주는 미국 시민의 특권을 축수하는 법을 제정하거나 집행해서는 아니 된다." 그리고 "모든 주는 사람의 생명, 자유와 소유권을 적법 절차에 의하지 아니하고 침해해서는 아니 된다." " 모든 주는 그 관할 하의 모든 사람에게 평등한 법적 보호를 부인해서는 아니 된다." 법률가들이 말하는 "주 정부 행위" 요건(역주: state-action requirement. 연방대법원은 수정헌법 제14조의 보장은 주 정부의 주법에 따른 행위에만 적용된다는 원칙을 정립했다. 따라서 민간인의 인종 차별 행위에 대해서는 제14조나 민권법에 따른 구제를 받을 수 없다)의 범위와 의미는 남부 재건을 둘러싼 법적 논쟁의 핵심 열쇠가 되었다.

제14조 제1항의 네 가지 목적 중 세 가지는 형사사법의 특성과 관련된다. 제14조의 입안자는 시민의 "특권"은 대략적으로 권리장전 상에 열거된 일련의 법적 보장을 의미한다고 보았다. 여기에는 수정헌법 제4조, 제5조, 제6조 상의 형사소송 규칙들이 포함된다. 1833년 배론 대

볼티모어Barron v. Baltimore 사안에서 존 마샬이 이끄는 연방대법원은 이러한 법적 보장은 연방정부에 대해서만 적용가능하다고 판결했다.[266] "시민의 특권"을 규정한 제14조 제1항은 바로 배런 판결을 뒤집기 위함이었을 것이다.[267] 남부 법원들이 해방노예를 위해 주 헌법 상의 권리장전을 보장해주리라 기대하기 어려운 상황에서 중요한 의미가 있었다. 남북전쟁 이전에는 일부 남부 법원이 노예주 소유권 보호의 수단으로서 노예의 권리를 보호하기도 했다. 노예주와 무관한 경우라면 해방노예는 주법이나 주 법원으로부터 자신의 권리를 보장받기 어려웠다. 때문에 제14조가 필요했던 것이다. 수정헌법은 연방법과 연방법원을 통해 실행될 수 있었다.

적법절차 조항은 형사처벌, 즉 정부가 집행하는 "생명, 신체, 소유권"의 침해는 법적 절차에 따라서만 부과될 수 있다는 원칙이다. 남북전쟁 이전 공화당은 도망 노예 체포에 동원된 약식절차에 분노했다. 이로 인해 자유 흑인을 착오로 노예 삼을 위험이 매우 높아졌기 때문이다.[268] 적법절차 조항은 인간의 생명과 자유와 관련하여 부당한 절차가 동원되지 않도록 막기 위함이었다. 형사처벌의 전제조건으로서 적법절차 요구는 또 하나의 목적을 성취하기 위함이었고, 또 실제로 그렇게 하였다. 즉 남부의 인종 차별의 주요 수단이 되었던 군중재판 체계를 금지한 것이다. 노예순찰대와 유사집단들은 정부기관에 유사한 기능을 했으므로, 이들의 행위도 제14조 제1항의 주 관련 행위 요건에 해당하게 된다.[269]

평등보호 조항 역시 군중재판이라는 폭력을 해소하기 위함이었으나, 방식은 다르다. 멤피스와 뉴올리언스 학살사건에서 경찰관은 자신들이 담당한 지역의 흑인주민을 보호하는 역할을 했어야 했다. 오히려 자신들이 봉사해야 할 시민들을 살해했다. 살해 자체가 평등보호 위반 문제의 핵심은 아니다. 침해의 본질은 살해가 발생하지 않도록 방지하지 못했다는데 있다. 경찰관 자신들이 자행한 폭력으로부터 흑인 피해자들을 보호하지 못한 경찰관들의 잘못에 본질이 있다.

법적 보호의 보장에는 급진성이 잠재되어 있다. 모든 린치, 그리고 미결로 남은 흑인 피살 사건들이 헌법 위반으로 규정될 수 있기 때문이다. 즉 피해자를 보호하지 못한 지역 보안관, 살인범을 기소하지 못한 지방검사 모두 헌법 위반이 된다. 가해자가 민간 시민일지라도 피해자에게 필요한 법적 보호의 부정을 모의함으로써 헌법 위반의 공범이 된다. 따라서 평등보호 조항은 흑인 범죄 피해자를 위해 연방법에 살인, 절도, 폭행죄를 규정할 수 있게 한다. 전통적으로 해당 범죄를 규율해 온 주법을 대체하고, 군인, 검사, 해방노예국Freedmen's Bureau[270] 요원과 같은 연방관리가 남부지역에서 법집행을 관장해온 지역 선출 관리들을 대체하게 된다. 바로 이 때문에 제14조를 반대했다.

반대 입장이 관철되지는 못했다. 세 가지 이유가 있다. 첫째, 1866년 당시 이미 합법 정부가 약탈적 범죄로부터 주민보호 책임을 진다는 생각은 낡은 것이었다. 100년 앞서 블랙스톤이 지적했듯이, "공동체는 개인 구성원 각각의 권리를 보장해야 하며, (그 보장의 대가로) 개인들은 공동체의 법에 복종해야 한다."[271] 저명한 법사학자의 더 간명한 말을 인용하자면, "충성은 시민의 의무이며, 보장은 국가의 의무다."[272]

둘째, 제14조를 기초하고 비준한 사람들은 평등보호조항이 부과한 의무를 실행한 사법체계를 경험하면서 더 성숙해졌다. 민간 시민들은 오늘날에는 경찰기관이 담당하는 업무를 수행하는 야경 체계를 통해 안전을 보장받았다. 검사가 이를 보완하였다. 19세기 중반까지 대부분의 검사는 처리사안 또는 유죄판결 건수에 따라 보수를 받았기 때문에 모든 시민에게 법적 보호를 제공할 필요가 있었다. "평등한 법적 보호"는 덜 급진적으로 보였는데, 남부 이외에서는 국민들이 실제 효과를 목격했기 때문이다.

셋째, 멤피스나 뉴올리언스 학살은 평등한 보호의 부인을 가장 단순하게 보여준다. 백인 경찰관들이 학살자였던 경우 해방노예 학살에 정부가 연루되었음은 의심의 여지없다. 민간 시민이 살인자이며 신원이 확인되지 않을 경우 정부 관리의 책임은 분명하지 않다. 1860년대 말 민권신장을 지지한 공화당 정부기 남부지역을 통제하기 시작하면서 더욱 불분명해졌다.[273] 일단 시행되자 멤피스와 뉴올리언스 경찰이 수십 명의 흑인 시민과 백인 시민까지 살해할 때에 비하면 남부 보안관과 경찰로부터 해방노예의 삶은 덜 위험해졌다. 연방의회의 조사에 따르면 1868년 봄부터 그 해 11월 대선까지 루이지애나에서만 1,000건 이상의 정치적 살인사건이 일어났다. 거의 모든 살인자는 백인, 피해자는 흑인이었다. 이로 인해 루이지애나 주 연간 살인범죄율은 인구 10만 명당 149명에 이르렀다. 오늘날에 비해 28배나 되는 수치다.[274] 모두 적어도 공식적으로는 공화당 정부가 주와 대부분의 지역을 통제하고 있던 시기에 일어났다. 이같은 범죄의 물결 속에 정부 관리는 가해자가 아니라 피해자였다.

남부 재건 시기 가장 유명한 대학살도 같은 과정을 따랐다. 공화당 정부는 루이지애나 중앙부에 위치한 레드리버 벨리에서 흑인 주민이 다수인 카운티를 인근 카운티로부터 분할했다. 새로운 카운티 명칭은 대통령 그랜트Grant를 따라, 카운티 청사 소재지는 부통령 콜팩스Schuyler Colfax를 따라 이름 붙였다.[275] 1872년 선거 이후 공화당과 민주당은 주와 그랜트 카운티의 관할을 주장했다. 민주당의 등장을 막기 위해 150여 명의 흑인 남성과 수십 명의 흑인 여성, 그리고 당시 보안관과 판사였던 백인 두 사람, 쇼Shaw와 레지스터Register가 카운티 법원 청사를 점거했다. 백인과 여성들은 폭력이 시작되기 전에 청사를 나갔지만, 쇼 보안관은 청사를 지키기 위해 흑인들을 부보안관에 임명해두고 떠났다. 임시 부보안관들은 적법한 지방정부 공무원으로서 산탄총과 권총으로 무장하고 있었다. 청사를 지키기 위해 청사 주위에 얕은 참호까지 팠다. 소총과 대포로 무장한 수백 명의 백인은 청사 주변에 포진했다.[276]

1873년 4월 13일 부활절 일요일 백인 측이 공격했다. 대포가 발사되자 참호 속에 있던 흑인들은 청사로 후퇴했다. 백인들은 청사에 불을 지르고 탈출하려던 흑인들을 사살했다. 전체 사망자 수는 알려져 있지 않다. 이 학살극을 다룬 찰스 레인Charles Lane의 명저에 따르면 사망자 수는 62명에서 81명 정도였다. 백인 측에서는 세 명이 죽었는데, 그중 둘은 자기 쪽이 쏜 총에 맞았다. 대부분의 흑인 희생자들은 항복한 뒤나 항복하려는 도중에 사살되었다. 희생자 일부는 놀이 대상이 되었다. 흑인 포로들을 몇 명씩 일렬로 세운 채 한 발로 얼마나 죽일 수 있는지 총을 쏘았다. 학살 이틀이 지나도록 희생자들의 사체는 법원청사 주변을 뒹굴었다. 인근을 지나는 증기선 승객들까지 심한 악취를 맡을 지경이었다. 결국 뉴올리언스에서 파견된 연방 부보안관 일행이 법원 밖 참호를 대형 무덤으로 만들었다.[277]

오랜 세월이 지나 주 정부는 현장에 기념명판을 세웠다.

이 장소는 콜팩스 폭동의 현장으로서, 3명의 백인과 150명의 흑인이 살해되었다. 1873년 4월 13일 일어난 이 사건은 남부에서 떠돌이들에 의한 무질서를 종식시켰다.[278]

학살을 저질렀던 사람들처럼, 사적지 표지판을 세우게 하고 안내문을 쓴 정부 관리 역시 백인 희생자와 흑인 희생자 수의 차이를 자랑삼고 있다.

콜팩스 학살은 멤피스나 뉴올리언스에서의 경찰에 의한 학살사건 유형과는 다르다. 학살자들이 정부 관리가 아니었고, 정부 관리가 피살되었다. 심층적으로는 세 학살사건 모두 서로 상당한 공통점이 있으며, 더 일반적으로는 남부 재건 시기 KKK의 폭력과도 연관 있다.[279] 백인 학살자들은 정부 관리의 법적 권한 행사를 막으려 했다. 그래서 그들의 권력을 가로챘고, 흑인들의 자유와 정치적 평등에 대한 희망을 파괴하는데 사용했다. 주 정부가 세운 안내판 문구는 학살자들의 두 가지 목적을 알려준다. "떠돌이들에 의한 무질서"를 종식시키려고 새

정부의 관리를 강제로 쫓아냈으며, 또한 흑인 주민들을 남북전쟁 이전의 노예 상태로 되돌리려고 했다. 일단 잠시나마 법집행 권한을 손에 넣자, 콜팩스 학살자들은 멤피스와 뉴올리언스의 백인 경찰관들이 자행했던 행위를 똑같이 했다. 법의 보호가 가장 절실했던 사람들을 살해한 것이다.

연방의회와 연방검찰은 학살사건을 기소하기 위한 적합한 법이론을 찾기 위해 애를 썼다. 1869년 2월 폭력이 확산되어 가는 가운데, 연방의회는 수정헌법 제15조를 통과시켰다. 제15조에 따르면 선거권은 "인종, 피부색, 종전의 노예상태를 이유로 거부되어서는 아니 된다."[280] 1870년 초 제15조의 비준 직후 연방의회는 집행법Enforcement Act을 제정하여 투표하려는 자에 대한 위협, 선거권을 부정하려는 모의conspiracy, "연방 헌법 및 연방법에 의해 부여되고 보장되는 모든 권리와 특권의 자유로운 실행과 행사를 방해"하려는 모의를 형사처벌하도록 하였다.[281] 이를 통해 집행법은 흑인에 대한 "평등한 법적 보호" 부정 모의에 대해서 형사소추를 명백히 가능케 하였다. 1871년 KKK법의 제정으로 연방의회는 대통령에게 KKK가 정부를 전복시키려는 활동을 하는 지역에서는 영장제도를 정지시킬 수 있는 권한을 부여했다.[282]

이 같은 법률들은 즉시 적용되었다. 1871년과 1872년 기록을 보면, 수백 명의 KKK 단원들이 기소되었다. 대부분의 피고인들은 KKK를 탈퇴하고 폭력행위를 중지하겠다고 서약하면 석방되었다.[283] 나머지 피고인들에 대해서 검사는 피고인들을 피해자들의 무기를 소지할 권리, 부당한 체포를 당하지 않을 권리, 투표할 권리 부인의 모의죄로 기소했다. 모두 집행법과 수정헌법 제14조 및 제15조 위반 행위다. 권리 장전에 근거한 이론, 즉 수정헌법 제2조와 제4조 상의 권리들이 제14조가 보장한 시민의 "특권"의 일부라고 보는 이론은 대체로 거부되었다. 다만 선거권에 근거한 이론이 더 효과적이었다.[284]

권리이론들은 명백한 문제가 하나 있었다. 콜팩스 대학살에서처럼 KKK의 폭력은 대개 민간 시민이 저지른 일이다. 하지만 제14조는 "모든 주"에 대하여 그 주민의 "평등한 법적 보호"를 부인하지 못하도록 규정하고 있으며, 제15조는 "연방 또는 모든 주"에 대하여 투표권자의 인종을 사유로 선거권을 부인하지 못하도록 규정하였다.[285] KKK 피고 인은 늘 자신들은 정부권한을 행사한 경우가 아니기 때문에, 수정헌법 조항이나 그에 근거한 법률이 자신들의 행위에 적용될 수 없다고 주장 했다. 이들은 강도나 살인, 방화 내지 폭행과 같은 주법 상의 범죄로는 유죄일 수 있다(주법 상의 범죄로는 사실상 기소가 불가능하나. 피고인 자신 들도 잘 알듯이 KKK 사안은 수사와 기소에 많은 비용이 드는데 보안관이나 지방검사는 자원이 부족했다). 그러나 연방법 상으로는 무죄가 된다.

연방검찰로서는 KKK 단원이 정부 관리는 아니지만, 정부권한을 행 사하려는 의도가 있었다고 반박할 수 있다. 선거권자 인정 여부는 정 부의 권한이다. KKK 단원들은 남부 공화당 정부 관리들의 권한을 빼 앗으려 했다. 마찬가지로 범죄와 처벌의 규정과 범죄에 대한 기소 여 부도 정부의 권한이다. KKK 단원들은 이러한 권한도 탈취하려 했다. KKK 단원들이 정부 권력을 추구하려 했다면, 검사는 이들의 행위 역 시 주 정부 행위로서 법적 규제에 종속되어야 한다고 주장할 수 있다.

효과 있는 논증이었을 수 있지만, 실제 제기되지는 않았다. 연방검찰이 실제 내세운 논증은 당시 연방순회법원 판사로서 이후 대법관이 된 윌리엄 우즈William Woods의 앨라배마 KKK 관련 사안 판결문에서 찾아볼 수 있다. 1871년 연방 대 홀US v. Hall 판결은 다음과 같다.

수정헌법 제14조는 어떠한 주도 모든 주민에 대한 평등한 법적 보호를 부인할 수 없도록 금지하고 있다. 부인은 작위와 부작위 모두 포함하며, 평등한 법적 보호의 부인에는 보호의 부재도 포함된다… 시민의 근본적 권리에 대한 침해를 방지하고, 주의 부작위 내지 무능력으로서의 입법 불비로부터도 충분한 보호를 보장하기 위해서 수정헌법은 연방의회에 대하여 적절한 입법을 통해 그 조항을 실행할 수 있는 권한도 부여하였다. 연방의회가 주 입법에 직접 개입할 경우는 드물 것이며, 주 관리의 행위를 강제할 수 없기 때문에, 연방의회가 제정할 적절한 법률이란 범죄자와 범죄에 직접 적용되는 법률을 의미할 것이다.

다시 말해서 지방관리가 흑인 유권자에 대한 위협을 막아줄 수 없다면, 연방정부가 위협 행위자를 처벌할 수 있다. 남부 흑인이 지방 당국이 막을 수도, 처벌할 수도 없는 폭력의 피해자가 되었다면 연방관리가 형사소추를 할 수 있다. 유일한 대안은 연방법관이 지방경찰에게 체포를 명령하고, 지방검사에게 기소를 명령하는 방법이다. 19세기에는 너무나 실현 불가능해 보이는 방식이었다.

우즈 판사의 이론은 사우스캐롤라이나와 앨라배마의 KKK 관련 판례들을 지배했다. 1871년과 1872년에는 연방법원에서 600건에 달하는 유죄판결이 내려졌다.[286] 수백 건의 판례는 사람들의 행태에 많은 영향을 미쳤다. KKK 지도자들은 보통의 절도범이나 살인범이 아니라, 자신들의 영역에서 높은 지위를 원했던 사람들이었다. 이런 사람들에게는 약간의 구금형 가능성만으로도 상당한 억지 효과가 있다. 따라서 KKK의 폭력은 해결 가능한 문제였다. 20세기 미국 사법체계가 대규모의 도박, 음주와 코카인에 맞서 벌이고자 했던 문화전쟁과는 다르다. 20세기 문화전쟁은 실패할 운명이었지만, 19세기 KKK와의 전쟁은 이길 만했다. 가장 많은 기소가 이루어진 사우스캐롤라이나에는 남북전쟁 종전 후 처음으로 평화가 찾아왔다. 남부 전역에서 폭력은 감소했다.[287] 남부 재건은 법집행의 승리로 보였다.

정치적 승리이기도 했다. 1868년과 1879년 총선에서 연방정부가 사실상 KKK의 폭력을 동제하지 못하던 시기에 공화당은 하원에서 모두 55석을 잃었다. 1872년, KKK 기소가 실행된 지 일 년 반이 지나서 치러진 총선에서는 공화당이 다시 60석을 얻었다.[288] 민주당 후보 호레이쇼 세이무어Horatio Seymour가 1868년 대선에서 백인 대다수의 표를 얻어 그랜트 대신 대통령이 될 수도 있었을 것이다. 흑인 유권자들의 표를 받은 그랜트가 5% 차이로 당선되었다.[289] (세이무어는 1863년 뉴욕 폭동 당시 뉴욕 주지사를 지냈다. 이 폭동은 아일랜드계 이민자들이 수십 명의 맨해튼 거주 흑인들을 살해한 사건이다. 세이무어는 폭도들을 가리켜 "나의 친구들"이라 칭했다. 유권자들은 누가 흑인들의 권리를 보호할 후보인지 판단하는데 아무런 어려움이 없었다.[290]) 1872년 그랜트는 백인과 흑인의 표를 모두 얻어 전국적으로 12% 차이로 재선되었다. 상대후보였던 〈뉴욕 트리뷴New York Tribune〉 발행인 호레이스 그릴리Horace Greeley 는 남북전쟁 전 해방지역이었던 주들 중에 단 한 곳도 이기지 못했다. 세이무어는 뉴욕, 뉴저지, 오리건 주에서 이겼고, 코네티컷, 인디애나, 캘리포니아 주에서는 박빙이었다.[291]

이러한 사실은 북부 유권자들이 링컨의 노예해방 전쟁을 지지했던 같은 이유에서 남부 재건을 지지했었음을 보여준다. 연방을 유지하고 노예제를 철폐하기 위한 전투와 종전 후 해방노예의 민권을 보장하기 위한 전투 모두 순조롭게 수행되었으며, 공화당 정부는 북부의 광범한 지지를 받을 수 있었다. 남부 백인들이 우세해보일 때는 북부 유권자들은 민주당으로 쏠렸다. 남북전쟁 시대의 투표 패턴에 들어맞는 현상이었다. 공화당은 맥켈란McClellan 장군의 페닌슐라Peninsula 전투 패배와 제2차 불 런Bull Run 전투 대패 이후 1862년 선거에서는 계속해서 패배했다. 북부가 빅스버그Vicksburg와 게티즈버그Gettysburg 전투에서 승리한 직후 1863년 선거에서는 민주당이 패배했다. 1864년 여름 윌더니스Wilderness와 콜드 하버Cold Harbor에서 남부의 승리로 인해, 링컨은 재선 실패가 예상될 지경이었다. 그런데 그 해 9월 셔먼Sherman 장군이 애틀랜타를 점령하면서 극적으로 재선되었다.[292] 남부 재건 시기에도 같은 패턴이 유지되었다. KKK 폭력이 통제 불능이었던 1868년과 1870년에는 민주당이 승리했다. 당시 사람들이 KKK가 패퇴했다고 인식하면서부터, 1872년 선거에서는 공화당이 대승했다. 그랜트 대통령 재선 이후에도 남부 재건은 순조롭게 진행되었다. 남부 흑인들은 상당한 정도의 법적 보호를 누리게 되었다. 연방검사와 연방군대, 그리고 북부 유권자들의 지지 덕분이었다.

2. 남부 재건의 실패

그러나 정치의 흐름은 바뀌었다. 남부 재건에 대한 여론이 아니라 경제 때문이었다. 콜팩스 대학살이 일어난 지 한 달도 안 돼 비엔나의 주식시장이 붕괴했다. 넉 달 뒤 제이 쿡Jay Cook & Company이 파산했다. 남북전쟁 전비를 조달하기 위한 채권을 팔던 회사였다. 미국 경제가 장기 불황에 접어들게 되었다.[293] 1874년 선거에서 하원의 절대다수는 공화당에서 민주당으로 바뀌었다. 1872년 하원선거에서는 공화당 194명, 민주당 92명이 당선되었다. 1874년 선거에서는 공화당 109명, 민주당 169명이 당선되었다. 무소속도 싱딩수였다.[294] (비율로 보면 오늘날의 선거에서라면 정당 의석 120석이 바뀐 결과에 비교할 수 있다.) 연이어 민주당이 6년 동안, 그리고 이후 20년 중 16년 동안 하원 다수당이었다. 국가 경제의 침체에 기인하기도 했지만, 정당 의석수의 변화는 경제정책에는 별 영향을 미치지 못했다. 양당 모두 1870년대와 1880년대 "경화hard money" 당파에 의해 지배되고 있었기 때문에, 19세기 경기침체에 대한 구제책으로 인기 있었던 인플레이션이나 채무경감에 반대했다. 1876년 민주당 대선후보이자 미국 최고부자 중의 한 사람이었던 새뮤얼 틸든Samuel Tilden은 "채무환수의 대가Great Forecloser"라고 불릴 정도로 채무자들에 대해 가혹한 태도로 유명했다. 공화당 후보였던 러더포드 헤이스Rutherford Hayes는 달러화의 금태환성을 복구하는데 전력을 다하겠다고 공약했다. 이러한 정책은 디플레이션을 부추겨 채무자의 부담을 가중하는 결과를 가져온다.[295] 채무와 정부재정에 관해서는 양당 모두 같은 입장이었다.

그래서 더욱 남부 재건의 정치적 중요성이 커졌으나, 공화당과 민주당은 핵심 현안에서 합의를 보지 못했다. 의회 권력균형의 큰 변화가 일어나자, 공화당 정치인들은 민주당 표를 되찾아야 했다. 자신들의 정치의제와 민주당 의제 간의 차이를 줄이는 전략이 당연했다. 그래서 1874년 선거 이후 공화당 정치인들은 남부에 대한 연방통제의 종식을 제안했다.[296] 공화당 대통령 헤이스는 루이지애나와 사우스캐롤라이나 공화당 정부를 뒷받침하던 연방군대를 철군시켰다.[297] 남부에 대한 연방정책과 아무 상관이 없는 불황이 남부 흑인들의 민권을 부인하고, 향후 몇 세대에 걸쳐 남부 형사사법 체계의 성격을 변화시켰다.

정치 변화는 정치와 무관해 보이는 연방법원에도 영향을 미쳤다. KKK 소추는 의회의 지지뿐만 아니라 법원칙에 의해서도 뒷받침되었다. 어떤 시기에는 연방대법원이 연방법인 집행법, KKK 관련법과 수정헌법 제14조와 제15조의 해석을 책임진 기관으로서 KKK 소추에서 검찰의 법논리에 무게를 실어줄 수도 있었다. 그 "어떤 시기"는 불행하게도 정부와 남부 흑인들에게 좋지 않을 때 찾아왔다. 대법관들이 마침내 KKK 사안을 심리하게 되었을 당시 경제는 3년 가까이 불황이었고, 하원은 일 년 반 동안 민주당의 지배하에 있었다. 그렇다 해도 정부 입장에서는 시기가 좋지는 않았지만, 검찰이 시범적으로 소추한 사안의 사실관계만 보면 시기상 어려움은 충분히 메울 만했다. 남부 재건에 관련한 대법원 판결을 이끌어낸 소추사안은 남부에서 발생한 최악의 대학살, 다름 아닌 법원청사 앞에서 자행된 콜팩스 대학살에서 비롯되었기 때문이다.

대학살이 일어나자, 연방검사 제임스 벡위스James Beckwith는 98건의 고소를 접수해 9명만 체포했다. 주도자였던 크리스토퍼 내쉬Christopher Columbus Nash를 포함한 대학살 관련자 대부분은 연방검찰의 체포를 피해갔다. 피고인들은 흑인 유권자에 대한 위협, "미국 시민으로서 보장받는 권리, 특권, 보호의 자유로운 행사와 향유"의 침해, 자위를 위한 무기소지 권리와 평화로운 집회권리의 침해 및 그 모의와 관련한 32개 죄목으로 기소되었다. 1874년 2월, 공판이 개시되었다. 불황이 미국을 덮친 지 넉 달 뒤였다. 피고인 한 명은 무죄 석방되었고, 다른 8명에 대해서는 배심의견 불일지로 종결되었다. 5월에 열린 2차 공판에서는 5명이 무죄 석방되고, 내쉬의 부하였던 빌 크룩생크Bill Cruikshank, 존 해드놋John Hadnot, 빌 어윈Bill Irwin 세 사람에 대해서만 유죄판결이 내려졌다.[298]

검사 측의 입장에서 보면 상황은 이때부터 더 나빠졌다. 콜팩스 재판을 관할한 연방순회법원의 형식적 재판장인 연방대법관 조셉 브래들리Joseph Bradley가 공판 개시와, 유죄판결 이후 심리개시를 주재했지만, 나머지 공판은 순회법원 우즈Woods 판사가 주재했다. 2년 전 브래들리 대법관은 우즈 판사에게 연방 대 홀US v. Hall 판결에서 우즈의 입장을 지지하는 서한을 보냈었다.[299] 브래들리 대법관은 크룩생크 사안 3건의 유죄판결에 대해서는 파기를 결정했다. 기소죄목의 일부에 대하여 백인들의 남부 흑인에 대한 살인과 폭행은 연방 범죄가 아니라는 이유를 들었다. 수정헌법 제14조는 민간인의 행위가 아니라 주 정부 행위에 적용되기 때문이다. 다른 죄목에 대해서는 정당한 형사소추 요건으로서 불명확한 문언이라는 이유 또는 인종 차별적 동기에 의한 폭력이라는 점에 대한 입증불충분을 이유로 무죄로 판단하였다. 물론 우즈 판사는 반대 의견이었다. 연방대법원이 선택을 해야 했다.[300]

연방대법원은 만장일치로 브래들리의 의견에 동조했다. 모리슨 웨이트Morrison Waite 대법원장의 견해는 제14조의 적용 확대가 아니라 그 한계를 강조한다.

수정헌법 제14조는 주 정부가 시민에 대하여 평등한 법적 보호를 어떠한 경우에도 부인하지 못하도록 규정하고 있다. 그러나 동 조항은 … 어느 시민에게 다른 시민에 대한 헌법상의 권리를 부여하지는 아니한다. 시민권의 평등은 공화주의의 원칙이다. 모든 공화 정부는 그 권한 내에서 모든 시민으로 하여금 이러한 원칙을 향유토록 보장할 의무가 있다. 이는 본래 주 고유의 의무였으며, 지금도 여전히 그러하다.[301]

이 견해는 평등보호 조항이 민간 시민 기소의 근거가 될 수 없음을 전제로 한다. "동 조항은 … 어느 시민에게 … 다른 시민에 대한 … 권리를 부여하지 아니한다." 또한 평등보호 조항의 집행은 주로 주의 임무이며, 연방정부의 임무가 아니라고 전제한다. "본래 주 고유의 의무였으며, 지금도 여전히 그러하다." 첫 번째 전제는 콜팩스 대학살과 같은 사안에서 연방검찰의 기소를 불가능하게 만든다. 두 번째 전제는 멤피스나 뉴올리언스에서의 경찰 관련 폭동과 같은 사안에서의 기소도 어렵게 한다. 피고인 측의 완벽한 승리다.

대법원장이 이런 판결을 한 같은 날, 연방 대 리스US v. Reese(1876) 판결도 내려졌다.[302] 이 사안에서 피고는 켄터키 선거관리 공무원으로 인두세poll tax를 납부하려는 흑인 유권자의 등록을 거부했다. 이에 피해자의 선거권 부인 모의에 따른 집행법 위반으로 유죄판결을 받았다.[303] 연방검찰은 리스Reese 사안이 크룩생크 사안보다는 유리할 것으로 전망했다. 피고인이 민간 시민이 아니라 정부 관리였고, 인종 차별로 인한 선거권 부인은 수정헌법 제15조에 명백히 반하기 때문이었다. 그런데도 대법관들은 켄터키 유죄판결을 파기하고, 적용된 집행법에 대해 위헌을 선언했다. 집행법 규정이 피고인의 행위에 인종 차별의 동기가 있었는지 입증을 요하지 않기 때문이다.[304]

이러한 사안에서는 법원칙만큼이나 정치도 중요하다. 브래들리 대법관과 우즈 판사 사이의 서신을 보면 1870년대 초반 KKK 재판시기와 크룩생크 판결 사이 시기 동안 적어도 한 사람의 대법관이 입장을 바꾸었음을 알 수 있다. 바로 브래들리 대법관이 마음을 바꾼 판사들 중의 한 사람이었을 것이다. 크룩생크 사안의 구두변론은 1875년 2월에 행해졌는데, 보궐선거에서 민주당이 대승을 거둔 지 불과 석 달 뒤였다. 검사와 피고인 양측의 변론은 이 같은 정치적 타이밍을 반영하였다. 법무장관 조지 윌리엄스George Williams는 콜팩스 사안 항소심에서 그저 마지못해 유죄판결을 옹호하면서, 크룩생크, 해드놋, 어윈의 유죄판결 죄목 대부분에 오류가 있음을 시인했다.[305]

변호인 대표 데이비드 필드David Dudley Field는 스티븐 필드Stephen Field 대법관의 동생으로 전국적으로 유명한 항소심 전문변호사였다. 필드는 대법원 변론에서 선거결과에 대해 두 차례나 언급했다. 데이비드 필드는 일찍이 다음과 같이 발언했다. 수정헌법 제14조를 제정함으로써 "전국의 모든 시민들은 정부에 대한 근본적 이론의 변화를 의미하는 것은 아니라는 주장에 동의한다." 두 번째 인용할 발언은 흑인들의 권리를 실현할 적절한 수단에 대한 재판부의 질문에 대한 답변이다. 필드의 답은 냉정했다. "남부의 선거연령 남성에 해당하는 대략 80만 명의 유권자가 자신들에게 부여된 권리를 확보하지 못한다면, 바로 그러한 사실이 그들에게 권리를 보장할 가치가 없다는 가장 큰 이유가 된다."[306] 피고인들이 흑인들의 권리를 짓밟은 살인에 대해서는 필드도, 대법관들도 전혀 언급하지 않았다.

이 같은 변론은 몇 해 전처럼 남부 재건이 정치적 성공을 거두고 있을 때였다면 다른 성격의 내용이었을 것이다. 남북전쟁 직후 루이지애나 주법에 따라 뉴올리언스 시에서는 소, 양, 돼지 도축업에 대한 독점제도를 만들었다. 이에 도축업자들이 3건의 소송을 제기했다. 즉 관련 주법과 시 조례가 자신들이 선택한 생계를 꾸릴 권리를 침해함으로써 수정헌법 제14조를 위반하였다는 것이다.[307] 1872년 도축장 사안 Slaughter-House Cases은 연방법원에 제소되었다. 전직 대법관 존 캠벨

John Campbell이 원고 도축업자 변론을 맡았다. 앨라배마 출신으로 남부 연합 전쟁차관보를 맡아 대법원을 떠났던 캠벨은 제14조가 흑인들의 법적 보호를 받을 권리뿐만 아니라, 뉴올리언스 도축업자의 사업권을 포함해 백인들의 생계권도 보장한다고 주장했다.[308] 캠벨이 남부 출신의 최고 법조 엘리트라는 점에 주목해야 한다. 수정헌법 제14조를 협의가 아니라 광의로 해석해야 마땅하다고 주장했던 것이다. 캠벨은 패소했지만, 5대 4의 근소한 차이였다. 연방대법원은 도축업 독점에 관한 시 조례가 합헌이라고 판결했다.[309] 선고일 1873년 4월 14일은 콜팩스 대학살 하루 뒤였다.

데이비드 필드는 남부 출신이 아니었다. 뉴욕의 저명한 변호사였다. 그런데도 크룩생크 사안에서는 캠벨보다도 더 남부 사람 같은 주장을 펼쳤다. 도축장 사안에서 원고 측이 제14조의 적용범위를 넓히려 했으나 실패했고, 크룩생크 피고 측은 적용범위 축소에 성공했다. 캠벨은 제14조가 연방과 주 정부 간의 권력 분할을 변경했다고 주장했다. 반면 필드는 제14조를 비준했다고 해서 "시민들은 정부에 대한 근본적 이론의 변화라고 생각하지는 않는다"라는 입장이다. 캠벨은 연방법원이 민간 시민의 제14조상 권리도 보장해야만 한다고 주장했다. 반면 필드는 남부 흑인들은 자신의 권리를 투표를 통해 보장받아야 한다는 입장이다. 두 법률가 사이의 입장 차이는 남부 재건 이전 시기와 1873년 공황 이후 시기의 정치적 분열을 반영하고 있다. 뿐만 아니라 정치변동이 법의 변화를 결과하는 방식도 보여준다. 필드의 주장에 따르면 남부 흑인들은 남부 재건 시대의 법적 기념비에 다름없는 수정헌법 제

14조가 부여한 권리를 누릴 "가치가 없다." 1874년 선거에서 민주당의 승리는 그 기념비를 매장해버렸다.

법원칙과 정치적 경향 사이의 연관은 리스 사안에서 더 명백해졌다. 19세기 미국 법은 종종 피고인의 의도intent에 대한 입증을 요구했지만, 동기motive에 대한 입증은 전혀 요구하지 않았다. 19세기 법률가들에게 이러한 차이는 근본적 문제였다. 범죄 의도에 대한 입증이란 피고인의 행위가 우발적이 아니라는 증명을 의미했다. 배심원들은 피고인의 행위를 심리함으로써 이 문제를 해결했다. 즉 대상 피고인의 행동이 무의식적으로, 또는 무심결에 행해질 수 있는 행태인지의 여부에 따라 판단한다. 행동은 목격증인에 의해 입증되기도 한다. 동기는 다른 문제다. 피고인이 그러한 행태를 행한 이유의 문제이며, 피고인 본인만이 답할 수 있는 문제다. 피고인에 대하여 자기부죄自己負罪는 금지되어 있다. 흑인의 선거권을 부인한 정부 관리는 공화당 득표를 방해하기 위해서였거나, 개인에 대한 증오심 때문이었거나, 혹은 흑인 인종에 대한 혐오를 표현하기 위한 방식이었을 수 있다. 리스 사안에서는 바로 이러한 동기만이 해당 관리들의 행동을 위법하게 한다. 금지된 동기는 입증이 불가능하다. 남부와 북부 전역에서 남부 재건에 관하여 공화당이 선거에 승리하던 몇 년 전에는 그 같은 불법적 입장들을 상상할 수 없었다.

크룩생크와 리스 사안은 KKK에 대한 형사소추의 종식을 의미했다. 크룩생크 판결 이후 크리스토퍼 내쉬나 그 일당들에 대한 연방검찰의 기소를 뒷받침할 실효적인 법이론은 나오지 않았다. 이들은 민간 시민일 뿐이다. 제14조는 정부에 대해서만 적용된다. 우즈 판사의 판결대로 수정헌법 제14조는 더 이상 "범죄자와 범죄에 대해 직접적으로 적용"되지 않는다. 리스 판결 이후에는 KKK에 가담한 관리에 대해서조차도 유죄판결을 내리기 어려웠다. 언제나 존재하지만 입증은 불가능한 동기를 모든 사안에서 증명할 것을 요구했기 때문이다. 콜팩스 학살에서 알 수 있듯이 KKK의 폭력은 연방권력을 동원해서만 종식시킬 수 있었다. 크룩섕크와 리스 판결은 연방정부를 무력화시켰다.

1873년 불황으로 인해 발생했던 정세 변화는 일시적이었지만, 정치 변동은 늘 있었다. 법적 변화는 영구적이었다. 평등보호라는 이상, 즉 모든 국민이 정부의 강압으로부터 자유로울 뿐만 아니라 사적 폭력으로부터 자유를 지킬 수단, 그리고 자유가 잘 보장된 시민들과 동등한 수단을 보장받아야 한다는 이상은 현실 속에서는 폐기되었다. 그래서 수많은 남부 흑인들은 보장이 절실하게 필요했다.

3. 평등보호의 다른 경로

남부 재건을 지지했던 마지막 연방의회[310]가 제정한 최후의 민권법안은 공공장소, 즉 철도, 숙박업소 등에서의 차별을 금지했다. 위반행위자에 대한 형사처벌 규정을 두어 당시로서는 상당한 금액인 500달러에서 1,000달러의 벌금을 부과했으며, 30일 이상 1년 이하의 구금형에 처했다. 중요하게도 동법은 민사배상 규정을 두어 차별피해마다 각 500달러 배상과 재판비용을 부과했다.[311] 연방의회에서 공화당은 동

민권법이 연방검찰의 지원 없이도 집행 가능하도록 제정하려고 했다. 앞으로 민주당이 백악관을 차지할 경우 검찰의 지원은 기대할 수 없을 것이기 때문이었다. 사실 1875년 초반까지 민주당 집권 가능성이 높았다. 그러나 동법상의 처벌규정이 합헌적일 때만 가능한 입법이었다. 1883년 민권 사안Civil Rights Cases에서 연방대법원은 동법의 합헌성을 인정하지 않았다. 다수의견을 집필한 공화당 출신 조셉 브래들리 대법관은 크룩생크 사안에서 순회법원 판사로서의 입장을 고수했다. 즉 제14조는 정부 관리에 대해서만 적용된다. 따라서 민간 시민에 의한 폭력 또는 차별 행위를 금지하는 법의 근거가 되지 못한다는 것이다. 켄터키 출신의 전직 노예주였던 존 할란John Marshall Harlan 대법관만이 유일한 반대의견을 냈다.[312]

크룩생크와 민권 사안으로부터 평등보호 조항이 무력화된 시기가 반세기 이상 계속되었다. 이 시기 동안 판사들은 평등보호 주장을 중시하지 않았다. 올리버 홈즈Oliver Wendell Holmes에 따르면 1927년 말까지도 평등보호는 "헌법 논증이 가장 인용되지 않는" 조항이었다.[313] 차별적 주법들은 계속해서 허용되지 않았지만, 형식적으로는 무관한 법률 아래 행해지는 차별적 관행은 또 다른 문제였다.[314] 20세기 남부에서는 백인이 흑인 살해죄로 기소될 경우, 흑인들을 조직적으로 배제하고 구성된 배심단이 살인자가 정당방위권을 행사했다고 판단하는 경우가 일상적이었다. 드러난 사실과 달라도 마찬가지였다. 남부의 배심원들은 흑인이 백인을 정당방위로 살해했다는 주장은 잘 들어주지 않았다. 형식상 정당방위 관련법은 인종에 따른 차별을 알지 못한다. 현

실에서 그 차별은 많이, 그리고 분명하게 일어난다.[315]

평등보호 원리는 이런 유형의 차별은 전혀 막지 못한다. 정부가 형식적으로 평등하게 처우하는 한, 명백한 인종분리를 금지하는 법률도 없다. 루이지애나 주법은 "평등하지만 분리된" 시설공간을 요구한다. 이 문구는 시간이 흐르면서 분리되지만 평등한이라는 표현으로 바뀌어 갔다. 열차 객차는 백인 칸과 흑인 칸으로 분리되었다. 할란 대법관의 맹렬한 반대에도 불구하고, 연방대법원은 1896년 플리시 대 퍼거슨Plessy v. Ferguson에서 해당 법률의 합헌성을 인정했다.[316] 플리시 Plessy 판결은 남부 공교육 체계의 법적 토대가 되었다. 공교육 체계는 전혀 평등하지 않았지만, 헌법 판단의 기준은 실질이 아니라 형식이었다.

20세기 중반, 전미 유색인 지위향상협회National Association for the Advancement of Colored People, NAACP는 남부 공공시비스의 인종분리 체계 철폐법 제정을 위한 캠페인을 시작했다. 캠페인의 일환으로 더굿 마샬 Thurgood Marshall과 그 동료들은 주립대학들이 흑인과 백인 주민에 대하여 인종을 차별하여 서비스를 제공하고 있다고 고소했다.[317] 소송은 성공적이었다. 연방대법원은 1950년 맥로린 대 오클라호마McLaurin v. Oklahoma에서 대학원에 대하여, 1950년 스위트 대 페인터Sweatt v. Painter에서는 로스쿨에 대하여 흑백 통합을 명령했다.[318] 동 판결에 근거하여 마샬은 초중등학교에서의 인종분리도 허용되어서는 안 된다고 주장했다. 형식적인 분리와 기능적인 평등은 양립될 수 없기 때문이다. 이 주장 역시 받아들여졌다. 1954년 브라운 대 교육위원회Brown

v. Board of Education에서 연방대법원장 얼 워렌은 다음과 같이 유명한 판결을 남겼다. "분리된 교육시설은 본질적으로 불평등하다."[319] 곧이어 당시 법률상의 분리de jure segregation로 알려진, 인종분리 법제는 위헌으로서 철폐되었다.

브라운 판결은 법원칙에 엄청난 변화를 가져왔다. 크룩생크와 민권 사안에서 무용지물로 밝혀졌던 평등보호 규정이 이제는 합법적 흑인 차별을 해체하는 근거가 되었다. 마샬의 승리 이후에도 남부 재건 시대의 판결은 여전히 현실법으로 존속했다. 평등보호 규정은 여전히 형사사법 집행 과정에서 최악 형태의 차별을 방치했다.[320] 1964년 다시 연방의회가 호텔과 여타 공공장소에서의 차별을 금지하는 민권법Civil Rights Act을 제정하던 당시, 의회권한은 주로 주간 통상州間通商, interstate commerce 규제권한에 근거하고 있었다.[321] 의회, 그리고 연방정부 법률관리들은 민권법의 합헌성을 옹호하기 위해 주간 통상 규제권한을 근거로 삼는 전략을 취했다. "평등한 법적 보호"의 보장을 근거로 삼기는 불안했기 때문이었다. 크룩생크 판결 이래, 평등보호 조항은 차별적인 정부 행위를 금지하면서 민간 개인에 의한 차별적 행위에 대한 정부의 불개입은 제재하지 못했다. 이 문제의 핵심은 1870년대 KKK 사안들과 마찬가지로 오늘날도 명백하다. 즉 최악의 차별은 민간인이 자행한 행위에 대하여 정부 관리가 해결을 거부하는 경우에 발생한다. 리스 판결 이후 정부의 불개입은 원고 측에서 관련 정부 관리가 차별의 의도를 가지고 행동했다는 사실을 입증할 때에 한하여 평등보호 조항 위반으로 인정된다. 그 입증은 대단히 어렵기 때문에 경찰이나 검찰의 차별적 행위에 대해서는 승소할 수가 없다.

지난 30여 년간 3건의 연방대법원 판결이 그 이유를 보여준다. 즉 1987년 맥클레스키 대 켐프McCleskey v. Kemp, 1996년 연방 대 암스트롱US v. Armstrong, 2005년 캐슬록 대 곤잘레스Castle Rock v. Gonzales 판결이 그것이다.[322] 조지아 주 사형수인 워렌 맥클레스키의 변호인은 주의 사형제도가 백인 피해자 살인범에 대해서 과도하게 부과되어 있음을 입증하는 증거를 제출했다. 살인자가 흑인일 경우 그 과도함이 특히 심했다(맥클레스키는 흑인으로, 강도 범행 중 백인 경비원을 살해했다). 연방대법원은 해당 증거가 차별을 입증하는데 불충분하다고 판시했다.[323] 사형을 허용한 모든 주와 마찬가지로, 조지아 주의 사형 대상 살인범죄 사안에 대한 결정권한은 십수 명의 검사와 공판법관, 그리고 수백 명의 배심원들에게 나뉘어 있다. 어떤 검사, 판사, 배심원 개인이 백인을 살해한 흑인 범죄자에 대한 차별의 의도를 가지고 있었는지 입증하기란 불가능하다. 단 한 사람이 결정하는 사안의 경우는 지극히 적다. 체계 전반적으로는 차별이 심할 수 있지만, 개별 결정자가 차별의 극히 일부분 이상으로 책임을 질 수 없기 때문에, 법은 이를 규율하지 못하게 된다.

암스트롱 사안은 다양한 문제와 연관된다. 캘리포니아 센트럴 디스트릭트의 연방검사는 크랙 코카인의 소지와 유통 모의죄로 피고인들을 기소했다. 피고 측 변호인은 전년도 일 년간 해당 관할지역에서 기소된 크랙 코카인 사건 24건 모두가 흑인 피고인 관련 사건이라는 증거를 제출했다. 그렇다 하더라도 연방관리가 백인 범죄자에 대해서는 기소하지 않은 사례를 지적하지 않는 한, 변호인이 제출한 자료는 증거로 받아들이기에 불충분하다. 정부에 대해 마약 사안과 관련된 자료를 제출하도록 명령할 수는 없는 경우다.[324] 해당 자료가 없으면 피고인 측 변호인은 암스트롱과 같은 흑인 마약거래꾼이 연방검사에 의해 차별받았다는 사실을 입증할 길이 없다. 문제의 핵심은 법적으로 전형적인 진퇴양난 상황이라는데 있다. 암스트롱 측의 주장은 충분한 정보를 필요로 하는데, 그 정보를 얻으려면 그 정보 없는 상태에서 주장이 받아들여져야만 하는 상황이다. 당연하게도 차별적 기소 주장이 받아들여지는 경우는 거의 없다.

캐슬록 사안의 원고 제시카 곤잘레스Jessica Gonzales는 폭력 남편으로부터 법원의 보호명령을 받았다. 남편은 자신과 세 이이들 주변 300야드 이내 접근이 금지되었다. 남편이 보호명령을 위반하여 자녀들을 데려간 지 6시간 뒤 곤잘레스는 콜로라도 캐슬록 경찰서에 네 차례 전화를 했고, 한 번은 직접 찾아가서 남편이 자녀들을 해치기 전에 찾아달라고 신고했다. 간청에도 불구하고 경찰은 개입을 거부했다. 경찰서에 전화하기 이전 그녀의 남편이 전화를 걸어와 자녀들과 함께 약 30마일 떨어진 덴버의 놀이공원에 있다고 전했었다. 곤잘레스는 경찰에 이 사실을 알렸지만 소용이 없었다. 경찰에 마지막으로 신고한 지 90분 뒤, 곤잘레스의 남편이 차를 몰고 캐슬록 경찰서에 찾아와 총을 난사하다가 경찰의 대응사격에 사망했다. 총격전 직전 살해된 세 자녀의 시신은 남편이 몰고 온 트럭에서 발견되었다. 곤잘레스는 살해된 자녀들과 자신의 수정헌법 제14조 권리를 침해한 캐슬록 경찰서를 고소했다. 연방대법원은 이를 기각했다. 맥클레스키 판례나 암스트롱 판례와 마찬가지로, 인종 차별적 동기가 있는 조치가 아닌 한, 해당 사안에서 차별적 동기가 입증되지 않기 때문이었다. 경찰관과 검사는 범죄자 체포와 기소를 거부할 재량이 있으며, 이는 사법심사 대상이 아니다.[325]

암스트롱 판결은 경찰과 검사에게 백인 거주지역이 아니라 흑인 거주지역에서 마약관련법을 집행하도록 한다. 맥클레스키 판결은 검사와 판사에게 흑인이 피해자인 범죄보다 백인이 피해자인 범죄를 더 엄중히 처벌하도록 한다. 캐슬록 판결은 법집행 관리들로 하여금 어떤 이유에서든지, 또는 아무 이유 없이 폭력적 중죄를 무시해도 아무런 법적 책임을 질 필요가 없게 한다. 세 사안의 사실 유형 모두 "평등한 법적 보호"라는 조항을 제정한 입법자의 의도에 따른 보호를 제공하는 데 실패한 확실한 사례들이다. 그런데도 평등보호 조항에 대한 오늘날과 같은 법원의 태도에 따르면 어떤 사안에서도 책임을 물을 수 없게 된다. 조지아 당국이 흑인 피해자를 살인한 범인 처벌을 지연시켜도, 연방관리가 개입해 보호가 필요한 사람들을 보호해주지는 못한다. 캘리포니아의 연방검사가 흑인 마약범에게만 중형을 구형해도, 연방법관이 인종 차별적인 법집행을 중지하도록 명령내릴 수는 없다. 캐슬록 경찰서가 곤잘레스 자녀들의 살인 저지를 실패한 데 대해 책임을 면치 못한다 하더라도, 연방법관이 경찰의 불개입에 따른 결과에 대한 책임을 묻지는 못한다.[326]

한 세기 전의 세 판결, 크룩섕크, 리스, 민권 판례가 법을 이상하고도 유감스런 방향으로 나아가게 만들었다. 크룩섕크와 민권 판례에서 헌법 위반사실은 동일하다. 모두 흑인 피해자들을 차별과 폭력으로부터 보호하는 데는 실패했다. 맥클레스키와 캐슬록 사안에서도 마찬가지로 보호의 실패는 헌법 위반이다. 앞선 판결들이 오히려 뒤따른 판결들은 당연하게 보이게끔 한다. 리스 사안에서의 헌법 위반사실은 백인과 동등하게 흑인에게 선거권을 부여하지 않은 데 있었다. 암스트롱 사안에서는 검사가 백인 피고인들에게는 적용하지 않는 죄명으로 흑인 피고인들을 기소했다. 두 판정 모두 차별의 입증을 불가능하게 했으며, 따라서 법원도 구제해줄 수 없었다. 남부 재건의 종말은 미국 형사사법에 긴 그림자를 계속해서 드리우고 있다.

4. "특권"의 부재와 공허한 적법절차

오하이오 출신 하원의원 존 빙엄John Bingham이 수정헌법 제14조를 기초하던 당시, 빙엄 의원은 "미국 시민의 특권"에 권리장전상 나열된 보장규정을 포함시킬 의도였다.[327] 실제로는 그렇게 되지 않았다. 빙엄의 문언대로 비준된 지 불과 5년 만에 연방대법원은 도축장 사안에서 새뮤얼 밀러 대법관의 다수 의견에 따라 "특권" 조항은 형사사법과 무관하다고 판결했다. 권리장전은 여전히 연방사건에만 적용될 뿐이다.

도축장 판결과 크룩생크 판결 이후 수정헌법 제14조에서 그나마 형사사법 체계에 영향을 미치는 유일한 부분은 생명, 신체, 재산을 "적법절차"를 거치지 아니하고 박탈하는 행위를 금지하는 조항이다. 연방대법원은 동 조항의 형사소송상 의미를 1884년 우르타도 대 캘리포니아

Hurtado v. California에서 처음으로 다루었다. 호세 우르타도Joseph Hurtado 는 자신의 처와 동침하던 남자를 사살했다. 당시 캘리포니아법상 검사 는 사형 대상 범죄capital offences도 기소배심grand jury 평결 없이 기소할 수 있었다. 이에 따라 우르타도는 기소되었고, 유죄판결 후 사형을 선 고받았다.[328] 항소심에서 피고는 연방 권리장전에 특정된 절차에 따라 주 법원에서도 적법절차가 보장되어야 한다고 주장했다. 수정헌법 제 5조는 모든 "사형 대상 그 밖의 중죄"에 대해 기소배심의 평결에 따라 기소하도록 보장하고 있다.[329] 다시 말해서 우르타도는 수정헌법 제14 조 상의 적법절차 조항은 권리장전 상의 모든 금지내용을 담고 있어야 한다고 주장했다.

연방대법원은 이를 받아들이지 않았다. 스탠리 매튜Stanley Matthew 대법관의 다수의견은 우르타도의 주장이 관련된 헌법 문언과 부합되 지 않는다는 점을 강조했다. 제5조는 제14조 상의 조항과 거의 동일한 적법절차 조항을 포함하고 있다. 가장 차이나는 부분은 제5조는 수동 태로, 제14조는 능동태로 서술되어 있다는 점이다. 고등학교 영어교사 나 관심을 가질 만한 문제다. (수정헌법 제5조 상의 적법절차 조항은 다음 과 같다. "어느 누구도 적법절차에 의하지 아니하고는 생명, 자유 또는 재산 을 침해당하지 아니한다." 제14조상 조항은 다음과 같다. "주 정부는 적법절 차에 의하지 아니하고는 어느 누구의 생명, 자유 또는 재산도 침해해서는 아 니 된다.")[330] 문언의 유사성을 고려하여, 매튜 대법관은 두 조항이 동 일한 내용을 담아야 한다고 논증했다. 제5조는 사형 대상 사안에서 기 소배심의 기소평결을 요건으로 규정하며, 제5조와 제14조 모두 일사부재리 원칙과 자기부죄금지 원칙을 규정하고 있다. 우르타도의 주장에 따라 "적법절차"는 "권리장전상 요청되는 절차"를 의미한다면, 제5조의 여타 문언, 즉 권리장전의 여타 관련 내용은 불필요한 중복이다. 제5조 상의 적법절차 조항이 모두 포함하고 있기 때문이다.[331]

그렇다면 "적법절차"란 무엇을 의미하는가? 매튜 대법관은 이 유명한 문언의 두 단어 of와 law가 due process라는 말을 이해하는 열쇠라고 보았다. 주 법원의 형사재판에서 적법절차에 따른다는 것은 주법상 규정된 절차에 따라 주 의회가 각각 제정한 법률 상의 범죄를 기소함을 의미한다. 다시 말해 매튜 대법관에 따르면 형사소추는 "단순한 의사"나 "권력작용"이 아니라 법에 의해 규율되어야 한다는 의미다. 매튜 대법관이 제시한 적법절차 기준을 위반한 구체적 사례들은 다음과 같다. "공민권 박탈조치attainder, 고통과 처벌을 수반하는 법안, 몰수행위, 판결 번복조치, 개인소유 토지를 타인에게 직접 이전하는 조치"가 그것이다.[332] 이 모든 사례에서 입법자는 주민 전체를 관장하는 규율을 제정하는 것이 아니라 각 개인에 대한 처벌을 부과하는 법을 제정하게 된다. 매튜 대법관에 따르면 적법절차 보장의 핵심은 각 형사피고인에게 그밖의 사람들에 대해 적용되는 동일한 규율과 절차를 적용한다는 약속에 있다. 이런 관점에서 "적법절차"는 특정한 절차가 아니라 형식적인 법적 평등을 요청한다. 어떤 법이 형식적으로 모든 사람에게 동일하게 적용되는 한, 수정헌법 제14조는 준수되는 것이다.

매튜 대법관이 제시한 기준은 중대한 문제가 하나 있다. 즉 기준상 금지된 일을 하려는 주 의회는 없을 것이라는 점이다. 19세기에는 단일 개인을 대상으로 한 개인 법안이 흔했다. 하지만 거의 대부분 일정한 이익을 허용하는 내용이지, 처벌을 부과하기 위한 법안이 아니었다. 예를 들면 특정 개인이나 회사에 법적 독점권을 허가할 경우, 군인에게 훈장을 수여하거나 진급시키는 경우, 혼인해소dissolution of marriage를 규율하는 엄격한 19세기 법적 요건에 미달하는 이혼을 허가하기 위한 경우다. 연방 헌법과 주 헌법은 이미 공민권박탈법(특정개인에 대한 형사처벌을 명하는 입법)과 소급입법(법제정 이전의 행동을 범죄화하는 법률)을 금지하고 있었다. 매튜 대법관이 제시한 위헌적 조치들의 목록과 같은 류의 법제정을 상습적으로 행하는 주 의회는 전혀 없었다.

결과적으로 매튜 대법관의 적법절차에 대한 정의는 적법절차에 기한 권리주장을 할 수 있는 여지가 없다. 우르타도 판결 이후 몇 년 동안 판결이 보여주는 바나. 1891년 캘드웰 내 텍사스Caldwell v. Texas와 1891년 리퍼 대 텍사스Leeper v. Texas에서 피고인들은 기소 내용에 자신들에 대한 기소죄목이 충분히 설명되지 않은 점이 적법절차 조항 위반이라고 주장했다.[333] 문제된 기소 내용은 텍사스 주법상 형식을 따랐다. 연방대법원장 멜빌 풀러Melville Fuller는 만장일치의 리퍼 판결에서 다음과 같이 판시하였다. "적법절차는 모든 사람들에게 동일하게 적용되는 법률에 의해 보장된다."[334] 기소에 관한 텍사스 주법을 준수하는 한 연방 법원이 구제할 방법이 없다. 관련 텍사스 주법의 내용과 무관한 문제다. 리퍼 판결상의 기준에 따르면 적법절차에 근거한 주장이 받아들여지기 어렵다. 문제된 조치가 주법을 위반했다면 주 법원이 주법 위반을 이유로 피고인의 유죄판결을 파기할 것이기 때문에, 어떤 연방법상의 적법절차 주장도 현실화될 여지없다. 어느 경우든 적법절차에 기한 주장은 실패하게 된다. 주법의 준수만으로 연방 헌법 합치가 인정되며, 주 법원 판사가 주법의 준수 여부에 대해서는 최종판단 권한을 가진다. 스탠리 매튜 대법관의 수정헌법 제14조상 적법절차 해석에 따르면 주 정부가 주법상의 절차를 준수했는지의 여부만 요건이 된다.

어떠한 유효한 주장의 근거도 되지 못하는 법원칙으로는 법 도그마틱의 발전이 불가능하다. 바로 그 때문에 매튜 대법관의 법리 해석은 곧 효력을 잃었다. 얼마 지나지 않아 법원이 적용하고 그 의미를 구체화할 만한 사안이 없게 되었다. 대신 주 법원에서 형사 피고인들이 다른 종류의 적법절차 주장을 제기하기 시작했다. 즉 처벌이 부과되기까지의 절차적 측면 중에 모든 관련 주 법률에 부합됨에도 불공정한 문제가 있다는 주장이다. 우르타도 판결 이후 한 세대가 지나도록 적법절차 주장은 여전히 받아들여지지 않았다. 그런데도 이들의 문제제기에 따라 "적법절차"의 의미가 조금씩 변화하게 되었다.

1892년 오닐 대 버몬트O`Neil v. Vermont에서 존 오닐John O`Neil은 뉴욕 북부의 주류 판매업자로 고객의 상당수는 버몬트 주민들이었다. 그런데 버몬트 주에서는 다른 주 공급업자의 주류 공급을 금지하고 있었다. 오닐은 버몬트 주 내 주류 공급과 관련한 300건 이상의 죄목으로 유죄판결을 받았다. 당시로서는 큰 금액인 6,600달러의 벌금이 선고되었다. 한 달 이내에 벌금을 납부하지 않을 경우 벌금 1달러당 3일씩의 환형유치도 선고되어, 합산하면 54년 이상 구금도 처해질 수 있게 되었다. 항소심에서 피고인 측 변호인은 뉴욕 주민인 피고인에 대한 버몬트 주의 관할권 행사는 적법절차 위반이며, 오닐에 대한 양형은 수정헌법 제8조가 금지하는 "잔혹하고 비정상적인 처벌"에 해당된다고 주장했다. 이어서 제8조의 금지규정은 수정헌법 제14조 적법절차 조항에 따라 연방 사안뿐만 아니라 주 사안에도 적용되어야 한다고 주장했다.[335]

캘드웰Caldwell과 리퍼Leeper 판결에서 연방대법원은 해당 사실관계는 연방법의 적용대상이 아니라고 판단했다. 우르타도 판례가 여전히 유효했다. 버몬트 주는 자체 주법을 따르고 있었기 때문에 적법절차 조항 문제의 여지가 없었다.[336] 하지만 이제는 대법관 3명이 반대 소수의견을 냈다. 스티븐 필드 대법관은 버몬트의 관할 주장이 적법절차 위반이라고 보았다. 필드, 존 할란, 데이비드 브루어David Brewer 대법관 모두 오닐에 대한 양형이 적법절차 위반이라고 판단했다. 소수의견 대법관들은 오닐 변호인 측의 주장에 동조했다. 즉 수정헌법 제14조의 적법절차 조항에 기해 주 법원 사안에도 수정헌법 제8조가 적용될 수 있다.[337]

1894년 맥케인 대 더스턴McKane v. Durston 사안에서도 피고인 측의 적법절차 주장은 받아들여지지 않았다.[338] 하지만 이번에는 패소의 정황이 달랐다. 연방대법원의 다수의견은 우르타도나 오닐 사안에 비해 적법절차 조항을 폭넓게 해석했다. 존 맥케인은 19세기 후반 당시 코니아일랜드Coney Island의 정치적 거물이었다. 지역 기업들에게 정치적으로 뒤를 봐주는 대가로 돈을 챙기고, 지인들에게 공공토지 매입을 시세보다 낮은 가격으로 중계해주고 수수료를 챙겼다. 기업에서 뜯어낸 돈과 중개수수료는 맥케인 개인 수입이기도 했지만, 코니아일랜드 경찰 유지비용으로도 충당되었다. (주민세율을 낮추는 방법이었다…) 법원은 1893년 맥케인의 지역 선거에 대한 감독명령을 내렸다. "법원명령도 여기서는 소용없어." 맥케인은 법원명령서를 들고 나타난 감독관들을 구타하고 유치장에 가둬버렸다. 감독관 중의 하나가 빠져나와 브루클린 신문에 제보를 했다. 맥케인의 말은 전국적으로 신문 머리기사를 장식했다. 맥케인은 주 선거법 위반으로 씽씽Sing Sing 교도소 6년 구금형을 선고받았다.[339]

맥케인을 부당한 피해자로 만들 만한 문제가 있다면 6년이라는 형량이다. 19세기 후반에 법관이 장기형을 선고하는 경우는 드물었다. 살인죄 피고인조차도 맥케인보다는 낮은 형을 받는 경우가 보통이었다. 하지만 이런 현실도 연방대법원에서는 도움이 되지 않았다. 오닐에게 선고된 54년 형기가 연방 헌법 위반에 해당되지 않는다면, 맥케인에 대한 6년형도 마찬가지다. 그래서 대신 맥케인의 변호인은 적법절차에 따라 항소기간 중 보석석방되어야 한다고 주장했다. 뉴욕 주법은 보석을 불허했다. 연방대법원은 만장일치로 맥케인 측의 주장을 받아들이지 않았다. 뉴욕 주가 주법을 준수했기 때문이 아니라 맥케인을 공정하게 처우했기 때문이다. 대법관들은 적법절차 조항이 뉴욕 주에 대하여 맥케인에게 유죄판결에 대한 항소를 보장하도록 의무지우지 않는다고 보았다. 뉴욕 주는 항소기회를 부여하지 아니해도 맥케인을 합법적으로 계속 구금할 수 있기 때문에, 항소진행 중이라면 구금조치도 취할 수 있었다.[340] 맥케인은 패소했지만, 제14조 상의 적법절차 조항에 따라 절차적 공정성procedural fairness에 대한 연방기준이 정립되고 주 법원에서도 적용되어야 한다는 관념은 승리를 거두었다.

1908년 트위닝 대 뉴저지Twining v. New Jersey 판결[341]은 절차적 공정성의 기준이 권리장전에 근거하고 있다고 판단했다. 뉴저지 은행 직원 앨버트 트위닝Albert Twining과 데이비드 코넬David Cornell은 은행문서 위조로 기소되어 유죄판결을 받고 각각 6년형과 4년형을 선고받았다. 트위닝이나 코넬 모두 병합공판에서 진술을 거부했다. 당시 통상 실무에 따라, 공판법관은 배심원들에게 이 사실을 전달하고 배심원들이 적절하다고 판단하는 바에 따라 평가하도록 설시하였다. 다만 판사는 피고인의 진술거부권 행사는 고려 대상이 아니라는 의견을 덧붙였다. 피고인의 입장에서 보면 유례없이 호의적인 설시 내용이었다. 그런데도 트위닝과 코넬은 자기부죄를 금지한 수정헌법 제5조에 따르면 형사재판에서 공판법관이 피고인의 진술거부권 행사에 대해 배심원 설시 중 언급하는 행위는 금지되므로, 법관의 언급행위는 적법절차 위반이라고 문제를 제기했다.[342]

이번에도 대법관들은 피고인의 주장을 받아들이지 않았다. 다만 과거보다는 완화된 내용이었다. 즉 과거 스탠리 매튜 사안에서 권리장전 적용을 인정하지 않았던 태도와 달리 윌리엄 무디William Moody 대법관은 트위닝 판결 다수 의견에서 적법절차 개념에 권리장전 상의 보장조항 일부가 포함된다고 보았다. 다만 "자유국가 개념에 고유한 자유와 정의의 근본적 원리"를 구성하는 보장규정에 한정된다.[343] 검사 출신 무디 대법관은 (부모살해범 리지 보든Lizzie Borden 기소를 담당한 검사였으나 패소한 사건으로 유명했었다.[344]) 피고인의 진술거부권 행사에 대한 법관의 언급 금지를 절차적 공정성의 범주에 포함되지 않는다고 판단했다. 57년 후엔 연방대법원의 입장이 바뀌게 된다.[345] 무디의 의견에 입장변화의 여지도 담겨 있었기 때문이었다. 우르타도 판결에서는 전혀 여지가 없었다.

19세기에서 20세기로 넘어오는 시기에 기소되었던 범죄들은 의미가 컸다. 오닐은 주류 판매업자였고, 맥케인은 지방선거를 훼방하고 공공토지 판매로 뇌물을 받았으며, 트위닝과 코넬은 은행서류를 조작했다. 이들 피고인들 중 누구도 살인, 강간, 강도와 같은 강력범죄로 기소된 경우는 아니다. 오닐은 오늘날로 치면 19세기판 고급 마약판매상으로 상당히 안정된 마약시장을 관리한 셈인데, 오늘날처럼 과도하게 처벌을 받았다고 할 수 있다. 나머지 세 피고인은 오늘날로 하면 화이트칼라 범죄자들이다. 이들 역시 중벌에 처해졌지만, 오닐만큼은 아니었다. 오늘날에도 내부거래자나 부패정치인들은 불법마약판매상보다는 가볍게 처벌받는다. 피고인들 모두 수입이 많은 직업을 가졌기 때문에 미국 사법체계가 보장하는 모든 절차적 권리의 이익을 취할 수 있는 수준 높은 변호인들을 고용할 여력이 있었다. 유죄판결까지의 절차적 측면에서 보면, 피고인들 모두에게 체계가 허용하는 최선의 결과였다. 그렇기 때문에 이들의 적법절차 주장이 받아들여지지 않았던 것은 당연했다. 절차적으로 볼 때 어떤 시대의 형사피고인들이라도 그들보다는 항변사유가 더 많았다.

그런데도 이들 피고인의 주장은 미래의 형사 피고인들을 위하여, 그리고 장래 연방 대법원의 헌법적 의제를 설정하는데 상당히 기여했다. 아주 부유한 피고인들만이 고용할 수 있는 최고의 항소변호사들만이 오닐, 맥케인, 트위닝 사안과 같은 경우 창조적인 법 논증을 제시할 수 있다. 절차상 항변을 위한 설득력 있는 사유가 없는 피고인일 경우에나 창조적인 논증을 필요로 한다. 이처럼 법원칙은 종종 이상한 방식으로도 발전한다. 19세기에서 20세기로 넘어오는 전환기의 적법절차법만큼 이상한 경로를 거친 경우도 없다.

나무 한 그루에서 물러나 법이라는 숲 전체를 조망해보기로 하자. 20세기 초반 십여 년 때까지도 "적법절차법"은 여전히 원칙이라기보다는 논증에 가까운 상태였다. 적법절차 조항을 주장한 형사 피고인은 모두 패소했다. 하지만 그 주장들의 본질은 여전히 중요하다. 받아들여지지 않았던 주장들은 20세기 중후반에 이르기까지 적법절차법을 형성하여 주 법원 피고인에게 점차 적법절차의 적용이 확대되었다. 적법절차 주장의 본질과 그 주장을 배척한 근거 모두 남부 재건 시기의 종식 이후 30년간 변화했다. 우르타도 사안에서 적법절차 조항은 형사처벌이 법의 내용이나 공정성 여부와는 무관하게, 그러나 입법자의 재량이 아니라 법률에 따라서 부과될 것까지를 보장하는데 그쳤다(적법절차 원칙에서 검사의 재량은 고려되지 않는다는 점을 주목해야 한다). 맥케인 사안과 트위닝 사안에서 적법절차 조항은 절차의 공정성을 보장했다. 오닐 판결의 소수의견은 절차의 공정성에 권리장전이 요청하는 절차가 포함되는 날이 올 것이라 주장했다. 트위닝 사안은 충분히 "근본적"이라고 판단되는 권리장전 조항의 집행을 약속함으로써 그 시기를 앞당겼다.

결국 그렇게 되었다. 권리장전은 절차적 정의의 수단이 되었으며, 경찰관과 검사의 조치를 평가하는 척도가 되었다. "평등한 법적 보호"라는 또 하나의 척도, 즉 크룩생크와 민권 사안에서 연방대법원이 부정했던 이념은 더욱 정의로운 사법체계를 위해 필요하다. 벤 틸먼, 조셉 브래들리와 같은 이들 덕분에 평등한 법적보호라는 법적 수단은 다음 세대의 문제로 남겨졌다. 미국 법 유산의 중요한 부분을 잃어버린 채 여전히 회복을 기다리고 있다. 존 맥케인, 앨버트 트위닝과 같은 이들 덕분에 헌법의 주요 관심은 보장이나 평등이 아니라 절차, 적법성의 문제가 되었다. 우리는 여전히 그 유산 속에 살아가고 있다.

제5장

금권정치시대의 형사사법

쿡 카운티에선 아내가 남편을 살해해도 처벌받지 않는다.
– 쿡 카운티Cook County, 일리노이 주 검찰총장 메틀레이 회인Maclay Hoyne,
시카고 배심원들의 남편 살해 아내들에 대한 잦은 무죄평결에 대한 언급.

제1차 세계대전 전후 "북부 대이주The Great Migration" 시대에 살았던 흑인
노인들은 [필라델피아] 사법체계가 본래 공정했다고 회상한다.
– 로저 레인Roger Lane, 〈미국 살인동향의 사회적 의미(1989)〉

우리의 위대한 옛 제국은 능욕 당하고 말았다! … 이제부터 남부의 린치법을
누구도 비난해선 안 된다. 사람들에게 참을 수 없는 도발을 기억하게 하자.
그리고 사람들로 하여금 아무 법도 없는 것보다는 린치법이 낫지 않은지 말
하게 하자.

– 톰 왓슨Tom Watson, 제퍼슨 민주주의자,
사형수 레오 프랭크Leo Frank의 감형 직후 기사(1915)

범죄와 형사처벌을 통제하는데 지역정치가 최선의 수단이라는 생각
은 이상스럽게 들린다. 약간 제 정신이 아니라 할지도 모른다. 미국인
들은 서방세계에서 가장 정치화된 형사사법 체계 아래 살고 있다. 이
를 잘 알고 있는 사람들에게 미국의 체계는 결코 나라의 자랑거리는
못된다. 지난 50년간 범죄당 처벌 건수가 크게 떨어졌지만 여전히 대
규모로 늘면서 전통적인 학문적 경구를 확증해주는 것처럼 보인다. 즉
정치는 범죄와 처벌 분야에서는 부실한 통제도구다. 지역정치의 '지역'
측면에 관련하여, 미국인들은 검사와 대부분의 공판법관을 카운티 단
위에서 선출한다. 시장과 시의회(주지사와 대통령을 제외하고)가 지역 경

찰기관을 감독하고 재정을 뒷받침한다. 지역 민주주의가 질 높은 형사사법을 낳는다면, 미국의 사법체계는 지금보다 더 질 높은 체계여야만 할 것이다.

그래도 적어도 미국과 같은 법적, 정치적 전통을 가진 사회에서는 지역정치가 최선의 수단이라는 생각은 옳을지 모른다. 미국 형사사법 내에서 지역정치의 역할이 큼에도 불구하고, 현대 형사사법은 더욱 중앙집권화 법제화되면서 외관에 비해 덜 민주적인 상태다. 지역 민주주의가 실제 이점이 있는지의 평가는 오늘날의 사법체계가 아니라 금권정치시대의 사법체계에 해당된다. 금권정치시대는 대략 남부 재건 시대의 종식부터 대공황까지의 50여 년 동안을 말한다. 19세기 초중반 사실이었던 바는 19세기 말과 20세기 대부분에 이르도록 여전히 사실로 남아있다. 즉 미국 각 지역마다 각각의 민주주의에 대한 비전에 입각해 상이한 법집행 형태를 취하고 있었다. 남부에서는 흑인 전부와 다수의 백인 빈민들은 투표를 하지 못했고, 형사사법의 공식제도는 한정된 유권자들이 지배했다. 이러한 공식 사법체계는 때때로 남부 흑인들이나 레오 프랭크 같은 백인 아웃사이더들에 대한 군중재판을 동반했다. 앞서 인용한 톰 왓슨의 기사가 나간 직후 레오 프랭크는 린치를 당했었다. 서부에서는 장기간 동안 법원, 경찰기관을 비롯해 안정적 정부를 표상하는 제도들이 일시적으로만 역할을 했다. 즉 다른 지역에서는 정부 관리들이 하는 역할을 자경단들이 대신하기도 했다. 북동부와 중서부에서 금권정치시대 형사사법은 배심원과 투표함 민주주의에 의해 통제되었다. 군중이 아니라 지역 배심원들과 지역 선출관리가 지배했다.

우연적이든 아니든 이처럼 상이한 사법체계들은 뚜렷하게 상이한 결과들을 가져왔다. 남부에서는 다른 지역보다 경찰은 더 적고, 교도소 수형자 수는 더 많은데, 범죄는 엄청나게 더 많이 발생했다. 북동부와 중서부 대부분 지역에서 형사사법은 반대의 형상이었다. 즉 도시경찰은 많고, 수형자 수는 적고, 오늘날의 기준으로도 폭력범죄 수준은 낮았다. 서부는 초기에는 공식적 법집행 체계가 취약하고, 때때로 놀라울 정도로 잘 조직된 자경단 "군중들" 때문에, 남부와 다를 바 없어 보였다. 서부지역에 인구가 늘어나면서, 공식 사법체계는 강화되고 자경주의vigilantism는 쇠퇴했다. 서부에서도 이웃한 북동부 지역의 제도를 일부 수용하자, 범죄율이 급락했다. 핵심은 이렇다. 지역 민주주의와 법의 지배가 모두 작동하는 곳에서는 (분명히) 오늘날의 형사사법보다 더 공정하고 효과적이다.

1. 미국 북부 도시들

평등주의는 금권정치시대를 표상하는 특징이 아니다. 19세기 말부터 20세기 초는 악덕 자본가robber baron와 저임금장시간 노동공장sweatshop의 시대였다. "트러스트the trusts"의 권력은 취약한 노동조합과 무력한 정부 규제를 압도했다.[346] 법원칙 영역에서 금권정치시대 50년은 자유방임이 헌법이던 시대였다. 보수적인 법원은 빈민의 처지를 개선하거나 기업을 규제하기 위한 입법적 노력들을 주저 없이 무산시켜 버렸다.[347] 그리고 무엇보다도 이 시대는 미국 남부의 흑인 차별

Jim Crow이 시작된 시기였다. 남부에서 흑인들의 투표권은 거의 배제되었으며, 제2의 노예상태나 다름없는 압박이 점차 가중되었다.[348]

그런데도 최소한 미국의 많은 지역에서 형사사법은, 적어도 오늘날에 비해서는 평등했다. 여성, 흑인, 그리고 가난한 유럽 이민자들은 오늘날 흑인들과 때로 라틴계 사람들이 그러하듯이 모두 형사사법 관리들에게 차별을 받았다. 하지만 금권정치시대 체계가 행한 차별 정도는 20세기 말부터 21세기 초에 이르는 시대보다는 덜했다. 남부와 서부, 그리고 북부에는 해당되지 않는 사실이다. 하지만 북동부와 중서부의 산업화된 인구밀집 도시에서 경찰 활동, 형사소송과 형사처벌은 오늘날보다도 덜 차별적이고 훨씬 더 관대했다. 북부의 지역 사법체계는 오늘날에 비해 더 성공적으로 보인다. 오늘날 기준으로 볼 때 형사처벌 수준이 관대해도, 폭력범죄 수준은 놀라울 정도로 낮다. 어떻게 이런 일이 가능했을까? 이 시대 사람들은 어떻게 범죄를 일정 수준으로 통제하면서 범죄자 처벌은 자제하고, 사회의 소외된 사람들의 이익도 품위 있게 보호해줄 수 있었을까?

그 부분적 이유는 당시의 형사사법이 우리가 생각하는 것보다 더 평등주의적이었다는데 있다. 당시 사회와 마찬가지로 정부도 대체로 우리가 생각하는 것보다 더 평등주의적이었다. 악덕 자본가와 악덕 공장은 대부분이고, 강력한 노동조합은 적었다. 그래도 미국 노동자들은 당시 산업화 단계의 유럽보다 실질적으로 높은 임금을 받았다. 정부 규제기관들은 대개 권한이 없었지만, 그건 오늘날도 마찬가지다. 규제의 실패는 21세기 초 금융위기가 보여주는 바다. 더 놀라운 진실은 다른 데 있다. 19세기 말부터 20세기 초, 루즈벨트 대통령의 뉴딜 이전 세대는 대규모의 규제법 입법을 경험했었다. 화이트칼라 범죄와 금융 범죄 관련법 입법이 시작된 시기다. 주간 통상위원회Interstate Commerce Commission 설립, 셔먼 반독점법Sherman Antitrust Act, 파산사기금지 입법, 식의약품규제법Pure Food and Drug Law 등이 그 일부다. 법원은 외관 보다는 덜 보수적이었다. 언급한 입법들은 모두 합헌 판결을 받았다. 일부 규제 법률에 대해 법원이 위헌판결을 할 때마다 유사한 법을 더 많이 제정했기 때문이다. 부자들의 소유권에 대한 보호는 상대적으로 약했고, 정부 규제기관은 우리가 생각하는 것보다 권한이 많았다.[349]

마지막으로 20세기 말 미국에서는 지방정부가 주 정부나 연방정부 보다 더 적극적이었다. 도시지역은 빈민과 일반노동자들이 가장 큰 정 치적 힘을 가졌기 때문이다. 미국은 여전히 지방 중심의 국가다. 주나 연방 차원에서 교외지역과 작은 마을들이 막대한 정치적 권력을 누린 다. 산업화된 대도시에서는 그렇지 않다. 대도시 노동자 주거지역에는 대개 유럽 이민자들과 그들의 후손이 살면서 도시지배권을 차지하고 있다. 이 또한 중요하다. 도시지역 형사사법은 북부 도시들을 지배하 던 바로 그 도시 정치기구들에 의해 통제되었기 때문이다.

범죄통제부터 논해보기로 한다. 금권정치시대 북부에 일상적이었던 관용적인 사법체계에 대해서는 지나친 관용으로 인해 정의가 잘 실현 되지 않고, 처벌을 면한 범죄자들이 더 많은 범죄를 저지를 것이라 생 각할 수 있겠다. 이렇게 생각할 만한 충분한 이유도 있다. 20세기 후반 범죄문제에 대해서는 그러한 생각이 중요한 역할을 했기 때문이다. 하

지만 19세기 말과 20세기 초에는 덜했다. [도표 2]는 1875년부터 1950
년 사이 50년 간격의 살인범죄율을 보여준다.

금권정치시대 뉴욕 시민들은 인구 10만 명당 최저 2명에서 최고 6명
의 살인범죄율의 시기를 살았다. 20세기 후반기, 뉴욕 시 살인범죄율
은 최저 4명, 최고 31명에 달한다.

[도표 2] 뉴욕 시 살인범죄율, 1875~1925/1950~2000

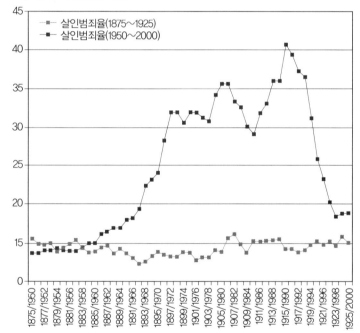

주: 1980년 이전 범죄율은 몬코넨의 자료가 출처다. 1980년 이후 범죄율은 FBI Uniform
Crime Reports (이후 Crime in the US로 명칭 변경) 연간보고서의 자료다.

시카고, 필라델피아, 보스턴의 경우도 비슷하다. 다만 이들 도시의

1990년대 범죄율 하락의 정도는 다소 완만하다. 1950년 이후 거대한 범죄의 물결은 19세기 말 십여 년, 그리고 20세기 초 십여 년 동안에는 유례가 없다.

금권정치시대 북부에서 낮은 폭력범죄율은 높은 형사처벌률의 결과가 아니었다. 오히려 그 반대다. 19세기 후반과 20세기 초반 살인범죄율의 하락과 함께, 뉴욕의 구금률도 함께 하락했다. [도표 3]은 기간 중 뉴욕 주의 구금률 변화를 보여준다.

뉴욕의 구금률 하락은 19세기 후반과 20세기 초반 북동부 도시의 전형적인 현상이다. 중서부 산업도시의 경우 같은 기간 중 구금률이 완만하게 상승했다.[350] 두 지역 모두 구금형 수형자 수는 상당히 안정적이었다.

증가하든 줄어들든 변화가 크지 않았으며, 오늘날의 기준으로 볼 때 현저히 적은 숫자였다. 20세기 말의 경향은 그 반대였다. 구금률이 크게 높아졌다가 다시 급격히 떨어지는 동안 (범죄율이 높아지는 시기였기 때문에 구금률의 하락은 더 급격해 보였다) 폭력범죄율은 최고치를 기록했다. 19세기 말부터 20세기 초까지 뉴욕 주민들의 더 안정되고 덜 처벌적인 사법체계는 1960년대 이후의 더 변동이 심하고 더 처벌적인 체계보다 범죄를 더 잘 통제했던 것으로 보인다.[351]

또한 과거의 사법체계는 이른바 "용의자집단suspect classes"에 대한 차별을 막는 일에서도 더 나은 성과를 보였다.[352] 한 세기 전까지 여성, 흑인, 이민자들은 빈번한 차별 대상이 되었다. 당시에는 용의자집단에 대한 차별은 전적으로 합법적이었다. 1900년대 초반에는 오늘날

[도표 3] 뉴욕 주 구금률, 1880~1925/1950~2000

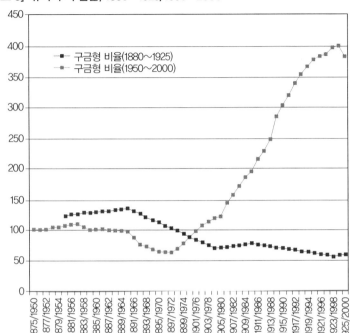

주: 금권정치시대 구금률은 Margaret Werner Cahalan, Historical Corrections Statistics in the US, 1850~1984, 30면, 표 3-3, 1986. 구금률은 신뢰할 만한 자료가 없는 기간에 대해서는 추정치다. 도표상 더 짙은 색의 선은 실제로는 더 변동이 있을 것이다.

처럼 가정폭력이 큰 문제였다. 당시에도 지금처럼 가정폭력 피해여성이 남성 가해자를 살해하는 일이 때때로 일어났다. 이런 살해사건은 살인행위자가 학대 남편이나 남자 친구를 살해할 기회를 기다렸다가 실행하는 경우가 상당수였는데, 그때나 지금이나 비슷하다. 역시 당시에도 지금처럼 정당방위법은 피해자이면서 가해자가 된 이들을 무력하게 했다. 정당방위 주장이 받아들여지려면 임박한 위해의 위협에 대한 대응으로서의 행위였음을 입증해야만 한다. 살인행위자가 구타당하는 중에 범행했음을 보여주지 못하는 한 입증이 매우 어렵다. 결국 가정폭력 피해자는 경찰에 신고하거나 친구 집으로 피하거나 아니면 피해자를 사랑한다 하면서 폭력을 일삼는 지옥에서 탈출할 수밖에 없다. 정당방위 원칙의 엄격한 조건에 따르면 학대자는 학대당한 피해자보다 더 유리한 처우를 받게 된다. 즉 학대 가해자인 남편이 무기를 들고 저항하는 아내를 살해한 경우에는, 학대 피해자인 아내가 구타당하던 중에 남편을 살해한 경우보다 정당방위의 입증이 더 쉽다.

그러나 정당방위의 엄격한 조건은 완화될 수 있고, 또 완화되어 왔다. 20세기 말 학대 피해자가 학대 가해자를 살해한 경우에는 "매 맞는 아내 증후군battered woman's syndrome"의 증거를 제시하여 배심원들을 납득시킬 수 있다. 즉 경찰 신고가 가능했던 상황일지라도 피해자가 가해자에 대한 반격 외에는 아무런 대안을 찾을 수 없었다는 것이다.[353] 학대 피해여성의 가해남성 살해사건에서 증후군 증거가 무죄를 보장해주지는 못한다. 하지만 정당방위 원칙이 증후군 증거의 활용가능성에 대해 모호한 입장이기 때문에 무죄 가능성은 열어준다.

한 세기 전이었다면 가해자를 살해한 불행한 피해자의 처지는 더 어려웠을 것이라 생각할 수도 있겠다. 아무튼 1900년대 초반에는 "매 맞는 아내 증후군"이란 말을 들어본 사람이 아무도 없었을 것이다. 형사사법 체계 바깥에서 여성들은 오늘날보다 훨씬 차별을 받았다. 20세기 초반 미시시피 강 동부에선 여전히 성인여성에게 선거권이 없었다. 법적 보호에서도 오늘날보다 차별적이었다. 무엇보다도 폭력남편들은 아내를 구타하거나 강간해도 아무런 처벌을 받지 않았다.[354] 그래도 투표도 못하고 학대받는 여성들이 오늘날의 여성들에 비해 훨씬 나은 점이 있었다. 금권정치시대 시카고에서는 남편을 살해한 여성의 80%가 무죄판결을 받았다. 백인 여성의 경우는 90%에 달한다. 당시 "새로운 불문법the new unwritten law"이라 불리는 판례는 가정폭력 사실에 대한 입증이 없어도 여성의 정당방위권을 폭넓게 인정했다.[355] 정당방위법을 개혁한 여성운동이 일어나기 70년 전, 법적 논증이나 의학적 논증의 도움을 받던 20세기 후반 여성들이 여성운동을 통해 이룬 성과를 금권정치시대 여성들은 이미 성취하고 있었다.

인종적 편견도 강력한 현실이었지만, 생각하는 것보다는 약했다. 19세기 후반 필라델피아의 살인사건에 대한 심층연구결과, 로저 레인의 결론은 다음과 같다. 흑인 살인죄 피고인은 백인 피고인과 다를 바 없는 처우를 받았다. 필라델피아 사법체계가 인종문제를 "현저한 공정성"에 입각해 다루었기 때문이다. 이러한 상황은 20세기 초 흑인 인구의 증가와 함께 체포 건수와 유죄 건수에서 인종 차이가 커지면서 악화되기 시작했다.[356] 그래도 당시 차별은 일부에 지나지 않았다. 19세기에서 20세기로의 전환기 동안 시카고의 살인사건을 연구한 제프리 아들러Jeffrey Adler에 따르면 흑인 여성은 백인 여성에 비해 유죄판결을 받는 경우가 훨씬 많았지만, 흑인과 백인 남성이 무죄가 되는 경우는 차이가 없었다.[357] 금권정치시대 북부에서는 오늘날 마약범죄 수형자 수에서의 대규모 인종 차별과 같은 일은 없었다.

널리 알려진 오시안 스위트Ossian Sweet 사건이 당시 현실을 알려준다. 1925년 흑인 의사였던 스위트는 디트로이트의 백인 거주지역 주택을 구입했다. 백인 군중이 스위트의 집을 에워쌌고, 집 안에서 무장하고 있던 스위트의 친척과 친구들이 발포를 했다. 백인 중의 한 사람이 사망했다. 집 안에 있던 스위트와 스위트의 처를 포함한 11명 모두 살인죄로 기소되었다. 클라렌스 대로우Clarence Darrow가 변론을 맡아 정당방위를 주장했다. 백인 군중들이 흑인에게 폭력을 행사했던 오랜 역사를 이유로 들었다. 이 사안에 대해서는 두 차례 재판이 진행되었는데, 모두 백인으로만 배심원이 구성되었다. 두 번의 재판에서 대로우의 최후변론은 백인을 살해한 흑인을 재판하는데 백인 배심원이 공정하게 판단할 수 있는지에 대한 문제 제기였다. 제1차 배심단은 평결에 이르지 못하고 해산했다. 제2차 배심단은 무죄평결을 내렸다.[358] 두 차례 재판의 재판장 프랭크 머피Frank Murphy는 이후 디트로이트 시장을 거쳐 미시간 주지사를 지낸 뒤 루스벨트 대통령의 내각장관을 거쳐 연방대법관이 된다. 비부상 백인을 살해한 흑인이 전원 백인으로 구성된 배심에게 무죄평결을 받았다는 사실에 주목해보기로 한다. 정치적으로 보면, 이 사안을 맡았던 재판장은 재판 결과 때문에 혜택을 받았다.[359] 놀랍지 않은 이야기로 들린다면, O. J. 심슨 살인사건 재판을 맡았던 랜스 이토Lance Ito 판사가 이를 계기로 로스앤젤레스 시장과 캘리포니아 선거에 나가 당선된다고 상상해 보면 된다.

스위트 같은 흑인 피고인이 유죄판결을 피할 수 있었던 건 인종 차별 없는 계몽된 시대를 살았기 때문이 아니다. 1920년대 디트로이트를 인종 차별 없는 계몽된 도시라 보는 사람은 없을 것이다. 1924년 KKK가 디트로이트 교외에서 집회를 할 때 5만 명이 모여들었다.[360] 그보다는 당시 흑인 피고인들이 많은 경우 오늘날보다 더 나은 처우를 받은 이유는 모든 피고인들이 더 나은 처우를 받았었기 때문이다. 당시 시카고 살인사건의 22%만이 유죄평결을 받았는데, 합리적인 정당화 사유가 있다고 판단되는 살인 사안에 대해 시카고 배심원들은 즉시 무죄평결을 내렸다. 오늘날 사법체계에서는 중죄 재판이 드물고, 무죄평결이 나는 경우는 더 드물다. 한 세기 전 북부 도시들에서는 중죄 재판과 무죄 평결이 일상적이었다. 과거 사법체계에서는 백인 여성과 흑인 남성이 놀랄 만큼 보호를 받았는데, 그 이유는 모든 피고인들이 보장을 받았기 때문이다.

당시 무죄평결의 다수는 빈민 또는 이주노동자 피고인들에게 내려졌다. 아들러의 시카고 폭력에 대한 연구에 따르면 당시 시카고에서는 가난한 이주노동자들에 의한 살인사건이 많아서 무죄평결을 받는데 클라렌스 대로우 변호사까지 필요하지 않았다. 아들러에 따르면 "순수한 정당방위 주장은 거의 언제나 배심원들에게 받아들여졌다."[361] 정당방위 여부가 논란 대상인 사안에서 승소한 피고인은 매 맞는 여성에만 한정되지 않았다. 술집에서의 싸움, 카드게임 중의 분쟁, 만취 상태의 소란 모두 정당방위가 인정되었다. 백인 이주노동자에 대한 무죄평결이 남편 살해 백인 여성이나 흑인 살인범죄자에 대한 무죄평결보다는 덜 놀랍게 보일 수 있다. 하지만 19세기 말부터 20세기 초까지의 백인 이주노동자의 정치적 지위는 21세기 미국인들이 생각하는 것보다 낮았다. 당시 이주민 집단은 남유럽과 동유럽에서 왔는데, 과거보다 가톨릭교도와 유대교도들이 다수였다. 이 두 집단은 상당한 종교적 편견의 대상이었기 때문에, 1920년대 KKK가 다시 등장하는 중요한 원인이 되었다.[362] 가난한 이주민들의 승소는 백인 여성이나 흑인 남성의 승소만큼이나 주목할 만한 일이다.

낮은 범죄율, 관용적 처벌, 차별 정도가 약한 사법체계가 잘 운영된 이유가 무엇이었을까? 네 가지 서로 관련된 답이 있다. 북부 경찰은 규모가 컸고, 공판절차는 간소했으며, 법적 범죄구성 요건은 광범위한 정당화 사유를 인정하였고, 형사처벌의 대상으로 가장 큰 민족집단인 남성 이주노동자들은 형사처벌을 다루는 관리들에 대해 상당한 정치적 힘을 가지고 있었다.

첫째, 당시 기준에 따르면 북부 도시들은 경찰 제도를 잘 갖추고 있었다. 인구 당 경찰관 수는 남부 도시들에 비해 두세 배 가량 높았다([표 5] 참조). 낮은 범죄율, 낮은 처벌 수준과 높은 치안 수준 세 가지가 결합되는 원인은 불분명하나. 이러한 결합이 오늘날에도 존재한다는 점은 점점 더 분명해보인다. 100년 전에도 역시 존재했을 것이다. 1800년대 후반, 켄터키 산악지대의 한 마을에서 살인범죄율이 인구 10만 명당 200명에 가까웠다는 사실을 고려해보기로 한다. 이에 비해 같은 시기 뉴욕 시의 살인범죄율은 인구 10만 명당 5명 미만이었다.[363] 뉴욕 시에는 큰 규모의 경찰이 존재했다. 켄터키 주 애팔래치아 산맥에 위치한 마을들에는 제대로 운영되는 지방정부 제도가 거의 존재하지 않았다.

분명 이러한 간극에는 다른 요소들도 작용했을 것이다. 애팔래치아 산맥을 따라 흩어져 있는 카운티에는 가문 간 분쟁 때문에 대규모의 폭력이 일어났지만, 북동부 도시지역에서는 그렇지 않았다. 반면 당시 북동부 도시에는 범죄조직 간의 분쟁이 존재했고, 산간지역에서는 그렇지 않았다. 분쟁은 치안 수준에 달려 있다. 치안이 잘된 지역에서는 폭력이 일어나면 처벌을 하고 일정한 평화가 회복되었을 것이다. 분쟁으로 얼룩진 산간지역에서는 최소한의 질서를 유지할 관리들마저도 적었기 때문에 무정부 상태에 다름없게 되었다. 적절한 예를 하나 들어보기로 한다. 켄터키의 어떤 카운티에서는 분쟁 중인 가문의 수장이 공판 중인 법정으로 걸어들어와 법관에게 자신에 대한 재판을 기각해야 한다 말하자, 놀란 판사는 즉시 모든 기소를 기각했다.[364] 이런 일은 경찰기관이나 보안관이 지방정부기관을 폭력이나 협박으로부터 제대로 보호하는 지역에서는 일어날 수 없다.

오늘날에도 대규모 경찰기관은 낮은 범죄율과 연관 관계가 있다. 뉴욕 같은 지역에서는 지난 20년간 지역 경찰기관의 규모가 확대되면서 범죄율은 크게 하락하고, 교도소 수형자 수 증가율은 낮아졌다. 치안이 부실한 지역에서는 교도소 수형자 수와 폭력범죄가 늘어나거나, 감소율이 적었다. 〈괴짜경제학Freakonomics〉의 저자인 경제학자 스티븐 레빗Steven Levitt에 따르면 경찰관 수의 증가가 1990년대 범죄율 감소의 주요 원인이다.[365] 활용 가능한 자료로는 입증이 어렵지만, 그러한 연관 관계의 추정이 합리적임은 물론이다.

둘째, 당시 일반적인 소송 규칙에 따르면 형사재판 비용이 많이 들지 않기 때문에 재판이 흔했다. 오늘날보다 배심재판이 더 흔했기 때문에, 피고인의 승소도 그만큼 더 흔했다. 캘리포니아 알라미다 카운티Alameda County의 경우, 중죄 재판의 유죄판결률은 60% 미만이었다. 공판 중 가석방된 피고인을 포함하면 30%로 떨어진다. 오늘날 그 비율은 훨씬 높다.[366] 19세기에서 20세기로 넘어오는 시기 피고인의 승소율은 앞서 인용한 수치보다 더 높게 나타난다. 100년 전에는 유죄인정 형사 피고인이 오늘날보다 훨씬 적었기 때문이다. 오늘날 대도시 지역에서는 중죄 사안의 65%가 유죄인정으로 종결되며(나머지 사안 대부분은 판사가 기소를 기각하거나, 검사가 기소를 중지하기 때문에 배심원에 의한 무죄평결은 드물다) 이는 중죄 유죄판결의 95% 이상에 해당된다.[367] 세기 전환기 알라미다 카운티의 경우 각각에 해당하는 비율은 41%와 63%에 불과했다.[368] 공판과 무죄 모두 오늘날보다 더 일반적이었으며, 서부 해안지역보다는 북동부 지역에서 더 일반적이었음이 분명하다.[369] 무죄가 빈번했기 때문에 오늘날보다는 관심거리도 되지 못했을 것이다. 그래서 금권정치시대 북동부에서는 검사가 무죄에 대해 정치적 대가를 덜 치렀기 때문에 오늘날에 비해 무죄 결과를 피하기 위한 노력도 덜했다. 논리에 주목해보기로 한다. 덜 정교한 소송절차는 공판과 무죄 모두 일상적인 일로 만들어서, 정부가 아니라 피고인들을 돕게 된다. 검사로서도 일상적인 결과를 피하려고 무리는 하지 않게 된다.

셋째, 형사실체법은 현대 법원칙에 비추어 법문이 불명확하고 피고인에게 더 유리했다. 당시 피고인들은 오늘날처럼 분명한 형사책임 규율의 적용에 도전할 일이 거의 없었다. 가장 큰 이유는 해당 규율은 피고인의 논증을 배제하기 위해 만들어진 것으로 보였기 때문이다. 한 세기 전에는 그렇지 않았다. 실정법 상의 행위 요건, 고의 기준과 정당화 사유는 피고인 논증을 막기보다는 기회를 부여했다. 형사실체법 상의 요건이 충분히 피고인에게 주장의 여지를 주지 않을 때에는, 다음의 예가 보여주는 바와 같이 법원이 문제를 조정했다. 전국적으로 금주법이 시행되기 몇 년 전 다른 많은 주들처럼, 미시간 주도 관할지역 내 금주법을 제정했다. 법을 피해가지 못하도록 주 의회는 술 판매뿐만 아니라 무료증정도 금지했다. 얼마 후 미시간 주 대법원은 자기 집에서 손님에게 "진실한 호의"로서 술을 대접한 경우를 정당화 사유로 인정했다.[370] 오늘날 마약 관련법에서 유사한 법 원리 인정은 상상할 수 없는 일이다.

이러한 법들은 금권정치시대 형법 어디에도 존재했다. 또 다른 미시간 주 법원칙에 따르면 상호 자유로운 의사로 시작한 쌍방 싸움은 범죄로 보지 않는다.[371] 피해자가 있는 힘을 다해 강제 성관계에 저항하지 못했을 경우 강간죄 피고인은 무죄가 되었다. (오늘날 학자들은 과거 강간죄 성립요건의 엄격한 해석을 법의 여성 혐오 증거로 간주한다.[372] 부분적으로는 올바른 지적이다. 다만 당시 강간죄가 오늘날보다 좁게 규정된 이유는 다른 거의 모든 범죄도 그렇게 엄격히 규정되었기 때문이었다. 이 문제 역시 성차별sexism로서의 강간죄 법 역사 관련 주제 중 하나다.[373]) 형사고의의 입증은 도덕적 과오의 입증을 의미했고, 오늘날 통상적 기준처럼 행위자의 물리적 행위수행의 의도만을 의미하지는 않았다.[374] 20세기 후반의 정당방위 법원칙은 구타 도중에 발생한 경우를 제외하고는 매 맞는 여성이 가해 남성을 살해한 경우 정당방위를 허용하지 않는 것으로 보인다. 20세기 초 시카고와 여타 북부도시들에 적용되었던 법원칙적으로는 미흡한 정당방위 사유는 학대 피해 여성뿐만 아니라, 거의 모든 살인범죄 피고인에 대해 탐욕이나 증오 이외의 합리적인 사유가 있을 경우 인정되었다.[375]

앞서 언급한 법원칙들은 그 융통성뿐만 아니라 모호함도 특징이다. 배심원들은 명백한 규칙만 적용하거나 역사적 사실에 관한 논쟁점만 판단하지 않았다. 피고인이 정당방위법의 요건에 따라 "합리적으로" 행동했는지의 여부, 오늘날에는 거의 요구되지 않지만 100년 전에는 형사고의 요건이었던 "악의적 의사", 또는 "악의"로써 피고인이 행동했는지의 여부를 판단했다. 다시 말해서 배심원들은 개별 피고인이 형사처벌의 대상이 되는지의 여부를 판단해야 했다.[376] 이처럼 배심원에게 주어진 광범한 권한 때문에 형사소송에서 도덕성이 중요하게 되었다. 배심원들은 마치 법관인 동시에 그리스 비극의 합창단 역할을 해야 했다. 재판에서 도덕성이 중요하게 되면서, 피고인들도 방어를 위해 아주 다양한 주장을 제기했다. 형법이 엄격히 규칙화되어 있지 않았기 때문에 정당화 주장들은 형사법 규칙에 제한을 받지 않았다.

앞서 세 가지 대답에 이어 네 번째 대답은 다음과 같다. 대체로 경찰과 검찰에 대한 정치적 통제권은 가장 많이 중범죄의 피해자가 되는 사람들이자, 동시에 중범죄로 가장 많이 기소되는 사람들 손 안에 있었다. 음주 관련 범죄 체포의 사례를 보면 알 수 있다. 이같은 정치구조가 지배하는 북부 대도시에서 음주 관련 범죄 체포는 드물었다. 도시를 지배하는 정치기구들의 생존은 이민자들의 표에 의존했기 때문에 이민자 주거지역에서 음주 관련 규제를 엄격히 집행하기를 꺼렸다.

이같은 정치구조에 의한 지배 정도가 높으면서 동시에 음주 관련 범죄 체포율도 높은 대도시는 필라델피아였다. 도시를 지배하는 정치구조는 공화당이 장악했는데, 그 지지기반은 이민자가 아니라 원주민 유권자들이었다.[377] 대부분의 북부도시에서 이민자 공동체가 지역을 지배하는 세력의 일부였기 때문에, 형사소추도 대체로 주민들의 의사에 따랐다.

분명한 이유를 알기는 어렵지만, 도시지역 선거구를 지배했던 유권자들, 즉 공동체 내에서 비교적 부유한 주민들이 지역 배심원단에 많이 참여했기 때문에 혜택을 얻을 수 있었을 것이다. 과거에도 오늘날처럼 보통법 요건에 따라 배심원은 범죄발생 지역사회 내에서 선정되어야 한다. 지금처럼 자동차가 널리 보급되고 도시지히철망이 갖춰지기 이전 시대에서 이 요건은 다른 의미를 가졌다. 오늘날에는 대체로 인근 카운티 주민들 중에서 배심원을 선정한다. 대부분의 대도시 주변에는 교외지역이 많기 때문에 범죄율이 높은 도시지역 주민들은 자신들의 거주지에서 발생한 범죄를 심리할 배심원에 포함될 가능성이 없다. 19세기 말부터 20세기 초까지의 배심 선정 실무에 대한 자료는 부족하지만, 자동차의 보급이 늘어나기 전 시대에는 지역 내 배심 선정 관행이 일반적이었다. 배심후보자가 교통수단도 없이 며칠 동안 진행되는 공판에 참석하기 위해 대도시 먼 거리를 여행하기는 어려웠다. 지역 내 배심 선정은 실무상 필요한 일이었다.

분명히 현실은 그리 장밋빛이 아니었을 것이다. 지역 내 선출된 배심들의 다수는 이민자들이나 그 후손이 아니라, 그들의 이웃주민, 즉 중산층 원주민들로 채워졌다.[378] 민족적, 인종적 차별이 없을 수 없었다. 도시지역 경찰기관들은 규모가 컸지만 부패하기도 했다. 아일랜드계 이민이 지배하던 경찰은 근래 남유럽과 동유럽에서 이주해온 주민들 지역을 순찰할 때는 더 폭력적인 태도를 취했다.[379] 마지막으로 19세기 말부터 20세기 초까지의 법률은 오늘날의 법과 마찬가지로 "평등한 법적 보호"에 대한 구속력 있는 보장을 제공하지 않았다. 보장했었다면 북부의 형사사법은 차별과 경찰 권한의 남용을 많은 경우 피할 수 있었을 것이다.

그래도 그 모든 복잡한 사정과 문제점들에도 불구하고, 금권정치시대 북부의 사법제도는 오늘날의 더욱 관료화된 체계보다는 더 나았다. 오늘날처럼 대규모 구금형 수형자와 수형 규모의 변동도 없었다. 북부 형사사법이 오늘날보다 더 지역 민주주의를 실현했다는 사실과 우연의 일치는 아닐 것이다.

2. 미국 남부

금권정치시대 남부는 두 가지 서로 다른 종류의 지역 민주주의가 형사사법을 지배했다. 하나는 공식적 민주주의, 다른 하나는 규범을 벗어난 민주주의였다. 공식적 시법체계의 주요 특성은 규모가 작다는 점이었다. 남부 재건 시대 초기, 상당수의 흑인 경찰관을 두고 있었던 경찰기관들은 규모가 축소되고 백인들로 채워졌다. 남부 재건 시대의 종식과 함께 대도시 뉴올리언스를 관할하던 통합 경찰기관은 폐지되었다. 같은 이유로 텍사스 주 경찰기관도 폐지되었다.[380] [표 5]는 금권정치시대 종식 직후인 1930년대 중반 북부와 남부도시 각 세 곳의 인구 10만 명당 경찰관 수와 살인범죄율을 보여준다.

인구 10만 명당이든 범죄 건수당이든 남부 경찰관의 수는 북부에 비해 훨씬 적었다.

[표 5] 일부 도시의 경찰 비율, 살인범죄율, 살인범죄당 경찰관 수, 1937

도시	경찰 비율	살인범죄율	살인범죄당 경찰관 수
애틀랜타	125	39	3
보스턴	292	2	183
디트로이트	238	5	52
휴스턴	98	21	5
멤피스	93	13	7
뉴욕	251	5	56

주: 살인범죄 건수와 도시 경찰관 수는 각각 Uniform Crime Reports：1937, 197~199면, 표 108. Uniform Crime Reports：1938, 71면에 근거함. 도시 인구에 관하여는 1941 Statistical Abstract, no.30, 27~28면.
살인범죄당 경찰관 수 산정은 살인범죄율 항목처럼 정수가 아니라, 살인범죄율 소수점까지 계산하였다.

남부 백인 주민들에게는 적절한 규모의 법집행기관을 유지하면서 종종 군중재판에 의존하는 오랜 전통이 있었기 때문이다. 더 현실적인 이유도 일부 있었다. 즉 냉방기가 갖추어지고 민권이 보장되기 이전까지 남부도시들은 북부도시들에 비해 크게 낙후되어 있었다. 부유한 북동부나 중서부에 비해 정부기관 재정이 부족했다. 이러한 사실로 인해

남부도시들은 북부에 비해 범죄에 대처할 경찰관 수는 적었던 반면, 대처해야 할 범죄는 더 많았다.[381]

재정이 빈약했던 남부 법집행기관들은 흑인 거주지역은 거의 돌보지 않았고, 이로 인해 범죄 동향은 인종별로 왜곡되기에 이르렀다. 1930년대 미시시피 살인범죄율에 관한 연구에 따르면 미시시피 주에서 발생한 살인사건 피해자의 4분의 3, 살인자의 3분의 2가 흑인이었다. 백인 살인자의 피해자는 63%가 백인, 37%가 흑인이었다. 이에 비해 흑인 살인자 20명 중의 19명은 흑인을 살해했다.[382] 살인범 3분의 2가 기소되었으며, 기소율은 당연하게도 살인자의 인종, 특히 피해자의 인종에 따라 차이가 났다. 백인을 살해한 범죄자에 대해서는 체포와 기소, 처벌에 많은 노력을 기울였다. 흑인을 살해한 범죄자의 경우에는 백인 살인자는 물론이고 많은 흑인 살인자들도 체포를 피해갔다. 이로 인해 남부 교도소 수형자 수는 범죄자 수에 비해 백인 수형자 비율이 높았고, 전체 인구비율에 비해서도 백인 수형자가 많았다.[383] 흑인의 백인에 대한 범죄는 드물었고, 중형에 처해졌다. 흑인의 흑인에 대한 범죄는 일상적이었지만, 정부 관리들이 눈을 감는 경우가 많았다.

형사사법은 차별적이었을 뿐만 아니라, 매우 가변적이었다. 남부의 교도소 수형자 수는 변동이 심했다. [표 6]은 19세기에서 20세기로 넘어오는 시기 북부와 남부 4개 주의 구금률을 보여준다. 최저와 최고 구금률 모두 남부에서 나타난다는 사실에 주목해야 한다. 앨라배마의 구금률은 4배 상승했고, 노스캐롤라이나의 구금률은 3분의 2 감소했다. 조사 대상 북부 주의 구금률은 남부처럼 상하 40% 변동 폭을 보이지는 않았다. 본질적으로 불평등한 남부 형사사법으로 인해 교도소 수형자 수는 매우 가변적이었다. 북부의 경우 남부에 비해 덜 차별적이라고 볼 수 있는 증거는 없었지만 수형자 수는 훨씬 안정적인 수준을 유지했다.[384] 금권정치시대에는 차별과 변동이 함께 진행되었다. 평등과 안정도 마찬가지로 함께 진행되면서, 형사 피고인에 대한 비교적 관대한 처우가 동반된다. 남부의 형사사법 체계는 차별과 변동이 특성이었으며, 북부의 체계는 평등과 안정이 특성이었다.

[표 6] 일부 주의 인구 10만 명당 구금형 비율, 1880~1910

주	1880	1890	1904	1910
앨라배마	31	72	97	158
일리노이	60	54	47	46
미시간	72	53	54	57
노스캐롤라이나	58	88	33	32
오하이오	40	45	53	54
펜실베이니아	43	45	39	46
사우스캐롤라이나	26	70	47	56
버지니아	50	70	80	104

주: Margaret Werner Cahalan, Historical Corrections Statistics in the US, 1850~1984, 30면 표 3-3 (1986).

남부는 북부에 비해 경찰의 규모는 더 작으면서도 교도소 수형자 수는 더 많은 이유가 무엇일까? 두 가지 답을 찾아볼 수 있다. 19세기 말부터 20세기 초까지 남부에서는 수형자의 노역이 대단히 많았다. 수형자들은 지역 기업에 임대되어 광산, 농장과 다양한 건축현장에 동원되었다.[385] 경찰기관은 언제나 재정비용이 들어갔지만, 수형자들은 재정을 충당해주었다. 이러한 사실이 미국에서 가장 가난한 지역에서의 법집행 현실을 만들었다. 마찬가지로 수형자 유지비용이 상당했는데, 교도소와 유지를 책임지는 주 정부가 주로 수형자 유지비용을 부담했다. 지방정부는 지역보안관과 경찰관 임금을 부담했다. 따라서 남부 지방 관리들의 입장에서는 경찰 활동 확대보다는 처벌 확대를 선호했을 것이다. 주 정부가 처벌 비용은 부담하지만 경찰 비용은 부담하지 않았기 때문이다. 상대적으로 부유한 북부에서 비용 문제는 여유가 있었다. 북부 경찰 예산에 대해서는 주 정부의 재정지원 여부가 덜 영향을 미쳤다.

남부와 북부 사법체계의 차이를 설명하는 또 하나의 이유는 남부에서 비공식적 사법체계, 즉 군중재판을 선호했다는 데 있다. 북부의 경우는 그렇지 않았다. 군중재판법의 등장은 남부에서 민주주의의 쇠퇴와 맞물려 있다. 1870년대 중반 공화당이 장악했던 주 정부와 지방정부가 민주당으로 넘어가자, 남부 재건을 중단시켰던 해방노예 학살도 줄어들었다. 다만 산발적인 린치는 증가했다.[386] 연방군대가 투표소를 순찰했던 때보다 흑인들의 투표는 분명 자유롭지 않았다. 그래도 흑인의 투표는 남부 재건의 종식 이후에도 여전히 대부분의 지역에서 일상적이었다. 흑인들은 여전히 일부 지방에서 관리로 남아있었다. 연방하원에서도 몇 개의 의석을 차지하고 있었다.[387] 1884년 대선은 공화당 그랜트와 헤이스 대통령이 남부 공화당 주 정부에 파견했던 연방군대를 철군시킨 지 7년이 지난 시점이었다. 공화당 대선 후보 제임스 블레인James G. Blaine은 버지니아 주에서 49%, 테네시 주 48%, 노스캐롤라이나 주와 플로리다 주에서 각각 47%를 득표했다.[388] 버지니아와 테네시에서만 승리했어도 민주당 후보 글로버 클리블랜드Glover Cleveland 대신 대통령에 당선되었을 것이다. 공화당 측에서는 흑인 투표가 약간만 늘어나도 전국적으로 안정적인 다수를 확보할 수 있을 것으로 믿었다.

그렇게 해서 벤자민 해리슨Benjamin Harrison은 1888년 대선에서 클리블랜드를 꺾었고, 8년 만에 공화당이 의회의 다수당이 되었다.[389] 선거권 관련 입법은 정당 의제의 최우선 순위가 되었다. 남부에서는 관련 입법안에 60년 전 사우스캐롤라이나를 연방 권한에 복속시켰던 "효력 법안the Force Bill"의 이름을 따라 붙였다. 선거권 법안에 따르면 연방기관 선거는 연방보안관이 감독하게 된다. 연방검사는 남부 재건 시대에 부여되었던 권한, 즉 흑인을 유권자 명부에서 배제하는 남부 선거관리공무원을 처벌할 수 있는 권한을 다시 갖게 된다. 동 법안은 당론투표로 하원을 통과했다. 상원에서는 공화당 의견이 모아지지 않아 통과되지 못했다. 은광산업이 기반인 주 출신의 공화당 상원의원들이 셔먼 은구매법Sherman Silver Purchase Act에 대한 남부의 지지를 대가로 법안에 반대했다.[390] 1890년 효력 법안의 통과 실패 이후, 남부에서는 흑인에 대한 린치가 두 배로 늘어났다.[391] 이후 50년 넘는 동안 약 3천 명의 남부 흑인들이 군중에 의해 살해당했다. 연간 60명에 달하는 숫자다. 오늘날 미국 전국에서 처형되는 사형수 숫자보다도 많다.[392]

간단히 말해 군중재판은 남북전쟁 이전의 상태로 되돌아갔다. 남부 스타일의 전형적인 법집행 도구가 되었다. 남북전쟁 이전의 남부에서처럼 다시 군중재판법은 여러 형태로 집행되었다. 군중재판의 희생자들은 백인을 살해하거나 강간했다는 죄목이었다. 살인과 강간죄는 법전에도 규정되어 있었다. 하지만 희생자 다수는 남부 흑인이 백인에게 복종할 것을 요하는 불문법 위반을 이유로 처벌받았다.

효력 법안의 실패 이후, 흑인 유권자들은 남부 유권자 명부에서 지워졌다. 1890년대와 1900년대 초반 마지막 흑인 연방 하원의원도 낙선했다. 대부분의 전직 의원들은 가난과 폭력이 두려워 자기 지역구를 떠났다. 인종 차별이 야기한 흑인 대이주의 전조였다.[393] 남부 선거에서 유권자 인구는 급증하는데도, 투표수는 때로 절반 이상까지 줄어들었다. [표 7]은 북부와 남부의 투표수 차이를 보여준다.

[표 7] 일부 주의 대선 투표수, 1888, 1908

주	1888	1908	비율 변화
앨라배마	175,085	105,152	−40
일리노이	747,813	1,155,254	+54
미시간	115,891	75,117	−35
노스캐롤라이나	344,243	456,905	+33
오하이오	115,786	66,904	−42
펜실베이니아	1,321,170	1,638,350	+24
사우스캐롤라이나	839,357	1,121,552	+34
버지니아	304,087	137,065	−55

주: Presidential Elections, 1789~2008, 141, 146면 (2010)

남부에서의 투표수 감소는 전부는 아니지만 대부분 흑인 투표 감소가 원인이다. 인두세, 문맹 여부, "선량한 인품good character" 심사는 백인 투표도 절반 이상 줄였다.[394]

백인 빈민층의 선거권을 광범위하게 박탈하면서 군중재판법이 다시 등장했고, 광범위한 린치 행위들로 선거권 박탈이 늘어났다. 투표할 권리를 빼앗긴 백인 빈민들은, 남북전쟁 이전 노예순찰대가 린치를 통해 정치적 권력을 행사했던 것처럼, 밧줄과 나무로 권력을 행사해보려 한 듯 했다. 전쟁 이전 백인 빈민들이 노예순찰대를 주도한 건 아니었던 것처럼, 빈민들이 대부분의 군중재판을 좌우했던 것은 분명 아니다. 하지만 빈민들이 대중재판을 스스로 행하지 않았다 하더라도, 참여하지 않은 것도 아니다. 남부의 불문법 재판에 대한 권력을 공유하고 있었다.

그 같은 불문법 권력은 공식 사법체계 앞에서는 무력한 백인 빈민들에게 일종의 보상이었다. 흑인과 백인 빈민들은 남부에서의 범죄에 가장 빈번하게 피해를 당했으며, 더욱 빈번하게 처벌의 대상이 되었다. 하지만 흑인들이 남부의 법과 법원에 아무런 힘이 없었던 반면, 백인 빈민들은 약간의 권력은 있었다. 대신 남부의 공식적 사법체계는 사법체계의 서비스를 필요로 하지 않을 뿐만 아니라 그 공정성 여부와도 무관한 사람들에 의해 지배되었다. 군중재판은 다른 문제였다. 계급과 무관한 백인들의 민주주의가 낳은 결과였다. 백인들의 민주주의가 여전히 작동하고 있는 몇 안 되는 영역들 중의 하나였다.[395] 모든 군중재판은 전적으로 공개된 사건이었다. 때때로 철도회사들은 군중재판에 참석해 응원하려는 사람들에게 할인요금을 제공하기도 했다. 군중들은 기념품을 팔고 샀으며, 때로 희생자의 신체 조각들도 기념품으로 팔렸다.[396] 이러한 형태의 처벌은 법규정과 무관하게 행해졌지만, 전혀 비밀은 아니었다.

남부의 비민주적인 민주주의undemocratic democracy가 정치적 근간을 억누르고 있는 동안 북부 공화당은 방관할 뿐이었다. 1880년대 중에는 의회 다수당이 계속 바뀌고, 대선 표차는 미국 역사상 가장 적었다. 어느 정당도 안정적인 다수당의 지위를 누리지 못했다. 이런 상황에서 공화당은 남부 흑인들의 투표권을 보장할 필요가 있었고, 남부 백인들은 연방규제를 피하기 위해 자신들을 보호할 수단을 확보할 필요가 있었다. 효력 법안의 실패 이후, 상황이 변했다. 민주당이 1890년과 1892년 의회선거에서 대승했다. 1892년 선거에서 클리블랜드가 20년 만에 가장 큰 표차로 다시 대통령에 당선되었다.[397] 민주당이 연방정부를 오래도록 차지할 가능성이 커졌다. 남부 백인들의 권력은 안전할 것으로 보였다. 린치가 급증했고, 남부 유권자 수는 감소하기 시작했다.

1893년 불황이 닥치면서, 공화당이 다시 의회의 절대 다수를 차지했다. 그래도 남부 백인들의 권력은 더 안정되었고, 군중재판법도 더욱 강화되었다. 1894년부터 공화당은 하원을 16년간, 상원을 18년간 지배하게 된다. 공화당 후보가 네 차례의 대선에서 연속해서 1892년 클리블랜드의 표차보다 더 크게 승리했다.[398] 공화당의 시대 동안 남부 백인들의 분노는 최악이었다. 1898년 백인 민주당 사병조직이 노스캐롤라이나 윌밍턴Wilmington 지방정부를 "탈환"하는 과정에서 십수 명

이상의 흑인 공화당원들을 살해했다. 8년 뒤 애틀랜타에서 4명의 흑인이 백인 여성을 폭행했다는 보도가 나가자 나흘간 폭동이 일어나 십수 명 이상의 흑인들이 살해되었다.[399] 남부지역 정치인들은 한 술 더 떠 남부 흑인들에 대한 백인들의 폭력을 옹호했다. 거의 대부분의 공화당 정치인들도 이들 사건들을 외면했다. 남부 흑인들의 표가 더 이상 필요치 않았던 것이다. 북부 유권자들이 언제까지나 의회 다수를 보장해 줄 것으로 보였기 때문이다. 그래서 공화당 정치인들은 남부 백인들이 흑인 주민들을 마음대로 다루도록 내버려두었다. 연방의회에서 남부 의원들의 영향력 때문이 아니라, 자신들의 정치적 무관심 때문이었다.

이는 19세기 불황이 미국 형사사법의 특성과 내용에 큰 영향을 미친 세 번째 경우다. 1837년 공황은 주 정부들의 파산으로 이어졌고, 이후 유권자들은 주 정부의 형법 집행권한을 지방정치와 정치인들에 의해 통제되는 사법체계로 옮겨버렸다. 1873년 장기불황은 남부 재건 시대의 종식과 함께 "평등한 법적 보호" 이념의 종말을 가져왔다. 1893년 공황과 불황은 백인 표든 흑인 표든 남부에서의 득표와 상관없이 공화당의 장기 집권을 가져왔다. 북부의 항구적 지지에 기반한 공화당 집권이 남부 흑인 차별과 군중재판의 발흥을 강화한 것으로 보인다.

민주당이 다시 선거에 승리하기에 충분한 시대가 될 때까지, 남부 흑인 차별정치는 깊숙이 자리 잡았다. 남부 출신 우드로 윌슨Woodrow Wilson 대통령과 남부 출신 장관들은 정부 안에서도 흑백분리를 명령했다.[400] 이전 민주당 대통령 클리블랜드 시절에도 하지 않았던 조치였다. 윌슨의 민주당과 경쟁하던 공화당 정치인들도 남부 흑인들의 권리

보장을 위해 싸우기보다는 남부 흑인들의 표를 좇았다. 1912년 재선에 남부의 지지를 얻기 위해 당시 공화당 윌리엄 태프트William Howard Taft 대통령은 3명의 남부 출신 민주당원을 연방대법관에 임명했다.[401] 이들 중 두 명은 남북전쟁 당시 남부연합 군인이었다. 흑인에게 투표권을 인정하지 않았던 테네시 주 백인들은 1910, 1912, 1920년에 각각 공화당 주지사를 선출했다. 당시 선거의 주요 쟁점은 남부 흑인의 지위가 아니라 금주법이었다.[402] 1928년 허버트 후버Herbert Hoover가 가톨릭교도인 민주당 알 스미스Al Smith에 맞서 과거 남부연합 소속이었던 남부 주의 절반에서 승리한 이유도 마찬가지다. 남부 백인 유권자들은 인종과 관련한 정의문제가 아니라 음주, 종교, 그리고 각 지역의 민주당에 대한 전통적 지지 여부에 따라 갈려 있었다.[403] 20세기의 남부는 서서히 양당 체제의 사회가 되어갔다. 하지만 백인 유권자들이 양당을 모두 장악하고 있기 때문에 남부 흑인들을 규제하는 인종분리 체계를 손상시키려 하지는 않았다.[404] 남부 형사사법을 지배한 정당 또는 편파적 민주주의는 견제를 받거나 도전받지 않았다.

군중재판법은 정치적 환경 속에서 발흥하며, 이에 개입하려는 정치인들은 레오 프랭크Leo Frank의 사례처럼 위험을 감수해야 했다. 뉴욕 출신의 유대인 프랭크는 애틀랜타에서 소규모 연필공장을 운영하고 있었다. 공장에서 일하던 십대 소녀가 피살되자 살인죄로 기소되었다. 지극히 잘못된 유죄판결로 인해 프랭크는 사형을 선고받았다. 당시 조지아 주지사 존 슬레이턴John Slaton이 프랭크를 감형해주자, 곧바로 군중들이 프랭크를 붙잡아 린치를 가했다.[405] 슬레이턴의 정치적 생명은 끝장나버렸고, 한동안 주지사마저 교수형에 처하려고 할 정도였다.[406] 린치에 앞장섰던 전직 연방 하원의원 톰 왓슨Tom Watson은 이 사건을 계기로 연방 상원의원이 되었다.[407] 이 같은 정치적 결과는 조지아나 최남부에만 한정되지 않았다. 메릴랜드 주지사 앨버트 리치Albert Ritchie는 1934년 메릴랜드 주 이스턴 쇼어Eastern Shore에서 발생한 린치를 비난했던 일 때문에 5번째 연임에 실패했다.[408]

프랭크와 같은 희생자들은 살인을 효과적으로 방지하기 위해 처형된 것이 아니라, 살인죄 피해자에 대한 공평한 정의실현을 위한 수단이 된 것이다. 프랭크는 모든 북부 출신 백인과 흑인 노예 후손들에게 본보기 삼기 위한 하나의 상징이었다. 남북전쟁 이전 남부에서 북부 출신 백인과 남부 흑인 노예들은 똑같이 린치의 대상이었다. 이들의 범죄는 남부 고유의 법질서를 위태롭게 하는 행위였다. 남부의 법질서를 규정하는 규율과 법질서를 집행하기 위한 처벌은 형식적인 법원칙의 영역을 벗어나 있었다. 부당한 통치 질서를 구성하는 비공식적 통치의 일부였다. 인종 차별의 억압과 뒤틀린 민주주의가 부당한 통치의 핵심에 자리 잡고 있었다. 남부의 불문 규율은 소수에 의해 규정되고 집행되었으며, 처벌은 타자에게 부과되었다. 남부의 공식적 사법체계 거의 대부분에서도 마찬가지다. 중상층 백인 계급에 의해 지배되면서 주로 백인 빈민과 흑인들에게 영향을 미친다. 이처럼 비민주적인 민주주의는 범죄통제를 제대로 수행하지 못하며, 정의를 세우는 일은 더욱더 하지 못한다.

3. 미국 서부

일단 서부의 범죄와 형사사법은 남부와 상당히 유사하다. 19세기 무렵부터 보면, 현재 미국 서부 주들에 해당하는 지역 주민들에게는 소규모의 경찰기관만 있었을 뿐이고, 종종 발생하는 군중재판과 매우 높은 폭력범죄율에 시달리고 있었다. 시간이 지나면서 남부와 비슷했던 상황이 변하기 시작했다. 경찰기관이 확대되면서, 1930년대에 이르러 북동부 도시들에 비해서는 여전히 적은 규모였지만 남부도시들에 비해서는 규모가 컸다. 서부에서의 폭력도 급감했다. 살인범죄율은 남부보다는 낮고, 상대적으로 안정된 북동부보다는 높았다. 남부에서 린치가 종식되기 오래 전부터 자경조직의 린치도 사라졌다. 북부나 남부와 닮은 점이 없는 서부만의 특징이 하나 있다. 19세기 말부터 20세기 초에 걸쳐 서부 주들은 다른 지역 주들에 비해 인구 대비 구금률이 높았다.

이러한 현상의 주된 특징은 변화라는 점이다. 19세기 마지막 10년과 20세기 초 10년 동안 서부의 형사사법은 크게 변했다. 가장 큰 변화는 폭력범죄율의 변화다. 금권정치시대 초기, 서부의 폭력은 통제 불능이었다. 유명한 사건 하나가 그 이유를 보여준다. 1881년 와이어트 어프Wyatt Earp의 형 버질Virgil은 애리조나 주 툼스톤Tombstone의 법집행을 책임진 연방 부보안관이었다. 툼스톤은 맥로리McLaury 가문과 클랜튼Clanton 가문 연합의 거주지역으로, 클랜튼 가문 중 한 사람이 와이어트의 말을 훔쳤다(와이어트도 말 절도와 어느 정도 관련이 있음은 분명해

보인다. 1870년대 초반 와이어트는 미주리의 작은 마을 치안관에 임명되었으나, 20달러 절도 혐의를 받고 사직했다. 이후 인디언 보호구역(현재의 오클라호마)에서도 말 두 필을 훔친 혐의를 받고 떠나야 했다. 와이어트가 실제 재판을 받은 적은 없었다). 두 가문이 충돌한 사건이 일어나자, 버질 어프 보안관과 동료인 마을 보안관이 클랜튼 가문 일원을 무장해제하는 과정에서 총이 발사되어 마을 부보안관이 사망했다. 클랜튼 가문 측에 대한 기소는 곧바로 기각되었다.[409]

어프 형제는 배심원과 법원 없이 적들을 처리해야겠다고 마음먹었다. 이를 위해 버질 어프는 두 동생 와이어트와 모건Morgan을, 친구인 독 홀리데이Doc Holliday와 함께 부보안관에 임명했다. 몇 차례 예행연습 끝에 이들 네 사람은 오케이 목장에서 맥로리와 클랜튼 가문 사람들과 맞서게 되었다. 홀리데이, 그리고 버질과 모건 어프는 총격전 끝에 부상당했지만 살아남았다. 맥로리 가문의 톰Tom과 프랭크Frank, 그리고 와이어트의 말을 훔쳤던 빌리 클랜튼BillyClanton은 사망했다.[410]

이 사건에는 언급할 만한 세 가지 측면이 있다. 첫째, 법집행 관리는 배지를 단 갱이나 다름없었다. 어프 형제 자신들도 오케이 목장 결투 이전에 범죄 전력이 있었다. 지역주민들은 총격전이 공식적인 살인행위나 다를 바 없다고 생각했다.[411] 서부개척시대에 이런 일들은 드물지 않았다. 보안관이나 치안관을 포함해 모두가 각자를 위한 일을 할 뿐이었다. 공공의 이익을 위해 일하는 안정적 정부의 존재는 일반적이라기보다는 예외적이었다. 법집행 관리의 권한이 종종 부인되는 것도 무리는 아니었다. 바로 이 사건의 두 번째 특징과 관련되는 사실이다. 1880년대 애리조나의 법집행은 사적인 행동과 다를 바 없었고, 관리 개인의 사적 행동이 일반적이었다. 법집행 관리와 그 지인들이 받은 피해를 보복하는 행동뿐이었다. 질서를 유지하는데 필요한 법집행 관리의 숫자가 아주 부족했고, 사람들이 관리의 명령에 따르지도 않았기 때문이다. 공식적 사법체계가 법집행 관리나 공무원들의 피살을 막아주지 못하니, 관리들 역시 자신들의 안전에 대한 위협을 공식체계 밖에서 다루었다. 이렇게 해서 자경주의가 나오게 되었다. 개척시대 서부와, 흑인 차별 남부 모두 심각한 문제였다.

물론 19세기 서부에는 툼스톤이나 닷지(어프 형제는 여기서도 살았었다)[412] 말고도 떠돌이 청년들로 넘쳐나는 무정부 상태의 목장 마을들이 많았다. 서부지역의 남반부는 폭력 수준이 엄청나게 높아서, 때로 살인범죄율이 성인 인구 10만 명당 600건에 달하기도 했다.[413] 무법천지 서부는 할리우드 영화가 창조한 그 이상이었다.

이처럼 엄청난 규모의 살인범죄율이 인구 분포상 고르게 퍼져 나타나지는 않았다. 서부지역 전체에서 가장 차별받는 집단에서 사망자 수와 살인자 수가 가장 많았다. 미국 다른 지역과는 달리 장소마다 차별받는 집단의 구성이 달랐다. 남서부에는 멕시코인, 샌프란시스코와 그 인근에는 중국 이민자, 그리고 인디언과 흑인들은 흩어져 있었다. 남부 흑인 차별 제도가 구축된 이후 남부 흑인들끼리 죽고 죽이는 일이 대규모로 발생했던 것처럼, 남서부 인디언과 멕시코인, 북서부의 차이나타운에서도 비슷한 현상이 나타났다.[414] 차별은 살인적 폭력을 부른다.

폭력범죄율은 일정 집단에서 다른 집단보다 높게 나타났는데, 전반적으로 어디나 높은 수준이었다. 캘리포니아 주 대법원장을 지낸 데이비드 테리David Terry의 생애가 그 사례다. 1859년 테리는 연방 상원의원이자 샌프란시스코의 정치 거물 데이비드 브로데릭David Broderick과 결투 끝에 브로데릭을 살해했다. 테리는 살인죄로 기소되었으나 무죄 석방되었다.[415] 테리가 불만을 가진 많은 사람들 중에는 1850년대 주 대법원에서 함께 근무한 스티븐 필드도 있었다. 훗날 링컨 대통령은 필드를 연방대법관에 임명한다. 브로데릭과의 결투사건 30년 후 테리는 무장상태에서 필드 대법관과 다투다가 필드의 경호원에게 사살되었다. 경호원은 살인죄로 기소되었으나 무죄 석방되었다.[416] 북동부에서는 테리에게 일어난 일은 기의 있을 수 없었다. 정치적, 법적 권력을 누리는 사람마저 그처럼 폭력적인 삶을 살았다면, 가장 심각한 문제는 정부나 법적 절차에 의해 처리되기보다는 개인 스스로 위신을 지키기 위해 나서야 하는 사회에서만 가능한 일이다.

분명히 폭력이 가장 만연된 지역에서 형사처벌의 집행은 드물었다. 오케이 목장 총격전 당시, 애리조나에서는 살인범죄자 40,000명 중에서 31명만이 구금형 수형자였다.[417] 애리조나 지역의 연평균 살인건수보다도 전체 수형자 수가 적었다. (오늘날 뉴욕에는 연간 살인 건수의 70배에 해당하는 구금형 수형자가 있다.)[418] 사법체계가 너무나 명백한 사안에 대해서도 유죄판결과 처벌을 하지 못하는 경우가 자주 발생할 경우 군중재판도 빈번해진다. 남부에서는 군중재판에 의한 처형이 법원과 배심 체계를 보완했다. 서부에서는 아직 기능을 못하는 공식 사법체계를 대신하여 자경 체계가 역할을 맡았다.

몬태나와 아이다호에서는 조직화된 "자경위원회vigilance committee"가 있었다. 1850년대 샌프란시스코의 자경 체계가 가장 널리 알려져 있다. 샌프란시스코는 캘리포니아 골드러시로 인해 거의 하룻밤 사이 생겨났다고 할 만한 큰 도시였다. 공식적인 법제도는 도시의 성장 속도를 따라갈 수가 없었다. 최초의 샌프란시스코 자경위원회는 4명의 호주 출신 범죄자를 교수형에 처하고, 20여 명을 추방했다. 제2차 자경위원회는 지역 도박꾼이 연방보안관을 살해하고 재판에서 무죄 석방되자 결성되었다. 어프 형제나 데이비드 테리의 경우처럼 공식 사법체계의 느슨함이 더 거친 형태의 사법제도를 낳았다.[419]

어프 형제와 샌프란시스코 자경단의 유사성은 여기까지다. 어프 형제 패거리들은 떠돌이 인부들이었다. 샌프란시스코의 자경단은 지역 사회의 다수를 차지하는 존경받는 집단이었다. 1856년 자경위원회는 시민 약 6,000명이 참여했다.[420] 테리와 같은 유명인들이 이 거대한 조직을 이끌었으며, 지도자들은 높은 수준의 사회적 지위와 정치적 영향력을 누렸다. 샌프란시스코 백인 노동자들을 기반으로 한 상원의원 브로데릭의 정치 세력을 추방한 뒤에야 해산되었다. 마지막으로, 자경단은 종종 희생자들을 일종의 재판에 세웠는데, 참여한 자경단원들은 자신을 단순히 처형인이 아니라 비공식적인 법관과 배심원으로 여겼다.[421] 남부의 군중들이 린치를 가할 때도 비슷했다. 두 집단 모두 하나의 중요한 특징을 공유한다. 즉 자기 지역에서 운영되는 민주주의 형식 중 결함이라고 여기는 부분을 바로잡는 일종의 민주주의자로 자

처했다.

남부의 군중재판법은 20세기 중반까지 존속되었지만, 서부의 자경주의는 대체로 19세기의 현상일 뿐이다. 일단 적절한 규모의 경찰기관과 실질적인 지방법원이 자리를 잡게 되자, 서부의 교도소 수형자 수는 증가했다. 다시 말해 자경주의는 서부 형사사법의 일시적 현상이었다. 남부의 군중재판은 흑인 차별의 항시적 부산물로 보인다.

20세기에 들어오면서 자경주의는 쇠퇴했다. 서부의 범죄율은 감소했고, 서부 법집행기관들은 상설화되었다. 1890년대 오클랜드, 캘리포니아의 살인범죄율은 10만 명당 4명으로 동부 수준이 되었다. 그런데도 캘리포니아 형사사법이 북동부 형사사법과 차이가 있다면 두 가지가 있다.

서부 경찰기관의 규모가 동부보다 작았고, 교도소 수형자 수는 더 많았다. 북동부 도시들과 달리 1800년대 오클랜드의 경찰기관은 소규모였다.[422]

다른 서부 주들도 마찬가지였다. [도표 4]는 1930년대 중반 북동부, 남부, 서부 각 3개씩 9개 도시의 경찰관 비율, 살인범죄율, 구금형 비율을 보여준다. 북동부 도시들에는 큰 규모의 경찰기관이 특징이며, 남부도시들은 타 지역에 비해 살인범죄율이 높다. 구금형 비율이 높은 점(20세기 초 기준으로는 오늘날의 구금률이 훨씬 높다)이 서부 도시들의 특징이다.[423]

세세한 사실에서 한 걸음 뒤로 물러나 더 큰 그림을 보기로 한다. 19

[도표 4] 1930년대 중반 미국 9개 도시의 경찰관 비율, 살인범죄율, 구금형 비율(주州)

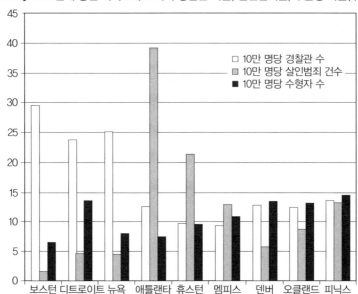

주: 각 도시별 살인범죄 건수 및 경찰관 수에 관하여는 각각 Uniform Crime Reports: 1937. 197~199면 표 108. Uniform Crime Report: 1938, 71면, 표 51. 참조. 각 도시별 인구에 관하여는 Campbell Gibson & Kay Jung, Historical Census Statistics on Population Totals by Race, 1790~1990, and by Hispanic Origin, 1970~1990, for Large Cities and Other Urban Places in the US (2005). 구금형 비율에 관하여는 1940 Statistical Abstract 3, no.5, 4~5, no.7, 77, no.66.

세기 말부터 20세기 초에 걸쳐 미국 북동부의 사법체계는 경찰기관의 규모가 크고, 교도소 수형자 수는 적고 안정적 수준이었으며, 폭력범죄율은 낮았다. 남부 형사사법은 반대의 특징을 보였다. 즉 경찰기관은 규모가 작고, 교도소 수형자 수는 전반적으로 많으나 시간과 장소에 따라 크게 변동했으며, 범죄율은 매우 높았다. 19세기 대부분 동안 서부는 남부와 비슷한 규모의 경찰기관과 수형자가 있었다. 그리고 적어도 남서부 지역에서는 살인범죄율이 남부 수준에 비슷했다. 19세기 말에 이르러 서부 사법체계는 북동부의 특징에 가까워졌다. 즉 경찰기관의 규모는 커지고, 범죄율이 낮아지면서 군중재판은 쇠퇴했다.

대부분 이 같은 상이한 사법체계는 동일한 법 아래 운영되었다. 주마다 범죄(적어도 자주 기소되는 범죄)에 대한 규정은 유사했다. 각 주마다 고유의 주법을 입법하려 했지만 강간, 강도, 살인범죄의 경우 미국법이라 할 만큼 유사했다. 원리상의 차이가 있다 해도, 실무에서는 별 문제가 되지 않았다. 19세기에서 20세기로 넘어가는 시기 형법의 핵심 논쟁은 법률가들이 "후퇴 규칙retreat rule"이라 부르던 문제에 관해서였다. 한 세기 전에는 "진짜 사나이 원칙true man doctrine"이 널리 알려져 있었다. 이 둘은 폭행 피해자가 안전하게 도망칠 수 있었는데도 가해자에게 반격, 살해할 수 있는지의 문제에 관한 원칙이었다. 후퇴 규칙에 따르면 가해자 살해보다는 피해자의 후퇴가 선호된다. 진짜 사나이 원칙은 내용이 다르다. 폭행 피해자는 안전하게 후퇴할 수 있었는지의 여부와 상관없이 자신의 명예를 지킬 수 있다는 것이다. 오하이오 강 이북과 미시시피 강 동쪽 대부분의 주에서는 후퇴 규칙을 택했다. 남부와 서부의 법원들은 동부의 원칙이 남자답지 못하다고 보았다.[424]

미주리 법원의 입장은 다음과 같았다.

사람의 목숨이 귀한 것은 사실이다. 하지만 인간의 자유 또한 그렇다. 법의 눈에는 생명도, 자유도 모두 존귀하다. 어느 쪽도 그 법적 지위를 다른 쪽의 배타적 존재를 위해 양보 또는 포기할 수 없다. … 어느 누구도 타인에 비해 신체적으로 약하다는 이유로 … 공개적으로 채찍질을 당해서는 아니 된다. 그러한 치욕스런 존엄 손상에 저항하고 저지하기 위해 정당방위가 필요하다고 본다… 그리고 그러한 저항의 수단이 자연 제공되지 아니한다면, 인위적으로 제공되어야 한다. 다시 말해 불가피한 경우 무기의 사용이 가능할 것이다.[425]

피해자가 폭력에 대해 폭력으로 맞설 수 있을 뿐만 아니라, "불가피한 경우 무기의 사용도 가능하다." 진짜 사나이 원칙에 따르면 피해자는 후퇴의 치욕을 겪기보다는 주먹에는 몽둥이로, 몽둥이에는 칼로, 칼에는 총으로 대적할 수 있다.

이 원칙은 다수의 살인범죄가 통제불능의 술집 싸움 중에 일어나던 시기에는 당연한 내용으로 여겨진다. 하지만 상이한 정당방위 기준이 문제될 경우는 생각보다 적다. 19세기에서 20세기로 넘어오는 시기 시카고에서는 피해자가 도망치지 않고 가해자를 살해하는 사건이 많았다. 당시 일리노이 주법은 가능할 경우 가해자로부터 도망치도록 규정되어 있었지만, "순수한 정당방위 논증"으로도 그러한 사례에서 무죄판결을 충분히 받을 수 있었다.[426] 반면 남부 흑인이 백인을 살해하는 드문 경우, 피고인이 도망칠 기회도 없고, 순전히 정당방위로서 행위한 경우라 할지라도 정당방위 주장은 받아들여지지 않았다. 남부 백인이 흑인을 살해한 경우 정당방위 주장이 받아들여지는 경우는 훨씬 많았지만, 도망할 기회의 여부와는 무관했다.[427] 사안의 결론에 대해 법 원칙은 거의 영향을 주지 못했다.

후퇴 규칙에 관한 진실은 더 일반적인 진실을 담고 있다. 즉 법률이 아니라 지방 배심원이 형사 피고인의 행위에 대해 판단을 내린다. 법이 문제되는 한 형법의 내용이 중요하다. 하지만 법의 가장 중요한 특징은 그 불명확성이다. 사안을 판단하는 배심원과 공판법관에게 자신들의 도덕적 직관에 근거할 여지를 주기 위함이다. 형사소추의 결과에 법률이 얼마나 영향을 미치든지, 금권정치시대에는 정치의 영향이 더 컸다. 미국의 서로 다른 지역 형사사법들 사이의 주된 차이는 각 지역을 관할하는 법률이 아니라, 그 법률을 적용하고 집행하는 민주주의의 상이한 관점에 있다.

제6장
문화전쟁과 그 여파

노예제의 확산에 대한 … 이 같은 명백한 무관심에 나는 증오하지 않을 수 없습니다.
나는 노예제의 끔찍한 불의 때문에 증오합니다. 나는 공화주의로부터 세상에 미칠 정의의 힘을 빼앗기 때문에 노예제를 증오합니다…
> — 에이브러햄 링컨, 스티븐 더글러스Stephen Douglas 상원의원과의 논쟁,
> 일리노이 오타와(1858)

불법화 할 수야 있겠지만, 인기 없게 만들 수는 없습니다.
> — 뉴올리언스 시장 마틴 베어만Martin Behrman,
> 스토리빌 홍등가 성매매업소 폐쇄에 관한 발언(1917)

금주법은 끔찍한 실패다.
우리는 술이 좋다.
술은 금지하려던 것도 금지하지 못한다.
우리는 술이 좋다.
술은 부패의 흔적을 남기고
동전 한 푼만큼의 금지도 하지 않는다.
술은 우리나라를 악덕과 범죄로 채운다.
그래도, 우리는 술이 좋다.
> — 프랭클린 아담스Franklin Pierce Adams, 〈뉴욕 월드(1931)〉

1. 지방주의와 국가주의

금권정치시대 형사사법에는 또 다른 측면이 있다. 살인범죄율, 자경위원회, "진짜 사나이" 행태와는 무관한 측면이다. 1870년대 말부터 1933년까지 미국 형사사법 체계는 형법, 특히 연방 형법을 무기로 일련의 문화전쟁cultural battles을 벌였다. 일부다처제, 복권, 성매매, 아편

그리고 술이 그 대상이었다. 이 모든 법적 싸움들은 두 세대에 걸친 문화전쟁의 일부다. 오늘날의 마약, 낙태, 동성애자 권리를 둘러싼 문화전쟁과 마찬가지다. 초기 문화전쟁은 범죄문제에 관한 법과 정치에 변혁을 가져왔다.

법과 관련해서 문화십자군들은 새로운 범죄 규정 모델의 등장을 지켜보았다. 우선 연방법에 수용되고, 이후 20세기 각 주법으로 확산되어 갔다. 이처럼 새로운 형태의 확장적인 연방 형법의 규정 형식이 그 전략적 특징이었다. 전통적으로 주의 영역에 대한 연방권력의 행사를 금지하는 헌법적 제한이 있는 경우, 연방의회와 법원은 그 한계를 우회했다. 연방의회가 범죄화하려는 특정 행동에 대한 직접적 규정에서는 연방검사에 대한 제약이 강하지만, 관련 범죄 규정은 완화하여 검사의 승소가 쉽도록 했다. 아마도 이러한 패턴은 더 많은 경우였던 음주보다는 일부다처제, 성매매, 아편에 대한 전쟁에서 더 많이 나타날 것이다. 금주법을 둘러싼 문화전쟁은 정부의 패배로 끝났지만, 가장 투명한 싸움을 벌인 문화전쟁이기도 했다. 즉 관련 범죄는 가장 분명하게, 그리고 법적 자제를 최대한 발휘하여 규정되었다. 20세기 연방의회와 주 의회 모두 초기의 문화전쟁을 벌였지만, 금주법을 입법 형식으로 삼지는 않았다. 점차 미국 형법은 검사가 실제 소추하고자 하는 행동과 의도를 규정하지 않게 되었다. 대신 범죄 규정을 체포, 기소와 유죄판결을 유리하게 이끄는 수단으로 다루기 시작했다.

범죄에 관한 정치에서 주된 변화는 지방주의localism와 중앙집권 사이의 긴장과 관련된다. 모든 문화전쟁은 부분적으로는 정부의 적절한 구조에 관한 논쟁을 구성한다. 한편에서는 지역주민들의 선호에 적합하도록 상이한 지역에서 상이한 규율을 채택할 수 있도록 허용해야 한다고 주장한다. 다른 한편에서는 도덕적 원리의 문제에 관하여는 국가 전체적인 입장을 가져야 한다고 주장한다. 지방주의자들은 각 주나 지역마다 고유의 규칙을 선택할 권한을 부여할 때 해당 규칙 하에 살아가는 주민들이 최대한 만족할 수 있음을 강조한다.[428] 국가주의자들은 지방주의가 관련 규칙의 도덕적 특성을 간과한다고 반박한다.

바로 1850년대 미국 서부지역 노예의 지위에 관한 유명한 논쟁에서 스티븐 더글러스와 에이브러햄 링컨이 각각 취했던 입장들이다. 더글러스는 서부 지역 정착민들이 스스로 노예제 허용 여부를 결정해야 한다고 주장했다. 링컨은 서부지역에서의 노예제 문제는 개별적 선호의 문제가 아니라 옳고 그름의 문제이며, 따라서 그 해답은 전국 모든 지역과 관련된 문제라고 주장했다. 이 문제가 가장 유명한 쟁점이었던 선거에서 더글러스가 승리했지만,[429] 링컨은 노예제 문제와 연방주의에 관한 논쟁에서 승리했다. 복권, 성매매와 마약거래는 노예제에 비해서는 작은 문제였다. 이들은 지역규범에 밝은 지역 관리들의 업무로 남겨두어도 좋을 것이라 보이는 유형의 범죄들이다. 더글러스 식의 방임적인 연방주의는 이러한 범죄 문제에 대한 적절한 접근방식으로 보인다. 하지만 이들 범죄 문제에서도 더글러스 식의 지방주의는 링컨이 주장한 국가주의에 패했다. 왜였을까?

간단히 답하자면, 유권자들은 다른 지역에 사는 주민들을 통치하는 규칙에도 관심이 있었기 때문이다. 낙태 반대론자들은 자신들 주에서 낙태를 금지할 뿐만 아니라 다른 주의 낙태 허용법안도 반대했다. 마찬가지로 낙태 허용을 주장하는 유권자들은 자신들의 주에서 뿐만 아니라 전국적인 낙태 허용법을 원했다. 실제로 양 진영은 다른 주에서의 낙태 허용 확대나 축소 정책을 위해 적극적인 로비 활동을 했다.[430] 바로 이런 측면이 스티븐 더글러스의 인민주권 옹호론에서 아킬레스건이었다. 더글러스의 주장에 따르면 해당 지역 유권자들이 자기 지역 내에서 노예소유의 허용 여부를 결정할 수 있다. 링컨은 더글러스의 주장을 "상관없어don't care" 정책이라 불렀다. 실제로는 상관있다는 유권자가 더 많았기 때문에, 일반적인 여론은 링컨 편이었다. 즉 많은 사람들이 노예제가 단순히 개별 주나 지역의 문제가 아니라 전국적인 문제라고 뚜렷이 느끼게 되었다. 노예제는 링컨이 말하는 "궁극적 폐기의 길"[431]로 들어서든지 승인하든지 선택해야만 하는 문제였다.

19세기와 20세기 도덕전쟁이 보여주듯, 일반적인 여론은 노예제에 한정되지 않았다. 한 세기 전 복권과 음주, 일부다처제와 성매매의 현안들에 관하여 링컨의 도덕적 국가주의는 더글러스 식의 연방주의를 압도했다. 오늘날도 비슷한 부분이 있다. 즉 연방법과 전국 차원의 정치가 마약과의 전쟁을 지속하는데 큰 역할을 하고 있다. 낙태와 동성애 권리에 관한 양 진영의 논쟁은 해당 문제의 전국화를 추구하고 있다.[432] 미국인들은 관용적인 국민이라 하지만, 많은 사람들이 강력한 의견을 가지고 누구도 반대편에 양보할 생각이 없는 도덕 관련 현안에 대면해서는 전국 차원의 정치와 연방법 집행이 즉각적으로 역할을 한다. 도덕적 현안은 전국화된다. 이들 문제는 주권의 위계sovereignty ladder에서 낮은 단계에 머물기보다는 더 높은 단계로 올라간다. 음주와 성매매에 초점을 맞추었던 초기 문화전쟁과 마약과 낙태를 강조하는 근래 문화전쟁 모두 정치적 현실에 의해 규정된다.

100년에 걸친 문화전쟁은 다섯 차례의 큰 전투를 벌였다. 이들 싸움들은 대체로 연방 형법의 특성을 둘러싼 투쟁이다. 가장 크고 유명한 전투는 술을 둘러싸고 일어났다. 두 차례의 헌법 개정과 13년간의 주류제조와 판매금지가 그 결과였다. 그래도 어떤 측면에서는 금주법 이전의 작은 싸움들이 더 중요하다. 즉 오늘날의 마약법, 더 일반적으로는 형법의 일반적 형태를 정립한 전투들이다. 그 과정에서 미국 법과 미국 정치 모두 항구적으로 변하게 되었다.

2. "쌍둥이 잔재"

1856년, 최초의 공화당 전국정당대회는 "일부다처제와 노예라는 야만시대의 쌍둥이 잔재"를 배척하는 정강을 채택하였다.[433] 두 번째 잔재를 청산했던 도덕십자군에 대해서는 잘 알려진 바다. 첫 번째 잔재에 대해서는 덜 알려져 있다.

일부다처제는 초기 말일성도 예수그리스도교회Church of Jesus Christ of Latter-Day Saints, 즉 모르몬교도들 사이에 일상적 관습이었으며, 교회와 국가의 주요 갈등 원인이었다. 모르몬교도들 중에서도 소수만 행하는 일이었지만, 모르몬 문화에 미치는 영향은 숫자가 보여주는 이상으로 더 컸다. 모르몬교도들이 말하는 "복수 결혼"은 주로 모르몬교회 지도자들에 한정된 관습으로, 종교적 순종의 중요한 측면으로 받아들여졌기 때문이다. 유타 주의 초대 주지사이자 모르몬교 총재 겸 예언자인 브리검 영Brigham Young은 열두 명의 아내를 두었다. 영은 일부다처제의 관습이 남녀 모두에게 중요하며 이익이 된다고 강조했다. 19세기 유명한 "가정제도"로서 일부다처제는 지방 권력과 연방정부 사이의 장기간에 걸친 갈등을 가져왔다.[434]

　모르몬교도들의 서부 이주 이후 몇 년간 일부다처제에 대한 비판이 커지면서, 정치적 공격은 남북전쟁 이전 몇 해 동안의 노예제에 대한 전형적인 비판을 닮아갔다. 노예제에 반대하는 정치인들과 정치평론가들은 노예제로 인한 흑인 여성의 지위 저하와 그로 인해 백인 남성들 사이에 촉발된 성적타락을 강조했다. 일부다처제 반대론자들도 같은 방식이었다. 일부다처제 하의 여성들을 사실상의 노예로서 가장 기본적인 법적 보호도 받지 못한다고 강조했다. 영처럼 다처 가정의 남자들에 대해서는 여성들의 노동에 기댄 나태한 독재자로서, 소유한 흑인 노예의 노동을 착취하며 무위도식하는 남부 노예주와 마찬가지라고 비난했다. 모르몬교도가 지배하는 유타 준주準州에서 여성에게 선거권을 부여하자, 아내들의 투표도 통제하는 다처 가정의 남자들에게 더 많은 권력을 주기 위한 시도로 폄하되었다. 이러한 비난은 민주주의에 반하는 비판이다. 노예제 폐지 이전 헌법은 노예주들에게 추가로 선거권을 부여했었다. 대부분의 공화당 비판자들은 노예제와 일부다처제 모두 법에 의해 규제받지 않는 집중된 권력을 낳음으로써 민주주의를 훼손하고 무력한 여성들에게 피해를 준다고 보았다.[435]

일부다처제를 전국 차원의 법적 판단에 맡기려는 최초의 시도는 실패로 돌아갔다. 1862년 모릴 법Morrill Act은 일부다처제를 금지하고 5년의 법정형을 규정했다.[436] 그러나 여성과 교회관리의 증언 없이는 불법혼인의 입증이 불가능했다. 입증이 가능한 경우에도, 피고인에게는 형사소추를 면할 두 개의 유효한 법적 논증이 있었다. 즉 연방 헌법 제4조 제3항에 따르면 연방의회는 미국의 준주를 위해 "모든 필요한 규칙과 규제"를 제정할 권한을 가진다.[437] 1896년까지 준주로 남아있던 유타에 적용되는 규정이다. 그런데 모릴 법은 연방의회의 권한 영역 밖이므로, "필요한" 규칙에 해당되지 아니한다. 혼인관련법은 언제나 주 및 준주 정부, 의회, 법원이 관할하는 지방법의 영역이었다.[438] 두 번째 논증은 더욱 직접적이다. 수정헌법 제1조는 연방의회에 대하여 "종교의 자유를 금지하는" 법률의 제정을 금지하고 있다.[439] 모릴 법은 상호합의한, 종교적인 동기의 행동을 처벌하기 위한 법이므로, 종교의 자유 조항에 대한 명백한 위반이 된다.

1879년 레이놀즈 대 연방Reynolds v. US 사안에서 피고인의 논증도 마찬가지였다.[440] 조지 레이놀즈George Reynolds는 기소 당시 32세의 남성으로 두 명의 아내를 두고 있었으며, 교회의 지도급 인물은 아니었다. 레이놀즈는 모릴 법으로 유죄판결을 받은 최초의 사례인데, 우연한 결과였다. 레이놀즈의 두 번째 아내가 결혼 사실을 증언했는데, 자신의 증언의 의미를 제대로 이해하지 못했던 것이 분명했다.[441] 연방대법원에서 레이놀즈의 변호인은 수정헌법 제1조와 제4조의 문제를 제기했다. 연방 대 크룩생크US v. Cruikshank(1876) 판결로부터 불과 3년 뒤 레이놀즈의 입장은 희망적으로 보였다. 크룩생크 사안도 역시 주와 연방 권한의 충돌 문제였으며, 많은 정부 관리를 살해한 사건이었고, 두 아내를 가진 무명의 남자보다는 연방권력에 대한 훨씬 더 큰 위협이었지만, 주의 권력이 승소한 경우다. 주의 권한이라는 명분으로 남부 재건 시대를 종식시킨 연방대법원이 또 하나의 전국적인 도덕십자군 문제를 인정할 것 같지는 않아 보였다. 법적 정당성도 약했다.[442]

조지 레이놀즈와 변호인이 그렇게 생각했었다면, 연방대법원의 판결은 유감스럽게도 놀랄 만한 결과였다. 크룩생크 판결문을 썼던 연방대법원장 웨이트Waite가 이번에도 다수의견을 집필했다. 혼인법과 같은 전통적으로 주가 다뤄온 사안에 대한 연방권력의 제한과 관련한 레이놀즈의 논증을 배척했다. 대신 일부일치제의 미덕과 일부다처제의 악덕을 강조하면서 다음과 같이 결론을 내렸다. "일부다처제와 일부일처제에 대한 판단은 사회적 삶에 관한 법률의 문제로서 모든 문명정부 권력의 정당한 범위 내에 있음은 의심의 여지없는 사실이다." "모든 문명정부"에 미국 연방정부도 해당된다. 나아가 판결은 레이놀즈의 종교의 자유 논증을 배척하면서, 수정헌법 제1조는 종교적 신앙을 보호하지만, 종교적 동기의 행동에 대해서는 법적 제재가 가능하다고 보았다. 웨이트 대법원장에 따르면 일부다처제와 같은 극단적인 현실을 정당화하려면 인간의 희생이 뒤따르며, 이는 "종교적 신앙의 교리를 국법보다 우위에 두는 것이며, 모든 시민이 스스로 입법자가 되도록 허용하는 일이 된다. 그런 상황이라면 정부는 유명무실해진다."[443]

물론 종교적 의무의 수행을 처벌하는 법에 대하여, 수정헌법 제1조에 따라 분명히 "종교적 신앙의 교리가 국법보다 우위에 있다"고 주장할 수 있다. 일부다처제는 살인에 비교할 사안도 아니고, 강제의 증거도 없으며, 다른 종교적 의무행위와 중혼을 구별할 명백한 이유도 없다. 레이놀즈 사안이 정부의 존재가 위협에 처할 경우라면, 크룩생크 사안의 경우가 더 위험한 경우라 해야 마땅하다. 사적 폭력으로 합법적 지방정부를 전복하고 정부 관계자들을 살해한 경우이기 때문이다. 상관없었다. 연방대법원의 관점에서 일부다처제는 도덕적으로 심각한 문제다. 도덕적인 정부라면 반드시 바로잡아야 할 잘못이었다. 바로 이것이 문제의 목표였다. 흑인 해방노예의 권리, 그리고 삶을 보호하기 위한 연방 차원의 십자군을 막 종식시켜버리고는, 비용이 싸고 정치적으로는 더 입맛에 맞는 도덕십자군에 나서는 데는 망설임이 없었다.

레이놀즈 판결은 일부다처제에 대적한 움직임을 촉발시켰다. 연방대법원 판결 직후 연방의회는 에드먼즈 법Edmunds Act을 제정하고, "불법 동거unlawful cohabitation"라는 연방범죄를 신설했다. 이는 혼인 여부의 입증과 무관하게 일부다처제를 처벌하려는 수단이다. 새로운 범죄와 전통적인 영미 판례법상의 간통죄와 음란죄를 더해, 연방검사들은 수십 명의 모르몬교회 지도자들과 수백 명의 평신도들을 겨냥했다. 1870년대, 특히 1880년대 2천 명 이상이 기소되었다. 유타 준주의 아동 포함 전체 인구 14만 명에 비하면 많은 숫자였다. 피고인들 중 다수가 처벌을 피해 은신했다. 때로는 성공했고, 때로는 그렇지 못했다. 모르몬교회 12사도 중의 하나였던 루드거 클로슨Rudger Clawson은 에드먼즈 법상 처벌된 최초의 피고인이었다. 때로는 아내들도 형사소추 대상

이었다. 수백 명의 모르몬교도 여성들이 자기 남편과 동침했다는 이유로 음란죄로 기소되었다.[444]

여기서 두 가지 특징에 주목해보기로 한다. 첫째 연방정부와 모르몬교회 사이의 갈등은 전통적으로 주법의 영역인 가족법 문제를 연방정부가 통제할 권한이 있는지의 여부와 관련된다. 일부다처제에 반대하는 도덕적 주장의 강력함과 무관하게 일부다처제의 실제 효과는 그 제도가 시행되고 존중되는 지역에서만 있는 것이지, 타 지역은 무관했다. 주의 권력이 존중되어야 마땅하다면, 일부다처제 사안에서도 존중되어야 한다고 생각할 수 있다. 하지만 저마다 살아가는 방식을 존중하자는 태도는 정치인들과 판사들 사이에서는 받아들여지기 어려웠다. 더글러스의 연방주의가 아니라 링컨의 국가주의가 승리했으며, 같은 이유로 노예제에 관한 논쟁에서도 승리했다. 의원들과 이들을 선출한 유권자들 모두 도덕적으로 잘못된 행동이라고 생각했기 때문이다.

둘째, 이 문화전쟁의 표적에는 법을 준수하는 삶을 살기를 바라는 사람들까지 포함되어 있다. 이는 일부다처제 반대론자들에게 엄청난 이점이었다. 일반 범죄자들은 상대적으로 쉽게 몸을 숨길 수 있게 되었다. 자신들의 삶과 행동이 경찰관이나 검사에게 드러나게 할 만한 구속이 거의 없었다. 자신들의 범행을 은폐하려는 범죄조직에게도 마찬가지였다. 하지만 교회지도자로서 공개적으로 권한을 행사하려면 은신 중에는 목적을 이루기 어려웠다. 농장을 경영하거나 정상적인 직업을 가지기를 원하는 개인도 마찬가지였다. 결국 모르몬교도들은 두 가지가 필요했다. 하나는 평화롭게 종교를 영위할 능력, 또 하나는 주로서의 지위 확보를 통한 일정한 정치적 자율성이 필요했다. 레이놀즈 판결 이후 연방정부는 모르몬교회가 일부다처제를 포기하지 않는 한, 그 두 가지를 언제까지나 배제할 수 있었다. 이로 인해 1890년 모르몬 교회는 일부다처제에 대한 입장을 영구적으로 변경했다.[445] 연방의 십 자군은 잠잠해지고 종교적 평화가 곧 찾아왔다. 몇 년 뒤 유타는 주로 승격되었다.

3. 복권

미국에서 주가 운영하는 복권은 오랜 역사를 가지고 있다. 독립 직후 수년간 일상적이었던 복권은 남부 재건 시대 남부에서 다시 유행했다. 공화당 정부가 교육과 경제개발에 지출할 재원이 필요했기 때문이다.[446] 민주당이 정권을 되찾고 공화당 주 정부 예산을 삭감하면서 남부의 복권법은 신속히 폐지되었다. 루이지애나 주만 예외였다.

루이지애나의 복권은 1868년에 도입되었다. 민간영리기업이 연간 5만 달러를 주 정부에 납부하는 조건으로 복권을 운영했다. 최초 입법 당시부터 뇌물 논란이 있었다.[447] 얼마 지나지 않아 루이지애나 주를 넘어 미국 전역으로 복권표를 판매했다. 루이지애나 주 정부가 재정을 조달하기 위한 수단이라기보다는, 수익의 일부만 주 정부에 남을 뿐, 민간 복권사업자와 전국 고객들의 돈벌이 수단이었다. 다음의 사건을 보면 복권업자들이 수익을 많이 거두었음을 알 수 있다. 1890년 봄 뉴올리언스는 대홍수를 겪었고, 주 의회는 복권법을 심의하기 시작했다.

복권회사 사장 다우핀M. A. Daupin은 뉴올리언스 시장에게 5만 달러, 루이지애나 주지사에게는 10만 달러를 기부했다. 당시로서는 거액이었다. 홍수구호기금에 기부했다고 주장했지만, 많은 사람들은 주 의회가 복권법을 신속히 통과시키도록 뇌물을 공여했다고 보았다. 시장은 기부금을 받았지만, 주지사는 거부했다.[448]

연방의회가 민간복권기업을 불허한 데는 세 가지 이유가 있었다. 모든 도박이 부도덕하다고 보는 사람들의 관점에서는 본질적으로 부도덕한 행위이며, 복권제도의 도입과 성장에는 부패가 뒤따르고, 한 개의 주가 복권을 도입하지 않은 전국에 복권을 퍼뜨리고 있다는 사실이 그것이다. 1890년, 다우핀이 뇌물이나 다를 바 없는 막대한 기부금을 냈고, 모르몬교가 일부다처제에 관한 교리를 바꾼 바로 그 해, 연방의회는 복권을 금지하기 위한 연방법을 제정했다. 즉 복권표의 우편을 통한 운송을 금지했다. 복권회사는 이에 연방 체신청 관할을 벗어나 중남미에서 복권을 인쇄해 우송하는 식으로 대응했다. 그래서 1895년 연방의회는 상이한 법적 장치를 담은 유사한 내용의 법을 제정했다. 이번에는 복권표의 외국 수출과 주간 통상을 금지했다. 이 두 가지의 연방법이 루이지애나의 복권사업과 다우핀의 사업을 파산시켜 버렸다.[449]

중요한 성과는 루이지애나 복권과의 짧은 싸움에서의 승리가 아니었다. 가장 중요한 성과는 바로 미국의 연방주의를 재규정한 연방대법원 판결이었다. 즉 1903년 챔피언 대 아메스Champion v. Ames 판결이 그것이다.[450]

챔피언 사안에서의 핵심 쟁점은 범죄에 대한 연방 권한과 전통적으로 형사사법 체계를 통제해왔던 주와 지방관리의 권한을 어떻게 나눌 것인가의 문제였다. 이 문제에 대한 가장 자연스런 해결책은 범죄 범주별로 구분하는 것이다. 연방세 탈세, 연방재산강탈, 연방관리폭행이나 금제품 수입과 같은 범죄는 당연히 연방범죄에 속한다. 살인, 강간, 강도 등의 범죄는 전통에 따라 주 의회, 지방 경찰과 검사의 관할에 속할 것으로 보인다. 일부다처제, 복권, 성매매와 주류제조와 같은 도덕적 범죄는 주 관할의 범죄에 해당될 것이다. 일부 주에서는 복권을 금지하려 하고, 일부 주는 허용한다. 주간 통상 또는 우편판매 금지를 포함한 연방금지규정은 주 도박사업을 주 정부 재정확보의 무해한 수단으로 여겼던 주민들을 자신들이 동의하지 않는 도덕규범과 법전 아래 살도록 강제할 위험이 있다. 일부 지역의 주민들은 성매매를 근절하기 원하지만, 다른 지역 주민들은 홍등가에서만 영업하도록 제한하는 방식을 선호할 수 있다. 이 경우에도 연방 입법은 관용적인 지역 주민들로 하여금 자신들이 반대하는 법 아래 살도록 강제할 위험이 있다. 이 모두 더글러스 류의 연방주의의 이상적 사례로 보인다. 즉 도덕적 입장 차가 클 경우 지역 주민들로 하여금 자신들의 규율을 선택할 수 있도록 해야 한다는 것이다.

바로 연방대법원장 멜빌 풀러Melville Fuller가 챔피언 판결의 소수의견에서 주장한 바다. 풀러 대법원장에 따르면 "외국과, 그리고 주간 통상" 규제에 관한 연방 권력의 문제가 아니다. 복권표의 운송금지는 일종의 도덕 입법으로서 통상규제가 아니기 때문이다. 연방의회는 복권표의 "통상commerce"을 규제하고자 한 것이 아니라 철폐하려는 의도였다. 풀러가 적절히 지적하듯이, 공적 도덕규제는 연방이 아니라 주 관할의 문제였다.[451] 도덕문제에 대한 불가분의 권한은 연방의회가 아니라 주 의회에 속해야 한다는 것이다.

풀러의 입장은 당대 법률가들의 상식이었을 것이다. 하지만 판결 소수의견이었다. 오히려 대법관 다수는 연방정부가 도덕적 입법 여부와 상관없이 복권표 시장에 한정한 부분만 금지할 수 있다고 보았다. 복권규제법은 연방 헌법상 통상 조항의 범위에 해당하기 때문이다. 이러한 입장이 오늘날까지도 연방 형법의 형태를 규정하고 있다. 현대 연방법은 마치 당시 복권규제법 같은 조항들이 산재해 있다. 즉 성매매 범죄의 의도로 주 경계를 넘는 행위를 범죄화한 만 법Mann Act을 뒤이은 통행법Travel Act은 도박이 불법인 지역에서 도박을 할 의도로 주 경계를 넘는 행위를 금지한다. 중죄 전과자의 무기소지를 금지한 연방법까지(무기를 소지하고 주 경계를 넘는 경우)[452] 모두가 챔피언 사안에서 쟁점이었던 법에 대한 연방 관할 판단을 따르고 있다. 강도죄와 강요행위 관련 처벌 연방법은 해당 범죄가 주간 거래에 상당한 영향을 주었다는 사실의 입증을 요한다. 이는 대개 주 경계를 넘어 물품을 매매했음을 의미한다.[453] 이러한 예에서 볼 수 있듯이 대부분의 연방 형법전은 주 형법전에 규정된 범죄들과 유사한 내용이다. 여기에 더해 범행과정에서 사람 또는 물품이 일부 주 경계를 넘었을 것을 요건으로 덧붙인다. 범죄 유형에 따라 일부는 연방 형법에, 일부는 주 형법에 배정하지 아니한 앞서 예를 든 유형의 금지규정은 관할권 중첩 문제를 낳았다.[454] 주와 주 관할 지방정부는 해당 범죄에 대한 일차적 형사처벌의 권한을 보유하고 있었다. 하지만 연방정부도 관련 문제에 대한 상당한 권력을 누리고 있었다.

이전 세대의 정치학자들은 이런 구조를 가리켜 "레이어 케이크 연방주의"와 대조되는 "마블 케이크 연방주의"라 칭했다.[455] 레이어 케이크가 마치 층층 구분되는 것처럼 정부의 각 단위마다 구별된 권한이 주어지지 않고, 마블 케이크처럼 층별 구분이 없고 구성 성분이 뒤섞여 있으면 어디서 권한이 끝나고 어디서부터 다른 권한의 영역인지 알기 어렵게 된다. 챔피언 대 아메스 판결 때문에 미국 형법의 연방주의는 마블 케이크 같은 특성을 갖게 되었다. 이는 연방 형사사법을 규정하는 특성 —연방형사소추 건수는 상대적으로 적다— 과 결합하여, 결과적으로 연방 형법 집행 기관은 할 수 있는 일은 많지만 해야 하는 일은 매우 적게 되었다. 지방경찰과 지방검사는 여전히 해당 관할의 도덕 관련법 집행의 일차적 책임자였지만, 연방요원과 연방검사는 정치적으로 매력 있는 사안들만 선별해서 다룰 자유가 있었다.

이처럼 이상한 권력분립이 이루어진 이유가 무엇일까? 챔피언 판결에서 풀러의 의견에 등장하는 논리적인 이유도, 헌법 설계상의 이유도 아니다. 그보다는 할란 대법관의 다수의견에 답이 나온다. 복권표의 주간 이송을 금지하는 연방법은 레이놀즈 판례에서 일부다처제를 금지한 연방법과 동일한 이유로 정당화된다. 즉 대법원의 관점에서 해당 행태는 명백히 잘못된 행위이기 때문이다.[456] 할란 대법관은 복권을 "역병"이라 지칭하면서, 정부는 그로부터 일반시민을 보호해야 한다고 주장했다. 입법의 필요성은 통상이 아닌 도덕에 뿌리를 두고 있었으며, 따라서 연방권력의 행사에 충분한 정당성을 부여했다. 1870년대와 1880년대 모르몬교도들은 유권자와 법원 모두 도덕십자군의 대열에 설 때 연방권력에 대한 법적, 정치적 한계는 아무런 구실을 하지 못한다는 사실을 깨달았다. 같은 시기 남부 흑인들은 법원이 도덕십자군은 끝났다고 결단할 때 법적, 정치적 한계가 더 큰 의미를 갖는다는 사실을 알게 된다.

4. 돈벌이와 쾌락을 위한 성관계

일부다처제와 루이지애나 복권에 맞선 전투는 연방정부의 싸움이었다. 이들 전투의 핵심은 각각 주와 준주에 의한 결정을 번복하거나 무효화하는데 있었다. 성매매에 맞선 전투는 그렇지 않았다. 지방에서부터 시작되어 주권의 사다리를 올라갔다. 성매매와의 전투는 정부가 지원하는 기관이 아닌 범죄조직과의 싸움이었다.

19세기 말 이전까지 이 전투는 일방적인 싸움이었다. 대부분 그 이유는 성매매 산업이 널리 관용되고 있었기 때문이었다. 법률이 이유가 아니었다. 보통법 형법은 성매매업소 운영과 "질서 위반행위disorderly conduct"를 금지했다. 질서 위반행위는 모든 형태의 성매매를 포괄하기에 충분히 넓은 개념이었다. 그래도 경찰 단속은 드문 일이었다. 경찰관들도 성매매업소의 돈을 받는 경우가 종종 있었기 때문이다.[457]

19세기 말에 이르러 불법지역을 일소하려는 도시개혁의 물결 속에서 법집행은 점점 엄격해졌다. 하지만 대체로 지방에서의 도덕십자군은 일시적이었다. 성매매에 대한 수요가 상당했기 때문에 수요를 충족시킬 일정한 방법들은 존속했다.[458] 얼마 지나지 않아 더욱 전형적인 균형상태가 회복되었다. 시카고에서는 "벌거벗은 여자들이 창문 밖으로 드러나 보이는" 길거리 유인행위만 대상으로 하는 낮은 수준의 법집행과 함께, 음성적 형태로 이루어지는 성매매 산업에 대해서는 묵인했다. 때로는 징세를 통한 더욱 관용적인 균형상태도 있었다. 미네소타 세인트폴에서는 대규모 성매매업소들이 매년 수천 달러의 지방세를 납부했다. 서부 일부 지역에서는 성매매업소에서 납부한 세금으로 공립학교와 지방정부 서비스 재정에 충당했다. 다른 지역에서는 공무원과의 결탁이 일상적이었다. 19세기 말 애틀랜타의 경찰위원은 여러 성매매업소를 소유하고 있었다.[459]

세상에서 가장 오래된 직업을 수용하는 가장 일반적인 방식은 도시 일부 구역을 지정하여 성매매를 지정장소로 제한하는 것이다. 구역 내에서 성매매 사업은 비교적 자유롭게 허용하지만, 그 외의 구역에서는 경찰의 단속과 형사처벌의 대상이 된다. 뉴올리언스가 가장 잘 알려진 예다. 1897년 지역 기업인 시드니 스토리Sidney Story는 도시 내 일정구역에서의 성매매를 제안했다. 이 구역은 곧 스토리빌Stroyville로 불리게 된다. 인구 30만 명에도 미치지 못하는 도시에서 스토리빌 내에 750명의 성매매 여성이 일했다(맨해튼의 경우 성매매 여성의 수는 1만 명에 달했다). 전성기 스토리빌 성매매업소들은 매달 100만 달러의 수익을 올렸고, 인근 지역은 악덕의 소굴이기도 했지만, 재즈와 랙타임의 성지이기도 했다. 젤리 모튼(역주: Jelly Roll Morton. (1890~1941) 미국 랙타임과 재즈 장르의 선구자. 재즈 피아노 연주와 작곡자로서 유명했으며 뉴올리언스를 주무대로 활동했다. 그가 1915년 작곡한 "Jelly Roll Blues"는 최초로 출판된 재즈곡이다)도 스토리빌에서 피아노를 연주했었다. 스토리빌은 미국이 제1차 세계대전에 참전하면서 폐쇄되었다. 당시 뉴올리언스는 파병군인들의 출항지였는데, 많은 군인들이 성매매 여성들 때문에 성병에 감염되었다.[460]

성매매 산업을 홍등가로 제한하고, 길거리 유인행위에 한정해 단속하며, 성매매업소를 도시 재정 수입원과 관리들의 축재수단으로 삼는 방식이 도시지역의 성매매를 규율하는 주된 형태였다. 하지만 다른 방식도 있었다. 개혁가들은 여전히 성매매 산업을 철폐하려고 노력했다. 1890년대 중반 뉴욕 시 경찰위원장 시어도어 루스벨트Theodore Roosevelt는 도시의 불법시장을 척결하고, 이어서 스페인−미국 전쟁에서 전공을 세워 대통령 자리에까지 올랐다. 하지만 루스벨트와 그의 지지자들은 자신들이 척결하고자 했던 성매매에 대한 대중의 수요라는 장애물에 직면했다. 때때로 도시개혁가들이 활용했던 법률은 본래 목표를 손상시키기도 한다.

바로 뉴욕에서 루스벨트의 법집행 우선 순위였던 문제와 관련되어 일어난 일이었다. 주일 휴무법Sunday closing law에 따르면 기독교 안식일인 일요일에는 술집과 호텔의 영업이 금지된다. 즉 주 의회는 10개 이상의 객실을 보유한 호텔을 제외한 숙박업소와 술집은 일요일 휴무하도록 법을 제정하였다. 예외가 적용된 호텔에 한해 숙박객에게 식사와 함께 제공되는 술 판매가 허용되었다. 그러자 술집들은 재빨리 소규모 호텔로 전환해 객실과 식사를 제공하면서 "숙박객"에게 술을 여전히 판매했다. 곧 이들 "호텔"들에는 성매매 여성들이 자리 잡고 영업을 했다.461 사실상 원스톱 서비스였다. 이처럼 의도하지 않은 결과는 부도덕을 형사처벌로 규율할 때 일반적으로 나타나는 문제였다. 성매매나 술 판매는 합의된 거래행위다. 피해자는 없다. 단지 경찰의 단속을 피하는데 관심이 있을 뿐이다. 문제된 시장은 많은 사람들의 수요가 있기 때문에 유지된다. 단속과 처벌을 해도 기껏해야 일시적인 효과만 거둘 수 있을 뿐이다. 관련 범죄의 입증도 "함정수사"나 전략적인 처벌규정 없이는 어려운 경우가 많다.

성매매에 맞선 사실상의 도덕십자군은 연방의회가 이를 수용해 상이한 형태를 부여하지 않았다면 지속되었을 수 있었다. 성매매 목적의 여성 인신매매를 금지하는 국제조약에 따라 시카고 출신 연방 하원의원 제임스 만James Robert Mann은 자신의 이름을 딴 법안을 제출했다. 이 법은 당시 백인 노예매매법White Slave Traffic Act으로 더 잘 알려져 있었다.462 (일부다처제와의 전투에서처럼, 성매매에 맞선 도덕십자군은 백인 여성의 노예화에 대한 논란이 많았다.) 만 법Mann Act이 제시한 목적은 성매매 강요를 위해 여성을 국외 또는 주간 매매한 경우를 처벌하기 위함이다. 하지만 동법의 실제 문언은 더 나아가 "고의로 여성 또는 여자 청소년을 성매매 또는 유흥이나 기타 비도덕적 목적으로 주간 또는 외국에 고의로 이송하거나 이송토록 하는 행위"를 처벌하고 있다.463 이 조항은 실제로 광범위하게 적용되었다. 부부처럼 지내며 일자리를 찾아 펜실베이니아에서 앨라배마까지 여행한 약혼상태의 남녀까지 유죄판결을 받았다. 뉴저지에서는 동거 중 남녀가 마이애미에서 열흘간 휴가를 보냈다는 이유로 유죄판결을 받았다.[464] 최초의 흑인 헤비급 권투 챔피언 잭 존슨은 훗날 부인이 될 백인 여자친구와 함께 여행하고 동침했다는 이유로 기소될 뻔했다.[465]

1917년 카미네티 대 연방Caminetti v. US 판결에서 연방대법원은 만법에 따라 무해한 사실마저도 유죄판결을 내린 경우들을 지지했다. 카미네티는 기차를 타고 자신의 정부와 함께 캘리포니아 새크라멘토에서 네바다 리노까지 여행했다는 이유로 유죄판결을 받았다.[466] 챔피언 대 아메스 판례에서처럼 피고인은 자신의 행동이 일반적인 "통상" 개념과 무관하다고 설득력 있게 항변했다. 피고인과 그의 정부이지 포주도 아니고, 금전적 이이을 구하는 관계가 아니기 때문이다. 결과적으로 "비도덕적 목적"은 성매매, 성매매의 강요와 연관된 비도덕성과는 다른 내용이었다. 레이놀즈 대 연방 판례에서처럼 카미네티는 연방 헌법이 공적 도덕의 규제는 주와 지방정부의 권한으로 규정하였음을 주장했다.

카미네티의 주장은 레이놀즈나 챔피언 판례보다 강력했다. 레이놀즈 판결에서 연방대법원은 연방 관할에 대한 연방정부의 광범위한 권한을 근거로 삼을 수 있었다. 하지만 카미네티 사안에서는 그렇지 못했다. 챔피언 사안에서 문제된 복권법은 복권표의 운송을 금지했다. 이는 통상 거래의 범주에 해당되는 것으로 보였다. 하지만 카미네티 사안에서 관련 거래는 순전히 성 문제였다. 그런데도 결과는 레이놀즈나 챔피언 판결과 동일했다. 연방의회가 형사실정법의 범위를 외국 및 주간 통상에 한정한 요건은 형식적이었을 뿐 실제와는 달랐다. 사물이나 사람이나 주 경계 또는 국경을 넘을 경우, 연방권력의 범죄처벌 권한은 본질상 자동적이었다. 주 경계나 국경을 통과하는 일과 형사실정법의 금지대상인 부도덕행위 사이의 관계는 전적으로 자의적이었다. 카미네티는 언제든지 성매매를 위해 샌프란시스코로 여행할 수도 있었다. 앞서 사례에서의 약혼한 남녀는 일자리를 찾아 필라델피아에서 피츠버그(역주: 필라델피아와 피츠버그는 펜실베이니아 주의 도시들이므로 주 경계를 넘지 않게 된다)로 갔었다면 처벌을 받지 않았을 것이다.

그렇다면 챔피언 사안의 경우도 마찬가지다. 또 다른 중요한 관점에서 카미네티 사안도 그렇다. 실정법 해석과 관련한 문제로서 법원이 법률 문언을 좁게 또는 넓게 해석할 것인지를 판단하는 종종 이해하기 어려운 법원칙에 따르면 "기타 비도덕적 목적"은 해당 법률의 주요 목적에 비추어 해석되어야 한다. 만 법의 주요 목적은 성매매 강요의 금지였다. 5대 3인 카미네티 판결의 소수의견에 따르면 최소한 검사는 피고인이 단순히 성관계 목적이 아니라 금전적 이득의 목적으로 행위했음을 입증해야 한다.[467] 해당 법률의 제정과정을 보면 이 주장이 사실이다. 다만 법률 문언 자체는 소수의견의 입장을 지지해주지 않는다. 이 사안이 제기하는 문제의 핵심은 법률의 목적이 적절한 형사사법 정책과 함께 법 문언보다 우위에 서야 할지에 있다.

오늘날이라면 답은 분명히 부정적이다. 실정법의 목적이 법문을 구속하지 아니한다. 한 세기 전만 해도 분명히 그렇지는 않았었다. 미국 형법전은 다른 입법에 비해 덜 실정법화되어 있다. 형사실정법은 보통법상의 관련 범죄행동 유형에 대한 규정을 그대로 뒤따랐다. 즉 개념과 규정의 발전을 법원에 맡겨두고 있었다. 형사실정법에는 범죄 의도에 관한 규정이 없었지만, 법원은 실정법 상의 문언이 전제하지 않은 사안에도 적용되는 범죄 의도에 대한 기준을 발전시켰다. 강요된 행위, 책임 무능력, 유인행위, 정당방위와 같은 정당화 사유도 마찬가지다. 모두 제정법이 아닌 판례법에 의해 형성되었다. 만 법과 같이 광의의 개념을 사용한 형사실정법을 문언 그대로 해석하는 일은 미국 역사에서 낯선 일이다.

카미네티 판결은 상황의 변화에 기여했다. 단번에 이루어지지는 않았다. 연방 판례와 특히 주 판례에서 모두 보통법의 발전이 계속되었다. 실정법 문언에 구속되는 해석 경향은 문언 자체가 이상하고도 가혹한 결과를 가져오는 경우를 막론하고 연방 형법으로부터 주 형법까지 20세기 내내 점차 강화되어 갔다. 카미네티 판결은 이후 전개될 일들의 선구가 되었다.

이러한 경향은 미국 형법에 큰 영향을 미쳤다. 다른 분야의 입법은 거래와 타협의 결과였다. 형사제재의 초안과 입법에서는 거래가 무시되는 경우가 대부분이고, 타협의 필요성은 드물었다. 법집행기관들의 로비를 제외하면, 조직적이고 기금을 충분히 갖춘 이익집단이 형사 입법에 이해관계를 갖는 일은 드물었기 때문이다. 형사 피고인의 이해는 입법과정에서는 거의 언제나 관심을 끌지 못했다. 따라서 입법자들은 자신들이 초안한 형사제재의 결과에 대해 주의 깊게 살필 아무런 이유가 없었던 것이다. 이로 인해 형사 입법은 널리 알려진 마약 관련 입법에서 보듯이 거래라기보다는 입찰 전쟁처럼 되어버렸다. 1986년 연방의회는 크랙 코카인 1g 이상의 소지죄에 대하여 코카인 파우더 100g의 소지와 동일한 법정형을 규정한 법을 제정하였다. 법안 심의 과정에서 처음에는 무게당 형량비율을 20대 1이 제안되었고, 50대 1을 제안한 의원도 있었다. 최종적으로 가장 높은 100대 1 제안이 확정되었다.[468] 크랙 코카인 관련 입법은 정치적 타협이 아닌 경매나 다름없는 결과였다.

이 같은 체계에서 만 법과 같은 경우는 당연했다. 법관 법은 다르다. 판사들은 양측으로부터 논증을 듣고, 구체적 사안의 배경 속에서 판례법을 만들어간다. 구체적 사안에서 법 규칙은 입법 단계에서의 추상성보다 상징 이상의 더 명확한 결론에 이른다. 카미네티 판결은 보통법상 범죄 규정 전통의 장기적 쇠퇴의 시작이었다. 같은 이유로 만 법과 같은 형사제재의 등장을 알린 판결이기도 하다. 법률은 의회가 정당화할 수 있는 목적 이상으로 더 넓은 범위의 행동을 범죄화하고, 더 많은 사람에 대한 처벌의 근거를 인정하게 되었다. 성매매 강요를 금지하기 위한 법률은 혼외 성관계를 금지하는 법률로 바뀌었다. 훗날 마약제조와 판매를 금지하기 위한 법률이 점차 마약사용과 소지를 금지하는 법률로 변화한 경우와 유사하다.

5. 불법 마약

20세기 초기 주요 마약전쟁은 20세기 후반 법체계가 그렇게 몰두하던 불법 마약이 아니라 음주와 관련된다. 하지만 20세기 초반 미국은 나름대로 상당수 마약 종류와 전투를 벌였고, 이 전투들이 오래도록 법적인 영향을 미쳤다. 오늘날 마약 관련법의 대부분 특징은 아편, 코카인 류에 맞선 초기 마약과의 전쟁 시기 법적 판단들에서 유래한다.

초기 마약과의 전쟁을 규정한 입법은 해리슨 법Harrison Act으로 1914년 제정되었다. 동법은 형사제재의 대부분이 그렇듯 부분적으로 국내 정치의 일부였다. 서부 해안지역 유권자들의 경우 중국인 구역 내 아편굴에 대한 우려가 점점 커졌다. 젊은 백인 여성들이 마약의 노예가 되어가자 이에 대한 정치적 논란이 상당했기 때문이다.[469] (세기 전환기 문화전쟁의 수사적 주제가 바로 여성노예였다.) 같은 시기 남부 백인들은 남부 흑인들에게 확산되는 코카인을 두려워했다. 마약에 취한 흑인들이 복종을 거부하면 공들여 구축한 남부 흑인 차별체계가 위험에 처하게 될 것이라 여겼기 때문이었다.[470] 아편굴은 실제로도 상당한 위협이었다. 흑인들 사이에 확산된 코카인 사용은 실제라기보다는 만들어진 이야기였다. 사실 여부와 상관없이 이 두 현상은 연방 마약법의 제정을 정치적으로 가능케 했다.

동법의 제정에는 국제 정치도 역할을 했다. 미국–스페인 전쟁 직전, 미국 군대는 필리핀을 점령했다. 당시 필리핀에서 번성하던 아편시장은 이제 미국의 책임이 되었다. 따라서 미국은 아편 류의 무역을 아시아와 서유럽 지역으로 제한하기 위해서 국제 협상을 벌이게 되었다.[471] 이 협상은 다시 서유럽 정부들이 관련 마약법을 제정하도록 하는 압력이 되었다.

다른 나라들에서는 전국적인 마약금지법의 제정이 간단한 문제였다. 관련 마약의 제조 및 판매를 연방 차원에서 직접 금지하는 조치가 위헌인 미국과는 사정이 달랐다. 마약거래의 절대 다수는 단일 국가 내에서 이루어진다. 주간 통상 규제에 관한 연방권력은 헤로인이나 코카인 같은 위험물품인 경우라 할지라도 주간 제조 및 판매규제에까지 확장될 수는 없다.[472] 모르몬교의 일부다처제와의 싸움은 유용한 모델이 아니었다. 유타 준주의 법을 대신해 연방의회가 선호하는 내용의 가족 관계 관련법으로 대체하는 것이 십여 곳의 주법에 따라 혼인법을 다시 제정하는 것보다 쉬웠다. 연방 복권규제법도 마약관계법에는 유용한 모델이 되지 못한다. 복권표의 우편이나 철도운송이 금지된다면 루이지애나 복권사업은 운영될 수 없다. 더 다양한 수단을 통해 주 경계와 국경을 넘는 마약의 경우는 적발이 어렵기 때문에, 주간 운송의 금지는 성과가 미미하다. 성매매 여성들은 대개 자기 지역에서 영업을 하고, 주 경계를 넘나드는 경우는 드물다. 결과적으로 만 법은 성매매와 관련한 극히 일부만 규제할 수 있을 뿐이었기 때문에 연방마약법의 유용한 선례가 되지 못했다. 다른 규제 방식이 필요했다.

따라서 연방의회는 징세권을 활용하게 되었다. 해리슨 법 제1조는 관련 마약류를 판매 또는 보급하는 모든 자는 "해당 지역 국세 징수담당관에게 등록하여야" 하며, 등록사업자는 매년 1달러의 세금을 납부하여야 한다고 규정했다. 제2조는 해리슨 법의 핵심 조항이다. 특정 정부 관리를 제외하고는 의사만이 "전문적 의료시술로서" 마약류를 처방할 수 있고, 약사는 처방에 따라서만 마약류를 판매할 수 있다고 규정하였다.[473] 다시 말해서 동법 제1조에 따르면 모든 판매자는 정부에 등록하고 일정한 세금을 납부해야 하며, 제2조는 합법적 판매자를 극히 제한하였다. 세금은 무화과나뭇잎 가리개나 마찬가지였다. 재정 확보보다는 마약류 거래자, 특정 약품 판매자, 그리고 대부분의 약사의 아편과 코카인 판매를 금지하고, 의사로 하여금 의료적 목적 외에는 처방하지 못하도록 금지하는 법안의 구실로 삼기 위함이었다. 연방대법원은 5대 4 표결로 이 같은 법적 책략이 합헌임을 선언하였다. 조세법률은 "입법의 동기로 인해 무효화될 수 없다"는 것이다.[474] 실체가 아닌 형식이 통제의 역할을 하는 것이다.

해리슨 법에 관해서는 좀 더 광범한 두 번의 법적 도전이 있었다. 1922년 연방 대 벌린트US v. Balint 사안의 피고인은 자신이 판매한 약품의 특성을 알지 못했기 때문에 해리슨 법 위반에 해당되지 아니한다고 주장했다.[475] 1922년 연방 대 베어만US v. Behrman 사안의 피고인은 의사로서 마약류를 처방해준 환자가 중독자인 사실을 알지 못했다고 주장했다.[476] 해리슨 법은 의사가 의학적 진료과정에서 처방한 경우에 대해서는 형사처벌을 부과하지 아니한다. 베어만에 따르면 바로 이 조항에 해당한다.

벌린트와 베어만의 주장은 법적으로 상당한 타당성이 인정된다. 벌린트 판결에서 연방대법원장 태프트Taft는 다음과 같이 지적했다. "보통법의 일반원칙에 따르면 범행의 의도는 모든 범죄 입증과 기소에 있어서 필요 요건이다." 태프트 대법원장은 벌린트에게 그 같은 의도가 존재하지 않는다고 인정했다.[477] 베어만 판결에서 올리버 홈즈 대법관의 소수의견에 따르면 베어만의 유죄를 인정한다면 "사전경고 없이 범죄화하는 방향으로 실정법을 해석"한 것이다.[478] 공정한 사전경고의 부재야말로 두 법적 판결의 핵심 문제다. 자유사회의 주요 조건은 누구나 사회의 법을 준수하는 한 당국의 제재를 피하고 구금의 처벌을 받지 않을 수 있는 보장에 있다. 벌린트와 베어만은 선의의 과실로 인해 구금형의 대상이 되었다. 이는 법을 준수하려고 노력해도 중한 형벌을 받을 수 있다는 의미다. 이런 경우를 공정한 형사사법 체계로 보기는 어렵다.

그렇다면 왜 벌린트와 베어만은 패소했는가? 그 답은 일부다처제와 복권 사안의 경우와 같다. 공공의 필요성 때문이다. 벌린트 판결에서 유책적 의도의 입증 요건을 인정하면서, 태프트 대법원장은 그 적용이 공적 필요성에 반할 경우 해당요건의 적용은 배제될 수 있다고 보았다.

보통법의 일반원칙에 따르면 [범죄 의도]는 모든 범죄 입증과 기소에 필요 요건이다… 다만 해당 실정법상 목적의 실현이 그러한 요건에 의해 저해될 경우에는 해당 요건의 적용은 변경될 수 있다.[479]

이처럼 목적의 실현이 우선하는 경우는 "실정법의 목적이 [관련된] 범죄의 치벌보다는 일정한 사회적 개선social betterment의 실현에 있음이 명백한 경우"를 말한다.[480] 아이러니하게도 정부가 도덕적으로 해로운 행동을 처벌하고자 할 때는 피고인이 의도적으로 행위했음을 반드시 입증해야 하는데, 도덕적으로 중립적인 ―해리슨 법 이전까지 아

편과 코카인의 판매는 합법적이고 일상적이었다— 행동을 처벌할 때
는 사회적 필요성을 근거로 의도의 입증이 불필요하다는 것이다. 형사
실정법의 목적이 "사회적 개선"에 있을 경우에는 피고인은 선의의 과
실로도 범죄에 해당할 수 있게 되는 것이다. 연방대법원에 따르면 사
회적 개선이라는 목적으로 과실 피고인의 유죄와 처벌이 정당화될 수
있다는 것이다. 연방대법원의 판결에 따르면 해리슨 법은 일반적인 형
법이 아니라 일종의 공중보건 관련 규제법으로서 형사처벌에 대한 제
한원리가 적용되지 않는다는 것이다. 적용 가능한 유일한 한계라면 법
적용에 있어서 정부 부담의 여부다.

관련 행동의 처벌에 있어서 정부의 부담, 즉 법적 용어로는 공적 필
요성public necessity이라는 요건이 중요하므로, 이를 위한 모든 법적 조
치들은 허용 가능해진다. 이는 금주법 이전 시기 악덕 규제를 위한 연
방법을 규정하는 원리였다. 필요성이라는 문언은 불투명의 문제를 낳
았다. 연방 형법은 점점 더 낚시질처럼 변해갔다. 연방권력을 일부 제
약을 회피하는데 활용하고, 관련 실정법의 실제 대상에 대한 처벌을
용이하게 하기 위해 일정 피고인들을 처벌하는 것이다. 운송 규제는
루이지애나 복권사업을 폐쇄하기 위해 사용되었다. 만 법은 비도덕적
성관계를 형사처벌하기 위한 수단으로 주간 여행규제에 관한 연방권
력을 이용했다. 그리고 만 법의 실제 목적인 강요된 성매매 처벌을 대
신하여 부도덕한 성관계를 처벌했다. 연방의회는 일부다처제 기소가
어려워지자, 에드먼즈 법을 제정해 혼인 여부 입증의 부담 없이 중혼

을 처벌하기 위한 수단으로서 불법적 동거를 처벌했다. 가장 명백한 속임수로는 해리슨 법이 연방징세권을 규제 마약류 판매금지법 제정에 사용한 경우다. 동법 역시 유책적 의도입증 없이도 연방의회나 법원의 관점에서 의학적 필요성의 범위를 벗어난 경우라면 선의의 과실도 범죄화한다.[481]

복권법이나 해리슨 법의 경우처럼 연방권력의 활용 덕분에 마약, 도박, 그리고 부도덕한 성관계처럼 전통적으로 지방 관할이었던 문제 모두가 연방 권한의 대상이 되었으며, 이는 루스벨트의 뉴딜 정책이 연방정부에 더 큰 권력을 부여하기 훨씬 이전부터 확고히 자리를 잡았다. 관련 범죄의 규정에서 연방권력의 활용은 더 중요한 의미가 있다. 즉 에드먼즈 법, 만 법, 해리슨 법 모두 연방의회가 대상으로 설정한 행동 이상으로 형사책임을 확장한 연방법이다. 이로써 대상 행태의 처벌이 더 용이해졌다. 입증이 곤란한 범죄라도 문제가 되지 않았다. 단지 입증이 용이하도록 범죄 규정을 개정하면 되었기 때문이다. 일부 사법체계의 대상이 되기에 부적절한 피고인이 생기더라도 효과적인 법적 규제를 위한 대가로 보았다. 미국에서 악덕과의 오랜 싸움 중에 법적인 미덕legal virtue은 거의 찾아볼 수 없었다.

6. 금주법

금주법Prohibition은 미국 형사사법 역사상 대재앙으로 이름 높다. 허버트 후버의 유명한 말처럼 "고상한 실험noble experiment"[482]은 참담하게 실패했다. 비유적으로 일종의 마약과의 전쟁이었지만, 국가가 패배했을 뿐만 아니라 항복까지 한 경우이다. 이야기는 뻔하다. 말은 쉽게 하는 뭐든 할 수 있다고 생각하는 자들과 연방관리들(이지 아인스타인Izzy Einstein과 모 스미스Moe Smith가 당시 가장 유명한 자들이었다), 엘리엇 네스Eliot Ness와 그의 (브라이언 드 팔마Brian De Palma 감독의 영화 덕분에 유명해진) "언터처블untouchable", 알 카포네Al Capone와 성 발렌타인데이 학살St. Valentine's Day Massacre, 마피아 형태의 조직범죄, 법질서에 대한 경시와 계속 증가하는 폭력범죄가 그것이다. 이들이 바로 금주법의 소산이며, 범죄와 법제도에 대한 불신이라는 유산이 몇 세대에 걸쳐 미국 정부에 해를 끼쳤다.

이 뻔한 이야기들의 상당 부분은 사실과 다르다. 금주법은 일반적 법률에 비해 성공적이었다. 1920년대 초반 주류 소비는 급감했고, 십여 년 뒤부터 1930년대 초반에는 다시 증가했지만, 금주법 철폐 이후에도 금주법 시행 이전보다 소비량이 적은 수준이었다. 사회복지사들에 따르면 가정폭력과 학대는 급감했고, 공중보건에서도 실질적인 개선효과가 나타났다.[483] 공장노동자들이 주급으로 술을 마시고 가족들을 굶기는 일도 이전보다 줄어들었다. 동네주점도 줄어들었고, 술값도 급등했기 때문이었다. 금주법 시행 이전에는 맥주, 진, 위스키 한 잔의 가격이 각각 10센트, 95센트, 1달러 60센트였다. 금주법 시행 이후에는 각각 80센트, 5달러 90센트, 4달러로 상승했다.[484] 소비 감소는 당연했다.

금주법이 촉발한 폭력범죄 증가의 주된 증거는 1920년대와 1930년대 초반 살인범죄율의 증가다. 하지만 그 일부 원인은 자동차 사용의 증가다. 자동차사고 치사죄가 별도의 법적 범주로 통계상 분리되면서, 오늘날의 살인범죄율과 동일한 의미에서의 살인범죄율은 이전 수준으로 돌아갔으며, 이후 감소하였다. 금주법이 폭력범죄의 일정 증가와 연관될 가능성은 있지만, 증가율은 상식적인 수준에 비해 낮은 수준이었다. 그리고 여성과 아동에 대한 폭력은 증가가 아니라 감소했다.[485]

법질서를 경시하는 정도의 증가 현상은 다수의 증언에 따르면 실제였다. 다만 여기에는 다른 측면도 있었다. 과거와 현재 미국 역사상 여타 악덕과의 전쟁들보다 금주법의 법적 설계와 집행은 법의 지배를 존중했다. 그 집행상의 편향성에 대한 정당한 비판들도 있지만, 금주법은 주류 관련 형법이 특히 연방정부에 의해 엄중하게 집행되어야 한다는 점을 강조했다. 이로 인해 미국 역사에서 가장 많은 교도소 수형자 수를 결과했다. 1920년대 중반 연방검찰은 매년 수백 건의 만 법 사건과, 같은 건수의 규제 범죄(주간 통상법, 식품마약법, 기타 유사 법률 위반)를 기소하였다. 연방검찰은 매년 금주법 위반 사건을 40,000건 내지 56,000건을 기소했으며, 1932년에는 66,000건으로 늘어났다. 이는 연방 형사사건의 약 3분의 2에 해당하며, 미국 인구가 3배 증가했고, 연방 형사 사안에서 마약범죄가 차지하는 비중이 오늘날보다 큰 데도 불구하고 절대적으로 가장 많은 건수다.[486]

연방법에는 전통적으로 지역 사안인 문제에 대한 연방 권한을 창설하기 위한 법 규칙이 없다. 아편 판매에 대해 연간 1달러의 세금을 징수하는 해리슨 법도 마찬가지다. 수정헌법은 명시적으로 주류판매에 대한 권한을 주와 연방정부 모두에게 부여하였다. 이에 관한 핵심 연방법인 폴스테드 법Volstead Act은 에드먼즈 법이 불법 동거범죄 조항을 전략적으로 만들어 중혼에 대한 입증을 대신하는 방식을 따르지 아니하였다. 금주법은 어리석다 할 수 있을 정도로 투명하여서, 과거 악덕을 규제하는 연방법의 특징들과 거리가 멀었다.

금주법 실험의 법적 근거부터 살펴보기로 한다. 수정헌법 제18조는 "주류의 제조, 판매, 또는 국내 이송, 국외 수입 또는 수출"을 금지하였다.[487] 빠진 부분을 찾아보자면, 바로 주류의 소지와 소비다. 즉 제조, 판매와 거래만이 금지된 것이다. 음료 목적 이외의 주류의 사용을 규율하는 조항을 제외하면, 폴스테드 법에서도 마찬가지다. 연방대법원은 만장일치로 불법적 구매 혐의와 관련된 극소수 사안에서 판결한 바와 같다.[488] 폴스테드 법은 개인 가정에서의 주류 소지와 음용 및 손님에 대한 제공을 적용범위에서 명시적으로 배제하였다. 또 하나의 관련 조항은 별 의미가 없다. 의사는 알콜 중독자 치료목적의 주류 처방이 명시적으로 허용되었다.[489]

오늘날 대마초, 코카인, 헤로인이나 통제약물에 해당하는 수많은 약품의 단순소지는 구금형의 대상이 될 수 있으며, 개인 가정에서의 사용이나 손님에게 대접하는 경우도 예외 없다. 1920년대 연방 마약법은 중독자에 대한 마약처방을 금지했다.[490] 오늘날의 마약법은 더 광범위하게 대다수 암 치료 중에 발생하는 구토 증세를 멈추게 하기 위한 대마초 처방마저도 금지한다.[491] 이 모든 점을 고려해보면, 주류를 금지한 연방법과 대다수 주법이 훨씬 관용적이다.

당시 법적 용어로 표현한다면, 폴스테드 법은 중요한 의미에서 "철저한 금주bone dry" 입장이었지만, 다른 의미로는 그렇지 않다. 동법은 맥주와 와인을 포함한 주류의 판매를 금지했는데, 주류가 50% 이상 포함된 모든 물품과, 소량 포함된 일반 맥주에 적용되었다.[492] 반면 동법은 단순 소지, 구매, 가정 내 음용, 의학적 사용, 종교예식에서의 사용은 예외로 하였다. 이처럼 금주법은 만 법이나 현대 마약법보다도 개인의 사생활을 더 존중하였다. 주류 판매와 구입을 금지하는 모든 법률들처럼, 금주법은 경찰의 압수 수색을 통해서만 집행 가능했다. 그런데도 현대 마약사건의 경우에 비해 침해 수단은 훨씬 제한적이었다. 폴스테드 법이 가정 내 음용은 예외로 하고, 의학적 치료의 경우도 폭넓게 예외를 인정했기 때문이다. 이를 통해 의사–환자 간의 관계의 대부분을 국가 통제로부터 벗어나게 했었다.

80년이 지난 지금 확신할 수는 없지만, 이러한 원리는 큰 정치적 효과를 가져 왔을 것이다. 중독자나 가끔 음주하는 사람들이, 오늘날 마약문제에서처럼 범죄자로 바뀌지는 않는다. 형사처벌의 위협 없이 중독자들에게 의학적 치료를 추구할 수도 있을 것이다. 누구든지 가끔씩 술을 마신다 해도 무법자가 되어 정당한 공적 논의 범위를 벗어나지는 않을 것이다. 우리 시대 마약정책에 대한 논쟁보다 훨씬 자유롭고 공개적인 공적 논의를 가능하게 한다. 지난 세대 마약의 합법화를 주장한 최고의 관리는 볼티모어의 커트 슈모크Kurt Schmoke 시장이었다.[493] 1920년대 전국적으로 유명한 정치인이었던 뉴욕의 알 스미스Al Smith 주지사나 메릴랜드의 알버트 리치Albert Ritchie 주지사는 공개적으로 금주법의 폐지를 주장했었다.[494] 스미스와 리치 주지사는 1920년대와 1930년대 초반 민주당 대통령후보 경선의 주요 후보들이었다. 1928년 스미스 주지사가 경선에서 승리했다. 마약과의 전쟁이 한창이던 1980년대나 1990년대 마약범죄화의 반대자가 주요 정당 대통령후보가 될 수는 없었다. 1920년대와 지난 수십 년간 마약정책에 관한 공적 논의에서는 1930년대 초반 금주법의 공과에 관하여 진행되었던 공개적 논쟁과 같은 예를 찾아볼 수 없었다.

미국 역사에서도 유사한 예가 없었다. 금주법은 46개 주가 비준한 수정헌법에 의해 시작되었다. 이는 해당 정책의 공과에 관한 장기간에 걸친 전국적 논쟁의 결과였다.[495] 13년 후, 또 다른 논쟁 끝에 앞서 수정헌법을 폐지하는 수정헌법이 38개 주의 비준으로 제정되었으며,[496] 주류에 관한 규제권한을 주와 지방정부에 돌려주었다. 법적 변화는 은폐되지 않고 부각되었다. 공적 논의는 억압되지 않고 장려받았다. 남부 재건 이후 아마도 그 당시조차도 이처럼 형법과 처벌의 공과에 대해 국민들이 공개적으로 논쟁한 경우가 없었다. 남부 재건 시대는 민주적으로 비준된 수정헌법이 아니라 일련의 연방대법원 판결(크룩생크 판결과 리스 판결)로 종식되었다. 아이러니하게도 금주법은 이전의 도덕십자군보다는 범죄의 범위를 좁게 규정했기 때문에, 또한 공적 논쟁도 더 공개적으로 진행되었기 때문에 철폐되었다. 그 대상을 존중하면서 진행된 도덕십자군이었기 때문에 가장 완벽하게 패했던 것이다. 대상에 대해 철저했던 도덕십자군들은 훨씬 더 오래 세력을 떨쳤다.

공개적인 공적 논쟁, 진실된 법원칙과 엄격한 집행 수준은 금주법 최대의 미덕이었다. 하지만 그 엄격한 집행이 심각한 문제를 야기했다. 일부 지역에서는 지방 법집행기관들이 초기에는 가장 큰 역할을 했다. 시행 아홉 달 만에 뉴욕 경찰국에서만 금주법 위반 체포 건수가 10,000건에 달했다.[497] 당시 금주법 위반으로 유죄판결을 받은 전국의 구금형 수형자 수를 상당한 정도로 능가하는 수준이었다. 이러한 수준의 법집행은 자멸적이었다. 지방사법체계나 연방사법체계나 그 정도 대규모로 급증하는 형사재판을 다룰 자원이 없었다. 대부분의 피고인들은 유죄를 인정하고 소액의 벌금이나 수개월 간의 지방구치소 구금형을 선고받았다. 1920년대 중반까지 금주법 위반 수형자는 우선적으로 지방구치소에 구금되었으며(인구 10만 명당 40명), 주 또는 연방교도소에 구금된 수형자 수는 인구 10만 명당 3명 내지 4명 정도였다. 그리고 4분의 3 이상의 수형자가 연방정부가 아닌 주 정부에 의해 구금되었다. 10년 뒤, 법집행이 지방경찰에서 연방기관으로 이전함에 따라 연방 형량이 가중되면서 금주법 위반 구금형 수형자 수는 10만 명당 14명으로 증가했다. 이들 중 3분의 2는 연방사건으로 구금형에 처해진 경우다.[498] 많은 지역에서 주 및 지방 법집행기관의 역할은 중단되었다. 뉴욕의 경우 한때 금주법을 대단히 엄격히 시행하였으나, 1923년 관련 주 법률을 폐지하였다.[499] 금주법은 지지했던 사람들조차 점점 더 벗어나고자 애쓰는 대상이 되어갔다. 연방관리의 업무일 뿐, 정부기관들 전체의 공동책임 문제도 아니었다.

법집행의 편향성도 피할 수 없었다. 이와 관련하여 후버 대통령이 임명한 위커샴 위원회Wickersham Commission는 금주법 시행 경과 조사보고서를 통해 부유층과 저소득층에 대한 상이한 태도를 지적할 수밖에 없었다.

> 당연히 공개적인 음주장소를 폐쇄하고, 노동자들이 값싸게 마실 수 있는 맥주 판매를 중지시키는 조치는 부유층이 자신들의 클럽에서 음주하는 일을 막는 것보다 더 쉽다… 금주법의 산업적 이익을 말하는 고용주들이 자신들은 음주하면서 노동자들에게는 유혹을 끊으라고 하니 노동자들은 분개한다.[500]

증거자료에 따르면 1920년대 맥주 소비는 3분의 2 이상 감소했다. 일반 주류 소비의 감소폭은 훨씬 작았다.[501] 가격만으로 본다면 맥주는 노동자 계층의 음료이며, 더 부유한 소비자들은 칵테일을 마셨다. 맥주는 양이 많고 가격은 싼 데 더 큰 공장시설과 운송수단, 그리고 접근이 더 쉬운 판매점을 필요로 한다. 일반 주류는 반대의 특징을 가지기 때문에 판매자 입장에서 제조와 운송과 판매가 적발될 가능성이 더 적었다. 가난한 소비자들의 시장은 법집행기관에 적발되기 더 쉬웠다. 부유층이 이용하는 주류시장은 그 가능성이 더 적었다.

이 같은 계급적 편향성은 새로운 현상은 아니었다. 악덕과 관련된 시장에서는 일상적인 현상이다. 부유한 소비자들은 더 은밀한 형태로 악덕을 소비했고, 그래서 가난한 소비자들에 비해 체포와 기소의 위험이 적었다. 고급 콜걸들은 개인적인 소개를 통해 영업을 하지만, 길거리 성매매 여성들은 공공장소에서 호객행위를 해야 했다. 20세기 말

크랙 코카인이 유행하던 당시 마약은 대개 도시 빈민지역 길거리 골목에서 판매되었다. 코카인 파우더는 개인들 사이에 여러 장소에서 판매되었기 때문에 훨씬 비쌌다. 마약시장에서 가난한 소비자들은 부유한 소비자들보다 더 많이 체포, 기소되었다. 저소득층에게는 빈곤, 폭력, 중독, 가정폭력 모두 악덕의 시장이 빚은 부작용이라는 공통점이 있다. 이처럼 부수적 피해가 만연해도 부유층 소비자들에게는 피해 정도가 덜하다. 자신들의 재력으로 재앙적 결과까지는 면하면서 살아갈 수 있기 때문이다. 크랙 시장이 코카인 파우더 시장보다 사회적 해악이 더 크다면, 더 위험한 마약시장 거래자들은 덜 위험한 시장 거래자들보다 더 일관되게, 더 중하게 처벌되어야 한다고 볼 수 있겠다. 노동자 계층의 주류 소비가 부유층의 소비보다 빈곤과 폭력을 더 야기한다면, 노동자 계층을 처벌하고 부유층은 관용하는 조치는 차별적 법집행이라기보다는 현명한 사회정책이라고 볼 수 있겠다.[502]

하지만 이 같은 정책은 자체 모순적이었고, 지금도 그렇다. 금주법은 그 대상, 적어도 그 대상의 충분한 다수가 주류의 판매와 구매는 도덕적으로 올바르지 못한 행위라는데 동의할 때만 성공적으로 시행될 수 있다.[503] 주류 거래가 부수적으로 사회적 해악을 결과할 때에 한해 법을 집행하는 조치는 실제 해악을 가져올 때만 그 거래가 도덕적으로 잘못되었다는 신호를 보내는 것이다. 이는 노동자 계층의 음주행위만 잘못이라는 뜻인데, 노동자 계층 소비자 입장에서는 신뢰할 만한 도덕적 메시지가 되기 어렵다.

계급적 편향은 성매매와 관련된 형법에서도 오랜 현상이지만, 성매매 관련법이나 만 법이 일관되지 못한 법집행에 대한 대중의 비판 때문에 폐지된 적은 없다. 이와 비슷하게 지속되는 편향이 바로 현대 마약법의 집행과 관련하여 나타나고 있다. 1990년대와 2000년대 초반 흑인들은 크랙 코카인 상용자들 중 소수이지만, 크랙 코카인 죄목의 수형자들 중 80% 이상을 차지하고 있다.[504] 1920년대까지 연방 형법집행은 이미 상당한 정도의 선별성과 관련되었다. 연방우편사기 법률의 경우 남부 재건 시기 제정되어 우편을 수단으로 하는 모든 사기범죄를 처벌하고, "사기" 개념을 영미법상의 개념보다 더 넓게 규정하였다. 우편을 수단으로 하는 행위의 입증이 쉽다는 점을 고려하면, 연방우편사기는 연방사기범죄의 일반적 형태로서 기능을 한 것이다. 오늘날로 하면 다목적 화이트칼라 범죄인 셈이다. 우편사기는 20세기 초반 연방범죄 기소건수의 4% 이하였으며, 오늘날에는 거의 대부분의 사기범죄는 간과되거나 지방 법집행의 관할이다.[505] 우편사기법률의 선별적 집행을 이유로 법을 폐지하자는 여론의 움직임은 없다.

금주법이 다른 이유는 무엇인가? 부분적으로 명백한 이유가 있다. 음주는 오랫동안 하층과 상층 계층 모두 문화의 중요한 부분이다. 이런 상황에서 절대 다수가 금주법에 찬성한다 해도 상당한 규모의 반대가 있었음은 명백한 일이다. 하지만 이런 이유 때문만은 아니었다. 금주법을 결국 폐지한 사람들은 반대자가 아니라 지지자들이었다. 1932년 대통령선거에서 결정적 계기가 있었다. 당시 선거를 지배했던 현안은 대공황과 금주법이었다. 1932년 민주당 대선후보 경선에서 금주 입장의 선두주자는 뉴욕 주지사 프랭클린 루스벨트였고, 경쟁자인 1928

년 후보 알 스미스는 음주허용 입장의 선두주자였다. 루스벨트의 지지 기반은 금주를 주장하는 서부와 남부였고, 스미스의 지지 기반은 음주 허용을 주장하는 북동부 지역이었다. 민주당 전당대회는 루스벨트를 3 분의 2 이상 표차로 선출했고, 금주법 폐지도 압도적으로 찬성했다.[506] 금주법 찬성 입장의 허버트 후버 대통령에 맞선 선거에서 루스벨트는 입장을 바꿔 음주허용 입장의 후보로 나섰다. 루스벨트는 서부와 남부 에서 2대 1 이상의 표차로 후버를 꺾었다.[507] 금주법 폐지는 미국민 대 다수가 지지했기 때문에 가능했다. 민주당 전당대회와 대선에서, 그리 고 수정헌법 제정과정에서 38개 주가 금주법 폐지에 찬성했다. 명백하 게 금주 찬성 유권자의 상당수가 국가적인 금주조치법의 폐지를 택한 것이다. 이들은 금주법의 집행이 법의 지배에 반한다고 보았으며, 이 들의 평등한 정의에 대한 신념의 수준을 오늘날에는 따라가지 못한다. 편향된 법집행은 20세기 후반 마약법의 집행과 마찬가지로 장기적으 로 균형 상태에 이르지 못하고, 결국 금주법의 폐지에 이르게 된다.

앞서 살펴본 모든 사실을 보면 보통 지적하듯이 금주법이 재난에 다 름 아닌 사건이라고만 할 것은 아니었다. 금주법은 미국 문화전쟁의 좋은 사례라고 봐야 진실에 더 가까울 것이다. 금주법은 상당히 공정 하고 공개적인 법 규칙과 함께 민주적 수단을 가지고 싸운 문화전쟁이 다. 금주법의 집행은 계층과 민족에 따라 차별적이기는 했지만 —남부 의 흑인과 북부의 이탈리아인들에게 차별적으로 집행되었다[508]— 오 늘날의 마약법 집행만큼 심하지는 않았다. 법 위반자에 대한 형벌도 덜 가혹했다. 무엇보다도 해결책 역시 더 민주적이어서 과거와 현재

다른 모든 문화전쟁의 결과들보다 정치적으로 더 건전하다. 낙태를 둘러싼 싸움은 일단 법원의 명령에 의해 해결되었다. 낙태는 범죄가 아니라 헌법적 권리가 되었다. 연방대법원의 1973년 로우 대 웨이드Roe v. Wade 판결 때문이다.[509] 마약법과 그 법집행과 관련한 일방적 싸움은 묵시적 타협에 의해 해결되어 왔다. 즉 일부 지역에서는 엄중한 마약법을 공격적으로 집행하되, 나머지 지역은 거의 집행하지 않는다는 타협이다. 금주법을 둘러싼 싸움은 대중의 설득을 통해 해결되었다. 미국인들은 금주 실험의 결과를 경험하면서 그 공과에 대한 생각을 바꾸게 되었다. 주류에 대한 도덕십자군이 이러한 과정을 거치면서 실패했기 때문에 유사한 십자군 전투는 다시는 벌어지지 않았다. 이것이 바로 고상한 실험의 가장 슬픈 유산이다.

7. 금주법 폐지 이후

금주법 실패는 1930년대 연방의회와 백악관, 그리고 대부분의 주 정부를 장악하고 있었던 뉴딜 민주당 정부, 그리고 때때로 동맹을 맺었던 진보적 공화당원들에게 심각한 문제를 안겨주었다. 폐지 이후에도 범죄는 여전히 중요한 정치적 문제였다. 당시는 유명 범죄자(존 딜린저(역주: John Herbert Dillinger. 대공황 시기 유명했던 은행강도. 두 차례 탈옥에 성공했으나 결국 1934년 도주 중 경찰에 사살당했다. Baby Face Nelson, Bonnie, Clyde 등 당대의 강도들 중에서도 가장 악명이 높았지만, 언론에 의해 행적이 과장된 측면도 있었다. 이들의 소탕을 명분으로 후버의 연방수사국이 설립되었다), 베이비 페이스 넬슨, 보니 파커와 클라이드 배로우 등)와 유명인사 범죄 피해(린드버그 부부 아기 납치사건)의 시대였다. 통계상 살인범죄율도 높았다. 금주법 폐지 당시 인구 10만 명당 9명 이상으로, 1970년대와 1990년대 초반 수준이었다. 와그너 법Wagner Act 제정에 따라 노동조합이 확산되어 가면서, 노사 간 폭력과 사적 소유권 존중에 대한 관심도 높아졌다. 전직 디트로이트 시장이자 오시안 스위트 사건(역주: Ossian Sweet는 흑인 의사로 1925년 디트로이트 백인 거주 지역에 주택을 구입했으나, 강제로 퇴거시키려는 이웃 주민들에 맞서 가족, 친구들과 함께 무장한 채 저항하던 중 백인 주민이 사망했다. 전원 백인 배심원으로 이루어진 재판에서 스위트 사건 가담자 전원이 정당방위를 인정받아 무죄평결을 받았다) 담당법관이었던 프랭크 머피Frank Murphy는 1938년 미시간 주지사 선거에서 재선에 실패했다. 공장을 점거하고 연좌농성을 벌인 노동자들에게 지나치게 관대한 입장을 보였다는 평을 받았기 때문이었다.[510]

여타 정치적 현안에 대한 뉴딜 민주당의 대응은 연방권력의 집중화였다. 연방정부가 형법 집행의 일상적 부분들까지 관장했던 유일한 시기가 1930년대다. 그렇다고 권력 이동이 일어나지는 않았다. 이미 연방정부는 금주법 집행의 일차적 업무를 관장하고 있었으며, 연방정부 차원의 노력이 바람직한 결과를 가져오지는 못했다. 뉴딜 시대에도 형사사법 분야에서의 중앙집권적 통제는 악명 높았다. 그래서 당시 정치인들은 일상적인 법집행을 국가화하는 추가적 시도를 할 생각이 전혀 없었다. 동시에 이들 정치인들은 범죄에 대한 국민의 관심에 편승할 수 있는 길을 찾기 원했다. 이런 두 가지 생각을 조화시키기란 쉽지 않았다. 실패할 경우 책임은 지지 않으면서, 범죄와의 전쟁으로 어떻게 정치적 이득을 얻을 수 있을 것인가? 연방수사국장 후버J. Edgar Hoover 와 맨해튼 지방검사 토머스 듀이Thomas Dewey가 비슷한 시기에 비슷한 해법을 찾아냈다. 이렇게 현대적 범죄정치modern politics of crime가 탄생하게 되었다.

그 해법은 범죄가 아니라 범죄자에게서 찾았다. 즉 일정한 수의 악명 높은 범죄자들을 골라내 가능한 한 공개적으로 처단하는 방법이다. 결국 후버의 연방수사국은 이러한 전략을 제도화한다. 10대 특급수배자 명단Ten Most Wanted list이 전국 우체국에 나붙으면서, 톱 텐 리스트는 미국의 문화가 되었다.[511] (후버가 광고업을 했었더라면 떼돈을 벌었을 것이다.) 듀이의 경우는 더 성공적이었다. 야심만만한 젊은 검사였던 듀이는 미국 역사상 최초로 스타 검사가 되었다. 필적할 만한 스타 검사로는 루디 줄리아니Rudy Giuliani 정도밖에 없다. 듀이 검사는 뉴욕 증권거래소장 리처드 휘트니Richard Whitney, 그리고 뉴욕 제일의 마피아 두목 럭키 루치아노Lucky Luciano를 기소하여 유죄판결을 받아냈다. 이로 인해 듀이는 전국적 영웅이 되었다. 1937년 〈타임〉 지의 표지인물이 되었고, 1939년 여름에 이르러서는 불과 37세의 나이에 맨해튼 검사에 선출된 경력만으로 루스벨트 대통령을 이을 차기 선두주자가 되었다. 인기는 루스벨트보다 높았다.[512] 아돌프 히틀러만 아니었다면, 8년 뒤 해리 트루먼에게 아깝게 패하게 되기 전에 이미 대통령이 될 수도 있었을 것이다. 듀이는 뉴욕 주지사 3선 이후, 두 차례 공화당 대통령후보를 거쳐, 정치적 동지인 아이젠하워가 대통령후보가 되는데 큰

역할을 하였다.[513]

다른 정치인들도 뒤를 따랐다. 1930년대 말 루스벨트 대통령은 당시 무명의 학자였던 윌리엄 더글러스William Douglas를 연방증권거래위원회 의장에 임명했다. 더글러스는 자신의 지위를 활용해 월스트리트 투기꾼들에 대한 공개적인 십자군 전쟁을 벌였다.[514] 1950년 테네시 출신 초선 상원의원 키퍼버Estes Kefauver는 반독점정책에 주력하는 의원으로 알려져 있었다. 민주당 상원 지도부는 키퍼버 의원에게 조직범죄와 대도시 민주당 기관들 간의 연루 여부에 대한 조사위원회를 맡겼다. 가능한 한 은밀한 조사진행을 원했던 민주당 지도부는 크게 낙담했다. 키퍼버 위원회의 청문회는 월드 시리즈보다 더 많은 시청자 앞에서 텔레비전 중계되었다.[515] 위스콘신 출신 조 맥카시Joe McCarthy 역시 무명의 초선 상원의원이었다. 1950년 2월 연설에서 맥카시 의원은 트루먼 행정부와 국방부에 십수 명의 공산주의 간첩이 있다고 고발했다. 맥카시의 참소가 거듭될 때마다 전국 뉴스의 헤드라인을 독차지했다.[516] 1959년 상원 라켓 위원회(역주: Rackets Committee. 정식 명칭은 The United States Senate Select Committee on Improper Activities in Labor and Management. 1957~1960년까지 노사관계상 불법과 범죄를 조사했고, 위원회 권고안을 반영하여 1959년 노사관계공개법Labor-Management Reporting and Disclosure Act이 제정되었다) 청문회가 열리기 전까지 로버트 케네디Robert Kennedy는 무명의 상원 보좌관으로, 기껏해야 매사추세츠 상원의원의 동생으로 알려져 있었던 인물이었다. 위원회의 대표검사로서 케네디는 지미 호파(역주: Jimmy Hoffa. 1950년대 중반부터 1960년대 중반까지 화물운송노조 위원장으로서 막강한 권력을 행사했지만, 마피아 관련 비리에 연루되었고, 1975년에 디트로이트에서 실종되었다)와 트럭운수 노조의 비리를 집요하게 적발해냄으로써 명성을 쌓았다.[517]

상징적인 범죄정치를 실천한 이들은 모두 듀이와 후버의 후계자들이다. 더글러스와 맥카시, 키퍼버와 케네디는 범죄와의 싸움이 아니라 범죄에 대한 발언을 통해 명성과 권력을 차지했다. 정치적으로 이러한 수법은 효과가 있었다. 더글러스는 조셉 스토리Joseph Story 이후 최연소 연방대법관이 되었고, 1944년에는 루스벨트 대통령의 러닝메이트가 될 뻔했다.[518] 1952년 뉴햄프셔 예비선거에서 키퍼버는 당시 루스벨트를 승계한 해리 트루먼 대통령을 이기고 결국 대선 경쟁에서 탈락시켰다. 로버트 케네디는 호파 청문회에서의 명성 덕분에 형 케네디 대통령 행정부에서 법무장관이 되었다.[519] 방탕한 주정꾼 맥카시는 몇 년 동안 미국에서 가장 영향력 있는 인물이 될 수 있었다.

이처럼 창의적인 정치인들은 미국 사법체계의 거버넌스를 변화시켰다. 후버와 듀이 이전까지 범죄문제 관련 정치는 빈틈을 메우는 역할에 지나지 않았다. 즉 지방 유권자들이 지방정부 서비스를 운영하는 지방관리들을 통제했다. 주 의회와 연방의원들은 별다른 역할을 하지 못했다. 거의 예외 없이 형사실체법은 주요 입법 현안이 못되었다. 19세기 후반부터 20세기 초반에 걸쳐 악덕에 맞선 십자군이 상황에 변화를 가져오기 시작했다. 금주법 폐지 이후, 변화는 더욱 확산되어 일부다처제, 성매매, 복권, 음주와 무관한 범죄에까지 확대되었다. 후버와 듀이의 정치적 후계자들은 범죄정치를 전국화하는데 기여했다.

키퍼버 청문회가 가장 분명한 사례다. 키퍼버는 14개 도시를 돌며 위원회를 개최했다. 청문회 결과 추악한 사실들이 상당수 드러났다. 위원회는 캔자스 시에서 찰스 비나지오 살인사건(역주: Charles Binaggio는 미주리 캔자스 시의 폭력조직 두목으로 점차 정치에 개입하면서 미주리 주지사 후보를 지원하여 캔자스 경찰을 장악하려고 시도했다. 이 과정에서 캔자스의 정치거물 펜더가스트 가문과 경쟁했다. 1950년 마피아 조직에 의해 살해당했다)을 조사했다. 캔자스 시는 트루먼 대통령이 정치적 경력을 쌓기 시작한 곳으로 펜더가스트(역주: Thomas Joseph Pendergast는 1925~1939년 캔사스 시와 잭슨 카운티의 기업인이자 정치 거물로 해리 트루먼을 비롯한 정치인들의 후원자이기도 했다. 이후 탈세 범죄로 처벌받았으며, 트루먼이 부통령, 대통령을 거치는 동안 정치적 스캔들의 원인이 되기도 했다)의 본거지이기도 했다. 찰스 비나지오는 미주리 주지사 포레스트 스미스Forrest Smith에게 자금을 제공하던 조직폭력배였으며, 스미스가 취임한 후에는 골칫거리가 되었다. 검찰은 비나지오 살인사건을 경쟁조직의 소행으로 보고 종결했다.[520] 시카고에서도 의심할 만한 살인사건이 대중의 관심을 끌었다. 전직 수사관이 연방증인보호 아래 증언을 하려다 살해된 사건이었다. 증언을 실제로 한 증인은 시카고 보안관 선거의 민주당 후보였다. 주 검찰청에 소속된 수사관으로 연간 수입이 당시로서는 큰 액수인 30만 달러였다. 곡물 선물거래에 개입해 번 돈이라고 주장했지만 신빙성이 없었다.[521]

뉴욕 청문회가 가장 큰 관심을 불러 모았다. 스타 증인은 당시 감비노 "패밀리"의 두목이었던 프랭크 코스텔로(역주: Frank Costello는 이탈리아 출신 폭력조직 두목으로 미국 전역에서 도박업소를 운영하면서 범죄세계의 수상Prime

Minister of the Underworld으로 불릴 만큼 미국 역사상 가장 강력한 범죄조직을 이끌었다)
였다. 코스텔로는 자신의 증언에 조건을 달았다. 카메라가 자신의 얼굴을 가까이서 찍어서는 안 된다는 조건이었다. 코스텔로에게는 불리한 거래였다. 텔레비전 카메라는 코스텔로의 손에 초점을 맞췄다. 그결과, 어떤 작가가 기록하기를, "굉장한 장면이었다. 긴장된 대화가 오가는 중에 움켜진 주먹과, 테이블 위를 두드리는 손가락을 비추었고" 그리고 "불안한 손은 종잇장을 조각조각 찢고 있었다."[522] 예상했던 것보다 질문이 거세지자, 3천만 명의 국민들이 지켜보는 가운데 코스텔로는 걸어 나가버렸다.[523] 전직 뉴욕시장 빌 오듀어Bill O'Dwyer는 코스텔로의 친구를 시 운영위원으로 임명한 결정과 코스텔로의 자금이 갖는 영향력에 대해 증언했다. 1940년대 초반 사건 하나가 특별히 주의를 끌었다. 당시 오듀어는 브루클린 지방검사였는데, 담당했던 살인사건 수사과정의 핵심증인인 아베 리레스Abe Reles가 머물던 호텔방에서 추락사했다. 리레스의 신변보호를 담당했던 경찰관 6명 모두 잠들어 있었다고 증언했다.[524]

조직폭력이 가장 극심한 도시에서조차도 대부분 주민들에게 폭력조직은 중요 관심사가 아니다. 그런데도 코스텔로나 그의 정치적 동맹자인 오듀어의 경우 키퍼버 청문회를 통해 대중의 관심을 사로잡았다. 정치적 배경은 아마도 대중의 반응과 다소 관련이 있었을 것이다. 청문회 시작 7개월 전 중국은 마오쩌둥의 공산당에 함락되었다. 3개월 후 조 맥카시가 국무부에 십수 명의 공산당 간첩이 암약하고 있다고 고발했다. 키퍼버 청문회 개최 1개월 후, 한반도에서 북한군이 남한을 침공했다. 그 이듬해 트루먼의 측근으로 재건축금융공사Reconstruction Finance Corporation에서 일하던 메를 영Merl Young이 기업에 대출을 알선해준 대가로 아내의 밍크코트와 돈을 받은 사실이 드러났다. 영 사건이 터진 직후 시청자들은 코스텔로와 오듀어의 증언을 시청했다. 사건 실상들이 서로 영향을 미치면서 뒤섞인 채 대중의 마음속에 자리잡게 되었다. 이 모든 사건들이 폭력조직, 국외세력과 이데올로기에 대한 부당한 충성과 정부 공무원의 축재의 문제였다. 정치적 분위기가 이렇다 보니 키퍼버의 청문회는 공감을 얻게 되었다.

그리고 키퍼버의 경력이 보여주듯, 상징적 수단을 통해 범죄에 대한 대중들의 관심을 이용하려 든 건 행정부 관리들만이 아니었다. 의원들도 마찬가지였다 1932년 린드버그 유괴사건은 유괴 관련 연방법의 제정 계기가 되었다. 유명 폭력조직이 등장하기 시작하자 1934년에는 강탈행위를 금지한 조직범죄대책법Anti-Racketeering Act과 기관총 소지를 금지한 전국총기법National Firearms Act이 제정되었다.[525] (총기법은 범죄행위에 총기를 사용하는 폭력조직을 처벌하기 위해 제정되었으나, 실제 법 내용은 단순소지도 처벌한다.) 키퍼버 청문회 직후 도박에 사용할 목적의 장비를 주 경계를 넘어 소유하는 행위를 금지하는 연방법이 제정되었다. 몇 년 뒤 연방의회는 여행법Travel Act을 제정했다. 무엇보다도 주 도박금지법 위반의 의도로 주 경계를 넘는 행위를 금지하려는 법이었다.[526] 이 같은 연방 입법들은 납치나 도박을 근절하거나 무기거래를 규제하기 위해 제정된 것이 아니라, 유명한 범죄들을 둘러싼 대중의 관심을 이용하기 위한 수단에 지나지 않았다. 린드버그 부부의 아들을 납치 살해한 브루노 하우프트만Bruno Hauftmann 사건이나 존 딜린 저, 프랭크 코스텔로 같은 유명한 범죄자들이 그 사례다.

시간이 흐르면서, 주 입법자들도 따라 하기 시작했다. 1990년대 초반 메릴랜드에서 일어난 유명한 차량강도사건(역주: 1992년 Pamela Basu 가 집 근처 정지신호에 정차 중 2인조 강도에게 납치 살해된 사건)을 계기로 차량강도Carjacking 법률들이 줄을 이었다.[527] 차량강도는 자동차절도, 납치와 때로 살인까지 결합된 범죄 형태다. 파멜라 바수 피살사건 이전 모든 주에서 각각 범죄로 규정하고 있었다. 차량강도 법률들은 새로운 범죄를 규정하기 위해 제정된 경우가 아니다. 이미 법전에 규정되어 있는 범죄들이다. 이러한 법들은 입법자들이 파멜라 바수 피살사건처럼 만연한 범죄에 대해 무엇인가 하고 있음을 보여주기 위해서 제정한 것이다.

많은 경우 이러한 류의 법률은 순전히 상징적인 조치라는 점이 드러나기도 한다. 1994년 연방법으로 제정된 여성폭력방지법Violence Against Women Act의 경우 3년이 지나도록 동법에 근거한 형사소추가 전국적으로 단 한 건도 없었다.[528] 가정폭력에 관한 법률이 무엇이든지, 그 실제 집행은 여전히 주와 지방관리 관할이다. 하지만 종종 상징적인 정치는 정치적 상징 그 이상의 결과를 가져오기도 한다. 새로운 범죄 규정은 기존법률과 중복되는 경우에도 검사에게 유죄인정협상에서 선택할 수단을 늘려준다. 따라서 배심원에게는 금권정치시대의 형사사법을 특징지우던 재량을 행사할 여지는 더 적어진다. 1930년대부터 이러한 현상이 더욱 빈번하게 되면서, 미국 형사사법에 대한 권력, 적어도 정치적 상징 조작을 할 수 있는 권력은 점차 범죄가 실제 발생하는 지역공동체로부터 형법을 제정할 의원들을 선출하는 유권자에게로 이동하게 된다.

8. 지형

다른 관점에서 설명해보자면 후버, 듀이, 키퍼버와 이들을 뒤따르던 정치인들은 범죄의 정치지형political geography을 바꿔놓았다. 대부분의 범죄는 실제 발생한 지역사회의 문제다. 지역사회 외부에서 범죄결과에 대해 관여할 여지는 적다. 정치적으로 보자면, 브루노 하우프트만이나 프랭크 코스텔로, 또는 근래의 O. J. 심슨과 버나드 매도프 사건(역주: Bernard Lawrence Madoff는 NASDAQ 의장을 지낸 투자전문가로서 2009년 180억 달러 규모의 미국 역사상 최대 금융사기사건으로 150년형을 선고받았다)은 모두의 관심사다. 19세기 말부터 20세기 초에 걸친 도덕전쟁 결과 전국적 관심사가 된 범죄사건들이 늘어났다. 그에 따라 작은 마을 주민들까지도 자신들의 지역 밖에서, 주로 대도시에서 일어난 범죄사건의 특징과 결과를 따져보기에 이르렀다. 여기서 각 주와 연방 정치인들은 중요한 교훈을 배우게 되었다. 자기 지역구에서 승리하려면, 다른 지역에서 일어난 범죄문제를 공격하면 된다는 교훈이다. 주 의원이나 연방의원, 주지사, 심지어 대통령까지도, 로버트 케네디의 형도 대통령이 되자마자, 새 정부에서 범죄 관련 입법의제를 제시하고,[529] 점점 더 범죄와 형벌에 대한 정치적 주도권을 쥐기 시작했다.

범죄정치의 지형이 점차 확장되어 가면서, 범죄지형 자체는 점점 더 편중되어 갔다. 미국 역사 대부분에 걸쳐 뉴욕 시의 살인범죄율은 전국적 살인범죄율보다 낮은 수준이었다. 1950년대부터는 상황이 달라졌는데, 1980년대에 이르면 뉴욕 시의 살인범죄율은 전국 평균보다 두 배 반 이상 높게 된다. 전국적인 살인범죄율 자체도 20년간 두 배 이상 높아진 상황이다. 폭력범죄는 점점 더 도시적 현상이 되어갔다(오늘날에는 반대의 경향이 나타나고 있다. 광역도시 지역에서는 노동자 계층이 거주하는 교외지역의 폭력범죄율이 높아지고 있다). 범죄는 도시 내부에서도 편중되고 있다. 20세기 중반에 이르러 흑인 살인범죄율은 백인 살인범죄율의 10배에 달하게 된다. 이는 북부도시에서 확대된 흑인 거주지역의 범죄가 같은 도시 내 백인 거주지역보다 훨씬 많이 발생한다는 의미다.[530]

흑인 거주지역이 도시범죄 중 차지하는 비중이 늘어났는데도 흑인 주민들의 도시 법집행에 대한 권력은 미미한 수준에 불과했다. 1940년대부터 북부와 남부 일부 도시에서 흑인 인구가 팽창하면서, 도시 교외지역의 백인 인구 역시 급증하게 되었다. 미국에서는 지방검사와 판사 모두 지역에서 선출된다. 전형적인 광역도시 지역은 도시와 인근교외 지역으로 구성된다. 전후세대 광역도시 지역에서 교외지역 인구가 급증하면서 도시 내 인구는 감소했다. 1940년 시카고 광역지역 내 인구 70%가 시카고 시에 거주했지만, 1960년에는 57%, 1980에는 42%까지 감소했다. 같은 기간 중 클리블랜드 광역지역 내 클리블랜드 시 인구는 69%에서 49%, 다시 30%까지 감소했다. 디트로이트의 경우에는 68%, 44%, 그리고 28%까지 감소했다.[531] 도시지역과 교외지역 유권자를 모두 포함한 어느 지역에서나 이 두 지역 유권자의 비율은 변화했다. 교외지역 유권자 수가 늘어나는 동안, 도시지역 유권자 수는 줄어들었다.[532] 지방검사와 판사들은 도시지역 흑인 공동체 범죄문제에 더 큰 노력을 기울여야 했지만, 백인 교외지역 유권자의 권력이 더 확대되어 갔다.

독립된 도시지역, 즉 교외지역과 통합되지 않은 독립행정구역인 경우에도 상황은 유사했다. 가난한 흑인 거주지역과 부유한 백인 거주지역 간의 범죄 격차는 점점 더 커져갔다(시카고 하이드파크에 비해 워싱턴파크 지역의 살인범죄율은 26배에 달한다). 형법 집행은 재분배적 redistributive이다. 그 이익은 빈곤층에 훨씬 더 돌아가고, 그 비용은 부유층이 더 많이 부담해야 하기 때문이다. 중상류층 백인들이 이미 교외지역으로 떠나기 시작하면서 재정이 부족한 도시로서는 재분배적 형법 집행의 여력이 없었다. 도시 내 범죄율이 낮은 백인 거주지역은 유권자 수 이상의 정치적 권력을 누리게 되었다. 흑인 거주지역은 권력이 많지 않았고, 지금도 여전히 그렇다.

물론 광역도시 지역 백인 주민들은 북부에서조차 항상 흑인 거주지역까지 지배력을 행사했다. 오시안 스위트 사안에서 피고인은 백인 변호사와 백인 배심원, 그리고 백인 판사에 의해 무죄 석방되었다. 20세기 중반 이전에는 이러한 사실이 생각보다는 북부 형사사법에 영향을 미치지 못했다. 흑인 거주지역은 북부도시 인구의 소수에 불과했다. 도시 범죄의 대부분이 발생하는 지역은 백인 노동자 거주지역으로, 주로 유럽 이민자들과 그 후손들이 살았다. 이들이 도시지역 경찰과 더 나아가서는 형사사법 전반을 지배했다. 백인 노동자 거주지역의 관대한 규칙이나 관행은 도시지역 흑인들에게도 답습되었다. 북부도시에서 범죄율이 높은 대규모 흑인 거주지역의 성장은 도시를 둘러싼 백인 거주 교외지역의 팽창과 함께 도시의 균형 상태를 더 이상 유지할 수 없게 만들었다.

금주법 폐지 이후 몇 년간 전국적인 교도소 수형자 수의 급증, 그리고 수형자 수에서 흑인이 차지하는 비율의 점증, 이 두 가지가 변화된 현실을 보여주는 징표였다. [도표 5]는 수형자 수의 급증 추세를 보여준다. 급증 추세는 제2차 세계대전이 발발한 1939년 정점에 달했다. 이듬해에는 연방의회가 징병 법안을 제정했다. 군대에 징집된 청년 수가 증가하면서, 구금률은 하락했다. 그리고 종전 후에는 점차 다시 상승하였다. 수형자 수가 늘어나면서, 교도소 수형자 수에서 흑인의 비율도 증가했다. 1923년부터 1960년 중 백인 구금률은 20% 증가했는데, 흑인 구금률은 두 배 이상 증가했다.[533] 금권정치시대의 관용적인 평등한 사법체계는 끝나버렸다.

도시지역 형사사법에 대한 지역주민들의 지배가 끝나게 된 것도 우연의 일치는 아니었다. 연방 정치인들이 범죄정치 사안의 대부분을 이용하게 되면서, 백인 교외지역 유권자들의 권력이 늘어날수록 흑인 도시지역 유권자들의 권력은 줄어들었다. 이에 따라 지역 범죄정치가 변하게 되었다. 전국적으로 범죄율이 낮았던 시대, 즉 제2차 세계대전 직후 몇 년 동안은 미국 역사상 살인범죄율이 가장 낮았다. 안전한 도

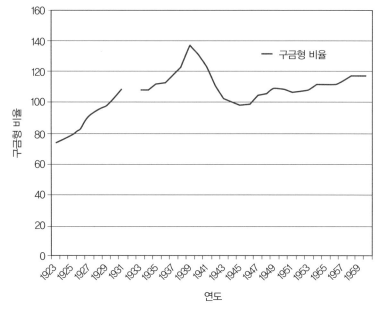

주: Online Sourcebook, 표 6. 28. 2009

시 및 교외지역 백인 유권자들은 지역 형법 집행에 별 관심이 없었다. 상당 기간 동안 유권자들의 관심이 적었다는 사실은 대부분의 범죄 사안을 다루는 지역 사법체계가 정치인들의 관심 밖에 있게 되었음을 뜻한다. 경찰과 검찰의 일상적 업무는 테크노크라트들의 영역이 되어갔다. 경찰기관도 점차 탈정치화되면서 더 전문화되어 갔다.[534] (적어도 덜 정치화된 영역이) 지방검사와 판사들은 지역 유권자들보다는 자신들이 속한 법조계의 규범에 더 신경을 쓰게 되었다. 주 형법전을 개정하는 의원들도 별다른 관심 없는 지역구 주민들보다는 법개혁 전문가들의 말을 경청하게 되었다. 형사사법 전문가들은 비전문적으로 복잡하게 입법된 주 형법을 대체할 표준적 형법전을 제시하였다.

전문 법조인들과 형사사법 전문가들은 사법체계를 거의 대부분 개악하고 말았다. 전문화된 경찰기관은 자신들이 담당한 지역과 무관해져 버렸다. 도보순찰을 차량순찰로 대신하면서부터 특히 나타난 현상이다. 1960년대까지는 형사처벌의 정당성이나 효과성에 대해 회의적인 검사와 판사가 많았다. 그 결과 범죄율이 높아지는 데도 주 교도소 수형자 수는 급감했다.[535] 모범 형법전Model Penal Code을 제안한 법학교수들은 실제 작동하는 법원칙 체계를 작동하지 않는 체계로 대체해 버렸다. 형사절차를 규율하는 새로운 연방 헌법 체계를 정교하게 만든 연방대법관들의 경우도 마찬가지였다. 금주법이 중앙집권화된 형사사법에 그러했던 것처럼, 20세기 중반 미국의 탈정치적 전문가 중심의 형사사법은 전문화에 오명을 안겨주었다. 1960년대 말 형사사법 체계가 더욱 감정적인 형태의 정치에 사로잡히게 되던 당시, 유권자들이 기억하였을 금주법 시대의 교훈이다.

제7장

헌법의 융성: 가지 않은 세 갈래 길

> 국가는 재판절차를 고유의 정책개념에 따라 규제할 권한이 있다. 다만 국민
> 적 전통과 양심 속에 근본적인 지위를 인정받고 있는 정의의 원칙에 반해서
> 는 아니 된다.
>
> — 연방대법원장 찰스 휴즈Charles Evans Hughes,
> 브라운 대 미시시피Brown v. Mississippi(1936)

미국 역사상 최초의 대규모 문화전쟁이 시작될 무렵, 또 하나의 법
적 흐름이 자리 잡았다. 형사소송의 헌법화가 본격적으로 등장하게 된
것이다. 이러한 헌법 판례들은 연방의회가 범죄화의 정당한 권한을 갖
는지의 여부에 관한 연방대법원의 레이놀즈나 챔피언 판례와는 구별
된다. 20세기 헌법은 다른 문제를 제기한다. 즉 범죄를 수사하고 재판
하고 처벌하는 절차가 정당한가의 문제다. 이제 초점은 실체법이 아니
라 절차법이다. 처벌 대상인 행위의 특성이 아니라 지방 경찰관, 검사
와 공판법관의 집행방식이 문제가 된다.

형사절차 관련 헌법의 융성은 오랫동안 전진적으로 진행되었으며,
두 가지 상이한 맥락으로 이루어진다. 하나는 "부당한 수색과 압수"를
금지하는 수정헌법 제4조 해석에 관한 일련의 연방 판례다. 수정헌법
제4조는 연방기관에 한정되고, 주 및 지방 경찰에는 적용되지 않았었

다.[536] 연방 판례법은 연방정부 관할 사건인 한에서 경찰수사 대상에 대하여 광범한 보호를 제공하였다. 다른 하나는 남부의 흑인 차별과 관련된다. 20세기 중반까지도 주 법원은 법원이 감독하는 군중재판에 다를 바 없는 법절차를 방치했었다. 연방법원은 그 같은 눈속임 군중재판을 저지하기 위해 노력했으나 대부분 실패했었다. 그 과정에서 연방법원은 지방 경찰과 검사, 그리고 주 법원에 적용되는 적법절차 원칙에 관한 의미 있는 헌법 판례들을 제시했다. 1960년대 두 맥락이 통합되면서, 연방대법원은 연방뿐만 아니라 주와 지역관리들에게도 적용되는, 대체로 권리장전에 근거한 일련의 규칙을 정립하게 된다.

1. 연방절차

연방 판례법은 1886년 보이드 대 연방Boyd v. US[537] 판결이 시초다. 보이드는 연방정부 건물에 사용되는 유리 수입업자로서 관급 계약조건으로 일부 관세면제 해택을 받았다. 보이드의 주장은 초기 선적분 상당수가 파손되었기 때문에 계약에 따라 다음 선적분에 대해서도 관세를 면제받아야 한다는 내용이었다. 연방관리는 보이드의 주장을 신뢰하지 않았기 때문에 최근 수입물품 압수에 착수했다. 몰수절차를 위해 이전 수입물품 견적서에 대한 소환장을 발부했다. 보이드는 소환장 발부가 수정헌법 제4조를 위반한 부당한 압수 수색이며, 수정헌법 제5조의 자기부죄금지 위반이라고 항변했다. 제1심 법원은 항변을 기각하고 검찰의 사기죄 기소증거가 될 견적서 제출을 명령했다. 보이드의 사기혐의에도 불구하고, 연방대법원은 "주거와 일상 사생활의 신성함"의 보호필요성에 근거하여 원심 판결을 파기했다.[538] 견적서는 문서이고, 보이드에게 속한 소유물이므로 연방관리는 견적서를 보거나 압수할 수 없다는 이유였다.

연방대법원 판결의 본질을 주목해보기로 한다. 요점은 무죄한 사람이 처벌받지 않도록 한다는 데 있지 않다. 보이드는 탈세범이다. 형식적으로 보이드 사건은 형사사건도 아니고, 다만 정부는 보이드가 파손되었다고 주장한 물품을 확보하려고 시도한 경우이며, 보이드의 사기 행위를 처벌하기 위함이 아니었다. 연방대법원의 목표 역시 보이드가 변호인의 조력을 받았으며 충분한 방어의 기회를 허용 받았는지의 여부를 살핀 것이 아니다. 판결의 핵심은 보이드의 사생활 보호에 있었다.

사생활 보호의 범위는 엄청나게 넓다. 연방대법원의 판례 그대로라면 문서의 수색과 제출 명령은 거의 전적으로 불가능하게 된다. 이러한 원칙에 따른다면 20세기 뉴딜을 포함한 연방의 주에 대한 규제는 불가능했을 것이다. 따라서 연방대법원은 이후 보이드 판례를 축소하는 판결을 내린다. 1906년 헤일 대 헨켈Hale v. Henkel 판결에서, 대법관들은 보이드 판례의 사생활 보호는 기업이나 기업문서에까지 적용되지 않으며, 따라서 정부의 소환 권한은 보이드 판례보다 넓게 적용된다고 판시했다.[539] 1927년 마론 대 연방Marron v. US 판결에서 연방대법원은 보이드 판례는 범행에 사용된 물건에 적용되지 않는다고 판단했다. 여기에는 불법 주류사업 회계장부도 포함된다.[540] 1948년 샤피로 대 연방Shapiro v. US 판결은 법적 보관대상인 기록을 압수할 정부의 권한을 인정하였다.[541] 마론과 샤피로 판례 이후였다면 보이드는 승소하지 못했을 것이다.

뿐만 아니라 1928년 올름스테드 대 연방Olmstead v. US 판결에서 연방대법원은 홈즈 대법관과 브랜다이스 대법관의 강경한 반대 의견에도 불구하고 도청은 수정헌법 제4조 상의 "수색" 대상에 포함되지 아니한다고 결정하였다.[542] 올름스테드 판례에 따르면 개인의 대화는 개인의 문서보다 헌법적 보호를 덜 받게 된다. 피의자의 소유물을 침범하지 않고 장비를 설치할 수만 있다면, 연방관리는 필요할 때마다 피의자의 전화를 도청할 수 있다. 1960년대 후반까지 법적으로 가능했다.[543]

헤일, 마론, 샤피로, 올름스테드 판례는 법하자(저자를 포함해[544])들로 하여금 1960년대 이전 연방법은 경찰의 침해적 수색작전에 대해 최소한의 보호만을 허용한다고 오해하게끔 했다. 사실은 다르다. 판례들에도 불구하고, 수정헌법 제4조의 연방경찰에 대한 규제는 광범위하고 수색 대상에 대한 보호 정도도 상당했다.[545] 예를 들면 다음과 같다. 1914년 위크스 대 연방Weeks v. US 판결은 이른바 "위법수집 증거 배제규칙exclusionary rule"을 정립했다. 즉 수정헌법 제4조에 반하여 수집된 증거는 불법수색 피의자의 형사소추에 사용될 수 없다는 원칙이다.[546] 1921년 굴드 대 연방Gouled v. US 판결에서 연방대법원은 "단순증거mere evidence"의 수색을 금지했다. 해당 증거가 금제품 또는 범행도구가 아닌 한 경찰은 수색할 권한이 없다는 것이다.[547] 굴드 판례는 혐의 관련문서가 사기사건의 경우 핵심증거라 할지라도 피고인에 불리한 증거로 사용될 수 없다는 의미다.

위크스 판례는 연방형사소송이 두 가지 전적으로 상이한 의제 간에 균형을 취해야 한다는 의미다. 즉 피고인이 기소 대상 범죄를 행했는지의 여부와 해당 범죄를 수사한 연방관리가 적법하게 행동했는지의 여부를 판단해야 한다. 굴드 판례는 제4조가 적용되는 경우 연방관리는 매우 엄격한 제한 하에서 행동해야 한다는 의미다. 올름스테드 사안의 경우에는 심각한 문제가 발생한다. 도청이 수정헌법 제4조상의 "수색"에 해당된다면, 상당한 이유와 사전영장에 의해 정당화될 수 있는 수색일지라도 금지된다는 의미가 된다. 수사관이 녹음한 대화 내용이 "단순 증거"이기 때문에 경찰 수색의 적합한 대상이 되지 못한다.[548] 모든 전자감시는 충분히 성낭화할 만해도, 금지될 것이다. 이러한 점이 올름스테드 판결의 설명에 도움이 된다. 모든 감시조치의 금지와 허용 사이에서 시민의 자유에 대해 보호적 입장인 연방대법원일지라도, 금지할 경우 위험한 결과를 피할 수 없다고 보았을 것이다.

물론 연방대법원은 시민적 자유를 보호해야 한다는 입장이다. 위크스와 굴드 판례뿐만이 아니다. 금주법 시대의 3건의 판례들도 마찬가지다. 식민지 시대 이래로 관리들은 피고인과 피고인의 체포 장소, 또는 체포 장소일 경우 피고인의 주거에 대한 수색 권한이 있었다.[549] 1932년 연방 대 레프코비츠US v. Lefkowitz 판결은 이를 엄격히 제한하였다. 레프코비츠는 주류 배급조직의 브로커를 하다가 자신의 사무실에서 체포되었다. 연방관리가 잠긴 책상서랍을 수색하여 서랍 속에 있던 책과 문서를 압수했다. 연방대법원은 수색과 체포 과정이 부당하다고 판결했다.[550] 1932년 그라우 대 연방Grau v. US 사안에서 연방관리는 피고인의 주거에서 대규모 위스키 제조 증거를 수색, 압수했다. 연방법에 따르면 개인 주거에 대한 경찰의 수색은 제조가 아닌 판매 증거를 찾기 위한 경우에만 허용된다. 제1심 법원은 압수된 주류의 양을 고려할 때 개인 소비의 목적이 아닌 판매의 목적임이 명백한 경우로 보았다. 연방대법원은 반대의 입장이었다.[551] 즉 제조에 관련된 증거는 제조 규모와 무관하게 수색의 정당한 요건이 되지 못한다는 것이다.[552]

1932년 스그로 대 연방Sgro v. US 판결은 금주법 시대 3건의 주요 판결들 중에서도 가장 뚜렷하다. 문제된 위헌문제는 매우 사소한 경우였기 때문이다. 스그로 사안에서 피고인이 운영하는 호텔 바에 대한 수색영장이 발부되었다. 영장은 영장발부 10일 이내로 수색기간을 특정했다. 3주 후 수색을 집행하지 못한 수사관은 연방 커미셔너(오늘날의 치안판사에 해당된다)를 다시 찾아왔고, 커미셔너는 새 날짜로 영장을 재발부했다. 연방대법원은 재발부로는 충분하지 않다고 보았다. 즉 커미셔너는 영장 청구서류가 여전히 수색 허용에 충분한지 명시적으로 판단했어야 한다는 것이다. 청구서류가 재발부 이후 수색을 정당화할 수 있었다 해도, 해당 수색은 무효다.[553]

종합해보면, 판례들은 연방관리의 부당한 수색으로부터 놀라울 만큼 광범한 보호를 제공해주고 있다. 당대 유명학자 중의 한 사람은 금주법 시대의 법집행이 "억압적repressive"이라고 평가했는데,[554] 당시 통념을 아주 잘 반영한 표현이다. 하지만 틀린 통념이다. 당시 법집행은 오늘날의 마약법 집행에 비해 수색 대상의 사생활을 더 존중하였으며, 수색에 더 많은 제한을 받았다. 대부분의 경우 수정헌법 제4조 기준이 오늘날보다 더 엄격했기 때문이다. 올름스테드 판결은 예외지만 레프코비츠, 그라우와 스그로 판결은 기준에 부합된다.

금주법 시대의 압수 및 수색에 관한 연방권한에 대하여는 세 가지 명백한 사실들이 있다. 첫째, 해당 사안들의 피고인들은 전형적인 형사 피고인들보다 상당히 부자였다. 올름스테드는 연간 2백만 달러 규모의 주류사업을 운영하고 있었고, 그라우의 집은 주류 제조시설이 들어설 정도로 컸다.[555] 그 정도의 재력을 가진 피고인은 드물다. 둘째, 해당 사안들은 일반적인 형사사건과 유사점이 거의 없다. 살인, 강간, 강도와 전혀 무관했고, 따라서 지방 경찰과 검사가 해당 사건의 수사와 기소를 맡았다. 연방 형사사건이라면 다른 결과였을 것이다. 셋째, 금주법 사안은 곧 폐지될 범죄와 연관되어 있었다.[556] 압수 수색 관련 법이 폴스테드 법의 집행을 어렵게 해도 별 상관없었다. 얼마 지나지 않아 집행할 폴스테드 법 자체가 사라지게 된다.

이는 해당 사안들의 이해관계가 별로 없다는 의미다. 연방경찰이나 검사가 주류 관련 범죄로 기소된 많지 않은 수의 부유한 피고인들을 처벌할지의 여부는 금주법 시대에도 중요하지 않은 문제였다. 금주법 폐지 이후에는 문제조차도 되지 않았다. 더구나 해당 사안들은 중요한 기소를 위한 선례도 되지 못했다. 폭력 중죄나 절도 중죄의 경우 주류 범죄 사안에 비해 상이한 문제를 제기한다. 즉 서로 매우 상이한 범죄를 수사함에 있어서 경찰은 상이한 방식을 사용하기 때문이다. 몇몇 음주 관련 사안을 위해 만들어진 법 규칙이 더 일반적인 수많은 범죄수사의 경우, 즉 연방경찰이 아닌 지방경찰 수사에서도 잘 적용되는 일은 거의 없을 것이다.

2. 연방 헌법과 남부 흑인차별

앞서 언급된 판례와 이제 다루게 될 판례들은 아주 다르다. 화이트 칼라 범죄나 금주법 위반 관련 연방 판례와 달리, 주 법원에서 다룬 강간 또는 살인사건 관련 판례들이다. 단순한 주 법원 사안이 아니다. 바로 남부에서 나온 판례들이다. 이들 판례는 20세기 초중반 남부의 법원이 남부 흑인들을 어떻게 다루었는지를 반영하고 있다. 5건 중의 4건에서 연방대법원은 남부 흑인 피고인을 위하여 주 법원과 형사사법을 규제하는 판결을 내렸다. 나머지 한 건은 흑인 피고인이 아니라 흑인 피해자와 관련된 사안이다. 연방대법원은 이 사안은 심리하지 않았다. 이들 5건 모두 흑인 차별적 사법으로부터 보호를 구하는 흑인들의 요청에 국가 사법체계가 효과적으로 답하지 못하였음을 보여준다. 각 사안에서 법 체계는 더 나은 방안을 제공하는데 거의 가까이 갔었다. 하지만 매번 기회를 놓쳤다. 이는 얼 워렌의 대법원이 더 적극적인 개혁을 감당하도록 하는 압력이 되었다.

첫 번째 사안은 아칸소 주 필립스 카운티에서 발생했다. 미국 역사상 가장 치명적인 인종폭력이 일어난 지역들 중의 하나다. 법사학자 마이클 클라만Michael Klarman에 따르면 다음과 같다.

흑인 소작농들은 … 조합을 결성하고 백인 변호사를 고용해서 흑인 농장노동자들을 사실상 노예화한 농장주들을 고소하려고 했다. 백인 주민들이 보복공격을 했다. 흑인 조합원들이 집회 중이던 교회에 백인들이 총을 쏘자, 흑인들이 반격했다. 백인 주민 한 명이 살해당했다. 곧바로 폭력사태가 일어났다. 백인들은 연방군대의 지원 속에 습격을 했다. 소요를 진정시키기 위해 파견되었을 군인들이 폭주했다. 백인들은 흑인 지역을 휩쓸어 수십 명을 살해했다. 79명의 흑인이 "인종 폭동" 관련자로 기소되어 유죄판결을 받았다. 백인은 아무도 기소되지 않았다. 12명은 사형을 선고받았다. … 법원 주위를 분노한 백인 군중들이 에워싸고 피고인과 배심원들에게 린치를 위협했다.[557]

필립스 카운티 사안에서 피고인들은 린치의 위협으로 인해 포템킨 마을에서의 형사재판 자체가 사실상의 군중재판이나 다름없었으며, 따라서 법적 절차라는 허술한 장식으로 불의를 감추려 했다는 정당한 항변을 했다.[558] 아칸소 주 법원은 이를 기각했다.

연방대법원에 제소한 결과, 1932년 무어 대 뎀프시Moore v. Dempsey 판결에서 대법관들은 피고인의 주장에 동의했다. 올리버 홈즈 대법관은 다수의견에서 주 법원 판결상 "단순한 법해석의 과실"은 연방대법원이 교정할 사항이 아니라는 점을 지적했다. 하지만 "절차 전체가 가장에 불과하다면, 변호인, 배심원과 법관이 대중의 감정에 저항하지 못하고 휩쓸려 치명적인 결과에 이르게 된다면," 재판 결과는 적법절차 위반이 된다.[559] 또한 홈즈 대법관은 재판이 45분 만에 끝났고, 배심원은 5분도 안돼 심리를 끝내고 유죄평결을 내렸다는 점을 지적했다. 피고인 측 변호인은 재판 당일 지정되었고, 변호인이 피고인을 접견할 기회조차 없었으며, 피고인 측 증인은 없었고, 재판지 변경 신청도 없었다. 모두 법적 절차의 부당성을 보여주는 예다.[560] 하지만 무어 판결에서 피고인 승소의 사유는 이러한 절차적 흠결과는 무관하다. 승소의 사유 대부분은 법정 밖에서 일어난 일들 때문이었다. 군중들이 모여 피고인들이 무죄 석방되거나 배심무효일 경우 자신들의 손으로 자신들 식의 정의를 실현하려고 기다리고 있었다.

무어 판결 이후 십여 년이 지나는 동안 남부에서 군중에 좌우되는 재판은 더 늘어났지만, 무어 판결처럼 항소심에서 구제되는 경우는 드물었다. 무어 판례는 점차 완화되어 대중의 영향이 상당하다고 인정하기에 충분한 경우 법원은 피고인 측에게 재판지 변경을 신청할 수 있는 기회를 제공해야 한다는 조건을 의미하게 되었다. 재판지 변경신청이 절실한 남부에서 이 조건은 거의 적용되지 못했다.[561] 연방대법원의 무어 판결은 바로 무어 사안과 동일한 사태들마저 종식시키는데 실패했다. 유죄판결에 대한 항소심 심리에 근본적인 변화를 가져오지는 못했던 것이다.

연방대법원의 유명한 스콧보로 소년Scottsboro Boys 사안에 관한 두 건의 판결은 법적인 영향은 컸지만, 마찬가지로 실무상의 효과는 적었다. 피고인은 두 명의 백인 여성을 강간한 죄로 기소된 흑인소년 9명이었으며, 피해 여성 두 사람은 성매매 혐의를 받고 있었고, 범죄 발생 장소는 테네시에서 앨라배마로 가는 화물열차였다. 검찰 측의 증거는 주로 피해자의 증언이었는데, 피해자 중의 한 사람은 제1차 공판 이후 증언을 철회했다(피해자의 거짓 증언 가능성은 충분했다. 성매매 목적으로 주 경계를 넘을 경우 연방법인 만 법 위반이 되기 때문이다). 피고인 중의 한 명에 대한 배심평결은 무효화되었다. 검찰이 구형하지 않은 사형을 일부 배심원들이 고집했기 때문이었다. 나머지 피고인들은 유죄평결과 함께 사형이 선고되었다. 무어 사안에서처럼, 군중들이 법원을 에워싸고 있었다. 역시 무어 사안에서처럼 피고인 측 변호사는 공판 개시 당일 아침에 선임되었으며, 변론을 준비할 시간조차 주어지지 않았다.[562]

연방대법원은 두 차례에 걸쳐 유죄 및 사형판결을 파기했다. 1932년 쏘웰 대 앨라배마Powell v. Alabama에서 대법관들은 사형 대상 사안에서 공판 당일 변호인을 선임한 조치는 적법절차에 반한다고 판단했다.[563] 주 법원에서 다시 유죄판결과 사형선고가 내려졌고, 이번에는 증인 중의 한 명인 루비 베이츠Ruby Bates가 이전 진술을 부인했다. 연방대법원은 1935년 노리스 대 앨라배마Norris v. Alabama 판결에서 재차 파기했다. 이 판결에서는 배심원 선정을 위한 지역주민 명부에서 흑인 주민이 배제되었다는 점을 근거로 들었다.[564] 장기간의 사건 진행과정을 거치면서 스콧보로 사안은 국제적인 관심을 끌었다. 노리스 판결이 선고될 당시 남부를 제외하고는 대부분의 여론은 피고인들이 무죄라고 보았다.[565] 그런데도 앨라배마 주 검사들은 기소를 고집했고, 앨라배마 배심원들 역시 고집스럽게 유죄평결을 내렸으며, 앨라배마 주 항소법원도 계속해서 유죄판결을 고수했다. 사형이 선고된 피고인 모두

집행은 면했지만, 상당 기간 구금형을 감수했다.[566]

　무어 판례처럼 포웰과 노리스 판례는 실체적으로 더욱 명백히 부당한 사안을 절차적 권리보장의 계기로 전환시켰다. 역시 무어 판례처럼 문제된 절차적 권리는 더 공정하고 더 정확한 재판을 보장하기 위해 설정되었다. 군중에 좌우되는 재판은 피고인의 유죄 여부에 대해 논의할 여지가 없고, 피고인 변호인은 재판 준비할 시간도 없으니 재판결과가 신뢰받을 수도 없으며, 피고인에 악의적인 사람들로 선정된 배심원들은 불공정한 유죄평결을 내리기 쉽다. 그런데도 문제된 절차는 불의를 바로잡는데 충분하지 않았다. 피고인들은 재심에서야 더 능력 있고 준비된 변호인들의 조력을 받을 수 있었다. 하지만 더 나은 변호사라 해도 두 번째, 세 번째 유죄판결 결과를 바꾸지는 못했다.[567] 무어 판례에서처럼 군중이 지배하는 재판을 저지하지도 못했고, 노리스 판례에서처럼 모두 백인으로 구성된 배심원 선정을 그치게 하지도 못했다. 남부에서 백인만으로 구성된 배심원은 거의 보편적이었고, 스콧보로 사건 이후 한 세대가 지나도록 일반적인 현상이었다.[568]

　포웰과 노리스 판례에서의 절차적 보장은 스콧보로 재판을 지배했던 흑인 차별 문제에 아무런 영향을 미치지 못했다. 포웰 판례에서 변호인의 조력을 받을 권리에 대한 판결은 내용이 추상적이다. 그래서 연방대법원이 해당 사안을 다루게 만들었던 불의한 흑인 차별 현실과는 동떨어져 보인다. 노리스 판결은 좀 더 나은 경우다. 배심원 선정이 흑인 차별에 근거하고 있다는 내용을 다룬다. 하지만 스콧보로 유죄판결의 원인인 흑인 차별 문제의 일부에 불과하다. 피해자의 증언만으로 강간죄 유죄판결이 내려지는 사안은 흑인 남성이 가해자, 백인 여성이 피해자인 경우가 유일했다. 성폭행에 대해 사형이 선고되는 일도 이런 경우뿐이다.[569] 이 두 가지 사실은 스콧보로 사안에 대한 두 건의 연방대법원 판결에서 고려되지 않았던 것이다. 스콧보로 판결에서 연방대법원의 심리는 빈약하고 형식적이었다.

하지만 포웰이나 노리스 판례가 실체적 정의에 대한 의식은 부족했다고 해도 중요한 장점은 하나 있었다. 두 판례는 일정 정도 지속적인 법 효력을 갖게 된 것이다. 포웰과 노리스 판례는 연방 헌법 권리장전상의 보장을 구체화했다. 주 법원에서 권리장전이 적용된다면, 두 판례를 통해 수정헌법 제6조의 "변호인 조력권"과 공정하게 선정된 배심의 재판을 받을 권리의 보장 조항을 직접 근거로 삼을 수 있게 된다.[570] 스콧보로 판례는 권리장전을 확대하여 주와 지방정부에 적용하는 1960년대 판결들의 시초가 된다.

네 번째 사안은 1936년 브라운 대 미시시피Brown v. Mississippi 판결이다.[571] 에드 브라운Ed Brown은 동료 소작농 두 명과 함께 백인 농장주 살인죄로 기소되었다. 지역 부보안관이 피고인들을 자백할 때까지 구타했다. 주 법원은 구타 사실을 인정했지만 "흑인에게 지나친 처사까지는 아니었다"고 보았을 뿐이다. 자백이 피고인에게 불리한 핵심 증거였다. 미시시피 주 대법원은 과거 고문에 의한 자백의 경우 백인을 살해한 흑인의 유죄판결을 파기하기도 했었지만, 에드 브라운 등 피고인에 대해서는 유죄를 확정했다. 연방대법원은 이를 파기하면서, 강요된 자백의 증거인정은 수정헌법 제14조 적법절차 조항 위반이라 판단했다.[572] (대법관들은 수정헌법 제5조의 강요된 자기부죄금지 조항을 원용했을 수도 있다. 하지만 제5조는 주에 대해서는 적용되지 않는다. 전통적인 법 해석에 따르면 자기부죄거부 특권은 법정절차에 적용될 뿐, 경찰 조사과정에는 적용되지 않는다.)[573]

브라운 판례는 간명한 사안이다. 드물게 생산적인 판례이기도 하다. 즉 이후 30년간 연방대법원은 피고인의 자백이 강요되었다는 주장을 받아들여 십수 건의 유죄판결을 파기하게 된다. 같은 시기 무어, 포웰, 노리스 판례의 영향을 받아 형성된 판례법보다 더 비중이 크다.[574] 그런데도 브라운과 유사한 사안들이 계속되었는데, 브라운 판례의 적용이 자백을 강요한 경찰관의 정직성과 주 법원 판사가 일차적으로 경찰관의 수사기법에 대해 어떻게 판단하는가에 달려 있었기 때문이다. 브라운 사안에서 부보안관이 고문사실을 부인했다면, 그리고 공판법관이 그 부인을 사실로 받아들였다면 연방대법원이 개입할 여지는 없었을 것이다. 피고인의 자백 외에는 다른 증거가 없는 상황에서 브라운 판례의 적용은 피고인과 이들을 체포한 경찰관 사이의 언쟁을 빚을 뿐이다. 언쟁 상황에서는 대체로 경찰관이 이기기 마련이며, 지금도 여전히 그렇다.

브라운 판례에 대해 언급할 만한 특징 두 가지가 더 있다. 첫째, 연방대법원의 기준에 따르면 공판법관은 모든 관련 정황을 고려해야 한다. 즉 피고인의 자의에 의한 자백이 피고인측 주장과 연관되어 있는지 여부와 관련된 모든 사항을 고려해야 한다. 브라운 판례는 경찰의 공정한 처우보장 기준에는 훨씬 못 미치지만, 판결 내용은 그러한 방향을 강조하고 있는 것으로 보인다. 둘째, 에드 브라운을 비롯한 피고인들은 자백을 하게 된 방식을 고려할 때 무죄가 분명했었지만, 연방대법원의 판결은 피고인의 유죄 여부와 무관하게 적용된다. 브라운 판례는 보강증거 없이 물리적 유형력에 의한(이후 연방대법원은 금지된 수사기법 목록에 심리적 압박도 포함시켰다. 심리적 압박은 피의자의 의지를 억압하는데 충분한 정도를 말한다)[575] 강요를 자백의 증거능력 부인으로 하지 아니한다. 강요된 자백은 증거능력이 부인된다. 그뿐이다. 브라운 판례에서 물리적 강제나 심리적 압박의 구분은 무의미하다. 모두 가혹한 처우로써 허위자백을 받은 경우다. 이후 브라운 판례의 자백강요 금지는 더 은밀한 형태의 강제에까지 확대 적용되면서 모든 형태의 강요된 자백은 금지된다.

다섯 번째 사안은 항소심 판단의 대상이 되지 아니하였다. 사건은 남부의 흑인 차별적 불문율을 몰랐던 자의 위반 행위로 시작되었다. 훼손된 사체와 무죄 석방, 그리고 잡지 기사로 사건은 끝을 맺었다.

1955년 7월 25일 에밋 틸Emmett Till은 14번째 생일을 맞았다.[576] 시카고에서 어머니와 함께 살고 있었던 틸은 생일 3주일 후 어머니가 휴가를 떠난 사이 미시시피 농촌지역에 사는 사촌을 방문하기 위해 멤피스 행 기차를 탔다. 틸은 155cm 정도의 작은 키였지만 80kg 가까운 체구여서 실제보다 더 나이 들어 보였다. 말도 노숙하게 하는데다가 당시 보통의 미시시피 흑인 주민들보다 훨씬 대담하게 행동했다. 8월 24일 토요일 틸과 친구들은 미시시피의 작은 마을 머니Money에 위치한 브라이언트 식품점 앞길을 배회하고 있었다. 젊은 백인 부부 로이Roy와 캐롤린 브라이언트Carolyn Bryant가 가게를 운영하고 있었다. 그 날 저녁에는 캐롤린 브라이언트와 로이의 제수인 주아니타 밀람Juanita Milam이 가게를 지키고 있었다.

틸은 십대 소년들끼리 허풍을 떨다가 사촌과 친구들(모두 9명이 있었다)이 가게 안에 들어가 캐롤린 브라이언트에게 말을 걸 수 있는지 내기를 걸었다. 미시시피 관습에 익숙지 않았던 틸은 내기에 응했다. 후일 캐롤린 브라이언트의 진술에 따르면 틸은 그녀의 팔을 잡고 데이트를 청했다. 그녀가 몸을 피하려 하자 앞을 막아서면서 허리를 붙들고 "무서워 말아요, 아가씨. 해치지 않을 테니까. 예전에도 백인 소녀랑 사귀어 봤어요."라고 말했다는 것이다. 당황한 틸의 사촌이 붙들어 가게 밖으로 끌고 나왔다. 일행과 함께 떠나는 중에도 틸은 캐롤린 브라이언트를 향해 휘파람을 불었다.

가게에서 일어난 사건을 알게 된 로이 브라이언트와 밀람의 남편은 에밋 틸을 혼내줘야겠다고 마음먹었다. 처음에는 그저 때려줄 생각이었다. 하지만 매를 맞는 틸의 태도에 적잖이 놀랐던 것 같다. 울지도 않고, 빌지도 않고 자신을 때리는 두 백인에게 시카고에 있는 백인 여자 친구에 대해 줄곧 말을 했다는 것이다. 격분한 두 남자는 더 가혹하게 구타하고는 총을 쏘았다. 틸의 목에 무거운 물체를 감고 사체를 탤러해차이Tallahatchie 강에 던져 버렸다.[577]

흑인 차별의 비극이 만연한 남부에서 틸의 피살은 전국적인 뉴스거리도 되지 못했다. 하지만 그 이후의 일은 전국에 알려지게 되었다. 먼저 틸의 시신이 발견되었다. 얼굴이 훼손된 상태여서 살해 전까지 참혹한 폭행이 가해졌음이 분명했다. 틸의 어머니는 세상이 분명히 보기를 원했다. 미시시피 관리들을 설득해 틸의 시신을 매장하기 위해 시카고로 보내도록 한 뒤, 두 남자가 훼손한 그대로 공개했다.[578] 이들 두 남자는 체포되어 살인죄로 재판을 받았다. 명백한 사안이었음에도 전원 백인으로 구성된 배심에 의해 무죄 석방되었다. 4개월 후, 두 남자는 잡지 인터뷰를 통해 추악한 사건 전모를 고백했다. 일사부재리 원칙에 의해 보호받은 이들은 여전히 자유였다.[579]

이는 마치 41년 뒤 O. J. 심슨이 공개적으로 자신이 전처와 로널드 골드만Ronald Goldman을 살해했으며, 살해 수법은 어떠했고, 기꺼이 살인을 저질렀노라 고백하는 일과 다름없다. 더 나쁜 점이라면 심슨은 어떤 섬에서노 국가나 지방정부 공무원이 아니었지만, 두 남자는 그렇게 행세했다는 사실이다. 사건은 남부의 흑인 차별적 관습을 어기면서 발단했고, 두 살인자가 처벌을 가함으로써 종결되었다. 살인자들은 공식적 지위를 갖지는 않았지만 에밋 틸 살해에 있어서 흑인 차별법의 경찰관이자 지방검사, 그리고 형 집행인이었던 것이다.

틸 살해사건과 그 이후 결과들은 흑인 차별 형사사법 말기의 두 가지 주요 측면을 보여준다. 첫째, 법절차는 여전히 철저하게 백인에 의해 지배되고 있었다. 로이 브라이언트와 밀람의 남편 재판은 지방정부가 아니라 지방 백인정부가 관장했다. 실제 놀라운 사실은 검찰 측 핵심 증인이 흑인 주민인 모세스 라이트였다는 점이다. 틸이 머물던 집주인으로 이들 두 남자가 틸을 잡으러 오자 만류했던 사람이다. 그로부터 몇 시간 뒤 틸은 살해당했다.[580] (또 하나 놀라운 사실은 로이 브라이언트와 밀람의 남편이 기소를 당했다는 점이다. 미시시피에서조차도 오래된 흑인 차별 규범이 쇠퇴하기 시작했음을 보여주는 사실이었다.) 둘째, 오랫동안 남부 법원, 관리, 그리고 전원 백인으로 구성된 배심원들은 흑인 범죄 피해자의 이해, 즉 백인 가해자들에게 고통받는 피해자들을 무시했다. 법원과 배심원, 경찰과 검사는 이들 두 남자에게 "법의 보호"를 보장해주기 위해 존재했다. 에밋 틸을 보호해줄 이는 아무도 없었다.

두 번째 측면이 중요하다. 일단 이들 두 남자가 무죄 석방된 후에는 두 사람이 범행을 시인했다 할지라도 어떤 정치인도, 항소심 법관도 평결을 뒤집을 수는 없다. 흑인 피해자 대상 범죄로서 기소되지 않는 많은 사안들에서도 마찬가지다. 일단 지방검사가 불기소를 결정하면 사안은 종결된다. 불기소처분에 대해서는 법원의 심사 대상이 아니다.[581] 불기소 결정은 전적으로 검사의 재량권일 뿐만 아니라 법 준수 여부를 감독하는 항소심 법관의 심리 대상도 아니다. 틸 사안에서 모든 전개과정이 전국민 앞에 공개되었다. 일간신문을 읽는 사람이라면 틸의 피살과 살인자들의 무죄 석방에 대해 알게 되었다. 하지만 공개되는 사건은 드물고, 지금도 여전히 그렇다. 일반적으로 항소심 법관(연방대법관을 포함)은 법원에 제소된 소송 사안의 극히 일부에 대해서만 알 수 있을 뿐, 항소심 단계에 이르지 못하는 더 많은 수의 사안에 대해서는 알지 못한다.[582] 극히 예외적인 경우 외에는, 법원은 아무도 체포되거나 기소되지 않는 많은 범죄들에 대해서는 알 수가 없다. 바로 이런 이유에서 연방대법원이 주도한 헌법적 규제는 형사 피고인의 권리보장을 목적으로 하였다. 형사절차법을 재구성하게 될 연방대법관들에게 틸과 같은 범죄 피해자는 여전히 눈에 띄지 않았다.

1960년대 들어서면서 형사사법 관련 헌법의 역할은 충분치 못한 형편이었다. 금주법 시대 압수 수색사안과 관련한 엄격한 규율은 연방경찰만을 통제했다. 지방경찰관과 검사들은 무어, 포웰, 노리스, 브라운 판례와 같은 좀 더 느슨한 규제의 대상이었다.

그리고 남부 "사법"은 전면적인 개혁이 필요해 보였다. 무어와 포웰 사안처럼 사형판결 대상 사건에서 공판 당일 피고인 국선변호인을 선임하는 일은 더 이상 일어나지 않았다. 하지만 남부 대부분 지역에서 비非사형판결 대상 사안에 국선변호인이 선임되는 경우는 매우 드물었으며, 이러한 관행에 대해 연방 헌법은 역할을 하지 못했다. 흑인 피고인 변호사는 적극적으로 피고인을 변호했다가 법조계에서 쫓겨나거나 그 이상의 불이익을 당하는 일도 종종 있었다.[583] 노리스 대 앨라배마 판결 이후에도 남부 전체와 북부의 다수 지역에서는 전원 백인으로 구성된 배심이 여전히 일반적이었다. 검사가 배심원 선정절차를 전략적으로 활용했기 때문이다. (배심 선정절차에서 검사와 피고인 측은 각각 배심후보 중의 일정한 수는 사유를 제시하지 않고 배척할 수 있다. 검사들은 종종 이를 통해 흑인을 배심원 후보에서 제외했다. 이 방법은 1986년까지 합법적이었다.)[584] 브라운 대 미시시피 사안과 같은 강요된 자백은 과거에 비해 드문 일이 되었다. 경찰의 전문화와 훈련이 강화되었기 때문이다.[585] 하지만 다른 형태의 간접적 강요는 남부와 북부 모두 여전히 일상적이었다.

이뿐만이 아니었다. 여러 지역에서 "무질서 행위"와 같은 실체 없는 범죄를 근거로 수개월 간의 구금형을 처분하는 일이 일상적이었다. 당국이 보기에 거칠고 불쾌한 행동들이 대상이었다. 일부 지역에서는 무질서 행위 처벌을 더 중한 범죄 혐의를 입증하지 못하는 경우 저인망식 체포의 구실로 삼았다.[586] 피고인들에게는 공판기록을 청구할 경우 수수료를 내도록 함으로써 사실상 가난한 피고인들의 항소기회를 막았다. 1960년까지 이러한 관행은 헌법적으로 허용되었다. 1956년에야 가난한 피고인들에게 무료로 공판기록을 제공하도록 의무화되었다.[587]

주법에서는 이러한 문제들의 일부는 이미 해소되었지만 충분치는 못했고, 더구나 남부는 예외였다. 문제를 해결하고자 했던 연방법관과 연방대법관들에게 연방 헌법은 실천적 문제로서의 법원칙을 의미했다. 즉 수정헌법 제14조의 적법절차, 평등보호조항, 그리고 다수의 권리장전 상의 조항이야말로 법적 개혁의 가장 분명한 수단이 되었다.

3. 가지 않은 세 갈래 길

개혁은 어떠한 형태로 수행되는가? 이 물음은 각각 세 가지 문제로 나뉜다. 실체적 문제와 절차적 문제다. 연방대법원이 입법자의 범죄화 권한을 제한할 수 있는가, 아니면 연방 헌법 문언대로 대법관은 절차적 문제에 초점을 맞추어야 하는가? 평등한 보호와 적법절차의 문제다. 대법관은 차별방지 규칙을 새롭게 규정할 것인가, 아니면 연방대법원이 가난한 피고인, 흑인 피고인에 대한 영향을 고려하지 않고 관련 절차의 문제를 바로잡아야 하는가? 마지막으로, 권리장전에 근거한 규칙일 것인가, 아니면 적법절차에 기반한 기준일 것인가의 문제다. 워렌 대법원장의 연방대법원은 연방 사안에 적용된 규칙, 즉 수정헌법 제4조, 제5조, 제6조에 근거한 규칙을 택할 것인가, 아니면 무어나 브라운 판례에 적용된 적법절차 조항을 확대할 것인가? 워렌 대법원의 답은 분명해 보인다. 연방대법원은 절차에 초점을 맞추고, 평등한 보호는 대체로 다루지 않되, 권리장전 상의 규칙은 인정한다. 지금 시점에서는 명백해 보이지만 당시에는 분명치 않았다.

연방대법원이 곧바로 이러한 입장을 취한 것은 아니었다. 워렌 대법원 시기 세 건의 주요 판결, 1957년 램버트 대 캘리포니아Lambert v. California, 1962년 로빈슨 대 캘리포니아Robinson v. California, 1965년 그리스볼드 대 코네티컷Griswold v. Connecticut에 따르면 실체적 측면이 절차적 측면보다 우위에 있다고 본다. 램버트 사안에서 피고인은 중죄 전과자는 경찰에 등록하도록 규정한 지방조례를 위반했다. 피고인은 해당 조례의 내용을 몰랐기 때문에 등록을 못했다. 연방대법원은 피고인에게 처벌 대상이 된 범죄에 대해 적절히 고지하지 못했다는 이유로 유죄판결을 파기했다.[588] 로빈슨 판례는 마약중독을 범죄화한 주법에 대해 위헌을 선언했다. 중독은 일종의 상태이지 자의적으로 선택한 행동이 아니기 때문이다.[589] 세 건의 판결 중 가장 널리 알려진 그리스볼드 판결에서는 피임약 판매를 금지한 코네티컷 주법에 대해 위헌이라 판단했다.[590] 이후 *그리스볼드* 판례는 사생활의 권리의 기초가 되어 현재 (제한적으로) 낙태와 합의한 성인 간의 성적 자유는 형사처벌로부터 자유로운 권리로서 인정되고 있다.[591]

램버트 판례는 형사책임에 대한 놀라운 제한으로 발전할 수도 있었다. 현대 형법전의 광범위함을 고려해본다면 대단한 영향일 수 있다. 로빈슨 판례는 마약 구매와 소지에 대한 형사책임을 크게 제한할 수 있었다. 그럼으로써 마약 관련법이 마치 현대판 금주법처럼 보이는 현실을 개선할 수 있었다.[592] 그리스볼드 판례는 헌법적 사생활보호 원리로 발전하여 일상적 의미에서 '사적인' 행동, 또는 타인에게 아무런 직접적 해악을 끼치지 아니하는 자신의 사적 공간 내 행동에 대한 형사처벌을 금지하는 원리가 될 수 있었다. 하지만 이들 판례들은 그러한 역할을 하지 못했다.[593] 대신 연방대법원은 형사사법에 관한 헌법을 더 협소하게, 덜 유용하게 형사절차의 헌법으로 만들어 버렸다.

마찬가지로 또 하나의 법적 길도 가지 않았다. 1956년 그리핀 대 일리노이Griffin v. Illinois 판결은 평등한 법적보호 조항을 원용해 가난한 피고인들이 항소할 경우 무료로 소송기록을 제공하도록 했다.[594] 1963년 더글러스 대 캘리포니아Douglas v. California 판결은 평등한 법적보호 조항에 근거하여 가난한 피고인들에게 주 정부가 변호사를 선임하도록 의무화하였다.[595] 이들 판결은 가난한 형사 피고인들에 대한 불이익을 강력히 금지하는 기초를 만들 수 있었다. 하지만 관련 법률은 존재하지 않는다. 오늘날 주 법원에서 보석금을 내지 못하는 피고인들은 구치된다. 즉 법정 출석을 보장할 만한 필요한 많은 돈을 지불할 능력이 없기 때문에 미결구금의 대상이 된다. 차별적인 보석 체계는 공판에서 보석 상태의 피고인보다 보석금을 내지 못해 구치된 피고인이 유죄판결을 받을 가능성이 높은 데도 불구하고 유지되고 있다.[596] 인종차별 항변도 받아들여지기 어렵다. 1965년 스웨인 대 앨라배마Swain v. Alabama 사안에서 배심원 후보 중 흑인 6명 모두가 검사의 배심원 배제 청구에 의해 배제되었다. 해당 사안은 흑인 피고인이 백인 여성을 강간한 경우로서, 전원 백인으로 구성된 배심원에 의한 재판이 평등한 법적보호 조항에 위반되지 아니한다는 판결이다.[597] 워렌 대법원의 형사절차 원칙은 적법절차를 근거로 삼았지만, 평등한 법적보호는 아니었다.

적법절차 원칙은 권리장전으로부터 발전했으며, 1960년대 이후 연방대법원은 권리장전이 수정헌법 제14조 적법절차 조항에 "통합incorporated"되었다고 보았다.[598] 결과적으로 형사절차법은 1966년 미란다 대 애리조나Miranda v. Arizona 판례[599]상의 유명한 미란다 고지 등 다수의 규칙을 두게 되었다. 무어 대 뎀프시 판결, 브라운 대 미시시피 판결에 적용되었던 '모든 정황을 고려할 때consider-all-the-circumstances'라는 기준의 적용은 점점 드물어졌다.[600] 무어와 브라운 판례는 피고인에 대한 공정한 처우를 경찰 단계뿐만 아니라 형사절차 일반요건화 하는 계기가 될 수 있었다. 이 요건은 적법절차 조항으로부터 발전된 경우가 아니다. 미란다 판례가 근거다.

연방대법관들이 주 법원의 형사사법에 대한 헌법적 규제의 길을 가지 않은 이유가 무엇일까? 램버트, 로빈슨, 그리스볼드 판례에서처럼 적극적인 실체법 심리를 고려해본다면 올바른 답을 찾기 어렵다. 해당세 건의 판례는 현행 복잡한 절차법 대신 실체적 헌법이 법적으로 가능하다는 점을 보여주었다. 이는 무엇보다도 연방 헌법의 문언과 더 관련이 있는 문제일 것이다. 즉 적법절차 조항의 문언에 "절차process"가 포함되어 있고, 권리장전 역시 명백히 절차에 초점을 맞추고 있다. 연방 헌법은 형사실체법을 염두에 두지 않았던 것이다. 유감스러운 일이 아닐 수 없다.

가지 않은 다른 두 길과 관련해서 사정은 더 복잡하다. 하지만 더 흥미롭다. 먼저 무어나 브라운 판례에서의 적법절차 원칙 원용방식을 고려해 본다면, 적법절차와 관련해 자의적 자백이 아닐 경우 증거 배제된다는 요건의 내용은 모호하면서도 비어 있다. 적어도 브라운 사안처럼 신체적 고문 사례가 아닌 경우가 그러하다. 바로 이러한 이유에서 연방대법원은 과거의 자의성 기준을 미란다 판례상의 규칙들로 대체하였던 것이다. 하지만 자의성 개념의 내용을 비워둔 것은 주로 피고인의 진술과 수사관의 신문에서 법적 기준을 적용하기 위한 증거상 효용이기도 하다. 더 나은 증거를 위해서 더 정확한 사실조사를 요구할 것이며, 이는 다시 법원칙의 더 나은 적용을 의미하게 된다. 이 같은 바람직한 전개는 전적으로 가능하다. 가장 필요한 요건은 수사과정을 녹화하여 판사 자신이 관련자의 행위를 보거나 들을 수 있게 하는 것이다. 미란다 판례는 경찰수사를 적절히 규제하기 위해 규칙이 필요하다는 전제 위에 서 있다. 실제로는 더 많은 사실이 필요하다. 미란다 판례는 사실문제를 불분명하게 내버려둔다.

1960년대 존재하지 않았지만 현실화될 수 있었던 평등한 법적보호 조항의 경우도 마찬가지다. 워렌 대법원의 마지막 형사절차 관련 판결 중의 하나가 그 핵심을 잘 보여준다. 1968년 던컨 대 루이지애나Duncan v. Louisiana 판결이 그것이다.[601] 1966년 가을 19세의 흑인 청년 게리 던컨Gary Duncan은 정규 직장에 다니며 가족과 함께 살고 있었다.[602] 던컨은 루이지애나 플라크민즈Plaquemines 카운티에 거주했으며, 그의 12세 사촌과 조카는 신설된 흑백 통합 공립학교에 다니고 있었다. 던컨은 차를 운전하고 지나다가 두 소년이 등굣길에 비슷한 또래의 백인 급우 네 명과 다투는 장면을 보았다. 싸움의 결과는 뻔해 보였다. 던컨은 차를 세우고 사촌과 조카에게 차에 타라고 했다. 백인 소년들 중의 하나인 허먼 랜드리Herman Landry가 던컨에게 소리쳤다. "네가 강한 줄 아나보지." 그러자 던컨은 랜드리의 팔꿈치를 치면서 집에 가라고 말했다. 현장을 본 사람이라면 손을 살짝 댔다고 했을 것이다. 싸움을 막은 던컨은 사촌과 조카를 태우고 집으로 돌아왔다.[603]

쳤다고는 하지만 아무런 자국도 남지 않았다. 그런데도 던컨은 "단순 폭행simple battery" 죄로 기소되었다. 법적 정의에 따르면 단순 폭행은 "피해자의 동의 없이, 위험한 흉기를 휴대하지 아니한 폭행"이다.[604] 루이지애나 법은 전통적으로 "폭행"을 "타인에 대한 의도적인 유형력 또는 폭력의 행사"로 정의한다. 유형력과 폭력이 아니라 유형력 또는 폭력이라는 문구에 주목해야 한다.[605] 동 죄에 대하여는 2년 이하의 구금형 및 300달러의 벌금형에 처해진다.

던컨 사안의 사실 관계에 따르면 기소는 부당하다. 이성적인 검사라면 피해자의 팔 부위를 살짝 쳤다는 혐의사실만으로 폭행죄 기소를 고려하지 않을 것이다. 지방검찰은 던컨이 허먼 랜드리를 상처 입혔다는 이유가 아니라, 백인에게 명령을 했다는 이유로, 그리고 예전 백인 전용학교에 자신의 흑인 친척들이 다니게 되었기 때문에 흑인 소년들을 맞지 않도록 도와주었다는 이유로 처벌하고자 한 것이다. 상식적으로는 부당하지만, 법적으로 폭행죄 기소가 불가능하지는 않다. 던컨은 명백히 랜드리의 팔에 의도적으로 접촉하였다. 이 접촉행위는 폭력에는 전혀 못 미치지만 약한 형태의 유형력 행사에 해당될 수는 있다. 19세의 청년이 12세의 소년에게 싸우지 말고 집으로 돌아가라며 신체적인 접촉을 수반했다는 사실, 특히 흑인 남성이 백인 아동을 강제했다면 루이지애나 주의 폭행죄 법규에 충분히 해당될 만한 범죄가 되는 것이다. 광범위한 범죄 개념을 고려하면 기소의 문제점은 법적 문제가 아니다. 그보다는 지방검사가 순전히 형식적인 범죄 혐의를 이용해, 백인 남성이 했다면 무시했을 행동이었을 던컨의 행위를 처벌하려는데 문제가 있었다. 에밋 틸을 살해한 자들은 무죄 석방될 수 있었지만 게리 던컨은 백인 아동에게 집에 가라면서 감히 몸에 손을 대었다는 이유로 대가를 치러야 했다.

던컨의 변호인은 배심재판을 청구했지만 기각되었다. 루이지애나 주에서 배심재판은 중죄 사안에만 해당되며, 폭행은 경죄다. 던컨은 일반 재판에서 유죄가 인정되어 구금형 2개월과 벌금 150달러를 선고받았다. 루이지애나 주 대법원은 던컨의 항소를 기각했다.[606]

이 사안은 연방대법원에 제소되었고, 연방대법관들은 원심을 파기했다. 화이트 대법관이 집필한 다수의견에 따르면 수정헌법 제6조 상의 배심재판을 받을 권리는 연방법원뿐만 아니라 주 법원에도 적용된다고 판시하였다. 따라서 던컨의 경우를 포함, 법정형 6개월 이상의 범죄로 재판받는 모든 피고인은 배심재판을 받을 권리가 인정된다. 하지만 던컨은 배심재판을 받지 못했다. 연방대법원 판결 직후 루이지애나 주 의회는 폭행죄 법 규정을 개정하여 법정형 상한을 6개월로 낮추었다. 이에 따라 지방검사는 던컨을 주 법원 일반 재판에 재기소할 수 있었다.[607]

분명 좀 더 나은 법적 구제수단이 필요했다. 적어도 이론상으로는 가능한 방법이 하나 있었다. 비슷한 상황에서 백인이었다면 던컨과 같은 일을 당하지 않았을 것임은 너무나 명백해보인다. 하지만 명백해보이는 것과 사실관계의 입증은 다른 문제다. 플라크민즈나 루이지애나 다른 지역 어디서도 폭행사건과 관련 사실의 상세한 기록을 남기지 않았다. 1970년대 대부분의 지역에서 폭행사건 기록을 보관하지는 않았다. 오늘날도 보관하는 경우는 드물다. 흑인과 백인에 대한 차별적 처우의 정도는 추정할 수밖에 없다. 사법기관은 무엇보다도 중요한 의미를 갖는 헌법적 판단의 구속력이 실현될 수 있는 최소한의 통로다.

증거의 부재는 해결 가능한 문제였다. 지금도 그렇다. 법원은 주 및 지방 정부에 대하여 형사소추된 사건기록의 보관을 명할 수 있다. 여기에는 공식적 기소뿐만 아니라 기소 근거 사실의 기록도 포함된다. 이러한 기록이라면 던컨 사안에서의 진실 입증이 가능해진다. 즉 던컨의 행동이 다른 폭행죄 유죄 사안과 다른지를 알 수 있다. 이러한 기록이 없다면 던컨과 같은 사안에서 평등한 법적보호의 주장이 어렵다.

　이런 이유로 워렌 대법원은 던컨 사안과 대부분의 다른 형사절차 관련 사안에서 평등한 법적보호 조항을 원용하지 아니하였다. 1960년대 이후 법적 보수주의자들은 당시 연방대법원이 급진적이고, 대법관 개인적 선호에 따라 판결을 내렸다고 비판해왔다. 이러한 비판은 대상을 잘못 잡은 것이다. 워렌 대법원의 판결들이 그렇게 보였다면, 부분적으로는 헌법 개혁에 대한 접근방식이 법적이기보다는 직관적이었고, 부분적으로는 대법관들이 당대의 상식보다 훨씬 보수적이었기 때문이다. 던컨 사안에서 평등한 법적보호에 대한 판단을 내렸었다면 훨씬 혁신적인 연방대법원 판결이 되었을 것이다. 연방대법원 판결이 미칠 수 있는 영향을 뛰어넘을 수 있는 잠재적 성과도 있었을 것이다. 루이지애나 의회가 연방대법원의 판결을 아무렇지도 않게 무력화시킨 사실을 주목해본다. 연방대법원이 던컨에게 "평등한 법적 보호"가 부인되었음을 인정했다면, 그 같은 무력화는 가능하지 않았을 것이다. 연방대법원의 판결은 너무 보수적이고, 법적으로 창의적인 형태의 사법심사보다 전통적인 배심의 권리에 의존했기 때문에 별다른 성과를 거두지 못했다. 새로운 형태의 입법으로서 더 효과적이라는 점을 입증할 수도 있었다. 남부 재건 시대처럼, 남부 흑인 차별에서도 마찬가지다. 법은 차별적인 형사사법을 종식시킬 것을 약속했지만, 약속은 완수되지 않은 채로 남아있었다.

제8장

얼 워렌의 실책

누군가 벌을 면할 수 있다면, 모두가 벌을 면케 될 수밖에 없다.
— 법무장관 니콜라스 카젠바흐Nicholas Katzenbach, 경찰 수사과정에서
가난한 피고인에게 국선변호인을 제공하는 정책 방안을 비판하면서(1965)

왜 범죄 피의자에게 변호사를 둘 수 있게 도와서는 안 된다는 겁니까? 변호
사가 위험하기라도 합니까?
— 대법원장 얼 워렌, 미란다 대 애리조나 구두변론 과정에서의 질문(1966)

우리의 도시는 해가 지면 정글 같은 길거리가 된다.
— 로널드 레이건, 캘리포니아 주지사 선거운동 연설(1966)

얼 워렌 대법원장이 20세기 후반의 특징인 기혹한 범죄정치의 등장을 도왔다는 사실은 잘 알려지지 않은 역사의 아이러니들 중의 하나다. 얼 워렌은 양당의 지지 속에 캘리포니아 주지사를 지낸 진보적 공화당원이었으며,[608] 이후 연방대법원장으로 재임하는 동안 흑인들의 민권보호와 모든 국민들의 자유를 확대하는데 헌신했다. 워렌과 동료 대법관들은 덜 정치적이면서, 형사 피고인의 권리와 이익은 좀 더 보장하는 국가 형사사법 체계를 추구했다. 헌법적 권리의 확장을 통해서 중상류층 백인의 이익을 지켜주기 위해 빈곤층과 흑인을 피해자로 만드는 가혹한 범죄정치에 맞서 피고인을 보호하고자 했다. 하지만 다른 형사사법의 경우들처럼 종종 의도치 않은 결과들이 본래 의도를 삼켜버렸다.

시기적 상황이 좋지 않았던 것도 부분적인 원인이었다.[609] 1961년부

터 1969년까지 일련의 기념비적 판결에서 워렌의 연방대법원은 주 및 지방 법집행에 관하여 새로운 절차적 한계를 설정하였다. 헨리 프랜들리Henry Friendly 판사의 말에 따르자면, 대법원은 형사절차에 관한 새로운 헌법을 제정한 셈이다.[610] 1961년 교도소 수형자 수는 북동부와 중서부 지역에서 이미 감소하고 있었지만, 해당 지역 도시들의 폭력범죄율은 증가하고 있었다. 1960년대 중반까지 이러한 추세는 미국 전역으로 확산되었다. 단기적으로 연방대법원 판결들은 형사법 집행과 소송의 비용을 상승시켰다. 가격이 오르면 소송은 줄어든다. 이는 (아마도) 범죄는 여전히 증가하는데 형사처벌은 그래도 줄어들게 된다는 의미다. 더구나 절차에 초점을 맞춘 연방대법원 판결은 일단 유권자들이 더 강경한 법집행 실무를 요구하게 될 경우 쉽게 공격의 대상이 된다. 당연히 결백한 피고인의 유죄판결을 파기하는 결정과, 몇 가지 절차적 오류로 인해 분명히 유죄인 피고인에게 무죄를 선고하는 결정은 엄연히 다르다. 게다가 판결의 시기적 상황 때문에 유권자들의 급등하는 비판을 피하지 못했다. 범죄는 급증하고 처벌은 급감하는 시기에 형사 피고인의 권리를 확장시켜준 법원은 정치적 역풍을 불러왔다. 길거리 범죄에 대해 엄벌로 대응하는 정치가 전국적으로 여러 세대 동안 계속되는 결과를 가져왔다. 또한 얼 워렌과 전혀 다른 캘리포니아 공화당원 로널드 레이건 같은 정치가들의 등장을 가능케 했다. 따라서 워렌 식의 법원칙은 오히려 레이건 식의 정치를 부추겼다.

워렌 시기 연방대법원의 문제는 새로운 절차적 보장, 폭력범죄율의 증가, 구금률 감소의 우연한 결합 그 이상이다. 워렌 대법원의 형사절차 원리는 두 가지 주요 과제를 목표로 하였다. 첫째, 연방대법원은 가난한 피고인들이 주 정부의 재정 지원으로 경찰수사, 공판과 항소 단계에서 국선변호인의 조력을 받을 권리를 확대하고자 하였다.[611] 둘째, 워렌 대법원장과 동료 대법관들은 피고인 변호인에게 새로운 역할을 부여했다. 검사의 주장을 반박하거나 기소사실에 대한 변론을 수행하는 일이 아니라, 연방대법원의 새로운 절차적 권리를 실현하는 역할이다. 새로운 절차적 권리의 일부는 사법체계로 하여금 결백한 피고인과 유죄인 피고인을 좀 더 잘 분별하도록 하기 위해 보장된 것으로 판단된다.[612] 하지만 단지 일부일 뿐이다. 연방대법원의 형사절차 관련 가장 영향력 있는 판결인 1961년 맵 대 오하이오Mapp v. Ohio와 1966년 미란다 대 애리조나는 서로 다른 결과를 가져왔다.

맵 판결에서는 불법수색을 통해 수집한 증거의 사용을 금지했다. 이 판례는 연방법원에서만 적용되었지만, 현재는 모든 형사 사안에 적용된다.[613] 미란다 판결은 피의자에 대하여 경찰 신문과정에서 변호인의 조력을 받을 권리를 보장했다.[614] 경찰 신문에서 변호인의 최우선 업무는 의뢰인의 입을 다물게 하는 일이다. 변호인의 조력권을 실행하는 변호인들은 의뢰인의 결백을 입증할 증거를 제시하기보다는 유죄 증거를 숨기는 역할을 했다. 다른 장점들이 있을지 몰라도 이런 식의 변호 실무는 사법체계의 핵심적 임무, 즉 처벌이 마땅한 피고인들과 그렇지 않은 피고인들을 분별하는 일을 더 어렵게 했다. 이는 제임스 매디슨의 권리장전이 규정한 형사절차의 문제일 뿐, 존 빙엄의 수정헌법 제14조가 규정한 형사절차의 문제가 아니다.

맵 판결, 그리고 특히 미란다 판결은 상당한 장점이 기대되었다. 부자와 빈자 사이의 평등을 증진할 수 있었다. 부자들이 경찰수사에 응하면서 법적 조력을 받을 수 있다면, 가난한 피의자들도 같은 권리를 누려야 한다. 앞서 인용한 니콜라스 카젠바흐 법무장관은 이런 견해를 웃음거리 삼았다. 하지만 카젠바흐가 몰랐던 사실이 있다. 변호인의 역할을 이전보다 더 형사소송의 핵심에 위치시킴으로써, 그리고 피고인을 대신해서 제기할 수 있는 법적 주장 범위를 극적으로 확장시켜줌으로써 워렌의 연방대법원은 오히려 부유한 피고인과 가난한 피고인들 사이의 격차를 더 벌렸다. 그리고 20세기 중반 미국의 인종에 따른 빈곤상태를 고려해보면, 흑인 피고인과 백인 피고인들 사이의 격차도 너 크게 만들어 버렸다. 피고인 변호인의 질과 활동시간이 어느 때보다 중요해진 만큼 더 유명한 변호사를 고용하고, 더 많은 시간 일하도록 보수를 지급할 수 있는 피고인은 이전보다 더 이득을 보게 된 것이다. 상대적으로 보면 가난한 피고인들은 이전보다 더 피해를 입게 된다. 연방대법원이 더 평등한 사법체계를 위해 노력할수록 더 불평등하게 된 것이다.

1. 연방대법원이 택한 길

워렌 시기 연방대법원 형사절차 원칙의 핵심 이념은 증거와 관련된다. 즉 경찰관이 증거를 수집하는 방식, 그리고 법정에서 피고인에게 불리한 증거로 사용될 수 있는 증거의 유형이 그것이다. 대부분 핵심

이념은 권리장전에 근거한다. 수정헌법 제4조의 "부당한 압수 및 수색" 금지, 제5조의 자기부죄 금지, 제6조의 "변호인 조력권" 및 반대신문권 보장이 그것이다.[615]

여기에는 좀 더 낯선 사실이 있다. 강제 자백의 경우를 제외하면, 1960년대 이전까지 증거법은 연방대법원의 주된 관심사가 아니었다. 이러한 태도가 변화해야 할 명백한 이유는 없었다. 더구나 1960년대 들어서면서 사법체계가 당면한 핵심 문제는 남부에서의 차별적 사법과, 북부의 가난한 흑인 피고인들을 위한 "법적 보호"의 보장 실패, 부랑자를 "범죄"로 만드는 책략의 전국화 현상, 가난한 피고인들을 위한 사법체계의 부실 문제였으며, 이들은 권리장전 상의 법적 의제와는 별 상관이 없었다. 형사절차법이 권리장전에 근거를 둔 점은 권리장전 자체의 장점보다는 수정헌법 제4조, 제5조, 제6조에서 개별 법 규칙을 도출해낼 수 있다고 보았기 때문이다. 무어 판례나 브라운 판례에서처럼 공허한 기준을 적용한 경우와는 다르다. 법 규칙의 내용은 사후 고려된 것으로 보였다.

돌리 맵Dolly Mapp의 사례는 다음과 같다. 맵은 클리블랜드에서 하숙을 운영하는 흑인 여성이다. 경찰은 맵이 불법도박장 운영의 공범이라고 보았다. 혐의사실에는 경쟁 도박업자들 간의 싸움 중에 일어난 폭발사건의 범인을 은닉시켜 주었다는 내용도 있었다. 맵의 하숙집을 수색하기 위해 찾아온 경찰관 중 한 명이 수색영장으로 보이는 문서를 보여주었다. 맵은 문서를 낚아채 자신의 블라우스 안에 집어넣자, 경찰관은 손을 뻗어 다시 빼앗아왔다. "영장" 자체는 이후 소송과정에서 한

번도 제시되지 않았다. 문제는 영장이 애초부터 존재하지도 않았다는 사실이다.[616]

경찰이 수색을 진행했지만, 도박장비나 폭발사건 범인은 찾지 못했다. 지하실 트렁크에서 찾아낸 음란서적 세 권이 전부였다. 그래서 맵은 결국 음란물소지죄로 기소되어 유죄판결을 받았다. 연방대법원에 제소한 변호인이 제기한 논점은 음란물의 개인적 소지를 금하는 주 법률이 수정헌법 제1조에 부합되는지의 여부였다. 대법관들은 8년 뒤 다른 사안에서야 맵의 주장을 지지하는 판결을 내렸다. 1961년 맵 대 오하이오 판결에서, 연방대법원은 다른 방식을 택했다. 즉 수정헌법 제4조를 주와 지방경찰에 적용했다.[617] 경찰은 돌리 맵의 하숙집을 수색하기 위해 영장을 갖추어야 했지만 영장이 없었기 때문에 수정헌법 제4조를 위반했으며, 따라서 음란서적은 증거로 인정할 수 없고, 따라서 맵에 대한 유죄판결은 정당화할 수 없다.

맵 판례는 두 가지 큰 영향을 미쳤다. 첫째, 형사소송의 많은 부분이 형사 피고인의 행태가 아닌 경찰관의 행동과 관련이 되도록 했다. 이러한 형사소송의 변화는 더 나은 방향으로 나아가지는 않았다. 변화의 정도는 시간이 흐른 뒤에야 분명해졌다. 1960년대 형사소추 건수가 실질적으로 감소하고 있었을 시기,[618] 사법체계에 역량의 여지가 남아 있었기 때문에 새로운 과제의 수용은 제한된 비용으로 가능했을 것이다. 1970년대 중반 형사소추 건수가 급증하기 시작하면서는 더 이상 그렇지 못했다. 경찰관, 검사, 피고인 측 변호사 등 사법체계의 모든 주요 주체들이 가능한 역량의 여지가 없는 상태에서, 수정헌법 제

4조 원리의 실현에 더 관심을 두게 된다는 것은 피고인의 행동이나 의도와 같은 더 중요한 문제에 덜 주의를 기울이게 된다는 의미다. 설사 그렇지 않다 하더라도, 위법수집증거의 배척은 특히 경찰에 대해서는 무력한 제재였다. 왜냐하면 경찰관은 피고인에 대한 증거가 배척된다 해도 잃을 것이 없었기 때문이다. 대부분의 형사소송은 계주와 비슷하다. 경찰은 용의자를 인지하고 수사하여 체포해서는 검사에게로 넘겨버린다. 증거배제법칙은 계주의 마지막 주자를 벌한다. 경찰의 과실로 피해를 보는 사람은 검사와 시민들이다.

연방대법원은 경찰의 불법행위에 대해 다른 구제책을 택하는 편이 나았을 것이다. 몇 년 뒤, 상이하고도 분명히 더 나은 구제책인 기관명령institutional injunctions이 등장했다. 즉 법원명령으로 압수 수색절차 위반이 잦은 경찰관이 속한 경찰기관에 대하여 관련 절차 개선을 명하는 것이다. 이는 연방대법원이 1960년대 후반 학교 인종분리정책 폐지 명령을 집행하고, 1970년대와 1980년대 교도소 여건개선을 명령할 때의 접근방식과 유사하다.[619] 당시 사안들에서 대법관과 연방법관들은 일반적으로 개별 정부관리를 처벌하기보다는 정부기관들로 하여금 필요한 개혁조치를 취하도록 강제하는데 목표를 두었다. 법원명령은 인종분리 학교가 대부분인 지역에서 흑백 아동들이 같은 학교에 다닐 수 있도록 강제버스통학 계획busing plan을 채택할 것을 요구했다. 교도소 관리들에게는 과밀수용문제를 경감하기 위해 시설을 증축할 것을 요구했다. 유사한 명령은 지방경찰기관의 부당한 행태에 대해서도 부과되었다. 경찰관이 총기를 지나치게 남용할 경우 무력사용과 관련한 훈련강화를 명할 수 있다. 가두검문이 흑인이나 히스패닉 계에 차별적으로 집중될 경우라면 용의자 선별과 관련한 훈련 및 감독강화를 명할 수 있다. 하지만 1961년 당시 연방대법원에게는 기관명령이 가능한 수단이 아니었다. 맵 사안은 십여 년이나 너무 앞서 일어났다.

맵 판례의 두 번째 영향은 지방경찰관 관련법의 특성에서 나타난다. 굴드Gouled 판례상 "단순 증거mere evidence" 규칙, 레프코비츠Lefkowitz 판례상 수색과정에서의 체포에 대한 제한, 스그로Sgro 판례상 영장재발부 금지와 같은 원칙들은 과거 연방관리만 구속했지만, 맵 판례로 인해 이제는 지방경찰의 일반 수색에도 적용된다. 맵 판례 이전까지 압수 수색 관련법은 지방경찰 활동에서 큰 역할을 못했지만, 이후로는 상황이 달라졌다. 연방대법원은 여기서 더 나아갔다. 1964년 벡 대 오하이Beck v. Ohio 판결은 맵 판결처럼 클리블랜드 도박수사사건과 관련된다. 연방대법원은 증거배제법칙을 불법 수색뿐만 아니라 불법 체포에도 적용하였다.[620] 불법성이 경미할지라도 불법적 체포 이후 단계에서 진행된 수색에서 나온 모든 증거는 증거능력이 부인된다는 것이다. 연방대법원은 올름스테드 판결을 파기한 1967년 캇즈 대 연방Katz v. US 판결에서 공중전화에 설치한 도청장치도 수정헌법 제4조 상의 "수색"에 해당되므로 상당한 사유와 영장이 요건이라고 판시하였다.[621] 캇즈 판례는 물리적 침범이 없는 수색의 경우에도 수정헌법 제4조 상의 시민의 권리를 침해할 수 있다는 의미다. 1968년 테리 대 오하이오Terry v. Ohio (역시 클리블랜드 사건이다) 판결은 가두검문은 경찰이 해당 용의자가 범죄행동에 연관되었다고 믿을 만한 상당한 사유가 있을 경우, 그리고 용의자의 겉옷 위로 더듬는 형태의 수색은 무기를 소지했을 것이라 믿을 만한 상당한 사유가 있을 경우에 한하여 허용된다고 판시하였다.[622] 테리 판례는 과거 규제 대상이 아니었던 길거리에서 경찰의 시민에 대한 조치를 규제하는 광범한 법제정의 연원이 되었다.[623] 백 판례와 테리 판례는 함께 주 및 지방 경찰의 체포와 수색에 대한 수정헌법 제4조에 기한 규제의 대폭 확대를 가져왔다. 캇즈 판례는 연방, 주 및 지방 수사관의 수색에 관한 규제를 확대시켰다.

이들 판례는 피의자에게 불법 압수된 증거를 배척하는데 필요한 주장을 제기하고, 이 주장이 제대로 받아들여지지 않을 경우 다시 유죄판결 이후 항소할 수 있는 변호인이 있을 때만 효력을 가질 수 있다. 연방대법원은 국선변호인의 조력을 받을 권리 보장을 극적으로 확대시켰다. 1963년 기드온 대 웨인라이트Gideon v. Wainwright 판결은 가난한 피고인에게 중죄 사건에서 변호인의 조력을 받을 권리를 보장하였다. 이후 구금형 대상이 될 수 있는 경죄 사건에까지 확대되었다.[624] 기드온 판례는 주로 남부에서 의미가 있었다. 다른 지역에서는 중죄 사건에서의 국선변호인은 이미 정착되어 있었다. 같은 날 또 하나의 판결이 더 중요하다. 즉 1963년 더글러스 대 캘리포니아Douglas v. California 판결은 가난한 형사 피고인에게 항소심에서 국선변호인의 조력을 받을 권리를 보장하였다.[625] 맵 판례의 증거배제법칙은 피고인 측 변호인으로 하여금 점점 더 엄격한 압수 수색 기준을 지방경찰에게 요구하도록 하였다. 기드온 판례와 더글러스 판례는 피고인 측 변호인에게 증거배제법칙 실현을 보장해주었다.

변호인 조력권의 확대는 여기서 그치지 않았다. 일련의 경찰수사 관련 판례를 통해 얼 워렌의 연방대법원은 변호인 조력권을 경찰서 안까지 확대하여 피고인 측 변호인으로 하여금 적어도 이론적으로는 경찰 수사과정의 주요감독 역할을 하도록 만들었다. 1964년 마시아 대 연방 Massiah v. US 판결은 정식기소된 형사 피고인에 대하여, 위장잠입 수사관에 의한 비밀 "신문"을 포함하여 경찰에 의한 모든 신문과정에 변호인의 도움을 받을 권리를 인정하였다.[626] 1964년 에스코베도 대 일리노이 Escobedo v. Illinois 판결에서는 이러한 권리를 기소 이전 체포 단계의 피의자가 변호인을 요구할 경우까지 확대하였다.[627] 1966년 미란다 대 애리조나 판결에서는 경찰 구금상태에서 진행되는 모든 경찰신문 단계에서 변호인 조력권을 인정하였다.

미란다 판례는 관련 판결들 중에서도 가장 중요하다. 워렌 대법원장의 다수의견에서 경찰관에게 요구된 사전 고지 내용은 판결의 핵심 내용을 담고 있다.

피의자는 진술거부권을 행사할 수 있고, 어떠한 진술도 법정에서 불리한 증거로 사용될 수 있으며, 변호사의 도움을 받을 권리가 있고, 변호인을 선임할 능력이 없다면 피의자가 원할 경우 신문 전에 국선변호인을 선임한다.[628]

미란다 고지는 피의자에게 입을 여는 건 어리석은 짓이며, 입을 계속 다무는데 도움을 받고 싶다면 요청만 하면 필요할 경우 주 정부의 비용으로 변호사를 데려다 준다고 알려주려는 내용처럼 들린다. 이 같은 피의자 권리에 관한 규칙은 정부의 부담으로 보인다. 형사소추를 진행하기 위해서 검사는 피의자가 미란다 고지를 전달받았고, 그런데도 자의적으로, 내용을 인식하고 이해하면서 진술거부권을 포기했다는 점을 입증할 "과중한 부담"을 지게 된다. 피의자가 변호인을 요청할 경우, 경찰신문은 중지되어야 하고 (이후 대법원이 판결한 바에 따르면) 피의자가 진술거부권을 행사하지 않고 진술하지 아니하는 한 신문을 시작하지 못한다.[629] 이처럼 확대된 권리를 행사하지 않는다면 말그대로 인식하고 이해하지 못했다는 의미가 된다.[630] 피고인 측 변호인을 경찰 신문장소에 입회할 수 있도록 함으로써 더 분명해지는 사실이다. 즉 신문상소에서 변호인의 유일한 업무라면 자신의 의뢰인이 죄를 인정하는 발언을 할 때마다 혜택을 받을 수 있는지 따져서 경찰 신문을 중지시키는 일이다. 기소사실의 축소 또는 더 유리한 양형을 대가로 얻기를 바라는데, 이러한 협상은 경찰이 아닌 검사와 할 수 있을 뿐이다.[631] 피고인 측 변호인을 경찰 신문장소에 입회하도록 하는 조치의 도입은 경찰수사의 규제라기보다는 금지수단으로 보인다.

1960년대 연방대법원의 개혁가들조차도, 경찰수사의 금지는 너무 지나친 일이었다. 그래서 당연하게도 미란다 판례의 보장 내용은 워렌의 다수의견이 제시한 정도보다는 덜 확대된 것으로 드러났다. 어쩌면 그 보장은 특정한 계급의 피의자를 위해서만 확대되었다고 볼 수도 있다. 경찰이 요건상의 미란다 고지를 할 때, 마법 같은 문구인 "내 변호사를 불러줘요"라는 말을 할 만큼 유식한 사람들에게만 연방대법원의 판례는 경찰 신문을 전적으로 물리칠 수 있는 권리에 다름 아니게 된다. 이러한 유식한 피의자들에게 얼 워렌의 판결은 경찰 수사 폐지나 다름없다. 이들은 경찰 신문 대상 피의자들 중 20% 내지 25%에 불과하다. 나머지는 피의자가 고지를 듣고 나서도 계속해서 경찰에게 진술했다는 사실만으로 진술거부권을 포기했음이 입증될 수 있다. 이들 대다수 피의자에 대해서는 미란다 판례에 따른 변화는 없다. 경찰은 과거 미란다 판결 이전에 피의자를 "설득하거나persuade 꾀거나trick 감언이설로cajole" 진술하도록 했던 것처럼 판결 이후에도 여전히 피의자로 하여금 진술거부권을 포기하도록 할 수 있었다.[632]

이러한 중요한 측면은 미란다 판례의 이념적 정당화와는 어긋난다. 연방대법원의 판결을 한 해 전에 예견했던 카미사Kamisar의 논문이 그 이념을 가장 잘 설명해준다. 논문 제목은 "미국 형사소송의 수위실과 저택에서 평등한 사법Equal Justice in the Gatehouse and Mansions of American Criminal Procedure"[633]이다. 여기서 수위실이란 미국의 경찰서를, 저택이란 법원을 뜻한다. 법정 형사소송과정에서 피고인은 변호인의 조력과 법관의 감독 하에서만 진술할 수 있다. 경찰서에서는 피고인의 진술은 비공개로 이루어지며, 법관과 변호인이 입회하지 않는다. 카미사의 주장에 따르면 적어도 법정과 경찰서에서의 기본적 보호는 평등하게 보장되어야 한다. 이에 대해 당시 법무장관 니콜라스 카젠바흐는 "누군가 벌을 면할 수 있다면, 모두가 벌을 면케 될 수밖에 없다"고 보았다. 얼 워렌은 카미사의 이상에 공감했겠지만, 뒤이은 판례법은 이상을 따르지 않았다. 대신 미란다 원칙은 주로 재범과 화이트칼라 범죄 피고인[634]에게 경찰 신문을 전면 회피할 권리를 부여하면서, 대다수 피의 자들에게는 아무런 영향을 미치지 못했다. 이는 카미사가 말하는 수위실과 저택 사이의 평등을 오히려 축소했다.

미란다 판례가 좀 더 평등한 형사사법 체계를 이루지 못했다는 사실은 그다지 놀랍지 않다. 권리장전(미란다 판례는 수정헌법 제5조 상의 자기부죄 특권에 근거를 두고 있다)은 평등을, 적어도 인종과 계급적 평등을 염두에 둔 문서가 아니다. 권리장전의 기초자는 모두 백인 노예주였다.[635] 권리장전의 적용이 좀 더 정확한 형사재판 체계를 가져오지 못했다는 사실도 놀랍지 않다. 위법 수집된 자백과 물적 증거의 배제는 정확성의 문제가 아니다. 반대로 피고인의 유죄를 입증하는 증거의 배척을 명한 맵 판례나 미란다 판례는 형사재판의 정확성을 높이려는 판결이 아니다.

이들 판례의 핵심은 무엇이었는가? 미란다 판례의 경우, 가장 그럴듯한 답은 카미사가 주장한 결과의 평등 증진이다. 유능한 변호사의 도움으로 부유한 백인 피의자가 체계와 맞설 수 있다면, 가난한 흑인 피의자 역시 같은 기회를 부여받아야 한다는 것이다. 하지만 미란다 판례의 결과는 반대로 나타났을 뿐이다. 부유한 백인들은 이전보다 더 유리해졌고, 덜 유식한 피의자들은 그렇지 못하게 되었다. 맵 판례의 경우, 연방대법원 판결의 궁극적 목표는 불분명하다. 대법관들은 수정헌법 제4조의 영장요건을 좀 더 효과적으로 실현하려는 의도였음이 틀림없다. 그렇다면 이 목표가 왜 그리 중요한가? 수색영장은 경찰 청구서와 몇 분간의 심문만으로 치안판사가 발부한다. 수색의 대상인 용의자나 변호인은 절차상 아무런 역할도 하지 못한다. 당연하게도 이 같은 일방적 절차는 일방적 결과를 낳는다. 거의 대다수 수색영장 청구는 받아들여진다. 영장청구 절차를 통해 경찰 권한의 범위를 규정하려는 이유가 불분명할 지경이다.[636] 맵 판례는 경찰의 증거수집 관련법상 특정한 이상을 진전시키기 위함이 아니라, 단지 규칙의 근거가 무엇이든지 관련 규칙의 실현이 그 의도였던 것이다.

이 같은 평가는 맵 판례만 한정되지 아니한다. 연방대법원이 수정헌법 제14조 상의 적법절차와 평등한 법적 보호 조항을 실현하려면 대법관들은 적법절차가 무엇이며, "평등한 보호"가 무엇을 의미하는지 판시했어야 한다. 대법원이 권리장전 상의 조항들을 실현하고자 했다면 이론적인 작업이 필요했던 것이 아니다. 문제는 피고인이 "변호인의 조력"이나 배심재판을 받는지의 여부, 경찰이 유효한 수색영장을 발부받는지의 여부가 아니다. 이러한 문제를 판단하는데 관련 권리에 관한 이론이 필요한 것은 아니다. 역시 문제된 권리들은 분명한 이론이 부족하다. 절차 규정의 핵심은 대체로 초점을 벗어나 있다.[637] 대부분 권리장전에 근거한 형사절차는 근거와는 무관한 일단의 규칙이다. 따라서 연방대법원이 권리장전 상의 조항을 하나씩 주 및 지방 경찰관, 검사와 법관들에게 적용할 때마다 규칙과 근거 사이의 관계, 좀 더 정확히 하자면 형사절차법과 더 정의로운 형사사법 체계 사이의 관계는 점점 더 불분명해지게 된다. 법은 존재 자체가 정당성 근거였다.

1960년대 연방대법원이 형사절차법을 개편하기 위해 권리장전을 활용함에 있어서 이는 대단히 중요한 문제다. 수정헌법 제4조 상의 영장 요건과 부당한 압수 수색금지[638], 제5조 상의 자기부죄금지 특권과 일사부재리 원칙[639], 제6조 상의 변호인 조력권[640]과 공정한 배심재판을 받을 권리[641], 피고인의 증인에 대한 반대신문권[642], 그리고 [피고인에게] 유리한 증인선정을 위한 필요적 절차를 보장받을 권리[643]의 각각을 연방대법원은 적법절차의 의미 속에 "통합"하였으며, 수정헌법 제4조 상의 적법절차 조항은 주 및 지방관리들에게 적용되었다. 결과적으로 각각의 권리들은 연방관리나 검사뿐만 아니라 지방관리에게도 적용되었다.

연방대법원 판결은 그 자체로서 주 법원에서의 형사절차를 변화시키지는 않았다. 앞서 언급한 절차들은 이미 존재하고 있었다. 실제 대부분 수세기 동안 존재해왔으며, 그렇기 때문에 권리장전에도 포함되어 있었다. 하지만 상이한 종류의 변화가 일어났다. 즉 워렌 시대 형사절차 관련 판결은 관련 원칙과 결합된 법적 불확실성의 수준을 높였다. 오랫동안 안정된 권리의 범위가 격론의 대상이 되었다. 논쟁 대상인 법원칙은 소송을 불러오고, 유능한 형사 변호사들에게 기회를 부여했다. 점점 더 형사소송의 주요 주제는 권리장전에 근거한 절차를 어떻게 정의내릴 것인가의 문제가 되었다.

이러한 과정은 1960년대 이후까지 계속되었다. 사실 오늘날까지도 계속되고 있다. 수정헌법 제6조 상의 변호인 조력권은 1970년대와 1980년대 변호인의 "실질적인 조력effective assistance"을 받을 권리의 등장으로 이어졌다.[644] 던컨 판례 상의 배심재판을 받을 권리는 결국 배심선정에 관련한 정교한 법제들뿐만 아니라, 1990년대에는 양형 관련 배심권한을 규율하는 더 많은 정교한 법제들을 만들어 냈다.[645] 이러한 발전은 대량의 소송으로 이어졌다. 이들 중 가장 중요한 소송은 1965 년 포인터 대 텍사스Pointer v. Texas 사안이다. 포인터 사안에서 피고인은 강도죄로 기소되었다. 피해자와 검찰 측 핵심증인은 피고인의 예심 절차에서 증언하였다. 이 절차에서 피고인은 변호인의 조력을 받지 못했으며, 증인을 직접 반대신문cross-examine할 능력도 부족했다. 공판이 개시된 후 증인은 캘리포니아로 이주했고, 검사는 증인을 텍사스로 송환해 증언케 하지 않고, 예심절차에서의 증언기록을 낭독하여 법정기록케 하였다. 연방대법원은 이에 대하여 수정헌법 제6조 상의 "피고인에 불리한 증인에 대한 반대신문" 권리의 위반이라고 판시하였다.[646]

45년 뒤, 포인터 판례는 형사재판에서 증인이 진술 불가한 경우까지 포함하여 법정외 진술에 대한 광범위한 금지 규칙으로 발전했다. 2008 년 자일스 대 캘리포니아Giles v. California 판결은 그 광범위함을 잘 보여준다. 자일스 사안에서 피고인은 헤어진 여자 친구를 살해한 죄목으로 기소되었다. 피해자가 사망했기 때문에 재판에서 진술할 수 없으므로 검사는 과거 가정폭력 사안에서 피해자가 경찰관에게 진술했던 기록을 제시하였다. 연방대법원은 이를 반대신문권 보장조항 위반으로 판시하였다.[647] 2009년 멜렌데즈-디아즈 대 매사추세츠Melendez-Diaz v. Massachusetts 판결에서 연방대법원은 정부의 과학수사연구소 보고서는 해당 관리가 법정에서 직접 증언하는 방식을 거쳐 증거로 제출되어야 한다고 판시하였다. 보고서를 직접 진술하지 않을 경우 증거능력이 인정되지 않는다는 것이다.[648] 자일스 사안에서 옛 여자 친구의 진술이 피고인의 폭력 성향에 대한 신뢰할 만한 증거인지, 또는 멜렌데즈-디아즈 사안에서 과학수사연구소 보고서가 피고인의 마약소지에 대하여 직접 진술보다 더 나은 증거인지의 여부가 관건이 아니라는 점을 주목해야 한다. 연방대법원이 강조하는 신빙성이 핵심이 아니다. 반대신문권 보장 조항의 목적은 신뢰할 만한 증거 사용의 증진에 있지 아니하다. 그보다는 피고인과 증인의 대면이 핵심이다. 동 조항에 따른 대면이 어떠한 합리적인 정책적 목표가 있는지에 관해서는 아무런 이론적 근거가 없다.[649]

자일스 판례나 멜렌데즈-디아즈 판례는 미국 형사재판의 전통적인 특징을 강화시켜 준다. 즉 유럽 대륙 국가에서 커다란 역할을 하는 증거서류보다는 증인의 직접 진술에 더 의존하는 특징이다. 반대신문 보장 조항이 만들어진 18세기에는 공판정에서의 증인 진술이 유죄를 입증하는 가능한 최선의 수단이었을 수 있다. 그렇다고 오늘날에도 최선의 가능한 수단일 수는 없다. 반대로 지난 세대 형사절차상 최고의 발전은 증인의 진술이 아니라 물적 증거의 과학적 분석에 의존해왔다. DNA를 포함한 법과학적 증거의 범위와 정확성의 증가가 그것이다. 멜렌데즈-디아즈 판례는 이러한 발전을 저해한다. 과학수사 전문가에게 법정 증인처럼 문서를 제출하도록 한다면, 기술적 분석 업무가 설립 목적인 과학수사연구소의 비용부담을 높이게 된다. 수요공급의 원칙을 무시하지 못한다면 비용이 높아질수록 분석업무는 줄어들 것이며, 따라서 정확한 재판 체계도 후퇴하게 될 것이다. 국가의 형사사법

체계를 18세기 영국 법이 규정한 일련의 절차에 못 박아둔 당연한 결과다. 그러한 절차 규정은 대부분 시대착오적이며, 현대 형사사법의 필요와 자원에 상응한 절차가 아니다.

2. 워렌의 실책

워렌의 연방대법원이 저지른 최초의, 아마도 최악의 실책이라면 형사절차법을 연방 권리장전에 묶어둔 것이다. 연방대법원은 형사절차법을 공정하고 평등한 형사사법의 일관된 이상을 실현하는데 활용했어야 했다. 특별히 중요한 실책 두 가지가 더 있다. 워렌과 동료 대법관들은 장기적인 형사소송의 발전 흐름을 악화시켰다. 즉 형사소송을 절차에 치우치게 하고, 법관과 검사, 변호사를 피고인의 유무죄 여부를 판단하기보다는 피고인의 체포, 재판, 유죄판결 과정에서의 절차 문제에 매달리게 만들었다. 1960년대 대법관들은 시대적 흐름도 맞추지 못했다. 연방대법원은 북동부로부터 시작해 전국적으로 범죄가 급증하고 형사처벌은 크게 감소하는 시기에 주 및 지방 형사사법에 대한 헌법적 규제의 수준을 결정하는 일을 우선했다. 이러한 태도는 정치적으로 법적으로 역풍을 불러올 수밖에 없었으며, 곧 그렇게 되었다. 그 결과 형사절차법은 체포와 기소대상자가 적을 때에는 비용이 더 들게 하고, 이상하게도 대상자가 너무 많을 때는 비용이 덜 들게 만들었다.

이들 실책을 각각 살펴보기로 한다. 경찰수사와 기소단계에서 절차적 규제의 수준은 1960년대가 시작되면서 이미 높아지고 있었다. 주 항소법원은 증거배제 법칙과 국선변호인과 같은 보호적 절차를 연방대법원의 관련 판결 이전부터 빠른 속도로 도입하고 있었다.[650] 연방대법원은 1961년 맵 판결로 이러한 추세를 가속시켰다. 절차 관련 주장들이 만연하기 시작했다. 1980년대 국선변호인에 의한 소송 연구는 그 영향을 잘 보여준다. 연구자에 따르면 살인사건의 경우 국선변호인이 범죄현장을 찾은 경우는 12%(중죄 사건의 경우는 4%)이며, 증인을 면담한 경우는 살인사건의 경우 21%, 중죄 사건의 경우 4%에 불과했다. 전문가 증언의 경우도 비슷해서 살인사건의 17%, 중죄 사건의 경우 2%에 불과했다. 서면청구의 제출은 살인사건의 경우 26%, 중죄 사건의 경우 11%였다.[651] 형사재판은 예나 지금이나 여전히 드물다. 연구결과 수치들이 보여주는 것처럼 형사소송의 규범은 어떤 종류든 실제 적용되는 경우는 드물다. 하지만 적어도 피고인 측에서 보면 그나마 적용되는 규범은 일차적으로 절차 관련 규범이다. 즉 사실 관계 조사가 아니라, 재판상의 청구 실무와 관련된다.

청구 실무의 경우 민사소송과는 전혀 다르다. 민사소송에서 공판준비 절차는 두 종류의 청구에 집중된다. 즉 피고 측의 각하dismiss 청구, 그리고 양측의 약식재판 청구가 그것이다. 각하 청구는 원고가 법적으로 유효한 주장을 제기하지 않고 있다는 주장에 근거한다. 약식재판 청구는 양측이 해당 사안의 사실 관계에 대한 분명한 증거를 제시하였으므로 공판이 시간낭비에 지나지 않을 경우에 제기된다. 형사소송의 경우 공판준비 절차는 검찰 측에서 관련 절차규정을 위반했는지의 여부에 집중된다. 즉 검사가 법적요건에 따라 증거를 개시했는지, 관련

경찰 수색이 상당한 사유 요건에 따라 정당화될 수 있는지, 피고인이 신문 전에 미란다 고지를 받았는지 등의 문제다.

민사소송 피고의 각하 청구나 약식재판 청구가 받아들여진 경우라면 피고 측에 유리한 확실한 주장을 제시했다는 의미다. 따라서 모든 가능한 증거에 기해 정확한 판결이 내려지고 피고 측이 승소하게 된다. 형사소송 피고의 자백이나 물적 증거 배척 청구가 받아들여진 경우라면 피고 측에 불리하지 않은 소극적 주장을 제시했다는 의미다. 그렇지 않다면 배척해야 할 유죄의 증거는 있을 수 없을 것이다. 민사소송과 형사소송 어느 경우나 소송이 계속될수록 가장 이득을 보는 소송당사자에게 가장 유리한 결과가 나온다. 하지만 형사소송의 경우 가장 득을 보는 소송당사자는 역전된다. 종종 가장 죄가 확실한 사람일수록 가장 이득을 본다.

바로 이러한 사실이 피고인 측 변호인이 소송에 임하는 방식에 영향을 미친다. 증인면담과 범죄현장조사는 상당한 시간을 들여야 한다. 물적 증거를 배척하거나 증거개시를 요구하는 틀에 박힌 청구를 반복하는 것이 더 쉽다. 형사 변호사들이 수임에 따라 활동하는 체계 하에서는 (조사결과에 따르면 일부 지역 국선변호사의 경우 연간 중죄 피고인 400명, 경죄 피고인 1,000명을 변론한다.)[652] 변호사로 하여금 비용이 덜 드는 소송을 비용이 더 많이 드는 소송으로 대체하도록 압박이 가해진다. 워렌이 이끄는 대법원의 판결은 절차 위주의 형사소송을 늘리고, 형사소추 자체와 관련된 소송, 즉 피고인의 범행 여부, 주관적 요건 하의 행위 여부, 정당화 사유 여부와 관련된 소송은 줄이는 결과를 낳았다. 이러한 결과는 사법체계가 형사처벌이 마땅한 자와 그렇지 않은 자를 분별하는 핵심적 업무를 수행하는데 도움이 되지 못한다.

이는 더 나은 분별을 증진하기 위해 도입된 절차적 권리에도 해당된다. 변호인의 효과적 조력권이나 검사의 피고인 측에 유리한 증거개시 의무가 그것이다.[653] 피고인 측이 효과적 변호를 받는 재판이라면 정확한 유무죄 판단에 이를 가능성이 더 높다. 검사가 피고인에게 유리한 증거를 개시할 경우의 재판에서도 마찬가지일 것이다. 그러나 절차적 권리의 실현은 피고인의 유죄 여부의 정확성이 아니라 권리 그 자체에 초점이 맞추어졌다. 그 목표는 효과적 변론을 받지 못하거나 유리한 증거에 대해 알지 못하는 무죄일 수 있을 피고인을 가려내는데 있지 않다. 오히려 절차적 권리들은 절차적 과오에 의해 침해받는 모든 피고인들을 보호한다. 절차적 권리를 다투는 항소심도 유무죄 여부의 정확성은 간접적으로 다룰 수 있을 뿐이다. 직접 검사가 입증했는지의 여부를 묻기보다는 피고인 측 변호사가 적절하게 소송에 임했는지 또는 검사가 적절한 증거를 개시했는지를 묻는다.

연방대법원의 또 다른 실책에 대해서는 좀 더 설명이 필요하다. [표 8]에서 볼 수 있는 바 전국적인 자료에 따르면 1950년대와 1960년대 초반에 걸쳐 범죄와 처벌은 상당히 안정적인 수준을 유지하고 있다. 절차적 권리개혁이 역풍을 불러올 만한 환경은 아니었다. 하지만 해당 전국 자료는 지역 간 뚜렷한 차이를 보여주지 못한다. 북동부와 중서부 주요 도시들에서 살인범죄율은 해당 기간 중 증가했다. 교도소 수형자 수는 안정적이거나 감소 추세였다. 이는 범죄당 처벌 건수가 현저하게 감소한다는 의미다. 남부에서는 정반대였다. 살인범죄율이 감소하는 동안 구금률은 증가했다. 1963년 이후부터 전국적으로 살인범죄율이 증가하면서 범죄당 처벌 건수도 감소했다. 다만 그 증가 및 감소 추세는 남부에서보다는 북부에서 더 급격했다.

남부에서의 추세부터 살펴보기로 한다. 흑인 차별 남부에서는 두 가지 형태의 차별적 사법이 만연해 있었다. 에밋 틸 같은 흑인 범죄 피해자를 보호하지 못하는 형태, 그리고 증거가 부족하거나 조작된 고발에도 불구하고 백인이 피해자라는 혐의만으로 게리 던컨 같은 흑인 피고인을 처벌하는 형태가 그것이다. 남부는 20세기 중반에 변화하기 시작하면서 두 가지 형태의 차별적 사법도 변화하였다. 틸과 같은 피해자를 보호하지 못하는 경우는 점차 줄어들었다. 지방검사가 틸의 살해범을 기소한 사실을 보면 알 수 있다. 던컨 사안 같은 차별적 기소의 경우는 남부에서 법원과 법률가가 사적 위협이나 군중재판을 점점 더 대신하게 되면서 더 흔해졌을 것으로 보인다.[654]

구금형 관련 자료에 따르면 두 가지 추세 모두 계속되었다. 사우스캐롤라이나의 구금형 비율은 1940년대와 1950년대 3배 가까이 증가했다. 노스캐롤라이나의 구금형 비율은 2배, 버지니아도 같은 만큼 증가했다.[655] 오랫동안 흑인 피해자들에 대한 범죄를 무시해왔던 군중재판에 의한 법집행 체계는 소멸하기 시작했으며 남부지역에서 구금시설의 증가 역시 군중재판 쇠퇴의 징표였다. 차별적 법집행의 감소는 흑인 대상의 범죄에 대한 처벌 증가를 의미했으며, 이는 다시 흑인의 구금형 비율 수준의 증가로 이어졌다. 20세기 중반 다른 지역과 마찬가

[표 8] 인구 10만 명당 살인범죄율과 구금형 비율, 1950~1972

	1950		1963		1972	
	살인범죄율	구금률	살인범죄율	구금률	살인범죄율	구금률
애틀랜타	31	131	18	174	55	174
보스턴	1	54	7	39	17	32
시카고	7	90	10	85	22	50
디트로이트	6	134	8	103	42	94
휴스턴	15	77	10	118	23	136
멤피스	10	82	8	87	20	82
뉴올리언스	11	94	10	116	28	92
뉴욕	4	102	7	101	22	64
연방	5	109	5	114	9	93

주: 맨 아랫줄 연방 전체 자료 외에는 살인범죄율은 도시별, 구금형 비율은 주별로 계산하였다. 뉴욕의 살인범죄율과 연방 살인범죄율에 관하여는 에릭 몬코넨Erik Monkkonen의 자료에 근거했다. 다른 도시의 경우 살인범죄율은 연방수사국 표준범죄 동향Uniform Crime Report 자료에 근거했다. 구금형 비율은 전국통계개요Statistical Abstract of the US에 근거했다.

지로 남부에서 대부분의 범죄는 같은 인종 사이에서 일어났기 때문이다. 1937년부터 1964년 사이 흑인 구금형 수형자 수는 노스캐롤라이나 주 79%, 사우스캐롤라이나 주 43%, 텍사스 주 28% 증가하였다.[656] 흑인 범죄 피해자 보호가 강화되면서 흑인 범죄자에 대한 처벌도 강화되었다.[657] 따라서 흑인 구금형 비율의 증가는 흑인 범죄 피해자 관련 사안에서의 법집행이 개선되었다는 증거가 된다. 물론 던컨 사안과 같은 조작된 사건 역시 증가함을 의미하게 된다.

북부의 경우는 사정이 달랐다. 북부에서는 범죄가 증가하는 동안 처벌 수준은 감소했다. 1950년대와 1960년대 초반 남부의 추세와는 반대였다. 매사추세츠와 미시간 주에서는 1950년부터 1963년 사이 구금형 비율이 약 25% 감소하였다. 같은 기간 중 보스턴의 살인범죄율이 4배 증가하는 동안 디트로이트의 살인범죄율은 25% 증가하였다. 조지아, 텍사스, 루이지애나 주 모두 구금형 비율이 상당한 수준으로 증가하였고, 애틀랜타, 휴스턴, 뉴올리언스의 살인범죄율은 모두 감소하였다.[658] 남부지역 도시들의 경우 북부지역 도시들에 비해 여전히 살인범죄율이 높았지만, 점차 차이가 좁아졌다. 1963년 이후 살인범죄율은 미국 전역에서 급증했다. 하지만 북부와 서부에서는 다른 추세도 나타났다. 폭력범죄의 물결 한가운데에서도 교도소 수형자 수가 급감했다. 1963년부터 1972년 사이 뉴욕의 구금형 비율은 3분의 1 이상 감소하였으며, 일리노이 주와 캘리포니아 주의 경우 각각 41%와 44% 감소하였다. 시카고와 로스앤젤레스에서는 살인범죄율이 2배 이상, 뉴욕에서는 3배 이상 증가했다. 범죄가 그 어느 때보다 급증하는 가운데 형사처벌은 감소 추세로 나타났다.

이러한 추세는 도시 흑인 주거지역에 가장 큰 영향을 미쳤다. 1960년대 거의 대부분 백인으로 구성된 도시지역 경찰기관들은 그 법집행 방식에 대한 비판에 대응하여 흑인 주거지역에서 물러나왔다. 그 결과 일부 지역은 무정부 상태나 다름없이 방치했다. 연방수사국의 도시지역 체포율 자료에 따르면 1960년과 1968년 사이 흑인 체포율은 14% 감소하였다. 같은 기간 백인 체포율은 다소 증가하였다.[659] 활용 가능한 증거에 따르면 남부에서는 흑인의 체포, 기소, 유죄판결 및 처벌 건수가 증가한 반면, 북부에서는 범죄의 대량증가 추세 속에서도 상당한 정도로 그 수가 감소하였다.

이처럼 다양한 추세들을 연방대법원과 같은 항소심 법관들이 고루 이해하지는 못했다. 연방대법원이 가장 관심을 기울인 남부의 경우, 연방대법원 판결에 따른 형사절차 혁명으로서 학교 인종분리 금지 이후 몇 년 만에 흑인 처벌은 증가했다. 남부지역에서 구금형 선고 건수의 증가는 게리 던컨과 같은 사안을 기꺼이 맡아서 항소심 절차를 밟아 연방대법원에까지 가져갈 준비가 된 변호사들의 증가와 일치한다. 연방대법관들이 가장 주목했을 남부에서의 범죄 추세는 민권운동에 참여하거나 민권을 행사하려던 흑인과 백인들에게 일어난 빈번한 피해였다(던컨의 경우 조카와 사촌이 신설된 통합학교에 다녔다는 사실도 백인들의 분노를 산 이유었나). 대법관들의 관점에서 보면 남부 보안관들과 지방검사들에 의해 흑인 피의자 및 피고인에게 가해지는 과도한 처벌에 대하여 조치를 취해야 할 이상적인 시기였음이 틀림없었다.

인구가 더 많았던 북부의 경우 다른 종류의 과도함이 존재했다. 특히 흑인 범죄율이 높은 거주지역에서의 과도한 처벌이 아닌, 과도한 관대함이 문제였다.[660] 하지만 이러한 추세는 대부분 눈에 띄지 않았다. 20세기 마지막 10년간과 달리 모든 종류의 범죄 자료는 널리 공개되지 않았으며, 정확한 자료는 더욱 적었고, 처벌에 관한 자료는 더더욱 드물었다. 따라서 1950년경 시작된 형사처벌의 완만한 감소와 1960년대 급증 추세는 널리 알려지지 않았다. 또한 연방대법원을 비롯한 항소심 법관들은 체포와 기소를 면한 경우뿐만 아니라 선고되지 않은 구금형의 규모에 대해서는 알 수 없었다. 간단히 말해서 남부에서 가장 주목할 필요가 있을 추세는 던컨 사안과 같은 차별적 형사소추로서, 대법관들도 인식할 수 있었다. 흑인 범죄 피해자에 대한 "법적 보호" 보장의 실패는 남부에서는 감소하는 반면 북부에서는 증가하는 문제였는데, 대법관들은 이를 알 수 없었다.[661]

1960년대 초반, 북부에서의 범죄율 상승 역시 알려지지 않았다. 이런 상황이 계속되지는 않았는데, 1964년 할렘 지역에서 시작된 일련의 도시 폭동, 그리고 이후 4년간 주요 도시 흑인 거주지역에서 계속된 폭동 때문이었다. 당시 유혈 폭동 결과 1965년 로스앤젤레스에서 34명, 1967년 디트로이트에서 43명, 같은 해 뉴어크에서 23명이 사망하였다.[662] 도시 폭동으로 인해 1960년대 "법질서law and order" 정치의 양상이 바뀌게 되었다. 대중영합적인 텔레비전 소재거리가 되기 훨씬 전부터 정치적 캐치프레이즈였다. 1964년 공화당 대통령후보 배리 골드워터Barry Goldwater는 대통령선거운동에서 범죄문제를 내세우려고 했다. 골드워터는 38% 득표로 참패했다. 1968년 공화당 대통령후보 리처드 닉슨Richard Nixon과 무소속 후보 조지 월레스George Wallace는 직접투표의 57%를 획득했다.[663] 이러한 차이는 특히 북부도시 흑인 거주지역에서의 범죄 증가와 "길고 무더웠던 여름long, hot summers"(1960년대 도시 폭동을 지칭하는 캐치프레이즈였다)이 설명해준다.

적어도 미란다 판례와 같은 판결은 살인범죄율이 증가하고 인종 폭동이 확산되어가는 상황에서는 무엇보다도 정치적 실책이었다. 법적 전략상으로도 실책이었음이 판명되었다. 워렌 대법원의 판결은 체포와 기소, 따라서 구금형선고의 비용을 더욱 높여버렸다. 이는 경찰의 증거수집에 대한 제한을 강화하고, 형사소송상 새로운 청구권을 신설한 당연한 결과다. 법집행의 비용 증가는 범죄당 처벌 비율이 전국적으로 60%까지 감소하는 상황에서 법집행의 감소를 의미했다.[664] 한 쪽 방향으로 쏠린 시계추는 다른 방향으로 되돌아가기 마련이다. 경찰과 검찰의 비용부담을 높인 그 원칙이 판사에게는 비용축소의 압력으로 작용한다. 워렌 대법원의 원칙이 취한 형식 자체는 비용절감의 문제를 더 쉽게 만들기도 한다. 그 결과 형사절차는 워렌 대법원장과 동료 대법관들의 헌법 혁명 이전보다도 더 간소화되어서, 최소비용으로 최대의 유죄판결이 가능해졌다.

이처럼 이상한 결과를 이해하려면 관련된 절차 규칙이 경찰관과 검사에게는 일종의 법적 세금legal tax이 된다고 보면 도움이 된다. 즉 개별 피의자와 피고인이 행사하는 절차적 권리의 거의 대부분이 곧 법적 세금이 된다. 미국법에서 절차적 권리의 주체인 개인은 마음껏 권리를 행사하게 된다. 재산상 이익을 소유자가 원할 때 원하는 상대방에게 처분할 수 있듯이, 권리주체의 재량으로 절차적 권리의 포기가 거의 언제나 가능하다. 워렌 대법원이 제시한 절차적 권리라는 세금의 삭감은 쉽다. 단지 일반적인 포기 규칙을 정립하고, 경찰과 검찰로 하여금 가능한 한 많은 포기사항을 도입하도록 하면 된다. 1970년 이후 워렌을 뒤이은 법원이 바로 그렇게 했다.[665] 경찰관과 검사들은 그 이득을 취했다. 즉 체포, 기소와 구금형 비율이 급격히 상승하게 되었다.

수정헌법 제4조는 상당한 이유 없고, 영장 없는 침해적 수색을 금지한다. 하지만 수색 대상이 수색에 동의한다면 영장 및 상당한 이유라는 요건은 필요 없게 된다. 1970년 이후 연방대법원 판결은 그러한 동의의 획득을 쉽게 만들었다. 그저 경찰관은 동의를 요청하면 된다. 정황상 경찰의 요청이 명령과 기능적으로 동일한 경우라면 더 용이하다.[666] 수정헌법 제5조는 체포된 피의자가 임의적인 인식과 의사에 의하지 아니한 진술거부권과 변호인 조력권의 포기를 금지한다. 미란다 판례 이후 대법원이 구성한 일반적 권리포기 원리[667]를 고려할 때, 대부분의 피의자들은 쉽게 해당 권리를 포기한다. 헌법이 보장하는 다양한 재판상의 권리는 재판까지 가는 피고인들에게만 적용된다. 유죄인정의 경우 해당 권리들을 포기하며, 따라서 검사는 유죄인정을 강요하는 협박마저도 할 수 있게 된다.[668]

모든 영역에서 헌법은 국가가 반드시 준수해야 하는 절차적 제한을 정립하였다. 하지만 동시에 제한준수의 비용이 과도할 때 손쉽게 회피할 대안도 마련해두었다. 그 결과 수색, 신문과 형사소추는 더 어렵기보다는 더 손쉬워져 버렸다. 루이스 세이드만Louis Michael Seidman은 이러한 상황을 파악하여 1990년대 초 미란다 원리에 대한 훌륭한 논문을 발표했다. 미란다 판결 이전, 법원은 경찰 신문을 임의성 기준에 따라 심사했으며, 적어도 때때로 실질적인 통제를 했다. 미란다 판결 이후 법관은 미란다 고지 규칙에 근거하여 자백이 피의자의 자유로운 의사에 따른 것인지를 확인하면서, 경찰 신문의 내용에 대해서는 심사하지 않았다. 그 결과 세이드만의 분석에 따르면 미란다 판결 이전에는 배제되었을 자백이 오늘날에는 대체로 인정되기에 이르렀다.[669]

맵 대 오하이오 판결 이전, 상당한 이유 요건은 지방경찰의 수색에 적용되었지만, 구속력 있는 증거배제 규칙의 부재로 인해 적극 실현되지는 못했다. 수색에 대한 동의가 요건이 되면 상당한 이유 요건은 거의 적용되지 아니한다. 경찰은 일단 동의를 받게 되면 요건에 구속될 필요가 없다. 실제 대부분 피의자의 동의를 받는다.[670] 1960년대 이전, 형사재판은 오늘날보다는 덜 정형적이었지만 예컨대 중죄 기소 사안의 3분의 1 내지 4분의 1은 공판이 진행되는 경우가 일반적이었다. 오늘날에는 12분의 1에 불과하다. 워렌 대법원은 형사재판을 더 정교화했지만 동시에 더 드문 경우로 만들었다.[671] 수정헌법 제4조 상의 수색, 경찰서에서의 자백, 형사 유죄판결 모두 워렌 대법원이 구성한 절차규칙 이전보다 현재 검사의 입장에서는 더 유리해 보인다. 형사절차법은 경찰과 감찰의 비용이 이미 과도하게 높은 상황에서 그 비용을 높였으며, 정작 그 비용이 지나치게 낮은 상황에서는 비용을 낮추었다. 이는 1960년대의 처벌 감소와 그 이후 30년간의 처벌 증가 현상이 더 크고, 더 파괴적인 결과를 가져 오게 만들었다.

3. 반동의 정치

1960년대 이전까지 보수정치인들은 범죄에 대해 무관심하거나, 형사 피고인들에 대해 온건한 자유지상주의적 태도를 취했었다. 보수적인 공화당 출신 대통령 윌리엄 태프트William Taft는 금주법에 반대했다. 그의 아들 로버트 태프트Robert Taft는 뉘른베르크 전범재판이 법의 지배에 반한다고 비난했다. 윌리엄의 트러스트 분할에 대한 선호와, 로버트의 매카시즘 동조 경력 외에는 태프트 부자는 범죄로부터 정치적 이득을 추구할 생각이 없었다.[672] 보수정치인들에게 이런 입장은 당연했다. 형사처벌은 정부 규제의 가장 침해적인 형태였기 때문이다. 구금시설을 포함한 형사사법에 대한 지출은 재분배의 문제여서, 수용된 가난한 범죄자들에게 지출되는 비용의 대부분은 부유한 납세자들의 주머니에서 나온다. 보수정치인들은 정부 규제도, 재분배적 지출도 싫어했다.

진보적인 1960년대, 두 명의 보수적인 주지사 조지 월레스와 로널드 레이건이 이러한 전통을 마감했다.[673] 월레스 이전까지 남부 정치인들에게 범죄 문제와 관련된 주된 목표는 연방정부의 간섭을 받지 않는데 있었다.[674] 월레스는 민권문제에서 연방정부의 개입을 피하려고 했다. 하지만 범죄 문제에 관해서는 주 정부의 권리보다는 흑인 범죄자와 이들을 보호한다는 자유주의 백인 판사들에게 초점을 맞추었다. 월레스는 1968년 선거연설에서 다음과 같이 발언했다. "오늘밤 이 장소를 나가다가 누군가 당신을 때려눕힌다면 가해자는 당신이 병원에서 퇴원하기 전에 이미 감옥에서 풀려날 겁니다. 그리고는 월요일 아침이면 범죄자가 아니라 경찰관을 재판에 회부할 겁니다." 인종 폭동이 많은 미국 도시에 타격을 입히는 동안 월레스는 앨라배마 식의 치안을 자랑해댔다. "여기 남부에서 저들이 폭동을 일으킨다면, 돌을 집어 드는 순간 머리통에 총알이 박힐 겁니다." 이 같은 인종 차별적인 언사는 효과가 있었다. 월레스는 1964년 민주당 대통령후보 예비선거에 출마하여 3개 주에서 승리를 거두었다. 4년 뒤 5개 주에서 승리하면서 제3당 후

보로 직접투표의 13%를 획득했다.[675]

레이건의 경우는 머리통에 총알이 박힌다는 식의 언사보다는 온건한 태도를 취했다. "해가 지면 정글 같은 길거리가 된다"고 발언했는데, (정글이란 말 자체가 인종적 의미를 담고 있기 때문에 레이건의 경우도 그리 온건한 발언은 아니었다) 훨씬 효과적이었다. 1966년 캘리포니아 주지사 선거에서 레이건은 범죄에 대하여 월레스 식의 강경한 입장을 취하되 좀 더 온건한 형식을 택해서 다수 노동자 계층 민주당 지지자들의 표까지 끌어들였다. 이로써 절대적 우세로 보이던 민주당 후보를 100만 표 차이로 이겼다.[676] 레이건의 선거 주요전략은 도시 폭동을 주로 백인 범죄와 관련된 대학 내 소요 문제와 연관지었다.[677] 이를 통해 레이건은 당시 하나로 묶을 수 없어 보이는 성향의 유권자들, 즉 뉴딜에 반대하는 경제적 보수주의자들과 뉴딜 정책의 핵심 기반을 이루는 백인 노조원들의 지지를 동시에 받을 수 있었다.

정당정치가 변화했다. 1950년대와 1960년대 초반, 북부와 서부 정치인에게 흑인과 민권 지지 백인들은 양당이 끌어들이고자 다투는 부동층이었다. 아이젠하워는 1956년 대선에서 흑인 표의 40%를 차지했다. 닉슨은 1960년 흑인 표를 3분의 1 가까이 획득했다.[678] 1957년 공화당 상원의원 전원의 지지 하에 공화당 아이젠하워 행정부는 주요 민권법 입법을 추진했다. 민주당 상원의원들에 의해 약화되기는 했지만 아이젠하워는 남부 재건 시대 이후 최초의 민권법안에 결국 서명하게 되었다.[679] 흑인들이 정당 간 경쟁 대상이 되는 동안 백인 노동계층은 일반적으로 민주당의 핵심 지지 기반으로 여겨졌다.[680] 레이건은 케네디와 존슨 행정부의 민권정책 덕분에 흑인과 백인 자유주의자들이 고정 민주당 지지자로서 과거처럼 더 이상 부동층이 아님을 알아차렸다. 범죄의 증가, 처벌의 감소, 그리고 형사 피고인의 절차적 권리를 보장하는 진보적인 대법원 판결은 새로운 부동층 유권자들을 낳았다. 바로 노동계층 백인들이다. 이로써 선거 양상의 변화는 보수적 공화당이 다수당이 될 가능성이 희박하던 시기에 바로 그러한 기회를 만들 수 있게 해주었다.

워렌 대법원의 형사절차 관련 판결들은 정치적 변화과정에서 세 가지 중요한 역할을 했다. 첫째, 대법원 판결에 대해 정치인들은 흑인 범죄자가 아니라, 그들을 보호하는 백인 판사들을 비난함으로써 간접적으로 흑인 범죄를 공격했다. 레이건 같은 보수 정치인들이 인종 차별 백인들을 넘어서는 호소력을 갖게 된 이유다. 둘째, 연방대법원은 남부 재건 시대 이래 처음으로 중한 폭력범죄 및 절도범죄와 같은 일상 범죄를 전국적인 정치 현안으로 만들었다. 20세기 마지막 10여 년간 전국적 정치에서 범죄문제가 그 어느 때보다도[681] 커다란 역할을 하게 된 이유는 가공할 범죄의 물결 속에서 정치인들은 유권자들이 가장 두려워하는 종류의 범죄에 대해 발언할 수 있었기 때문이었다. 키퍼버와 로버트 케네디의 정치적 경력을 만들어준 마피아와 지방정부, 노동조합의 부패 범죄[682]를 대신해서, 연방대법원 판결과 1960년대 범죄 추세의 결합은 강도와 주거침입절도, 살인과 강간을 전국적 현안으로 만들었다. 이들 범죄에 대해 이전 세대들은 전적으로 지방관리들이 다룰 문제로 보았다. 얼 워렌은 그러한 정치적 구도의 변화를 뒷받침했다.

셋째, 판결은 법원의 고유영역이기 때문에 범죄문제에 대한 발언은 비용이 들지 않았다. 정치인들이 논쟁 대상인 연방대법원 판결을 바꿀 수는 없었기 때문에, 범죄 문제를 실제 다룰 책임을 진 입장에서는 부담 없이 비판하게 되었다.

레이건과 월레스는 바로 세 번째 이유를 보여준다. 캘리포니아의 구금형 비율은 레이건이 주지사를 두 차례 지내는 동안 거의 절반 가까이 감소했다. 앨라배마의 구금형 비율 역시 월레스의 재임기간 중 비슷한 정도로 감소했다.[683] 범죄에 대한 강경 입장인 두 주지사들마저도 이러한 추세를 역전시키지는 못했다. 두 사람의 강경한 언사들은 어디까지나 언사일 뿐이었다. 키퍼버의 청문회나 후버의 10대 특급수배사 명단처럼 보수적인 범죄 정치는 아무런 실질적 결과를 낳지 않는 정치적 상징조작이다.

하지만 상징이 단순히 상징으로만 남지는 않는다. 장기적으로는 실질적인 결과가 뒤따르게 된다. 레이건, 월레스, 리처드 닉슨과 같은 보수 정치인들[684]은 관용적인 판사와(간접적으로는) 흑인 범죄자들을 공격함으로써 노동계층 백인들의 표를 확보하면서, 자유주의 정치인들로 하여금 범죄문제에 대한 입장을 밝히도록 압박한다. 진보적인 민주당 소속 린든 존슨 대통령은 1968년 종합범죄통제및안전법Omnibus Crime Control and Safe Street Act에 서명했다. 동법은 지방경찰에 예산을 지원하고, 미란다 대 애리조나 판결을 파기하기 위한 법률로서, 도시지역 길거리 범죄를 대상으로 한 일련의 연방 형법 입법의 시초가 되었다.[685] 진보적 민주당 대통령후보 로버트 케네디는 민주당 경선 과정에서 도시지역 무질서에 대한 강경 대책을 선거운동의 핵심내용으로 삼았다. 1970년대 초반 남부 진보파의 대표적 인물이었던 지미 카터Jimmy Carter가 주지사로 재임하는 동안 조지아 주의 구금형 비율은 40% 이상 증가했다. 같은 시기 이웃한 앨라배마의 교도소 수형자 수는 변동이 없었다. 진보적 공화당 주지사 넬슨 록펠러Nelson Rockfeller는 헤로인 관련 범죄에 대한 엄벌을 제안했다. 이른바 록펠러 법은 강경한 마약법이라는 새로운 유행을 불러일으켰다. 1973년 록펠러 주지사는 해당 주 법률에 서명했으며, 뉴욕 주의 구금형 비율은 이전 15년 동안 감소했다가 다시 증가하기 시작했다.[686]

1970년대에는 진보적 민주당이 연방의회와 대부분의 주 의회, 주지사, 그리고 거의 모든 대도시 시장직을 장악하고 있었다. 교도소 수형자 수는 완만하게 상승했다.[687] 미국에서 엄벌적 변화punitive turn는 적어도 초기에는 보수정치인들로부터 유래되지 않았다. 오히려 형벌의 강화는 보수정치적 언사에 대응한 진보정치의 조치였다.[688] 이 같은 대응은 또 다른 반응을 불러왔다. 존슨이나 케네디 같은 진보정치인들이 엄벌적 정책을 수용하자, 보수정치인들은 두 가지 맞대응을 선택할 수 있었다. 하나는 범죄문제를 진보정치인들에게 미루고 자신들의 강경한 언사가 의미가 없다고 인정해 버리는 방법이다. 다른 하나는 엄벌정책을 뒤따라 더 강경한 처벌을 주장하는 방법이다.

보수정치인들은 더 강경한 방법을 택했다. 다시 레이건이 공화당의 모델이자 보수주의 이념의 주요 인물로 등장했다. 주지사 시절 레이건은 강경한 언사와 관용적 정책 내지 무대책을 결합하는데 특기를 발휘했었다. 대통령으로서는 발언한 내용을 행동에 옮겼다. 가장 강력한 마약 입법에 서명했다. 1980년대 연방 구금형 비율이 두 배로 증가한 일부 원인이다. 시대적으로 점점 더 보수화되는 가운데 주 교도소 수형자 수도 비슷한 추세였다.[689] 보수적인 범죄정치는 그 핵심에서는 여전히 상징적이었지만, 상징은 보수주의 정치인들이 진보적 정치인들에 비해 더 강경하게 보일 때만 효과가 있을 뿐이었다. 정치적인 맞대응이 시작되자, 서로 더 강경하게 보이기 위한 싸움이 되어버렸다.

싸움은 1990년대 내내 계속되어 진보적 민주당원들은 레이건 시대 보수 공화당원들이 직면했던 같은 문제에 대해 같은 해결책을 수용했다. 전반적으로 20세기 후반 공화당이 주지사와 주 의회를 차지한 주에서는 민주당이 장악한 주보다 교도소 수형자 수가 더 빠르게 증가했다. 다만 예외도 많다. 1991년부터 1995년까지 텍사스 주지사를 지낸 민주당 앤 리처드Ann Richard는 공화당 빌 클레멘트Bill Clement의 후임이자 조지 부시George W. Bush의 전임자이다. 클레멘트와 부시 재임 시절, 텍사스 주의 구금형 비율은 각각 29%, 5% 증가했다. 리처드 재임 시절에는 128%나 증가했다. 1993년 민주당 멜 카나한Mel Carnahan은 공화당 존 애쉬크로프트John Aschcroft에 이어 미주리 주지사에 취임했다. 애쉬크로프트가 두 차례 재임하는 동안 미주리 주의 교도소 수형자 수는 전국 증가율보다 낮았다. 카나한의 두 차례 재임기간 중 수형자 수는 전국 평균의 두 배 가까이 급증했다. 민주당 더글러스 와일더가 주지사로 재임한 4년 동안 버지니아 주 구금형 비율은 45% 증가했다. 후임 공화당 조지 알렌George Allen 주지사는 가석방 폐지를 공약으로 당

선되었는데, 알렌 재임 시절 구금형 비율은 2% 감소했다.[690]

진보정치인의 딜레마와 그 딜레마에 대한 대처를 가장 잘 보여주는 예가 바로 1992년 뉴햄프셔 예비경선이다. 당시 빌 클린턴 주지사는 지지율이 떨어지기 시작하자, 아칸소 주로 돌아와 정신장애 흑인 리키 렉터Ricky Ray Rector(역주: 1981년 총기살인 직후 체포하려던 경찰관까지 살해하고 자신의 머리에 총을 쏘아 자살을 시도했다. 그 결과 전두엽 제거수술을 받은 뒤 정신장애 상태가 되었다)의 사형집행을 승인했다.[691] 효과가 있었다. 클린턴은 뉴햄프셔 주에서 가까스로 2위를 차지했고, "돌아온 신예the Comeback Kid"라 불리며 인기를 끌어 결국 백악관까지 차지했다. 렉터의 처형은 조지 H. 부시가 4년 전 마이클 듀카키스를 물리치기 위해 윌리 호튼을 처형한 예를 클린턴이 뒤따른 섬뜩한 사례다. 이러한 사례는 정치 역학의 특성을 보여준다. 양측 사이에 아무런 철학적 논쟁도 존재하지 않는다. 다만 양측 모두 같은 메시지를 전하고자 하는 이미지 싸움일 뿐이다. 호튼과 렉터 처형이 보여주는 바, 범죄정치는 누가 더 강경한가의 게임으로 전락했다.

부시는 리 앳워터Lee Atwater(역주: 미국의 유명한 정치전문가로서 1988년 대선에서 조시 H. 부시의 선거전략을 주도했다)의 호튼 이용전략을 혐오했을 것이다. 클린턴도 렉터 처형에 대해 비슷한 태도였을 것이다. 그랬다면 두 대통령의 태도는 20세기 말 정치의 특징을 뚜렷하게 보여준다. 보수나 진보 모두 원칙적으로는 반대하는 형사사법 정책을 실제로는 지지했다는 사실이다. 레이건 노선의 보수정치인들은 정부 확대를 반대하면서도 전례 없는 규모의 행형 체계를 만들어냈다. 클린턴 노선의 진보

정치인들은 인종 차별적 처벌을 반대하면서도 미국 역사상 가장 인종 차별적으로 수형자 수를 늘어나게 했다. 정치와 원칙 사이의 충돌 원인은 양측 모두 동일하다. 형사정책은 범죄문제를 해결하기 위한 수단이 아니었다. 정치적으로 말하자면, 범죄의 피해자이자 범죄로 처벌받는 가난한 흑인들에게 미칠 정책적 결과와는 무관했다. 양측 모두 상대 측에서 지지하기 때문에 자신들도 엄벌정책을 지지했을 뿐이다. 또 그렇기 때문에 변화 시도는 정치적으로 위험했다.

이 같은 정치적 태도들을 취하는 이유는 유권자의 표가 가장 중요하기 때문이다. 양 정당이 상대방 측에서 범죄에 대해 더 그럴 듯한 입장을 취할 경우 다른 쪽도 입장을 기꺼이 바꾸려 하는 경쟁의 대상은 범죄 피해자나 그들의 친구와 이웃의 표도 아니고 형사 피고인이나 그들의 친구와 이웃의 표는 더더욱 아니다. 바로 범죄 문제란 두렵기도 하지만 먼 곳에서 일어나는 일이라 생각하며, 마약 거래시장과 범죄조직 간 총격전 소식을 아침신문에서 대하는 사람들의 표다. 지역 민주주의가 쇠퇴하면서 분노한 이웃주민들의 민주주의가 대신하게 된다. 그 결과 더 많은 형사처벌이 덜 평등하게 적용된다.

연방대법원이 이 모든 결과에 책임이 있다고 할 수는 없다. 1960년대 이전 살인범죄율은 전국적으로 증가 추세였다. 범죄 증가는 당시 워렌 대법원의 판결이 원인이 아니라는 의미다. 도시 흑인 거주지역에 집중된 폭동과 범죄 증가의 배후에는 거시적인 사회적, 정치적, 경제적 작용이 있었다. 마찬가지로 맵 대 오하이오 판결이 형사절차의 혁명을 가져오기 수년 전부터 북동부와 중서부 지역에서 교도소 수형자 수는 감소하고 있었다. 맵 판결 이후 연방대법원이 형사재판 규제보다도 경찰수사를 적극적으로 규제했지만, 경찰의 체포 건수보다 수형자 수가 더 큰 폭으로, 더 빨리 감소하였다.[692] 게다가 모든 주의 수형자 수가 감소하지는 않았다. 1960년대 동안에도 일부 주에서는 수형자 수가 증가했다.[693] 이러한 사실은 폭력이 만연한 시기 중에도 수형자 수를 줄어들게 한 주된 원인이 경찰이나 연방대법원이 아니라 지방검사였음을 말해준다(1973년 이래로 수형자 수 증가의 주된 원인 역시 지방검사다). 연방대법원의 판결은 범죄와 처벌 추세 모두 악화시켰을 수 있지만, 각 추세마다 다른 원인들도 있었다. 범죄 증가와 처벌 감소라는 이상한 조합은 워렌 연방대법원의 기여와는 무관하게 반동을 불러왔으리라는 점은 의문의 여지없다.

다만, 대법관들이 반동의 직접 원인은 아닐지라도 크게 기여했음은 사실이다. 19세기 말부터 20세기 초까지의 문화전쟁이 악덕에 맞선 정치를, 또한 키퍼버 청문회와 로버트 케네디의 운수노조 조사가 조직범죄에 맞선 정치를 전국화했던 것처럼 맵 판결과 미란다 판결은 범죄문제 전반에 걸쳐 전국적 정치를 확대시켰다. 연방대법원은 범죄가 국내문제 제1순위였던 1968년 대선운동의 소재거리가 되었다.[694] 그리고 연방대법원 판결이 이상한 만큼 전국화된 정치는 더욱 이상해졌다. 게리 던컨Gary Duncan이나 돌리 맵Dolly Mapp처럼 조작된 "범죄"에 대한 처벌을 막기 위해 연방대법원이 나섰더라면 대중의 반응은 훨씬 긍정적이었을 것이다. 연방대법원이 에밋 틸처럼 사법체계가 돌보지 않았던 북부 혹은 범죄 피해자들을 위해 "법적 보호" 확대를 위한 조치를 취했더라면 유권자들은 연방대법관들의 입장을 이해하고 지지했었을 것이다. 그러나 연방대법원이 만들어낸 절차법 규정들은 가장 유죄가 확실한 피의자와 피고인들을 보호하기 위한 제도로 인식되었다.

워렌 연방대법원의 형사절차 관련 판결과 관련하여 정말 놀라운 사실은 적어도 시간이 흘러가면서 대중의 지지를 얻게 되었다는 점이다. 미란다 판결이 그 좋은 예다. 1966년 여름 연방대법원의 판결 직후, 대부분의 여론조사에 따르면 상당수의 국민들은 비판적이었다. 이에 따라 1968년 연방의회는 연방 사안에서 미란다 판례를 무효화하기 위한 법률을 제정하고, 존슨 대통령이 서명했다.[695] 그리고는 논란은 잠잠해졌다. 미란다 판례가 경찰에게 큰 비용을 부담시키지는 않는 것으로 나타났다. 거의 대부분의 피의자들은 그 유명한 경고에도 불구하고 진술을 했다. 한동안 경찰조차도 미란다 판례에 대해 신경 쓰지 않았다. 2000년 연방대법원이 8대 1로 미란다 판결을 재확인하면서 1968년법을 무효화했다. 보수적인 윌리엄 렌퀴스트 대법원장이 집필한 다수의견[696]에 대해 별다른 반대여론은 없었다. 연방대법원 형사절차 판례들은 국민들 관심에서 멀어진 것으로 보였다. 반동은 그 원인보다 더 오래 지속되었다. 1989년 성조기 소각 금지를 무효화한 판결[697]은 논란이 되었던 어떠한 형사절차 관련 판결보다 훨씬 더 대중의 관심을 끌었다. 워렌 연방대법원은 형사사법 체계를 변화시켰고, 그 변화는 영구적이 되었다.

이 같은 변화가 필연적이지는 않았다. 맵 판례와 미란다 판례 모두

한 표 차이로 결정되었다.[698] 각 다수의견 쪽에는 아이젠하워 대통령이 임명했던 워렌과 브레넌Brennan 대법관이 속해 있었다. 브레넌 대법관은 1956년 대선 당시 가톨릭계 민주당원들의 지지를 얻기 위해 임명되었다.[699] 형사절차법에서 피고인 권리보장에 지향된 개혁을 위한 포석은 전혀 아니었다. 결국 워렌이 맡게 될 대법원장직을 사양했던 토머스 듀이의 경우처럼 워렌 역시 강경한 검사 출신이었다.[700] 형사 피의자와 피고인의 권리확대에 앞장설 대법관감으로 보이지 않았었다. 듀이가 워렌을 "멍청한 얼간이"라 부르게 된 가장 큰 이유는 듀이의 형사사법에 대한 입장 때문이었다. 아이젠하워 대통령에게 대법관을 추천했던 듀이는 훗날 브레넌에 대해서는 "우릴 속였다"는 말을 남겼다.[701] 워렌과 브레넌 중의 한 사람이라도 의외의 판결을 내리지 않았더라면, 연방대법원은 듀이가 대법원장을 맡았더라면 취했을 입장을 택했을지 모른다. 인종 차별 사안에서는 민권을 옹호하고, 형사 피고인에 대해서는 엄격했었을 것이다.

그렇게 되지 않았다. 1930년대 중반 법원의 뉴딜 정책에 대한 반대 노선에 이어 연방대법원의 두 번째 반대 노선은 대부분의 보통 유권자들이 관심을 갖는 사안에서 국민들과 반대되는 입장을 취했다. 1960년대 법개혁에 관한 프레드 그레이엄Fred Graham의 책 제목이 그 결과를 잘 표현해준다. 결과적으로 법원은 "스스로 낸 상처self-inflicted wound"를 입었다.[702] 아직까지 치유되지 않는 미국 정치의 상처이기도 했다.

제9장

범죄의 증가와 감소, 형사처벌의 감소와 증가

지금 같은 추악한 우리 시대에
사람이 할 수 있는 선택은
독재자, 반역자, 죄수밖에 없다.
다른 대안은 없다.
— 알렉산더 푸시킨(1820년대). 알렉산더 솔제니친, 〈암병동〉에서 재인용

고자질 하지마!Don't snitch!
— 미국 흑인 거주지역에서 유행한 티셔츠 문구(2000년대 초)

범죄의 감소야말로 1990년대 가장 큰 미스터리 중의 하나다… 누구도 예상
하지 못했던 바다. 경찰 개혁, 엄벌, 실업률 감소와 같은 이유들로는 충분한
설명이 어렵다.
— 로버트 새뮤얼슨Robert Samuelson, 〈뉴스위크(1999)〉

20세기 후반, 범죄와 형사사법에 관한 놀랄 만한 이야기가 두 가지
있다. 처벌이 대규모로 행해지면서, 그만큼의 정도는 아니지만 상당한
규모로 범죄가 줄어들었다. 얼마나 중요한 이야기인지 몇 가지 수치를
보면 알 수 있다. 미국의 구금형 비율은 1970년대 초반 인구 10만 명
당 100명 이하에서 오늘날에는 500명에 달한다. 1980년 이전, 미국 최
고 기록은 137명이었다. 1990년대 및 2000년대 초반, 미국의 폭력 범
죄율은 3분의 1 이상 감소했다.[703] 우리는 1970년대와 1980년대 사람
들보다 더 안전한 나라에서 살고 있다. 동시에 우리는 미국 역사상 그
어느 때보다도 훨씬 더 엄벌적인 나라에서 살고 있다.

대체적으로, 익숙한 이야기들이다. 덜 알려진 이야기 두 가지가 더 있다. 20세기 후반 한 세대에 걸친 엄중한 형벌의 시대 이전에는 북동부에서 시작해 서부와 남부로 확대된 한 세대에 걸친 관용적 시대가 있었다. 교도소 수형자 수는 감소하고, 범죄당 처벌은 급감했다. 전국적으로 살인범죄당 수형자 수 비율은 60명까지 떨어졌고, 북동부 및 중서부 대도시에서는 더 크게 감소했다.[704] 전국적인 교도소 수형자 수의 폭증이 유례없는 일이었던 것처럼 그 이전의 형사처벌의 급감도 그러했었다. 1990년대 범죄 감소의 경우, 범죄가 줄어드는 추세 이전 수십 년간은 상황이 나빴다. 특히 도시 흑인 빈민거주지역의 범죄가 심각했었다. 1950년대 폭력 범죄 수준의 증가는 북동부, 중서부와 서부에서 시작되었다. 남부에서는 1960년대 중반부터 증가하기 시작했다. 전국적으로 살인범죄율은 2배 증가했다. 대부분의 주요 도시에서는 3배, 4배, 그 이상 늘어났다. 뉴욕의 살인범죄율은 6배, 디트로이트는 8배 증가했다.[705] 1970년대 초부터 20년 내내 범죄가 증가하다가, 이어 거의 20년 동안 같은 수준을 유지했다. 전국적인 수준에서 범죄는 다소 감소했지만, 도시지역에서는 1960년대 급증하면서 다소 증가했다.[706] 1990년대 10년간에 걸친 범죄 감소에 뒤이어 거의 두 세대에 걸쳐 범죄의 물결이 휩쓸었다.

즉 범죄가 증가하다가 감소하는 동안 형사처벌은 감소하다가 증가했다. 처벌이 범죄를 억지한다고 본다면 당연한 결과다. 하지만 이들 추세가 꼭 들어맞지는 않는다. 형사처벌의 증가는 30년 이상 계속되었다. 범죄 감소는 10년 동안만 지속되었을 뿐이다. 처벌의 증가가 도시지역 범죄 감소의 원인이라면 처방의 효과는 놀랄 만치 느렸다. 처벌 증가는 범죄 감소에 기여했겠지만 아주 제한적으로만 효과가 있었을 것이다. 범죄와 처벌 추세의 시기가 서로 일치하지 않았을 뿐더러 각각의 규모 또한 마찬가지였다. 범죄 감소의 규모보다 처벌 규모의 증가가 훨씬 더 컸다. 오늘날 미국의 도시 폭력 범죄율은 20세기 후반기 대규모 범죄의 물결 때보다 더 높다. 게다가 전국적인 구금형 비율은 범죄의 물결이 휩쓸기 전보다 5배 높다. 처벌이 범죄를 억지한다고 해도 이전보다는 구금형의 억지 효력이 떨어져 가고 있는 것으로 보인다.

결론적으로 이제까지의 상황은 전통적인 상식과는 크게 다르다. 우리 시대는 실로 형사사법의 위기에 처해 있다. 교도소 수형자 수는 거대한 규모로 팽창해 있다. 하지만 이런 결과를 낳은 미국 사법체계가 본질적으로 과도한 형벌을 지향하지는 않는다. 그렇다 하더라도 최근의 현상일 뿐이다. 불과 40년 전만 해도 미국 사법체계는 본질적으로 형사처벌을 부과하기보다는 자제하려 했었다. 시계추 사법의 시대에 미국 형사사법은 쉽게 양극단을 오가는 것 같다. 1990년대 범죄 감소가 형사사법 체계가 효과적으로 작동했다는 증거도 아니다. 그 반대다. 범죄가 감소한 이후에도 전국적으로 팽창한 교도소 수형자 수는 도시지역 폭력 범죄율과 일치했다. 반세기 전만 해도 남부 이외에는 있을 수 없는 일이었다.

1. 불안정성

최근의 상식에 따른다면, 사법체계의 본질적 특성은 그 엄벌적 성격에 있다. 전국적인 교도소 수형자 수의 규모를 고려하면 다툼의 여지없는 사실이다. 하지만 한 세대 전만 하더라도 미국 사법체계의 특성이 관용적 성격, 형사처벌 부과의 희소성에 있다고 해도 마찬가지로 타당한 사실이었다. 더 장기적인 관점에서 본다면 미국 사법체계의 특징은 엄벌성도, 관용성도 아니다. 사실은 불안정성이다.

[표 9]와 [표 10]의 수치가 확인해주는 바다. [표 9]는 미국 인구 10만 명당 살인범죄율 및 구금형 비율, 살인범죄별 수형기간을 보여준다. 수형기간은 범죄자가 살인범죄에 대해 치를 대가를 대략적으로 보여주는 지표다. 통계자료는 1910년, 그리고 1923년부터 10년 단위로 2003년까지 해당된다. [표 10]은 동일한 정보를 뉴욕 주 구금형 비율 및 뉴욕 시 살인범죄율을 사용하여 비교한 자료를 보여준다(구금형 비율은 지방이 아니라 주 단위로 산정되었다. 지난 수십 년간 주 단위 살인범죄율은 파악되지 않고 있다. 다만 뉴욕 시는 뉴욕 주 인구의 다수를 차지하기 때문에 뉴욕 시 살인범죄 대비 주 수형자 수의 비율은 주 사법체계의 엄벌성 여부를 대략적으로 살펴볼 자료가 된다).

각 표의 제3열을 살펴보면, 20세기 제1 사분기 범죄 대비 처벌비율은 낮고 상당히 안정적인 수준이다.

[표 9] 살인범죄율 및 구금형 비율과 살인범죄별 수형기간, 미국 1910~2003

년도	인구 10만 명당 살인범죄율	인구 10만 명당 구금형 비율	살인범죄별 수형기간a
1910	8	75	10
1923	9	74	8
1933	10	109	11
1943	5	103	20
1953	5	108	23
1963	5	114	25
1973	10	96	10
1983	9	179	21
1993	10	359	38
2003	6	482	85

주: 1973년까지의 살인범죄율은 몬코넨의 자료, 이후 기간의 자료는 연간 표준범죄동향에 근거하였다. 1910년 및 1923년 구금형 비율은 M. W. Cahalan, Historical Corrections Statistics in the US, 1850~1984 (1986) 30면, 표 3-3; 이후 구금형 비율은 Online Sourcebook, 표 6. 28. 2009.

a. [표 9]와 [표 10]에서 살인범죄별 수형기간 수치는 각 표 제1열과 같은 정수가 아니라 살인범죄율 수치를 10단위 올림으로 계산하였다.

[표 10] 살인범죄율 및 구금형 비율과 살인범죄별 수형기간, 뉴욕 1910~2003

년도	인구 10만 명당 살인범죄율	인구 10만 명당 구금형 비율	살인범죄별 수형기간
1910	5	78	14
1923	5	58	12
1933	7	74	10
1943	3	111	41
1953	4	105	26
1963	7	101	14

1973	22	71	3
1983	23	172	8
1993	27	354	13
2003	7	339	46

주: 1973년까지의 뉴욕 살인범죄율은 몬코넨의 자료, 이후 기간의 자료는 연간 표준범죄동향에 근거하였다. 1910년 및 1923년 구금형 비율은 M. W. Cahalan, Historical Corrections Statistics in the US, 1850~1984 (1986) 30면, 표 3-3; 1923년부터 1973년 기간 중 구금형 비율은 연간 통계개요에 근거하였다. 1973년 이후 구금형 비율은 1991 Sourcebook, 637면, 표 6.72, Online Sourcebook, 표 6. 29. 2008.

금주법 시대가 끝난 뒤 처벌 수준의 변동 폭이 컸다. 마치 시계추가 점점 더 크게 흔들리는 모양새였다. 전국적으로 보면 살인범죄별 수형기간은 금주법 폐지 이후 30년간 123% 증가했다. 이후 10여 년 만에 수형기간은 다시 8배 이상 늘어났다. 뉴욕의 경우 변동 폭은 더욱 컸다. 살인범죄별 수형기간은 금주법 폐지 이후 4배 증가했고, 이후 30년간 15배나 늘어났다. 이처럼 커다란 변동 폭은 신뢰할 만한 주 단위 살인범죄 자료가 활용가능하다면 어느 정도 완화될 것이지만, 해당 기간 대부분 동안 자료는 일부만 있을 뿐이다. 1930년대 이후 형사처벌은 극단적인 엄중함과 관대함 사이를 오갔다. 시계추는 양극단으로 흔들렸다.

어떠한 체계든지 이 같은 상황이라면 안정적이지 못하다. 그래서 다니엘 모니한Daniel Patrick Moynihan 상원의원의 주장처럼 20세기 후반 범죄율의 상승이 미국인들로 하여금 "비행의 범위를 줄여보게" 되었다고 한다면 틀렸거나 근거가 상당히 부족한 말이다. 1993년 〈아메리칸 스펙테이터American Spectator〉에 실린 유명한 기사에서 모니한은 형사처벌이 현실에서는 필요악도, 도덕적·사회적 선도 아니며 범죄의 대규모 변동에 직면해 불변 존속되는 상수라고 주장했다. 이런 관점에서는 비행 행태 수준의 증가는 처벌의 증가가 아니라 비행에 대한 재규정을 촉진한다. 즉 범죄율이 낮은 사회에서는 비난 대상이 되었을 행동이 범죄율이 상승할 때는 관용된다.[707] 범죄율은 가변적이다. 만일 모니한의 주장이 옳다면 형사처벌의 수준, 즉 어떤 사회가 비난 대상으로 삼으려는 비행 행태의 양은 일정 수준을 유지해야만 한다.

이는 명백하게 틀린 주장이다. 미국 전체적으로 형사처벌은 범죄율보다 더 가변적이다. [표 9]에서 보는 바와 같이 전국 살인범죄율은 2:1, 구금형 비율은 7:1, 살인범죄별 수형기간 비율은 10:1 이상의 폭을 보여준다. 일정하게 고정량의 비행 행태를 처벌하는 것이 결코 아니다. 20세기 미국은 형사처벌의 양 극단을 모두 겪어보았다. 현실 형사사법 체계가 범죄가 급증하는 중에 얼마만큼이나 처벌을 줄일 수 있겠는가? 그런 체계라면 범죄율이 감소하는 가운데 얼마나 많은 범죄자를 구금할 수 있겠는가? 1960년대와 1970년대 초, 첫 번째 질문에 대해 사법체계가 답을 내놓았다. 1990년대와 21세기 초반 10년 동안에는 두 번째 질문에 답했다. 두 번의 시기 모두 사법체계는 도를 넘어섰다. 처벌은 급감했다가 다시 치솟아올랐다. 모니한이 주장하는 지속성이야말로 사법체계가 명백히 결여한 특징이었다.

지속성은 사법체계가 가장 절실히 필요로 하는 특성이기도 하다. 가격(대가) 안정성은 건전한 경제뿐만 아니라 건전한 형사사법 체계의 특성도 된다. 중범죄에 대한 안정된 대가(가격)와 시간과의 관계는 법의 지배와 장소와의 관계와 같다. 즉 법의 지배는 상이한 지역의 범죄자들이 동일 범죄에 대해 동일한 처벌을 받도록 보장해야 한다. 안정적 대가(범죄의 중한 정도에 상응한 처벌의 부과를 의미함)라 함은 올해와 다음 해의 형벌이, 또는 현 세대와 다음 세대의 형벌이 급격히 변하지 않을 것을 보장한다는 의미다. 미국처럼 지난 80년간 엄벌과 관대함을 급격히 오가는 변화를 겪었다는 사실은 형사처벌이 피고인 행동의 도덕적 내용보다는 정치적 유행이나 변덕에 더 근거를 두고 있음을 보여준다.

형사처벌의 불안정성이 증가하는 현상은 북부 도시지역 흑인 인구의 증가, 그리고 범죄정치의 전국화 확대와 일치한다. 남부 이외 지역에서 형사사법은 점차 도시지역 흑인 인구 관리를 위한 제도가 되어갔다. 1950년대 초반 북동부 지역에서 아프리카계 미국인은 전체 인구의 5%였지만 교도소 수형자 수의 30% 가까이를 차지했다.[708] 하지만 흑인들은 당시부터 지금까지도 반세기 전 높은 범죄율의 이민자 공동체가 누렸던 권력을 갖지 못하고 있다. 유럽 이민자들의 대물결이 최고조에 이르렀던 당시, 그리고 적어도 그 후 한 세대 동안 이민자들과 그 후손들은 도시지역 경찰을 지배했었다. 경찰기관의 직위들은 정치적 배경을 필요로 했으며, 경찰관들은 지역사회 우두머리에게 복종하면서 개인적으로도 지역 정치의 일부가 되었다. 20세기 중반에 이르면 경찰기관들은 더 전문화되면서 지역 정치의 흐름으로부터 독립하게 되었다. 흑인 범죄가 북부 도시 지방정부의 주요 문제가 되었음에도 흑인 경찰관은 해당 지역 경찰기관의 10% 미만이었으며, 대부분의 경우 훨씬 못 미치는 수준이었다.[709]

증거는 상당히 부족하지만 지방검사 역시 점차 정치적인 독립성을 확보해나갔던 것으로 보인다. 오늘날과 마찬가지로 20세기 중반 지방검사는 선출직이었다. 하지만 지방검사들은 점차 유권자들을 대변하는 기관이라기보다는 관료 내지 법조의 일원이 되어갔다.[710] (변화의 조짐이 하나 있다면 유권자들이 지방검사를 지방공무원이나 다름없이 여기게 되었다는 점이다. 범죄율이 높거나 낮거나 관계없이 정기적으로 재선출했다. 토머스 듀이가 퇴임한 지 68년 동안 맨해튼 지방검사를 역임한 사람은 전부 3명에 불과했다. 한 사람은 일 년 남짓 만에 물러났지만 다른 두 사람, 프랭크 호건Frank Hogan과 로버트 모겐소우Robert Morgenthau가 나머지 기간 17차례 임기를 채웠다.) 더구나 법조인들의 이념적 성향도 변했다. 19세기 후반 전문가들은 검사가 지나치게 관대하고, 승소 가능한 사건도 쉽게 포기하거나 형량 협상을 통해 중한 범죄를 가볍게 처벌받게 한다고 생각했다.[711] 20세기 전반기 동안 상황은 변화했다. 1920년대 초반 하버드 법학대학원 로스코 파운드Roscoe Pound 학장과 훗날 연방대법관을 지낸 펠릭스 프랭크퍼터Felix Frankfurter 교수가 발표한 연구결과에 따르면 클리블랜드 지역 형사소추의 경우 지방검사는 기소와 처벌에 소극적이지 않고, 지나치게 신속한 것으로 나타난다.[712] 1960년대 파운드-프랭크퍼터의 견해는 법학 분야 정통이론이었다. 판사와 검사 다수는 형사처벌 일반의 효용성에 대해 유보적 태도를 보였다.[713] 미국의 경우 흑인 범죄자들에게 부과되는 처벌이 특별히 염려 대상이었다.

전문가 견해의 변화는 정치인들에게로 확대되었다. 부통령이자 민주당 대선후보를 지낸 허버트 험프리의 1968년 선거운동 당시 발언은 당시의 사고방식을 잘 보여준다. "우리가 더 많은 감옥을 짓는 것만으로는 더 나은 미국을 만들 수 없습니다. 우리나라는 더 많은 성실한 이웃, 더 많은 교육받은 사람들, 더 많은 살 집들이 필요합니다. 억압만으로 더 나은 사회를 이룰 수 없다고 믿습니다."[714] 억압repression과 형사처벌을 동일시하는 발언에 주목한다. 적어도 당시 북부와 서부의 지방검사와 판사들은 범죄율이 높아질 때도 교도소 수형자 수를 줄여갔다.

민주주의가 형법 집행을 제한하기를 멈추면서 형사사법 체계가 극단적인 관대함과 더욱 과도한 엄벌 사이를 크게 오가는 일은 이때가 처음이 아니었다. 앞서 살펴보았던 19세기 후반부터 20세기 초반까지 남부의 형벌 통계에 따르면 남부지역은 전국적으로 교도소 수형자 수가 가장 적기도 하고, 가장 많기도 했다. 사법체계의 주요 대상이자 주요 수혜자이기도 한 흑인과 빈곤층 백인들은 투표를 못하거나 선거권 행사에 크게 제한을 받았다. 이처럼 상류층 백인에게 치우친 민주주의 하에서는 경찰기관은 작고, 교도소 수형자 수는 변동이 심했다. 다른 지역에 비해 폭력 수준이 훨씬 높은 현상도 동반되었다. 1940년대 이후에는 다른 종류의 편파적인 민주주의가 북부 도시들에서 나타났다. 범죄 증가에 가장 피해를 겪는 도시 거주 유권자들보다 교외지역 유권자들이 더 많은 권력을 행사했다. 교도소 수형자 수는 더욱 변동이 심해졌고, 폭력 범죄는 지역적으로 더욱 편중되어 갔으며, 도시지역 범죄율은 이전까지 남부에서만 나타나던 현상과 비슷해져 갔다.

형사사법에 대한 지역 민주주의적 통제의 쇠퇴에 따라 필연적으로 처벌이 늘어나거나, 필연적으로 줄어드는 것은 아니다. 20세기 초반 남부에서처럼 늘어나기도 하고, 줄어들기도 한다. 처음에는 처벌이 너무 적다가 다시 엄청나게 늘어난다. 금권정치시대 북부도시 사법체계를 지배하던 핵심적인 규제 기제는 쇠퇴하였다. 즉 빈번한 배심재판, 도시 빈곤층과 노동계층 거주지역 유권자들에 좌우되는 검사 선출(당시에는 오늘날보다 도시 상류층 거주지역과 교외지역 주민 수가 적었기 때문이다), 이민노동자들의 생존책인 투표 성향에 좌우되는 도시 지배구조에 종속된 경찰기관이 그것이다. 관료적인 중립성, 법적 절차와 상징적 정치가 그 자리를 대신했다. 그 결과는 범죄 통제의 부실, 처벌 실무의 급변, 그리고 대규모의 불평등이었다.

2. 처벌의 쓰나미

20세기 중반 관대한 처벌 경향으로의 전환은 더 중립적인 경찰, 더 진보적인 검사, 그리고 사법체계의 대상인 유권자와 사법체계를 지배하는 유권자가 다른 정치적 괴리의 산물이다. 그렇다 해도 사법체계가 급격히 관대한 방향으로 전환한 사실은 여전히 의문으로 남는다. 1950년대 북부에서 1960년대 말과 1970년대 초에 전국적으로 범죄가 증가하는 상황에서 교도소 수형자 수가 줄어들 아무런 분명한 정책적 이유가 없었다. 폭력 범죄 수준이 급증하는 가운데 형사처벌의 감소를 통해 얻을 아무런 정치적 이득도 없었다. 관대한 처벌 경향은 부분적으로 교외지역 유권자들이 도시지역 범죄 증가에 무관심했다는데 기인한다. 그렇다고 무관심 자체가 적극적이지도 않았다. 자신의 지역구 수형자 수를 줄이기 위해 애쓸 상당한 정치적 이득이 있었다고는 보기 어렵기 때문이다. 20세기 중반 미국 교도소 수형자 수의 감소가 없었다고 해도 사람들은 무관심했을 것으로 보인다.

엄벌적 전환의 경우는 다르다. 정치적 정당화도 분명하고, 마찬가지로 정치적 이익의 보장도 확실하다. 20세기 말 교도소 수형자 규모의 증가는 놀랄 만한 일이기는 하지만, 증가 사실 자체와 증가 시기는 그렇지 않다.

정치적 정당화의 사유는 간단하다. 1970년대 초까지 범죄당 처벌 비율은 대규모로 감소했는데, 범죄 역시 대규모로 증가했다. 특히 도시지역 폭력범죄가 증가했다. 사법체계의 중범죄 처벌 역량과 의지의 회복은 정당한 목표였으며, 사회적으로도 필요했다. 입증은 불가하지만 1960년대와 1970년대 초 교도소 수형자 수의 감소 및 낮은 수준은 당시 중범죄 수준의 증가 원인일 가능성이 있다. 다만 1900년대 초 수형자 수가 유사하게 낮은 수준이었으나 유사한 영향을 미치지는 않은 것으로 보인다. 1960~70년대 수형자 수 감소는 이후 시기 높은 범죄율과 범죄율 증가와 상응한다. 20세기 초반 북부도시에서의 범죄율 상승보다 훨씬 높다. 1960년대 후반에는 한 세기 전 적정하게 관대했던 사법체계가 훨씬 극단적이 되었다. 자비로운 사법체계와 범죄통제의 진지한 노력을 포기한 사법체계를 가르는 기준이 무엇이든지 간에 미국은 그 선을 넘었던 것이다. 처벌강화로의 전환은 당연했다.

정치적으로 엄벌적 전환은 부분적으로 앞선 추세의 결과였다. 범죄가 증가하는데 처벌이 감소한다면 반동을 불러올 수밖에 없고, 다시 반동의 결과 교도소 수형자 수가 늘어난다. 마침 도시지역 인종 폭동과 워렌 대법원의 맵 판결과 미란다 판결 같은 피고인 권리지향 판결이 대중의 분노가 향할 대상을 제공한 덕분에 반동은 전국화되었으며, 실제 더 극단적으로 나타났다. 조지 월레스, 로널드 레이건, 리처드 닉슨 같은 보수적 정치가나, 린든 존슨, 로버트 케네디와 넬슨 록펠러 같은 진보적 정치가 모두 반동을 불러오고, 반동의 힘을 키우는데 기여했다. 어느 경우도 놀랍지 않았다. 1950년대와 1960년대 관대한 처벌경향으로의 전환과 달리 엄벌적 전환은 불가피했다.

다만 그 범위와 규모까지 불가피했던 것은 아니다. 20세기 후반 구금률은 단순히 급증했던 것이 아니라 5배나 증가했다. 흑인 구금률은 스탈린 시대 소련의 구금률보다 높게 되었다. 흑인 거주지역 주민들은 점차 당연하게도 200년 전 푸시킨이 말했던 것처럼 삶에는 두 가지 선택밖에 없다고 믿게 되었다. 감옥에 갈 청년들의 편이 되거나, 자신들을 구속하는 체계의 편이 되거나. 폭군이든 배신자든 수형자든 좋은 선택이라고는 없었다. 21세기 초 흑인 거주지역에서 구금률이 정점에 이르자 "고자질 하지마!"라는 움직임이 일어난 것도 무리는 아니다.[715]

그렇다면 엄벌적 전환이 극단으로 치닫는 이유는 무엇일까? 이제까지 두 가지 이유를 살펴보았다. 즉 정치적 반동으로 인해 정당 간 경쟁이 일어났다는 점, 그리고 연방대법원에 의한 절차적 권리의 증대에 뒤따라 해당 권리들을 너무 쉽게 무효화하는 규칙이 등장했다는 점이 그것이다. 네 가지 이유를 더 찾을 수 있다. 첫째, 엄벌적 전환이 그처럼 엄벌적인 결과를 낳은 것은 장기 지속되었기 때문이다. 장기간 지속의 대체적 이유는 엄벌적 전환을 가져왔던 범죄 추세가 그보다 더 오래 지속되었기 때문이다. 둘째, 연방 및 주 정부의 교도소 예산, 지방정부의 지방경찰 예산 배분은 지방관리 입장에서 구금형이 값싼 선택이 되게 만들었기 때문이다. 즉 구금형을 지나치게 집행했기 때문에 도시지역에서 처벌은 지나치게 많고, 경찰은 지나치게 적게 되었다. 셋째, 유죄인정협상과 관련된 법이 검사로 하여금 협상을 쉽게 택할 수 있도록 했으며, 이에 따라 사법체계상 검사 및 형사변호인 대비 중죄 유죄 비율이 극적으로 증가하게 되었기 때문이다. 마지막으로 형사실제법 역시 유죄인정협상을 용이하게 하고 배심재판은 축소하는 방향으로 변화했기 때문이다. 한때 법은 배심원과 법관에게 형사처벌을 정당화할 만큼 피고인이 불법한 행위를 했는지의 여부를 판단할 권한을 부여했다. 오늘날 형사실체법은 그 권한을 검사의 손에 쥐어 주었다.

이 점을 다시 살펴보기로 한다. 엄벌적 전환이 극단까지 나아갔다면 일이십 년 정도가 아니라 한 세대 이상 지속되었기 때문이다. 1920년대와 1930년대 또한 구금률이 급증했었다. 하지만 1930년대 말에는 1990년대에 비해 범죄가 감소했다. 두 시대 모두 사법체계가 마약과의 전쟁을 벌이는 동안 처벌과 범죄 모두 나란히 증가했다. 두 시대 모두 범죄가 감소하기 시작한 이후 수년 간 구금률은 계속해서 증가했었다.

1920~30년대 전국적인 구금률의 연평균 증가율은 4%였으며, 1990년 대에는 5%였다. 상당히 높지는 않았다. 하지만 1920~30년대에는 16년 동안 구금률이 증가했는데, 1990년대에는 그보다 두 배 이상 장기간 동안 증가했다. 이러한 사실은 20세기 말과 21세기 초 마약범죄에 대한 가혹한 형벌(금주법 시대에도 유사한 예가 없다)과 함께, 1920~30년대 구금률은 85% 증가하였는데 1972년부터 30년 동안은 400% 이상 증가한 이유를 설명해준다.[716]

다시 말해서, 미국에서 수형자 수가 그렇게나 많이 증가한 이유는 그처럼 오랫동안 증가했기 때문이다. 그리고 1970년대 중반부터 전국을 휩쓴 구금형의 물결이 그처럼 오래 지속된 이유는 대체로 그 물결을 불러온 범죄 추세가 그보다 더 오랫동안 지속되었기 때문이다. 1950년대 초 북동부 지역에서 범죄가 증가하기 시작하여 1960년대 동안 전국으로 확산되어 갔다. 1973년 이후 범죄는 전국적으로 일정 정도 감소했지만, 범죄율이 높은 도시지역의 추세는 달라서 1970년대 나머지 기간 동안, 그리고 1980년대 말까지 범죄는 계속해서 증가했다. 어느 지역에 거주하는지에 따라 30년이나 40년 동안 지속되는 범죄의 물결을 경험했던 것이다. 30년간의 교도소 수형자 수 증가도 당연한 결과였다. 처벌의 증가가 범죄율을 낮추지 못하는 동안 도시지역 범죄의 증가로 인해 처벌은 더욱 증가되었다.[717] 인과관계의 방향은 거꾸로 갔다.

두 번째 원인은 예산정책과 관련된다. 예산정책은 지방검사로 하여금 갈수록 팽창해가는 주 교도소에 가능한 한 많은 피고인들을 보내도록 온갖 동기를 부여했다. 주 정부가 교도소 예산을 책임지는데, 교도소로 피고인을 보내는 결정은 주로 검사와 법관과 같은 지방관리들 몫이다. 지방관리들을 선출하는 지역유권자들에게, 그리고 그들이 선출한 지방관리들에게 구금형은 공짜나 다름없다. 반면에 주 정부가 아닌 지방정부가 현장 법집행의 거의 전부를 책임지는 지방경찰기관 예산의 90% 이상을 부담한다.[718] 경찰 활동과 구금형은 상호 대체적이다. 이들은 정부가 범죄와 싸우기 위해 예산을 지출하는 주된 방식이다. 또한 역사적으로 경찰 활동의 증가는 구금형의 감소, 경찰 활동의 감소는 구금형의 증가로 이어지는 경향이 있다. 한 쪽이 예산을 많이 받으면 다른 쪽은 그럴 수 없다. 1970년대와 1980년대 구금형 비율은 3배 이상 증가한 반면, 도시지역 주민 당 경찰관 수는 일정했던 것도 당연하다. 그 결과는 미국 역사상 어떠한 사법체계와도 근본적으로 다른 체계였나. 1970년대에는 수형자 수보다 지방경찰관 수가 2배 이상 많았다. 오늘날에는 지방경찰보다 수형자 수가 2배 이상 많다.[719]

중요한 점은 교도소 수형자 수의 거대한 규모가 권력과 예산책임의 분배 때문이라는 사실이 아니다. 교도소와 치안 권력의 배분은 수형자 수가 적고 계속 감소하던 1960년대와 1970년대 초와 다르지 않다. 그보다 중요한 점은 1970년대 중반 이후의 현상처럼 일단 정치적 압력으로 인해 지방검사들이 형사처벌을 대폭 늘리게 되면 되돌릴 수가 없다는 사실이다. 엄벌적 전환이 일단 시작되면 계속해서 굴러가게 된다. 무엇도 멈추게 할 수가 없다. 이는 마치 사법체계가 아무도 조타기를 잡지 않은 배처럼 되어서 사법체계에 속한 정부 관리들조차도 배가 어떤 힘에 끌려 어느 방향으로 얼마만큼의 속도로 가는지조차 모를 지경에 놓이는 셈이다.

그 결과는 민주적 거버넌스의 실패다. 구금형 수준의 증가에 관하여 주와 지방관리가 함께 책임이 있지만, 누구도 진정으로 책임지지 않는다. 검사는 점점 더 많은 피고인들을 주 교도소로 보낸다. 주 의회가 계속해서 감방을 늘리기 때문이다. 이는 마치 꿈의 벌판 원리(역주: 1986년 영화 〈꿈의 구장〉에 나오는 대사 "If you build it, they will come"에서 유래한 말이다)의 전형적 예다. 건물은 짓기만 하면 사람들은 찾아온다. 의회 쪽 입장에서는 감방을 계속해서 늘릴 수밖에 없는데, 지방검사들이 계속해서 주 교도소로 피고인들을 보내기 때문이다. 사람들이 오면 건물을 지을 수밖에 없다. 주 의회도 지방관리도 감방이 만들어지고 채워지는 과정들을 전적으로 통제하지 못한다. 따라서 어느 쪽도 이 과정을 늦추거나 되돌릴 수가 없다. 이 과정에 가장 많이 관련된 유권자들, 특히 범죄율 높은 도시지역 흑인 주민들은 관련된 결정을 하는데 아무런 힘이 없다.

이러한 주장은 학문적 상식으로 자리잡아가는 견해에 반한다. 즉 정치인들은 의도적으로 형사사법 체계를 빈곤층을 통치하는 대안적 수단으로 활용한다는 것이다.[720] 이러한 견해는 정치인들을 과대평가한다. 정치인들의 행동을 보면 우리가 오늘날 경험하는 바로 그러한 사법체계를 의도했다고 볼 아무런 증거가 없다. 만일 정치인들이 오늘날의 사법체계를 의도적으로 택했다고 한다면 1960년대와 1970년대 초 선대 정치인들은 당시의 사법체계, 즉 엄벌이 아니라 관용에 의해 지배되던 사법체계를 의도적으로 선택했다고 해야만 할 것이다. 그처럼 단기간 동안에 정치인들과 유권자들의 선호가 급변하는지를 설명하는 이론이 없는 바에야 체계 내 다양한 행위자들에 의해 자연히 그런 결과에 이르렀다는 설명이 더 그럴 듯해 보인다. 정치인들은 유권자들이 뒷받침하는 한 자신들의 선호에 따랐고, 상이한 정책마다 유권자들이 원하는 대로 단기간의 정치적 이해관계에 맞추어 선택을 했다. 이러한 선택이 누적되어 사법체계의 급변을 가져왔다. 처음에는 이쪽 방향으로, 다음에는 반대쪽 방향으로 말이다. 하지만 연방대법관으로부터 주 의원, 검사로부터 경찰관에 이르기까지 형사사법을 관장하는 어떤 관리도, 어떤 유권자들도 그처럼 어떤 방향으로든 급격한 변화를 계획하지는 않았다.

형사사법 예산을 통제할 필요성이 있었다면 교도소 수형자 수의 증가를 제한할 수도 있었을 것이다. 실제로는 그렇지 못했다. 예산 자체가 매우 적었기 때문이다. 2005 회계연도의 경우 구금형이 증가한 이후 교정예산은 주 정부 지출예산의 2.6%에 불과했다. 이는 주 정부 교육 지출의 5분의 1, 보건 또는 고속도로 관련 지출의 절반에 불과하다. 지방 구치시설에 대한 도시 또는 지방정부의 지출은 더 적다. 지방예산의 1.6%다. 연방 교도소에 대한 연방지출은 더더욱 적다. 전체 연방지출의 0.3%에도 못 미친다. 그나마 2008년 재정위기 직전 연방지출이 대규모로 늘어나기 전의 수치다.[721] 이는 정부예산에 대한 압박이 되기에는 너무나 적은 수준이다. 특히 1980년대와 1990년대는 연방정부 재정수입이 지속적으로 급증하던 호황기였다.[722]

더구나 20세기 마지막 10년 동안 교정 분야 지출 급증에 상응한 만큼 법원, 변호사, 경찰관을 위한 정부 지출이 뒤따르지는 않았다. 수형자의 구금에는 비용이 많이 들 수 있지만 체포와 유죄판결의 비용은 저렴하다. 경찰관 1인당 체포율은 1976년부터 1989년 사이 3분의 1 정도 증가했다.[723] 검사 1인당 중죄 기소율은 1974년부터 1990년 사이 2배 증가했다.[724] 빈곤층 피고인을 위한 사건 당 국선변호인 지원비용은 1979년부터 1990년 사이 절반으로 줄었다.[725] 이들 자료 모두 동일한 결론에 이른다. 1970년대와 1980년대 구금형이 급증하면서 미국 형사사법 체계는 훨씬 더 효율적이 되어갔다. 전국 교도소와 구치소에 더 많은 수형자들로 채우는데 필요한 인력은 점점 더 줄어들었다는 뜻이다.

엄벌적 전환의 세 번째와 네 번째 이유들은 법원칙과 관련되므로 설명이 더 필요하다. 주 교도소에 130만 명 이상의 수형자가 수용되어 있으면서, 20만 명을 구금하는데 필요했던 검사의 60%만 증원되었다면 사법체계는 더 많은 사안을 유죄인정협상으로 해결하고 공판 대상 사건을 더 줄여야만 한다.[726] 다시 사법체계로서는 검사에게 적절한 어떠한 수단을 써서라도 유죄인정을 재량껏 이끌어낼 수 있도록 재량을 넓게 허용한 유죄인정협상 관련 법제를 필요로 할 것이다. 1970년 이후 세대는 바로 그러한 법의 등장을 경험했다. 또 하나의 법적 변화는 훨씬 범위가 넓었다. 실정법상 범죄 구성요건이 광범위하고도 특정하여 규정됨으로써 피고인 측에서 배심의 무죄평결을 이끌어낼 수 있는 논증의 여지를 주지 않을 때 유죄인정을 이끌어내기 쉽다. 과거 미국 형법은 협소하고도 모호했었다. 20세기 동안 그 특징은 점차 변화했다. 하지만 수형자 수가 폭증하던 시기 동안 변화가 가장 뚜렷했다.

20세기 말 유죄인정 관련법의 특징은 1978년 보덴키르셔 대 헤이즈Bordenkircher v. Hayes 판결[727]에 잘 나타나 있다. 폴 헤이즈Paul Hayes는 켄터키 렉싱턴 소재 기업인 브라운공작소Brown Machine Works 수표를 훔쳤다. 헤이즈는 픽팩 식료품점Pic Pac grocery에서 88.30달러를 수표로 지불하면서 위조서명을 했다. 1973년 1월 헤이즈는 "위조문서 유통uttering a forged instrument" 죄로 기소되었다. 2년 이상 10년 이하의 구금형 대상이었다. 이런 사안은 헤이즈가 수표에 자신의 것이 아닌 서명을 했는지 설명할 정상적인 방법이 없기 때문에 재판회부를 원치 않는 경우다. 따라서 당연히 헤이즈는 유죄인정협상을 요청했을 것이다. 하지만 헤이즈에게는 강도 1건, "여성 감금"(성폭행으로 기소되어 유죄인정협상을 통해 감금죄로 낮춰 기소되었다) 1건 등 2건의 중죄 전과가 있었다. 그래서 담당검사 글렌 배그비Glen Bagby는 헤이즈에게 5년형에 해당하는 수표위조죄의 유죄인정을 제안했다. 검사는 헤이즈가 제안을 거절한다면 절대적 무기형을 규정한 켄터키 주 삼진아웃법three-strikes law을 적용해 기소하겠다고 위협했다. 헤이즈는 검사의 제안을 거절했고, 결국 삼진법으로 기소되어 헤이즈는 유죄판결을 받고 무기구금형을 선고받았다.[728]

일이십 년 전이었다면 헤이즈는 수표절도에 대해 유죄를 인정하고, 법정형 하한인 2년형을 선고받았을 것이다. 보덴키르셔 사안이 제기되던 당시, 즉 헤이즈가 유죄판결을 받은 1973년, 배그비 같은 지방검사들은 헤이즈와 같은 상습범들에 대해 강경한 정책을 적용하기 시작했으며, 이에 따라 5년형을 제안했다. 검사는 헤이즈가 무기형에 처해지기를 원하지는 않았다. 삼진법은 헤이즈에게 검사의 제안을 받아들이도록 압박하는 수단에 불과했다. 그렇지 않았다면 검사는 헤이즈에게 유죄인정을 제안하고 5년형만을 받도록 하지 않았을 것이다. 그런데 헤이즈가 제안을 거절하면서 검사로서는 삼진법 기소 외에는 선택의 여지가 없었다. 학자들은 유죄인정협상을 "되풀이 제안하기repeat-play" 게임이라 부른다. 검사와 변호사 간에 제안을 내놓고 협상하기를 되풀이하기 때문이다. 제안에 잘 응하기로 알려진 검사라면 변호사 측에서는 한번뿐만 아니라 여러 차례 유리한 쪽으로 협상을 하려들 것이다. 그래서 배그비 검사가 켄터키 주 삼진법을 적용하겠다는 위협은 검사의 생각에도 부당해 보였겠지만 일단 위협을 한 이상 계속 진행할 수밖에 없었던 것이다.

연방대법원에서 보덴키르셔 사안의 핵심 쟁점은 검사의 위협이 허용 가능한지의 여부였다. 연방대법원은 위협과 기소 사실 모두 허용가능하다고 판단하였다. 헤이즈와 같은 전과를 가진 자가 삼진법으로 기소되었는지, 또는 검사 자신이 헤이즈의 범행에 비해 무기형이 가혹하다고 판단했는지의 여부와 무관하다는 것이다. 기소의 공정성은 사안과 무관하다. 연방대법원에 따르면 유일한 쟁점은 형식적 합법성의 문제다. 즉 삼진법이 합헌인 이상(합헌이었다) 법적으로 헤이즈에게 적용 가능하다면(적용가능했다) 검사의 위협은 아무런 법적 문제가 되지 않는다는 것이다.

연방대법원의 판결은 정부로 하여금 두 가지를 허용하는데, 두 가지 모두를 실행하기란 어렵다. 즉 유죄인정률을 높이는 동시에 평균형량도 높이는 것이다. 유죄인정협상은 타협의 문제다. 즉 피고인은 공판을 하지 않는데 동의하고, 검사는 법정형보다 낮은 처벌에 동의한다. 하지만 보덴키르서 사안처럼 검사가 기대하는 처벌보다 더 중한 처벌을 법이 허용한다면 이른바 "타협"은 검사에게 더 유리해진다. 20세기 말 점점 더 늘어나는 현상이다. 배그비는 분명 5년형이 공정하다고 판단했다. 도난수표 액수를 고려하면 더 낮은 형량이 더 공정할 것이다. 반면 헤이즈의 전과를 고려하면 더 중한 형이 마땅할 것이다. 이처럼 상충하는 논증이 협상과정에서, 그리고 양형법관 앞에서 어떻게 결론 내려질 것인지는 각자 추론할 문제다. 하지만 검사는 추론할 필요도, 양형심리 결과 헤이즈에게 제안했던 5년보다 중한 형이 선고될 위험을 감수할 필요도 없었다. 삼진법이 의미하는 바는 사실상 검사에게 헤이즈가 적어도 5년형에 처해지도록 보장해주는 것이다.

무슨 의미인가? 만일 켄터키 주 의회가 헤이즈와 같은 전과를 가진 자는 무기형에 처해져야 마땅하다고 판단한다면 피고인으로 하여금 더 유리한 조건을 택할 수 있도록 제안하는데 도대체 무슨 문제가 있겠는가? 답하자면 이렇다. 의회가 그런 의도였을 리 없다. 삼진법은 양형법관을 구속하기 위한 법이다. 법에 따라 유죄판결을 받는다면 헤이즈는 무기형에 처해져야 한다. 배그비 같은 검사가 결정할 문제가 아니다(검사가 결정할 문제라 한다면 배그비는 쉽게 법을 회피할 수 있게 된다. 즉 헤이즈는 경죄 절도죄 형식으로 기소함으로써 중죄 유죄판결 3회라는 조건을 배제할 수 있다. 대부분의 양형규칙은 실무상 법관을 구속하지,

검사를 구속하는 규정이 아니다). 삼진법의 입법자는 법집행 과정에서 검사가 재량을 행사할 수 있음을 충분히 알았다. 즉 3회 유죄판결을 받은 피고인 중 일부는 법이 상정한 경우보다 훨씬 가벼운 형을 받을 수 있다. 하지만 입법자는 어떤 피고인이 그런 혜택을 받을지는 규정하지 않았다. 대신 검사가 선택할 수 있게 했다. 배그비는 삼진법을 상습범에 대한 정당한 형의 부과수단으로서가 아니라 실제 협상의 필요성 없이 유죄인정을 이끌어내기 위한 수단으로 얼마든지 활용할 수 있다. 보덴키르셔 판례 이후 배그비의 경우와 같은 제안은 피고인 측이 신속하게 받아들인다.

20세기 마지막 십여 년 동안 유죄인정협상 관련 규정은 보편화되었다. 켄터키 주법과 같은 상습범 양형법, 불법무기소지 또는 일정량 이상의 특정 불법마약소지에 대한 절대적 최저형 규정과 같은 법들은 입법자도, 검사 자신도 적용을 원치 않는 형벌로써 위협할 권한을 검사에게 부여한다. 이 모두가 검사에게 유리한 조건으로 유죄인정을 이끌어내는 수단이 된다. 예상되기로는 유죄인정을 이끌어내기는 더 쉬워지면서 형량은 더 높아지는 결과에 이른다.

보덴키르셔 판례는 하급심 판결을 통해 더욱 확대 적용되었다. 조나단 폴라드Jonathan Pollard의 경우 이스라엘을 위해 간첩 활동을 한 혐의로 기소되었는데, 검사 측에서는 폴라드의 병든 아내를 평생 동안 구금하겠다고 위협하여 유죄인정을 받아냈다.[729] 다른 피고인의 경우 피고인의 부모를 범인도피방조죄로 구금하겠다고 위협했다.[730] 범인도피방조죄는 실제 적용된 경우가 거의 없는데다가 피의자 가족에 대해 적용한 경우는 더욱 드물다. 살인죄 피고인 다수는 정식재판을 청구했다가 검사가 사형을 구형하는 경우를 피해 유죄인정을 하고 무기형을 받는다(이로 인해 검사는 사형 대상 사건에서 실제 사형을 구형할 의도가 없어도 사형 구형의 이점을 갖게 된다. 사형 규정의 가장 큰 효과는 미국에서 매년 십여 건 실제 이루어지는 형 집행이 아니라 사형선고를 피하기 위해 유죄인정 후 선고되는 다수의 무기형이다).[731] 유죄인정협상 절차가 아니라면 앞서 예로 든 경우 검사의 협박은 부당한 강요행위가 될 것이다. 유죄인정협상 절차상에서는 협박도 절차상 당연하다. 이로써 엄벌대상일 경우 검사 측으로서는 유죄인정을 이끌어내기가 매우 쉽게 된다.

범죄의 개념을 규정하는 형사실체법 특징의 변화 역시 같은 결과를 가져온다. 세 가지 변화가 핵심인데, 이들 상호간 영향으로 변화는 더욱 커진다. 즉 형사책임 규정이 더 광범위해지고, 상호 중복되는 형사범죄 규정의 숫자가 크게 늘어나며, 범죄 개념 정의는 더 특정된다. 이러한 변화들은 형사 입법상의 더 큰 변화로부터 비롯된다. 즉 항소법관이 아닌 의원이 사법체계의 주된 입법자가 되었다. 범죄 관련 판례법의 내용을 되풀이하는 대신 미국 형법은 점점 더 실정법처럼 되어 갔으며, 규정 범위도 점점 더 확대해 갔다. 형사실체법에서 각각의 변화들은 검사로 하여금 더 많은 피고인들의 기소를 가능케 했으며, 또한 검사로 하여금 기소된 피고인의 상당수로부터 유죄인정을 이끌어내기 쉽게 했다.

가장 중요한 변화는 범죄 의도criminal intent에 관한 법규정, 즉 고의 규정과 관련하여 일어났다. 전통적으로 범죄 의도 관련법은 피고인이 도덕적 비난 가능성 있는 심적 상태에서 행동했음을 입증할 것을 요 건으로 하였다. 과거 구성요건 규정의 잔재 일부가 미국법에 여전히 남아있는데, 살인죄 규정이 가장 뚜렷한 예다.[732] 하지만 대부분의 경 우 불법적 의도wrongful intent라는 개념, 즉 검사는 피고인이 "고의guilty mind"(라틴어로 mens rea)로 행동했음을 입증해야 한다는 요건은 사실 상 효력을 잃게 되었다. 범죄 의도는 기껏해야 간단한 요건이거나, 심 하게 말하면 무의미한 개념이 되어버렸다.

이보다 더 이전의 상황은 모리세트 대 연방Morissette v. US(1952) 판결 [733]에서 로버트 잭슨 대법관의 견해에 아주 잘 나타나 있다. 피고인은 정부 소유지에서 포탄 탄피를 주워 팔아 80달러를 받았다. 탄피는 군 용기 조종사가 폭격훈련에 사용한 금속 튜브였다. 이 사건의 발생시 점이 1948년이었고, 당시 군용기지에는 불용장비들이 가득 널려 있었 을 때였다. 조 모리세트Joe Morissette는 정부 소유물 절도죄로 기소되었 다.[734] 모리세트는 어떤 껍질인지 분명히 알았고, 정부 소유지에서 발 견했다는 사실도 명백하게 알고 있었다. 누군가 기소할 것이라는 사실 과 별개로, 모리세트가 실수였다고 주장할 만한 아무런 타당한 이유가 없었다. 그런데도 잭슨 대법관은 모리세트의 유죄를 부인했다. 배심원 들은 "타인 소유의 재물을 부당하게 취득할 범죄 의도"를 발견할 수 없 었기 때문이다.[735] 여기서 '부당하게wrongfully'라는 문구는 관련 법규정 에는 포함되어 있지 않지만, 타인 소유물을 절취할 의도라는 문언에서 가장 중요한 역할을 한다는 것이다. 즉 모리세트에게서 부인되는 의도 는 인지적 또는 동기에 근거한 의도가 아니라 도덕적 의도를 뜻한다.

모리세트 판례에서 범죄 의도의 입증은 대략적으로 우리가 보통 절도와 관련하여 생각하는 도덕적 과실 수준의 입증을 의미한다는 것이다.

모리세트 판례를 캘리포니아 주 대법원의 피플 대 스타크People v. Stark(1994) 판결과 비교해보면 다음과 같다.[736] 스타크Stark는 파산 직전의 건설업자였다. 몇몇 의사들의 사무실을 건축하는 과정에서 스타크는 건축주들로부터 받은 공사대금을 이전 공사의 하청업자들에게 진 빚을 갚는데 써버렸다. 진행 중인 건축공사 하청업자들이 공사대금 체불에 항의하고, 건축주인 의사들 역시 문제를 제기하자 스타크는 캘리포니아 주 횡령 관련법 위반으로 기소되었다. 관련법은 특정 목적을 위해 지불된 돈을 다른 목적을 위해 지출하는 행위를 금지하였다.[737] 스타크가 건축주나 현 하청업자들을 속일 의도가 있었다는 증거는 없었다. 스타크는 계약된 공사를 모두 수행하고 채무자 전원에게 채무를 상환하려고 계획했었다고 설득력 있게 주장했다. 기껏해야 스타크는 돈을 빌려줄 사람의 허가 없이 돈을 빌렸다는데 불과했다. 사실 스타크의 진짜 죄목은 파산했다는 사실이었다. 그런데도 법원은 스타크가 캘리포니아 주법상 유죄판결의 요건인 "일반적 의도general intent"를 가지고 있었다고 인정했다. 스타크가 의도적으로 특정 의뢰인이 지급한 대금을 타 의뢰인의 업무를 위해 일한 하청업자에게 대금으로 지불했기 때문이었다.[738]

모리세트 판례와 스타크 판례의 거리는 범죄 의도에 관한 법의 변화를 보여준다. 모리세트 판례는 유죄인정을 위해서는 피고인 자신이 일정한 불법적 행위를 하고 있음을 인식하고 있었다고 배심원이 인정할 것을 요건으로 한다. 스타크 판례의 경우 그렇지 않다. 일반적 의도라는 기준이 적용된 동 판례는 다수의 형사 사안에 적용되는 바, 피고인에게 특정인에게 해악을 끼치거나 불법한 행위를 하거나 위법행위를 할 의도를 요하지 아니한다.[739] 블랙스톤의 고전적 경구, 즉 범죄 의도의 요건인 "악의vicious will"는 일반적 의도 기준의 내용이 아니다. 피고인은 단지 자신의 신체적 행동을 의도하였고, 그러한 행동이 형사 법률상 행태 요건에 위반될 경우 유죄가 인정된다. 자신이 어떤 행동을 하는지 알지 못할 정도로 중독 상태가 아닌 한, 모든 사람은 자신의 신체적 행동에 대한 의도가 인정되며, 현행법상 중독 상태의 피고인은 대개는 정상적인 상태에 있었던 것으로 간주된다.[740] 결론적으로 대부분의 사안에서 범죄 의도는 자동적으로 인정된다. 범죄 의도에 관한 법률은 더 이상 모리세트 판례에서의 역할, 즉 중한 불법행위에 스스로 관여했다는 사실을 인식하는 자만이 형사처벌 대상이 된다는 제한 기능을 다하지 못한다.

이러한 문제는 범죄 의도에 그치지 아니한다. 강도죄는 유형력 또는 유형력 행사의 위협을 수단으로 한 절취 행위를 요건으로 한다. 하지만 유형력 행사의 위협은 단순히 타인의 면전에서 절취 행위를 했다는 의미에 지나지 않게 된다. 절취한 금전 내지 물품을 확보하는데 필요한 행위의 위협이란 피고인의 행태로부터 추정된다.[741] 주거침입절도의 경우 종전에는 건조물 또는 구획된 구조물 안으로의 폭력적 수단을 사용한 출입 행위 입증을 요건으로 하였다. 현재는 비록 공개된 통로라 할지라도 이를 통해 일정한 형태의 방실에 일단 들어와서는 범행 의도를 갖게 된 경우에도 주거침입절도죄로 간주된다.[742] 절도죄 theft의 경우 종전 절취죄larceny로 기소되어 보다 경한 형벌의 대상이었으나, 이제는 주거침입절도 내지 강도죄에 정해진 더 중한 형벌에 처해질 수 있다. 절취죄 내지 단순절도죄 개념이 확장된 결과다. 이제는 단순계약위반으로 민사소송의 대상이 될 뿐이었던 사안까지 포괄하게 되었다.[743] 사기죄의 경우 종전에는 피해자 손실의 원인이 된 사실에 대한 기망으로 인하여 상당량의 금전 또는 상당한 소유권을 사취했다는 점의 입증이 요건이었다. 오늘날에는 특정 가능한 피해자에게 일종의 유형적 손실을 야기할 것을 요건으로 하지 아니한다. 피해자로부터 "합당한 서비스를 받을 무형의 권리"(역주: 18 U.S.C.§1346 [연방 우편 및 전신사기] "For the purposes of this chapter, the term scheme or artifice to defraud includes a scheme or artifice to deprive another of the intangible right of honest services.")[744]를 사취하는 것만으로 성립한다. 그리고 검사는 사실에 대한 기망을 입증할 필요도 없다. 허위약속과 수동적 속임수, 즉 허위진술이 아니라 진술하지 않는 행위만으로 충분히 성립한다.[745]

이 모든 원칙들로 인하여 배심재판에 이르렀다면 다루어졌을 문제들이 배제된 채 더 쉽게 유죄인정을 이끌어낼 수 있게 되었다. 형사책임의 범위가 확장될수록 피고인이 기소사실에 맞서 다양한 항변을 제기할 가능성은 줄어든다. 피고인이 유죄인정에 동의할 경우도 늘어난다. 그리고 급증하는 유죄인정 건수는 미국의 교도소 수형자 수 대량 증가의 주요 원인이 된다.

극도로 특화되고 중첩된 다수 범죄 규정을 담은 형사 법규의 증가

또한 수형자 수 대량 증가를 낳게 된다. 미국법은 하나의 범행 사안을 포괄 일죄로 기소할 것을 요하지 아니한다. 검사는 법의 범위 내에서 각각의 범죄를 얼마든지 기소할 수 있으며, 피고인은 다른 범죄의 입증요건이 아닌 사실이 적어도 한 가지 입증될 것을 요건으로 하는 한 각각의 범죄에 대해 따로따로 처벌을 받을 수도 있다.[746] 일죄가 아니라 서로 겹치는 일련의 범죄를 각각 기소할 수 있게 함으로써 입법자는 검사들로 하여금 피고인에게 유죄인정을 이끌어낼 수 있는 두 가지 길을 열어준다. 그 하나는 특정성specificity과 관련된다. 범죄를 더 세밀하게 특정지을수록 형사재판의 결과가 명확하기 때문에 피고인으로서는 유죄인정을 받아들이지 않을 이유가 없는 처지에 놓이게 된다. 두 번째 길은 무더기로 기소하는 방법이다. 서로 겹치는 일련의 범죄들을 한꺼번에 기소하면 피고인은 어느 한 죄목으로든 유죄판결을 받을 가능성이 커질 것이며, 검사로서는 단일범죄의 형량보다는 더 중한 형을 위협할 수도 있게 된다. 두 방법 모두 피고인을 유죄인정을 택하도록 하는 효과가 있다.

이런 설명에 들어맞는 실정법도 많다. 그 두 사례는 연방법 제18장 제922조와 제924조다. 총기범죄 관련 연방범죄규정으로 대부분 총기등록규정 위반, 불법무기소지, 타 범행수단으로서의 총기 사용을 내용으로 한다. 해당 조항에는 52개 개별범죄 유형이 규정되어 있다. 100년 전 성폭행관련법 조항에는 세 가지 범죄 유형만 규정되어 있었다. 강간, 강간 목적의 폭행, 의제강간이 그것이다.[747] 강간죄는 협의로 규정되어서 검사는 유형력 행사와 동의의 부재뿐만 아니라 피해자가 최대한 저항했음을 입증해야 했다. 오늘날에는 피해자 저항 요건은 폐지되었으며, 유죄인정에 요구되는 유형력 행사의 정도 또한 과거에 비해 낮은 정도를 요건으로 한다.[748] 이 같은 강간 관련법의 변화에 연구자들의 관심이 쏠아졌다. 또 다른 변화는 주목을 덜 받았다. 즉 강간 관련법은 다양한 성적 접촉의 강요 유형을 규정한 주 법규를 통해 광의의 성폭행 규정으로 대체되었다. 캘리포니아 주 형법에는 7가지 유형의 강간죄, 3가지 유형의 의제강간죄(18세 미만자와의 합의 성관계를 처벌하는 규정 포함), 그리고 6개의 "성적 폭행sexual battery"까지 모두 16개의 범죄 유형이 규정되어 있다.[749]

일반적으로 강간죄 관련법 개혁은 수잔 브라운밀러Susan Brownmiller, 수잔 에스트리히Susan Estrich, 캐서린 맥키넌Catherine MacKinnon과 같은 여성주의 학자들의 업적으로 평가된다.[750] 기존 강간 관련법이 피해자보다 가해자를 보호하는 여성 차별적 법률이라는 점을 올바르게 지적한 이들의 연구는 강간죄 개혁운동을 불러왔다. 피해자 저항 요건의 폐지와 강제적 성관계 개념의 확장은 법개혁운동의 성과로, 그리고 여성의 성적 자기결정권의 승리로 널리 평가되고 있다.[751] 하지만 입법자가 보호하고자 했던 것은 여성의 자기결정권이 아닐 수 있다. 결국 절도 또는 사기관련법 개혁을 위한 전면적인 사회적 또는 지적 운동 없이 해당 범죄 영역에서 형사 책임의 범위만 크게 확장되었다. 지난 세대 동안 이러한 확장은 예외가 아니라 일상적이었다. 그렇지 않았더라면 중죄 사안에서 유죄인정률guilty plea rate이 96%에 이르지는 않았을 것이며, 유죄인정률이 그렇게 높지 않았더라면 교도소 수형자 수가

150만 명에 달하지도 않았을 것이다.[752]

형사 책임의 확장과 유죄인정 건수의 증가라는 서로 연관된 추세들의 결합은 형사처벌이 양적 증가할수록 형사처벌의 질은 저하됨을 의미한다. 광범한 형사 책임 규정으로 인해 중죄 피고인의 지위는 이전과 다른 의미를 가진다. 즉 전통적으로 중죄 유죄판결과 상응하는 형기에 해당하는 범죄보다 경한 범행에 대해 중죄 범죄자의 지위가 부여되는 것이다. 유죄인정 유도가 더 쉬워짐에 따라 형사소송에서 실제 범죄자와 무고한 자를 가려내는 일이 더 부실하게 되었다. 오늘날의 미국인들은 과거 세대에 비해 더 많은 형사 피고인들을 처벌하는 쪽을 적어도 묵시적으로 선택했지만, 동시에 정당성은 더 부족하고 오류는 더 많은 형사절차를 통한 처벌로 나가게 되었다.

형사실체법에서의 변화가 사실상 엄벌적 전환에 기여했다면, 실정법상 변화를 촉진한 요인은 무엇일까? 부분적으로 법적 변화는 1960년대 범죄 증가와 형사처벌 감소에 뒤따른 장기적 반동의 결과다. 범죄 규정의 확장을 통해 입법자들은 범죄에 대한 강경한 입장을 내세울 수 있었다.[753] 형사절차법을 탈바꿈시킨 연방대법원 판결들은 더 광범하고 더 특정된 실체법을 통해 유죄인정을 유도하는 수단이 되고, 다시 워렌 대법원이 구축한 절차법적 권리의 부담을 회피하는 수단이 되어가는 과정을 도왔다.

하지만 실정법과 판례만이 오늘날 미국인들을 지배하는 형사법을 이렇게 만든 요인은 아니다. 법이론 역시 중요한 역할을 했다. 20세기 후반 법사상의 큰 흐름 중의 하나인 법 문언주의textualism는 헌법과 실정법 문언은 글자 그대로의 의미만을 가진다고 보는 이론이다. 이런 입장은 당연한 내용으로 보이지만, 사실은 그 이상이다. 대부분의 미국법은 보통법에 연원을 둔다. 즉 개별 사안의 판단과정에서 형성된 법관법이다. 시간이 흐르면서 대부분의 보통법은 실정법이 대신하게 되었지만, 완전히 대체되지는 않았다. 즉 법원은 여전히 실정법 규정상의 공백을 메우고, 때때로 입법자가 규정하지 않은 예외 내지 확대 규정을 추가하고 있다. 법 문언주의자들은 이 같은 법관 입법을 비판하는 입장이다. 이들의 관점에 따르면 법관의 실정법 해석은 학자들이 보통 비유하듯 입법자와 법관 사이의 대화가 아니다. 그보다 입법자가 말하면 법관은 그 명령에 따르는 독백이라 본다. 법 문언주의 이론은 대부분 안토닌 스칼리아Antonin Scalia 대법관과 연관되어 등장한다. 스칼리아 대법관은 법 문언주의의 대표적 옹호자로서 자신의 입장을 근거지은 유명한 논문 "규칙의 법으로서 법의 지배The Rule of Law as a Law of Rules"를 집필했다.[754] 논문의 제목에서 드러나듯 법 문언주의는 단순히 입법자를 따라야 한다는 이론이 아니다. (실제로는 입법자에 종속되지만) 법의 모호성과 가변성을 줄여서 법을 더 규칙답게 만드는 이론이기도 하다. 법관의 해석을 통한 실정법의 예외나 항변사유를 인정하지 않기 때문이다.

역사적으로 형법은 법 문언주의와는 거리가 멀었다. 19세기를 거치며 주 형법전이 제정된 이후에도 상당 기간 항소법원이 다수의 형법상 주요 원칙들을 규정했다. 종래 범죄 의도, 정당방위, 강요 행위, 책임무능력 등의 정당화 사유에 관한 법 원리는 거의 대부분 실정법이 아닌 법원 판례의 산물이다. 따라서 법 문언주의의 형법에 대한 비판은 특별히 강력했다.

이를 보여주는 사례가 연방법상 기망행위 규정이다. 연방법은 "연방 정부 관할 하의 모든 사항"에 대한 허위행위를 범죄로 규정한다.[755] 연 방법원의 일부 절차와 연방의회에서 일부 예외가 인정되지만, 그 외 에는 법문상 형사책임 면책이 허용되지 아니한다. 그런데도 지난 수 십 년간 다수 연방법원은 면책적 부인exculpatory no(역주: 자기부죄금지 원칙 에 근거한 연방 형법상 원리로서 연방수사관의 신문에 대하여 죄를 부인하는 허위진술 을 기망행위로 기소할 수 없다는 내용이다)에 대하여는 기망행위 법 규정에 따 른 책임을 지울 수 없다고 판단했다.[756] 누구라도 무방비 상태의 취약 한 순간에는 불리한 내용의 자백을 거부하기 마련이라는 생각 때문이 다. 이러한 부인에 대해 연방형사책임을 묻기에는 해악을 인정하기 어 려워 보인다.

브로건 대 연방Brogan v. US(1998)[757] 판결에서 연방대법원은 면책적 부인의 예외를 계속 인정해야 할 것인지의 문제를 다루었다. 본 사안 에서 노동조합 간부인 브로건Brogan은 고용주에게 뇌물을 받는 대가로 동료 노동자들을 팔아넘긴 자로서 노동 관련 부당이득 행위의 혐의를 받고 있었다. 하지만 브로건을 수사한 연방수사국 요원은 기소에 필요 한 사실 입증이 확실치 않다고 보았다. 일부 금품수수는 오래 전 행위 로 시효가 경과하였고, 나머지 금품수수는 노동관련법의 예외조항에 해당될 가능성이 있었다. 이에 따라 수사요원은 브로건의 집을 방문하 여 관련 고용주에게 금품을 받은 적이 있는지 물었다. 브로건은 이를 부인했다. 수사요원은 브로건이 실제로 금품을 수수한 사실을 이미 알고 있었다. 브로건의 말을 듣자 수사요원은 브로건이 기망행위 관련법을 위반했다고 고지했다. 사실은 더 중대한 부당이득행위 입증이 실패할 경우를 대비해 기소할 죄목을 찾기 위해 법규정을 이용한 경우다. 브로건은 자신의 부인 행위가 면책적 부인 원칙에 해당된다고 주장했다. 수사기관이 쓴 수법의 문제점에도 불구하고 연방대법원은 해당 법문에 근거가 없다는 이유로 면책적 부인 원칙을 폐기하고 브로건의 주장을 받아들이지 않았다.[758] 스칼리아 대법관이 다수의견을 집필했다. 지난 세대까지는 면책적 부인 원칙과 같은 해석 원칙들이 드물지 않았고, 브로건 판결 같은 경우가 오히려 드물었다. 오늘날에는 정반대다.

브로건 판결에서 스칼리아 대법관은 모범형법전Model Penal Code을 직접 인용하지는 않았지만, 그 영향이 뚜렷하다. 모범형법전은 미국법연구원American Law Institute(역주: 1923년 창립된 법관, 변호사, 법학자의 단체로서 미국 보통법을 명료화하고 변화하는 사회현실을 반영한 법개혁 방안을 연구한다)이 초안한 형법전으로, 컬럼비아 대학 허버트 베츨러Herbert Wechsler 교수[759]가 주도했다. 모범형법전 기초 당시 베츨러의 목표는 형법의 합리화, 즉 모호한 보통법 원리들의 대체였다. 전통적인 살인죄 요건인 "살의적 계획malice aforethought"[760] 같은 내용 없는 보통법 원리들을 더 간명한 실정법적 규칙으로 바꿔야 한다는 것이다. (모리세트 판례보다는 스타크 판례가 베츨러의 주관적 구성요건 분석에 더 적합한 사례다.) 모범형법전 공표 이후 30년 동안 대다수 주 의회들은 주 형법전을 대폭 개정했으며, 연방의회도 연방 형법전 개정을 논의했다. 그 과정에서 모범

형법전의 영향력이 입증되었다. 대부분 조항들은 실제로 중요성을 인정받지 못해서 미수범 등 일부 규정 외에는 채택한 형법전이 드물었던 만큼,[761] 그 조항 내용 때문은 아니었다. 오히려 모범형법전의 입법 방식, 즉 법관의 해석 입법의 여지를 남기지 않고 가능한 한 모든 문제를 실정법 문언에 담고자 한 방식이 지지를 받았다. 모범형법전 이전까지 종종 법원은 해당 형법 조문에 적합한 범행 의도 기준이 무엇인지 해석했다. 모리세트 판례가 그 전형적 예다. 모범형법전 이후에는 실정법 문구해석의 문제로 다루어지는 경우가 더 많게 되었다. 브로건 판결에서 면책적 부인 문제를 다룬 방식이 그 예다. 모범형법전은 스칼리아 대법관으로 대표되는 법 문언주의가 더욱 빨리 더 광범위하게 형법에 영향을 미치게 했다.

그 결과 형사법은 입법자와 상급법원의 협력보다는, 거의 전적으로 의회에 의해 규정되었다. 그 차이는 중요한 의미가 있다. 법정에서 검사와 피고인 측 변호인 모두 자신들 입장에 따른 법적 결과를 정당화할 기회가 주어진다. 잠재적 형사 피고인은 입법과정에서 강력한 영향력을 갖지 못한다. 따라서 의회는 정부 측의 의견에만 신경을 쓰기 마련이다. 미국 형사법의 입법이 점점 더 입법부만의 영역이 된다는 사실은 형사책임 규칙이 더 광범하고 동시에 더 특화된다는 의미일 수밖에 없다. 형사법이 점점 더 문언주의적이 될수록 점점 더 정부에 유리하게 기울게 된다. 그 결과 브로건 판결에 유사한 판결들이 늘어났다. 감방 수형자들이 더 늘어난 사실도 또 하나의 결과다.

3. 마약, 그리고 폭력

형사책임 확장의 결과가 마약 형법만큼 크게 나타난 분야도 없다. 금주법 시대 주류 관련 형법을 생각해보면 주류 소지는 범죄가 아니었다. 자신의 집 안에서 손님에게 술을 대접하는 행위도 허용되었다. 오늘날 마약범죄에는 이런 한계도 없다. 연방 대 헌트US v. Hunte(1999)[762]가 그 예다. 세릴 헌트Cheryl Hunte는 경솔하게도 "알려진 마약장사꾼" 조셉 리처드Joseph Richards를 남자 친구로 두었다. 헌트는 리처드, 그리고 리처드의 친구와 함께 여행 중이었는데 도중에 리처드는 수천 달러 상당의 대마초를 받아 차에 실었다. 헌트는 모의를 함께 하지도 않았고, 마약 거래나 마약 포장에 관여하지도 않았다. 대마초 한 대를 피운 일 말고는 마약 거래에 전혀 가담하지 않았다. 무엇보다도 헌트는 마약 구입에 비용을 대거나 마약 판매수익을 받지도 않았다. 단지 함께 차를 탔을 뿐이었다. 그런데도 연방 제7순회 항소법원 재판부는 "피고인과 마약 간의 상당한 연관 관계"가 존재한다는 이유로 헌트에게 공급 음모 및 공급 목적의 마약소지죄 유죄판결을 내렸다.[763]

헌트 판결은 현대 마약법의 특징을 잘 보여준다. 마약공급죄는 자기소비량 이상의 소지사실만으로도 입증되며, (결국 세릴 헌트도 후회스럽게 깨달은 바) 소지한 피고인이 실제 구입에 가담했는지와 무관하게 인정된다. 더 큰 문제는 연방과 주 마약법 모두 피고인 소지 마약 무게에 따라 형량을 결정한다. 이러한 원칙에 따른 예가 휘테커 대 피플Whitaker v. People(2002)[764] 판결이다. 동 판결에서 콜로라도 주 대법원은 그레이하운드 버스(역주: Greyhound Lines. 미국, 캐나다, 멕시코 3,800개 도시를 연결하는 대중교통회사)로 메스암페타민이 가득 든 서류가방을 운반한 "마약 운반책"에게 20년형을 확정하였다. 피고인 휘테커가 자신이 운반한 마약의 양이 어느 정도인지, 주 경계를 넘는 사실을 인식하고 있었는지, 심부름일로 큰돈을 벌 의도가 있었는지에 대한 검사의 입증은 요구되지 않았다.[765] (진짜 마약거래상이 그레이하운드 버스를 이용하는 경우는 드물다.) 헌트 판결과 마찬가지로, 형사책임과 처벌 여부는 마약 소지, 그리고 피고인의 마약과의 근접성에 달려 있다.

헌트와 휘테커 판결에 적용된 마약 법률에 따르면 유죄판결과 가혹한 구금 형량은 거의 자동적이다. 남자 친구랑 여행 중이었어요, 얼마나 많은 마약이 들었는지 몰랐어요, 거대한 마약조직 심부름꾼에 불과해요 – 이처럼 그럴 듯한 감경 요인도 전혀 고려 대상이 못된다. 1970년대 초반 이래 마약범죄에 대한 구금형 비율이 10배 증가했다는 사실이 전혀 놀랍지 않다. 오늘날의 마약범죄 구금형 비율은 1975년 전체 구금형 비율을 능가한다.[766] 금주법 시대에도 비견할 만한 예가 없다. 대체적으로 금주법으로는 주류 관련 범죄에 대해 대규모로 구금형을 부과할 수 없었기 때문이다. 마약범죄의 경우에는 마약 관련법으로 대규모 구금형의 결과에 이르기 쉽다.

이로써 미국 교도소 수형자 수를 급증케 하는 또 하나의 현상이 등장하게 되었다. 즉 입증이 용이한 마약범죄를 활용하여 입증이 어려운 폭력 중죄를 처벌하는 것이다. 최근 보스턴 지역 조직폭력단 사건이 그 예다.

어제 당국은 지난 2년간 도체스터와 맷츠판 지역에서 57건의 총격 사건과 6건의 살인사건을 저지른 폭력조직을 처벌하겠다는 공언을 지킬 것이라 발표했다. 당국에 따르면 폭력조직 루체른 갱단Lucerne Street Doggz은 18세부터 28세에 이르는 40여 명의 조직원을 두고 있으며, 현재 25명이 연방 및 주법상 마약거래와 총기 관련 범죄로 기소되어, 일부는 최대 40년형까지 가능하다.

지방경찰청장 에드워드 데이비스는 기자회견에서 "우리는 조직폭력배들에게 총질을 그만두라 명했습니다. 이제 말을 듣지 않는 폭력배들을 기소했습니다. 경찰은 이미 경고한 대로 조치를 취한 겁니다."라고 말했다.

당국에 따르면 폭력조직을 물리치고 주민들의 삶의 질을 높이기 위해서 지난해 폭력조직원들과 경찰, 직업훈련기관, 민간단체와 법집행기관이 참여하는 회합을 두 차례 열었다 보스턴 경찰청 소속 존 포드 경사의 진술서에 따르면 당국은 일명 휴전작전이라 불린 회합들을 통해 총기 및 마약 관련 범죄에 선고될 수 있는 형기를 상세히 설명해주었다.[767]

단속사유는 폭력조직이 일으킨 총격사건 때문이었다. 하지만 실제 기소된 죄목은 마약판매 및 무등록 총기의 매매였다.

이 같은 이야기들은 드물지 않거니와 보스턴에만 해당되는 경우도 아니다. 지난 세대 동안 마약 및 총기 범죄(여기서 총기 범죄gun crime라 함은 폭력 중죄에 총기를 사용한 경우가 아니라 총기 등록과 면허에 관련된 범죄를 의미한다) 처벌은 폭력범죄 대응수단으로 활용되어 왔다. 적발된 마약이 대마초에 불과한 경우조차 검사들은 관행적으로 폭력범죄 대신 마약범죄로 기소했다.[768] 연방 체계에서는 이러한 패턴이 더더욱 분명하게 나타난다. 빌 클린턴 대통령은 연방수사국에게 마피아 대처 방식대로 보스턴 루체른 갱단 같은 폭력조직에 대처할 것을 명했다. 과거 로버트 케네디 법무장관 시절처럼 마피아 조직을 단속하기 위한 주요 수단으로써 예비적 범죄(역주: proxy crime. 그 자체로는 위해를 야기하지 않는 일종의 금지행위로서 실질적 범죄와 결합될 때 비로소 위해가 발생한다. 다만 입법적으로 위해 내지 위해 야기의 위험성에 대한 입증이 어려운 범죄유형의 경우 이를 대신하여 예비적 행위를 범죄화할 수 있다)로 기소한다는 것이다.[769] 보스턴 루체른 갱단 사건은 이런 패턴이 지방검찰에서도 자리잡고 있음을 보여주는 사례다.

역사적으로 보면 전혀 다른 상황이다. 금주법 시대에는 알 카포네를 탈세죄로 교도소로 보낸 것처럼 주류 밀매업자를 대상으로 주류 밀매와 무관한 범죄로 기소하는 경우가 때때로 있었다. 하지만 음주관련범죄를 전형적인 범죄의 기소에 이용하지는 않았다. 연방 및 주법상 금지됐던 다른 사회악들의 경우 역시 럭키 루치아노를 연방도박범죄로 기소한 것처럼 거물 마피아들을 겨냥해 전략적으로 활용되기도 했다. 하지만 마피아 사건은 드문 경우였으며, 거의 대부분 연방사건이었다. 거의 예외 없이 폭력 중죄 관련법은 직접 적용되었다. 한 세기 전만 해도 살인사건에서 무죄 석방률이 높았던 것도 이 때문이다. 과거에는 보스턴 루체른 갱단 사건처럼 지방 폭력조직을 예비적 범죄로 기소하는 일은 없었다. 상황이 변화한 이유는 무엇인가?

세 가지 답이 있다. 역사적 우연의 일치, 정치구조의 변화, 그리고 법집행 상의 필요성이 그 이유다. 대규모의 불법 마약시장은 폭력의 급증추세에 뒤따라 발생하여 북부 도시들을 휩쓸었고, 이에 따라 대도시 검사들에 대한 정치적 압력은 매우 엄중한 형사처벌이라는 결과를 낳았다. 체포 건수를 늘려야 했던 도시 경찰과 유죄판결률을 높여야 했던 지방검사들에게 마약 사안은 그야말로 하늘이 내려준 기회였다. 정치구조의 측면에서는 지역주민 여론이 형사소추와 형사처벌의 투명성을 요구하였다. 부유한 백인 거주지역보다 도시 흑인 거주지역에서 마약범죄 형량이 훨씬 엄중했던 이유가 여기에 있었을 것으로 보인다.[770] 교외지역에서 발생한 마약사건들은 예비적 범죄가 아닌 그 자체로 기소되었다. 대부분의 교외지역에서 형사사법은 여전히 지역 민주주의에 기반을 두고 있었다. 범죄율이 높은 도시지역에서의 민주주의 기반은 좋지 않은 방향으로 변화하게 되었다.

세 번째 이유에 대해서는 설명이 더 필요하다. 과거에는 폭력범죄 사안에서 경찰의 사건 처리율이 높았다. 사안 처리가 용이했었기 때문이다. 살인사건의 사실 관계 패턴은 대체로 단순했다. 살인범 체포는 어렵지 않았다. 로저 레인에 따르면 20세기 중반부터 상황이 변하기 시작했다. 과거 살인범죄 통계의 대부분을 차지했던 지인 간의 살인은 급감하고, 비면식범에 의한 살인과 강도 살인이 증가했다.[771] 사건 처리율은 감소했다.[772]

폭력범죄 사건에서 증거확보는 점점 더 어려워졌으며, 형사절차법 상 제약은 늘어났다. 폭력 중죄의 기소를 위해서는 자백과 증인진술이 중요한 경우가 많다. 미란다 판례 때문에 1960년대 이후 경찰이 자백을 확보하기는 더 어려워졌다.[773] 특히 자신의 절차적 권리의 가치를 알고 있는 약삭빠른 피의자들에게 자백을 얻기는 더 어렵게 됐다. 증인진술의 경우 역시 폭력범죄는 피해자뿐만 아니라 목격자에게도 무서운 경험이기 때문에 증언할 경우 자신도 피해자가 될 것을 두려워했다. 지난 세대 도시지역 폭력조직에 의한 폭력 증가는 목격자를 입 다물게 하는 폭력배들의 수법에도 원인이 있다.[774] 경찰수사 원칙의 증가, 그리고 도시지역 폭력조직의 증가 모두 특히 범죄율 높은 도시주거지역 폭력범죄 사안의 기소와 유죄판결을 더 어렵게 만들었다.

이전 세대에는 이런 문제가 있으면 폭력범죄 수사와 기소를 용이하도록 절차법 개혁이 이루어지기 마련이었다. 하지만 가장 당연한 개혁조차도 헌법에 가로막혔다. 미란다 판례는 닳고 닳은 피의자에게 강제적 수사뿐만 아니라 모든 경찰 신문을 면할 권리를 주었다. 정치인들도 이런 권리를 건드릴 수 없다. 검사 측 증인과 대면할 권리도 마찬가지다. 때문에 미국 검사는 유럽 검사들처럼 서면이 아니라 증인의 법정진술을 통해 기소를 유지할 수밖에 없다.[775] 마약법이야말로 이런 문제들에 준비된 해결책을 제공해준다. 마약 사안에는 물리적 증거, 즉 마약 그 자체와 마약 복용 도구, 마약 구입 목적의 현금 뭉치이기 때문에 증인진술이 거의 필요 없게 된다. 경찰수사도 쉽다. 길거리에서 검문하거나 구매현장을 단속하기만 해도 여러 건 체포가 가능하다. 강도나 살인사건 수사보다 투입시간도 훨씬 적다. 가난한 도시지역 마약시장은 과거나 지금이나 높은 폭력범죄율과 연관성이 있다.[776] 이런 이유들 때문에 폭력 중죄 사안을 대신한 마약범죄 기소가 당연했다.

1970년대, 1980년대, 그리고 1990년대 입법된 마약법들로 인해 마약범죄 기소는 더 용이해졌다. 과거 어떤 도덕성 범죄vice crime에 대한 처벌보다 가혹한 형벌이 특정 마약 소량의 단순 소지에도 부과되었다. 엄벌 대상인 특정 마약은 주로 가난한 흑인 거주지역에서 유통되는 마약이었다.[777] 헌트 판례의 예처럼 관련 범죄에 대한 개념 정의는 기술적이다. 마약범죄로 기소된 불운한 피고인에게는 사정에 따른 항변이나 의도와 관련된 주장의 여지가 없다. 20세기 후반 마약 관련 실정법은 주법과 연방법 모두 19세기 만 법Mann Act과 같은 입법 태도를 보인다. 즉 금지 행태를 규정하는 대신 다른 행태에 대한 처벌을 용이하게 하기 위한 목적일 따름이다.[778]

이러한 사실이 아니라면 마약법 집행과 마약 정책의 혼란스런 상태가 설명이 안 된다. 마약범죄 처벌의 시점과 대상자들은 마약범죄가 아닌 폭력범죄와 궤를 같이 한다. 1960년 이후 30년 동안 전례 없이 폭력범죄가 급증했다. 1970년 이후 30년 동안 마약범죄 처벌 역시 전례 없이 급증했다. 처벌 대상자들을 보면 백인에 비해 흑인 구금형 비율은 9배에 달한다. 불법 마약 복용률은 인종 간 별 차이가 없다. 폭력범죄율은 인종 간 차이가 훨씬 크다. 2006년 백인 살인범죄율은 인구 10만 명당 3명인데, 흑인 살인범죄율은 24명이다.[779]

마약법 집행과 폭력범죄 간 연관성 또한 마약범죄자에 대한 가혹한 처벌에도 불구하고 현대 마약법에 맞선 본격적인 정치적 반대가 없었던 이유를 설명해준다. 19세기 말에서 20세기 초에는 여타 도덕성 범죄에 대한 훨씬 가벼운 처벌만으로도 훨씬 더 큰 정치적 반발을 촉발시켰다. 당시에는 지금보다 더 도덕성을 강조했던 시대였다. 20세기 초반 미국인들은 모든 형태의 혼외정사를 범죄화했다. 21세기 미국인들은 성인 간 합의된 성관계를 헌법적 권리로 만들었다.[780] 금주법은 정치적으로 유지가 가능하지 않다는 사실이 입증된 반면, 마약과의 전쟁은 정치적으로 불가침의 문제다. 마약법 집행이 실로 폭력범죄에 대한 대응이 아니라면 정치적 사실관계는 불가해할 따름이다.

여기까지가 전부가 아니다. 정치인과 판사 모두 수정헌법 제18조의 일관되지 못한 집행이라는 고질적 문제, 그러한 법집행 패턴이 미국에서의 법의 지배에 어떤 의미를 갖는지의 문제를 대단히 우려하고 있다.[781] 금주법 시대 어떤 문제보다도 마약법 집행에 만연한 비일관성과 차별 문제는 훨씬 심각하다. 그런데도 마약과의 전쟁 지지자들은 전쟁의 명분을 여전히 고집하고 있다. 마약과의 전쟁, 그리고 관련 정치의 모든 측면은 마약이 전쟁의 공격 목표가 아니라고 전제하지 않고서는 설명이 안 된다. 폭력이 공격 목표다.

따라서 폭력범죄의 직접 처벌이 어려운 다수 사안에서 마약법은 간접적 처벌을 용이하게 해준다. 이로 인해 주 교도소 수형자 수의 규모와 인종적 차별 특성 모두 상호강화적으로 작용한다. 첫째, 폭력중죄 기소를 대신한 마약범죄 기소는 폭력과 무관한 마약범죄에 대해서도 형량을 가중시킨다. 헌트와 휘테커 사안의 피고인들은 단순 마약범죄자였을 뿐이다. 하지만 적용된 처벌 법률은 폭력범죄자를 염두에 두고 입법되었다. 따라서 폭력과 무관한 마약범죄자들은 사실상 자신의 범행뿐만 아니라 자신들이 관여한 마약시장의 폭력에 대해서도 처벌받게 된다. 가난한 도시지역에는 가장 폭력적인 마약시장이 존재하므로 해당 지역 주민들은 마약범죄에 대한 가장 중한 형벌에 처해진다. 폭력범죄에 대한 부분적 대체로서 마약범죄를 활용하는 경우 형량 가중에 다름 아니며, 특히 흑인 마약범죄의 경우 급격히 가중된다.

둘째, 마약범죄 처벌은 과거는 물론 지금도 폭력범죄 저지 수단으로 효과가 없다. 마약범죄 처벌이 크게 가중되는 데도 폭력범죄 수준은 여전히 높다. 때문에 마약범죄 엄벌에 대한 정치적 지지가 강화되는 악순환에 빠지게 된다. 보스턴 루체른 갱단 단속사건을 다시 생각해보면, 기소된 총기 및 마약범죄는 폭력배들의 폭력범죄 전력과 궤를 같이 하지만 처벌은 더 가중되었을 뿐이다. 루체른 갱단이 다수의 폭력범죄를 저질렀기 때문에 단속 대상이 되었지만 부분적으로는 보스턴 내 다른 폭력조직이 저지른 폭력범죄 때문이기도 하다. 하지만 폭력조직원들은 어떤 폭력범죄 때문에 자신들이 단속 대상이 되었는지는 전혀 알지 못한다. 개별 범죄자의 관점에서 본다면 특정한 총격 범행 때문에 나중에 마약거래 혐의로 기소될지 예측할 가능성은 거의 없을 수밖에 없다. 반면 총격 행위 또는 총격에 참여하는 행위는 보복, 조직 내 서열, 폭력성 과시와 같은 이득을 가져온다. 범죄자 입장에서 보면 마약거래 폭력조직에 의한 폭력이 여전히 많은 이유가 있는 것이다.

그 결과 대규모의 마약범죄 처벌은 폭력도, 마약범죄도 막지 못한다. 마약범죄 처벌의 주도적 효과는 범죄보다는 정치와 관련 있다. 시작부터 마약과의 전쟁은 도시 흑인 거주지역 내 폭력에 의해 촉발되었다. 계속되는 폭력은 상징적 범죄정치symbolic politics of crime를 위한 지속적 상징성의 공급을 의미한다. 정치적으로 볼 때 마약과의 전쟁은 사상자가 계속해서 나오는 한 자체적으로 지속되는 전쟁이다. 사상자가 결코 부족하지 않다는 점이 비극이다.

4. 대규모 범죄 감소

1990년대 초반까지는 계속해서 증가하는 폭력범죄율이 미국적 삶의 특징으로 영속될 것 같았다. 베이비붐 세대의 자녀들 세대가 뒤따르면서 범죄율은 더욱 높아질 것이라는 예상이 일반적이었다.[782] 1950년대 이래 한 세대에 걸친 범죄 급증 추세가 모두를 놀라게 한 것처럼 사라져 버린 범죄의 물결도 마찬가지로 사람들을 놀라게 했다. 아무도 범죄율이 떨어지리라 예상하지 못했다.

하지만 실제로, 그리고 상당 수준으로 감소했다. 1992년부터 모든 유형의 범죄율이 감소하기 시작했고, 특히 과거 범죄 급증 추세를 주도하던 대도시 지역에서 급감했다. 당연하게도 범죄 감소의 정치적 효과는 대단했다. 가장 중요한 효과들 중 첫째는 범죄 감소로 인해 이제까지 사법체계가 취해온 노선의 정당성이 입증된 것처럼 보였다는 점이다. 특히 1970년대 중반부터 20세기 내내 지속된 구금형의 대규모 증가정책은 중단하거나 뒤집기가 더 어렵게 되었다. 둘째, 범죄가 감소하면서 특히 연방과 주 정치인들에게는 덜 중요한 정치적 현안이 되어버렸다. 이로 인해 본격적인 형사사법 개혁의 추진이 더 어려워졌다. 세 번째 효과는 다른 방향으로 미치게 되었다. 즉 범죄와 형사사법에 여전히 관심 있는 정치인들만큼은 과거에 비해 좀 더 공정한 관심을 기울이게 된 것이다. 피의자와 피고인을 위한 법 개혁도 검토 가능해졌다. 형사사법 개혁을 위한 정치적 공간이 마련된 것이다.

범죄 감소의 정치적, 법적 효과에 대해서는 놀랄 만큼 논의가 적지만, 범죄 감소의 원인에 대한 논쟁은 많다. 일련의 사실들이 범죄 감소의 원인으로 지목되었다. 1990년대 경제 활성화, 크랙 코카인 유행의 종식, 구금형 수준의 증가, 도시지역 경찰력의 증가, 정치 전략의 변화, 심지어 낙태율의 변화도 거론되었다.[783] 분명 형사사법 정책적으로 가장 의미가 큰 잠재적 원인은 구금형과 경찰 관련 요인이다. 수형자 수와 경찰관 수의 증가 모두 범죄 감소에 기여했을 것이다. 수형자 수 증가가 더 기여가 클 것이지만, 폭력이 만연한 도시에 더 많은 경찰을 투입하는 정책이 더 많은 젊은이들을 감방에 집어넣는 정책보다는 비용 대비 더욱 효과적임이 입증되었다.

범죄 감소의 정도부터 살펴보면, 연방수사국 자료상 1991~2000년 중 절도 중죄는 30% 감소했다. 폭력 중죄는 3분의 1, 살인범죄는 40% 이상 감소했다.[784] [표 11]에 따르면 일부 범죄율 높은 대도시들에서는 감소폭이 더 크다. 감소 정도가 크기는 하지만 과거 수십 년에 걸친 도시지역 범죄의 대규모 증가율에 비하면 감소의 정도가 적다는 점을 주의해야 한다. [표 11]에 제시된 9개 도시의 살인범죄율 평균 감소율은 절반에 조금 못 미친다. 1950년부터 2000년까지 해당 도시 살인범죄율의 평균 증가율은 220%였다. 1990년대 이후에도 도시지역 범죄율은 1950년대 초반에 비해 여전히 크게 높았다. 가장 큰 예외는 남부지역

인데, 애틀랜타와 휴스턴 등의 도시에서는 20세기 중반 살인범죄율에
가까운 상태였다. 1950년에는 남부지역 도시에서만 살인범죄율이 2배
가 되었는데, 50년 뒤 남부 식의 폭력범죄 수준은 전국 도시에 일반적
인 현상이었다. 다른 대도시보다 범죄가 더 감소했던 뉴욕에서조차 살
인범죄율은 50년 전에 비해 실질적으로 높은 수준이 지속되었다.[785]

[표 11] 도시지역 인구 10만 명당 살인범죄율, 1950~2000

도시	1950	1991	2000	범죄율변화 1991~2000	범죄율변화 1950~2000
애틀랜타	31	51	32	-38	+4
보스턴	1	20	7	-65	+386
시카고	7	33	22	-33	+208
덴버	4	18	6	-67	+67
디트로이트	6	59	41	-31	+567
휴스턴	15	36	12	-67	-22
로스앤젤레스	3	29	15	-49	+363
뉴욕	4	29	9	-70	+135
필라델피아	5	28	22	-20	+273
중간값	5	29	15	-49	+200

주: Uniform Crime Reports: 1950, 94~101, 표 35; Uniform Crime Reports: 1991,
108~156. 표 8; Crime in the US: 2000, 115~157, 표 8. 범죄율 변화(1991~2000), 범죄율
변화(1950~2000)은 소수점 한자릿수 단위 올림으로, 1950, 1991, 2000년 범죄율은 정수단
위 올림으로 계산했다.

2000년 이후부터 범죄율은 낮아졌다. [표 11]의 9개 도시 살인범죄
율 중간 값은 2000~2008년 중 다소 증가했지만, 전국적인 살인범죄

율은 다소 감소했다. [표 11]의 9개 도시들 중 5개 도시 살인범죄율은 감소했지만, 다른 4개 도시에서는 증가했다. 전국적으로 폭력 중죄 및 폭력 절도죄는 지속적으로 감소했지만, 1990년대 3분의 1 감소 정도에는 미치지 못하는 10% 정도 수준에 머물렀다.[786] 20세기 마지막 10년 동안의 범죄 감소 수준은 21세기 첫 10년 동안 범죄율의 정점이 되었다.

단기적으로 범죄 감소는 기존 정치적 상황을 강화했다. 범죄가 감소하기 시작하던 시점까지 미국의 교도소 수형자 수는 이전 20년 동안 급증해 왔었다. 범죄율이 1991년 수준을 유지했다면 수형자 수의 증가는 정책상 값비싼 실패로 평가되었어야 옳다. 대신 유권자들이 요구한 더 엄중하고 더 많은 처벌은 정책적 성공으로 평가되었을 것이다. 범죄율이 감소하기 시작한 몇 년 뒤 〈뉴욕 타임스〉 범죄문제 담당기자 폭스 버터필드Fox Butterfield는 범죄율이 감소하는 가운데 구금형은 증가하는 비정상적인 상황에 대한 기사를 실었다.[787] 보수 성향의 평론가는 비정상적이라는 지적을 비판하면서, 바로 구금형의 증가야말로 범죄율 감소의 원인이라고 주장했다.[788] 명백히 범죄가 더 많이 줄어들게 하려면 수형자 수가 더 늘어나야 한다는 의미인 것이다.

중장기적으로 볼 때 범죄 감소로 인해 적어도 실질적인 정치적 변화 가능성은 생기게 되었다. 1995년까지만 해도 갤럽 조사에 따르면 범죄 문제는 전국 정치 현안 1순위였다. 21세기가 시작되자 범죄 문제는 정치 현안에서 상당한 정도로 멀어지게 되었다.[789] 1994년 연방의회는 경찰인력 증원과 훈련을 위하여 상당한 연방보조금을 지출하는 법안을 통과시켰고, 클린턴 대통령이 서명했다. 2000년대 초반에 이르자, 연방보조금은 국토안보부로 넘어갔다. 클린턴 대통령이 약속했던 도시지역 경찰 10만 명 증원을 위한 연방정부 지원 방안은 정치적 사망선고를 받은 채 오늘날까지 계획으로만 남아있다.[790] 이 문제 역시 범죄 감소가 남긴 유산 중의 일부다.

범죄 감소는 보다 긍정적인 변화를 가져오기도 했다. 1994년 지방경찰 충원 지원을 내용으로 하는 동 입법에서 연방의회는 연방법원에게 시민의 헌법적 권리를 침해하는 지방경찰에 대한 강제명령 권한을 부여했다.[791] 2000년에는 공화당 출신 일리노이 주지사가 주 내 사형수 중 일부의 유죄 여부에 대한 문제 제기를 근거로 사형집행 일시중지moratorium 명령을 내렸다.[792] (주지사 본인이 처한 법적 문제로부터 유권자들의 눈을 돌리기 위한 수단이기도 했다.) 20세기 말과 21세기 초 수년간 약 20여 개 주 의회가 인종적 프로파일링을 제한 또는 금지하는 법률을 입법했으며, 교통검문기록 보관을 의무화함으로써 금지 입법이 실현될 수 있도록 하였다. 이들 주 의회 중 일부는 주 교도소 수형자 수를 감축하기 위한 조치 역시 입법했다.[793] 이 같은 법개혁은 개혁을 논하는 학자들이 아니라 노련한 정치인들의 실천을 통해 이루어졌다. 크랙 코카인이 한창 유행하고 살인범죄율이 높아지던 1980년대 후반이었다면 정치적으로 불가능한 일이었다. 한 세대에 걸쳐 주와 연방 차원의 범죄정치는 범죄 피의자나 피고인에게 혜택이 될 수 있는 어떠한 조치도 배제했다. 다행스럽게도 그런 세대는 지나가 버렸다.

범죄 감소의 원인으로 돌릴 수 있는 요인들의 목록은 그 정치적 결과에 따라 다르다. 1980년대 후반 크랙 코카인 유행의 종식에 따라 서로 다투던 마약거래꾼들 중 신진세대들은 앞세대 마약거래꾼들처럼 살해당하거나 감옥에 가지 않으려면 다른 길을 택하게 되었다. 1990년대 경제성장기에는 잠재적 범죄자들이 합법적 생계수단을 가질 수 있게 여건이 나아졌다. 총기규제법이 강화되어 총기 범죄 처벌이 가중되자 범죄도 줄었다. 총기규제법이 완화되는 경우에는 잠재적 범죄 피해자들이 강력범죄로부터 자신을 보호할 수단을 쉽게 가질 수 있게 되면서 강력범죄가 방지되었다. 1970년대 낙태율의 변화는 1990년대에 이르러 잠재적 범죄자로서의 청년층 감소 결과를 가져왔다. 지역사회 경찰 활동community policing의 발전에 따라 경찰 업무가 더 효과적으로 수행되었고, 이는 범죄율 감소로 이어졌다. 도시지역 경찰 인력의 확대에 따라 범죄율이 높은 도시지역 순찰이 늘어나고, 이에 따라 해당 지역의 범죄가 감소했다. 전국적인 수형자 수의 대량 증가는 악질범죄자들을 격리하고 동시에 장기 구금형 위하威嚇 효과를 통해 범죄를 저지함으로써 범죄 감소를 가져왔다. 마지막으로 "형사정책 변화의 결과가 아니라 인구 변동 내지 경제의 순환효과"가 범죄 감소의 많은 부분을 설명할 수 있을 것이다.[794]

이론적 설명 중 일부는 제대로 반박을 받았고, 일부는 적어도 진실의 일단은 보여준 정도다. 경제성장도 총기규제법도 어느 쪽으로든지 1990년대 범죄 감소에 실질적으로 기여하지 못했다.[795] 크랙 코카인 유행의 종식이나, 10대 소녀 출산 문제 변화의 일부로서 낙태율 변화는 범죄 감소에 기여했을 것이다.[796] (1960년대 청년 인구 증가는 범죄 증가를 의미했다. 30년 후 청년 인구 감소는 범죄율 감소에 기여했다.) 서구 세계 다른 나라에서의 대체로 유사한 범죄 동향을 고려해보면 "순환효과"는 미국의 범죄 감소에도 상당한 역할을 했음이 분명하다.

중요한 문제는 경찰과 구금형, 또는 어느 한 쪽의 변화가 범죄 감소의 상당 부분 원인이 되었는지의 여부다. 그렇다면 1990년대 범죄 동향은 지속적인 구금형 확대, 새로운 경찰 전략의 제도화 내지 도시지역 경찰 규모의 확대 주장의 논거가 될 수 있다. 구금형과 관련된 선도적인 연구는 경제학자 스티븐 레빗Steven Levitt과 사회학자 브루스 웨스턴Bruce Western의 업적이다. 레빗의 연구에 따르면 폭력범죄 감소의 3분의 1 정도, 즉 대략 12% 감소만큼은 구금형의 증가가 원인이다. 웨스턴의 평가는 상당히 낮다. 범죄 감소의 약 10분의 1만큼, 즉 2% 내지 5% 정도로 본다.[797] 레빗의 평가가 웨스턴보다 사실에 가깝다 하더라도 구금형 증가 정도를 고려할 때 범죄 감소 효과는 작다는 점을 주목해야 한다. 1990년대 구금형은 50% 이상 증가했고, 1970~80년대 동안 최고 수준으로 증가했다. 50% 증가 수형자 수 자체만으로 1982년 전체 교도소 수형자 수보다도 많다. 1982년 당시 구금형 비율이 미국 역사상 최고로 높았다.[798]

레빗이 지적하듯 구금형 증가의 효과에 대한 상대적으로 높은 평가는 한계효용marginal utility의 감소를 제대로 설명해주지 못한다. 즉 형사처벌을 추가적으로 확대할수록 그 효과는 이전 처벌 수준보다 줄어든다. 웨스턴이 강조하듯 1990년대 범죄 감소의 상당 부분을 가중된, 확대된 구금형으로 설명할 수 있다 하더라도 마지막 구금형 확대의 효과는 0에 가깝거나 마이너스일 수조차 있다.[799] 물론 모든 경우 한계효용은 감소하기 마련이다. 그런 점에서 구금형 또한 다르지 않다. 하지만 20세기 말 교도소 수형자 수의 증가 정도를 고려하면 현재 형사처벌의 추가적 확대 효과는 극히 작거나, 역효과일 가능성이 높다.

위에서 인용된 수치와 레빗이 평가한 1990년대 범죄 감소에 대한 경찰인력 확대 효과를 비교해보면 범죄 감소의 5분의 1 내지 10분의 1 정도, 또는 전체 범죄 감소의 5% 내지 6% 정도가 된다. 효과가 크지 않은 것으로 보이지만 경찰인력 확대 역시 큰 규모가 아니었다. 인구 10만 명당 지방경찰관 숫자는 1990년대 동안 10% 정도 증가했을 뿐이다. 이에 비해 같은 기간 중 구금형은 이미 수형자 수가 기록적인 최고 수준에 이르렀는데도 58% 증가했다.[800] 레빗의 평가가 옳다면 범죄율을 1% 떨어뜨리기 위해서는 추가적으로 필요한 경찰 예산이 7억 달러 내지 8억4천만 달러에 달한다. 교도소와 구치소의 경우라면 16억 달러가 필요하다. 구금형 확대 효과에 대한 웨스턴의 평가에 따르면 범죄율 1% 감소를 위해 지출되어야 하는 교정비용은 39억 달러 내지 96억 달러에 달한다.[801] 1990년대의 교훈이라면 이미 비대해진 교도소 수형자 수를 고려할 때 비용대비 효과가 더 큰 범죄 대응전략은 더 많은 범죄자를 감방에 집어넣는 조치가 아니라 폭력이 만연한 도시 현장에 더 많은 경찰관을 투입하는 조치라는 점이다.

비용 대비 범죄 감소효과의 제시는 구금형에 대비되는 경찰 활동의 이익을 극적으로 강조해준다. 대부분의 경우 수형자 수의 증가에 부가되는 비용은 교정예산에 고려되지 아니한다. 그 막대한 비용은 망가진

삶, 실업, 결혼실패와 가족해체라는 형태로 들어간다. 경찰 활동의 확대에 따른 부수적 비용은 훨씬 적다. 1990년대 여타 주요 경찰 활동의 추세, 즉 형사처벌보다는 범죄예방에 더 주력하는 경찰 활동 방식의 발전을 고려해볼 때 실로 비용보다는 효과가 크다.

범죄예방에 초점을 맞춘 추세를 고려해보면 도시지역 경찰관 수의 증가가 체포 건수의 증가로 이어지지는 않았다. 오히려 경찰관 수가 늘어나면서 도시지역 체포율은 22% 감소했다. 흑인 피의자 체포율은 3분의 1 가까이 더 많이 줄었다.[802] 미국 형사사법의 효율성, 즉 경찰 또는 검사 1인당 체포율, 유죄판결률과 구금형 선고율이 높아졌던 세대가 지나고, 도시 경찰 활동의 효율성은 극적으로 다른 형태를 보이게 되었다. 대부분의 경우 증원된 경찰관은 기동타격대SWAT나 위장마약수사관으로 배치하지 않았다. 그보다는 경찰 활동의 수준을 높이면서 범죄율이 높은 도시 현장에 범죄발생 후가 아니라 발생 이전에 경찰을 더 많이 배치하였다. 현장 경찰 활동이 증가함에 따라 지역주민과 경찰 사이의 소통이 늘어나는 일도 가능해졌다. 지역사회 경찰 활동에 담긴 핵심 이념이 바로 이것이다. 이는 미국 도시지역 경찰 업무의 지배적인 철학이 되었다. 범죄율이 높은 지역에서도 도시 경찰을 감옥으로 더 많은 청년들을 보내기 위한 도구로서가 아니라 청년들이 문제를 일으키지 않도록 지켜주는 기관으로 볼 수 있게 되었다.[803]

따라서 1990년대 정부는 두 가지 상이한 범죄 대응전략을 택했다. 두 번째 전략이 첫 번째 전략보다 상당한 정도로 더 성공적이었다. 첫 번째 전략은 이미 높은 수준에 있는 처벌을 더 강화하는 것이다. 두 번째 전략은 경찰 활동을 좀 더 적절히 확대하는 것이다. 두 번째 전략은 처벌보다는 예방에, 그리고 적극적 체포보다는 지역사회 주민들과의 관계개선에 초점을 맞추는 경찰 활동 방식의 변화와 일치한다. 두 범죄 대응전략은 여러 정부기관의 다양한 결정으로부터 나왔다. 처벌강화는 각각 부분적으로 지방검사의 판단, 강화된 양형법, 그리고 유죄인정을 통해 유죄판결을 용이하게 하는 절차적 실체법적 규칙에서 비롯된 결과다. 이러한 법규칙은 주 및 연방 상급법원, 주 의회, 연방의회가 만들었다. 경찰 활동의 확대는 부분적으로 입법부의 예산지원 때문이지만 대부분 지방정부가 결정한 결과다. 즉 지방정부가 지방경찰 규모 확대에 필요한 대부분의 비용을 지출했으며, 여전히 지방경찰 예산의 90% 이상을 부담하고 있다.[804] 그리고 예방지향적, 지역사회 중심 경찰 활동의 발전은 거의 전적으로 지방정부 결정의 성과다. 요약하면 "연성soft" 전략은 지역 민주주의적인 부분이 많고, "강성tough" 전략은 주 및 연방법관과 정치인들이 결정한 결과라는 측면이 더 많다. 연성 전략이 더 성공적인 반면, 강성 전략은 훨씬 비용이 많이 든다. 미국 형사사법에서 중앙권력의 성적은 좋지 못하다.

하지만 두 전략 중 좀 더 연성적인 전략은 경제 동향이 나빠지면 곧이어 희생물이 된다. 인터넷 기업 거품dot-com bubble 사태와 9/11 테러에 뒤따른 경제 불황기에는 도시지역 경찰 규모가 상당 부분 감축되었다. 1990년대 늘어났던 도시지역 경찰 규모는 대략 절반으로 다시 줄어들었다. 반면 이전보다 증가 속도는 느려졌지만 교도소 수형자 수는 계속해서 늘어났다.[805] 이제까지는 주 정부 예산에 거의 대부분 의

존하는 범죄 대응전략이 재정적으로 더 곤궁한 지방정부 예산에 의존하는 전략보다 우세했다. 2008년 가을 금융위기 이전부터 사실이었다. 앞으로도 여전히 사실로 드러날 것이다.

20세기 말 10년간 대규모 범죄 감소가 얼마나 대단한 일이었는지 여전히 정당한 평가를 받지 못하고 있다. 감소 규모는 상당했다. 적어도 단기적으로는 중요한 사회적 성과다. 다만 장기적 결과는 더 불분명하다. 만일 앞으로 수십 년 동안 범죄 감소 결과가 형사사법의 기존 상태 강화에 불과하다면, 만일 미국 교도소는 여전히 만원이고 미국 도시에는 경찰관이 부족하다면 기회상실에 다름 아니게 될 것이다. 반면에 범죄 감소 결과 전면적 개혁을 가능케 하는 정치적 공간이 창출된다면 미국 형사사법의 오랜 문제 역사에서 최고인 동시에 가장 중요한 흐름이 될 것이다. 미래의 가능성은 폭이 넓다.

1950년대 북동부에서 시작되어 1960년대와 1970년대 초반 전국으로 확산된 형사처벌의 대규모 감소는 사회적 재난이었다. 도시지역 폭력과 무질서의 재앙적 수준을 가져옴으로써 파괴적인 반동을 불러왔기 때문이었다. 뒤이은 더 큰 규모의 형사처벌 증가 역시 사회적 재난으로서 범죄와 처벌이 집중된 지역사회에 깊은 상처를 입혔다. 이제 필요한 것은 시계추 반대편으로 되돌아가는 것 그 이상이다. 사법체계는 이미 충분히 극단주의와 과잉문제를 겪어왔다. 형벌의 관대함이나 엄중함이 아니라 이제는 정의와 중용이 체계의 길잡이가 되어야만 한다. 더 나은 길을 어떻게 찾고, 어떻게 밟아갈 것인지는 다음 챕터의 주제다.

제3부

미래

지난 반세기 동안 미국 형사사법은 중앙 정부의 법률과 일부 중앙 정치가 만든 규칙을 가지고 실험을 해왔다. 하지만 실험은 실패했다. 사법체계는 너무 많은 법의 지배, 그리고 잘못된 정치에 의한 지배로 인해 어려움에 처해 있다.

효과적 개혁의 핵심은 탈중앙화, 지역 민주주의, 그리고 무엇보다 비용에 있다. 지역사회는 과거 자기 지역 안에서 그러했던 것처럼 사법행정기관보다 더 많은 권한을 행사해야 한다. 주 정부와 연방정부도 과거 그러했던 것처럼 권한을 축소해야 한다. 이러한 일을 가능케 하는 핵심적 조치의 하나는 배심재판을 확대하고, 배심원들을 대도시 단위가 아닌 지역사회에서 선정케 하는 것이다. 나아가 이러한 배심재판은 유죄인정절차를 좀 더 엄격히 하는 실체법과 절차법의 변화 —전면적 개혁일 필요는 없다— 를 통해서만 가능하다. 지방정부는 교정시설을 위한 부담은 늘리고 경찰인력 증원을 위한 부담은 줄여야 한다. 그래야 수형자가 줄고 경찰관은 늘어날 것이다.

이러한 변화가 이루어질 수 있다고 주장한다면 너무 낙관적이라 보일 수 있겠다. 하지만 올바른 법적 비전과 충분할 만큼의 정치적 의지가 있다면 가능한 일이다. 빈번한 차별과 남용, 불의야말로 미국의 실패한 사법체계가 낳은 산물이다. 어쩔 수 없다 여길 필요 없다. 언젠가는 그렇지 않은 날이 오게 될 것이다.

제10장
고장난 체계 수리하기

> 아프리카계 미국인이 어떤 행동을 처벌받아야 할지에 대한 판단은 … 백인 입법자와 백인 법집행관들이 장악한 전통적인 형사사법절차보다는 아프리카계 미국인들 자신이 더 잘 판단할 수 있다.
> — 폴 버틀러Paul Butler, 〈하퍼스 매거진Haper's Magazine(1995)〉

1. 버틀러의 주장

위의 〈하퍼스 매거진〉 기사에서 전직 검사인 폴 버틀러Paul Butler 교수는 유명한 —일부에게는 악명 높은— 주장을 했다. "미국 형사사법의 전복subversion"[806]을 말한다. 그 자신 흑인인 버틀러는 비폭력적인 마약범죄를 이유로 너무나 많은 흑인 청년들이 구금된다고 보고, 따라서 흑인 배심원은 마약사건 흑인 피고인들에게 해당 법률과 증거와 무관하게 유죄평결을 거부해야 한다고 촉구한다. 다시 말해 무효 배심jury nullification을 주장한 것이다. 여러 학자들의 반대[807]는 물론이거니와, 자유주의적 성향의 〈뉴욕 타임스〉조차 비판적이었다.[808] 버틀러 자신이 쓴 단어를 보면 이유를 알 수 있다. 무효 배심은 "전복"이다. 법의 지배를 위협하기 때문이다.[809] 만일 흑인 배심원이 흑인 마약범죄 피고인에게 유죄평결을 내리지 않는다면 마약관련법은 흑인과 백인에게 차별적으로 적용된다. 인종에 근거한 실체법이란 형사사법상 인종차별에 대한 현명한 대응은 아닐 것이다.

하지만 버틀러의 주장은 첫인상과는 달리 급진적이지도 않은데다가 관심을 가질 만도 하다. 대부분의 미국 역사에서 백인 배심원들은 바로 버틀러가 흑인 배심원들에게 행사할 것을 요구했던 권한을 행사했었다. 현대적 개념 정의에 따른 의도적 범죄행동의 입증에도 불구하고 무죄평결을 내릴 권한을 말한다. 이러한 권한은 "무효nullification"라는 명칭과 무관하다. 오히려 형사실체법은 버틀러의 비판자들이 무법lawless이라 지적했던 재량적 판단을 허용한다. 법외적 감형extralegal mercy은 법을 벗어난extralegal 문제가 아니다. 범죄 정의 방식의 핵심 내용이기 때문이다. 버틀러의 비판자들은 이러한 사실을 간과한다. 과거 배심원들에게 감형 권한을 행사하도록 허용한 법원칙이 이제는 폐기되었다는 사실 역시 알지 못한다. 1990년대 무효 배심은 많은 논쟁의 대상이 되었는데 배심원들이 법을 점점 더 존중하지 않게 되었기 때문이 아니라, 법률이 감형 권한을 행사할 수 있게 하는 논증을 점점 더 수용하지 않았기 때문이었다.

범죄와 형량을 규정하는 법률이 더욱 가혹해지는 가운데 감형 행사 권한은 사라지지 않았다. 오히려 형태를 바꿔서 배심원과 공판법관이 개별 피고인의 처벌 필요성을 판단하는 대신에 검사가 구금형 여부를 판단하게 되었다. 유죄평결은 쉽게, 반면 무죄평결은 훨씬 어렵게 만든 실정법으로 인해 검사의 판단은 엄벌적이기 마련이었다. 더욱 폭넓고 세분화된 범죄 규정은 법의 지배가 아니라 재량권의 지배를 강화했다. 이상하게 들리지만 엄연한 사실이다. 즉 버틀러의 무효 배심 주장은 한때 법을 더 존중하면서 제도적인 재량권은 적었던 더 좋았던 과거를 향해 돌아가는 첫걸음이 될 것이다. 전복의 경우도 마찬가지다.

버틀러의 주장은 형사사법 체계가 당면한 정당성 위기crisis of legitimacy를 부각시켜 준다. 다수의 흑인 청년들을 가두어 버리는 체계라면 흑인 남녀들이 구금 대상과 구금 기간을 결정한다고 해도 저항을 불러올 것이다. 이러한 결정이 외부에 맡겨진다면 대량 구금형에 가장 타격을 받거나 적어도 영향을 받는 지역주민들은 사법체계를 지역사회의 이익을 염두에 두지 않는 외부세력으로 여기지 않을 수 없게 된다. 일단 이렇게 되면 형사처벌은 기껏해야 미미한 저지수단일 뿐이다. 이 경우 수형자 수의 급증은 단순한 재난이 아니라 아무런 의미 없는 재난이 된다. 어떤 방법으로든지 위기는 해결되어야만 한다. 그리고 해결을 위해서는 교도소 수형자 수를 실질적으로 감축할 필요가 있다.

그와 동시에 범죄도 일정 수준으로 억제되어야 한다. 1990년대 범죄 감소 이후에도 남부 이외 도시지역 살인범죄율은 여전히 가장 높은 수준에 머물러 있다. 여타 폭력 중죄와 절도 중죄에 관한 역사적 자료는 확보하기 더 어렵지만 같은 상황일 가능성이 높다. 오늘날 높은 범죄율에는 막대한 사회적 비용이 수반된다. 1960년대와 1970년대 초반처럼 교도소 수형자 수가 급감하면서 범죄율이 더 높아지게 된다면 비용은 더더욱 늘어날 것이다. 수형자 수의 감소만이 아니라 수형자 수 감소와 함께 범죄 감소가 목표가 되어야만 한다. 이와 함께 사법체계는 범죄율이 높은, 대부분 흑인이 거주하는 도시지역 주민들에게 더욱 정당성을 인정받아야 한다.

이러한 목표를 어떻게 달성할 것인가? 간단히 답하자면, 현대 형사사법의 형태가 더욱 민주화 되어야 한다. 지방, 주 및 연방정부는 형사사법 관련 예산 부담의 배분 형태를 바꿔야 할 것이다. 특히 지방경찰과 주 교도소 비용을 누가 얼마나 부담할 것인지의 문제에 변화가 필요할 것이다. 올바로 변화한다면 수형자 수는 줄고 경찰관은 늘어나서, 지역사회 친화적 형태의 경찰 활동을 지향하는 추세를 강화하면서도 범죄율을 낮출 수 있게 될 것이다. 검사의 유인책 또한 범죄와 처벌의 영향을 가장 크게 받는 주민들의 이익과 더욱 조화를 잘 이룰 수 있을 것이다. 실체법이나 절차법 상의 급격한 변화 없이도 배심재판 건수를 실질적으로 늘리고, 공판 사안 판단에서 배심원들에게 더 많은 역할을 부여할 수 있을 것이다. 배심원들이 범죄가 발생한 지역사회를 더 잘 대표할 수 있도록 배심 선정절차를 바꿀 수 있을 것이다. 현대 사법체계에 지역 민주주의를 강화함으로써 체계의 대상인 시민들에게 정당성을 더욱 인정받을 수 있는 중요한 수단이 될 것이다.

변화의 핵심은 미국에서 형사처벌을 둘러싼 권력의 배분을 버틀러와 같은 자유주의자들뿐만 아니라 법적 보수주의자들도 수용가능한 방식으로 바꾸는 데 있다. 과거 형사법 집행은 지방정부의 관할이었다. 법집행의 영향을 가장 많이 받는 지역사회 주민들이 법집행의 규모와 특성을 결정할 상당한 권한을 가지고 있었기 때문이다. 현대 사법체계는 좀 더 중앙집중적이다. 즉 주 및 연방공무원들은 교외지역 및 소도시 유권자들과 함께 도시지역 형사사법에 대해 과거보다 더 많은 권한을 행사하고 있다. 반면 범죄율 높은 도시지역 주민들의 권한은 줄어들었다. 미국 형사사법에 어떤 변화가 필요하다면 바로 이 문제다.

2. 경찰 활동과 처벌

지난 세기에 북동부와 중서부 지역 경찰관 수 대 교도소 수형자 수의 비율은 대략 2:1이었다. 남부와 서부에서는 1:1에 가까웠다. 오늘날에는 전국적 비율이 1:2에 달한다.[810]

바로 그 어떤 통계자료들보다도 미국 형사사법의 가장 큰 문제를 보여주는 사실이다. 경찰관은 형사처벌을 실제로 가능하게 한다. 범죄자를 체포하면 검사가 기소하고, 교도관이 형을 집행한다. 하지만 전체적으로 보면 대규모의 경찰력은 범죄자의 규모를 줄게 하는 효과가 있다. 도시 길거리 곳곳에 더 많은 경찰관을 배치하면 감방에 갇힌 수형자는 줄어들기 마련이다. 한 세기 전에 북부지역 도시의 형사사법은 관대한 형태였지만 대규모 경찰력을 운용했다. 더 엄중한 남부에서는 경찰력이 훨씬 부족했다. 경찰관이 많을수록 수형자는 줄어드는 연관성은 오늘날에도 여전히 뚜렷하다. 경찰관 증원 및 수형자 감소와 범죄율 감소 사이의 연관성도 마찬가지다. 1990년대 경찰력 규모가 가장 크게 증가한 도시는 뉴욕이었다. 1990년대 도시지역 범죄가 가장 크게 감소한 도시도 뉴욕이었다. 같은 시기 구금형 비율 증가 규모가 가장 작고, 이후 구금형 비율이 가장 크게 감소한 주도 뉴욕이다.[811] 지방경찰관 수가 평균 이상으로 증가하고 동시에 교도소 수형자 수는 평균 이하로 증가한 주에서는 폭력 범죄가 평균 31%까지 감소했다. 반대의 경우인 주에서는 폭력 범죄가 평균 2% 감소하는데 그쳤다.[812] 도시 길거리에 더 많은 경찰을 투입하는 대책은 범죄와 수형자 수를 함께 감소시킬 수 있는 몇 안 되는 정책적 조치 중의 하나에 속한다.

경찰관 수의 증가를 통해 얻을 수 있는 긍정적 결과는 두 가지가 더 있다. 도시지역 곳곳에 더 많은 경찰관을 배치하는 조치는 바로 그 도시가 고향인 사람들을 가장 가까이서 대응해줄 수 있는 기관에 투자한다는 의미다. 지역사회 경찰 활동의 발전 덕분에 도시지역 경찰은 사법체계의 다른 어떤 부분도 그만큼 할 수 없는 일을 수행한다. 범죄율 높은 도시의 지역주민들과 만나고, 도움말을 주고, 경청하는 일이다. 따라서 도시지역 경찰력에 더 많은 비용을 투입하는 조치는 치료가 몹시 필요한 사법체계에 지역 민주주의를 처방하는 일에 다름없다. 두 번째 좋은 결과는 범죄에 대응한 경찰 인력과 활동시간의 투입과 관련된다. 폭력 중죄 처벌법은 가난한 흑인 거주지역에서는 잘 지켜지지 않는다. 마약범죄가 너무 자주 그리고 너무 가혹하게 처벌받기 때문이다. 주민 당 경찰관 수의 비율을 늘려야 폭력 중죄와 마약범죄 문제 모두를 해결할 수 있다. 이는 1990년대 뉴욕의 경험이 증명해주는 바다. 뉴욕 시의 경찰관 비율은 3분의 1 이상 증가했고, 마약 이외 중죄 사건 처리율도 급증했으며, 마약 중죄 체포율은 감소했다.[813] 당연한 연관현상이다. 과거 대규모 수준으로 행해졌던 마약범죄 처벌은 폭력 범죄 관련법의 직접적 집행을 대신하는 값싼 조치다. 경찰 인력 증원으로 직접적 법집행이 가능하게 되면서 간접적 집행으로 대신할 일은 줄어들었다.

수형자 대 경찰관 비율은 어떻게 바꿀 수 있을까? 지방경찰기관과 주 교도소 비용 부담 주체를 바꾸는 조치가 답이 될 수 있다. 현 상황에서는 시와 카운티에서 지방경찰 예산 거의 전부를 부담하고, 주 정부가 주 교도소 시설 및 운영비용을 책임진다. 이 같은 비용 부담의 배분 때문에 지방정부는 구금형은 너무 많이 부과하면서도 경찰관은 너무 적게 증원하기 마련이다.[814] 주 정부 또는 주와 연방정부가 함께 지방경찰 비용의 절반을 부담하고(연간 약 34억 달러), 지방정부가 관할 교도소 비용(연간 약 21억 달러)의 절반을 부담케 한다면 개선 가능할 것이다.[815] 두 비용의 개선 조치 모두가 중요하지만, 지방경찰 비용 부담 개선이 더 중요하다. 오래 전부터 도시지역 공립학교에 대해서는 지원확대가 학업성취도를 높인다는 증거가 부족해도 주 정부와 연방정부가 비용 상당 부분을 부담해왔다. 경찰관을 증원하면 교도소 수형자 수의 급격한 증가 없이 범죄통제가 개선된다는 증거는 훨씬 강력하다.[816] 그런데도 적자상태의 도시들은 여전히 자체 경찰기관 비용을 부담하고 있다. 길거리에 배치될 경찰관 부족은 예상 가능한 결과다.

현실의 변화를 가로막는 두 가지 커다란 정치적 장애물이 있다. 하나는 보안경호업이나 사설 지역순찰대 같은 민간 경비와 관련된 문제다. 20세기 대부분에 걸쳐 경찰관 수가 늘어나면서 민간 경비 활동은 줄어들었다. 범죄통제와 질서유지는 점차 민간 기업이 아닌 정부가 책임지게 되었다. 1960년대 말에 이르면 경찰관 수는 민간 경비원을 실질적으로 능가했다. 20세기가 끝날 무렵에는 약 10만 명에 달하는 탐정과 상점 경비원을 제외해도, 경찰관 대 민간 경비원 비율은 2:3으로 그 격차는 더 벌어지게 되었다.[817] 점차 경찰관 순찰 범위는 안전을 위해 비용을 부담할 수 없는 주민들과 상점 주인들이 사는 지역에 한정된다. 이러한 현실 때문에 부유한 납세자들이 경찰관 증원 비용을 부담할 이유가 줄어들 수밖에 없다.

다른 하나는 더 심각한 장애물이다. 2008년 금융위기와 그 여파로 일단 막대한 연방정부 지원을 가져왔다. 그 일부가 도시지역 경찰력 감원을 최소화하는데 도움이 되었다. 하지만 경찰력을 늘리기에는 지원액이 너무 적었다.[818] 중장기적으로 볼 때 금융위기는 세입과 세출이 일종의 균형 상태에 이를 때까지 모든 종류의 정부 예산을 삭감하도록 엄청난 압력을 가했다. 새로운 지출 계획은 의문시 되었고, 앞으로도 그럴 것이다. 1837년 공황 이후 판사와 검사 선출의 증가, 1890년대 장기불황 이후 남부 재건의 몰락, 1890년대 경기침체 이후 흑인 차별 악화를 되돌아보면 19세기와 마찬가지로 21세기에도 경제 불황이 끝난 뒤에도 오래도록 형사사법의 특성을 규정할 것으로 보인다. 그렇다면 그 영향은 훨씬 더 나쁜 결과를 가져올 것이다.

경찰을 둘러싼 정치가 비관적으로 보이기는 하지만 더 나은 정책을 완전히 가로막는 장애물은 아니다. 지방 법집행기관에 대한 연방 및 주 정부의 지원은 더 많은 일자리를 의미한다. 특히 실업률이 높은 시기 일자리 창출은 막대한 적자를 무릅쓸지라도 여전히 중대한 정치 현안이다. 적어도 연방 차원에서는 바로 이러한 전례가 있었다. 연방정부의 지방경찰 지원은 두 차례 시행된 바 있다. 즉 1968년 연방의회는 법집행지원청을 설립했고, 1994년에는 폭력범죄통제및법집행법을 입법했다. 두 경우 모두 연방정부의 지원에 따라 도시지역 주민 당 경찰관 비율은 급격히 높아졌다.[819] 하지만 연방보조금은 너무 적은 수준이다. 빌 클린턴은 도시지역에 10만 명의 경찰관을 증원하겠다고 공약했지만 결국 연방정부는 6천 명 정도 증원 비용을 보조했을 뿐이며, 그것도 몇 년 만에 중단되었다.[820] 클린턴이 애초 약속했던 10만 명은 합리적 규모였다. 실현되었더라면 미국 인구 10만 명당 경찰관 비율은 약 310명에 달했을 것이다. 이에 비해 유럽 연합의 경우는 351명이다.[821] 경찰관 10만 명 증원에 필요한 비용은 적지 않을 것이지만 불가능하지도 않다. 지방경찰 연간 총예산 규모는 680억 달러다. 지방경찰관을 10만 명 증원하는데 매년 150억 달러 가까이 필요할 것으로 예상된다. 이에 비해 형사사법 관련 정부예산 총액은 2006년 기준 2,140억 달러에 달한다.[822]

클린턴의 증원 계획을 재추진할 정치적 동력은 얻기 어렵다 해도 헌법적 개혁은 정치인들에게 도움을 줄 수 있을 것이다. 남부 재건시대 짧은 기간 동안이었지만 수정헌법 제14조가 보장한 "평등한 법적 보호"는 대체로 글자 그대로의 의미를 지녔었다. 즉 모든 시민은 법적 보호를 받을 동등한 권리가 인정되었다. KKK의 테러 대상이 된 해방노예들은 정부에 대해 테러를 근절하는데 최선을 다할 것을 요구할 권리가 있었다. 지방관리들이 지역주민 – 다시 말해서 부자든 빈민이든 흑인이든 백인이든 모든 시민들을 보호할 헌법적 의무를 이행할 수 없거나 하지 않으려 할 때 연방정부가 나서서 자신의 보호 의무를 다해야 한다. 연방 대 크룩생크US v. Cruikshank(1876) 판결은 그 헌법적 의무를 폐지했으며, 그와 함께 남부 재건도 끝나버렸다.[823] 그로부터 한 세기보다 더 지난 이후 맥클레스키 대 켐프McCleskey v. Kemp(1987)와 캐슬록 대 곤잘레스Castle Rock v. Gonzales(2005) 판결은 그 폐지를 더욱 확실히 했다 즉 맥클레스키 판결은 차별 여부의 입증을 불가능하게 했으며, 캐슬록 판결은 정부에게 법의 집행 여부를 선택할 전면적인 재량권을 부여했다.[824] 하지만 크룩생크, 맥클레스키, 캐슬록 판결 모두 수정헌법 제14조에 대한 본래의 이해와는 부합되지 않는다. 더 나은, 더 건전한 헌정 질서 아래였다면 나올 수 없는 판결들이다. 본래의 평등보호 조항으로 되돌아간다면 폭력이 만연한 지역의 경찰력 부족, 그 결과 폭력 중죄에 대한 법집행의 부실은 정책 실패에 불과한 문제가 아닐 것이다. 헌법 위반의 문제로서 연방과 주 정부 모두 해결해야 할 의무를 지게 될 것이다.

도시 경찰력 규모와 교도소 수형자 수 사이의 반비례 관계 문제를 다시 살펴보자면, 오늘날 경찰 활동 수준과 처벌 수준의 관련성은 특히 뚜렷하게 나타난다. 경찰 활동의 주된 형태가 변화한 덕분이다. 1990년대 이전까지 경찰 활동에 대한 통념이 강조하는 바는 형사처벌까지 이르러 가는 절차의 초기 단계에서 경찰관의 역할이었다. 더 많은 범죄자를 체포해서 체포율을 높이려면 신속성과 전격성의 원칙이 강조되었다. 도시지역 경찰기관은 범죄 신고전화 대응시간 단축과 무력을 사용하는 기동타격대SWAT에 투자함으로써 범죄현장에 막강한 경찰력을 투입해 범죄자를 체포한 뒤 철수할 수 있었다. 일종의 경찰판 "충격과 공포shock and awe" 작전(역주: 2003년 이라크전 당시 미국 군사전략으로 압도적인 화력을 집중해 적을 충격과 두려움에 휩싸이게 만들어 순식간에 전쟁 의지를 무력화시킨다는 내용이다)인 셈이다. 목표는 더 효율적인 처벌이었고, 목표는 달성되었다. 1970년대와 1980년대를 거치며 경찰관 1인당 체포 건수는 지속적으로 증가했다. 하지만 효율성의 증가가 바람직한 결과로 이어지지는 않았다. 도시 길거리에서 "충격과 공포"는 충격과 분노를, 그리고 경찰이 표적으로 삼은 청년들에 대한 동정을 불러일으켰다. 무력을 사용한 급습작전과 가두 불심검문은 그만큼 오판의 경우가 많을 수밖에 없었기 때문에 결국 범죄자를 잡기 위한 조치에 가장 큰 대가를 치르는 사람은 범죄율이 높은 지역에 거주하는 무고한 시민들이었다.[825] 경찰이 범죄 신고전화에 아무리 빨리 대처한다 해도 이미 늦을 수밖에 없다. 5분도 너무 길다. 범죄가 발생하고 가해자가 범죄 현장에서 도주하기에 충분한 시간이기 때문이다.

따라서 1980년대 이후 경찰 활동에 대한 일반적인 통념에 변화가 있었다. 경찰 연구자 허먼 골드스타인Herman Goldstein은 체포율 목표달성보다 문제해결 지향적인 경찰업무 형태를 주장함으로써 그 변화의 핵심을 제시하고 있다.[826] 제임스 윌슨James Q. Wilson과 조지 켈링George Kelling은 공공장소 낙서와 파손된 창문을 방치할 경우 더 확산되는 경향에 대한 연구를 통해 변화된 경찰 전술의 중요한 효과를 보여준다. 윌슨과 켈링에 따르면 낙서나 깨진 유리창 같은 무질서 표지는 범죄자들이 길거리를 차지했다는 신호를 보내서 결국에는 자기 실현적 예언 self-fulfilling prophecy이 된다. 경찰순찰을 더 개선하고 늘리면 지역주민 다수가 안전하게 거리를 다닐 수 있게 될 것이며, 이는 도시 길거리가 방치되고 있다는 신호의 감소를 뜻한다.[827]

이 같은 이론이 현실화된 좋은 사례가 뜻밖의 장소에서 발견된다. 바로 오랜 전쟁에 시달리고 있는 이라크다. 2006년 가을 〈뉴욕 타임스〉가 보도한 바그다드 시내 폭력 빈발 구역에서의 군사작전 기사를 보면 다음과 같다.

구역 내 거주하는 다른 사람들처럼 '쟈보리Jabouri(지방의회 의원)'는 집안 무더위를 피해 다시 지붕 위에서 잘 수 있게 되었다고 찬사를 아끼지 않았다. 그는 폭력을 피해 떠났던 친척들 중에 돌아오는 사람들도 있을 것 같다면서 자신의 집을 수색했던 이라크와 미군 수색대원들이 공손했고, 마을의 상황을 개선하는데 진지한 관심을 보였다고 전했다… 수색대가 그대로 해당 구역에 주둔하면서 지역주민들과 군 장교들 사이의 교류도 개선되었다.

미군은 또한 현지인 청소 인력에 필요한 기존 지출에 추가하여 해당 구역에 500만 달러를 투입하였다… 그 효과는 확실했다. 시장 뒤편 악취더미들이 깨끗하게 치워졌고, 다른 장소 쓰레기들도 인부들이 트럭으로 치웠다. 이라크 경찰 차량과 미군 장갑차가 길거리에 줄지어 세워져 있다.[828]

미군들의 세 가지 조치는 주목할 만하다. 첫째, 미군은 장갑차를 길거리에 공개적으로 배치하였다. 이 길거리는 안전하다는 신호를 보낸 것이다. 둘째, 현지인을 청소 인력으로 고용함으로써 길거리에 나가 시장을 돌아다니고, 지붕 위에서 잠을 자는 일도 가능하게 만들었다. 군인들은 길거리를 안전하게 그리고 더 쾌적하게 만들었으며, 그래서 더 많은 사람들이 거리로 나올 수 있게 했다. 지역주민들이 거리를 더 많이 돌아다닐수록 민병대나 반란집단이 활동할 여지는 더 적어진다. 세 번째 조치가 무엇보다 가장 중요하다. 지역주민들과의 관계를 구축한 것이다.

이 같은 안전 확보 전술은 지역사회 경찰 활동 지침에서 착안했다고 볼 수도 있다.[829] 현대 경찰 활동에 관한 통념에서도 비슷한 세 가지 조치를 강조한다. 즉 가장 폭력이 심한 구역에 경찰관의 거리 순찰을 확대하고, 길거리 쓰레기나 건물 낙서처럼 마을을 황폐화시키는 문제들을 문제해결 지향적problem-solving approach으로 다루며, 가장 중요하게는 경찰관과 지역사회 주민들 간의 관계를 구축하는 일이다. 일부 도시에서는 지역 교회까지 아우르는 관계가 구축되고 있다. 시카고 경찰은 가장 범죄율이 높은 지역주민들과 함께 청소년 폭력의 종식을 위한 기도회를 열기도 했다. 또한 지역 폭력조직원들까지 아우른 관계가 구축되어 폭력을 멈출 수 있게 돕는 동시에 그만 두지 않을 경우 처벌을 경고하기도 한다.[830]

지역사회 경찰 활동은 정말 주목할 만하다. 정부기관, 즉 도시지역 경찰기관이 자신들에게 제한된 권한을 행사하는 지역 유권자들에게 스스로 기관 자체와 업무활동을 감독받는 방식인 것이다. 여타 정부 기관들에서는 통상적으로 찾아보기 어려운 일이다. 실로 남다른 방식이기 때문에 일부에 한정된 미완의 경향임은 당연하다. 지역사회 경찰 활동은 포괄적인 개념이며 미국 전역의 도시 경찰기관이 명칭을 따르고 있지만, 전술적 개혁 수단은 매우 다양하다.[831] 골드스타인이 제시한 문제해결 지향 방식 대신 체포율을 극대화하려는 경향이 여전히 강하다. 일부 지역에서는 기동타격대의 마약범죄자 체포가 여전히 일상적이다. 흑인 지역사회의 경찰에 대한 불신 역시 여전하다.

하지만 눈에 띄는 것보다는 불신이 줄어들고 있다. 지난 40년간 엄청난 규모의 흑인 구금형 수형자 증가를 고려할 때 사법체계를 향한 불만이 드러나는 경우보다 불만이 사라진 경우가 더 주목할 만하다. 지방 경찰관들은 흑인, 백인을 가릴 것 없이 일반 시민들이 가장 많이 대하는 체계의 대표자다. 그래서 어떠한 불만이든 자연스레 그 표적이 되기 마련이다. "고자질 하지 마don't snitch"운동 같은 현상은 기소와 양형의 방식 때문에 촉발되었지만, 기소도 양형도 경찰관이 통제할 수 없는 부분이다. 그런데도 지방검사가 아니라 길거리에서 마주치는 경찰관이 표적이 될 수밖에 없다. 정말 놀라운 일은 조사결과에 따르면 흑인 구금형 비율이 4배 이상 증가했던 지난 40년간 흑인들의 경찰에 대한 불신 정도는 사실상 그대로였다는 사실이다.[832]

갤럽 조사상의 숫자에는 진전 여부가 드러나지 않을 수 있다. 하지만 실제이기도 하거니와 놀랍기도 한 사실은 전반적으로 오늘날 도시 지역 경찰은 한 세대 전에 비해 지역사회 친밀도가 높아졌고, 지방검찰에 비해서도 훨씬 더 높다는 점이다. 따라서 도시지역 경찰에 대한 지출 증가는 범죄율 높은 지역 주민들의 관심을 가장 많이 끌 수 있는 법집행기관에 대한 투자를 의미한다. 이를 통해 형사법 집행에서 지역 민주주의가 강화될 수 있다. 또한 지출 증가는 인력충원을 뜻하므로 변화된 전술을 뒷받침해줄 수 있게 된다. 즉 지역주민과의 관계 구축에는 급습이나 기동타격대보다는 경찰관이 더 필요하다. 개선된 경찰 활동 방식과 도시 경찰기관의 예산 확보는 상호적으로 작용한다. 예산을 늘리고 동시에 전술을 개선함으로써 더 민주적인 경찰 활동과 더 평등한 사법, 그리고 무엇보다도 더 효과적인 범죄통제가 모두 가능할 것이다.

미국의 과도한 교도소 수형자 수를 줄이려면 단지 경찰 예산을 늘리는 이상의 조치가 필요하다. 형사처벌의 법과 실무상 변화도 중요하기 때문이다. 양형의 세 가지 측면에서 가장 변화가 필요하다. 첫째는 가혹성이다. 미국의 엄청난 수형자 수는 악명 높다. 평균 형량은 여타 서구 국가들보다 훨씬 높고, 미국의 과거 어느 시기보다도 상당히 높은 수준이다.[833] 둘째는 인종적 편차다. 전체 인구에서 흑인 인구는 13%에 불과하고, 히스패닉계를 제외한 백인 인구가 3분의 2 이상인데도 흑인 수형자 수는 백인 수형자 수를 크게 능가한다.[834] 이러한 편차는 대체로 상이한 인구집단 내에서 상이한 범죄율에 기인한 결과이지만 일부는 차별의 결과이기 때문에 시정이 필요하다. 셋째는 검사의 과도한 재량권이다. 지난 수십 년 동안 검사는 법관을 대신해 사법체계상 양형 판단을 좌우하면서 주로 유죄인정협상을 통해 그 권한을 행사해왔다. 검사의 재량 권한은 법에 의해 규제되지 않는데다가 공개적으로 행해지지 않기 때문에 정치적인 통제도 거의 받지 않는다.

형사처벌의 가혹성을 완화하기 위한 주목할 만한 법적 변화는 이미 일어나고 있다. 하와이 주에서는 보호관찰조건 위반에 대하여 즉시 단기 유치형brief jail sentence을 시범운영 중이다(일반적 경우 위반 행위자는 본래 형기의 잔여기간 동안 구금되는데 잔여 형기도 상당한 기간일 수 있다). 보호관찰조건 위반자가 교도소 수형자 수의 상당 부분을 차지하기 때문에 하와이의 법적 실험이 널리 수용된다면 수형자 수를 상당히 줄일 수 있을 것이다. 일부 지역에서는 지역 조직폭력 근절을 위해 준수하기 어려운 금지명령을 부과하고, 위반할 경우 법정모독죄로 단기 유치형을 선고하여 지역 구치소에 수용한다. 금지명령과 유치형을 결합하여 폭력조직 활동을 저지하면서도 장기 구금형의 경우처럼 주 교도소에서 폭력조직원들을 개조하는 부담은 덜게 된다.[835]

가장 주목할 만한 선도적 변화는 연방 양형법에서 찾을 수 있다. 2005년 이전까지 양형 관련법은 매우 상세하고, 나아가 엄중하기로 소문나 있었다. 연방 양형은 피고인의 범죄 전력과 피고인 범죄 사실관계를 조합하여 판단 근거로 삼았다. 이러한 조합에 따라 258개의 형량 범위 격자grid가 (역주: 연방 양형기준표는 가로축 범죄 전력Criminal History Points 6개 등급, 세로축 범죄 유형Offence Level 43개 등급으로 이루어진다. 각 조합에 따라 0~360개월 및 종신형까지의 개별 형량 범위가 제시된다) 만들어진다.[836] 연방법관에게는 형량 범위를 이탈하는 양형 재량이 주어지지 않았다. 사실상 거의 대부분의 연방 양형은 연방 양형기준Federal Sentencing Guideline

에 제시된 형량 범위에 구속되었기 때문이다. 일반적으로 양형 기준에 근거한 양형은 주 법원의 양형보다 더 엄중했다. 연방 대 부커US v. Booker(2005)에 의해 상황은 완전히 바뀌었다.[837] 연방대법원은 부커 판결에서 연방 양형기준의 상당 부분에 대해 위헌판결을 내렸다. 양형기준은 양형 판단의 근거가 되는 사실을 배심원이 아닌 판사가, 합리적 의심의 여지없는beyond reasonable doubt 기준이 아닌 증거 우위의 증명preponderance of evidence 기준에 따라 판단하도록 하기 때문이다. 다만 연방대법원은 양형기준을 무효화하지 않고 "권고적advisory" 기준으로 재정립했다. 따라서 법적으로 존중해야 하지만 법적 구속력은 없다. 이는 배심원의 사실 관계 판단을 요하지 아니하며, 합리적 의심의 여지없는 기준은 더 이상 적용되지 않는다는 뜻이다.[838] 부커 판결 이전까지 연방 양형은 규칙을 따랐다. 오늘날에는 규칙과 재량의 조합에 근거하되 재량 권한이 규칙만큼 중요하게 되었다.

두말할 것도 없이 부커 판결 이후 연방법관은 양형 기준 권고형량보다 가중된 양형 사안보다는 양형 기준 권고형량보다 감경된 양형 사안에서 양형 재량을 달리 행사하게 되었다. 실무상 재량권은 비대칭적이다. 판사는 연방범죄자에 대한 형량 감경의 경우 폭넓은 재량을 행사할 수 있지만, 형량 가중의 경우에는 제한을 받는다. 사실상 양형기준은 양형 규칙이라기보다는 양형의 상한선이 되었다. 즉 양형 기준 상한을 넘지 않고, 판사가 양형 판단 사유를 상당한 방식으로 설명하는한, 연방 양형은 대체로 재량권에 맡겨진다.[839] 이러한 상황은 교도소 수형자 수의 증가보다는 감소를 가져올 수 있는 유용한 양형법 모델을 제공한다. (이미 몇몇 주에서처럼) 주 차원에서도 연방 모델을 따른다면 대부분의 폭력범죄자들에 대한 엄벌은 그대로 유지되면서 다른 사안에 대한 형량은 감경될 것이다. 형량 수준은 오늘날보다 덜 가혹했던 과거 미국의 사법체계의 수준으로 되돌아갈 것이다.

미국의 수형자 수에서 심각한 인종 격차 문제는 더욱 어려운 문제다. 이러한 격차의 상당 부분은 지속될 것이고, 지속될 수밖에 없다. 흑인 범죄율은 그 밖의 다른 인종 범죄율보다 훨씬 높기 때문이다.[840] 그래서 적어도 부분적으로는 교도소 수형자 수는 현실을 반영할 수밖에 없다. 하지만 상이한 범죄율을 고려할 때 마약범죄 수형자 수에서 대규모의 인종적 편중은 설명할 길이 없다. 이와 관련해 확보 가능한 증거에 따르면 흑인, 백인, 라틴계의 마약법 위반 범죄율은 비슷하다.[841] 인종적 편중의 규모와 범위를 어떻게 줄일 수 있겠는가?

앞서 논의한 바와 같은 양형법 개정이 도움이 될 것이다. 지방 경찰 예산 증가는 더 크게 기여할 것이다. 변호사와 법원에 대한 지원확대는 별개의 목표가 된다. 현실적으로 과도한 소송 수행 부담 때문에 검사로서는 큰 수고 없이도 유죄인정협상에 끌어들일 수 있는 가난한 피고인에게 초점을 맞추기 마련이다. 가난한 피고인들 중에는 흑인이 훨씬 많다. 소송 수행의 부담과 예산 부족이 형사사법의 성과에 별다른 영향을 미치지 않는 체계라면 미국의 체계보다 덜 차별적일 것이다. 하지만 이 모든 조치에도 불구하고 차별의 상당 부분은 지속될 것 같다.

차별 문제를 해결하고 부분적으로는 바로 잡을 수 있을 만한 두 가지 조치가 더 있다. 둘 다 "평등한 법적 보호"라는 잘 활용되지 않는 개념으로부터 도출된다. 첫 번째 조치는 간단하다. 연방대법원은 유사한 범죄로 기소된 경우에도 인종 및 민족 집단에 따라 피고인에 대한 형사처벌이 상이하다는 주장을 인정해야 한다. 동일한 범죄가 아니라 유사한 범죄라는 점에 유의해야 한다. 즉 다수 학자들이 주장하듯 크랙 코카인 소지에 대한 형량(주로 흑인 피고인에게 부과된다)은 코카인 파우더 소지에 대한 형량(주로 백인 피고인에게 부과된다)과 균형을 맞추어야 한다. (해야 할 일이 더 많이 남아있지만 연방의회는 마침내 목표를 향한 실질적인 진전을 이룩했다.)[842] 일단 사실 관계 유형상 중요한 차이가 설명된다면 흑인이 피해자인 범죄와 백인이 피해자인 범죄에 대한 처벌 역시 균형을 맞추어야 한다. 흑인 범죄 피해자에 대한 차별 주장을 배척한 맥클레스키 대 켐프McCleskey v. Kemp(1987) 판결, 그리고 흑인 피고인에 대한 차별 주장을 배척한 연방 대 암스트롱US v. Armstrong(1996) 판결[843]은 모두 파기되어야 한다.

또 하나의 법적 조치는 덜 알려졌지만 결코 중요성이 덜하지는 않다. 3~6개월 정도의 일정한 최소 권고형량 범위를 초과하는 모든 구금형의 경우 검사는 사실 관계가 유사한 동일 상황 하의 동일 범죄에 대하여 일정한 최소한의 횟수만큼 적어도 중한 정도가 같은 형량이 부과되었음을 입증할 것이 요구된다. 최근 연방대법원 판결은 유용한 모델을 제시해준다. 그레이엄 대 플로리다Graham v. Florida(2010) 판결에서 연방대법관들은 소년범 피고인에 대한 가석방 없는 종신형의 선고는 수정헌법 제8조상 금지된 "잔혹하고 비정상적인 처벌" 규정에 해당된다고 판결하였다.[844] 케네디 대법관이 집필한 다수 의견은 비정상적 처벌임을 입증하기 위해서 종신형 대상 전국 소년범 수형자 숫자에 주목하였다. 전국 123명 중 77명은 플로리다 주 수형자다.[845] 매년 소년범 피고인들에게 유죄판결이 선고되는 살인 이외 중한 범죄 건수가 매우 많은 점을 고려할 때 플로리다 주 이외의 숫자, 즉 주별 평균 1명의 종신형 건수는 소년범 피고인에 대한 가석방 없는 종신형이 극히 드물다는 사실을 알려준다. 매우 드문 경우이기 때문에 누구도 대놓고 그 같은 형벌이 법적 방식으로 체계적으로 부과된다고 주장하지는 못할 것이다.

마찬가지로 일정한 상황에서 일정한 범죄에 대해 부과되는 일정한 형량이 체계적으로 부과되지 않는다면 그러한 형벌 부과는 평등보호 위반이 되지 않을 수 없다. 즉 유사한 상황에 놓인 범죄자에게 상이한 법률이 적용되는 것이다. 해를 거듭하며 자료가 축적될수록 정부에 대하여 각 주의 상이한 지역에서 발생한 유사한 사실 관계의 동일 범죄에 대하여 부과되는 형벌 중 적어도 중형은 평등하게 부과된다는 점의 입증을 요구할 수 있게 될 것이다. 이는 흑인 피고인에 대한 형량과 백인 피고인에 대한 형량 간 격차를 좁히는 수단이 된다. 물론 극히 드물게 발생하는 범죄나 사실 관계 유형에까지 입증을 요구할 수는 없다. 하지만 대부분의 범죄나 사실 관계 유형은 빈번하게 발생한다. 그렇다면, 또 대체로 그렇기도 하거니와 정부에 대하여 상이한 지역에서 발생하는 유사 사안을 유사하게 다루는지의 여부를 입증하도록 요구함이 당연하게 보인다. 형사처벌의 경우라면 정부는 검사의 지배가 아닌 법의 지배에 따르는지의 여부를 입증해야만 할 것이다.

시간이 흐를수록 법의 지배 보장과 결합된 강력한 차별금지 규칙을 통해 형벌 수준이 완화될 것이다. 입법자는 여전히 상징적인symbolic 양형 규칙을 만들어낼 수 있지만 전적으로 상징적인 규칙으로, 아무런 실제 효과 없는 분노의 표현에 불과할 뿐이다. 좀 더 실제적인 규칙의 경우라면 실체적 규칙에 수반되는 비용에 대한 정보를 제공해준다. 입법자들에게는 이러한 정보가 지나치게 적은 경우가 종종 있다. 예산이 한정된 상황에서 입법자들은 엄벌에 따른 비용이 분명할 경우 종종 관대한 형벌을 선택한다.[846] 차별을 금지하고 체계적인 집행을 요구한다면 엄벌에 따른 비용문제가 지금보다는 훨씬 더 명백히 드러나게 될 것이다.

3. 기소

경찰관과 수형자 규모에 변화가 필요하듯 검사와 변호사도 마찬가지다. 형사소송 사안을 다룰 수 있는 변호사가 너무 적기 때문에 소송이 진행되는 사안도 너무 적고, 너무 많은 사안이 비공개적인 유죄인정협상으로 종결된다. 지방검사의 업무방식 역시 변화가 필요하다. 두가지 변화가 중요하다. 먼저 기소가 더욱 투명해질 필요가 있다. 그럼으로써 지역 민주주의가 더욱 강화되어야 한다. 기소의 투명성이야말로 지역 민주주의 강화의 필수조건이다. 사법체계가 언제 그리고 누구를 처벌하는지 유권자들이 알 수 없다면 민주주의는 실현될 수 없다.

숫자부터 보자면, 1974년에는 17,000명의 지방검사가 연간 30만 건에 가까운 중죄기소를 담당했다. 30년 뒤 지방검사 규모는 27,000명으로 늘어났다. 하지만 연간 중죄 기소 사안은 100만 건으로 폭증했다. 1974년 당시 유죄인정협상에 의한 중죄 유죄판결 비율은 약 80%였다. 2004년에는 96%에 달했다.[847] 가난한 형사 피고인을 위한 국선변호인 규모와 변호인 선임이 어려운 가난한 피고인 규모에 대한 믿을 만한 자료는 존재하지 않지만, 국선변호인이 더욱 부족한 실정이라 볼 만한 충분한 이유가 있다. 미국 법원에서 형사소송을 수행하는 전문 법률가들의 삶은 소송업무 부담에 따라 달라진다. 미국처럼 무차별적으로 처벌을 부과하지 않는 다른 나라들처럼 유죄인정협상 건수를 줄이려면 소송 수행 법률가와 형사소송에 대한 공적 지출이 실질적으로 늘어나야만 한다.

어떻게 실현할 수 있을까? 가능한 해결책은 수정헌법 제6조와 관련된 판례법으로부터 나온다. 이른바 "변호인의 효과적인 조력"을 피고인에게 보장하는 수정헌법 제6조와 관련된 판례법은 오늘날까지 형사 피고인에게 제공되는 변호의 질을 규제해왔다(규제는 제대로 이루어지지 않았다). 피고인 변호의 양적 측면은 거의 규제 대상이 아니었다.[848] 이는 관련법의 퇴보라는 결과를 낳는다. 변호의 질을 상당한 수준으로 보장하는 일은 법 영역 밖의 문제다. 극단적인 사안을 제외하면 올바른 변호기술과 잘못된 변호기술을 분간할 방법이 없기 때문이다. 하지만 충분한 양의 변호를 보장하는 일은 실현가능한 목표다. 그리고 양적 문제를 개선하면 질적 문제도 따라서 개선되기 마련이다. 재정적 뒷받침이 충분한 변호사라면 사안준비를 더 잘할 것이고, 따라서 유죄인정 사안과 정식재판 사안 모두 더욱 신뢰할 만한 결과에 이를 수 있게 될 것이다.

법관은 주 또는 지방정부에 대하여 가난한 피고인을 위한 국선변호인 비용 지출을 늘리도록 명하기만 하면 된다. 수정헌법 제6조 상의 "변호인의 조력" 권리가 요청하는 바이기 때문이다. 하지만 충분한 비용 확보를 위해 법관이 예산 수준을 정할 필요는 없다. 대신 상급법원이 입법적 조치를 촉구하기 위한 임의규칙default rule을 정립할 수 있다. 즉 국선변호 비용의 적정 규모를 권고하는 전문위원회를 설치하고 그 권고안에 따를 경우 변호인의 효과적 조력 원칙은 적용되지 않는다. 그렇지 않을 경우 효과적 조력 기준이 급격히 상향될 것이다. 임의규칙이 적용될 경우 주 의회는 국선변호 예산 확정을 위한 적절한 절차를 갖추고 다양한 지원 유형을 시도해볼 여지를 갖도록 장려될 것이다. 예컨대 일부에서는 피고인 변호인 비용을, 일부에서는 수사관 또는 과학수사 비용을 늘리게 된다. 시간이 지남에 따라 어떠한 시도가 가장 효과적인지 알 수 있게 된다. 성과를 명하기보다는 정치인들이 성과를 책임지도록 함으로써 성과를 더 잘 장려하는데 형사소송 관련 헌법 규정의 목적이 있다 하겠다.

형사변호를 위한 충분한 지원은 부수효과도 크다. 검찰청 역시 예산이 크게 부족한 상태다. 피고인 변호 예산이 증가한다면 현실적으로 주 정부는 다수 형사 사안에서 패소하지 않으려면 검찰 예산 또한 늘리지 않을 수 없게 된다. 예산이 늘어날수록 형사사건 수사는 더욱 신중해질 것이고, 기대컨대 결백한 피고인이 처벌을 면할 수 있게 될 것이다. 현재 천문학적으로 높은 수준의 유죄인정률 또한 낮출 수 있을 것이다. 유죄인정협상은 더 이상 예산문제로 인한 불가피한 수단이 아니라 본래 그 역할, 즉 단순 사안의 해결수단이 될 것이다.

지방검사의 업무방식 변화는 훨씬 어려운 과제다. 더욱 투명한 형사 사법 운영을 가로막는 두 가지 장애물 중 하나는 별건 기소prosecution by pretext 문제다. 즉 수사 대상인 범죄가 아닌 다른 범죄로 피고인을 기소하는 경우다. 마사 스튜어트Martha Stewart의 내부자 거래 혐의를 대상으로 한 수사 끝에 사법 방해죄로 기소한 경우가 전형적 사례다.[849] 부시 정부의 법무부가 테러 범죄 기소라고 주장하는 300건 가까운 사안 역시 같은 경우다. 대부분 출입국 규정 위반 등 테러와 무관한 범죄로 기소되었다.[850] 여기서 문제는 스튜어트나 테러범 피고인들이 불공정한 처우를 받았다는 사실이 아니다. 출입국 규정 위반이나 사법 방해죄는 처벌받아야 마땅하다. 진짜 문제는 해당 범죄의 경우 거의 예외 없이 다른 범죄, 즉 검사가 입증할 수 없는 더 중한 범죄를 처벌하는 수단으로 처벌될 뿐이라는 사실이다. 이와 관련하여 유권자들과 다른 정부기관들에게 더 중한 범죄에 대해서는 알려주지 않는다. 여기에 부시 정부의 테러 범죄 관련 주장에 대해 연방의회가 회의적이었던 이유가 있다. 내부자 거래나 테러 범죄 또는 별건 기소를 조장하는 어떤 범죄를 수사하는데 있어 정부가 제대로 업무를 수행하고 있는지 알길이 없다. 별건 기소 사안은 형사소추를 불투명하게, 그럼으로써 책임을 지울 수 없게 한다.[851]

어쩌면 오히려 그렇기 때문에 검사들이 별건 기소를 선호할 수도 있다. 부시 정부의 법무장관이었던 존 애쉬크로프트John Ashcroft는 로버트 케네디 법무장관 당시 마피아와의 전쟁에서 당시 법무부가 동원했던 수단을 인용하면서 별건 기소 관행을 옹호하였다.

[로버트] 케네디 법무장관은 조직범죄 네트워크를 저지하고 와해시키기 위해 법이 허용하는 모든 수단을 당당하게 동원하였다. 검사는 조직폭력배 용의자를 체포 구금하기 위해 모호한 실정법을 과감히 적용해야 할 경우가 많다. 조직폭력배와 그 부친을 연방주택자금대출 허위신청혐의로 기소한 예도 있다. 카포네 조직원이었던 폭력배를 철새보호법 위반으로 기소한 경우도 있었다. 연방수사관이 용의자의 냉동고에서 사냥한 철새 563마리를 발견했는데, 법적 기준을 539마리나 초과했던 것이다…

[케네디 당시] 법무부는 조직범죄와의 전쟁에 도움이 될 수만 있다면 "보도에 침 뱉는 행위" 만으로도 조직폭력배를 체포했을 것이라 전해진다. 우리 법무부의 정책은 이제까지 그러했듯 앞으로 테러와의 전쟁에서도 마찬가지로 과감한 체포 및 구금 전술을 활용하려 한다.[852]

별건 기소는 검사의 의도와는 다른 신호를 보내게 된다. 즉 범죄조직에 속한 자라면 보도에 침을 뱉지 말 것이며, 철새 사냥에도 조심해야만 한다. 마피아 집단과 테러 조직을 잡는데 목표가 있다면 도움이 될 만한 신호가 아니다.

쉽게 해결될 문제는 아니다. 법원이 폭력 중죄의 혐의가 있는 피고인을 마약범죄로 기소하지는 못하도록 막을 것이라 기대하기는 어렵다. 다수의 중죄를 저지른 피고인이 그렇지 않은 피고인보다 유리한 결과가 될 것이기 때문이다. 하지만 위에서 제시한 법의 지배와 차별금지 원칙에 따르면 해결에 도움이 될 것이다. 즉 검사가 스튜어트 사안과 동일한 사실 관계의 여타 사법 방해 사안을 제시하지 못하는 한 (내부자 거래 관련 사실이 아닌 사법 방해죄 기소의 근거 사실을 의미한다) 기소하지 못한다. 적어도 검사가 상당한 형량을 구형하고자 한다면 기소하지 못한다. 또한 검사가 범죄율이 높은 지역의 마약범죄 피고인에게 부과되는 형량과 다른 지역 마약 사안의 형량이 같다는 점을 제시하지 못한다면 해당 마약범죄 형량은 감경되어야 할 것이다. 이를 통해 검사가 별건 기소로부터 얻을 수 있는 이점이 줄어들고, 따라서 별건 기소가 줄어들게 될 것이다.

투명성을 저해하는 더 큰 두 번째 장애물은 바로 미국의 유죄인정률이다. 특히 형사 절차 초기단계에서의 유죄인정은 대부분 비공개적으로 이루어진다. 그 협상 과정 또한 마찬가지다. 형사 공판 건수가 많다면 큰 문제가 아니거나 문제가 안 될 수 있다. 시민들은 대부분의 공판 사안에서 체계가 어떻게 기능하는지 알 수 있게 될 것이고, 검사와 피고인 측 변호사 모두 재판 결과를 염두에 두고 유죄인정협상을 진행할 것이기 때문이다. 오늘날처럼 공판 자체가 드문 경우라면 시민들이 알 수가 없다. 그리고 검사가 재판 결과를 좌우할 수 있게 되면서 공판을 통해 당사자 일방에 불리한 결과가 일어나지 않도록 막을 수도 없다.[853] 유죄인정협상은 더 이상 그 본래의 기능인 단순 사안의 해결수단이 아니다. 오히려 유죄인정과 유죄인정을 신속히 이끌어내려는 협상은 형사사법 체계가 형사 피고인의 유죄 여부를 판단하는 최우선의 수단이 되고 있다. 벼락치기라는 협상의 특성을 고려해본다면 그러한 판단은 잘못될 수밖에 없다.

유죄인정을 축소하고 공판을 확대하는 가장 확실한 길은 재판 비용을 낮추고, 검사의 입장에서 유죄인정의 비용을 크게 치르도록 하는 방법이다. 형사재판 비용을 줄이려면 형사소송 원칙의 규모와 내용 모두 혁신적 변화가 요청된다. 즉 1960년대 초반 이후 연방대법원이 구축해온 방대한 절차 규칙의 그물을 걷어내야 한다. 유감스럽게도 그런 변화는 일어날 것 같지 않다. 20세기 후반 미국 형사 절차법 혁명의 역효과에 대해 주변 문제들은 손질되겠지만 근본적인 해결책은 나오지 않을 것이다. 그나마 현재로서는 주변 문제라도 다루려는 시도조차 보이지 않는다. 검사 측 증인과 대면할 권리는 최근까지만 해도 증거 관련 보통법에 따라 제한을 받았었지만, 이제는 아무런 제약 없이 형사소송의 아주 중요한 일부가 되어버렸다.[854] 연방대법원이 일련의 판결을 통해 법관이 아닌 배심원에게 양형의 관건인 사실 관계 대부분을 판단 받을 권리를 인정한 덕분에 배심재판을 받을 권리 또한 형사소송의 더욱 중요한 일부로 남아있다.[855] 형사절차 혁명은 멈추지 않는다. 얼 워렌 연방대법원장이 퇴임한 지 40년이 넘었지만, 혁명은 여전히 진전 중이다.

다행스럽게도 유죄인정의 비용을 늘리는 건 간단한 문제다. (일부 주 항소법원의 예와 함께) 군사법원military courts이 유용한 모델을 제시해준다. 군사법원에서는 유죄인정의 대상 사실을 신중하게 심사하고 유죄인정 자체에는 의미를 크게 두지 않는다.[856] 이러한 방식이 모든 법원의 규범이 되어야 한다.[857] 군사법원에서 경솔한 유죄인정improvident pleas이라 부르는 사안의 경우 항소심의 엄격한 심사를 통해 유죄판결을 파기한다면 유죄인정에 대한 일종의 절차상 부담에 다름 아닐 것이다. 일단 부담을 지우면 당연히 줄어들게 된다. 뿐만 아니라 유죄인정에 대한 군사법원 방식의 심사는 유죄인정을 좀 더 정확한 절차로 만들어줄 것이다. 이 또한 사회적 이득이다.

유죄인정 건수를 줄이기 위해서는 형법 특성의 변화 역시 필요하다. 50년 전까지만 해도 형법은 거의 대부분 보통법의 영역이었다. 즉 명목상 범죄 요건은 실정법에 의해 규정되지만, 범죄의 범위와 개념 정의에 관하여는 법원이 방대한 권한을 행사했다. 주관적 범죄 요건의 경우 특히 그러하였으나, 그 뿐만은 아니다. 범죄 의도에만 한정되지는 않지만 역시 특히 범죄 의도와 관련하여 형사책임 범위는 대체로 불분명하기 때문에 개별 사안의 형사책임 확정을 위해서는 법관과 배심의 판단 여지가 있다. 오늘날 형사법은 단지 명목상이 아니라 현실적으로 실정법이며, 관련 실정법은 과거에 비해 훨씬 상세하고 간명하다. 살인죄 관련법 등 일부 유형 외에는 범죄 의도는 거의 자동적으로 인정된다. 이러한 변화는 오늘날 대규모의 교도소 수형자 수와 관련성이 적지 않다. 고도로 특화된 형사법은 사안의 판단을 단순화하며, 단순하게 해결되는 사안에서는 유죄인정을 유도하기도 쉽다. 지난 세대 동안 유죄인정률이 급증하지 않았다면 미국의 교도소 수형자 수가 오늘날 수준이 될 수는 없었을 것이다.

범죄에 대한 보통법적 개념 정의가 갖는 또 하나의 중요한 가치는 민주주의 친화성이다. 미국 형법에 일정 정도의 해석 여지를 재도입한 다면 배심재판의 증가를 가져올 것이며, 무효 배심을 염려하지 않으면 서도 폴 버틀러가 주장한 형식의 배심평결을 권장해볼 수 있겠다. 좀 더 완화된 형태의 세 가지 변화들만으로도 이러한 목표에 다가갈 수 있을 것이다. 첫째, 법원은 보통법상 고의mens rea 개념을 재도입함으로써 입법자가 엄격 책임을 명시적으로 부과한 경우 외에는 모든 사안에서 "범의guilty mind" 또는 "범죄 의도criminal intent"의 입증을 요구해야 할 것이다. 이는 모리세트Morissette 판결에서 잭슨 대법관이 부재하다고 판단했던 바로 그 의도를 말한다.[858] 둘째, 법관은 조직범죄 원칙의 핵심인 법적 원칙을 일반적으로 적용할 수 있다. 즉 다수 범죄로 기소된 공동 피고인들의 형사책임 범위가 다양할 경우 가장 경한 책임 있는 공범은 다른 공범의 가장 중한 책임을 지지 아니한다.[859] 셋째, 법원은 독일법 원칙을 미국법에 수용할 수 있을 것이다. 즉 피고인의 범행이 당해 범죄의 구성요건에 부합될 경우라도 당벌성을 다툴 수 있게 하는 것이다.[860]

세 가지 변화 중 어느 경우라도 형사책임 여부에 대한 재량 판단의 법적 여지를 주게 될 것이며, 이로써 역설적이게도 형사책임 판단의 예측가능성이 높아진다. 한 세기 전 미국 형법은 위에서 언급한 형태의 기준들로 채워져 있었다. 현재보다 교도소 수형자 수는 더 안정적이고, 처벌은 덜 차별적이었다. 이처럼 놀라운 진실에 대한 설명은 간단하다. 검사들이 강력한 재량 권한을 가질 때에는 다른 판단 결정자들에게 재량권을 부여해야 자의성恣意性이 아니라 일관성이 높아진다. 법적 규정에 해석의 여지가 있어야 배심원과 공판법관에게 더 재량권이 주어진다. 재량권이 재량권을 제한한다. 기관 사이의 견제가 남용과 과도함을 막아주기 때문이다. 범죄 규정에 해석의 여지가 있어야 한때 그러했던 것처럼 다시금 원활한 견제와 균형 체계의 일부를 이루게 될 것이다.[861]

마땅한 만큼 견제와 균형이 이루어지려면 또 하나의 법적 변화가 필요하다. 즉 배심원 선정 방식이다. 현행법은 배심원 후보가 해당 관할 지역, 일반적으로 인근 카운티의 대표성을 갖도록 권장하거나 요건으로 삼고 있다.[862] 범죄율 높은 도시지역 거주자의 이익을 보호하는 데 목적이 있다면 인근 카운티에서 선정하도록 하는 방식은 잘못되었다. 대도시 지역 배심원 선정은 거주지역에 기반해야 하며, 배심원 배제 청구 횟수는 실질적으로 축소되어야 한다.[863] 거주지역 기반으로의 변화는 폴 버틀러가 적절히 주장하는 바와 같이 흑인 지역사회 청년들의 운명에 관하여 흑인 배심원에게 더 많은 권한이 필요한 만큼 흑인 배심원들의 권한을 강화해줄 것이다. 배제 청구 축소의 변화는 배제 청구의 차별적 악용을 막기 위한 방대하고 정교하며 그러나 거의 효과 없는 법률의 필요성을 없애줄 것이다.[864] 배제 청구 관련법의 폐기를 통해 형사공판의 비용은 더 낮아지고, 수반된 이익은 많을 것이다.

배제 청구를 줄이고 더 지역사회를 대표하도록 배심원을 선정하면 유죄평결도 쉽게 내리기 어려워질 것이다. 미국처럼 검찰에 유리한 요소들이 쌓여 있는 체계에서라면 나쁜 일도 아니다. 검사가 범죄율 높은 지역주민 출신 배심원 12명에게 주민들 중의 하나를 처벌해야 마땅하다고 납득시키지 못한다면 그 처벌은 현명한 조치라 보기 어렵고 부당할 가능성도 많다. 현재의 배심원 선정 규칙은 이 같은 사안에서 유죄평결을 막기보다는 부추긴다.

이 같은 변화들은 또 다른 더 근본적인 변화의 증진에 기여한다. 즉 도시지역 검찰기관이 범죄율 높은 지역 주민들과 관계를 구축하는 추세가 늘고 있다. 점차 검찰 분야에서도 지역사회 경찰 활동에 유사한 현상이 나타난다. "지역사회 검찰 활동community prosecution"은 지역사회 경찰 활동이 많은 도시지역 경찰기관의 업무를 탈바꿈시켰던 만큼은 검찰업무를 변혁시키지는 못했다. 하지만 지역 민주주의의 강화, 법집행에 대한 정치적 책임성의 강화라는 그 핵심 이념은 동일하다.[865] 검사로 하여금 지역사회 출신 배심원들에게 자신이 담당한 사안을 입증하도록 함으로써 오늘날 미국 형사사법을 지배하고 있는 남부 형식의 민주주의, 즉 다른 지역 주민들이 또 다른 지역 주민의 삶을 지배하는 형태를 허물어 버리는 방향으로 좀 더 나아가게 될 것이다.

4. 연방주의

미국 형사사법 체계는 오랫동안 연방주의라는 문제를 안고 있었으나, 대부분의 독자들이 의심하는 그런 문제가 아니다. 일반적인 관심사는 비대한 연방정부가 주와 지방기관들을 밀어내버릴 것인가의 문제다. 연방수사관과 연방검사가 일상적인 법집행의 상당 부분을 주로 책임지던 금주법 시대에는 그런 두려움이 널리 퍼졌었다. 물론 금주법은 과거사다. 또 다른 상황에서는 연방이라는 레비아탄Leviathan의 위험성이 무엇이든지 현재로서는 그런 위험성이 존재하지 않는다. 12,000명의 연방수사국 요원이 가까운 시일 내에 60만 명의 지방경찰관들을 대신할 일은 없을 것이다. 소규모의 연방법 집행 관료제가 만들어내는 문제는 다르다. 연방형사법은 연방예산에 아주 작은 영향밖에 미치지 않기 때문에 연방의회는 형사법을 과용한다. 상하원 의원들은 형법과 양형 원칙을 범죄 행태와 그 침해 결과를 규정하기 위해서가 아니라, 자신들이 범죄와 범죄자에 대해 강경하다는 입장을 과시하기 위한 상징적 신호로 사용한다. 그래서 연방의회는 과도하게 범죄화하고 가혹하게 처벌한다. 또한 소수의 연방 범죄 기소를 위한 법률에는 과도한 입법 노력을 기울이면서, 현장에서 범죄자를 체포하고 처벌하는 지방공무원들을 지원하기 위한 법률을 만드는 노력은 너무 드물다. 적어도 이런 문제에서 연방정부는 너무 많은 법률을 만들면서 비용은 너무 적게 지원한다.

이러한 경향은 자기 강화적 특성이 있다. 연방의회가 연방수사관과 검사에게 수사와 기소대상자를 선별할 재량권을 확대할수록 연방 형법 규정이나 양형 규칙의 효력은 축소된다. 규칙의 효력이 줄어들수록 그만큼 연방의회는 그 효력을 강화하려고 애쓰게 된다. 결국 연방 형법전과 연방 양형법 모두 형태가 바뀐다. 그 영향은 연방 사안에만 미치지 아니한다. 지방검사는 마약범죄나 총기 범죄 피고인에게 연방검찰청으로 이송하겠다고 위협할 수 있게 된다. 여느 유죄인정협상이라면 이 같은 협박은 지방검사와 피고인 변호인 간의 유죄인정협상에 영향을 미친다. 피고인은 연방법원으로 갈 경우를 두려워한 나머지 주 법원에서의 가혹한 형벌에 동의해 버린다. 연방법은 비용 뒷받침 없는 명령의 역할을 하면서 주 법원의 형량 수준을 높이지만 그에 따른 비용은 지원하지 않는다.

주 및 지방 법집행 공무원의 권한을 보장하기 위한 목적의 원칙, 주로 연방 형사 관할 관련법으로서 개별 범죄에 규정된 관할권 관련 요소를 통해 실행되는 원칙은 상황을 더 악화시킨다. 형사법에서 연방주의에 근거한 원칙들은 범죄 유형별로 구분하지 않고, 각 범죄 유형에 걸쳐 있다. 다시 말해 뇌물 범죄는 연방 관할로, 방화 범죄는 지방 관할로 구분하는 대신 일부 뇌물 범죄와 일부 방화 범죄는 연방 관할로 하면서 나머지를 지방 경찰과 검사의 관할로 둔다. 연방과 지방 관할의 구분 기준은 복잡하고 계속해서 변한다. 연방 형사소송의 많은 부분은 강도 피해자나 방화 피해 건물이 연방 기소요건인 "상업 관련성"을 충족시키는지 여부와 같은 논점에 몰두한다.[866] 이로 인해 소속 주일학교 물품을 다른 주에서 조달하는 교회를 방화한 경우 연방 관할에 속하는지의 여부와 같은 문제들만을 다루는 일련의 판례들이 나오게 된다.[867] 이처럼 법적으로 강요된 연방주의는 책임소재를 불분명하게 만들고, 소송 당사자와 법원 모두의 시간을 낭비케 한다.

연방 형법전에서도 같은 형태가 되풀이된다. 유권자들은 형사사법 체계가 잘 기능하거나, 잘 기능하지 못할 때 누구를 신뢰하고 누구를 비난해야 할지 알 수 없다. 이는 무책임한 입법을 부추긴다. 연방 고유 관할이 마땅한 범죄와 주 및 지방 관할이 마땅한 범죄 사이의 납득할 만한 일정한 구분이 바람직할 것이다. 법원은 이러한 구분을 결정할 만한 지위에 있지 않고, 연방의회는 굳이 명확히 구분할 필요를 알지 못한다. 연방의회가 연방법이 필요할 영역에만 한정하여 입법하게끔 이끌 만한 일정한 기제가 필요하다.

몇 가지 가능성이 있다. 가장 간단한 그리고 최선일 가능성은 형사처벌 우선순위에 관한 포괄적 규칙의 제정이다. 즉 연방형법 전속 관할인 사항에 한하여 연방 형벌을 적용하는 것이다. 출입국관리법[868] 또는 연방공무원 뇌물 범죄 관련법이 그 예다. 해당 연방 범죄가 통상 지방검사에 의해 집행된다면 해당 연방 형벌은 주법에 규정되어야 한다. 마약범죄에 대한 가혹한 연방 형벌은 연방의회가 전국적인 마약법 집행 관련법을 입법하려 들지 않는다면 사라질 것이며, 마약 사안에서의 연방 형벌도 점차 감경될 것이다. 연방법상 양형에 수반되는 결과가 더 중하도록 해야 연방 입법이 좀 더 신중해질 것이다.

통상적으로 지방검사가 다룰 범죄 유형이 아닐 경우, 또는 연방의회가 연방 관할이 우선하도록 결정할 경우 연방 관할 여부는 사안별이 아닌 범죄 유형별로 판단해야 한다. 사기죄라면 연방 관할에 해당되는지의 여부, 강요죄의 경우도 연방 관할 문제인지의 여부가 정해져야 한다는 것이다. 사기죄나 강요죄의 다양한 개별 유형마다 관할권을 달리하기 위한 구분은 지양되어야 한다. 좀 더 범주를 분명히 규정하는 방식을 통해 책임 범위가 더 명확하게 규정되고, (기대컨대) 형사사법체계의 정치적 책임성도 더 높아질 것이다. 나아가 연방 형사 입법에 수반되는 비용을 높게 잡음으로써 다양한 종류의 입법을 촉진할 수 있을 것이다. 예를 들어 형사책임 규칙이나 양형 규정은 더 줄이고, 지방기관 지원 규정은 늘리는 것이다. 재정상의 연방주의 확대는 형사사법 정책결정에 있어서 연방정부의 두 가지 큰 이점에 좀 더 잘 부합될 것이다. 그 하나는 부족한 주 및 지방 정부 재정을 지원할 수 있는 역량[869]이고, 다른 하나는 그와 동시에 재정지원을 수단으로 지방기관 성과를 일정 기준까지 향상시킬 수 있는 역량이다. 도시지역에 경찰 10만 명을 증원하고, 연방 재정 지원 조건으로 지역사회 경찰 활동을 일정 정도 채택케 한 클린턴의 방안이 그 모델이 되어야 한다.[870]

이러한 변화가 모두 가능할 것인가? 그렇다. 변화가 일어날 것인가? 아마도 그렇게 되지는 않을 것이다. 미국 형사사법이 대부분의 영역에서는 그렇게 큰 문제가 있어 보이지는 않기 때문에 사법체계의 대규모 개혁에 대한 정치적 요구가 이제까지 지속적으로 존재하지 않았다. 앞서 살펴본 필요한 변화들은 근본적인 수준은 아닌 반면, 체계 구조의 변화는 실로 근본적인 문제다. 그런데 자신들에게 아무런 혜택이 없는 변화 프로그램에 대한 유권자들, 그리고 입법자와 상급법원 절대다수로부터의 지지를 필요로 한다.

과거 사법체계는 세 차례에 걸쳐 개혁정신의 실현을 경험해왔다. 첫 번째는 남부 재건 시기다. 북부지역 백인 유권자들은 해방노예에게 "평등한 법적 보호"를 보장한 수정헌법 제14조를 지지했다. 두 번째와 세 번째는 20세기 초반 수십 년 동안 실현되었다. 이미 금주법이 시행된 지역 유권자들은 비시행 지역에 대한 금주법 적용을 지지했고, 금주법의 실패 이후에는 폐지를 지지했다. 세 번 모두 민주적 개혁의 정신은 헌법 개정의 길을 열었다. 1930년대 초반 이래 개혁정신은 문제투성이의 형사사법에 다시 찾아오지 않고 있다. 개혁정신의 부활이 필요하다.

헌법을 비롯한 법률이야말로 개혁의 가장 큰 장애물이다. 지난 세기 형법과 형사소송법 개정은 거의 대부분 부정적 결과를 가져왔다. 법을 개혁의 추진수단이 아니라 개혁을 가로막는 장벽으로 만들어버렸다. 더욱 나쁜 사실은 장벽의 중요한 부분들이 연방대법원의 헌법 관련 판결로 이루어져 있으며, 일단 결정된 판결을 바꾸기란 애초 판결하기보다 훨씬 어렵다는 점이다. 정치적 변화는 상당히 어렵다. 일반적으로 법적 변화는 그보다 더 어렵다. 미국 형사사법의 개혁은 정치적 변화와 법적 변화를 모두 필요로 한다.

이러한 상황에서 이상한 점도 있다. 법의 중심 역할 중의 하나는 정치적 변동이 극심할 때 정치인들이 극단으로 치닫지 않도록 통제하는 데 있다.[871] 항소법관들은 개혁의 장애물이 아니라 개혁의 실행자여야 마땅하다. 하지만 특히 연방항소법원, 그 중에서도 연방대법원 9명의 대법관들이야말로 너무나 자주 장애물이 되어왔다. 이 같은 행태는 오래 전부터 지금까지도, 즉 크룩생크 판결로 평등보호 이념을 폐기한 대법관들부터, 형사소송의 특성을 재규정하는 작업을 떠맡아 실패해버린 워렌의 동료 대법관들과 계승자들까지 계속되고 있다.

이들의 실책이나 그 결과를 바로잡기는 쉽지 않다. 가능하다면 형사사법 개혁의 성공은 대부분 정치적 개혁으로부터, 그리고 경찰기관 장과 지방자치단체, 지방법관과 주 의회 의원 차원으로부터 실현될 것이다. 연방법관과 연방의원들도 기여 역할을 할 수 있겠지만 생산적인 변화를 주도하지는 못한다. 유권자들이야말로 자신들이 선출한 주 및 지방관리들과 함께 변화를 이끌 것이다.

따라서 형사사법 체계의 핵심적인 문제점의 근원은 동시에 그 해결에 가장 큰 장애물이다. 형사사법이 지방정부 차원에서 실행되던 시기와 지역에서 그 체계는 합리적으로 잘 운영됐었다. 오늘날처럼 대규모 수형자 수나 또 그만큼 많은 형사처벌상 인종적 차별 없이도 범죄를 통제했다. 범죄율이 높은 지역주민들이 자신들 지역에서의 법집행 방식을 결정하는 형태의 지역 민주주의가 작동을 멈출 때 사법체계는 경찰관, 검사, 공판법관의 업무방식을 더 이상 통제하지 못하게 되었다. 오늘날의 체계를 다스리는 민주주의는 덜 직접적이고 현실 관련성도 덜하다. 위험지역이 아닌 안전지역에 거주하는 가장 강력한 유권자들도 형사사법 권력의 실행 방식에는 거의 관여하지 못한다. 진정한 개혁이 이루어지려면 만연한 범죄와 처벌과 함께 살아가는 시민들의 요구만으로는 충분치 못하다. 범죄나 처벌과는 거리를 두고 사는 사람들이지만 마침내 현실 체계를 그대로 두고 볼 수만은 없다고 결심한 사람들도 반드시 나서야 한다. 이처럼 성찰적이고 이타적인 투표가 드문 일은 아니지만 역사적으로 당연한 일도 아니었고, 형사사법 분야에서는 더더욱 일어나지 않는다. 그래도 마땅히 희망은 가져야 할 것이다. 낙관할 만해 보이지는 않지만 말이다.

늑대 길들이기

자비의 특성상 강요할 수는 없습니다.
하늘에서 땅으로 내려오는 부드러운 비와 같지요.
자비는 이중의 축복입니다.
자비를 베푸는 자와 받는 자가 함께 축복받기 때문이지요.

— 셰익스피어, 〈베니스의 상인(1596)〉

희망은 강력한 힘이 될 수 있다. 과거 세대의 사법체계는 나쁜 사실도 많이 전해 주었지만 아주 좋은 사실도 일부 있다. 충분한 인력이 뒷받침된다면 좀 더 연성적 형태softer의 경찰 활동이 효과를 거둘 수 있다. 불과 얼마 전까지만 해도 누구도 가능하다고 생각지 못했을 수준까지 도시지역 범죄를 통제할 수 있다. 동시에 연성적 경찰 활동 전략은 현대 미국 형사사법을 덮친 또 다른 위협, 즉 도무지 그칠 것 같아 보이지 않는 흑인 청년들에 대한 처벌정책도 제어할 수 있을 것이다. 경찰과 잠재적 범죄자 사이의 관계를 통해 범죄에 대한 유인 요인을 줄이면 범죄로 이끌리는 일은 점점 더 줄어든다. 양자의 관계를 통해 국가가 표적으로 삼는 대상을 인간적으로 대하게 되면, 국가가 처벌을 동원할 일도 점점 더 줄어들게 된다. 형사사법에는 악순환이 존재한다. 그리고 지난 60년 대부분 동안 미국 사법체계는 이런저런 악순환에 붙들려 있었다. 하지만 선순환 역시 존재하며, 우리도 알지 못했던 선순환의 고리 속으로 발 디딜 수 있을 것이다. 그럴 수만 있다면 신에게 감사할 일이다. 확실하지도 않고, 개연성에조차도 미치지 못하지만 가능성은 있다. 앞으로 몇 십 년 동안 형사사법 체계를 운영하는 인간 존재, 그리고 체계의 대상이 되는 인간 존재 모두 변화할 것이므로 사법체계도 변화하는 때가 올 기회는 있다. 법을 집행하는 사람도, 법을 위반할 기회가 가장 많은 사람도, 적어도 조금씩이라도 서로를 향해 돌아서면서 적대감이 아니라 관계성을 향해 나아갈 것이다.

우리는 기억해야 한다. 노예와 노예제도에 대한 토머스 제퍼슨의 생각은 전적으로 틀렸다. 흑인 노예들은 기회가 오기만 하면 억압하던 백인들을 해칠 태세를 갖춘 늑대들이 아니었다. 반대로 그들은 경악스러울 만큼 부정의한 사회적, 법적 질서로 인해 피해를 입은 인간 존재들이었다. 언제든지 압제자들이 선택만 하면 억압은 그칠 수 있었다. 교도소 감방에 갇힌 엄청난 숫자의 흑인 청년들(그리고 점점 더 늘어나는 젊은 흑인 여성들)은 동일한 역사적 의미에서의 피해자는 아니다. 이들의 행태는 처해 있는 여건과 더 관련이 있다. 하지만 이들 역시 인간 존재다. 같은 인간 존재들과 함께 "생명, 자유, 행복"을 추구하는 한, 생명과 자유와 행복을 누릴 자격이 있는 존재다. 또한 인간 존재이기 때문에 어느 만큼 인정받을 자격, 사법체계로부터의 자비를 얻을 자격도 있다. 사법체계를 관장하는 자들은 자신들 역시 잘못된 유혹을 받고, 또 종종 유혹에 넘어가는 존재임을 잊지 말아야 한다. 또 이러한 이해와 자비는 법적 비난은 필요하지만 해악이기 때문에 남용하지 말고 절제해서 사용되어야 한다는 이념으로부터 나온다. 이러한 이념은 한때 모두가 잘 알기에 명시할 필요조차 없었지만, 이제는 거의 잊힌 상태다.

보수적인(미국 법 전통의 정수를 대변한다) 이념인 동시에 자유주의적 (진정한 개혁에 대한 약속을 내놓는다) 이념이기도 하다. 더 효과적이면서 동시에 훨씬 더 인간적인 체계의 가능성을 담고 있는 이념이기 때문이다. 이러한 이념은 오늘날의 체계와 그 이전의 사법체계가 도달하는데 명백하게 모두 실패한 효과성과 인간성의 기준을 정립한다. 한 세대 전 미국인들은 형사처벌의 해악성은 이해했지만, 또한 필요하기도 하다는 사실을 잊었던 것 같다. 오늘날에는 형사처벌의 필요성은 이해하면서도, 그 파괴적 힘에 대해서는 생각지 못하고 있다. 미국인들은 해악성과 필요성 모두를 기억하고, 양자의 긴장 위에 기초한 사법체계를 구축할 필요가 있다.

비난과 처벌이 필수적이지만 동시에 위험하다는 관념은 사법체계의 정의justice system's justice에 좌우될 형사 피고인의 인생과 가장 비슷한 삶을 살아가는 사람들에게 가장 자연스럽게 다가간다. 바로 그렇기 때문에 과거 미국 역사의 대부분 동안 미국 형사사법 체계의 대부분을 지배했던 지역 민주주의 형식이 합리적으로 잘 운영되었다. 적어도 오늘날의 체계를 지배하는 상이한 종류의 민주주의와 비교할 때 그러하다. 상당수의 인구가 빈곤 속에 살고 있는, 그리고 또 다른 상당수의 인구는 간신히 빈곤한 삶을 면할 뿐인 나라에서는 지역 민주주의 형식이 형사사법 체계를 잘 운영할 수 있다. 과거 미국에서 빈곤한 도시지역 출신 흑인 범죄자가 백인 이주민사회 출신 범죄자보다 훨씬 가혹한 처우를 받았던 이유 중의 하나는 흑인 범죄자가 타자The Other로 범주화되기 쉬웠다는 데 있었다. 빈민지역 흑인들의 삶은 이들의 형사사법을 통제하는 교외지역 백인들의 삶과 분리되어 있었기 때문이다. 도시지역 범죄 대책의 개선은 올바른 종류의 민주주의를 재창출하는 문제라 할 때 결코 단순한 과제는 아니다. 하지만 단순 여부를 떠나서 분명 올바르고 정의로운 과제다. 우리가 대량 폭력과 대량 격리 구금의 악순환을 이제는 끊어버리고자 한다면 반드시 이루어야 할 과제이기도 하다.

사회가 격리 구금시킨 범죄자들은 외부의 적이 아니다. 그런 점에서 범죄자들이 거주하는 지역의 범죄와 투쟁하려는 경찰관과 검사 역시 외부의 적이 아니다. 이런 대립 구도에서 어느 편도 "타자"가 아니다. 양쪽 모두 우리다. 민주주의와 정의 모두 인간관계의 가장 기본적인 원리를 바로잡는데 달려 있다.

/ 주석 /

| 자료와 인용 형식에 관한 참고사항 |

이 책의 주석에서는 범죄, 치안, 형벌에 관한 현대 또는 역사적 자료의 출처들을 종종 인용한다. 편의상 필자는 일부 자료에 대해서는 약식 인용을 하였다. 에릭 몬코넨Eric H. Monkkonen은 특히 뉴욕 시의 살인범죄율에 관한 자료를 집성하였으며, 이 책에서 여러 차례 인용하였다. 몬코넨의 자료는 http:sociology.osu.edu/cjrc/reseachprojects/hvd/usa/nyc/에서 찾아볼 수 있다. 또한 관련 자료는 하버드대학 출판부에도 파일이 있다. 주석에서는 몬코넨의 자료Monkkonen's data로 기재하였다.

연방수사국FBI은 〈미국의 범죄동향Crime in the US〉이라는 제목으로 연간 보고서를 출간한다. 연방수사국 역사의 대부분 동안, 1930년대 중반부터 연간보고서는 〈표준범죄동향Uniform Crime Report〉으로 불려왔다. 이들 보고서는 다수 도시에서의 연간 살인범죄율에 대한 신뢰할 만한 자료를 담고 있다. 또한 다수 도시의 경찰기관에 대한 정보도 포함하고 있다. 최근 보고서는 www.fbi.gov/about-us/cjis/ucr#ucr_cius에 올라 있다. 주석에서는 Uniform Crime Report: [년도] 또는 Crime in the US: [년도]로 기재하였다.

인구조사국Census Bureau은 매년 〈미국 주요 통계Statistical Abstract of the US〉를 출간한다. 이 보고서는 인구자료와 연방 및 주 교도소 내 수형자 수에 대한 정보를 담고 있으며 www.census.gov/compendia/statab/past_years.html에 올라 있다. 주석에서는 [년도] Statistical Abstract로 기재하였다.

때때로 연방수사국이나 인구조사국의 다년간 자료를 인용할 때는 "관련 연도의" 자료로 기재하였다.

마지막으로, 미국 형사사법에 관한 상당수의 주註에 인용한 자료는 〈형사사법통계자료집Sourcebook of Criminal Justice Statistics〉이다. 자료집Sourcebook은 연방법무부 사법통계국Bureau of Justice Statistics에서 매년 발간하고 있다. 연간 자료집뿐만 아니라 온라인판 자료집도 정기적으로 업데이트되고 있다(www.albany.edu/sourcebook). 연간 자료집을 인용할 경우 [년도] Sourcebook으로 기재하였다. 최신 자료가 포함된 온라인 자료집을 인용할 경우 Online Sourcebook으로 기재하였다.

머리말 너무 많은 법의 지배

1 1950년 보스턴의 인구 10만 명당 살인범죄 건수는 1건, 2008년에는 10건이다. 시카고의 경우 7건, 그리고 18건이다. 디트로이트는 각각 6건, 34건이다. 로스앤젤레스는 각각 3건, 10건이다. 연방범죄수사국 표준범죄동향Uniform Crime Reports: 1950, 94-101면, 도표 35; 2008년 도표 8; Campbell Gibson & Kay Jung, Historical Census Statistics on Population Totals by Race, 1790-1990, by Hispanic Origin, 1970-1990, for Large Cities and Other Urban Places in the US (US Census Bureau, Working Paper No.76, 2005년 2월)

2 "250 Exonerated, Too Many Wrongfully Convicted: An Innocence Project Report on the First 250 Exonerations in the US" (www.innocenceproject.org/docs/InnocenceProject_250.pdf) DNA 검사가 더 보급되었더라면 틀림없이 무죄가 밝혀져 석방되는 수형자들이 훨씬 많을 것이다. D. Michael Risinger, Innocents Convicted: An Empirically Justified Wrongful Conviction Rate, Journal of Criminal Law and Criminology, 제97권 (2007) 761-804면 (사형 대상 강간살인 사건의 경우 추정 오심률은 3-5%로 나타났다) Risinger가 연구한 사안 중 사형 대상이 아닌 범죄 사안의 경우 비슷한 오심률이 존재한다면 미국 사법체계는 연간 약 3만 명 내지 6만 명 정도의 중범죄자를 유죄로 오판하고 있다. 경죄의 경우 오심 건수는 분명히 훨씬 많다. 경죄에 대한 기소 건수는 중죄를 크게 능가하기 때문이다. 아마도 비사형 대상 사안의 오심률은 추정치보다도 더 높을 것이다. 사형 대상 사안의 경우 수사와 공판

과정에서 더 주의를 기울이고 자원을 많이 투입하기 때문이다.

3 2006년의 경우 비히스패닉계 흑인 중 마약범죄 관련 구금형 비율은 인구 10만 명당 321명이며, 비히스패닉계 백인은 36명이다. 히스패닉계는 126명이다. Online Sourcebook 2006, 도표 6; 2008, Statistical Abstract 9면, 도표 6.

4 이러한 수법은 전적으로 합법적이다. Wren v. US, 517 US 806 (1996)

5 차량정지 수색 대상자의 인종 특성에 관한 대표적 연구로는 John Lamberth, Revised Statistical Analysis of the Incidence of Police Stops and Arrests of Black Drivers/Travelers on the New Jersey Turnpike between Exits or Interchanges 1 and 3, 1998–1991 (1994). 이 연구결과에 대한 상세한 논의는 David A. Harris, The Stories, the Statistics, and the Law: Why "Driving While Black" Matters, Minnesota Law Review, 제84권 (1999) 277–280면

6 예를 들어 US v. Farrar, 281 US 624 (1930)

7 스튜어트는 자신의 내부자 거래 혐의에 대해 연방요원에게 거짓진술을 했다는 이유로 사법방해죄obstruction of justice로 기소되어 유죄판결을 받았다. Constance L. Hays, Martha Stewart Indicted by US on Obstruction, New York Times, 2003년 6월 5일자; David Carr & Claudia H. Deutsch, The Stewart Verdict – The Company: A Harsh Blow to a Company Based on Image, New York Times, 2004년 3월 6일자.

8 Steve Friess, O. J. Simpson Found Guilty in Robbery Trial, New York Times, 2008년 10월 4일자; Steve Friess, After Apologies, Simpson

Is Sentenced to at Least Nine Years for Armed Robbery, New York Times, 2008년 12월 6일자.

9 Daniel C. Richman & William J. Stuntz, Al Capone's Revenge: An Essay on the Political Economy of Pretextual Prosecution, Columbia Law Review, 제105권, 620-622면 (2005)

10 불법마약 사용에 관한 자료는 Substance Abuse and Mental Health Services Administration, Results from the 2009 National Survey on Drug Use and Health: Volume I. Summary of National Findings 23 (2010). 마약범죄자의 구금형 비율에 관해서는 Online Sourcebook 2006, 표 6.001; 2008 Statistical Abstract, 9면, 표 6. 2006년의 경우 비히스패닉계 흑인의 마약범죄 구금형 비율은 10만 명당 321명이었다. 비히스패닉계 백인의 경우는 36명이었으며, 히스패닉계의 경우 126명이었다. 이러한 비율이 수년 전에는 더욱 극단적이었다. 2003년의 경우 흑인 마약범죄자 구금형 비율은 359명인데 비해 백인의 경우 28명에 불과했었다.

11 마약유통범죄자의 인종적 구성에 대해서는 알려진 바 없지만, 마약 사용 인구와 비교해 분명 흑인 범죄자의 비율이 높다. 그렇지만 (1) 대부분의 불법시장이 흑백 인종에 따라 분리되어 있고, (2) 미국 전역에 마약 밀매시장이 번창하고 있으며, (3) 흑인보다 백인 마약 사용자 비율이 몇 배 더 많다는 점을 고려하면, 마약범죄 수형자 수의 인종적 불균형이 실제 마약유통범죄자 수의 인종적 불균형을 반영할 가능성은 거의 없다.

12 FBI, US Department of Justice, Crime in the US 2008, 표 25

13 2002년의 경우 미국 전체 흑인 인구의 51.5%가 도심지역에, 36%는 도심지역 외곽의 광역도시지역에 거주하며, 12.5%만이 도시지역 외곽에 거주한다. 비히스패닉계 백인 중에서는 각각 21%, 57%, 22%로 나타난다. Jesse McKinnon, The Black Population in the US: 2002. 3. 도표 2. (US Census Bureau, 2003. 4) 흑인 인구의 밀집거주와 빈곤의 집중현상 간의 연관성에 관하여는 Alemayehu Bishaw, Areas with Concentrated Poverty:1999, 도표 4 (US Census Bureau, 2005. 7) 빈곤이 아닌 인종이 범죄사건 처리율의 부정적 예표라는 증거에 관하여는 Janice L. Puckett & R. J. Lundman, Factors Affecting Homicide Clearance: Multi-variate Analysis of a More Complete Conceptual Framework, Journal of Research on Crime and Delinquency, 제40권 (2003) 171-193면

14 구금형 비율에 대해서는 Online Sourcebook 2008, 표 6.28: 살인범죄율에 관하여는 에릭 몬코넨Eric Monkkonen의 자료를 사용하였다.

15 살인범죄율에 관하여는 Uniform Crime Reports:1950, 표 35; Uniform Crime Reports:1972 표 76; Gibson & Jung, Historical Census Statistics. 해당 주들의 살인범죄율에 관하여는 1952 Statistical Abstract, no.11, no.175; 1991 Sourcebook, 표 6.72

16 1970년대 초반 이후 구금형 비율에 관하여는 Online Sourcebook 2009, 표 6.28 ; 1970년대 초반 전국적인 살인범죄율에 관하여는 몬코넨의 자료. 2000년도 살인범죄율에 관하여는 Crime in the US, 2000, 표 1.

17 전국적인 교도소 수형자 수의 대폭 증가에 관하여는 Online Sourcebook

2009, 표 6.28. 이러한 증가는 고르게 이루어지지 않아서 수형자 수의 폭증과 함께 흑인이 차지하는 비중도 더 높아졌다. Margaret Werner Cahalan, Historical Corrections Statistics in the US: 1850−1984, 표 3−31 (Bureau of Justice Statistics, 1986); Michael Tonry, Obsolescence and Immanence in Penal Theory and Policy, Columbia Law Review, 제105권, 1255면, 표 3, 2005. 21세기로 접어들면서 흑인 구금형 수형자 비율은 인구 10만 명당 1800명으로 최고치를 기록했다(이에 비해 백인 구금형 수형자 비율은 244명이다). 2001 Sourcebook, 표 6.28; 2001 Statistical Abstract, 13, no.10.

18 이러한 이론이 1870년대 초반 KKK에 대한 성공적인 형사소추를 뒷받침했다. 이에 관한 가장 훌륭한 설명은 Lou Falkner Williams, The Great South Carolina Ku Klux Klan Trials, 1871−1872 (1996) 참조.

19 주요 판례로는 US v. Cruikshank, 92 US 542(1876) 기본적인 내용에 관한 탁월한 문헌으로는 Charles Lane, The Day Freedom Died: The Colfax Massacre, The Supreme Court, and the Betrayal of Reconstruction (2008) 18−19면 참조.

20 지방검찰청의 거의 대부분의 청장은 선출직 관리이다. Steven W. Perry, Prosecutors in the State Court: 2005 (2006) 2면. 마찬가지로 대다수 공판법관도 선출되거나 임명직이라도 연임 여부는 선거를 거친다. Jed Handelsman Shugerman, The People's Court, 서문, 부록 A, 제3장. (2011)

21 도시지역의 범죄 집중에 관하여는 Joan E. Jacoby, The American Prosecutor: A Search for Identity, 1980, 61면. 도시 빈민지역 내 집

중 현상에 관하여는 David A. Weiner et al, The Effects of School Desegregation on Crime (NBER Working Paper No.1530, 2009) 1면.

22 Eric H. Monkkonen, Murder in New York City (2001) 9면, 도표 1.1 참조.

23 Online Sourcebook 2006, 표 5.57 참조.

24 예외적이기는 하지만 없는 것은 아니다. Jeffrey Adler, First in Violence, Deepest in Dirt: Homicide in Chicago, 1875-1920 (2006) 126-127면; Lawrence Friedman & Robert V. Percival, The Roots of Justice: Crime and Punishment in Alameda County, California, 1870-1910 (1981); Roger Lane, Murder in America: A History (1997) 266면; Monkkonen, Murder in New York City (2001); Randolph Roth, American Homicide (2009) 참조. 이들 문헌들은 대부분 미국의 형사사법이 아니라 미국 범죄사에 관한 내용이다.

25 시내 가로등이 밝혀진 인도에서 잃어버린 자동차 열쇠를 찾고 있는 남자에 대한 유명한 농담이다. 가로등 근처에서 열쇠를 잃어버렸느냐고 누가 묻자 대꾸했다. "아니오, 나는 열쇠가 아니라 불빛이 어디 있나 찾고 있어요."

제1장 두 번의 대이민

26 Philip Taylor, The Distant Magnet: European Emigration to the USA (1971) xiii면에 따르면 1830년부터 1930년까지 미국 이민자는 약 3,500만 명이다. John Higham, Send These to Me: Immigration in Urban

America (1984) 20-28면에 따르면 1820년부터 1924년까지 유럽 이민자 수는 약 5,000만 명에 달한다.

27 이같이 한 쪽으로 기운 결과를 낳은 캠페인에 대한 논의로는 Tyler Anbinder, Nativism and Slavery: The Northern Know Nothings and the Politics of the 1850s (1992) 87-95면.

28 컬리에 관하여는 Jack Beatty, The Rascal King: The Life and Times of James Michael Curley, 1874-1958 (1992) 참조. 보스턴 시장에 관하여는 Joseph Fahey, ed. Boston's Forty-five mayors, from John Philips to Kevin H. White (1975)

29 Nicholas Lemann, The Promised Land: The Great Black Migration and How It Changed America (1992) 참조. 650만 명의 남부지역 흑인들이 1910년부터 1970년 사이 북부지역으로 이주하였다.

30 도시인구 중 흑인 비율은 Campbell Gibson & Kay Jung, Historical Census Statistics on Population Total by Race, 1790 to 1990, and by Hispanic Origin, 1970 to 1990, for Large Cities and Other Urban Places in the US(US Census Bureau, Working Paper. No.76, 2005년 2월)에 근거, 산출하였다.

31 그 예로는 Reginald Stuart, New York Times, 1976년 9월 29일자 (디트로이트의 William Hart); Chicago's Mayor Fills Two Top Jobs, 1983년 8월 24일자 (시카고의 Fred Rice); Leonard Buder, Ward Sworn In, Top Police Critic Is Guest, New York Times, 1984년 1월 6일자 (뉴욕의 Benjamin Ward); Paul W. Valentine, First Black Will Head Baltimore Police Force, Washington Post, 1984년 6월 20일자 (볼티

모어의 Bishop Robinson); New Police Commissioner, Washington Post, 1988년 6월 4일자 (필라델피아의 Willie Williams); Richard A. Serrano & James Rainey, Williams Sworn in as Chief, Calls for Healing; LAPD: He Says We Must "Make Peace with Ourselves and with Each Other, "Unveils Plan to Recruit Minorities, LA Times, 1992년 7월 1일자 (로스앤젤레스의 Williams)

32 Randolph Roth, American Homicide (2009) 197-198면 참조.

33 위의 책, 198, 392-393면. 19세기 후반 이탈리아 이민과 관련해서는 유사한 현상이 나타나지 않았다.

34 Roth에 따르면 19세기 말 남부지역의 살인범죄율은 남서지역 살인범죄율을 상회하였으며, 특히 흑인 살인범죄율이 급격히 상승했다. 위의 책, 387면 참조. 흑인 살인범죄율 상승 현상은 북부지역에서도 일어났다(같은 책, 194-196, 387면). 19세기 마지막 해 동안은 백인 집단에서 살인범죄율이 더 높았다. 1890년대 이전 낮은 흑인 살인범죄율의 예를 참조(같은 책, 398면)

35 FBI, Crime in the US, 2008; Expanded Homicide Data, 표 3; 2010 Statistical Abstract, 표 10

36 뉴욕 자료는 몬코넨의 데이터베이스가 출처다. 런던 자료도 마찬가지다. Ted Gurr가 설명하는 런던의 살인범죄율은 다르다. 1840년대 약 1.5명 수준으로부터 20세기 중반까지는 장기적 감소 추세가 계속되었다. (Ted Robert Gurr, Historical Trends in Violent Crime: Europe and the United States, in T. Gurr ed., Violence in America (1989) 21-54면)

37 Roger Lane, On the Social Meaning of Homicide Trends in America,

Ted Robert Gurr, ed. Violence in America (1989) 55-79, 64-68면 참조.

38 구소련의 범죄와 인종 갈등에 관한 Elina Treyger, Soviet Roots of Post-Soviet Order, 2011과 비교해볼 것. Treyger의 자료에 따르면 인종분리 자체보다는 인종 간 권력 균형의 변화가 범죄적 폭력의 고조를 촉발한다. 마찬가지로 Niall Ferguson에 따르면 경제상황의 급변이 빈곤이나 불황보다 무질서와 폭력 증가에 더 큰 역할을 한다(War of the World: Twentieth Century Conflict and the Descent of the West (2006) lix-lxii면). 이러한 주장들이 맞는다면 19세기 후반과 20세기 초반 미국 도시는 당시 인종적 변화와 경제 상황의 급변을 생각해볼 때 놀라울 정도로 평화로웠던 셈이다.

39 예를 들어 Lane, Homicide Trends, 70-74면 참조. 일부 지역에서는 좀 더 빨리 흑인 살인범죄율의 급증 현상이 나타났다. Jeffrey Adler, First in Violence, Deepest in Dirt: Homicide in Chicago, 1875-1920 (2006) 126-127면; Roth, American Homicide, 395-403면

40 도시별 살인범죄율은 연방수사국 표준범죄동향에 근거, 산출하였다. 도시인구 중 흑인 비율은 Campbell Gibson & Kay Jung, Historical Census Statistics on Population Total by Race, 1790 to 1990, and by Hispanic Origin, 1970 to 1990, for Large Cities and Other Urban Places in the US (2005)에 근거, 산출하였다.

41 이 자료의 출처는 David A. Weiner et al, The Effects of School Desegregation on Crime, (NBER Working Paper No.1530, 2009) 1면

42 "범죄는 도시현상이다." Joan E. Jacoby, The American Prosecutor: A

Search for Identity (1980) 61면

43 Crime in the US: 2007, 표 8 참조.

44 예를 들어 Michael W. Flamm, Law and Order: Street Crime, Civil Unrest, and the Crisis of Liberalism in the 1960s (2005) 1-22면; Tali Mendellberg, The Race Card: Campaign Strategy, Implicit Messages and the Norm of Equality, 2001 참조. 관련된 흥미로운 연구로는 Melissa Hickman Barlow, Race and the Problem of Crime in Times and Newsweek Cover Stories 1946-1995, Social Justice, 제25권, 149-183면 참조.

45 당시 대통령후보였던 오바마는 필라델피아 연설에서 자신의 백인 할머니에 대해 언급했었다. Barack Obama, "A More Perfect Union", Philadelphia, 2008년 3월 18일: "세상 무엇보다 나를 사랑해 주시던 할머니조차도 길거리에서 마주치는 흑인 남성이 두렵다는 말씀을 하신 적이 있어…"

46 이러한 사실은 Crime in the US: 2008 상의 인종 관련 자료로 확인된다.

47 Randall Kennedy, Race, Crime, and the Law (1997) 158-160면.

48 Vesla Weaver는 이러한 현상을 "국경 충격"이라 이름 붙였다. Vesla M. Weaver, Frontlash: Race and the Development of Punitive Crime Police, Studies in American Political Development, 제21권 (2007) 230-265면

49 예를 들어 Mark Thomas Connelly, The Response to Prostitution in the Progressive Era (1980) 48-64면 참조. 타락과의 성전은 전국 각지에서 다양한 민족 집단에게 낙인을 남겼다. 예를 들어 Anne M. Butler,

Daughters of Joy, Sisters of Misery: Prostitutes in the American West, 1865-1890 (1985) 4면: 산 안토니오의 멕시코 출신 성매매 여성들은 사회적 계층의 가장 아래 단계에 속했다.

50 Mann Act, ch.395, §2, 36 Stat.825 (1910)

51 John Higham, Strangers in the Land: Patterns of American Nativism, 1860-1925 (1965) 318-324면

52 민주당의 세 차례 대선 패배는 1920년대의 일이었다. 1932년부터 1948년까지는 대선에서 승리했다. Presidential Elections, 1789-2008 (2010) 149-156면 참조.

53 1920년대 당대의 연구자들은 차별적 단속의 원인이 이탈리아계가 주류업계에 많이 종사했기 때문이라고 보았다. 예를 들어 Martha Bensley Bruère, Does Prohibition Work? (1927) 57-60, 89, 139-140, 170-171, 186, 225, 258-259면 참조. 남부에서도 유사하게 흑인집단이 차별적 대상이 되었다. (같은 책, 112-113, 293-295면) 인종별 마약범죄 구금실태에 관하여는 Online Sourcebook, 표 6.0001, 2006; 2008 Statistical Abstract, 표 6, 9면 참조. David Cole, No Equal Justice: Race and Class in the American Criminal Justice System (1999) 34-52, 141-146면 참조.

54 크랙 범죄에 대한 연방입법과 대책에 관한 가장 훌륭한 연구로는 David A. Sklansky, Cocaine, Race, and Equal Protection, Stanford Law Review, 제47권 (1995) 1283-1322면 참조.

55 1988년 대통령선거운동에 관한 가장 훌륭한 연구로는 Richard Ben Cramer, What It Takes: The Way to the White House, 1992 참조.

특히 호튼 사건에 대한 설명은 996-1001, 1017-1018면 참조.

56 전국적으로 범죄율은 1991년에 최고 수준에 이르렀다가 이때부터 2000
년까지 폭력범죄는 33% 감소하였다. Uniform Crime Report: 1991,
10면; Crime in the US: 2000, 11면.

57 몬코넨의 분석에 따르면 전국적인 살인범죄율은 1933년 인구 10만
명당 10명에서 1944년에는 5명으로 감소하였다. 또한 Roger Lane,
Murder in America: A History (1997) 308면 참조.

58 월시는 다섯 차례 상원의원에 당선되었다. 로지가 1924년 11월 사망한
이후 1926년 보궐선거에서 당선되어 로지의 잔여임기를 채웠다 월시
는 1918년, 1928년, 1934년과 1940년 상원의원 선거에서 승리하였고,
1924년, 1946년 선거에서 패배했다. 1946년 선거에서는 헨리 로지 2세
에게 패했다.

59 여기서 언급된 정치인들에 관하여는 Dorothy G. Wayman, David I.
Walsh: Citizen-Patriot (1952) 1-3, 45-52, 66-68, 98-102, 159,
172, 217-220, 285-288, 338-340면; Robert A. Slayton, Empire
Statesman: The Rise and Redemption of Al Smith (2001) ix, 11-
15, 35-41면; Charles J. Masters, Governor Henry Horner, Chicago
Politics and the Great Depression (2007) 2-9, 80-89면; Allan
Nevins, Herbert H. Lehman and His Era (1963) 3-4, 124-131
면; Brien McMahon, Late a Senator from Connecticut: Memorial
Addresses Delivered in Congress (1953) 5, 31-102면 참조.

60 탐 브래들리, 에드 코흐Ed Koch, 앤드류 영Andrew Young이 바로 그들이
다. 브래들리는 1982년과 1986년 캘리포니아 주지사 선거에서 주지사

조지 듀크미지언George Deukmejian에게 연달아 패했다. 코흐는 1982년 뉴욕 주 민주당 예비선거에서 마리오 쿠오모Mario Cuomo에게 패했다. 영은 1990년 조지아 주 민주당 예비선거에서 젤 밀러Zell Miller에게 패했다. 더글러스 와일더Doug Wilder는 주지사를 지내기 전이 아니라 지낸 뒤에 리치몬드 시장을 지냈기 때문에 관계없다.

61 잭슨의 1984년, 1988년 대선 운동에 관한 상세한 설명은 Marshall Frady, Jesse: The Life and Pilgrimage of Jesse Jackson (2006) 14–16, 303–401면 참조. 저자에 따르면 1984년 민주당 예비선거에서 백인 유권자의 4%, 1988년 예비선거에서는 12%를 획득했다. (14–15, 391–392면).

62 이에 관하여는 Roger Lane, Homicide Trends, 71, 74면; Murder in America, 266면.

63 William Julius Wilson, The Truly Disadvantaged: The Inner City, the Underclass, and Public Policy (1993); When Work Disappears: The World of the New Urban Poor (1997) 참조.

64 몬코넨의 1970년대 전국 살인범죄율 자료와, 연방범죄수사국의 연간 표준범죄통계를 활용하였다.

65 Bruce Western은 미숙련 청년들의 실업률과 (범죄율이 아닌) 구금형 비율과의 상관성에 대하여 좀 더 세밀한 분석을 하고 있다. 즉 통계적으로 상당한 연관성이 있지만 "중간 정도"에 지나지 않는다. Punishment and Inequality in America (2006) 72면.

66 1950년 뉴욕 주의 구금형 비율은 인구 10만 명당 102명이었다. 뉴욕 시의 살인범죄율은 4건 미만이었다. 1972년에는 각각 64명과 22건이었

다. 일리노이 주의 구금형 비율은 1950년 90명에서 1972년 50명으로 감소했고, 시카고 시의 살인범죄율은 1950년 7건에서 1972년 22건으로 증가했다. 미시간 주의 구금형 비율은 1950년 134명에서 1972년 94명으로 감소했고, 디트로이트 시의 살인범죄율은 1950년 6건에서 1972년 42건으로 폭증했다. 캘리포니아 주의 구금형 비율은 1950년 98명에서 1963년 149명까지 증가했다가 1972년에는 84명으로 감소했는데, 로스앤젤레스 시의 살인범죄율은 1950년 3건에서 1972년 18건으로 증가했다. 매사추세츠 주의 구금형 비율은 1950년 54명에서 1972년 32명으로 감소하였고, 보스턴 시의 살인범죄율은 1950년 1.4건에서 1972년 17건으로 증가하였다. 각 주의 구금형 비율은 1991년 Sourcebook 637면 표 6.72; 1950년 Statistical Abstract 11호, 14면, 제175호, 146면에서 인용하였다. 각 도시의 살인범죄율은 Uniform Crime Report: 1950, 94-101면 표 35; Uniform Crime Report: 1972, 218면 표 76에서 인용하였다. 살인범죄율 계산을 위한 도시인구 수에 관하여는 Gibson & Jung, Historical Census Statistics를 인용하였다.

67 최신 자료는 아니지만 관련 연구에 대한 훌륭한 요약으로는 Daniel S. Nagin, Criminal Deterrence Research at the Outset of the Twenty-First Century, Crime and Justice, 제23권 (1999) 1-37면 참조.

68 몬코넨의 자료에 따르면 뉴욕의 살인범죄율은 1882년 5.5건에서 십년 뒤에는 2.4건으로 떨어졌으나, 다시 1914년에는 5.7건으로 늘어났다. Roth의 주장에 따르면 이러한 패턴은 일반적이다. (American Homicide, 387-388면) 시카고의 사정은 달랐다. 시카고에서 살인범죄율은 같은 기간 동안 지속적으로 상승했다. (Adler, First in Violence,

274면 표 14) 다만 증가 정도는 20세기 후반기 동안에 비해 훨씬 덜했다.

69 각 도시의 살인범죄율에 관하여는 Uniform Crime Report: 1972, 표 76; Uniform Crime Report: 1990, 71-118면 표 6 참조. 전국적인 살인범죄율 변동에 관하여는 몬코넨의 1970년대 초와 1980년 초 자료와 Uniform Crime Report: 1990, 8면 참조. 구금형 비율에 관하여는 1991 Sourcebook, 637면, 표 6.72 참조.

70 Roth, American Homicide, 16-26, 469-474면.

71 Tom R. Tyler, Why People Obey the Law(1990)과 이 책에 뒤이은 방대한 관련 문헌 참조.

72 경찰관직의 정치적 임명에 관하여는 Rober M. Fogelson, Big-City police(1977) 17-22면; Mark Haller, Historical Root of Police Behavior: Chicago, 1890-1925, in Eric H. Monkkonen ed., Crime and Justice in American History: Policing and Crime Control, 제5권, 제1부(1992) 244-264면; Eugene J. Watts, The Police in Atlanta, 1890-1905, in Crime and Justice in American History: Policing and Crime Control, 제5권, 제3부, 908-925면. Roger Lane, Policing the City: Boston, 1822-1885(1967) 213면과 비교해보라. 보스턴의 공화당 지지 상류층들은 지방선거에서의 승리에도 불구하고 지역경찰의 통제에 어려움을 겪었다. 이민자 계층 유권자들의 도시지역 정치 세력 통제에 관하여는 예를 들어 M. Craig Brown & Barbara D. Warner, Immigrants, Urban Politics, and Policing in 1900, American Sociological Review, 제57권(1992) 293-305면 참조. 이 논문에 따르면 도시정치 지배력과 음주관련범죄 체포율 사이의 뚜렷한 반비례 관

계가 나타난다. 반면 정치 세력의 지배력도 강하고 음주관련범죄 체포율도 높은 대도시로는 필라델피아가 있다. 여기서는 공화당이 정치 지배세력으로서 토착 미국인들이 지지층이었다. (301면, 표 2) 그 밖의 지역에서는 지배세력이 공화당이든 민주당이든 이민자 유권자들에 기반을 두고 있었으며, 일반적으로 음주 관련 엄격한 규제를 삼갔다.

73 배심원들이 어떤 집단으로부터 선정되는지 규정해 내기란 놀라울 만치 어렵다. 과거 배심선정 실무에 관한 기록이 적기 때문이다. 과거 세대에서 도시지역 배심원들이 실제 선정되는 공동체 집단 범위에 대한 흔치 않은 논의로는 People v. Jones, 8 Cal.3d.546, 510 P.2d.705(1973) 참조. (로스앤젤레스 사법 관할구역 체계 하에서의 배심원 선정에 관해 논한다) 이 판결에 따르면 한정된 증거자료에 근거해볼 때 금권정치시대 배심원들은 지역 배경으로 선정되었다. 다시 말해서 대도시에서 배심원 선정은 카운티county 단위가 아니라 선거구district 단위별로 이루어졌었다(오늘날에는 카운티 단위 선정이 일반적이다. Steven A. Engel, The Public's Vicinage Right: A Constitutional Argument, New York University Law Review, 제75권(2000) 1705면, 각주 242). 표준적인 역사 관련 논의로는 William Wirt Blume, The Place of Trial of Criminal Cases: Constitutional Vicinage and Venue, Michigan Law Review, 제43권(1944) 59-94면; 실정법이 아닌 관습에 따라 배심원 선정을 위한 공동체 집단 범위가 결정되었다. 잉글랜드의 경우, 지역 배경으로 선정된 배심원은 "필수 기능"으로 인정되었다. 지역 배경의 지식이 배심원의 결정에 필요한 정보가 되기 때문이었다. (Engel, Vicinage Right, 1674) 지역 배경의 지식은 19세기 말과 20세기 초에 이르기까지

여전히 중요한 역할을 했다. 도시지역 교통수단의 부족과 도시지역 정치 세력의 필요성 역시 그 중요성을 뒷받침했다. 이러한 영향력이 배심 선정의 관행을 규정했지만 그 법적 형식까지는 아니었다. 따라서 선정 실무에 특정된 증거는 확보하기 어렵다.

74 Lawrence M. Friedman & Robert V. Percival, The Roots of Justice: Crime and Punishment in Alameda County, California, 1870−1910, 1981, 166면 표 5.8. George Fisher의 연구에 따르면 매사추세츠 주 미들섹스 카운티 지역에서는 유죄인정률이 더 높다. 뚜렷하게 더 높지는 않지만 일관되게 높게 나온다. (Plea Bargaining's Triumph, 2003, 93면. 그림 4.1)

75 초기의 법적 기준이 적용된 사안들의 예로서는 Masters v. US, 42 App. D.C.350(DC Ct.App.1914); State v. O Neil, 126N.W.454(Iowa 1910); State v. Moore, 14 S.W.182(Mo.1890); State v. Blue, 53 P.978(Utah 1898). William Blackstone, Commentaries on the Laws of England, 제4판, 제4권, 1769, 21면 ("an unwarrantable act without a vicious will in no crime at all")

76 Adler, First in Violence, 115−116면

77 이런 사안들에서 "모호하고, 상투적인 정당방위 주장에… 거의 매번 배심원들이 넘어갔다." (앞의 책, 116면)

78 Margaret Werner Cahalan, Historial Corrections Statistics in the US, 1850−1984, 1986, 30면, 표 3−3과 Online Sourcebook 2008, 표 6.29를 비교해보라.

79 Fogelson, Big−City Police, 15−30면; Alexander von Hoffman, An

Officer of the Neighborhood: A Boston Patrolman on the Beat in 1895, Journal of Social History(1992) 309-330면 참조. "많은 순찰 경관들이 소지역 단위 유지들을 좌우하는 정치집단에 속해 있었다." (Fogelson, Big-City Police, 26면)

80 상황의 양면성에 대해서는 von Hoffman, Officer of the Neighborhood (경찰관의 서비스 지향성을 강조한다); Fogelson, Big-City Police, 3-10, 148-149면 (경찰 부패에 대해 논한다); Marilynn S. Johnson, Street Justice: A History of Police Violence in New York City(2003) 12-113면(19세기 후반부터 20세기 초반기 경찰의 폭력에 대해 논한다) 참조. 담당구역 도보순찰에 대한 일부 경찰의 반발에 관하여는 Fogelson, Big-City Police, 31-32면. 자격 부여와 규제자로서의 도시지역 경찰관에 관한 견해는 같은 책, 32-33면 참조.

81 과거 사법체계의 관용적 태도에 자원의 제한이 미친 영향에 관하여는 Eric H. Monkkonen, The American State from the Bottom Up: Of Homicides and Courts, Law and Society Review, 제24권(1990) 521-531면. 20세기 초반 배심원 구성에 관하여는 Gustave F.Fischer, The Juries, in Felony Cases, in Cook County, Illinois Crime Survey: 1929, John Henry Wigmore eds.(1929) 225-243면, 232면 표 1; 계급 갈등과 경찰에 관하여는 Sidney L. Harring, Policing a Class Society: The Experience of American Cities, 1865-1915 (1983) 참조. 다소 논쟁적인 이 책은 19세기 후반부터 20세기 초반까지 경찰이 주로 노동자들을 통제하기 위한 자본가들의 도구였다고 주장한다.

82 이는 20세기 도시지역 경찰 전문화 정책의 효과다. 이 주제에 관하여

는 Robert M. Fogelson, Big-City Police, 141-192면; David Alan Sklansky, Democracy and the Police (2007) 33-38면.

83 2006년 중죄 사안에서의 유죄인정(경죄로 변경 인정하는 경우 포함)을 통한 판결확정률은 96%에 달했다. Online Sourcebook, 표 5.57. 2006. 1962년 28개 카운티를 표본으로 조사한 결과에 따르면 국선변호인의 변호를 받은 피고인의 74%가 유죄인정을 했으며, 사선변호인이 변호한 경우 48%였다. Lee Silverstein, Defense of the Poor in Criminal Cases in American State Courts: A Field Study and Report(1965) 22-23면 참조. 전체 형사사건의 43%에서 국선변호인이 지정되었다. (같은 책, 7-8면)

84 2006년 배심재판 대상 살인사건의 유죄평결율은 89%였다. Online Sourcebook 2006, 표 5.57 참조.

85 연방사건에서 규범 기반 양형의 등장과 특성에 관하여는 예를 들어 Kate Stith & Jose A. Cabranes, Fear of Judging: Sentencing Guidelines in the Federal Courts(1998); Frank O. Bowman III, The Failure of the Federal Sentencing Guidelines: A Structural Analysis, Columbia Law Review, 제105권 (2005) 참조. 주 관할 사건에서의 규범 기반 양형의 등장과 특성에 관하여는 예를 들어 Richard Frase, State Sentencing Guidelines: Diversity, Consensus, and Unresolved Policy Issues, Columbia Law Review, 제105권 (2005) 1190-1232면; Kevin Reitz, The New Sentencing Conundrum: Policy and Constitutional Law at Cross Purposes, Columbia Law Review, 제105권 (2005) 1082-1123면

86 Ministry of Justice, Research and Documentation Centre(WODC), European Sourcebook of Crime and Criminal Justice Statistics-2010, 제4판 (2010) 295-296면. 표 4.2.1.1., 4.2.1.2. 이에 상응하는 미국의 구금형 비율과의 비교를 위해서 유럽 구금형 비율은 전체 구금자 수에서 미결구금자 수를 뺐다. 미국에서 미결구금은 지방 구치소에서 집행되기 때문에 전체 구금형 수형자 수에 포함되지 않는다. 2007년의 경우 미결구금자 수가 누락되어 있기 때문에 가장 가까운 년도의 자료로 대신하였다.

87 이 통계는 연례형사사법통계자료Sourcebook of Criminal Justice의 구금형 비율 통계와 연방수사국 표준범죄동향의 관련 살인범죄율 통계에 근거하였다. 표준범죄통계자료Uniform Crime Data에 대해서 일부 학자들은 비판적이지만, 살인범죄율의 경우는 예외다. 살인은 고전적인 범죄형태 중의 하나로서 상당히 신뢰할 만한 역사적 자료가 확보되어 있다. 따라서 좀 더 일반적인 범죄율을 파악하는데 유용한 근거로 활용될 수 있다.

88 러시아의 구금형 비율imprisonment rate은 미국에 비해 약간 높지만, 전반적인 증가율(미국의 구치소 수용자와 러시아의 미결구금자 포함)은 뚜렷이 낮은 수준이다. European Sourcebook 2010, 295면, 표 4.2.1.1(2007년 러시아 구금비율incarceration rate은 625명이다)과 비교해보라. 이러한 구금비율 비교는 미국과 러시아 두 사법체계의 차이를 상당 부분 고려하지 않은 것이다. 유럽 통계에 따르면 2007년 러시아의 살인범죄율은 인구 10만 명당 16건으로, 같은 시기 미국의 거의 3배에 달한다. European Sourcebook 2010, 40면, 표 1.2.1.6 참조. 범죄당

처벌 비율을 고려한다면 미국의 형사사법 체계는 러시아보다 상당히 엄중하다고 할 것이다.

89 북동부의 경우 구금형 비율은 1950년 88명에서 1960년에는 82명, 1970년에는 70명으로 감소했다. 중서부의 경우 같은 기간 비율은 각각 121명, 114명, 86명으로 감소했다. 남부와 서부지역의 경우 1950년대 구금형 비율은 상당 수준 증가했다가 1960년대 이후에야 감소했을 뿐이다. 이 통계수치에 관해서는 Margaret Werner Cahalan, Historical Corrections Statistics in the US, 1850-1984 (1986) 30면, 표 3-3.

90 같은 책, 65면, 표 3-31; Michael Tonry, Obsolescence and Immanence in Penal Theory and Policy, Columbia Law Review, 제105권 (2005) 1255면 참조.

91 Online Sourcebook, 637면, 표 6.72 참조.

92 이 통계수치에 관해서는 Western, Punishment and Inequality, 26-28면, 표 1.4.

93 Sourcebook 1991, 637면. 표 6.72 참조

94 예를 들어 Wendy Kaminer, It's All the Rage: Crime and Culture, 1995 참조. 사형과 범죄 및 범죄자에 대한 여론의 분노 사이의 관계에 대해 논의한다.

95 Western, Punishment and Inequality, 85-198면 참조.

96 연방수사국의 지표범죄율(중한 폭력범죄와 중한 절도죄)은 1991-2000년 기간 중 30% 감소했다. 폭력범죄율은 33%, 살인범죄율은 44% 감소했다. 같은 기간 중 살인 및 치사율은 보스턴의 경우 65%, 휴스턴 67%, 뉴욕 69% 감소하였다. Uniform Crime Report: 1991, 5, 10, 13,

126, 139, 150면; Crime in the US: 2000, 5, 11, 14, 129, 141, 151면.

97 몬코넨의 자료에 따르면 1900-1904년 기간 중 뉴욕의 살인범죄율은 인구 10만 명당 3.5명이었다. Crime in the US 상의 FBI 자료에 근거하면 2004-2008년 기간 중 뉴욕 시의 살인범죄율 평균은 6.3명이다. 1904년 뉴욕 주 구금형 비율은 인구 10만 명당 71명이며, 현재는 307명이다. Cahalan, Historical Corrections Statistics, 30면 표 3-3; Online Sourcebook 2008, 표 6.29 참조.

98 예를 들어 David Garland, The Culture of Control: Crime and Social Order in Contemporary Society (2001) 95-96면 참조. 1968년 대선 운동 기간 중 허버트 험프리 부통령은 그러한 태도들에 대해 다음과 같이 지적했다. "감옥을 더 짓는다고 해서 더 나은 미국을 만들지는 못합니다. 우리나라에 필요한 것은 더 많은 선량한 이웃들과 교양 있는 시민과 가정입니다… 나는 억압만으로는 더 나은 사회를 이룰 수 없다고 생각합니다." Rick Perlstein, Nixonland: The Rise of a President and the Fracturing of America (2008), 343면에서 재인용.

99 워렌 대법원장 시기 형사절차원칙과 계급차별의 관련성에 관하여는 Lucas A. Powe Jr., The Warren Court and American Politics (2000) 379-386, 445-446면; Michael J. Klarman, Rethinking the Civil Rights and Civil Liberties Revolutions, Virginia Law Review, 제82권 (1996) 62-66면 참조. 형사절차원칙의 연원과 인종 차별의 관련성에 관하여는 Micahel J. Klarman, The Racial Origins of Modern Criminal Procedure, Michigan Law Review, 제99권 (2000) 48-97면 참조.

100 역대 가장 엄중한 마약 관련 연방법으로서 크랙 1g 소지 행위를 코카
인 100g 소지와 동일하게 가중처벌하였다. 동법은 연방하원 흑인의원
그룹 절반의 지지를 얻었다.

101 Adolf Berle & Gardiner Means, The Modern Corporation and
Private Property (1932)

102 과거 세대 학계의 통설이었다. 이러한 학설에 대한 최근의 평가는
Lucian A. Bebchuk, The Case for Increasing Shareholder Power,
Harvard law Review, 제108권 (2005) 833-914면 참조.

제2장 "늑대의 귀를 잡다"

103 Library of Congress (www.loc.gov/exhibits/jefferson/159.html.)

104 William W. Freehling, The Road to Disunion: Secessionists at Bay,
1776-1854 (1990) 144-149면

105 사실 미주리 절충안은 십여 표 정도 차이로 부결될 수 있었다. 하지만
당시 헌법규정상 노예 인정 주의 경우 흑인 주민에 대해서는 5명당 3
명의 유권자로 간주되었기 때문에 유권자 수에 비례하여 의석수가 결
정되는 하원에서는 남부 노예 인정 주가 불리했다. (앞의 책, 153면)

106 앞의 책, 150-155면.

107 제퍼슨이 자신의 주장을 스스로 의심했다는 의미는 아니다. 제퍼슨은
노예제의 궁극적 폐지를 위해서는 노예들의 '분산'이 열쇠라고 믿었던
것으로 보인다. 미주리 절충안이 논의되던 당시 상당수의 남부 미국
인들은 제퍼슨의 생각에 동조했다. (앞의 책, 150-152면)

108 Memoirs of John Quincy Adams, 제5권 (1874) 210면.

109 남북전쟁 기간 중 대규모의 흑인 노예 반란이 일어나지 않은 데 대해 제퍼슨이나 애덤스는 놀랐을 것이다. 미주리 논쟁 당시의 일기에 따르면 애덤스는 내전을 예상했으며, 실제 발발할 경우 "노예 인정주 안에서 노예전쟁이 촉발될" 것으로 보았다. (같은 책)

110 포트 필로우 대학살에 관하여는 James M. McPherson, Battle Cry of Freedom: The Civil War Era (1988) 748면. 각주 48 및 인용된 자료 참조. 크레이터 전투는 그랜트 장군 부대가 남부군 참호 밑으로 터널을 뚫고 폭탄을 터뜨려 커다란 포탄 구덩이를 남긴 데서 시작되었다. 흑인 병사들로만 구성된 부대를 포함한 북부군 병사들이 포탄 구덩이를 우회하지 않고 그대로 지나쳐 진격하려 하자, 포탄 구덩이 가장자리에 포진한 남부군 병사들은 구덩이 안에 갇혀버린 흑인 병사들을 사살했다. 항복하려는 병사들까지 사살했다. 같은 책, 758-760면.

111 캐도 패리시 카운티가 전국에서 가장 살인범죄가 많은 지역이라 단정할 수는 없다. 다만 캐도 패리시 카운티는 전국적으로 가장 폭력범죄율이 높은 주에서 가장 폭력범죄율이 높은 카운티였다. Giles Vandal, "Bloody Caddo": White Violence Against Blacks in a Louisiana Parish, 1865-1876, Journal of Social History, 제25권(1991) 373-388면.

112 1860년도 인구 총조사에 따르면 1860년 미국 내 노예는 395만 명, 자유민 흑인 48만8천 명, 백인 2696만 명이었다. (Original Returns of the Eighth Census, US Printing Office(1864) 598-599면 자료)

113 교도소 수형자 수에 관하여는 Online Sourcebook, 표 6.13. (2008).

총인구에 관해서는 2009 Statistical Abstract 7. 표 2.

114 일반적으로 교도소 수형자는 1년 이상의 구금형을 선고받은 중범죄자들이다. 구치시설 수감자의 경우 미결구금자를 포함하는데, 미결구금은 대개 중범죄 전과자에게 부과된다. 예를 들어 연방보석개혁법Bail Reform Act(18 USC §3141-§3147)은 피고인의 위험성을 구속요건으로 규정한다. 그 위험성은 주로 범죄전과에 따라 판단된다.

115 미국 연방 헌법 수정 제13조

116 Sharon Dolovich, State Punishment and Private Prisons, Duke Law Journal, 제55권 (2005) 455-462면; Bruce Western, Punishment and Inequality in America (2006) 455-462면; 집중의 정도는 형사 피고인의 대다수, 즉 중죄 피고인의 80% 이상이 국선변호 대상이 될 만큼 빈곤계층이었다는 사실에서도 드러난다. Caroline Wolf Harlow, Bureau of Justice Statistics, Defense Counsel in Criminal Cases 1, NCJ 179023(2000년 11월) 참조.

117 5분의 3 규정은 미국 연방 헌법 제1조 제2항 제3절에 규정되었다. 중범죄자의 투표권 박탈 효과에 관하여는 Development in Law: The Law of Prisons, Harvard Law Review, 제115권(2002) 1939-1963면.

118 교도소 수형자 수 중 흑인의 비율에 관하여는 Online Sourcebook, 표 6.33. 2008 (주 교도소 수형자 수), 표 6.0022. 2009(연방 구금시설 수형자 수), 표 6.17. 2008(지방 구치시설 수감자 수). 전체 인구 중 흑인 비율에 관하여는 2009 Statistical Abstract 9, 표 6 참조.

119 이러한 전통적 시각 때문에 헌법 원안에서는 '노예Slavery'라는 용어를 결코 사용하지 않았다. 남북전쟁 직전 전통적인 시각이 어떤 방향에

있었는지에 관하여는 William W. Freehling, The Road to Disunion: Secessionists Triumphant, 1854-1861(2007) 참조.

120 John C. Calhoun, "Speech on Slavery," US Senate, Congressional Globe, 24th Congress, 2nd Sess. (1837년 2월 6일) 157-159면.

121 19세기 말 북동부 및 중서부 지역의 구금형 비율은 오늘날의 10분의 1 수준이다. Margaret Werner Cahalan, Historical Corrections Statistics in the US, 1850-1984 (1986), 30면. 표 3-3; Online Sourcebook(2008) 표 6.28. 구금형이 필요악으로 간주되지 않았다면 이러한 통계수치를 설명할 수가 없다.

122 1939년부터 1946년 동안 전국 구금형 비율은 인구 10만 명당 137명에서 99명으로 감소했다. 1944년부터 1946년 동안 전국 살인범죄율은 인구 10만 명당 5명에서 6.4명으로 증가했다(살인범죄의 증가는 제2차 세계대전에서 귀환한 청년층의 증가에 따른 결과라는 점에 주목해야 한다. 범죄를 저지르기 쉬운 청년층이 참전하여 사회로부터 격리되면서 실제 구금형 비율도 빠르게 감소했다). 1961년부터 1972년에 이르는 동안 전국 구금형 비율은 119명에서 93명으로 감소했다. 살인범죄율은 4.7명에서 9.4명으로 증가했다. 관련 구금형 비율에 관하여는 Online Sourcebook(2008) 표 6.28 참조. 살인범죄율에 관하여는 몬코넨의 자료 참조.

123 1925년 이래 구금형 비율에 관하여는 Online Sourcebook(2008) 표 6.28 참조. 이전 시기 구금형 비율에 관하여는 Cahalan, Historical Corrections Statistics in the US, 30면 표 3-3 참조.

124 Online Sourcebook(2008) 표 6.29.

125 텍사스 주의 1950년도 구금형 비율에 관하여는 1952 Statistical Abstract 14면, 11번, 146면 175번 참조. 매사추세츠 주의 1972년도 구금형 비율 및 미시시피 주의 1973년도 구금형 비율에 관하여는 Online Sourcebook(1991) 637면, 표 6.72 참조. 최근의 관련 구금형 비율에 관하여는 Online Sourcebook(2008) 표 6.29 참조.

126 Cahalan, Historical Corrections Statistics in the US, 52면 표 3-23; Online Sourcebook(2003) 511면 표 6.44.

127 1974년까지 마약범죄 구금형 비율은 인구 10만 명당 9명에 달했다. Online Sourcebook(1976) 689면 표 6.46, 694면 표 6.50 참조. 2002년에는 인구 10만 명당 91명이 되었다. Online Sourcebook, 표 6.0001. 2002. 6.29. 2008 참조. 20%라는 수치에 관하여는 표 6.0001. 2006 참조.

128 1950년 굴락 수형자 수에 관하여는 Anne Applebaum, Gulag: A History(2003) 579면에 따르면 약 260만 명 정도다. 애플바움에 따르면 스탈린 정권 하에서 1,800만 명이 캠프에 수용되었다. 1950년 구소련의 인구에 관하여는 Micahel K. Roof, The Russian Population Enigma Reconsidered, Population Studies, 제14권, 제1호(1960) 3-16면에 따르면 약 1억8,100만 명이다.

129 흑인 남녀의 결혼율에 관하여는 Joy Jones, Marriage is for White People, Washington Post, 2006년 3월 26일자; US Census Bureau, 표 56, Marital Status of the Population by Sex, Race, and Hispanic Origin, 1990-2009, Statistical Abstract of the US(2011). 인종별 혼외출생자에 관하여는 Joy Jones의 글 참조: Finan Date for 2008, National

Vital Statistics Reports, 제59권, 15-16면 표 C, 표 15 (2010. 12)

130 Western, Punishment and Inequality, 139-157면

131 같은 책, 89-90면

132 같은 책, 제4장

133 같은 책, 제5장

134 얼마나 낮은지에 대해서는 견해차가 있다. Steven D. Levitt, Sudhir Alladi Venkatesh, An Economic Analysis of a Drug-Selling Gang's Finances, Quarterly Journal of Economics, 제115권(2000) 755-789 면에 따르면 마약거래 범죄조직원들의 수입은 최저임금보다 낮았다. Peter Reuter et al, Money from Crime: A Study of the Economics of Drug Dealing in Washington DC (1990) vii-x 면에 따르면 도심지역 내 합법적인 직업보다 수입이 훨씬 나았다. 두 연구에 따르면 전형적인 도심지역 마약거래꾼들은 상당한 수입을 올렸다.

135 로저 레인과 윌리엄 윌슨의 연구도 같은 취지다. Roger Lane, "On the Social Meaning of Homicide Trends in Americ", Ted Robert Lane, Murder in America: A History (1997) 266면; William Julius Wilson, The Truly Disadvantaged: The Inner City, the Underclass, and Public Policy(1993); When Work Disappears: The World of the New Urban Poor (1997)

136 스페인 독감으로 사망한 미국인은 모두 143,548명으로 전체 인구의 7.3%였다. Alfred W. Crosby, America's Forgotten Pandemic: The Influenza of 1918, 제2판 (2003) 209면; US Census Bureau, Population of Continental US and Specified Noncontiguous

Territory: Estimates as of July 1, 1900, to July 1, 1921, Statistical Abstract of the US, 표 32 (1920). 현 추세가 지속된다면 흑인 남성의 5분의 1 이상이 교도소에서 일정기간을 보내게 된다. (Western, Punishment and Inequality, 24-26면)

137 1970년 미국 교도소 내 흑인 수형자는 80,742명이었다. (1974 Sourcebook, 462면 표 6.37) 2000년에는 587,300명에 달한다.(2003 Sourcebook, 505면. 표 6.34) 1970년과 2000년 자료에 동일한 분류기준을 적용하면 증가 추세는 더 극적으로 나타나게 된다. 1970년 히스패닉계 수형자 수는 훨씬 적었다. 현재는 히스패닉계로 분류될 수형자 상당수가 1970년대에는 흑인으로 분류되었기 때문이다.

138 1920년대와 1930년대 구금형의 증가에 관하여는 Cahalan, Historical Corrections Statistics, 30면 표 3-3; Online Sourcebook(2008) 표 6.28; 1970년대 초반 이래 각 주에서의 구금형 증가에 관하여는 1991 Sourcebook, 637면 표 6.72; Online Sourcebook(2008) 표 6.29; 카할란의 자료에 따르면 노스캐롤라이나 주의 구금형 비율은 1923년 10만 명당 29명에서 1940년에는 120명으로 증가했다. 미시시피 주의 경우에는 1973년부터 2003년까지 76명에서 768명으로 증가했다.

139 흑인과 백인 간 범죄율의 큰 격차에 관하여는 Robert J. Sampson & Janet L. Lauristen, Racial And Ethnic Disparities in Crime and Criminal Justice in the US, Crime and Justice, 제21권 (1997) 311-374면; Robert J. Sampson & William Julius Wilson, "Toward a Theory of Race, Crime, and Urban Inequality", Shaun L. Gabbidon & Helen Taylor Greene 편, Race, Crime and Justice: A

Reader (2005) 177-178면. 흑인 범죄율과 흑인 구금형 비율 간의 관계에 관하여는 Western, Punishment and Inequality, 34-51면. 웨스턴에 따르면 흑인 청년 중 범죄율이 높을 경우 동일 집단의 구금형 비율도 높아진다(같은 책, 37-38면 참조). 다만 1980년대와 1990년대 구금형 비율 증가는 같은 시기 범죄율의 추세와 상관 관계가 없다.

140 유럽의 통계수치에 관하여는 Ministry of Justice, Research and Documentation Centre, European Sourcebook of Crime and Criminal Justice Statistics-2010, 제4판(2010) 295-296면 표 4.2.1.1. 표 4.2.1.2. 미국의 구금형 비율과의 적절한 비교를 위하여 미결구금자 수는 제외하였다. 미국의 통계수치에 관하여는 Online Sourcebook(2008) 표 6.29.

141 European Sourcebook(2010) 49면 표 1.2.1.16, 51면 표 1.2.1.18, 53면 표 1.2.1.20; Crime in the US: 2009, 표 1; Crime in the US: 2007, 표 1. 차량절도 외에는 설명한 내용은 2007년 자료든 2009년 자료든 정확하다. 2007년 프랑스의 차량절도 범죄율은 미국과 통일하며, 영국의 경우는 약간 낮은 수준이다.

142 처벌이 적절하며 보복의 수단이 아니라면 그렇다. Martha Minow, Between Vengeance and Forgiveness: Facing History after Genocide and Mass Violence (1998) 상이한 유형이 행동에 대한 범죄화의 적절성에 관하여는 Jeffrie G. Murphy, Retribution Reconsidered: More Essays on the Philosophy of Law (1992) 1-13면.

143 범죄와 관련하여 미국의 살인범죄율은 1933년 인구10만 명당 10명에서 1944년에는 5명으로 감소하였다. 1991년에는 10명에서 2000년에

는 6명이었다. 몬코넨의 자료 참조; Lane, Murder in America, 308면; Crime in the US: 2000, 14면; 범죄율이 감소한 1933-44년 기간 중 구금형 비율은 1939년 인구 10만 명당 137명으로 정점에 달했으며, 1991-2000년 기간 중에는 2000년 최고 478명에 달했다. Online Sourcebook(2009) 표 6.28 참조.

144 Crime in the US: 2008, 표 2.

145 Bureau of Justice Statistics, US Department of Justice, Criminal Victimization in the US, 2007-Statistical Table, 표 1.

146 교도소 총 수형자 수는 2008년 150만 명이었으며, 이 가운데 마약범죄 수형자가 20%를 차지했다. Online Sourcebook(2006) 표 6.13. 2008, 6.0001. 2006.

147 같은 책, 표 5.22. 2004, 6.0009. 2008

148 같은 책, 표 1.2. 2006

149 Daniel S. Nagin, Criminal Deterrence Research at the Outset of the 21 Century, Crime and Justice, 제23권(1999) 4-5면.

150 레이건 행정부 시대 래퍼Laffer와 '공급 경제학'을 둘러싼 논쟁에 관하여는 Sean Wilentz, The Age of Reagan: A History, 1974-2008 (2008) 121, 140-150면.

151 강도범죄 건수에 관하여는 Crime in the US: 2008, 표 7 참조. 자료에 따르면 2008년의 경우 강도죄 신고는 441,855건이다. 강도죄 유죄판결에 관하여는 Online Sourcebook(2004) 표 5.44 참조. 자료에 따르면 2004년 강도죄 유죄판결은 38,850건이다.

152 범죄로는 이득을 얻을 수 없다는 점을 제대로 이해시키지 못할 경우

의 문제점에 관한 가장 훌륭한 설명으로는 Louis Michael Seidman, Soldiers Martyrs and Criminals: Utilitarian Theory and the Problem of Crime Control, Yale Law Journal, 제94권 (1984) 315-349면 참조.

153 도시와 교외지역 마약거래시장과 경찰 비용의 차이에 관한 더 상세한 설명은 저자의 Race Class and Drugs, Columbia Law Review, 제98권 (1998) 1808-1812, 1819-1824면 참조.

154 3개 대도시 지역에서의 이러한 형태를 다룬 뉴스 기사들에 관하여는 Kiljoong Kim, Where Do Chicago's Poor White People Live? The Beachwood Reporter, September 11, 2006; Christopher Tidmore, Public Housing Redevelopment Sparks Multi-City Protest and Lawsuit, Louisianan Weekly, July 3, 2006; Margery Austin Turner, Segregation by the Numbers, Washington Post, May 18, 1997 참조. 더 일반적 형태에 관한 간략한 논의는 David R. William, Poverty Racism and Migration: The Health of the African American Population, C. Michael Henry 편, Race Poverty and Domestic Policy(2004) 311, 320-323면. 미국계 흑인 인구 중 높은 수준의 빈곤밀집 관련 증거에 관하여는 Alemayehu Bishaw, Areas with Concentrated Poverty: 1999(2005) 8면 표 4.

155 Crime in the US: 2008, 표 25 참조

156 Online Sourcebook, 표 6.33. 2008 참조

157 1972-2001년 기간 중 인플레이션을 고려할 때 경찰 관련 예산지출은 148%, 법원은 298%, 교도소 및 구치소는 무려 456% 급증했다. 1974 Sourcebook 33면, 표 1.2.; 2003 Sourcebook, 5면, 표 1.4. 인플레

이션 조정은 2004-2005 Statistical Abstract, 697호, 461면을 따랐다. 한편 인구 10만 명당 지방 경찰관 수는 1971년 207명, 1989년 210명이다. 같은 기간 중 인구는 19% 증가하였다(1991 Statistical Abstract, 2호, 7면). 지방검사 수는 1971년 17,000명에서 1990년 20,000명으로 증가했다. Bureau of Justice Statistics, US Department of Justice, Prosecutors in State Court, 1990 (1992) 1-2면.

158 시카고의 인구 10만 명당 경찰관 수는 1973년 423명에서 1989년 396명으로 줄었다. 같은 기간 로스앤젤레스의 경찰관 비율도 260명에서 229명으로 줄었다. 보스턴의 경찰관 비율은 1970년 430명에서 1988년 332명으로 감소했다. 뉴욕은 1974년 410명에서 1989년 354명으로 감소했다. 이러한 자료는 당해년도 표준범죄통계에 근거했다. 로스앤젤레스는 예외로 하고 나머지 대도시들은 해당 기간 중 인구가 크게 감소했다. Campbell Gibson & Kay Jung, US Census Bureau, Historical Census Statistics on Population Totals by Race, 1790-1990, and by Hispanic Origin, 1970-1990, for Large Cities and Other Urban Places in the US (Working Paper 76호, 2005) 참조.

159 빈곤계층 국선변호인 관련 지출에 관하여는 저자의 The Uneasy Relationship between Criminal Procedure and Criminal Justice, Yale Law Journal, 제107권 (1997) 9-10면, 각주 15-19 참조. 중죄기소 건수에 관하여는 다음의 자료들을 비교해 보면 된다. State Court Caseload Statistics: Annual Report 1984 (1986) 189-190면, 표 35에 따르면 1978-84년 중 중죄 신고 건수는 36% 증가했다. State Court Caseload Statistics: Annual Report 1991 (1993) 37면. 표 1.25에 따

르면 1985-91년 중 중죄 신고 건수는 51% 증가했다. 1984-85년 기간 중 신고 건수가 일정했다면 1978-91년 기간 중 105% 증가를 의미한다. 1980년대 중반 신고 건수가 급증했기 때문에 증가 정도는 더 클 것이다. 1991 Caseload Statistics, 37면. 표 1.25에 따르면 1985-86년 중 10% 증가했다. 이 자료의 대상이 1978년부터라는 점을 염두에 두어야 한다. 교도소 수형자 수의 증가는 1973년부터 시작되었다. 1973-78년의 5년 동안 중죄 기소 건수는 적어도 20% 내지 25% 증가한 것으로 보인다. 같은 기간 중 교도소 수형자 수는 38% 증가하였다 (1991 Sourcebook, 637면, 표 6.72). 그렇다면 1973-91년 기간 중 중죄 기소 건수는 적어도 2.5배 증가했다. 당해 기간 중 중죄 기소 건수가 3분의 1 증가했다면, 1973-91년 기간 중에는 3배 정도 증가했을 것이다.

160 Milton Heumann, Plea Bargaining: The Experiences of Prosecutors, Judges, and Defense Attorneys (1981) 참조. 이 탁월한 저서가 다루는 주제 중의 하나는 충분한 공판준비절차 진행 전에 절차 초기단계에서 유죄인정협상에 이르게 되는 경향이다. 호이만이 자료로 삼은 1970년대 이러한 경향이 뚜렷했다면 오늘날에는 그 경향이 더 강할 것이다. 법정소송의 부담은 그 어느 때보다도 훨씬 막대하기 때문이다.

161 이 같은 유감스런 명제의 근거에 관하여는 Michael McConville & Chester L. Mirsky, Criminal Defense of the Poor in New York City, New York Review of Law and Social Change, 제15권 (1986-1987) 767면. 맥콘빌과 머스키의 연구 이후 지난 25년간 법정소송의 부담은

점점 더 커졌다.

162 이 사건에 관한 상세한 평석은 Stuart Taylor & K. C. Johnson, Until Proven Innocent: Political Correctness and the Shameful Injustices of the Duke Lacrosse Rape Case (2007) 참조.

163 Peter Neufeld & Barry C. Scheck, Commentary, Edward Connors et al, Convicted by Juries, Exonerated by Science: Case Studies in the Use of DNA Evidence to Establish Innocence after Trial (NCJ 161258, 1996) 참조. 노이펠드와 쉐크에 따르면 다음과 같다:

1989년 이래 매년 주 또는 지방 법집행기관이 연방수사국에 의뢰한 성폭행사건 중 약 25%에서 DNA 검사결과 용의자의 무죄가 입증되었다. 특히 연방수사국 공식보고에 따르면 1989년 이후 약 10,000건의 성폭행사건 중에서 약 2,000건의 검사는 대체로 검사에 필요한 DNA가 불충분하기 때문에 판정할 수 없었으며, 약 2,000건의 검사결과 용의자의 무죄가 입증되었고, 약 6,000건에서 용의자의 혐의가 입증되었다. 이러한 비율이 7년 동안 일정하게 유지되었다는 사실, 그리고 미국 사법연구원National Institute of Justice의 민간 검사기관에 대한 비공식 조사결과에서도 무죄입증의 경우가 유사한 수준인 26%로 나타났다는 사실이 강력하게 시사하는 바는 다음과 같다. 즉 체포 또는 유죄평결 이후 DNA 검사결과에 따라 무죄가 입증되는 경우는 수사의 오류나 오판을 낳는 중대한 근본적인 체계적 문제점들과 연관성이 있다.

164 카운티 보안관County Sheriff은 대체로 각 카운티 단위에서 선출된다. 지방경찰기관장은 대체로 선출직 지방자치단체장이 임명, 감독한다.

165 미국 법관 대다수는 선출직이다. 다만 상당수는 최초 임용 시에 임명된 후 유권자들에게 연임 여부를 묻는 신임투표 대상이 된다. Joe Handelsman Shugerman, The People's Courts, introduction and appendix A.(2011)

166 체포 건수에 관하여는 Online Sourcebook, 표 4.1. 2009, 4.33. 2004 참조. 자료에 따르면 전국적으로 매년 체포 건수는 1,400만 건 이상이며, 이 가운데 연방기관에 의한 체포 건수는 약 140,000건이다. 중죄 기소 건수에 관하여는 Online Sourcebook, 표 5.44. 2004 참조. 자료에 따르면 연간 중죄 유죄판결 건수는 110만 건이다. 최종판결에 이른 중죄 사안의 경우 유죄율은 96%다. (표 5.57. 2006)

167 중죄에 관하여는 Online Sourcebook, 표 5.17. 2004. 경죄에 관하여는 표 4.1. 2004, 5.17. 2004. 자료에 따르면 연간 경죄 기소 건수는 수백만 건에 달하며, 연방기관의 경죄 기소 건수는 연간 약 10,000건이다.

168 Online Sourcebook, 표 1.72. 2004

169 Online Sourcebook, 표 1.27. 2004

170 지방검사 수에 관하여는 Online Sourcebook, 표 1.85. 2005 참조. 연방검사 수에 관하여는 표 1.79. 2008 참조.

171 부시 행정부에서 연방검사 해임에 따른 정치적 후폭풍에 관한 상세한

논의는 Daniel Richman, Political Control of Federal Prosecutions: Looking Back and Looking Forward, Duke Law Journal, 제58권 (2009) 2099-2107면.

172 미국 연방 헌법, 수정 제4조

173 대표적 판례는 Fong Foo v. US, 369 US 141(1962)

174 미국 연방 헌법, 수정 제5조

175 미국 연방 헌법, 수정 제6조

176 미국 연방 헌법, 수정 제8조

177 미국 연방 헌법, 수정 제1조. 수정헌법 조항은 1920년대 말까지 연방 법원 이외에서는 적용되지 않았다. Whitney v. California, 274, US 357 (1927) 참조.

178 배상 제한은 대단히 중요한 문제다. 1950년대 이전까지 거의 모든 주 법원 체계에서 불법수색에 대한 배상은 금전적 손실에 대해서만 허용했다. 불법수색이 금전적 손실을 유발하거나 쉽게 금액을 산정할 수 있는 경우가 드물었기 때문에 거의 배상이 이루어지지 않았다.

179 이 책의 제8장 참조.

180 이 문제에 대한 보다 상세한 논의는 저자의 The Pathological Politics of Criminal Law, Michigan Law Review, vol.100, (2001) 505-600면.

181 릴번과 관련해서는 Leonard W. Levy, Origins of the Fifth Amendment, 제2판, (1986) 271-313면 참조. 릴번 이전 불법수색 금지원칙의 뿌리에 관하여는 같은 책 43-204면 참조. (16세기 후반부터 17세기 초반의 이단 심판을 다룬다. 이단자로 기소된 자는 예배방식과 동참자들에 대해 심문을 받았다)

182 엔틱에 관하여는 Entick v. Carrington, 19 Howell's State Trials 1029 (CP 1765); 윌크스에 관하여는 Wilkes v. Wood, 19 Hoewll's State Trials 1153 (CP 1763); Akhil Reed Amar, The Bill of Rights: Creation and Reconstruction (1998) 65-77면

183 젠거 사안에 관하여는 Albert W. Alschuler & A. G. Deiss, A Brief History of the Criminal Jury Trial in the US, University of Chicago Law Review, vol.61 (1994) 867-928, 871-874면; Matthew P. Harrington, The Law-Finding Function of the American Jury, Wisconsin Law Review, vol.1999 (1999) 377-440, 393-394면 참조. 매우 밀접한 원칙, 즉 배심원은 유죄평결을 강요당하거나 이에 응하지 않았다는 이유로 처벌받지 아니한다는 원칙은 부쉘Bushell 판례(6 Howell's State Trials 999, 1670)로부터 정립되었다. 부쉘은 불법적 종교집회죄로 기소된 퀘이커교도들에 대해 유죄평결에 찬성하기를 거부한 배심원이었다. 법관은 법원의 설시에 따르지 않았다는 이유로 부쉘을 구금했다. 이에 부쉘은 소송을 제기하여 승소하였고, 이로써 배심재판 영역에서 배심의 법원에 대한 우위를 정립하게 되었다. 젠거 사안은 배심의 우위원칙이 널리 적용된다는 사실을 보여주었다.

184 식민지에서의 반란은 포함하지 않은 수치다. 16세기 말 무렵 에섹스 공이 엘리자베스 여왕에 맞서 반란을 일으켰다. (J. P .G. Hammer, The Polarisation of Elizabethan Politics: The Political career of Robert Devereux, 2nd Earl of Essex 1585-1597, 1999) 17세기 중반 영국 내전 중 각각 세 차례의 무력충돌이 있었다. Michael Braddick, God's Fury, England's Fire: A New History of the English Civil

Wars(2008) 참조. 1688-1689년 명예혁명은 오렌지공 윌리엄 침략군의 군사적 승리에 뒤이은 정치적 결과였다. Edward Vallance, The Glorious Revolution: 1688-Britain's Fight for Liberty(2007). 1715년과 1745년 각각 실패한 자코뱅 당의 반란도 관련된 사례다. Michael Barthorp, The Jacobite Rebellions(1982). 올리버 크롬웰과 윌리엄 왕의 군대 모두 기존 합법정부의 전복에 성공했다.

185 보스턴 학살사건 전반에 관하여는 H. B. Zobel, The Boston Massacre(1970); 폭력 촉발의 원인에 관하여는 같은 책, 186-187면 참조. 영국 형사사법의 위기에 관하여는 J. Q. Whitman, The Origins of Resonable Doubt: Theological Roots of the Criminal Trial(2008) 186-200면 참조. 위트만에 따르면 위기의 원인은 기독교인 배심원들이 피고인 처벌이 정의로운지에 대해 조그만 의심이라도 있다면 유죄 평결을 원치 않았다는데 있었다. 따라서 합리적 의심의 여지없는 입증 기준은 유죄평결을 더 어렵게 하기 위해서가 아니라 더 쉽게 하기 위해 정립된 것이다.

186 존 랭바인의 18세기 형사사법에 대한 설명에서 정확히 지적하고 있다. 즉 "고발당했다는 사실이 곧 죄가 되는" 체계였다는 것이다. J. H. Langbein, The Origins of Adversary Criminal Trial(2003) 48-61면

187 N. Parrillo, Against the Profit Motive: The Transformation of American Government, 1780-1840 (근간), 66-67면 참조. A. Steinbeg, From Provate Prosecution to Plea Bargaining: Criminal Prosecution, the District Attorney, and American Legal History, Crime and Delinquency, vol.30. (1984) 568-592면. 그러나 J. A.

Jacoby, The American Prosecutor: A Search for Identity(1980) 11-19면과 비교해볼 필요가 있다.

188 예를 들어 G. Fisher, Plea Bargaining's Triumph: A History of Plea Bargaining in America(2003) 35면. 표 1.2 참조

189 주 정부 채무와 지급불능상태에 관하여는 J. H. Schugerman, Economic Crisis and the Rise of Judicial Elections and Judicial Review, Harvard Law Review, vol.123 (2010) 1076-1080면 참조. 뒤이은 법관 선출의 증가에 관하여는 같은 글, 1080-1097면 참조. 이와 동시에 증가한 지방검사 선출에 관하여는 Jacoby, American Prosecutor, 22-28면 참조.

190 S. Schama, Citizens: A Chronicle of the French Revolution (1989) 442-443면.

191 미국 연방 헌법, 수정 제4, 5, 6, 8조

192 절차적 보장 규정들은 규정된 순서에 따르면 다음과 같다. (1) 부당한 압수 수색을 받지 않을 권리, (2) 수색영장요건으로서의 상당한 사유, (3) 수색영장요건으로서의 증인의 확증, (4) 수색영장요건으로서 수색 대상의 특정, (5) 기소배심의 심리를 받을 권리, (6) 일사부재리, (7) 자기부죄금지 특권, (8) 적법절차의 보장, (9) 신속한 재판을 받을 권리, (10) 공개재판을 받을 권리, (11) 공정한 배심재판을 받을 권리, (12) 배심원 선정의 요건으로서 범죄지 내 선정, (13) 기소사실에 대해 고지 받을 권리, (14) 검찰증인과 대면할 권리, (15) 피고인 측 증인 필수적 소환절차 활용권리, (16) 변호인의 조력을 받을 권리.

193 F. M. Anderson, The Constitutions and Other Select Documents

Illustrative of the History of France, 1789-1907(1967) 15, 59-60면

194 미국법상 무죄추정은 검사에게 합리적 의심의 여지없는 유죄입증 부담을 지우는 방식으로 보장된다. In re Winship, 397 US 358(1970). 원심 판례는 수정헌법 제4조의 적법절차 조항을 원용하였으며, 합리적 의심의 여지없는 입증기준을 헌법이 아닌 보통법 전통으로부터 이끌어냈다. Whitman, Origins of Reasonable Doubt 참조. 경찰고문 금지에 관하여는 자기부죄금지 특권에서 유래했다고 볼 수도 있다. 하지만 1966년 Miranda v. Arizona, 384 US 436 판결 이전까지는 자기부죄 특권은 경찰 신문에는 적용되지 않았었다. 대신 강제자백의 증거배제에 관한 법, 즉 강제자백 관행 자체의 금지가 아니라 사실상 고문의 결과를 부인하는 방식의 법제가 권리장전의 제정 이후 오랫동안 발전해온 법 원리로서 적용된 것이다. H. E. Smith, The Modern Privilege: Its Nineteenth-Century Origins, in R. H. Helmholz et al, The Privilege against Self-Incrimination: Its Origin and Development(1997) 145-180, 146-147, 153-156면.

195 J. S. Mill, On Liberty(1859)

196 Declaration of the Rights of Man and of the Citizen of 1793, Constitution of the Year I, in Anderson, Constitutions and Other Select Documents, 171-174면.

197 이와 관련한 방대한 문헌이 있다. 중남미와 관련한 최근의 예에 관하여는 M. Langer, Revolution in Latin American Criminal Procedure: Diffusion of Legal Ideas from the Periphery, American Journal of Comparative Law, 제55권 (2007) 617-676면 참조.

198 올바른 설명이기는 하지만 실체적 형사법의 영역에는 많은 차이가 남아있다. 유럽 대륙보다 미국에서의 차이가 더 넓고 깊다. J. Q. Whitman, Equality in Criminal Law: The Two Divergent Western Roads, Journal of Legal Ideas Analysis, 제1권 (2009) 129면

199 Online Sourcebook, 표 6.0001. 2006.

200 W. Balckstone, Commentaries on the Laws of England, 제4판, 제4권 (1769). 157-158면(사기의 형태로서 기망), 190-201면(살인과 치사), 205-208면(중폭행), 210-215면(강간), 216-218면(폭행 및 상해), 219면(납치), 220-223면(방화), 223-228면(주거침입절도), 229-234면(절도), 241-243면(강도)

201 표준적 개념 정의에 관하여는 W. R. LaFave, Substantive Criminal Law, 제2판, 제3권, §20.3 (2003)

202 예를 들어 유형력 행사위협 요건은 피고인이 누구라도 저지하였을 유형력을 사용할 수 있었다고 배심원이 판단하면 충족된다. 일부 법체계에 채택된 이러한 기준에 따르면 행위자가 도품의 반환을 요구받을 경우 반환의 계획이 있지 아니한 한에서 절도는 보다 경한 절도죄가 아니라 강도죄의 유죄가 된다. 예를 들어 State v. Keeton, 710 N.W.2d531(Iowa 2006)

203 저자가 계산해보니 21세기가 시작될 무렵 매사추세츠 주의 형법에는 169개의 재산죄 조항이 있다.

204 이 규칙은 Blockburger v. US, 284 US 299(1932)에서부터 정립되었다.

205 예를 들어 US v. Pollard, 959 F.2.d. 1011 (DC Cir. 1992)

206 바로 이로 인해 1990년대 초반 이후부터 가석방 없는 무기구금형이

급증했다. A Matter of Life and Death: The Effect of Life-Without-Parole Statutes on Capital Punishment, Harvard Law Review, 제 119권 (2006) 1851-1852면.

207 이 명제는 사실처럼 보이지만 확인하기는 대단히 어렵다. Parrillo, Against the Profit Motive, 66-67면 참조. Steinberg, Private Prosecution. 하지만 Jacoby, American Prosecutor, 11-19면과 비교 해보라.

208 Harrington, Law-Finding Function; W. E. Nelson, Americanization of the Common Law: The Impact of Legal Changes on Massachusetts Society, 1760-1830 (1975) 18-35면 참조.

209 이 문구는 조지 피셔의 글에서 인용하였다. G. Fisher, The Jury's Rise as Lie Detector, Yale Law Journal, 제107권, 575-638면

210 다음의 논의를 참조하라. M. G. Kammen, A Machine That Would Go of Itself: The Constitution in American Culture (1986) 125면.

211 지방검찰청의 절대 다수는 선출직 관리가 관장했다. S. W. Perry, Prosecutors in State Courts: 2005 (2006), 2면. 뉴잉글랜드, 버지니 아, 사우스캐롤라이나, 하와이를 제외하고, 고위법관들은 선출직이 거나 임명직이되 연임은 선거를 거쳐야 했다. Shugerman, People's Courts, 서문, 부록A 참조.

212 임명한다는 의미에 대해서는 Jacoby, American Prosecutor, 19면 참조. 지방검찰의 행정직원적 성격에 관하여는 Steinberg, Private Prosecution 참조.

213 현대 법정에서 법해석은 법관이 한다. 18세기 후반에는 적어도 실체법

해석에 관한 한 배심원의 업무였다. Nelson, Americanization of the Common Law, 18-35면 참조.

214 Jacoby, American Prosecutor, 11-19면; Parrillo, Against the Profit Motive, 69-83면.

215 Berger v. US, 295 US 78, 88(1935) (Sutherland, J.)

216 자베르는 빅토르 위고의 소설 〈레미제라블〉의 등장인물이다. 도주한 장발장을 추적하는 경찰관이다.

217 Parrillo, Against the Profit Motive, 84-102면. 파릴로에 따르면 검사는 때때로 대중들이 피고인을 동정하는 사건처럼 기소가 어려운 경우 더 많은 보수를 받기도 했다. 남북전쟁 이후 테네시 주에서는 KKK 사건의 경우 성공적으로 기소하여 사형을 구형하면 다섯 배의 보수를 지급했었다(같은 책, 99면).

218 파릴로의 주장은 건당 수당지급이 정부가 지급하는 정기급여로 대체되었다는데 핵심이 있다. 옛 관행의 변화는 느려서 19세기 거의 대부분 동안 지속되었다(위의 책, 140-141면).

219 Jacoby, American Prosecutor, 22-28면

220 Shugerman, People's Courts, 서문, 부록A 참조

221 선출직 법관의 등장에 관하여는 Shugermann, Economic Crisis 1080-1097면 참조. 선출직 지방검사의 등장에 관하여는 Jacoby, American Prosecutor, 22-28면 참조.

222 W. Stahr, John Jay: Founding Father(2005) 362-365면 참조. 제이는 애덤스에게 자신의 건강상 업무가 과중하다고 말했었다. 55세가 되던 해 재임명을 사양했다. 퇴직 후 28년을 더 살았다(같은 책, 366, 383-

384면).

223 Shugermann, Economic Crisis 1147면, 부록B 참조.

224 L. E. Davis & J. Legler, The Government in the American Economy, 1815-1902: A Quantitative Study, Journal of Economic History, vol.26 (1966) 532-535면. 표 3.

225 위의 책, 529, 532-537면. 표 1, 표 3, 표 8

226 J. F. Richardson, The New York Police, Colonial Times to 1901 (1970) 32, 49면.

227 볼티모어 경찰청의 설립에 관하여는 D. F. Folsom ed. Our Police: A History of the Baltimore Force from the First Watchman to the Latest Appointee(1988) 23면; 필라델피아 경찰청에 관하여는 H. O. Sprogle, The Philadelphia Police, Past and Present(1887) 86면; 보스턴 경찰청에 관하여는 A Brief History of the B. P. D. http://www.cityofboston.gov/police.about/history.asp(보스턴 경찰청의 설립연도는 1854년으로 설명한다). R. Lane, Policing the City: Boston, 1822-1885 (1967) 100면에 따르면 공식적 설립연도를 조례제정연도인 1855년으로 본다.

228 R. M. Fogelson, Big-City Police (1977), 14-15면.

229 Parrillo, Against the Profit Motive, 36-37면.

230 Shugerman, People's Courts, 제4장.

231 이 부분의 자료에 관하여는 D. Donald, Lincoln(1996) 58-62, 75-78, 95, 113-115, 132-133면 참조. 링컨의 선거구는 1840년대 동안 공화당이 차지한 유일한 지역이었다. 링컨은 1848년 재선에는 실패했다.

232 D. W. Howe, What Hath God Wrought: The Transformation of America, 1815-1848 (2007)의 중심 주제다.

233 예를 들어 Fogelson, Big-City Police, 123-124면 참조. 미네소타 세인트폴에서는 아일랜드계, 스칸디나비아계 경찰관들이 같은 민족 출신 피의자들을 체포했다. J. Best, Keeping the Peace in St. Paul: Crime, Vice, and Police Work, 1869-1874, in E. H. Monkkonen편. Crime and Justice in American History, 제5권, 제1부 (1992) 60-79, 62, 69-70면

234 현대 압수 수색 관련법에 관하여는 Payton v. New York, 445 US 573(1979); Steagald v. US, 451 US 204 (1981) 참조. 남북전쟁 이전 버지니아 법에 관하여는 Wells v. Jackson, 17 Va. 458 (1811) 참조.

235 Heath v. Alabama, 474 US 82 (1985)는 현대 관련법의 내용을 규정했다. 앨라배마 규칙은 State v. Adams, 14 Ala. 486 (1848)에 언급되어 있다. 관련 사례에 관하여는 J. Mazzone, The Bill of Rights in the Early State Courts, Minnesota Law Review, 제92권 (2007) 1-82면 참조.

236 W. W. Freehling, The Road to Disunion: Secessionists at Bay, 1776-1854 (1990) 108면.

237 오늘날 개괄적 고의transferred intent에 해당하는 개념과 살인에 대한 전통적 개념 정의에 관하여는 Bratton v. State, 29 Ala. 20 (1856)

238 Spence v. State, 17 Ala. 192 (1850)

239 예를 들어 Smith, Modern Privilege, 146-153면 참조.

240 인용문은 W. W. Freehling, The Road to Disunion: Secessionists at

Bay, 108면에 언급된 Elijah v. State, 20 Tenn. 102 (1839)이 출처다. 프리링은 리스 판사의 말을 액면 그대로 오해했던 것으로 보인다.

241 데이비스 농장의 규칙에 관하여는 W. W. Freehling, Secessionists at Bay, 498-499면 참조.

242 위의 책, 502면. "데이비스는 배심원을 제삼자에 대한 견제에 필요하다고 보았다." 부분적으로 후견주의적 견제였다고 할 수 있다. 프리링은 데이비스가 "하인들을 심하게 혼내는 제삼자"로부터 자신의 노예들을 보호하고자 했음을 강조하고 있다.

243 W. W. Freehling, The Road to Disunion: Secessionists Triumphant, 1854-1861 (2007) 331-333면.

244 노예순찰대의 구성에 관하여는 S. E. Hadden, Slave Patrols: Law and Violence in Virginia and the Carolinas(2001) 63-65, 72-77면. 하덴에 따르면 노예순찰대에는 부유한 노예 소유주들도 참여했으며, 대원들은 다양한 계층으로 구성되었다. 불확실한 규모의 린치에 관하여는 P. Dray, At the Hands of Persons Unknown: The Lynching of Black America(2002) 22-30면; Freehling, Secessionists at Bay, 98-113면.

245 Fee에 관하여는 W. W. Freehling, The Road to Disunion: Secessionists Triumphant, 222-235면. McKinney, Blunt, 미시시피 목수들에 관하여는 같은 책, 332, 459면. 남부 백인의 린치 규모에 관하여는 Freehling, Secessionists at Bay, 103-106면.

264 R. Roth, American Homicide(2009) 220-224면

247 Crime in the US: 2008, 표 8.

248 예를 들어 E. L. Ayers, Vengeance and Justice: Crime and Punishment in the 19th-Century American South(1984), 9-33면 참조

249 핏츠휴의 저서로는 Sociology of the South(1854), Cannibals All! Or Slaves without Masters(1857)

250 헬퍼는 1857년 The Impending Crisis of the South를 출간했다. 1859년 축약본으로 재출간했다. 당시 오하이오 출신 하원의원 존 셔먼은 1859년 하원의장에서 물러나면서 헬퍼의 책을 공개 지지함으로써 남부 주 북부지역 공화당의 지지를 포기했다. 이들의 지지는 선거승리의 관건이었다. W. W. Freehling, Secessionists Triumphant, 265-266면.

251 이 자료에 관하여는 같은 책, 16면(웨스트버지니아), 195면(볼티모어), 499면(델라웨어, 메릴랜드, 미주리)

252 클레이와 미주리 합의에 관하여는 G. G. Van Deusen, The Life of Henry Clay(1937) 134-148면. 존슨, 타일러, 메이슨에 관하여는 Freehling, Secessionists at Bay, 346-349, 440-452, 500-504면. 애치슨과 테니에 관하여는 Freehling, Secessionists Triumphant, 61-73, 109-122면.

제4장 수정헌법 제14조의 약속 위반

253 미국 연방 헌법 제1조 제8항

254 Online Sourcebook, 표 5.44. 2004(110만 건의 주 법원 중죄 유죄판결), 5.17. 2004(75,000건의 연방법원 중죄 유죄판결)

255 E. Foner, Reconstruction: America's Unfinished Revolution, 1863-1877 (1989) 457-459면 및 인용된 자료 참조. 또한 L. F. Williams, The Great South Carolina Ku Klux Klan Trials, 1871-1872 (1996) 45-50, 113, 122면 참조.

256 주류소비 감소에 관하여는 D. E. Kyvig, Repealing National Prohibition, 제2판(2000) 23-25면 참조; C. Warburton, The Economic Results of Prohibition(1932), 107면. 표 47. 음주관련 비행의 감소에 관하여는 M. B. Bruère, Does Prohibition Work? (1927) 297-304면.

257 92 US 542 (1876)

258 1894년 연방상원의원 선거운동 당시 틸먼은 워싱턴에 갈퀴를 들고 가서 클리블랜드 대통령의 "늙은 살찐 갈빗대"를 찔러버리겠다고 장담했기 때문에 갈퀴라는 별명이 붙게 되었다. F. B. Simkins, Pitchfork Ben Tillman, South Carolinian(1944), 315-316면.

259 같은 책, 393-396, 404-407면.

260 Foner, Reconstruction, 261-262면

261 같은 책, 262-263면.; J. G. Hollnadsworth Jr., An Absolute massacre: The New Orleans Race Riot of July 30, 1866 (2001) 140-141면.; J. G. Taylor, Louisiana Reconstructed, 1863-1877 (1974) 110면.

262 미국 연방 헌법, 수정 제16조

263 민권법과 수정헌법 제14조 간의 관계에 관하여는 예를 들어 Foner, Reconstruction, 257면 ("분명히 공화당은 흑인 차별법 폐지를 제안하고 민권법의 합헌성에 대한 어떠한 의심의 여지도 없애려고 했다.");

Williams, The Great South Carolina Ku Klux Klan Trials, 41면.; 흑인 차별법의 특징에 관하여는 Foner, Reconstruction, 199-201면. 존슨 대통령의 거부권과 연방의회의 재의결 상황에 관하여는 E. L. McKitrick, Andrew Johnson and Reconstruction(1960), 314-325면, 427면 각주 18. 민권법의 내용에 관하여는 예를 들어 Foner, Reconstruction, 243-245면 참조.

264 60 US 393 (1857). 수정헌법 제14조 상의 시민권의 재규정에 관하여는 예를 들어 A. R. Amar, The Bill of Rights: Creation and Reconstruction(1998) 170-171면; R. A. Primus, The Riddle of Hiram Revels, Harvard Law Review, 제119권 (2006) 1685-1698면 참조.

265 수정헌법은 시, 카운티가 아닌 "주州"를 규정하였지만, 19세기나 지금이나 관행적인 법적 이해에 따르면 지방정부는 각각 속해 있는 주가 수립한 정부들을 의미한다. 따라서 주 관리에게 적용되는 연방 헌법 규칙은 지방관리에게도 적용된다.

266 배론 판결에 대한 표준적인 해석 내용이다. 배론 판례가 연방법원의 집행에만 적용된다는 논증―당시 연방 권리장전은 여전히 주 법원이 주 및 지방 정부에 대하여 집행할 수 있었다―에 관하여는 J. Mazzone, The Bill of Rights in the Early State Courts, Minnesota Law Review, 제92권 (2007) 1-81면 참조. 마조네의 견해가 옳을 수 있다. 그런데도 판결문언상 의문의 여지가 없으므로 저자는 전통적인 해석을 따르고자 한다.

267 예를 들어 A. R. Amar, The Bill of Rights: Creation and Reconstruction,

164-169면 참조.

268 무엇보다도 민권법은 도망 노예의 신원확인을 둘러싼 분쟁해결을 책임진 조정관이 노예로 지목된 자보다는 노예주에 유리하게 결정해야 더 많은 보수를 받을 수 있도록 규정하고 있었다. 예를 들어 같은 책, 270-271면 참조.

269 노예순찰대에 관한 대표적 저술인 S. E. Hadden, Slave Patrols: Law and Violence in Virginia and the Carolinas(2001)의 경우 노예순찰대를 법집행기관과 동등한 역할을 하는 조직으로 다루고 있다.

270 해방노예국은 연방의회가 남북전쟁 말기 설립했다. 과거 노예였던 사람들의 해방을 지원하는 기능을 담당했다. 해방노예국의 설립과 운영에 관하여는 예를 들어 Foner, Reconstruction, 68-70, 148-170면 참조.

271 William Blackstone, Commentaries on the Law of England, 제4판, 제1권 (1769) 124면.

272 E. M. Maltz, The Concept of Equal Protection of the Laws - A Historical Inquiry, San Diego Law Review, 제22권 (1985) 507면; E. M. Maltz, Fourteenth Amendment Concepts in the Antebellum Era, American Journal of Legal History, 제32권 (1988) 305-346면.

273 남부연맹 몰락 이후 남부의 공화당 정부 등장(그리고 흑인 관리들의 역할)에 관하여는 Foner, Reconstruction, 346-364면.

274 1,081명 피살과 그 상황에 관하여는 C. Lane, The Day Freedom Died: The Colfax Massacre, the Supreme Court, and the Betrayal of Reconstruction(2008) 18-19면. 루이지애나 주 살인범죄율 계산

은 루이지애나 주 1870년 인구조사자료에 근거했다. 몬코넨의 자료에 따르면 20세기 미국 살인범죄율의 정점은 1980년의 인구 10만 명당 11명이다. 2008년 미국의 살인범죄율은 인구 10만 명당 5.4명이다. Crime in the US: 2008, 표 1.

275 Lane, The Day Freedom Died, 42-43면.

276 같은 책, 63-66, 69-89면.

277 같은 책, 90-109면.

278 기념명판사진은 같은 책, 170면.

279 콜팩스 사건에서 살인자들은 KKK가 아닌 Knights of the White Camelia, White League 소속이었다(같은 책, 217면). 결과와는 상관없다.

280 미국 연방 헌법, 수정 제15조. 수정헌법 비준의 정치학에 관하여는 W. Gillette, The Right to Vote(1965) 46-78면.

281 Enforcement Act of 1870, §4-§6, 16 Stat.140 (1870)

282 Ku Klux Klan Act of 1871, §4,17 Stat.13 (1871)

283 Williams, Ku Klux Klan Trials, 61-62면 참조.

284 일반적으로 같은 책, 60-88면 참조. 상이한 사안에 적용되는 투표 이론에는 변수들이 있다. 수정헌법 제15조가 아니라 연방선거규제에 관한 연방의회의 권한에 근거한 변수에 관한 논의는 Lane, The Day Freedom Died, 115-117면 참조.

285 미국 연방 헌법, 수정 제14조, 제15조

286 29 Fed. Cas. 79, 81 (Circuit Court, S.D. Ala. 1871)

287 Lane, The Day Freedom Died, 139면.

288 Foner, Reconstruction, 458−459면 ; Lane, The Day Freedom Died, 122면. ; Williams, Ku Klux Klan Trials, 45−50, 113, 122면 참조.

289 Foner, Reconstruction, 343면

290 같은 책, 340면; I. Bernstein, The New York City Draft Riots: Their Significance for American Society and Politics in the Age of the Civil War (1990) 1−25면; J. McCague, The Second Rebellion: The Story of the New York City Draft Riots of 1863 (1968) 116면.

291 Presidential Elections, 1789−2008 (2010) 136−137면.

292 예를 들어 D. H. Donald, Lincoln(1996) 380−384, 454−459, 529−532면 참조.

293 예를 들어 S. Rezneck, Distress, Relief, and Discontent in the US during the Depression of 1873−78, Journal of Political Economy, 제58권 (1950) 494−496면 참조.

294 Statistical History of the US, 1083면.

295 틸든에 관하여는 예를 들어 S. D. Cashman, America in the Gilded Age: From the Death of Lincoln to the Rise of Theodore Roosevelt(1984) 231면; Foner, Reconstruction, 568면 참조. 헤이스에 관하여는 예를 들어 A. Hoogenboom, Rutherford B. Hayes; Warrior and President(1995) 356−357면; G. Ritter, Goldbugs and Greenbacks: The Antimonopoly Tradition and the Politics of Finance in America, 1865−1896 (1997) 37−38, 77면 참조.

296 예를 들어 Foner, Reconstruction, 554−555면은 1875년 초 루이지애나 공화당 주 정부 보호를 위한 군대투입에 대한 반응을 상술하고 있다.

297 같은 책, 568면.

298 기소에 관한 상세한 설명은 Lane, The Day Freedom Died, 124-126면 참조. 체포에 관하여는 같은 책 144-153, 159면 참조. 두 재판의 결과에 대하여는 각각 186면, 203면 참조.

299 같은 책, 210-211면

300 같은 책, 204-210면. 당시 연방항소법관 브래들리와 우즈가 반대 의견을 제시한 연방대법원 제소 사건은 항소심이 진행되지 못하고 판결 유보상태가 되었다. 오늘날 전국 13개 순회구 연방항소법원에는 3명의 항소법관으로 재판부가 구성되어 있기 때문에 판결에서 찬반 동수가 될 수는 없다.

301 US v. Cruikshank, 92 US 542, 554-555 (1876)

302 US v. Reese, 92 US 214 (1876)

303 Lane, The Day Freedom Died, 222-223면 참조.

304 Reese, 92 US 217-222.

305 Lane, The Day Freedom Died, 233-234면 참조.

306 같은 책, 236, 237면.

307 같은 책, 117-118면.

308 같은 책, 119면; Foner, Reconstruction, 530면

309 The Slaughter-House Cases, 83 US 36 (1873)

310 1875년 민권법은 1874년 선거 이후 제43대 연방의회 임기 말 통과되었다. 흑인의 권리보장을 위해 오래도록 싸웠던 찰스 섬너Charles Sumner는 민권법 제정 몇 년 전에 이미 같은 내용의 법안을 제안했었다. 섬너는 1874년 봄 사망했으며, 1875년법은 섬너를 추모하기 위

한 법이기도 했다. 민권법과 그 배경에 대한 최고의 설명은 M. W. McConnell, Originalism and the Desegregation Decisions, Virginia Law Review, 제81권 (1995) 947-1140면 참조.

311 18 Stat.335 (1875)

312 The Civil Rights cases, 109 US 3 (1883). 할란이 재임 중이었다면 크룩생크 사안에서도 반대의견을 냈을 것이다. 크룩생크 판결 1년 뒤인 1877년 헤이스 대통령이 대법관으로 임명했다.

313 Buck v. Bell, 274 US 200, 205 (1927) 홈즈는 주 정부에 의한 정신지체 성인 대상 강제불임시술 허용 여부 판결문에서 인용된 문구를 썼다. 홈즈 판결문에서 가장 유명한 문구는 평등한 법적보호 주장을 위한 비판이 아니라 원고 측에 관련된 비판의 표현이다. "백 년 동안이나 어리석은 짓을 계속할 수는 없다."

314 드물게 예외적인 경우로는 Yick Wo v. Hopkins, 118 US 356 (1886)

315 인종 차별 형사사법에서 정당방위 법 원리의 역할에 관하여는 M. J. Klarman, From Jim Crow to Civil Rights: The Supreme Court and the Struggle for Racial Equality(2004) 275-286면 참조.

316 163 US 537 (1896) "평등하지만 분리된"이라는 법문은 547면.

317 NAACP의 분리교육철폐 운동과 대법원의 대응에 관한 훌륭한 논의는 Klarman, From Jim Crow to Civil Rights, 204-212면 참조.

318 McLaurin v. Oklahoma State Regents for Higher Education, 339 US 637 (1950); Sweatt v. Painter, 339 US 629 (1950)

319 Brown v. Board of Education of Topeka, 347 US 483, 495 (1954)

320 대부분의 경우 크룩생크 판례는 오늘날도 유효하다. 피해자의 무기소

지 권리를 부인한 결정이 파기되어야 한다는 최근의 주장에 관하여는 McDonald v. Chicago, 130 S.Ct. 3020, 3060, 3084-3088 (2010) (토 머스 판사는 일부 동조의견이다)

321 드물게 예외적인 경우 외에는, 수정헌법 제14조는 민간 시민의 행동 에는 적용되지 않았으며, 지금도 적용되지 않는다. 크룩섕크 판례 의 핵심내용이다. 예를 들어 Skilling v. US, 130 S.Ct. 2896, 2930, 2940-2941 (2010) (스칼리아 판사는 일부 동조의견이다)

322 Katzenbach v. Kemp, 481 US 279 (1987); US v. Armstrong, 517 US 456 (1996); Castle Rock v. Gonzales, 545 US 748 (2005)

323 McCleskey, 481 US 291-299

324 US v. Armstrong, 517 US 458-461, 463-471

325 Castle Rock v. Gonzales, 545 US 750-754, 758-768. 또한 DeShaney v. Winnebago County Dep't of Social Services, 489 US 189 (1989)

326 이러한 설명은 법적으로는 논쟁의 여지가 없기 때문에 캐슬록 판결에 서 원고 측도, 법관도 경찰이 평등한 법적 보호를 위반했다는 주장을 하지 않았다. 대신 제시카 곤잘레스는 자신의 적법절차에 대한 권리 가 침해되었다고 주장했다. 평등한 법적 보호 주장은 설득력 있는 논 거로 보이지 않았기 때문이다.

327 이에 대한 훌륭한 논의로는 Amar, Bill of Rights, 181-187면.

328 People v. Hurtado, 63 Cal. 288, 290-291 (1883); Hurtado v. California, 110 US 516, 519-520 (1884)

329 미국 연방 헌법 수정 제5조. 형사소송은 공식적으로 배심기소indictment

와 기소information로 시작된다. 민사소송의 고소complaint에 상응한다. 형사소추와 민사고소의 차이는 기소배심이 기소 여부를 결정한다는 점이다. 기소는 지방검사의 전속권한이다. 우르타도 사안에서의 쟁점은 사형 대상 범죄의 경우 배심기소 대신 검사가 기소할 수 있는지의 여부다.

330 미국 연방 헌법, 수정 제5조, 제16조

331 Hurtado, 110 US 534-535

332 Hurtado, 110 US 535-536

333 Cadwell, 137 US 692(1891); Leeper, 139 US 462 (1891)

334 Leeper, 139 US 468

335 O'Neil, 144 US 323, 325-331 (1892)

336 O'Neil, 144 US 336

337 O'Neil, 144 US 337-341 (필드 판사의 반대 의견), 370-371 (할란 판사의 반대 의견)

338 153 US 684 (1894)

339 American Experience, People and Events: John Y. McKane (www.pbs.org/wgbh/amex/coney/peopleevents/ pande03.html; Coney Island's Brutal Boss: American Citizens Beaten by M'Kane's Ruffians, New York Times, 1893년 11월 8일; Professor Solomon, Coney Island(1999) 21-34면)

340 McKane, 153 US 687-689

341 211 US 78 (1908)

342 사안의 사실관계에 관하여는 Twining, 211 US 78-89; State v.

Twining, 64 A. 1073, 1076 (N.J. 1906), Twining, 64 A. 1076 (스웨이지 판사의 반대 의견)

343 211 US 102

344 보든은 도끼로 아버지와 계모를 살해했다는 혐의를 받았다. 마치 O. J. 심슨 사건과 같은 경우로, 심슨처럼 리지 보든도 무죄 석방되었다. 다른 누구도 해당 사건의 살인죄로 기소되지 않았다. 이에 관한 일반적 내용은 D. Kent, Forty Whacks: New Evidence in the Life and Legend of Lizzie Borden(1992) 참조.

345 Griffin v. California, 380 US 609 (1965). 한 해 전인 1964년 연방대법관들은 Malloy v. Hogan, 378 US 1 (1964)에서 수정헌법 제14조 적법절차 조항에 담긴 특권에 대해 판단하였다.

제5장 **금권정치시대의 형사사법**

346 전통적인 견해에 관하여는 J. Beatty, Age of Betrayal: The Triumph of Money in America, 1865-1900 (2008) 참조. 당대의 분위기에 대한 시각은 S. D. Cashman, America in the Gilded Age(1984); R. Edwards, New Spirits: Americans in the Gilded Age, 1865-1905 (2006) 참조.

347 이 문구는 여전히 전통적인 상식을 반영하고 있지만 현실을 지나치게 경직되게 묘사하고 있다. 금권정치시대 헌법에 관한 좀 더 균형감 있는 논의로는 E. Gillman, The Constitution Besieged: The Rise and Demise of Lochner Era Police Powers Jurisprudence(1993) 참조.

348 이 문구는 흑인에 대한 일반적인 대우 현실로부터 나온다. C. Vann Woodward, The Strange Career of Jim Crow(1955)

349 E. Gillman, The Constitution Besieged 참조.

350 같은 책.

351 이 같은 현상은 미국만의 일이 아니다. J. W. Garner, Criminal Procedure in France, Yale Law Journal, 제4권(1916) 255–284면 참조. 20세기 초 파리의 유죄판결률과 범죄율은 모두 프랑스 전국 수준보다 낮았다.

352 이 같은 법적 전문용어는 오해의 소지가 있다. 집단이 아니라 그 집단이 취급받는 방식 때문에 용의자가 된다. 법이 용의자집단이라는 낙인을 활용하여 종종 차별 대상인 집단을 규정하기 때문에 다른 집단보다 더 많은 법적 보호를 받아야 한다.

353 매맞는 아내 증후군의 등장에 관하여는 E. M. Schneider, Battered Women and Feminist Lawmaking(2000) 123–137면.

354 남편의 아내를 때릴 권리("혼인상 징계"권)는 남북전쟁 말 미국 법체계에서 폐지되었다. 하지만 오해의 소지가 있다. 남북전쟁 이후 "법관과 입법자들은 혼인상 징계 권리를 맹비난했지만 여전히 혼인관계에서의 폭력을 옹호했다." R. B. Siegel, "The Rule of Love": Wife Beating as Prerogative and Privacy, Yale Law Journal, 제105권 (1996) 2130면. 나아가 남편이 아내와 강제로 성관계를 가질 수 있는 권리 여부에 관하여는 J. E. Hasday, Contest and Consent: A Legal History of Martial Rape, California Law Review, 제88권 (2000) 1373–1505면

355 여성의 선거권을 보장한 수정헌법 제19조는 1920년 비준되었다. 그

이전까지 동부 주들에서 여성의 선거권 인정은 진척이 느렸다. A. F. Scott & A. M. Scott, One Half the People: The Fight for Woman Suffrage(1975) 166-168면. 일리노이 주는 1913년 여성의 선거권을 인정했다(같은 책, 166면). "불문법"에 관하여는 J. Adler, First in Violence, Deepest in Dirt: Homicide in Chicago, 1875-1920 (2006) 112-113면. 살인죄로 체포된 백인 여성의 경우만 계산해 봐도 유죄판결은 11%에 지나지 않았다(같은 책, 108-117면).

356 이보다 앞선 상황에 관하여는 R. Lane, Murder in America: A History(1997) 197면 참조; 또한 R. Lane, Roots of Violence in Black Philadelphia, 1860-1900 (1986) 87-94면 참조. 훗날의 상황에 관하여는 R. Lane, Murder in America: A History, 198-199, 230면 참조.

357 Adler, First in Violence, 제4장

358 제1차 공판에서 피고인 11명 전원이 재판을 받았다. 제2차 공판에서는 오시안의 동생이자 총격을 가한 자로 지목된 헨리 스위트 혼자 재판을 받았다. K. Boyle, Arc of Justice: A Saga of Race, Civil Rights, and Murder in the Jazz Age(2004) 292-299, 331-336면

359 머피는 훗날 범죄에 대한 입장 때문에 선거에서 패배하게 된다. 하지만 낙선의 원인이 흑인 범죄는 아니었다. 1938년 머피는 미시간 주지사 재선에 도전했는데, 당시 주요 현안은 자동차공장 연좌농성 파업이었다. 파업에 대한 관용적 태도 때문에 근소한 차이로 낙선하였다. R. D. Lunt, The High Ministry of Government: The Political Career of Frank Murphy(1965) 151-160면. 1930년대 후반 남부를 제외하고 노동조합에 대한 관용적 태도는 흑인 폭력에 대한 관용적

태도보다 더 큰 정치적 대가를 치러야 했다.

360 Boyle, Arc of Justice, 142면. 당시 디트로이트 정치에서 KKK의 역할에 관한 논의는 24, 140-143면 참조.

361 Adler, First in Violence, 116면.

362 J. Higham, Strangers in the Land: Patterns of American Nativism, 1860-1925 (1965) 64-67, 285-286, 290-294면. 정치인들과 일부 연구자들은 남부와 동부 유럽인들은 과거 이민자들에 비해 상이한 인종에 속한다고 보았다. 열등한 인종 이민자들의 범람에 대한 공포가 만연해 있었기 때문이다(같은 책, 131-157면).

363 켄터키 주의 살인범죄율과 관련해서는 M. Gladwell, Outliners: The Story of Sucess(2008) 165면 참조. 애팔래치아 인근 카운티들의 살인범죄율은 인구 10만 명당 250명에 달했다. R. Roth, American homicide(2009) 336-339면. 뉴욕 주의 살인범죄율은 에릭 몬코넨의 자료에 근거했다.

364 Gladwell, Outliners, 165-166면.

365 S. D. Levitt, Understanding Why Crime Fell in the 1990s: Four Factors that Explain the Decline and Six That Do Not, Journal of Economics Perspectives, 제18권 (2004) 163-190, 176-177면. S. D. Levitt & S. J. Dubner는 〈괴짜경제학Freakonomics(2005)〉의 저자이기도 하다.

366 알라미다 카운티에 관하여는 L. Friedman & R. V. Percival, The Roots of Justice: Crime and Punishment in Alameda County, California, 1870-1910 (1981) 166면. 표 5.8. 오늘날에는 살인죄 기소

건의 80% 이상에 대하여 유죄판결이 내려진다. Online Sourcebook, 표 5.57. 2006. 대도시 지역에서의 중죄사건 재판의 경우 유죄판결률은 68%이다(같은 책).

367 Online Sourcebook, 표 5.57. 2006 참조.

368 Friedman & Percival, Roots of Justice, 166면. 표 5.8
캘리포니아의 구금형 비율은 북동부에 비해 2배였다. 캘리포니아에서는 북동부에 비해 실질적으로 더 많은 형사소추가 있었다는 의미다. 형사소추가 더 많았다는 사실은 검사에게는 공판에 대한 압박이 그만큼 컸다는 의미가 된다. 이는 다시 유죄인정협상이 늘어나게 되면서 재판은 감소하는 결과에 이른다.

370 인용된 문구는 People v. Bedell, 127 N.W. 33,36(Mich.1910) (Ostrander 판사의 동조 의견); People v. Peterson, 120 N.W. 570 (Mich.1909) 참조.

371 People v. Yund, 163 Mich. 504, 508-509, 128 N.W. 742, 744 (1910) 참조. 해당 법 원리를 배척한 판결로는 People v. Sherman, 14 Mich. App. 720, 166 N.W. 2d 22 (1968) 참조.

372 강간 사안에서 저항요건에 관하여는 Susan Estrich, Rape, Yale Law Journal, 제95권 (1986) 1105-1121면 참조. 강간죄 관련 영미 전통법에서의 여성혐오에 관해 논의한다.

373 또 다른 역사적 주제에 관한 훌륭한 논의로는 A. M. Coughlin, Sex and Guilt, Virginia Law Review, 제84권 (1998) 1-46면. 코플린에 따르면 강제력과 저항 요건이 형성되던 당시에는 상당수의 합의적 성관계가 범죄화되었다. 피고인의 강제력 행사와 피해자의 저항 입증요

건은 피해자가 성관계를 강요당했다는 사실의 입증과 동일한 요건이었다. 따라서 그러한 요건이 없다면 간통 또는 음란범죄가 될 수 있었던 행위에 대해서는 강간죄의 책임을 피할 수 있었다.

374 도덕적 과오의 입증을 요하지 않은 사안인 US v. Balint, 258 US 250 (1922)에서 태프트 대법원장의 의견이 핵심 내용을 지적하고 있다. 벌린트는 해리슨 법 위반으로 기소되었다. 피고인에게 가능한 유일한 항변사유는 판매혐의로 기소된 해당 마약의 내용 또는 동법이 마약판매에 대해 부과한 법적 요건을 알지 못했다는 사실이다. 태프트에 따르면 연방의회는 "선의의 판매자를 처벌할 경우의 불의와 선의의 구매자를 마약의 위험에 노출시키는 해악을 교량하여 후자의 경우가 우선적으로 회피되어야 한다고 본다."(동 판결, 254) 태프트의 견해는 도덕적 비난 가능성이 형사책임의 필요 요건일 경우, 그리고 일부 예외적인 사안 외에는 검사가 피고인이 관련 사실과 법에 대해 충분히 인식하고 유책하게 행위하였음을 입증할 경우에만 타당하다.

375 20세기 후반 가정폭력 사안에서 정당방위 원리의 한계에 관하여는 예를 들어 K. Kinports, Defending Battered Women's Self-Defense Claims, Oregon Law Review, 제67권 (1988) 393-465면 참조. 20세기 초반 시카고에서 폭력 남편을 살해한 여성에 대한 좀 더 관용적인 태도에 관하여는 Adler, First in Violence, 제3장 참조.

376 증인의 신빙성에 대한 판단자로서 배심원의 현대적 역할과 비교해 보아야 한다. G. Fisher, The Jury's Rise as Lie Detector, Yale Law Journal, 제107권 (1997) 575-638면 참조.

377 M. Craig Brown & B. D. Warner, Immigrants, Urban Politics and

Policing in 1900, American Sociological Review, 제57권 (1992) 301면. 표 2 참조.

378 G. F. Fisher, The Juries, in Felony Cases, in Cook County, in Illinois Crime Survey: 1929, J. H. Wigmore 편. (1929) 232면 표 1 참조.

379 경찰의 부패에 관하여는, R. M. Fogelson, Big-City Police (1977) 3-10, 148-149면 참조. 아일랜드계 거주지역 내부와 외부의 상이한 폭력 수준에 관하여는 M. S. Johnson, Street Justice: A History of Violence in New York City (2003) 28면. 표 1.9 참조.

380 W. M. Dulaney, Black Police in America(1996) 11-14면 참조.; Fogelson, Big-City Police, 14-15면.

381 1855년까지 거슬러 올라가면 보스턴의 경찰 비율은 인구 10만 명당 153명에 달했다. R. Lane, Policing the City: Boston, 1822-1885 (1967) 238면. 100년 뒤 휴스턴의 경찰 비율은 절반에 못 미치는 77명 수준이었다. 1961 Statistical Abstract, 16, no.10; Uniform Crime Report: 1956, 29면, 표 13. 오늘날 북부와 남부의 경제 격차가 상당히 좁혀지면서 살인범죄율과 경찰 비율의 격차도 줄어들고 있다. 2005년 애틀랜타의 경찰 비율은 보스턴이나 디트로이트보다 높다. 디트로이트보다 살인범죄율도 상당한 정도로 낮다. Crime in the US: 2005, 78면. 표 8

382 H. Powdermaker, After Freedom: A Cultural Study in the Deep South(1939)

383 1950년 사우스캐롤라이나 인구의 40%가 흑인이었지만, 주 교도소

에 수용된 중죄 수형자의 3분의 2는 백인이었다. Federal Bureau of Prisons, National Prisoner Statistics: Prisoners in State and Federal Institutions: 1950 (1954) 55면. 표 21. 동 자료에 따르면 (자료가 유실된) 조지아 주를 제외한 구舊 남부연맹 소속 11개 주의 경우 전체 인구의 29%가 흑인인데 비해 중죄 수형자 44%가 흑인이었다. 이에 비해 북동부의 경우 전체 인구 중 흑인이 5%에 불과한 데 수형자의 29%가 흑인이었다.

384 20세기 초반 인구집단별 양형자료는 사실상 존재하지 않는다. 다만 20세기 중반 자료는 본문에 서술된 상황을 뒷받침해준다. 일반적으로 흑인 수형자들은 백인 수형자들에 비해 형기가 길었지만 그 차이는 크지 않았다. 남부에서조차 마찬가지였다. 살인범죄 및 강간범죄의 경우만 예외였다. 살인과 강간범죄의 경우 흑인이 백인보다 상당한 정도로 형기가 길었다. Bureau of the Census, US Department of Commerce, Prisoners in State and Federal Prisons and Reformatories: 1938 (1941) 74-75면, 표 45-46. 인종 간, 그리고 지역 간 주요 차이점은 공식자료에는 나타나지 않는다. 바로 기소 대상 사안의 선별이다. 남부와 북부 교도소 수감자 인구집단자료에 따르면 남부에서보다는 북부에서 흑인 가해자-흑인 피해자 간의 범죄를 더 많이 기소하고 처벌하였다. National Prisoner Statistics: 1950, 55면. 표 21

385 M. J. Mancini, One Dies, Get Another: Convict Leasing in the American South, 1866-1928 (1996)

386 린치의 증가에 관하여는 S. E. Tolnay & E. M. Beck, A Festival of

Violence: An Analysis of Southern Lynchings, 1882-1930 (1995)

387 P. Dray, Capitol Men: The Epic Story of Reconstruction through the Lives of the First Black Congressmen(2008) 344-346, 380면.

388 Presidential Elections, 1789-2008 (2010) 140면.

389 T. A. Upchurch, Legislating Racism: The Billion Dollar Congress and the Birth of Jim Crow(2004) 2면.

390 전통적인 해석의 내용이다. F. Wellborn, The Influence of the Silver Republican Senators, 1889-1891, Mississippi Valley Historical Review, 제14권 (1928) 462-480면; V. P. DeSantis, Republicans Face the Southern Question: The New Departure Years, 1877-1897 (1959) 209-213면. 이 문제에 관한 최근의 저서에 따르면 은광산업을 지원하는 공화당 의원들은 원칙적으로 선거권 관련 입법에 반대했다. 이들은 연방의회가 민권이 아니라 지방경제 불황문제에 초점을 맞추어야 한다고 믿었다. Upchurch, Legislating Racism, 167-176면 참조.

391 Tolnay & Beck, Festival of Violence, 29-31면. 드레이에 따르면 린치 건수는 1892년 160건으로 정점에 달했다. P. Dray, At the Hands of Persons Unknown: The Lynching of Black America (2002) viii면. 클라만에 따르면 1890년대 평균 린치 건수는 188건이었으며, 1920년대 후반에는 17건까지 감소했다. M. J. Klarman, From Jim Crow to Civil Rights: The Supreme Court and the Struggle for Racial Equality (2004) 119면.

392 린치 건수에 관하여는 M. J. Klarman, From Jim Crow to Civil

Rights, 119면 참조. 현대 미국의 연간 사형집행 건수는 1999년에 98 건으로 정점에 이르렀고, 2008년에 37건으로 감소하였다. Online Sourcebook, 표 6.79. 2008.

393 Dray, Capitol Men 참조.

394 M. Kousser, The Shaping of Southern Politics: Suffrage Restriction and the Establishment of the One-Party South, 1880-1910 (1974). 특히 주에서의 선거권 제한과 백인 유권자에 대한 영향에 관하여는 같은 책, 49면(루이지애나), 58-62면(루이지애나, 미시시피), 208면(텍사스), 240-241면(사우스캐롤라이나, 버지니아) 참조. "선량한 인품조항 하에서 그리스도가 유권자 등록을 할 수 있겠는가라는 질문을 받은 앨라배마 선거관리위원장은 이렇게 답했다. 그건 전적으로 그리스도가 누구에게 투표할 것인가에 달려 있지요." 같은 책. 59면.

395 예를 들어 Tolnay & Beck, Festival of Violence, 86면 참조. "평균적인 남부 백인들은 린치를 민중적 정의의 실현으로 보려 한다." 톨네이와 벡의 설득력 있는 논증에 따르면 린치는 흑인들의 정치적 힘을 제한하려는 수단이 아니었다. 1890년 이래 그런 힘은 기본적으로 존재하지 않았다. 같은 책, 183-190면 참조. 동시에 흑인들에 대한 린치는 적어도 부분적으로는 정치적 힘이 제한된 가난한 백인들의 공식 사법체계에 대한 대응이라고 볼 수도 있다.

396 Dray, Hands of Persons Unknown, 5-14면.; Klarman, Jim Crow to Civil Rights, 119면.

397 1888년 선거 결과 연방하원에서 근소한 차이로 다수당이 된 공화당은 다음 하원 선거에서는 30%에도 못 미치는 의석을 얻었을 뿐이다. 그

다음 선거에서도 하원의 40%에 못 미쳤다. The Statistical History of the US: From Colonial Times to the Present, Prepared by the US Bureau of the Census (1976) 1083면 참조. 1892년 클리블랜드 대통령의 근소한 차이의 선거 승리를 그 전임자의 표차와 비교해 볼 필요가 있다. Presidential Elections, 137−142면 참조.

398 Presidential Elections, 142−146면 참조; Statistical History, 1083면.

399 Dray, Hands of Persons Unknown, 122−127면(윌밍턴), 162−167면 (애틀랜타)

400 Klarman, Jim Crow to Civil Rights, 68면.

401 이들 3명의 대법관은 에드워드 화이트Edward D. White, 호레이스 러톤 Horace Lurton, 조셉 라마Joseph Lamar였다. 화이트는 이미 연방대법관이었으며, 1910년 태프트 대통령이 대법원장에 임명했다. 러톤과 라마 대법관은 각각 1910년과 1911년에 임명되었다. 화이트와 러톤 대법관은 과거 남부연맹 군인이었다. Clare Cushman편, The Supreme Court Justices: Illustrated Biographies, 1789−1993 (1993) 271−275, 301−305, 316−320면 참조.

402 Phillip Langsdon, Tennessee: A Political History(2000) 265−267, 299−302면.

403 V. O. Key Jr., Southern Politics in State and Nation: A New Edition(1984) 318−319면 참조. 정당이 인종별로 나뉘지는 않았지만, 남부지역 백인들 중 흑인 거주지역 주민들은 흑인들이 드문 지역 백인 주민들보다 스미스에 대한 지지도가 높았다. 같은 책, 318−329면.

404 이와 관련된 또 다른 참고할 만한 사례는 허버트 후버 대통령이 연방

대법관에 지명했던 버지니아 출신 존 파커John J. Parker 연방법관의 인준을 둘러싼 싸움이다. 연방상원은 대법관 인준을 거부했는데 파커 판사의 인종 차별 경력이 사유 중의 하나였다. 파커 판사는 공화당원이었다. 이와 관련한 전반적 논의는 E. J. Sanchez, John J. Parker and the Beginning of the Modern Confirmation Process, Journal of Supreme Court History, 제32권 (2007) 22-45면 참고.

405 Leonard Dinnerstein, The Leo Frank Case, rev. ed.(2008); Klarman, Jim Crow to Civil Rights, 120-121면; S. Oney, And the Dead Shall Rise: The Murder of Mary Phagan and the Lynching of Leo Frank(2003) 참조.

406 슬레이턴이 당했던 실제 린치 위협에 관하여는 Oney, And the Dead Shall Rise, 503-511면 참조.

407 C. V. Woodward, Tom Watson: Agrarian Rebel(1938) 381면. 왓슨의 상원선거 적수는 다름 아닌 휴 도시Hugh Dorsey였다. 레오 프랭크 사건의 검사였던 도시는 조지아 주지사를 두 차례 역임하면서 공개적으로 린치에 대한 반대 입장을 취했다. 왓슨은 도시로 하여금 그 대가를 치르게 만들었다. Klarman, Jim Crow to Civil Rights, 262면; Woodward, Tom Watson, 407-410면.

408 Political Notes: Richie Out, Time Magazine(1934년 11월 19일) 참조.

409 이 사건 관련 사실 관계에 관하여는 Allen Barra, Inventing Wyatt Earp: His Life and Many Legends (1999) 29-30, 97, 115, 118, 126면 참조; Richard E. Erwin, The Truth about Wyatt Earp(1992) 23, 149, 166면 ; Casey Tefertiller, Wyatt Earp: The Life behind the

Legend(1997) 4-5면. 마을 보안관은 프레드 화이트Fred White였으며, (사고로) 화이트 보안관을 쏜 사람은 컬리 빌Curly Bill이었다. 이상하게 도 와이어트 어프는 공판 준비절차에서 컬리 빌에게 유리하게 증언했 다. Erwin, The Truth about Wyatt Earp, 174면; Tefertiller, Wyatt Earp, 59면. Barra에 따르면 이 사건이 어프 가문과 클랜튼 가문 간 의 갈등 원인 중의 하나였다. A. Barra, Inventing Wyatt Earp, 180 면. 이 사건만이 갈등 원인은 아니었다. 오케이 목장 결투 수주일 전 부터 아이크 클랜튼Ike Clanton은 클랜튼 가문 사람들이 지역 절도범들 의 물건에 손을 댄다는 소문을 퍼뜨리고 다니지 못하게 어프 형제를 살해하겠다는 위협을 되풀이했었다. Erwin, The Truth about Wyatt Earp, 258면 ; Tefertiller, Wyatt Earp, 115면.

410 Barra, Inventing Wyatt Earp, 188-189면 참조 ; Erwin, The Truth about Wyatt Earp, 261면 ; Tefertiller, Wyatt Earp, 119-123면.

411 지역주민 중에는 어프 형제를 법질서의 수호자로 칭송하는 사람들도 있었다. Tefertiller, Wyatt Earp, 125면.

412 같은 책, 115-117면.

413 로스가 분석한 남북전쟁 이후 애리조나의 살인범죄율이다; 뉴멕시코 의 최고 살인범죄율은 성인 인구 10만 명당 약 250명, 콜로라도의 경 우 140명에 달했다. Roth, American Homicide, 354면. 이에 비해 2008년 미국의 성인 인구 10만 명당 살인범죄율은 7.6명이다. Crime in the US: 2008 표 4 ; 2010 Statistical Abstract, 표 7 참조. 성인 인 구 10만 명당 살인범죄율이라는 점에 유의해야 한다. 전체 인구 10만 명당 비율은 더 낮다.

414 Roth, American Homicide, 404-405, 408-410면 참조.

415 Arthur Quinn, The Rivals: William Gwin, David Boderick, and the Birth of California (1994) 260-270면; Alexander E. Wagstaff, Life of David S. Terry: Presenting an Authentic, Impartial, and Vivid History of His Eventful Life and Tragic Death (1892) 217면.

416 테리와 필드 사이의 오랜 다툼에 관하여는 Carl B. Swisher, Stephen J. Field, Craftsman of the Law (1930) 73-74, 346-349면.

417 지역 인구와 수형자 수에 관하여는 Margaret W. Cahalan, Historical Corrections Statistics in the US, 1850-1984 (1986) 29-30면. 1880년 뉴멕시코 지역 수형자 수에 관한 자료는 없다. 다만 10년 뒤 전체 구금형 수형자 중에서 뉴멕시코 주민의 비율은 1880년 애리조나 주민의 비율과 거의 같다. 같은 책, 30면. 표 3-3. 로스에 따르면 19세기 말 뉴멕시코의 살인범죄율은 성인 인구 10만 명당 250명이다. Roth, American Homicide, 354면 참조.

418 2008년 뉴욕의 구금형 비율은 인구 10만 명당 307명이다. Online Sourcebook, 표 6.29. 2008. 같은 해 뉴욕 주의 살인범죄율은 인구 10만 명당 4명이다. Crime in the US: 2008, 표 4.

419 Lawrence Freidman, Crime and Punishment in American History(1993) 179-187면; R. M. Senkewicz, Vigilantes in Gold Rush San Francisco(1985) 8-9, 84-85, 160면.

420 Freidman, Crime and Punishment in American History, 181면; Senkewicz, Vigilantes in Gold Rush San Francisco, 85면

421 브로데릭과 자경위원회에 관하여는 Freidman, Crime and Punishment

in American History, 181면 ; Senkewicz, Vigilantes in Gold Rush San Francisco, 188면 참조. 샌프란시스코 자경위원회의 유사재판행위에 관하여는 Freidman, Crime and Punishment in American History, 180-181면 참조.

422 오클랜드의 살인범죄율에 관하여는 Friedman & Percival, Roots of Justice, 27면 참조. 1890년 오클랜드 시는 인구 50,000명에 경찰관이 38명에 불과했다. 1910년 경찰관은 109명으로 증원되었지만 인구는 150,000명으로 급증했다(같은 책, 77면. 표 4.1). 보스턴은 남북전쟁 이전부터 지역주민 대비 경찰관 비율이 그 2배였다. Roger Lane, Policing the City, 238면. 또한 Friedman & Percival, Roots of Justice, 76-78면 참조. (오클랜드의 규모가 다른 도시에 비해 작다는 사실을 보여준다) 교도소 수형자 수의 경우 19세기 말부터 20세기 초 캘리포니아는 북동부 지역에 비해 인구 대비 수형자 비율이 2배였다. Cahalan, Historical Corrections Statistics, 30면. 표 3-3.

423 구금형 비율 자료는 도시별이 아닌 주별 분석 결과다. 그렇지만 도시지역 구금형 비율은 주 단위 구금형 비율과 상관관계가 있었고, 현재도 있다고 볼 만한 상당한 이유가 있다.

424 Dan M. Kahan, The Secret Ambition of Deterrence, Harvard Law Review, 제113권 432-433면; 또한 Garrett Epps, Any Which Way but Loose: Interpretive Strategies and Attitudes toward Violence in the Evolution of the Anglo-America Retreat Rule, Law and Contemporary Problems, 제55권 (1992) 311-314면 참조.

425 State v. Bartlett, 71 S. W. 148, 151-152(Mo.1902), Kahan, The

Secret Ambition of Deterrence, 429면에서 재인용.

426 Lynn v. People, 48 N. W. 954 (Ill.1897), 린 판례에 따르면 도망칠 의무는 경찰관에게는 적용되지 않는다. 해당 의무는 시민 일반에게 적용된다는 전제 하에 논의된다.

427 Klarman, Jim Crow to Civil Rights, 275−286면 참조.

제6장 문화전쟁과 그 여파

428 지방주의에 관한 훌륭한 설명으로는 Michael W. McConnell, Federalism: Evaluating the Founders' Design, University of Chicago Law Review, 제54권 (1987) 참조

429 링컨과 더글러스는 1858년 각각 후보자와 현직 의원으로 상원 선거에서 맞붙었다. 링컨과 연합한 공화당 의원들은 더글러스를 지지하는 민주당보다 더 많이 득표했다. 하지만 재선에 필요한 만큼의 득표에는 미치지 못하여 더글러스가 근소한 차이로 당선되었다. Michael Burlingame, Abraham Lincoln: A Life, 제1권 (2008) 545−557면.

430 전형적인 경우 문화전쟁은 신 행정부 출범 시기에 일어났다. Neil A. Lewis, Abortions Abroad Are New Focus of Widening Battle over Reagan's Policy, New York Times(1987년 6월 1일자); Steven A. Holmes, US Set to Change Abortion Policies, New York Times(1993년 5월 12일자); Brian Knowlton, Funds for Overseas Abortion Advice to End: In First Policy Moves, Bush Team Focuses on Role Abroad, New York Times(2001년 1월 23일); Obama Ends Ban on

US Funds to Aid Abortions, New York Times(2009년 2월 3일자)

431 링컨이 말한 '상관없어' 정책에 관하여는 예컨대 Abraham Lincoln, Speech at Hartford, Connecticut on March 5, 1860, Evening Press Version, R. P. Basler편, The Collected Works of Abraham Lincoln, 제4권 (1953) 10면 참조; 또한 H. Holzer, Lincoln at Cooper union: The Speech That Made Abraham Lincoln President, (2004) 185–187면 참조. 링컨이 말한 '궁극적 폐기'에 관하여는 Abraham Lincoln, Speech at Springfield, Illinois on June 16, 1858, in Basler, Collected Works, 제2권 461면 참조.

432 동성애자 권리문제와 관련하여 혼인보호법Defense of Marriage Act(혼인을 한 명의 남자와 한 명의 여자 사이의 법적 결합으로 정의하고, 주 정부에게 다른 주에서 인정된 동성 결혼을 부인할 권한을 부여한 법률. Public Law No.104-199, 110 Stat.2419), 그리고 한편으로 범죄방지법 Matthew Shepard & James Crime Prevention Act(연방법상 증오범죄 관련 규정을 피해자의 실제 또는 인식된 성적 지향, 젠더, 젠더 정체성 또는 장애가 동기인 범죄로 확대 적용한 법률. Public Law No.111-84)과 고용차별금지법안Employment Non-Discrimination Act(젠더 또는 젠더 정체성에 따른 고용상의 차별을 금지한 연방법 규정의 확대적용 법률), S.1584/H.R.3017을 비교해 살펴보아야 한다. 낙태와 관련해서는 하이드 개정조항Hyde Amendment(관련세출예산안에 통상 부가되는 입법 조항으로서 특정 연방기금이 낙태 비용으로 지출되는 것을 금지하는 규정)과 대통령령Executive Order 13535(환자보호 및 치료제공법Patient Protection and Affordable Care Act. Public Law No.111-148과 2000년 보건처우와 교육의 재

통합법Health Care and Education Reconciliation Act. Public Law No.111-152 제정에 뒤이어 하이드 개정조항 상의 원칙을 재확인한 법령), 그리고 치료시설출입접근의 자유에 관한 법Freedom of Access to Clinic Entrances Act(산부인과 진료를 제공하거나 받으려는 자를 "강제력, 협박 또는 물리적 저지"로써 방해하는 행위에 대하여 형사제재 및 민사제재를 부과하는 법률) Public Law. No.103-259를 비교해 살펴보아야 한다. 동성애자의 권리 및 낙태 양 현안과 관련하여 찬반 양측은 전국적 차원에서 자신들이 선호하는 정책을 확립하기 위해 많은 노력을 기울였다.

433 강령 내용에 관하여는 Independent Hall Association, "Republican Philadelphia: Republican Planform of 1956" (www.ushistory.org/gop/convention_1856republicanplatform.htm.) 참조

434 Sarah B. Gordon, The Mormon Question: Polygamy and Constitutional Conflict in Nineteenth Century America(2002) 92-99, 102-107, 196면 참조. 싸움은 1850년대부터 시작되었는데 노예제도를 둘러싼 전국적 논쟁이 여전히 한창이던 시기였다 1857년 당시 제임스 뷰캐넌 대통령은 유타 지역의 연방법 준수를 강제하기 위해 군대를 파견했다. 실제 "전쟁"은 시늉에 그쳤다. 연방 군대와 유타 지역 민병대는 한 번도 직접 마주치지 않았기 때문이다(같은 책, 58-62면).

435 노예제도 반대를 둘러싼 정치에서 성폭력의 역할에 관하여는 예컨대 W. W. Freehling, The Road to Disunion: Secessionists Triumphant, 1854-1861 (2007) 참조. 프리링은 남부 백인들이 흑인 노예를 성적 착취한다는 비난에 대해 분명한 사실이었던 경우마저도 얼마나 분개했었는지 강조한다. 중혼 반대를 둘러싼 정치에서 같

은 현안의 역할에 관하여는 예컨대 Gordon, Mormon Question, 14, 47-48, 167-171면. 연방 헌법 제1조 상의 이른바 5분의 3 조문에 따르면 하원 의석과 선거구를 배정할 때 지역주민 수는 자유민의 수와 전체 노예 수의 5분의 3을 합해 산정하였다. 이러한 제도는 다수의 노예인구를 가진 남부지역 주민들이 연방정부에 대한 실제 이상의 영향력을 행사하는 확고한 기반이 되었다. 그 정치적 결과는 컸다. 남부 표가 없었다면 1800년 대선 당시 토머스 제퍼슨은 존 애덤스에게 패배했을 것이다. Garry Wils, "Negro President": Jefferson and the Slave Power(2003) 2면 참조.

436 Gordon, The Mormon Question, 81면. 모릴 법을 발의한 Justin Morrill은 버몬트 주 출신 연방 하원의원이었으며, 이후 30년 동안 상원의원을 지냈다. 모릴은 1862년 대학토지제공법Land Grant Colleges Act의 발의자로 더 많이 알려져 있다. 1862년법에 따라 MIT, 코넬 대학교를 비롯한 중서부 지역 유명 주립대학들이 설립되었다. 두 법을 통해 모릴 의원은 전통적으로 주 정부가 관장해왔던 고등교육 진흥, 그리고 가정폭력 관련법집행 문제의 진전에 연방 권력을 기꺼이 동원하고자 했다

437 미국 연방 헌법 제6조 제3항

438 뿐만 아니라 Dred Scott 사안에서 연방대법원은 연방의회가 준주準州 지역 내 노예규제 권한을 확고하게 제한하고 있다고 판결하였다. 노예제도가 연방 규제대상이 아니라 전적으로 지방정부가 정할 문제라 한다면 혼인문제 역시 마찬가지일 것이다.

439 미국 연방 헌법, 수정 제1조

440 98 US 145 (1879)

441 레이놀즈에 대한 1심 유죄평결은 항소심에서 파기되었다. 재심에서 레이놀즈의 두 번째 부인은 증언을 거부했지만, 검사 측에게 두 번째 부인의 1심 증언기록 제출이 허용되었다. 이에 따라 재심에서도 유죄가 선고되었다. Gordon, The Mormon Question, 114-116, 154면

442 연방의회는 준주에 대하여 명백히 입법적 권한의 우위에 있다. 연방정부가 주에 대하여 우위의 권한을 갖는 것과 마찬가지다. 여기에 레이놀즈 판례와 크룩생크 판례의 차이가 있다. 하지만 일부다처제를 둘러싼 싸움에서 관건은 준주법의 문제 그 이상이었다. 연방의회의 목적 중의 하나는 주州 지위를 부여하는 조건으로서 모르몬교회가 중혼을 포기하도록 유도하는데 있었다. 따라서 연방의회는 실제로는 전통적인 주법 영역을 관장하고자 했으며, 이는 단지 준주가 아닌 주가 되려는 지역과 관련된 문제였다.

443 Reynolds, 98 US 166-167.

444 에드먼즈 법은 1882년 처음 등장하여 (22 Stat.30) 연방법으로 제정되었다가(48 USC §1461) 1983년 폐지되었다. 모릴 법과 에드먼즈 법을 발의한 Justin Morrill과 George F. Edmunds는 버몬트 주 출신 상원의원을 장기간 역임했다. 이들은 공화당 내에서 적극적인 노예제도 반대파에 속해 있었다. 음란죄 기소 건수에 관하여는 Gordon, The Mormon Question, 155면. 유타 준주의 인구에 관하여는 1951 Statistical Abstract 31. 클로슨 사건에 관하여는 Gordon, The Mormon Question, 157면 참조. 모르몬교 여성들의 기소에 관하여는 같은 책 166, 181면 참조. 음란죄와 같이 전통적인 판례법 범죄를 연

방 내 준주지역에서 연방정부가 기소할 권한이 있는지 의문이 들 수 있다. 1812년 이미 존 마샬 대법원이 판례법 연방범죄란 있을 수 없다고 판결했기 때문이다. (US v. Hudson 11 US 32, 1812). 이는 혼인법과 관련하여 연방 내 준주지역에서는 연방정부가 법적 권한이 우위에 있기 때문이다.

445 Gordon, The Mormon Question, 211-213, 219-220면

446 Henry Chafetz, Play the Devil: A History of Gambling in the US from 1492 to 1955 (1960) 299-300면; Richard McGowan, State Lotteries and Legalized Gambling (1994) 14-15면; Ronald J. Rychlak, Lotteries, Revenues and Social Costs: A Historical Examination of State-Sponsored Gambling, Boston College Law Review, 제34권, (1992) 38-44면.

447 입법과 관련해서는 Act of August 11, 1868, 1868 La. Acts 24 참조. 입법 목적인 부패문제와 관련해서는 Ellan Lonn, Reconstuction in Louisiana: After 1868 (1918) 523면. 재건 시대 루이지애나 주 정부의 부패문제 전반에 관련해서는 Eric Foner, Reconstruction: America's Unfinished Revolution, 1863-1877 (1989) 385, 388, 550, 551면 참조.

448 A Lottery Bribe Refused: Gov. Nicholas Returns a Check for $100,000; But Mayor Shakespeare Accepts for the City of New Orleans; Break in the levee at East Carroll, New York Times(1890년 3월 16일자)

449 두 연방법에 관하여는 Anti-Lottery Act of 1890, ch.908, 26 Stat.465; Lottery Act of 1895, ch.191, 28 Stat.963 참조. 다우핀 사

건에 관하여는 Succession of Daupin, 36 So.287 (La.1904) 참조.

450 188 US 321 (1903)

451 188 US 364-365. 풀러Fuller 대법관 반대 의견

452 18 USC §§2422-2423 (현행 만 법), 1952 (통행법), 922(g) (중죄 전과자 무기소지금지 조항). 중죄 전과자 무기소지금지 조항을 규정하는 관할권 규칙에 관하여는 Scarborough v. US 431 US 563 (1977)

453 또는 매매 자체가 주 경계를 넘는 경우도 상당했다. 예컨대 US v. Jackson, 196 F3d 383 (2d Cir. 1999)

454 마약법의 경우도 마찬가지다. 마약법상 연방범죄는 연방관할권 적용을 위해서 주 경계를 넘었다는 사실 또는 주간 통상이라는 사실에 대한 증거를 요하지 아니한다. Gonzales v. Raich, 545 US 1 (2005) 참조.

455 이에 관한 고전적인 논의는 Morton Gonzales, The American System: A New View of Government in the US (1966) 참조.

456 188 US 356-357

457 Timothy J. Gilfoyle, City of Eros: New York City, Prostitution, and the Commercialization of Sex, 1790-1920 (1992) 29, 253-254면

458 뉴욕처럼 자경단 형태의 민간조직이 성매매 조직을 공격하는 등 사적 집행의 경우도 상당했다. Gilfoyle, City of Eros, 187-189면; Jeniffer Fronc, New York Undercover (1974) 34, 62면. 성매매 산업의 지속성에 관하여는 예컨대 Lawrence Friedman, Crime and Punishment in American History(1993) 331면 참조. 로렌스 프리드먼은 성매매 시장이 끊임없이 번창하도록 유지시켜 주는 "거대한 고객층"을 지적한다.

459 시카고에 관하여는 Mark Haller, Historical Roots of Police

Behavior: Chicago, 1890-1925, Eric H. Monkkonen편, Crime and Justice in American History: Policing and Crime Control, 제5권 제 1부 (1992) 257면. 음성적 형태의 성매매 허용에 관하여는 Friedman, Crime and Punishment in American History, 226-228, 328-332 면.; Sidney L. Harring, Policing a Class Society: The Experience of American Cities, 1865-1915 (1983) 191-195면. 애틀랜타에 관하여는 Eugene J. Watts, The Police in Atlanta, 1890-1905, in Crime and Justice in American History: Policing and Crime Control, 제5 권 제3부, 917면. 세인트폴에 관하여는 Joel Best, Keeping the Peace in St. Paul: Crime, Vice, and Police Work, 1869-1874, in Crime and Justice in American History, 제5권 제1부, 73면. 서부도시들 에 관하여는 G. Simmons, Ladies of the Night: A Historical and Personal Perspective on the Oldest Profession in the World (2008) 136면 참조.

460 맨해튼의 성매매 여성 규모에 관하여는 H. W. Brands, T. R.: The Last Romantic (1997) 7면. 스토리빌의 성매매 여성과 수입 규모에 관하여는 Al Rose, Storyville, New Orleans: Being an Authentic, Illustrated Account of the Notorious Red Light District(1974) 96면. 스토리빌과 뉴올리언스 음악에 관하여는 Alecia P. Long, The Great Southern Babylon(1966) 105, 196-197면. 스토리빌의 종말에 관하 여는 Long, Southern Babylon, 226-227면.

461 Fronc, New York Undercover, 40, 67면; Gilfoyle, City of Eros, 243-248면.

462 David J. Langum, Crossing Over the Line: Legislating Morality and the Mann Act (1994) 38-41면.

463 Mann Act, ch.395, §2,36 Stat.825 (1910)

464 Langum, Crossing Over the Line, 1-3면.

465 위의 책, 182-185면. 존슨은 이후 백인 성매매 여성과 동행 및 동침했다는 죄목으로 기소되어 유죄판결을 받았다.

466 242 US 470, 482(1917)

467 동 판결, 496-502 (McKenna 대법관의 반대 의견) 화이트 대법원장과 클라크 대법관은 맥케나의 반대 의견에 동조했다.

468 Exxon Mobile Corp. v. Allapattah Services, Inc, 545 US 546, 568(2005) ("효력 있는 내용은 입법사나 기타 외부 문건이 아니라 제정법 문언에 있다.")는 Church of Holy Trinity v. US, 143 US 457, 459 (1892) ("실정법 문구상의 내용이 실정법 자체의 내용이 아닐 수 있다는 점은 일반적으로 인정되는 법칙이다. 해당 문구가 법의 정신이나 입법자의 의도에 맞지 않을 수 있기 때문이다.")와 비교된다.

469 가장 좋은 논의로는 David A. Sklansky, Cocaine, Race, and Equal Protection, Stanford Law Review, 제47권 (1993) 1283-1322면 참조.

470 George Fisher, The Euphoria Taboo: Alcohol Monogamy, Narcotic Temptation (미출간 원고) 제1장 참조. 마약복용자들이 "쾌락의 노예"가 될 위험성을 다룬다.

471 남부 흑인들의 코카인 복용에 대한 주장과 광범위하게 확산되었다는 주장의 오류에 관하여는 David F. Musto, The American Disease: Origins of Narcotic Control (1999) 7-8면.

472 이에 관한 상세한 설명은 같은 책, 25-63면 참조.

473 이 규정은 1930년대부터 1940년대 기간 중 바뀌었다. 현행 연방마약 법은 주간 이동에 대한 증거를 요하지 아니한다. 마약 단순소지 및 배포는 연방범죄로서 주간 통상을 요건으로 하지 아니한다. Gonzales v. Raich, 545 US 1 (2005)

474 Harrison Act, ch.1, §2, 38 Stat.785 (1914)

475 US v. Doremus, 249 US 86(1919)

476 US v. Balint, 258 US 250 (1922)

477 US v. Behrman, 258 US 280 (1922)

478 Balint, 258 US 290 (홈즈 대법관의 반대 의견. McReynolds, Brandeis 대법관도 동조)

479 Balint, 258 US 251-252

480 동 판결, 252.

481 US v. Hurwitz, 495 F.3d 463 (4th Cir. 2006)과 비교된다. "선의good faith" 항변사유가 허용된 최근의 판례다. 단, 피고인은 합리적으로 행동하였음을 입증해야만 항변사유로 인정된다.

482 유명한 말이기는 하지만 사실과는 좀 다르다. 실제 후버는 다음과 같이 말했다. "우리나라는 고상한 동기와 광범한 목적을 가진 위대한 사회 경제적 실험에 착수하였습니다." Fred R. Shapiro편, The Yale Book of Quotations(2006) 369면.

483 당시의 설명에 관하여는 Martha B. Bruère, Does Prohibition Work? (1927) 278-279, 297면 참조. 또한 Mark Keller, Alcohol Problems and Policies in Historical Perspective, David E. Kyvig편, Law,

Alcohol, and Oeder: Perspectives on National Prohibition(1985) 163면 참조. ("금주법은 즉각적인 혜택을 보여주었다. 사악한 술집들이 문을 닫고 … 음주로 인한 체포와 음주 관련 입원 비율의 감소를 가져왔다."); David M. McDowell & Henry Spitz, Substance Abuse: From Principles to Practice(1999) 250면. ("[금주법은] 뜻하지 않았던 긍정적 효과를 거두었다. 술 소비량과 과음으로 인한 사고는 급감했으며, 가정 폭력 비율도 감소했다. 그리고 몇 년이 지나자 간경변증 비율도 크게 줄어들었다.") 이러한 혜택들을 "뜻하지 않은" 결과라 한다면 인색한 평가로 보인다.

484 D. E. Kyvig, Repealing National Prohibition, 제2판 (2000) 25면은 1928년도 주류 가격 조사를 인용하고 있다.

485 예컨대 Bruère, Does Prohibition Work? 299-300면 참조.

486 이 수치의 근거는 Edward Rubin, A Statistical Study of Federal Criminal Prosecutions, Law and Contemporary Problems, 제1권, 497면, 표 1 (1933-1934). 오늘날 마약사건은 연방 형사사건의 약 5분의 1을 상회하는 수준이며, 주 법원 형사 사안의 3분의 1 이상을 차지하고 있다. Online Sourcebook, 표 5.10. 2009, 5.52. 2006

487 미국 연방 헌법, 수정 제18조

488 US v. Farrar, 281 US 624 (1930)

489 National Prohibition Act, ch.85, §§6,33, Public Law No.66-66, 41 Stat.305 (1919)

490 US v. Behrman, 258 US 280 (1922)

491 Gonzales v. Raich, 545 US 1 (2005)

492 National Prohibition Act §1.

493 Baltimore Mayor Supports Legalization of Illicit Drugs, New York Times, 1988년 9월 30일자.

494 스미스 주지사에 관하여는 Michael A. Lerner, Dry Manhattan: Prohibition in New York City (2007) 239-254면 참조. 리치 주지사에 관하여는 예컨대 Effects of a Groundswell, Time 1930년 9월 29일자. 16-18면; From Anne Arundel Town, Time, 1926년 5월 24일자. 8-9면.

495 코네티컷 주와 로드아일랜드 주는 헌법 수정조항을 비준하지 않았다. 수정헌법 제18조의 비준에 이르기까지 전국적 논쟁은 주 차원의 금주 운동으로서 30년간 지속되었다. Robert Post, Prohibition in the Taft Court Era, William and Mary Law Review, 제48권 (2006) 5-6면. 각주 5, 6.

496 금주법 폐지 수정조항의 비준을 거부한 10개 주는 다음과 같다. 조지아, 캔자스, 루이지애나, 미시시피, 네브래스카, 노스캐롤라이나, 노스다코타, 오클라호마, 사우스캐롤라이나, 사우스다코타. Kyvig, Repealing Prohibition, 178-179면. 폐지 조항 비준은 주 의회가 아닌 주민총회에 의해 이루어졌다. 이는 헌법수정 일반절차를 벗어난 경우였다(같은 책, 170-175면).

497 Lerner, Dry Manhattan, 77-78면.

498 구치시설 수감자 수에 관하여는 Margaret W. Cahalan, Historical Corrections Statistics in the US, 1850-1984 (1986) 86-87면 표 4-10, 4-11. 구금형 수형자 수에 관하여는 Bureau of Census, US

Department of Commerce, Prisoners in State and Federal Prisons and Reformatories: 1926 (1929) 11면. 표 6.

499 Lerner, Dry Manhattan, 93-95면.

500 National Commission on Law Observance and Enforcement, Report on the Enforcement of the Prohibition Laws of the US (1931), 54-55면.

501 Kyvig, Repealing Prohibition, 23-25면. 키빅의 자료에 따르면 금주법 시행 직전인 1910년대 중반과 폐지 직후인 1934년 사이 주류소비는 절반 이상 감소했다. 금주법 폐지 이전에 조사되었다면 감소량은 틀림없이 더 크게 나타났을 것이다. 워버튼의 조사에 따르면 맥주 소비량은 3분의 2 정도 감소하고, 독주 소비량은 금주법 시행 이전 수준에 비해 증가했다. C. Warburton, The Economic Results of Prohibition (1932) 107면. 표 47. 독주 소비량 증가 주장은 독주 가격의 급등으로 인하여 수요가 상당히 억제되었다는 점을 감안하면 설득력이 없다. 오히려 독주 소비량은 적어도 약간은 감소했을 것으로 보인다. 맥주 소비량 역시 3분의 2 이상 감소했을 것이다.

502 이 점에 관한 상세한 설명은 William. J. Stuntz, Race, Class and Drugs, Columbia Law Review, 제98권 (1998) 1795-1842면.

503 조지아 주 신문이 요점을 보여준다. "음주습관은 더 많은 사람들이 음주가 잘못된 일이라 믿기 전까지는 강제로 없어지지 않는다." Post, Prohibition and the Taft Court, 6n6에서 재인용.

504 이 수치에 관한 평가는 William. J. Stuntz, The Political Constitution of Criminal Justice, Harvard Law Review, 제119권 (2006) 814면. 주

190-191.

505 Rubin, Statistical Study, 497면. 표 1. 499면. 표 2 참조. 실제 비율은 거의 틀림없이 더 낮았을 것이다. 해당 자료는 모든 "우편 관련" 사안의 총합으로 사기가 가장 큰 비중을 차지하지만 전부는 아니다.

506 Steve Neal, Happy Days Are Here Again: The 1932 Democratic Convention, the Emergence of FDR- and How America Was Changed Forever (2004) 236-249면.

507 오하이오 동부와 포토맥 강 북부에서 루스벨트는 50%를, 후버는 46%를 득표했다. 중서부와 서부에서는 루스벨트가 2대 1의 표차로 승리했으며, 남부에서 표 격차는 더 컸다. 전국 투표율 차이를 반영하면 1932년 당시 루스벨트와 후버의 득표 비율은 1896년 및 1900년 당시 윌리엄 브라이언William J. Bryan과 윌리엄 맥킨리William McKinley의 득표 비율과 동일하다. Presidential Election, 1789-2008 (2010) 143-144, 152면. 루스벨트는 첫 번째 대선 당시 스미스의 음주 허용 입장이 아닌 브라이언의 음주 불허 입장을 따르는 민주당 후보였다.

508 Bruère, Does Prohibition Work? 108, 111, 114면 참조; T. A. Guliemo, White on Arrival: Italians, Race, Color, and Power in Chicago, 1890-1945 (2003) 83면

509 410 US 113 (1973)

510 Richard D. Lunt, The High Ministry of Government: The Political Career of Frank Murphy(1965) 154-160면 참조. 런트에 따르면 파업 연좌농성 사건이 머피가 낙선한 원인이었다는 일반적인 평가에도 불구하고, 실제로는 공화당에 쏠린 흐름에 휩쓸렸을 뿐이었다는 것이다.

511 특급 수배자명단은 1950년대 초반 이후에 등장했다. 그 전에도 후버 국장은 비슷한 전략을 여러 가지로 활용했다. 존 딜린저 같은 악명 높은 범죄자 검거작전이 그것이다. 딜린저는 1934년 연방수사국 요원에 의해 사살되었고, 그 덕분에 연방수사국과 후버의 명성이 높아졌다. Bryan Burrough, Public Enemies: America's Greatest Crime Wave and the Birth of FBI, 1933-1934 (2004) 402-416면. 악명 높은 범죄자 검거작전을 후버 자신의 정치적 영향력 확대에 활용했다는 점에 관하여는 Richard G. Powers, Secrecy and Power: The Life of J. Edgar Hoover(1987) 189-193, 196-209면.

512 위트니와 루치아노 기소에 관하여는 Richard N. Smith, Thomas E. Dewey and His Times(1982) 289-206, 249-250면. 듀이는 루치아노를 다수의 성매매 음모죄로 기소했다(같은 책, 205-206면). 오늘날에는 성매매 죄목의 기소가 법집행 기법 중의 하나로 인정되지만, 듀이의 시대에는 보기 드문 기법이었다. 당시 대부분의 검사들은 성매매 기소로는 유권자들의 표를 얻을 수 있다고 여기지 않았다. 반면 듀이는 범죄소추를 통한 정치적 이득은 기소의 근거가 되는 법조문이 아니라 피고인이 누구인가에 달려 있다는 점을 알았던 것이다. 듀이의 〈타임〉지 표지인물 이야기에 관하여는 Fight against Fear, Time, 1937년 2월 1일자, 14-16면 참조. 여론조사에 관하여는 Smith, Dewey and His Times, 285면(갤럽 조사결과에 따르면 공화당원 50%가 듀이를 공화당 대통령후보로 지지했으며, 루스벨트와 양자대결에서는 58%의 지지를 얻었다) 듀이는 1940년 예비선거 대부분을 승리하고, 공화당 전당대회 투표 초반까지 우세했지만, 결국 웬델 윌키Wendell Willkie에게 패

했다 ; Charles Peters, Five Days in Philadelphia (2005) 57-108면.

513 Smith, Dewey and His Times, 352-539, 553-604면

514 Bruce A. Murphy, Wild Bill: The Legend and Life of William O. Douglas (2003) 124-154면

515 키퍼버 위원회의 탄생에 관하여는 Joseph B. Gorman, Kefauver: A Political Biography (1971) 74-102면; William H. Moore, The Kefauver Committee and the Politics of Crime: 1950-1952 (1974). 키퍼버 위원회에 대한 텔레비전 시청자들의 높은 관심에 관하여는 같은 책, 169면 참조.

516 맥카시즘에 관한 문헌은 방대하다. 위스콘신 출신 맥카시 상원의원의 활동과 영향에 관하여는 James T. Patterson, Grand Expectations: The United States, 1945-1974 (1996) 196-205, 264-270면 참조. 더 상세한 평가에 관하여는 Richard Fried, Nightmare in Red: The McCarthy Era in Perspective (1990); David Oshinsky, A Conspiracy So Immense: The World of Joe McCarthy (2005). 1950년 2월 웨스트버지니아에서의 연설과 그 결과에 관하여는 Fried, Nightmare in Red, 124-131면 참조.

517 케네디의 라켓 위원회 활동에 관한 객관적 평가는 Paul Jacobs, Extracurricular Activities of the Rackets Committee, California Law Review, 제51권 (1963) 296-310면 참조.

518 더글러스의 대법관 임명에 관하여는 Murphy, Wild Bill, 165-175면 참조. 1944년 부통령후보 지명에 관하여는 211-230면 참조. 실제 부통령후보로 선출된 사람은 해리 트루먼이었다. 트루먼은 1945년 4월

서거한 루스벨트의 대통령직을 승계했다. 더글러스가 대통령이 될 수도 있었던 것이다.

519 형 케네디의 대통령선거운동본부장으로 기여했기 때문이라는 점은 분명하다. 다만 로버트 케네디의 라켓 청문회에서의 역할이 없었더라면 법무장관 임명은 정치적으로 불가능했을 것이다.

520 Moore, The Kefauver Committee and the Politics of Crime, 97-98면 참조.

521 같은 책, 151-152, 155-157면

522 William Manchester, The Glory and the Dream: A Narrative History of America, 1932-1972 (1974) 734면

523 Moore, The Kefauver Committee and the Politics of Crime, 184, 190면 참조.

524 같은 책, 174, 196-197면

525 Federal Kidnapping Act, Public Law No.72-189, 47 Stat.326 (1932); Anti-Racketeering Act, Public Law No.73-376, 48 Stat. 979 (1934); National Firearms Act, Public Law No.73-474, 48 Stat.1236 (1934)

526 Johnson Act, ch.1194, 64 Stat.1134 (1951); Travel Act, Public Law No.87-228, 75 Stat.498 (1961)

527 William J. Stuntz, The Pathological Politics of Criminal Law, Michigan Law Review, 제100권 (2001) 531-532면 참조.

528 James A. Strazella, The Federalization of Criminal Law, American Bar Association (1998) 20-21면 참조.

529 마피아 형태의 조직범죄에 중점을 두었다. Nancy E. Marion, A

History of Federal Crime Control Initiatives, 1960-1993 (1994) 28-30면 참조.

530 뉴욕과 연방 살인범죄율 간의 역사적 관계에 관하여는 Eric H. Monkkonen의 Murder in New York City (2001) 9면, 표 1.1에 따르면 1980년 전국 살인범죄율은 10만 명당 11명인데 비해, 뉴욕 시의 살인범죄율은 26명이다. 교외지역 노동자 계층 거주지역 내 폭력범죄율 증가와 관련해 Brockton의 살인범죄율은 10만 명당 9명, Lawrence는 12명으로 모두 보스턴의 살인범죄율보다 높다. Mount Vernon의 살인범죄율은 10만 명당 15명으로 뉴욕 시의 3배에 가깝다(Crime in the US: 2009, 표 8). 또한 1955년과 1962년 사이 아프리카계 미국인의 살인범죄율은 인구 10만 명당 23명인데 비해, 백인 살인범죄율은 역사상 가장 낮은 수준인 2명이었다. R. Roth, American Homicide (2009) 452면.

531 1951 Statistical Abstract 표 55, 56; 1961 Statistical Abstract 표 10; 1981 Statistical Abstract, 표 23, 24. 이 자료들은 광역지역 내 시와 카운티 단위 인구를 구별하지 않기 때문에, 광역지역 내 시 인구는 대략 추정한 수치다.

532 현재 시카고 인구는 약 280만 명이며, 시카고 시가 속한 일리노이 주 Cook County 인구는 530만 명이다. 디트로이트 시의 인구는 87만 명이며, 디트로이트 시가 속한 미시간 주 Wane County 인구는 190만 명이다. 로스앤젤레스 시의 인구는 380만 명이며, 로스앤젤레스 시가 속한 Los Angeles County는 약 1000만 명이다. (US Census Bureau, State and County Quick Facts (http://quickfacts.census.gov)

533 Cahalan, Historical Corrections Statistics, 65면 표 3-31 참조. 교도소 수형자 수 가운데 흑인 비율은 1923년 23%에서 1960년 37%로 증가했다. 이는 Cahalan, Historical Corrections Statistics, 30면, 표 3-3의 구금형 비율과 매년 Statistical Abstract 상의 전체 인구 중 흑인과 백인 비율 자료에 근거하여 저자가 추정한 수치다.

534 Robert M. Fogelson, Big-City Police(1977) 141-192면; David A. Sklansky, Democracy and the Police (2007) 33-38면.

535 David Garland, The Culture of Control: Crime and Social Order in Contemporary Society (2001) 89-96면.

제7장 헌법의 융성: 가지 않은 세 갈래 길

536 Wolf v. Colorado, 338 US 25 (1949)에서 연방대법원은 압수 수색에 관한 수정헌법 제4조가 주에 대하여 구속력을 가진다고 판시하였다. 다만, 동 조항상의 제한을 연방정부가 집행할 수는 없다고 보았다. 수정헌법 제4조를 실제로 주 및 지방 정부 공무원에 적용한 최초의 사례는 1961년 Mapp v. Ohio 367 US 643 (1961) 이다. Mapp 판결에서는 위법하게 압수된 증거물의 증거능력을 부인함으로써 증거배제규칙을 주 법원에도 적용하였다.

537 116 US 616 (1886)

538 해당 사실관계에 관하여는 Boyd, 116 US 617-20, 630 참조; Boyd v. US, 116 US 616 (1886) (No.983) 원고 측 소송적요서는 Philip B. Kurland & Gerhard Casper, eds. Landmark Briefs and Arguments of the Supreme Court of the US: Constitutional Law, 제8권 (1975) 479, 480-485면. 피고 측 소송적요서는 같은 책, 505, 506-509면.

539 201 US 43 (1906)

540 275 US 192 (1927)

541 335 US 1 (1948)

542 277 US 438 (1928)

543 홈즈 대법관의 반대 의견에 관하여는 277 US 469-471 참조. 브랜다이스 대법관의 반대 의견에 관하여는 같은 판결, 471-485 참조. 이 사안에 관한 흥미롭고 통찰력 있는 설명으로는 Robert Post, Prohibition in the Taft Court Era, William and Mary Law Review, 제48권 (2006) 137-159면. 브랜다이스의 반대 의견에 관한 설명은 같은 책, 154-159면. 이 책에 따르면 포스트는 올름스테드 판결의 중요성을 과대평가하고 있다고 보인다. 도청에 대한 법적 규제의 뒤늦은 변화에 관하여는 Berger v. New York 388 US 41 (1967); Katz v. US, 389 US 347 (1967)

544 William J. Stuntz, The Substantive Origins of Criminal Procedure, Yale Law Journal, 제105권 (1995) 428-435면 참조.

545 금주법 시행 이후 특히 그러했다. Kenneth M. Murchison, Federal Criminal Law Doctrines: The Forgotten Influence of National Prohibition (1994) 74-103면 참조. 금주법 시행 말기 연방대법원은 음주금지 집행이 어렵도록 일련의 권리보장 판결을 내렸다.

546 Weeks, 232 US 383 (1914)

547 255 US 298, 310 (1921) "정부는 단지 피고인에 불리한 증거로서 사

용하려는 목적으로 [관련 문서를] 확보하기를 원할 수 있다. 그러한 목적으로 관련문서를 압수 수색하는 행위는 불법이다." 연방대법원은 Gouled 판결에서 "단순 증거mere evidence"라는 문구를 사용하지 않았다. 이 문구는 동 판결 내용의 핵심을 설명하기 위해 이후 만들어진 말이다. Gouled 판례를 파기한 Warden v. Hayden, 387 US 294 (1967) 참조.

548 이는 1967년 Berger v. New York, 388 US 41, 64-67에서 더글러스 대법관이 취한 입장이다.

549 이 점에 관한 표준적인 설명은 Telford Taylor, Two Studies in Constitutional Interpretation (1969) 27-29면 참조.

550 Lefkowitz, 285 US 452 (1932). 이 사안에서는 피의자가 자택에서 체포되었고, 당시 관행에 따르면 집 또는 공동주택 전체에 대한 수색이 허용되었다. Taylor, Two Studies in Constitutional Interpretation, 27-29면 참조.

551 287 US 124, 127-128 (1932)

552 Grau v. US, 56 F.2d 779, 781(6th Cir. 1932) ("옥수수당과 주정원료 양의 규모로 보아 자가 소비 목적의 주류제조로 보기 어렵다")와 Grau, 287 US 128-129 ("주거를 주류를 제조하거나 판매가능한 장소로 사용했다 하더라도 그 사실만으로는 실제 판매가 이루어졌다고 볼 만한 상당한 이유가 인정되지 아니한다")가 비교된다. 연방대법원의 판결은 글자 그대로는 아니더라도 현대 마약사건 판례의 태도와 모순된다. 즉 마약 판매목적의 소지죄 처벌 사안에서 일반적으로 검사는 소지한 마약의 양을 증거로 제시한다. Grau 판결에서 연방대법원은 소지한 물량

만으로는 판매목적을 입증하기에 불충분하다고 판단했었다.

553 Sgro, 287 US 206 (1932)

554 Post, Prohibition and the Taft Court, 172면. "공동체 의식과 동떨어지고, 억압적인 법집행에 휘말리지 않으려는 이유에서만 준수되는 사치금지법이라면 결코 존속되지 못한다."

555 Olmstead, 277 US 456; Grau, 287 US 127-128

556 Kenneth Murchison, Federal Criminal Law Doctrines, 74-103면에 따르면 바로 이 사실이 핵심이다. 연방대법원은 13년 동안 시행되었던 금주법 폐지가 가까워오면서 그 적용에 부정적이었기 때문이다.

557 M. J. Klarman, From Jim Crow to Civil Rights: The Supreme Court and the Struggle for Racial Equality (2004) 98면

558 남부 백인들의 관점에서 그 같은 허술한 장식도 인종 문제에서 '진보'의 표지였다. 법원으로서는 관행적으로 자행되는 린치를 막는 수단이 될 수 있었다. M. J. Klarman, From Jim Crow to Civil Rights, 119-120면.

559 Moore v. Dempsey, 261 US 86, 91 (1923). 8년 전 동일한 주장이 제기되었으나 홈즈 대법관의 반대 의견에도 불구하고 기각되었다. Frank v. Mangum, 237 US 309 (1915) 참조. 이처럼 형식적 절차에 불과하다는 주장은 1890년대 상당수 남부 주 항소법원에서 받아들여졌다. Klarman, From Jim Crow to Civil Rights, 505면 각주 84에 인용된 판례 참조.

560 261 US 89-90

561 남부에서의 판결에 관하여는 Neil R. McMillen, Dark Journey: Black

Mississippians in the Age of Jim Crow (1989) 206−215면 참조. 북
부에서의 대표적 판결에 관하여는 US ex rel. Darcy v. Handy, 203
F.2d 407 (3d Cir. 1953) 참조. 이 판결은 무어 판례를 따르고 있다.
Darcy 판결을 비교되는 State v. Newsome, 143 S.E.187 (N.C.1928)
사안에서는, 피고인을 법정 밖으로 끌고나가 린치하자고 선동한 자
가 재판 도중 피고인을 공격했지만 법정 질서가 회복된 후 재판이 속
행되어 피고인에게 유죄판결이 내려졌다. 노스캐롤라이나 주 대법원
은 재판 도중의 사고가 유죄판결을 뒤집을 만한 사유가 되지 않는다
고 판단했다. 142 S.E. 194 (주 대법원은 다른 근거로 유죄판결을 파기
했다. 즉 공판법관이 배심원에게 2급 살인죄에 대한 설시를 하지 아니한
과실이 있다는 이유를 들었다) 클라만에 따르면 군중재판이 점차 감소
한 것은 린치를 실제로 자행하거나 위협하는 일이 줄었기 때문이다.
이는 연방대법원이 좌우할 수 있는 문제가 아니었다. Klarman, From
Jim Crow to Civil Rights, 153면.

562 이와 관련된 사실관계는 Powell v. Alabama, 287 US 45 (1932); D. T.
Carter, Scottsboro: A Tragedy of the American South, 개정판 (2007)
3−49면; J. Goodman, Stories of Scottsboro (1994) xi, 1−26면.; M.
J. Klarman, From Jim Crow to Civil Rights, 123−125면.

563 287 US 45 (1932)

564 294 US 587 (1935)

565 Klarman, From Jim Crow to Civil Rights, 125면.

566 J. Goodman, Stories of Scottsboro, 396−397면

567 같은 책, 118−135, 209−214, 254−259면

568 클라만에 따르면 배심원단의 인종 통합은 Norris 판결에 즈음한 시기 남부 주 경계지역에서 점차 일반적인 현상이 되었다(From Jim Crow to Civil Rights, 127면). 다수 흑인 거주지역에서 백인으로만 구성된 배심원단 구성은 연방대법원의 Batson v. Kentucky, 476 US 79 (1986) 판결 이후에야 드문 일이 되었을 뿐이다. Batson 판결은 배심원 선정 절차에서 피고와 검사 측이 인종을 이유로 배심원 후보를 무조건 배제할 수 없도록 하였다.

569 피해자 증언과 강간죄 유죄판결 문제에 관련하여서는 강간 관련법 구조상 피해자의 증언만을 근거로 유죄가 인정되지 않도록 절차적 규정을 두었다고 볼 수 있다. Susan Estrich, Rape, Yale Law Journal, 제95권 (1986) 1094-1132면. 강간죄와 사형 문제에 관하여는 Carol S. Steiker, Remembering Race, Rape, and Capital Punishment, Virginia Law Review, 제83권 (1997) 701-702, 706-707면 참조.

570 1960년대와 그 이후, 두 판례는 수정헌법 제6조에 의해 폐기되었다. 포웰 판례상 사형 대상 사안에서의 국선변호인 요건은 Gideon v. Wainwright 372 US 335 (1963)에서 수정헌법 제6조에 따라 모든 중죄 사건에서 국선변호인 선임을 요건으로 하는 내용으로 변경되었다. 노리스 판례상 차별적 배심선정금지 요건은 Taylor v. Louisiana 419 US 522 (1975)와 Duren v. Missouri 439 US 357 (1979)에서 수정헌법 제6조에 따라 배심원 후보명단은 지역사회의 다양한 계층이 포함되도록 선정될 것을 요건으로 하는 내용으로 변경되었다.

571 297 US 278 (1936)

572 Brown, 297 US 285-87; Brown v. State, 158. So. 339(Miss.1935);

Klarman, From Jim Crow to Civil Rights, 117, 129(인용), 131-133면.

573 Twining v. New Jersey, 211 US78 (1908). 경찰 수사과정에서 자기부죄거부 특권 부인에 관하여 에벤 모글린Eben Moglen에 따르면 건국 당시부터 자기부죄거부 특권과 무관하게 치안판사에 의한 공판전 피고인신문이 오랜 관행이었다는 것이다. Eben Moglen, Taking the Fifth: Reconsidering the Origins of the Constitutional Privilege against Self-Incrimination, Michigan Law Review, 제92권 (1994) 1094-1111면

574 연방대법원의 자백의 임의성 관련 판례의 예는 Chambers v. New York, 309 US 227 (1940); Ashcraft v. Tenessee, 322 US 143 (1944); Malinski v. New York, 324 US 401 (1945); Watts v. Indiana, 338 US 49 (1949); Fikes v. Alabama, 352 US 191 (1957); Payne v. Arkansas 356 US 560 (1958); Spano v. New York, 360 US 315 (1959); Blackburn v. Alabama, 361 US 199 (1960); Rogers v. Richmond, 365 US5 34 (1961); Culombe v. Conneticut 367 US 568 (1961); Davis v. North Carolina, 384 US 737 (1966). 이 판례들은 모두 강요된 자백임을 인정하였다.

575 예를 들어 Spano v. New York, 360 US 315 (1959)는 경찰이 피의자에게 수사관이 아닌 친구처럼 대했다는 사실만으로도 강요된 자백이라 판단했다.

576 틸 살인사건에 관한 1차 자료는 Stephen J. Whitfield, A Death in the Delta: The Story of Emmett Till (1988)

577 같은 책, 16-21면.

578 같은 책, 22–23면.

579 같은 책, 23–55면. 일사부재리 원칙에 따르면 무죄 석방된 사안에 대해서는 더 이상의 형사절차가 허용되지 아니한다. Fong Foo v. US, 369 US 141 (1962)

580 Whitfield, A Death in the Delta, 20, 38–39면

581 대표적인 판례는 Inmates of Attica Correctional Facility v. Rockfeller, 477 F.2.d.375(2d Cir. 1973)

582 오늘날에 비해 1950년대 항소심 사안 수는 적었다. 항소 피고인에 대한 국선변호인 선임권리가 제한적이었다는 이유도 있었다. 오늘날에는 1심 유죄판결 항소의 경우도 국선변호인 선임권이 인정된다 (Halbert v. Michigan 545 US 605 [2005]).

583 Michael J. Klarman, From Jim Crow to Civil Rights, 271–273면 참조.

584 Swaine v. Alabama, 380 US 202 (1965)는 인종을 이유로 한 배심원 후보 배척 불허를 거부했다. Batson v. Kentucky, 476 US 79 (1986) 에 이르러서야 불허가 결정되었다.

585 Robert M. Fogelson, Big–City Police (1977) 246면 참조.

586 William O. Douglas, Vagrancy and Arrest on Suspicion, Yale Law Journal, 제70권 (1960) 1–14면; Caleb Foote, Vagrancy–Type Law and Its Administration, University of Pennsylvania Law Review, 제104권 (1956) 603–650면 참조.

587 Griffin v. Illinois, 351 US 12 (1956) 참조

588 355 US 225 (1957)

589 370 US 660 (1962)

590 381 US 479 (1965)

591 Roe v. Wade, 410 US 113 (1973); Lawrence v. Texas, 539 US 558 (2003) 참조. 낙태와 성적 자유 권리의 한계에 관하여는 예를 들어 Gonzales v. Carhart, 550 US 124 (2007) (출산과정 낙태를 금지하는 법률의 합헌성 인정); Lawrence, 539 US 578 (동 판례는 혼인의 법적 정의나 성매매에는 적용되지 아니한다는 점에 주의해야 한다.)

592 로빈슨 판례는 의제 강간 및 규제범죄 관련법에서 주요 개념인 엄격책임 개념을 폐기할 수도 있었다.

593 램버트 판례의 실패에 관하여는 예를 들어 US v. Wilson, 159 F.3d 280 (7th Cir. 1998) (램버트 판례상의 적절한 고지 논증을 부인했다) 로빈슨 판례는 Powell v. Texas, 392 US 514 (1968)(알코올 중독자의 공개장소 음주행위에 대해 유죄를 인정했다)에 의해 거의 무력화되었다. 그리스볼드 판례는 일단 낙태권이 인정되자 형법과는 대체로 무관하게 발전하게 되었다. Roe v. Wade, 410 US 113 (1973); Planned Parenthood of Southeastern Pennsylvania v. Casey, 505 US 833 (1992)

594 351 US 12 (1956)

595 372 US 353 (1963)

596 예를 들어 R. King, Bush Justice: The Intersection of Alaska Natives and the Criminal Justice System in Rural Alaska, Oregon Law Review, 제77권 (1998) 25-27면. 킹에 따르면 구금된 피고인의 경우 유죄인정을 통해 구금에서 빨리 벗어나고자 하기 때문에 결국 유죄율이 높게 나타나기도 한다.

597 380 US 202 (1965). 골드버그 대법관의 소수의견(워렌 대법원장과 포타스 대법관이 동조)은 동 판결 228-247. 사안의 사실관계에 관하여는 Swaine v. State, 156 So.2.d. 368, 369-370(Ala. 1963). Swaine은 사형 대상 강간죄로 기소되었다. 동 죄는 흑인이 백인 여성을 강간한 죄목으로 기소된 경우 외에는 앨라배마를 포함한 전국 어느 지역에서도 실제 적용된 경우가 거의 없다. 이 사안 역시 평등한 법적 보호 위반이 인정되지 않았다.

598 최근의 예로는 McDonald v. Chicago, 130 S.Ct. 3020 (2010). 동 판결에 따르면 수정헌법 제2조는 수정헌법 제14조 적법절차 조항을 통해 주 및 지방 정부에 적용가능하다.

599 384 US 436 (1966)

600 형사절차에 집착하는 자들은 이를 문제 삼으려 하겠지만 여전히 사실이다. 형사절차 영역에서 법적 기준standard은 위장된 규칙rule으로 나타나는 경우가 종종 있다는 점이 그 사실의 중요한 부분이다. 수색에 대한 동의는 임의적이어야 한다. Schneckloth v. Bustamonte, 412 US 218 (1973)은 Brown v. Mississippi, 297 US 278 (1936)에 적용된 개방적 기준과 동일한 내용으로 보인다. 하지만 경찰이 수색의 명령을 요청 형태로 할 경우 —대부분의 사람들은 경찰의 요청을 명령으로 받아들이는 데도— 임의성은 자동적으로 인정된다. 뿐만 아니라 수정헌법 제14조 원리는 경찰관에게 수색 대상인 피의자가 무기를 소지했을 것이라 의심할 만한 상당한 사유가 있는 경우 현장에서 정지시켜 검문할 권한을 부여한다. Terry v. Ohio, 392 US 1 (1968) 참조. 이 판례 역시 개방적 기준으로 보이지만 실제는 규칙이 되었다. 마약

범죄를 포함한 폭력 관련 범죄의 의심이 있을 경우 자동적으로 무기 소지를 의심할 만한 상당한 사유가 있는 경우로 인정된다. 마찬가지로 수색영장 관련하여 복잡하며 기준 수준으로 보이는 판례법들은 주거와 사무실 수색의 경우 영장이 필요하지만, 극히 예외적인 경우 외에는 다른 장소에서는 영장을 요하지 아니한다는 규칙에 가까운 내용으로 귀결되고 만다.

601 391 US 145 (1968)

602 던컨 사안에 관한 가장 훌륭한 자료는 N. J. King, Duncan v. Louisiana : How Bigotry in the Bayou Led to the Federal Regulation of State Juries, C. S. Steiker편, Criminal Procedure Stories, 2006, 261-293면. 손으로 쳤다는 사실과 관련하여서는 Duncan v. Perez, 445 F.2d. 557, 558-559 (5th Cir. 1971)

603 같은 책, 265-266면

604 Duncan 391 US 146n1에서 인용

605 State v. Poe, 38 So.2d 359, 364 (1948)에서 인용

606 Duncan, 391 US 146-147

607 던컨의 배심재판을 받을 권리에 관하여는 Duncan, 391 US 149-150, 159. 루이지애나 주 정부의 배심재판의 권리 침해에 관하여는 King, Bigotry in the Bayou, 281면. 주 139 참조. 결국에는 던컨 측의 입장이 받아들여졌지만 변호인 측의 배심재판 논증에 의한 결과는 아니었다. 지방검사 린더 페레즈 2세Leander Perez Jr.(플레이그마인스 지역 인종 차별주의 지도자의 아들이자 이름도 이어받았다)는 던컨을 재기소하려 했으나 연방법원은 경미한 '범죄'를 기소할 정당한 이익이 없다

는 이유로 기소를 각하하였다. Duncan v. Perez, 445 F.2d. 557 (5th Cir. 1971) 참조. 이러한 판결은 던컨만을 위한 일회적 판결로 다른 사안에 대해 어떠한 판례법도 형성되지 않았다.

제8장 얼 워렌의 실책

608 Kevin Starr, Golden Dreams: California in an Age of Abundance, 1950-1963 (2009) 193면 참조

609 Fred P. Graham, The Self-Inflicted Wound (1970) 4면

610 Henry J. Freindly, The Bill of Rights as a Code of Criminal Procedure, California Law Review, 제53권 (1965) 929-956면 참조

611 Miranda v. Arizona, 384 US 436 (1966) (경찰서); Gideon v. Wainwright, 372 US 335 (1963) (공판); Douglas v. California, 372 US 353 (1963) (항소)

612 피고인이 검사 측에 대하여 자신에게 유리한 물적 증거를 열람할 수 있는 권리가 그 예다. Brady v. Maryland, 373 US 83 (1963)

613 Mapp, 367 US 643 (1961)

614 Miranda, 384 US 436 (1966)

615 미국 연방 헌법, 수정 제4, 5, 6조

616 해당 사실에 관하여는 Yale Kamisar, Mapp v. Ohio: The First Shot Fired in the Warren Court's Criminal Procedure "Revolution," C. S. Steiker편, Criminal Procedure Stories (2006) 47-48면.

617 같은 책. 맵 판례의 수정헌법 제1조 논증을 채택한 판결은 Stanley v.

Georgia, 394 US 557 (1969)

618 기소 건수의 감소에 관한 주요 증거는 체포 건수의 상당수 감소와 교
도소 수형자 수의 다수 감소다. 체포와 관련해서는 Uniform Crime
Report 매년도 "도시지역 체포 건수" 표를 참조. 수형자 수에 관하여
는 Online Sourcebook, 표 6.28. 2009 참조.

619 학교 인종분리 관련 소송에 관하여는 Swann v. Charlotte-Mecklenburg
Board of Education, 402 US 1 (1971). 수형자 처우 관련 소송에 관하
여는 Hutto v. Finney, 437 US 678 (1978). 기관명령 관련 소송 증가에
관하여는 A. Chayes, The Role of the Judge in Public Law litigation,
Harvard Law Review, 제89권 (1976) 1281-1316면 참조.

620 379 US 89 (1964)

621 389 US 347 (1967). 또한 Kyllo v. US, 533 US 27 (2001) 참조. (개인
주거 내 대마초 재배 수색을 위해 열 탐지장치를 사용한 사례에서 동일
한 판단을 내렸다)

622 392 US 1 (1968)

623 테리 판례는 판결 당시와 오늘날까지 형사 피고인의 승리로 널리 인정
된다. 연방대법원이 경찰관의 가두 검문에 개연성 사유Probable cause
를 요건으로 하지 아니하였기 때문이다. 테리 판결 이전 몇 년 전까
지만 해도 실무상으로 정지 검문에 대해서는 아무런 규제가 없었다.
경찰관들은 피의자가 배회하고 있거나 부랑자라는 사유만으로 가두
수색을 대부분 정당화할 수 있었다. W. O. Douglas, Vagrancy and
Arrest on Suspicion, Yale Law Journal, 제70권 (1960) 1-14면. 1960
년대 중반부터 연방대법원은 부랑자 관련법을 폐기하기 시작했다. 이

러한 추세는 테리 판결 직후 Papachristou v. Jacksonville, 405 US 156 (1972)에서 완결되었다. 테리 판례와 파파크리스토우 판례를 합쳐 경찰관의 가두 검문과 일시 압수의 정당화 요건이 제시된다. 즉 실제 범죄의 상당한 의심reasonable suspicion이 있는 경우에 한정된다. 과거 범죄 의심의 개연성 사유는 지나치게 광범한 규정으로 사실상 경찰관이 원하는 모든 경우 가두 검문이 가능했었다. 테리-파파크리스토우 판례가 정립한 기준은 이전 판례상 기준과는 달리 구속력이 있다.

624 Gideon, 372 US 335 (1963). 기드온 판례의 확대로는 Alabama v. Shelton, 535 US 654 (2002); Argersinger v. Hamlin, 407 US 25 (1972) 참조

625 372 US 353 (1963). 더글러스 판례상 권리는 제1차 항소심에만 적용된다. Ross v. Moffitt, 417 US 600 (1974)

626 377 US 201 (1964)

627 378 US 478 (1964)

628 Miranda, 384 US 436, 479 (1966)

629 384 US 473-475. Edwards v. Arizona, 451 US (1981) 참조. Minnick v. Mississippi, 498 US 146 (1990). 연방대법원은 이후 적어도 2주 지연 끝에 판결을 내렸다. Maryland v. Shatzer, 130 S.Ct.1213 (2010)

630 미국 민권연합(ACLU)이 법정의견서에서 변호인 입회 없는 진술거부권 포기는 무효라고 주장한 이유다. Brief for the American Civil Liberties Union as Amicus Curiae, Miranda v. Arizona, 384 US 436 (1966)

631 경찰이 제안을 할 수는 있지만 구속력은 없다. US v. Flemmi, 225

F.3d 78(1st Cir. 2000)

632 미란다 권리를 주장한 피의자 비율에 관하여는 R. A. Leo, The Impact of Miranda Revisited, Journal of Criminal Law and Criminology, 제86권 (1996) 653면. 미란다 권리포기 기준에 관하여는 Berghuis v. Thompkins, 130 S.Ct.2250 (2010). 본 사안에서 연방대법원은 3시간 가까이 경찰 신문에 진술거부권을 행사한 피고인에게 유효한 진술거부권 포기를 인정하였다. 피고인이 어느 시점에서 진술을 했다면 미란다 권리를 포기했음이 분명하다. 본문 인용 문구는 미란다 판결 다수의견에서 나왔다. (384 US 455) persuade, trick, cajole 세 단어는 경찰의 권한으로 할 수 있는 행위가 아닌 권한 없는 행위를 제시하기 위함이다.

633 Yale Kamisar, Equal Justice in the Gatehouses and Mansions of American Criminal Procedure, A. E. Dick Howard편, Criminal Justice in Our Time (1965) 1–95면

634 재범자의 경우 미란다 권리 주장 비율이 높다.(Leo, Miranda Revisited, 654–655면). 대부분의 화이트칼라 범죄자의 경우 늘 진술거부권을 행사할 것을 당연시하고 경찰 수사가 진행된다.

635 버지니아 주 대표 제임스 매디슨이 권리장전의 대표 저자였다. 권리장전 다수 조항은 조지 메이슨George Mason이 작성한 버지니아 권리선언 Virginia Declaration of Rights을 모델로 삼았다.

636 영장절차의 일방성에 관하여는 William. J. Stuntz, Warrants and Fourth Amendment Remedies, Virginia Law Reivew, 제77권 (1991) 881–942면. 낮은 영장기각률에 관하여는 Richard van Duizend et al, The Search Warrant Process: Preconceptions, Perceptions, and Practices, National Center for State Courts (1985)

637 데이비드 스클란스키에 따르면 형사절차 원칙의 대부분은 당사자 주의 사법체계가 규문주의 체계보다 우월하다는 전제에 근거를 두고 있다. 다만 이러한 전제를 뒷받침하는 분명한 근거는 없다. David Sklansky, Anti-Inquisitorialism, Harvard Law Review, 제122권 (2009) 1636-1639면 참조.

638 Mapp v. Ohio, 367 US 643 (1961) 참조. Wolf v. Colorado, 338 US 25 (1949)는 일찍이 주 및 지방 경찰이 수정헌법 제4조에 구속된다고 판결했다. 반면 Wolf 판례는 수정헌법 제4조 위반에 대한 구제수단을 제공해주지 아니한다. Mapp 판례는 수정헌법 제4조상 규칙이 지방경찰에 적용되기 시작하는 전환점이다.

639 각각 Malloy v. Hogan, 378 US 1 (1964), Benton v. Maryland, 395 US 784 (1969) 참조.

640 Gideon v. Wainwright, 372 US 335 (1963)

641 Duncan v. Louisianan, 391 US 145 (1968)

642 Pointer v. Texas, 380 US 400 (1965)

643 Washington v. Texas, 388 US 14 (1967)

644 실질적 조력을 받을 권리는 나아가 사형관련법의 일부가 되었지만 형사절차 일반법은 되지 못했다. 일부 예외를 제외하면 사형 대상 살인범죄 피고인에 한하여 변호인 조력을 실질적으로 받지 못했다는 항변이 (때때로) 받아들여졌다. Nancy J. King et al, Habeas Litigation in the US District Courts: An Empirical Study of Habeas

Corpus Cases Filed by State Prisoners under the Antiterrorism and Effective Death Penalty Act of 1996 (2007) 51-52면. 이 책에 따르면 연구 대상 사형 사안 368건 중에서 인신보호 청원이 수용된 경우는 9%(33건)에 불과하다. 연구 대상 비非사형 사안 2,384건 중에서는 7건에 불과했다. 이는 전체 수용 비율 1%의 3분의 1에도 미치지 못한다.

645 수정헌법 제6조와 배심원 선정에 관하여는 Duren v. Missouri, 439 US 357 (1979) 참조; Batson v. Kentucky, 476 US 79 (1986). 형식적으로 Batson 판례와 이를 따른 다수 판례들은 수정헌법 제6조 상의 배심재판을 받을 권리가 아니라 수정헌법 제14조 평등보호 규정을 근거로 삼았다. 실무적으로 Batson 판례상 원리는 Duren 판례상의 공정한 배심구성 원리를 적용하는 최선의 수단으로 여겨졌다. 공정한 배심구성 원리는 배심후보 명부가 지역주민 구성을 고루 반영해야 한다는 취지다. 수정헌법 제6조 관련법에서 배심원과 양형과의 관계에 관하여는 Apprendi v. New Jersey, 530 US 466 (2000); Blakely v. Washington, 542 US 296 (2004); Oregon v. Ice, 129 S.Ct.711 (2009)

646 380 US 400 (1965)

647 554 US 353 (2008)

648 129 S.Ct. 2527 (2009)

649 Sklansky, Anti-Inquisitorialism, 1655면의 주장 내용이다.

650 Corinna B. Lain, Countermajoritarian Hero or Zero? Rethinking the Warren Court's Role in the Criminal Procedure Revolution, University of Pennsylvania Law Review, 제152권 (2004) 1379-1382, 1389-1399면.

651 Michael McConvile & Chester L. Mirsky, Criminal Defense of the Poor in New York City, New York Review of Law and Social Change, 제15권 (1986-1987) 767면

652 Richard Klein & Robert Spangenberg, The Indigent Defense Crisis, 8면 (American Bar Association Section of Criminal Justice As Hoc Committee on Indigent Defense Crisis, 1993)

653 이러한 절차적 권리의 내용에 관하여는 각각 Strickland v. Washington, 466 US 668 (1984)과 Kyles v. Whitley, 514 US 419 (1995)

654 플레이그마인스 사례가 그 예다. 지역의 정치적 우두머리였던 린더 페레즈 1세Leander Perez, 다름 아닌 던컨을 기소한 지방검사의 아버지는 민권 시위자들 대상의 일종의 수용소를 세운 사람이다. 군중들이 아니라 지방정부 기관들이 수용소에 사람들을 구금하였다. Nancy King, Duncan v. Louisiana: How Bigotry in the Bayou Led to the Federal Regulation of State Juries, in Carol S. Steiker, ed., Criminal Procedure Stories, 2006, 264면.

655 Margaret W. Cahalan, Historical Corrections Statistics in the US, 1850-1984, (1986) 30면, 표 3-3.

656 수형자 자료에 관하여는 Bureau of the Census, US Department of Commerce, Prisoners in State and Federal Prisons and Reformatories: 1937, 28면, 표 22; Federal Bureau of Prisons, National Prisoner Statistics: State Prisoners: Admissions and Releases 1964, 1964, 23면, 표 A8. 인구 자료에 관하여는 1965 Statistical Abstract, 26, no.23

657 대공황기 미시시피 지역의 살인범죄 연구에 따르면 백인의 흑인에 대한 범죄가 놀라울 정도로 일상적인 미시시피에서도 대부분의 살인범죄는 동일 인종 간에 발생했다. 또한 인종 차별 남부지역에서 흑인의 백인 살인은 매우 드문 경우였다. Hortense Powdermaker, After Freedom: A Cultural Study in the Deep South, (1939) 395–396면.

658 구금형 비율을 계산하는데 근거가 된 수형자 수와 주 인구 자료의 출처는 1952 Statistical Abstract, 11, no.10;146, no.175;1965 Statistical Abstract, 11, no.7;158, no.220. 해당 도시들의 살인발생 건수는 Uniform Crime Reports: 1950, part2, 94–101, 표 35; Uniform Crime Report: 1963, 155–170, 표 49. 살인범죄율 계산의 근거가 된 도시 인구 자료의 출처는 Campbell Gibson & Kay Jung, US Census Bureau, Historical Census Statistics on Population Totals by Race, 1790 to 1990, by Hispanic Origin, 1970 to 1990, for Large Cities and Other Urban Places in the US (US Census Bureau, Working Paper No.76, 2005년 2월)

659 체포율(대상 도시의 전체 인구 포함)에 관한 자료의 출처는 Uniform Crime Reports 1960년 및 1968년도 자료 중 "도시지역 체포율"과 "인종별 도시지역 체포율" 표. 도시지역 인구의 인종구성 자료의 출처는 Statistical Abstract의 각 년도 자료.

660 1960년대에는 전국적으로 흑인과 백인 구금형 비율이 모두 감소했다. Cahalan, Historical Corrections Statistics, 65, 표 3–31, 193, 표 8–2 참조. 이 표 자료에 따르면 1960–70년대 미국 전체 인구는 증가했지만 흑인과 백인 구금형 비율은 모두 감소하였다. 다만 당시 구금형 비

율 중 흑인이 차지하는 비율은 37%에서 41%로 높아졌다. 남부지역의 형벌 추세를 고려할 때 북동부, 중서부 및 서부지역 흑인 구금형 비율이 실질적으로 감소했다는 의미가 된다.

661 상급법원은 몰랐다 해도 흑인 지역사회에서는 경찰의 태만과 무자비함을 상대적으로 심각한 문제로 보았다. Michael W. Flamm, Law and Order: Street Crime, Civil Unrest, and the Crisis of Liberalism in the 1960s (2005) 137면

662 같은 책, 58면(로스앤젤레스), 87면(뉴어크), 92면(디트로이트)

663 Presidential Elections, 1789-2008, 2010, 160-161면 참조.

664 전국적 살인범죄율은 1961년 인구 10만 명당 5명에서 1973년 10명으로 증가했다. 같은 기간 동안 구금형 비율은 인구 10만 명당 119명에서 96명으로 감소했다. 살인범죄 자료의 출처는 몬코넨, 구금형 비율 자료의 출처는 Online Sourcebook, 표 6.28, 2009.

665 워렌 대법원 판결에 좀 더 동조적인 유사한 설명으로는 Carol S. Steiker, Counter-Revolution in Criminal Procedure? Two Audiences, Two Answers, Michigan Law Review, 제94권 (1996) 2466-2551. 스타이커는 올바르게도 다음과 같이 지적하고 있다. 1970년대와 그 이후의 완화된 포기 원리는 워렌 대법원 판결들의 영향력을 떨어뜨리기는 했지만 대신 해당 판례들이 정치적 공격 대상이 되는 일은 면할 수 있게 해주었다.

666 대부분의 사람들이 경찰의 요청을 사실상 명령으로 생각한다는 사실 —자신의 법적 권리에 대해 보통 이상으로 잘 아는 사람들조차 대체로 그렇다— 에 관한 연구로는 David K. Kessler, Free to Leave? An

Empirical Look at the Court's Seizure Standard, Journal of Criminal Law and Criminology, vol.99 (2009) 51-88면. 동의요건의 완화에 관하여는 Ohio v. Robinette, 517 US 33 (1996); Schneckloth v. Bustamonte, 412 US 218 (1973); Janice Nadler, No Need to Shout: Bus Sweeps and the Psychology of Coercion, Supreme Court Review, (2002) 153-222면

667 미란다 원리의 포기 기준이 갖는 의미에 관하여는 예를 들어 Moran v. Burbine, 475 US 412, 420-428 (1986). 포기확인 요건의 완화에 관하여는 Leo, Miranda Revisited, 653면 참조.

668 예를 들어 Miles v. Dorsey, 61 F.3d 1459 (10th Cir. 1995) 참조. 이 사안에서 검사는 피고인이 유죄인정을 하지 아니할 경우 피고인의 부모를 기소하겠다고 위협했다. US v. Pollard, 959 F.2d 1011 (DC Cir. 1992) 사안에서는 검사가 피고인이 유죄인정을 하지 아니할 경우 피고인의 부인을 기소하겠다고 위협했다. 법원은 이 사안에서 유죄인정의 임의성을 인정했다.

669 Louis M. Seidman, Brown and Miranda, California Law Review, 제80권 (1992) 742-747면

670 Nadler, No Need to Shout, 208-210면.

671 1962년 28개 카운티 대상 형사소송 연구에 따르면 국선변호인이 선임된 피고인의 경우 유죄인정 비율은 74%, 사선변호인을 선임한 피고인의 경우는 48%다. Lee Silverstein, Defense of the Poor in Criminal Cases in American State Courts: A Field Study and Report (1965) 22-23면. (사선변호인 선임 경우의 유죄인정 비율은 오늘날에는 상당

히 더 높다) 40년 후 75개 대도시 대상 형사소송 연구에 따르면 중죄 유죄판결의 95%가 유죄인정에 따른 결과다. Online Sourcebook, 표 5.57, 2006.

672 아버지 태프트의 금주법 반대에 관하여는 Robert Post, Federalism in the Taft Court Era: Can It Be "Revived?" Duke Law Journal, 제51권 (2002) 1540-1541면. 주 109. 당시 상원의원이었던 태프트의 뉘른베르크 전범재판 비판에 관하여는 James T. Patterson, Mr. Republican: A Biography of Robert A. Taft, (1972) 326-329면. 아들 태프트의 자유지상주의는 더 근본적이었다. 오하이오 주 의원 당시 KKK가 지지한 일요일 가무금지 및 공립학교에서의 성경학습 의무화 법안에 반대했다(같은 책, 96-97, 100-102면). 아들 태프트와 맥카시 상원의원 간의 관계에 관하여는 같은 책, 445-449면.

673 월레스도 레이건도 미국 보수주의 주류가 아니었다는 사실은 흥미로운 점이다. 월레스는 자유주의적 대중주의자로서 정치적으로 성장했으며, 남부 주의 가장 자유주의적인 정치인 폴솜"Big Jim" Folsom과 동지 관계였다. Stephen Lesher, George Wallace: American Populist, (1994) 81-83, 99-101면 참조. 이념적 전향 이전까지 레이건은 뉴딜 정책에 찬성하는 민주당원이었다. Mathew Dallek, The Right Movement (2000) 1, 29-32면.

674 남부 출신 연방 하원의원들은 두 세대에 걸쳐 린치를 금지하는 연방 입법을 저지하기 위해 싸웠다. 린든 존슨의 연방상원에서의 첫 연설도 린치 금지법에 반대하는 주장이었다. Robert A. Caro, The Years of Lyndon Johnson: Master of the Senate (2002) 187-202, 212-218면.

자신의 대선 캠페인 당시 스트롬 써맨드Strom Thurmand는 〈뉴요커New Yorker〉와의 인터뷰에서 연방 민권법은 마치 연방 암흑가 살인금지법만큼이나 자신의 주에 모욕적이라고 말했다. Zachary Karabell, The Last Campaign: How Harry Truman Won the 1948 Election (2000) 224면.

675 앞의 인용문의 출처는 Lucas A. Powe Jr, The Warren Court and American Politics (2000) 410면. 뒤의 인용문 출처는 Dan T. Carter, Legacy of Rage: George Wallace and the Transformation of American Politics, Journal of Southern History, 제62권 (1996) 11면. 월레스의 1964년 및 1968년 선거 결과에 관하여는 Lesher, George Wallace, 284−285, 295, 303−304면.; Michael Barone, Our Country: The Shaping of American from Roosevelt to Reagan (1990) 434−436, 449−451면.

676 인용문의 출처는 Dallek, Right Moment, 195면. 레이건과 대적한 팻 브라운Pat Brown은 두 차례 민주당 소속으로 주지사를 지냈다. 레이건의 뒤를 이어 현재까지 캘리포니아 주지사인 제리 브라운의 아버지이기도 하다. 팻 브라운은 "거물 킬러the giant killer"로 불렸는데 두 차례 주지사 선거에서 거물에 맞서 당선되었기 때문이었다. 1958년에는 당시 야당 대통령후보 선두주자였던 윌리엄 노랜드William Knowland 상원의원을 이겼다. 4년 후에는 1960년 대통령선거에서 근소한 차이로 낙선한 전직 부통령 닉슨을 이기고 재선에 성공했다.

677 레이건이 대학 내 소요문제를 첫 주지사 선거운동에서 소재로 삼은데 관한 논의는 위의 책, 185−189, 195−196면; 레이건의 1964년 민권

법 반대에 관한 논의는 Lou Cannon, Governor Reagan: His Rise to Power (2003) 122, 132-133, 139-140면. 1968년 공화당 대선후보 지명전 당시 레이건의 월레스 지지자들에 대한 득표 노력에 관하여는 같은 책, 263-268면.

678 아이젠하워의 득표에 관하여는 Doug McAdam, Political Process and the Development of Black Insurgency, 1930-1970 (1982) 158면; 닉슨의 득표에 관하여는 Barone, Our Country, 557면 참조.

679 Caro, Master of the Senate, 841-1012면 참조.

680 민주당은 1958년 보궐선거를 계기로 1960년대 동안 연방하원에서 다수를 차지했다. 1958년 선거에서 전국의 공화당 후보들은 노동조합과 노동권을 제한하는 법을 공약했었다. Barone, Our Country, 301-304면 참조.

681 가장 훌륭한 논의로는 Flamm, Law and Order, 124-141면; Jonathan Simon, Governing through Crime (2007) 75-110면 참조.

682 키퍼버의 1950-51년 상원 청문회 초점은 대도시 민주당 조직에 대한 마피아의 영향력이었다. 1950년대 말 로버트 케네디가 처음 명성을 얻는 상원위원회에서는 노조 관련 비리에 관한 청문회를 주관했다. 이 청문회를 통해 지미 호파의 이름이 전국에 알려지게 되었다.

683 캘리포니아의 구금형 비율은 1966년 146명에서 1972년 84명으로 감소했다. 1968 Statistical Abstract, 12, 표 11; 159, 표 237; 1991 Sourcebook, 637, 표 6.72. 같은 기간 캘리포니아의 살인범죄율은 두 배 증가했다. Sean Wilentz, The Age of Reagan: A History, 1974-2008 (2008) 133-134면. 1962-76년 앨라배마의 구금형 비율은 166

명에서 83명으로 감소했다. 1964 Statistical Abstract, 11, 표 8; 159, 표 216; 1991 Sourcebook, 637, 표 6.72. 그 14년 동안 윌레스와 그의 부인 루린Lurleen은 주지사 선거에 네 차례 당선되어 11년간 주지사를 지냈다.

684 윌레스와 레이건처럼 닉슨도 줄곧 보수주의자는 아니었다. 1960년 대선에서 닉슨은 록펠러의 지지를 얻고자 진보적 입장을 취하려 했는데, 이 때문에 배리 골드워터와 공화당 우파의 분노를 샀다. Barone, Our Country, 330면. 1968년 대선에서 닉슨은 반대의 입장을 취하여 당내 민권옹호적인 록펠러 정파를 따돌린 대가로 오랜 인종분리주의자인 스트롬 써맨드 측의 지지를 얻었다(같은 책, 442면). 닉슨이 우파로 선회하고 이후 대선에서 승리하게 된 데는 "법질서law and order" 문제가 핵심 역할을 했다. Flamm, Law and Order, 162-178면.

685 미란다 판례를 파기하려는 1968년법은 Pub.L.No.90-351, 82 Stat.197 (1968). 동법에 대한 존슨의 개입에 관하여는 Flamm, Law and Order, 132-141면. 최근 연방 형사입법사에 관하여는 Nancy E. Marion, A History of Federal Crime Control Initiatives, 1960-1993 (1994) 참조

686 케네디 선거운동에서 범죄문제에 관하여는 Flamm, Law and Order, 148-150면. 1970년대 초중반 조지아와 앨라배마 주의 구금형 비율에 관하여는 1991 Sourcebook, 637, 표 6.72. 록펠러 관련 법률에 관하여는 Alan Chartock, Narcotics Addiction: The Politics of Frustration, Proceedings of the Academy of Political Science, 제31권 (1974) 242-248면. 동 법률들은 1973년 공포되었다. 뉴욕의 구금

형 비율은 이전 15년 기간 중 적어도 10년 동안은 감소했다(나머지 5
년 중 2개년은 자료가 없다). 해당 자료에 관하여는 매년도 Statistical
Abstract 참조. 1973년부터 이후 27년간 연속해서 구금형 비율이 증
가했다. 2003 Sourcebook, 501, 표 6.29; 1991 Sourcebook, 637, 표
6.72.

687 로버트 케네디의 범죄문제에 관한 입장은 Simon, Governing through
Crime, 49-52면, 린든 존슨에 관하여는 같은 책, 90-101면 참조.
엄벌적 전환은 우파로부터 비롯되었으며 처음부터 의도적으로 선택
되었다는 주장에 관하여는 Vesla M. Weaver, Frontlash: Race and
the Development of Punitive Crime Police, Studies in American
Political Development, 제21권 (2007) 230-265면.

688 크랙 코카인 1g 소지를 코카인 가루 100g 소지와 동일하게 엄벌에 처
하도록 절대적 형량을 규정한 연방 입법과정에 관한 가장 훌륭한 설
명은 David A. Sklansky, Cocaine, Race, and Equal Protection,
Stanford Law Review, 제47권 (1995) 1283-1322면. 1980년 레이
건 대통령 취임 한 해 전 연방 구금형 비율은 10만 명당 9명이었다.
레이건이 퇴임하던 1989년 연방 구금형 비율은 19명으로 증가했다.
Online Sourcebook, 표 6.29. 2008. 같은 기간 중 주 구금형 비율은
130명에서 253명으로 증가했다.

689 공화당 주지사 시기에 높은 구금형 비율이 나타나는 일반적 패턴에
관하여는 Bruce Western, Punishment and Inequality in America
(2006) 71면 참조. 인용된 자료에 관하여는 Online Sourcebook,
표 6.29. 2008; Sourcebook 501, 표 6.29 참조. 조지 알렌의 버지

니아 주 가석방 폐지운동에 관하여는 Donald P. Baker, Winner Talks Tough, Cities Mandate for Change, Washington Post, 1993년 11월 4일자. 여기에 인용된 숫자는 해당연도 12월 31일 Online Sourcebook 구금형 비율 자료를 사용하여 계산된 것이다. 대개 주지사 임기는 1월 초반에 시작되기 때문에 신임 주지사 임기 시작과 구금형 비율 집계 사이에 1년 가까운 시간차가 있다. 그래서 구금형 비율 집계연도를 주지사 임기로 보았는데, 이는 신중하게 고려된 추산이다. 해당 주의 구금형 비율에 영향을 미칠 만한 주 차원의 정책 결정의 효과는 적어도 1년 뒤부터 나타나는 경우가 일반적이기 때문이다.

690 Christopher Lydon, Sex, War, and Death: Covering Clinton Became a Test of Character— For the Press, Columbia Journalism Review (1992) 57-60면 참조.

691 앳워터조차도 사실 관계상으로는 부정적 입장이었다. John Brady, Bad Boy: The Life and Politics of Lee Atwater(1997) 315-316면 참조.

692 표준범죄동향 "도시지역 체포율" 표에 따르면 실제로 1964년 대비 1969년 체포율은 6% 증가했다. Uniform Crime Reports: 1964, 119, 표 26; Uniform Crime Reports: 1969, 121, 표 32. 같은 해 전국 구금형 비율은 13% 감소했다. Online Sourcebook, 표 6.28. 2009

693 아칸소, 켄터키, 뉴햄프셔, 뉴저지, 로드아일랜드, 테네시, 위스콘신 주 모두 1960년대 주 구금형 비율이 증가했다. Cahalan, Historical Corrections Statistics, 30, 표 3-3.

694 연방대법원과 1968년 대선에 관하여는 George Gallup, The Gallup Poll: Public Opinion, 1935-1971 (1972) 2107-2108면 참조.

695 미란다 판례에 대한 대중적 지지를 보여주는 조사결과도 있다. Lain, Countermajoritarian, 1423-1424면. 반면 과반 이상의 대중이 미란다 판례에 반대한다는 조사결과가 다수다. 이러한 조사결과들에 대한 논의는 같은 책, 1421-1424면 참조. 미란다 판례를 파기하기 위한 조항은 1968년 종합범죄통제및안전법(Omnibus Crime Control and Safer Streets Act of 1968, Pub.L.No.90-351, 82 Stat.197)에 포함되었다. 또한 동법에 따라 법집행지원국Law Enforcement Assistance Administration 이 설립되었다. 이로써 처음으로 상당 규모의 연방정부예산을 지방 법집행기관에 지원하게 되었다. 법집행지원국의 역사에 관하여는 Malcom M. Feeley & Austin D. Sarat, The Policy Dilemma: Federal Crime Policy and the Law Enforcement Assistance Administration, 1968-1978 (1980) 참조.

696 Dickerson v. US, 530 US 428 (2000)

697 Texas v. Johnson, 491 US 397 (1989)

698 Miranda v. Arizona, 384 US 436 (1966); Mapp v. Ohio, 367 US 643 (1961). Mapp 판결에서 표결은 6대 3이었다. 하지만 스튜어트Potter Stewart 대법관은 맵 판결 다수의견의 결론에 동조하면서도 근거는 달리했다. 결국 클라크Tom Clark 대법관이 집필한 다수의견에 동조한 대법관은 4명이다.

699 브레넌 대법관 임명을 둘러싼 정치에 관하여는 Seth Stern & Steven Wermeil, Justice Brennan: Liberal Champion (2010) 74-80면.

700 워렌 대법원장의 과거 범죄에 대한 강경한 태도를 가진 캘리포니아 Alameda County 지방검사 시절에 관한 훌륭한 논의로는 Jed H.

Shugerman, The People's Courts (2011) 제9장 "Earl Warren, Crime and the Revival of Appointment"

701 듀이가 아이젠하워의 제안을 거부한 일에 관하여는 Richard N. Smith, Thomas E. Dewey and His Times (1982) 605면. 워렌의 배경에 관하여는 John D. Weaver, Warren: The Man, The Court, The Era(1967) 45-50, 105-114면 참조. 듀이의 발언은 Smith, Dewey and His Times, 607-608면.

702 Graham, Self-Inflicted Wound 참조.

제9장 범죄의 증가와 감소, 형사처벌의 감소와 증가

703 구금형 비율에 관하여는 Online Sourcebook, 표 6.28. 2009. 범죄 자료에 관하여는 Crime in the US-2003, 11; Uniform Crime Reports: 1991, 10. 이 자료에 따르면 폭력범죄는 37% 감소하였다.

704 전국통계산출을 위해 몬코넨의 전국살인범죄율 추정치, Sourcebook 상의 역대 구금형 비율 도표를 활용하였다. 구금형 비율에 관하여는 Online Sourcebook, 표 6.28. 2009 참조. 지방범죄 추세에 관하여는 Uniform Crime Reports 연간 도시지역 살인 건수 자료를 활용하였다. 주별 구금형 비율 산출을 위한 주 인구수는 Statistical Abstract 연간 자료를 활용하였다. 도시지역 살인범죄율 산출을 위한 도시지역 인구수는 Campbell Gibson & Kay Jung, US Census Bureau, Historical Statistics on Population Totals by Race, 1790 to 1990, by Hispanic Origin, 1970 to 1990, for Large Cities and Other Urban Places in the US(US Census Bureau, Working Paper No.76, 2005)를 활용하였다.

705 몬코넨 자료에 따르면 전국 살인범죄율은 1950년 인구 10만 명당 5명에서 1973년에는 10명으로 증가하였다. 뉴욕에서는 4명에서 22명으로, 디트로이트에서는 6명에서 48명으로 증가하였다 Uniform Crime Report: 1950, 95-99, 표 35; Uniform Crime Reports: 1973, 223-224, 표 75; Gibson & Jung, Historical Census Statistics 참조.

706 전국 살인범죄율은 1973년 인구 10만 명당 10명에서 1985년 8명으로 감소했다가 1991년 10명으로 증가했다. 몬코넨 자료; Uniform Crime Report: 1985, 7; Uniform Crime Reports: 1991, 13 참조. 1973-91년에 디트로이트의 살인범죄율은 48명에서 59명으로, 휴스턴은 20명에서 37명, 로스앤젤레스는 18명에서 29명, 뉴욕은 22명에서 30명으로 증가하였다. Uniform Crime Report: 1973, 223-224, 표 75; Uniform Crime Reports: 1991, 108-156, 표 8; Gibson & Jung, Historical Census Statistics 참조.

707 Daniel P. Moynihan, Defining Deviancy Down, The American Spectator, Winter 1993, 17-30면. 이 같은 주장은 오랜 역사를 가지고 있다. 1895년 뒤르켐은 어떤 사회든지 비난 대상으로 삼고자 하는 일탈 행동의 양은 기본적으로 고정되어 있다고 주장하였다 (Emile Durkheim, The Rules of Sociological Method, 제8판, Sarah A. Solovay & John H. Mueller 역 (1895; 1964) 99면). 70년 후 에릭슨은 뒤르켐의 통찰이 17세기 식민도시 매사추세츠의 실상과 들어맞는다고 보았다(Kai Erikson, Wayward Puritans, 1966). 뒤르켐의 주장은 21세기 미국의 현실과는 맞지 않는다.

708 Federal Bureau of Prisons, National Prisoner Statistics: Prisoners in State and Federal Institutions: 1950 (1954) 55, 표 21.

709 Robert M. Fogelson, Big-City Police (1977) 17-30, 123-124, 248 면 참조

710 자코비의 도시지역 검찰청에 대한 논의는 주목을 요한다. 지방검사에 대한 정치적 구속을 다룬 장에서 자코비는 도시지역 검사들이 무엇보다도 소송 일정의 압박과 관료주의적 형식에 구속되었음을 보여준다. Joan Jacoby, The American Prosecutor: A Search for Identity (1980) 64-71면 참조.

711 예를 들어 Carolyn B. Ramsey, The Discretionary Power of "Public" Prosecutors in Historical Perspective, American Criminal Law Review, 제39권 (2002) 1342-1347, 1356-1360면. Jeffrey S. Adler, "It Is His Forst Offense. We Might as Well Let Him Go": Homicide and Criminal Justice in Chicago, 1875-1920, Journal of Social History, Fall 2006, 5-24 (시카고 지역 살인범죄에 대한 낮은 처벌률의 원인을 지역 배심원들이 아닌 지방검사에게서 찾는다)

712 Ramsey, Discretionary Power of "Public" Prosecutors 는 19세기 말 지방검사의 정치화된 특성과 지방권력자들의 대응에 관한 가장 훌륭한 논의다. 클리블랜드 검찰에 대한 연구로는 Roscoe Pound & Felix Frankfurter편, Criminal Justice in Cleveland (1922), 544-555면.

713 David Garland, The Culture of Control: Crime and Social Order in Contemporary Society (2001) 95-96면.

714 Rick Perlstein, Nixonland: The Rise of a President and the

Fracturing of America (2008) 343면에서 인용.

715 Ethan Brown, Snitch: Informants, Cooperators, and the Corruption of Justice (2007) 9–12면.

716 1973년 이래 구금형의 증가에 관하여는 Online Sourcebook, 표 6.28, 2009 참조. 1920년대와 1930년대 지속된 구금형 증가에 관하여는 같은 자료 및 Margaret W. Cahalan, Historical Corrections Statistics in the US, 1850–1984 (Bureau of Justice Statistics, 1986) 30, 표 3–3. 1934년 이래 살인범죄율 49% 감소에 관하여는 몬코넨의 살인범죄 자료 참조.

717 이러한 지적은 범죄율 변화가 구금형 비율 변화에 대해 거의 영향이 없다고 보는 웨스턴의 주장에 반대된다(Bruce Western, Punishment and Inequality in America (2006) 34–43, 180–183면 참조). 사실 두 주장은 서로 통한다. 웨스턴의 주장은 구금형 증가 기간 '도중'의 범죄 변화에 대한 설명이다. 본서에서는 좀 더 일반적으로 보아 엄벌적 전환은 대체로 반동의 산물인데, 구금형 증가 추세 오래 전인 1950년대부터 한 세대에 걸친 범죄의 급증에 뒤따라 대체로 반동이 촉발되었다고 설명한다. 뿐만 아니라 범죄의 물결로 넘친 초반 20년 동안이 교도소 수형자 수의 감소 기간과 일치한다는 사실은 그 반동을 엄청나게 악화시켰다. 웨스턴은 범죄와 형벌추세 간의 관련성에 대해 지적한 것이다(같은 책, 48–49면).

718 형사처벌에서 주 차원의 보조적 역할이 중요하다. 이 점은 미스너가 부각시키기 전까지는 법학연구에서 간과된 사실이었다. Robert L. Misner, Recasting Prosecutorial Discretion, Journal of Criminal

Law and Criminology, 제86권 (1996) 717-777면. 지방정부의 지방 경찰 비용부담에 관하여는 Online Sourcebook, 표 1.4. 2006 참조

719 1970년 인구 10만 명당 교도소 수형자 수 및 경찰관 수는 각각 96 명 및 204명이었다. Online Sourcebook, 표 6.28. 2009; Uniform Crime Reports: 1970, 163, 표 51. 1989년의 경우 각각 276명 및 210명이었다. Online Sourcebook, 표 6.28. 2009; Uniform Crime Reports: 1989, 238, 표 66. 2008년 구금형 비율은 504명으로 증가한 반면 경찰관 비율은 232명으로 늘어난 데 그쳤다. Online Sourcebook, 표 6.28. 2009; Crime in the US: 2008, 표 71.

720 다른 관점에서의 같은 견해로는 Garland, Culture of Control, 98-102, 196-197면; Jonathan Simon, Governing through Crime (2007) 6-7면; Versa M. Weaver, Frontlash: Race and the Development of Punitive Crime Police, Studies in American Political Development, 제21권 (2007) 230-265면 참조.

721 교도소와 구치소, 학교, 보건, 고속도로에 대한 주 정부와 지방정부의 지출에 관하여는 Online Sourcebook, 표 1.4. 2005; 2009 Statistical Abstract, 266, 표 4.18 참조. 각각 연방정부 전체 지출과 연방교도소에 대한 지출에 관하여는 Online Sourcebook, 표 1.4. 2005; 2009 Statistical Abstract, 303, 표 453 참조.

722 1990년대에는 주 및 지방 세수는 두 배 가까이 증가했다. 1990-2005년 중 세수는 2.5배 증가했다(Statistical Abstract, 265, 표 417). 연방 세수는 1980-2000년 중 4배 증가했다(Statistical Abstract, 302, 표 451).

723 Uniform Crime Reports: 1976, 188, 표 36; 225, 표 59; Uniform

Crime Reports: 1989, 193, 표 39; 238, 표 66. 도시지역 경찰관 1인
당 체포 건수는 32% 증가했다.

724 지방검사 인원수에 관하여는 Carol J. DeFrances, Prosecutors in
State Courts-1990 (1992) 1-2면 참조. 이 자료에 따르면 지방검
사 수는 1974년 17,000명에서 1990년 20,000명으로 늘어났다. 중죄
기소 건수에 관하여 National Center for State Courts, State Court
Caseload Statistics: Annual Report 1984 (1986) 189-190면. 표 35
에 따르면 1978-84년에 중죄 기소는 36% 증가했다. 이와 비교하여
National Center for State Courts, State Court Caseload Statistics:
Annual Report 1991 (1993) 37, 표 1.25에 따르면 1985-91년에 중죄
기소는 51% 증가했다. 1984-85년에 기소 건수가 일정하다면 1978년
부터 1991년 사이에 중죄 기소 건수가 105% 증가했다는 의미다. 물
론 1984-85년에 기소 건수가 일정하지 않기 때문에 중죄 기소 건수의
증가가 1978년부터 시작된 것은 아니다. 일단 이를 전제하면, 1974년
부터 1990년 기간 중 기소 건수가 적어도 135% 증가했다고 봄이 상당
할 것이다. 같은 기간 중 지방검사 1인당 중죄 기소 건수는 2배로 증
가했다.

725 빈곤층 피고인에 대한 지출은 1979-90년에 지속적으로 실질 달러
가치상 약 60% 이상 증가했다. 1993 Sourcebook, 3 표 1.3. 1996
Statistical Abstract, 483. 국선변호인이 선임된 피고인 사안의 비
율 또한 1970년대 말부터 1980년대 초에 50%에 미치지 못했던 데
비해 1992년에는 80%까지 증가했다. Bureau of Justice Statistics,
US Department of Justice, National Criminal Defense Systems

Study, 33 (1986); Steven K. Smith & Carol J. Defrances, Indigent Defense, Bureau of Justice Statistics Selected Findings, 1996년 2월, 1.4. 전체 형사사건 수 또한 증가했다. 즉 주 법원 중죄판결은 1978-90년에 2배 이상 증가했다. 따라서 예산 자체는 증가했을지라도 사안별 빈곤층 피고인에 대한 지출액은 1970년대 말부터 1990년대 초에 실질 달러가치상 절반 가까이 감소한 것으로 보인다.

726 지방검사 숫자는 1974년 약 17,000명에서 2005년 약 26,500명으로 증가했다. Defrances, Prosecutors in State Courts-1990, 1-2면; Stephen W. Perry, Prosecutors in State Courts-2005 (2006) 2면. 1970년대 초부터 2005년까지 주 교도소 수형자 수에 관하여는 Online Sourcebook, 표 6.28. 2009. 6.29. 2008.

727 434 US 357 (1978)

728 434 US 358-359 (1978)

729 US v. Pollard, 959 F.2d 1011 (DC Cir. 1992)

730 Miles v. Dorsey, 61 F.3d 1459 (10th Cir. 1995) 참조

731 Albert W. Alschuler, Plea Bargaining and the Death Penalty, DePaul Law Review, 제58권 (2009) 671-680면

732 2급 살인죄에 대한 전통적인 개념 정의가 좋은 사례다. 여기에는 "악한 심신depraved heart" 상태에서의 살인범행도 포함된다. 예를 들어 State v. Robinson, 934 P.2d 38 (Kan. 1997) 참조.

733 342 US 246 (1952)

734 342 US 247-249 (1952)

735 342 US 276 (1952)

736 31 Cal.Rptr.2d 887 (Court of Appeals, Third Appellate District 1994)

737 31 Cal.Rptr.2d 887–888

738 31 Cal.Rptr.2d 888–890

739 모리세트의 범죄, 절도죄는 전통적으로 특정 의도를 요건으로 하는 범죄로 분류되고, 스타크의 범죄는 일반적 의도 입증만을 요건으로 한다는 사실만으로 차이가 나는 것만은 아니다. 첫째, 모리세트 판결에서 잭슨 대법관의 견해는 범죄 의도 기준에 따른 범주화에 근거하지 않았다. 둘째, 오늘날의 특별한 의도 요건은 불법적 의도의 존재 입증을 요건으로 하지 않으며, 법적으로 금지된 결과를 야기하는 의도만을 요건으로 한다. 모리세트의 경우 바로 이러한 의도가 인정된다.

740 중독과 범행 의도에 관한 법에 관하여는 예를 들어 People v. Hood, 462 P.2d 370 (Cal. 1969) 참조

741 예를 들어 State v. Keeton, 710 N.W.2d 531 (Iowa 2006) 참조

742 예를 들어 People v. Sparks, 47 P.3d 289 (Cal. 2002) 참조

743 예를 들어 People v. Perry, 864 N.E.2d 196 (Ill. 2007) 참조

744 18 USC §1346. "합당한 서비스"의 범위에 관한 최근 연방대법원의 판결례에 따르면 "합당한 서비스를 받을 무형의 권리"는 뇌물 또는 리베이트 수수와 관련한 행위에 의한 침해만 인정된다. Skilling v. US, 130 S.Ct.2896 (2010)

745 허위약속에 따른 책임 인정의 연원은 Durland v. US 161 US 306 (1896). 수동적 속임수 요건에 관하여는 예를 들어 Carpenter v. US, 484 US 19 (1987)

746 이러한 규칙의 연원은 Blockburger v. US, 284 US 299 (1932)

747 Francis Wharton, A Treaties on Criminal Law, 제3판, Wm. Draper Lewis 개정 (1896) §§550, 576-578.

748 가장 유명한 관련 사례로는 State in the Interest of M.T.S., 609 A 2d 1266 (NJ 1992). 하지만 변화를 보여주는 최고의 증거는 이른바 "삽입 이후 강간post-penetration rape"과 관련하여 형성된 판례법이다. 즉 성교 행위 시작 이후 동의를 철회할 경우 성립되는 강간죄 판례의 예로는 In re John Z., 60 P.3d 183 (Cal. 2003) 참조. 최근까지만 해도 삽입 이후 강간 사안과 같은 경우는 상상할 수 없는 일이었다. 합의 하에 성관계가 시작된 경우에 강간죄 법적 요건을 충족하는 정도의 유형력이 인정되기란 거의 불가능했다.

749 California Penal Code §§ 243-244, 261, 261.5.

750 Susan Brownmiller, Against Our Will: Men, Women, and Rape (1976); Susan Estrich, Real Rape (1987); Catharine A. MacKinnon, Toward a Feminist Theory of the State (1989)

751 이러한 변화들이 충분히 이루어지지 못했다는 평가도 상당하다. Stephen J. Shulhofer, Unwanted Sex: The Culture of Intimidation and the Failure of Law (1998) 참조.

752 "유죄인정률"이라 함은 재판보다는 유죄인정에 따라 유죄판결이 내려진 비율을 뜻한다. 중죄 사안에서 유죄인정률은 96%다. Online Sourcebook, 표 5.57. 2006. 교도소 수형자 수에 관하여는 Online Sourcebook, 표 6.13. 2009.

753 예를 들어 Simon, Governing through Crime, 75면.

754 Antonin Scalia, The Rule of Law as a Law of Rules, University of

Chicago Law Review, 제56권 (1989) 1175-1188면.

755 18 USC §1001. 연방의회는 기망행위 법 규정을 수차례 개정했지만 "면책적 부인" 문제에 영향을 미치는 방식은 아니었다.

756 예를 들어 Moser v. US, 18 F.3d 469 (7th Cir. 1994); US v. Tabor, 788 F 2d 714 (11th Cir. 1986); US v. Chevoor, 526 F.2d 178 (1st Cir. 1975); Paternostro v. US, 311 F. 2d 298(5th Cir. 1962) 참조.

757 522 US 398 (1998)

758 522 US 398 (1998) 399-400, 402-408. 수사요원 행태의 원인, 즉 노동 관련 부당이득 행위의 기소가 불가능하다고 판단했다는 사실은 법원 판결에서 언급되지 않았다. 본문 설명은 추정한 내용이지만 설득력 있는 내용이다. 수사요원이 대신 기소할 죄목을 찾으려 들지 않았다면 그런 행동을 할 이유가 없었을 것이다.

759 American Law Institute, Model Penal Code(1962). 1962년판을 일부 개정한 공식 초안은 1980년 공표되었다. 모범형법전의 목표에 관한 훌륭한 설명으로는 Herbert Welchsler, The Challenge of a Model Penal Code, Harvard Law Review, 제65권 (1952) 1097-1133면 참조.

760 베츨러와 공저자 제롬 마이클은 살의적 계획 기준에 대해 널리 알려진, 그러나 잘못된 설명을 남겼다. "살의적 계획은 살의나 계획 어떤 것도 의미를 담지 못하는 용어다." Herbert Wechsler & Jerome Michael, A Rationale of the Law of Homicide, Columbia Law Review, 제37권 (1938) 707면.

761 1997년 모범형법전의 핵심 조항, 즉 비의도적 의사(recklessness)를 모든 범죄 기본의 주관적 구성요건으로 규정한 조항을 채택한 주는 11

개에 불과했다. Dannyne Holley, The Influence of the Model Penal Code's Culpability Provisions on State Legislatures: A Study of Lost Opportunities, Including Abolishing the Mistake of Fact Doctrine, Southwestern University Law Review, 제27권 (1997) 243면. 주 40. 채택한 주의 숫자는 이후에도 거의 변동없다. 모범형법전의 영향을 받은 대부분의 형법전 개정작업은 1970년대 말까지 이루어졌다. Holley, Influence of the Model Penal Code, 236면. 주 21; Model Penal Code and Commentaries (1985) xi면.

762 196 F.3d 687 (7th Cir. 1999)

763 196 F.3d 689-692 (7th Cir. 1999)

764 48 P.3d 555 (Colo. 2002)

765 48 P.3d 557-559, 주 1. (Colo. 2002)

766 Online Sourcebook, 표 6.0001. 2006 (주 수형자의 20%는 마약범죄로 형을 선고받았다); 표 6.0023. 2009 (연방 수형자의 52%가 마약범죄로 형을 선고받았다); 표 6.29. 2008 (주 및 연방 구금형 비율은 각각 445명과 60명이다); 표 6.28. 2009 (1975년 총 구금형 비율은 111명에 달한다)

767 Officials Say Vow Kept with Arrests-22 Gang Members Now in Custody, Boston Globe, 2007년 5월 25일자

768 Tracey L. Meares et al, Updating the Study of Punishment, Stanford Law Review, 제56권 (2004) 1178면. 주 22.

769 Nancy E. Marion, Rethinking Federal Criminal Law: Symbolic Policies in Clinton's Crime Control Agenda, Buffalo Criminal Law Review, 제1권 (1997) 97면; Daniel C. Richman & William Stuntz,

Al Capone's Revenge: An Essay on the Political Economy of Pretextual Prosecutions, Columbia Law Review, 제105권 (2005) 598-599면 (당시 법무장관 존 애쉬크로프트John Ashcroft의 관련 정책 지지 연설을 인용하고 있다) 이 같은 정책에 따라 총기 등록 및 소지 관련 연방법은 사실상의 연방폭력범죄 법률이 되었다. Daniel Richman, The Past, Present, and Future of Violent Crime Federalism, Crime and Justice, 제34권 (2006) 377-439면 참조.

770 주 법원에서는 흑인보다 백인들이 더 많이 마약 중죄 유죄판결을 받았다. Online Sourcebook, 표 5.45. 2004. 하지만 주 교도소 흑인 대 백인 수형자 비율은 3:2가 넘었다(Online Sourcebook, 표 6.0001. 2004).

771 Roger Lane, Violent Death in the City: Suicide, Accident, and Murder in Nineteenth-Century Philadelphia, 제2판 (1979) 81면 참조. 로저 레인에 따르면 20세기 중반 필라델피아에서 발생한 살인사건의 91%가 사건 처리되었다. 이 수치는 "같은 기간 중 타 도시 기록에 매우 가깝다."; Murder in America: A historian's Perspective, Crime and Justice, 제25권 (1999) 208-210면.

772 Paul G. Cassell & Richard Fowles, Handcuffing the Cops? A Thirty-Year Perspective on Miranda's Harmful Effects on Law Enforcement, Standard Law Review, 제50권 (1998) 1066-1070면. 도표 1, 2.

773 Miranda v. Arizona, 384 US 436 (1966); Massiah v. US, 377 US 201 (1964). 동시에 묵비권은 점점 더 유효한 소송전략이 되어갔다. Griffin

v. California, 380 US 609 (1965) (피고인의 진술거부에 대한 언급을 금지했다)

774 뚜렷한 사례로는 Sudhir Venkatesh, Off the Books: The Underground Economy of the Urban Poor (2006) 302-318면 참조. 벤카티쉬에 따르면 자신은 폭력조직 관련 살인사건을 진술했고, 피해자의 형은 살인사건을 목격했는데 살아남았다. 그런데도 살인사건으로 기소된 사람은 아무도 없었다. 얼마 뒤 벤카티쉬는 마을 목사에게 지역 폭력조직 두목에게 책임이 있는지 물었다. 목사의 대답이 놀랍다. "내가 그렇다고 답한다면 어떻게 알았느냐 다시 물을 것이다… 내가 알고, 우리가 알고, 우리 마을이 안다." (같은 책, 318면)

775 Dickerson v. US, 530 US 428 (2000); Davis v. Washington, 547 US 813 (2006); Crawford v. Washington, 541 US 36 (2004)

776 예를 들어 William J. Stuntz, Race, Class and Drugs, Columbia Law Review, 제98권 (1998) 1813-1815면 참조.

777 이러한 사실의 법적 측면에 관하여는 David A. Sklansky, Cocaine, Race, and Equal Protection, Stanford Law Review, 제47권 (1995) 1283-1322면 참조. 관련 마약시장의 특징에 관하여는 Stuntz, Race, Class and Drugs, 1804-1815면 참조.

778 만 법은 불법적 성관계 및 주간 이동을 금지했다. 금지규정의 핵심은 주간 성매매 행위 처벌이다.

779 1970년 인구 10만 명당 마약범죄 구금형 수형자는 대략 10명이었다. Cahalan, Historical Corrections Statistics, 30, 표 3.3; 45, 표 3.17. 2002년에는 102명에 달했다. Online Sourcebook, 표 6.0001.

2002. 6.29. 2006; 인종별 마약범죄 처벌 비율에 관하여는 Online
Sourcebook, 표 6.0001. 2006; 2008 Statistical abstract, 9, 표 6. 인
종별 마약범죄율에 관하여는 Substance Abuse and Mental Health
Services Administration, US Department of Health and Human
Services, Results from the 2008 National Survey on Drug Use and
Health: National Findings, NSDUH Series H-36 (2009) 25면 참
조. 2006년 범죄자 인종별 살인범죄 건수는 Crime in the US: 2006,
Expanded Homicide Data, 표 3. 2006년 인종별 인구자료는 2008
Statistical abstract, 표 6. 본문 인종별 살인범죄율은 범죄자 인종이 불
명인 경우 인종이 확인된 살인 건수의 흑백 비율에 따라 계산하였다.

780 Caminetti v. US, 242 US 470, 483 (1917); Lawrence v. Texas, 539
US 558 (2003)

781 Robert Post, Federalism, Positive Law and the Emergence of the
American Administrative State: Prohibition in the Taft Court Era,
William and Mary Law Review, 제48권 (2006) 83-137면 참조.

782 예를 들어 John Dilulio, Help Wanted: Economists, Crime and
Public Policy, Journal of Economic Perspectives, 제10권 (1996) 8
면; James Q. Wilson, Crime and Public policy, in James Wilson &
Joan Petersilia편, Crime (1995) 507면 참조.

783 Steven D. Levitt, Understanding Why Crime Fell in the 1990s: Four
Factors That Explain the Decline and Sit That Do Not, Journal of
Economic Perspectives, 제18권 (2004) 163-190면.

784 Uniform Crime Reports: 1991, 13(인구 10만 명당 살인범죄율은 9.8),

35(재산범죄 중죄 범죄율은 5,140); Crime in the US: 2000, 14(살인범죄율은 5.5로 감소), 38(재산범죄 중죄 범죄율은 3,618로 감소)

785 2008년 뉴욕 살인범죄율은 인구 10만 명당 6.3명에 달했다. 1950년 살인범죄율은 3.7명이었다. Crime in the US: 2008, 표 1.8.; 몬코넨 자료.

786 근거자료는 Crime in the US: 2008, 표 1.8. 9개 도시의 2008년 인구 10만 명당 살인범죄율은 다음과 같다. 애틀랜타 20; 보스턴 10; 시카고 18; 덴버 7; 디트로이트 34; 휴스턴 13; 로스앤젤레스 10; 뉴욕 6; 필라델피아 23. 보스턴, 덴버, 휴스턴과 필라델피아 모두 살인범죄율이 증가했다. 나머지 5개 도시 살인범죄율은 감소했다.

787 Fox Butterfiled, Punitive Damages: Crime Keeps on Falling, but Prisons Keep on Filling, New York Times, 1997년 9월 28일자; Prison Population Growing although Crime Rate Drops, New York Times, 1998년 8월 9일자.

788 예를 들어 Thomas Sowell, Criminal Counts, National Review Online, 2008년 3월 11일. (www.nationalreview.com/articles/22386/criminal-counts/thomas-sowell); George F. Will, More Prisoners, Less Crime, Washington Post, 2008년 6월 22일자 참조.

789 Phillip Pina, Drug Wat, Crime on Many Minds, USA Today, 1995년 12월 12일자; Frank Newport, American Perceptions of Economic Conditions and Crime Reach New Highs of Optimism, Gallup News Service, 1997년 11월 22일자; Lydia Saad, Fear of Conventional Crime at Record Lows, Gallup News Service, 2001년

10월 22일자 참조.

790 Daniel Richman, The Rights Fight, Boston Review, 2004년 12월-2005년 1월호 참조.

791 관련 조항은 42 USC §14141. 동 조항은 1994년 폭력범죄통제및법집행법(Violent Crime Control and Law Enforcement Act, Pub. L. No.103-322, 108 Stat.1796)의 일부다.

792 Ken Armstrong & Steve Mills, Ryan Suspends Death Penalty; Illinois First State to Impose Moratorium on Executions, Chicago Tribune, 2000년 1월 31일자.

793 인종 프로파일링 금지법에 관하여는 Police Foundation, Racial Profiling: The State of the Law(2005) 참조. 예산절감을 위해 주 교도소 수형자 규모 감축을 결정한 일부 주 의회에 관하여는 예를 들어 Rachel E. Barkow, Administering Crime, UCLA Law Review, 제52권 (2005) 715-814면 참조.

794 본문 마지막 논증 외에 나머지 모든 논증은 Levitt, Understanding Why Crime Fell의 연구 자료다. "순환효과" 이론은 Frank Zimring, The Great American Crime Decline (2007) vi면에 설명되어 있다.

795 Levitt, Understanding Why Crime Fell, 170-171, 173-175면 참조.

796 낙태 이론에 관하여는 John Donohue & Steven Levitt, The Impact of Legalized Abortion on Crime, Quarterly Journal of Economics, 제116권 (2001) 379-420면 참조. 낙태율과 십대 출산, 범죄율 각각의 관계에 대한 상세한 분석은 Anindya Sen, Does Increased Abortion Lead to Lower Crime? Evaluating the Relationship between Crime,

Abortion, and Fertility, B. E. Journal of Economic Analysis and Policy, 제7권 (2007) 1-36면 참조.

797 Levitt, Understanding Why Crime Fell, 178-179면; Western, Punishment and Inequality, 180-185면.

798 Online Sourcebook, 표 6.28. 2009

799 Levitt, Understanding Why Crime Fell,179면; Bruce Western, Race, Crime and Punishment, 2009년 3월 18일 (www.cato-unbound. org/2009/03/18/bruce-western/race-crime-and-punishment)

800 레빗의 평가에 관하여는 Levitt, Understanding Why Crime Fell, 176-177면 참조. 인구 10만 명당 경찰관 비율은 1990년에서 2000년 기간 중 10% 증가했다. Uniform Crime Reports: 1990.239, 표 66; Uniform Crime Reports: 2000, 293, 표 71. 1989년부터 1999년 기간 중에는 17% 증가했다. Uniform Crime Reports: 1989.238, 표 66; Crime in the US-1990, 293, 표 71. 레빗의 범죄 감소율 평가에 근거해 범죄율 1% 감소당 경찰 비용을 계산할 때 10%가 아니라 17% 증가를 기준으로 삼는다면 추가 경찰예산은 12억 달러 내지 14억 달러가 된다. 1990년대 구금형 비율 증가에 관하여는 Online Sourcebook, 표 6.28. 2009 참조.

801 본문 수치는 2000년도 예산자료에 따랐다. 2003 Sourcebook, 4, 표 1.3.

802 관련 자료는 연방수사국 연간 Crime in the US "도시지역 체포율" 표에 근거하였다. 체포율은 1990년에 최고 수준에 달했다; 2003년부터 체포율이 감소하였다.

803 지역사회 경찰 활동의 발전과 그 다양한 함의에 관한 훌륭한 논의로
는 David A. Sklansky, Democracy and the Police(2007), 82-105,
114-124면 참조. 스클란스키 이전에 발표된 가장 권위 있는 저작이
자 지역사회 경찰 활동의 발전을 일정 부분 촉발한 연구로는 Herman
Goldstein, Improving Policing: A Problem Oriented Approach,
Crime and Delinquency, 제25권 (1979) 236-258면; Herman
Goldstein, Problem Oriented Policing (1990) 참조.

804 Online Sourcebook, 표 1.4. 2006 참조.

805 인구 10만 명당 경찰관 비율은 1990년 219명에서 2000년 240명으로
증가했다.; 1999년 246명으로 최고 수준에 달했다. Uniform Crime
Reports: 1990, 239, 표 66; Crime in the US-1999, 293, 표 71;
Crime in the US-2000, 293, 표 71. 2009년의 경우 231명에 달했다.
Crime in the US-2009, 표 71. 2000년 이후 전국 구금형 비율은 인구
10만 명당 478명에서 504명으로 증가했다. Online Sourcebook, 표
6.28. 2009.

제10장 고장난 체계 수리하기

806 Paul Butler, Racilly Based Jury Nullification: Black Power in the
Criminal Justice System, Yale Law Journal, 제105권 (1995) 680면;
Paul Butler, Black Jurors: Rigth to Aquit? Haper's Magazine, 1995
년 12월호, 11면.

807 학계의 비판 사례로는 Jeffrey Abramson, Two Ideals of Jury

Deliberation, University of Chicago Legal Forum, 제1998권 145–
152면; Andrew D. Leipold, The Dangers of Race–Based Jury
Nullification: A Response to Professor Butler, UCLA Law Review,
제44권 (1996) 109–141면; Nancy S. Marder, The Myth of the
Nullifying Jury, Northwestern University Law Review, 제93권
(1999) 937–947면; Frank I. Michelman, "Racialism" and Reason,
Michigan Law Review, 제95권 (1997) 733–734면 참조.

808 Editorial, When Jurors Ignore the Law, New York Times, 1997년 5
월 27일자

809 대릴 브라운에 따르면, 법치주의 침해 여부는 논쟁의 여지가 있
다. Darryl Brown, Jury Nullification within the Rule of Law,
Minnesota Law Review, 제81권 (1997) 1149–1200면. 하지만 여전
히 통념으로 받아들여지고 있다. 이에 대한 단호한 옹호주장에 관하
여는 Andrew Leipold, Rethinking Jury Nullification, Virginia Law
Review, 제82권 (1996) 253–324면 참조.

810 2008년도 인구 10만 명당 지방경찰관 수와 교도소 수형자 수는 각
각 232명, 504명이다. Online Sourcebook, 표 6.28. 2009; Uniform
Crime Reports: 1989, 238면, 표 66. 1880년도 전국 10대 도시 인구
10만 명당 지방경찰관 수는 평균 152명이었다. Lawrence Freidman
& Robert Percival, The Roots of Justice: Crime and Punishment
in Alameda County, California, 1870–1910 (1981) 78면, 표 4.2 참
조. 전국적으로 인구 10만 명당 수형자 수는 61명이었다. Margaret
W. Cahalan, Historical Corrections Statistics in the US, 1850–1984

(1986) 30면, 표 3-3. 남부와 서부에서 일반적이었던 거의 1:1에 가까운 비율에 관하여는 제5장 [도표 4] 참조.

811 뉴욕 시 경찰관 비율은 1990년 주민 10만 명당 367명에서 1997년 508명으로 증가하였다. Uniform Crime Report: 1990, 101, 표 6; 278, 표 72; Crime in the US: 199, 146, 표 8; 347, 표 78. 뉴욕 시 범죄 감소에 관하여는 Frank E. Zimring, The Great American Crime Decline (2007) 136-141면. 뉴욕 주 구금형 비율은 1990년 304명에서 1999년 400명으로 증가했다가 2008년에는 307명으로 감소했다. Online Sourcebook, 표 6.29. 2008.

812 폭력범죄율 수치는 다음의 자료에 근거했다. Uniform Crime Reports: 1991, 68-78. 표 5; Crime in the US: 2000, 76-84, 표 5; Online Sourcebook, 표 6.29. 2008

813 뉴욕 경찰관 비율의 증가에 관하여는 앞의 주 참조. 1990-97년 중 38% 증가했다. 같은 기간 중 비非마약 중죄 대 지표 범죄index crime(폭력 중죄 및 절도 중죄) 체포율 비율은 14%:25%로 뚜렷하게 개선되었다. 그리고 마약 중죄 체포율은 13% 감소했다. Jeffrey Fagan et al, Neighborhood, Crime, and Incarceration in New York City, Columbia Human Rights Law Review, 제36권 (2004) 76면 참조.

814 Robert L. Misner, Recasting rosecutorial Discretion, Journal of Criminal Law and Criminology, 제86권(1996) 717-777면 참조

815 Online Sourcebook, 표 1.4. 2006 참조

816 학교 예산의 확대효과가 제한적이라는 점에 관하여는 예를 들어 Eric Hanushek, Assessing the Effects of School Resources on Student

Performance: An Update, Educational Evaluation and Policy Analysis, 제19권 (1997) 141-164면. 경찰관 증원의 효과에 관하여는 예를 들어 Steven D. Levitt, Understanding Why Crime Fell in the 1990s: Four Factors Tha Explain the Decline and Six That Do Not, Journal of Economic Perspectives, 제18권 (2004) 176-177면 참조.

817 David Sklansky, The Private Police, UCLA Law Review, 제46권 (1999) 1171-1177면; David Skalnsky, Private Police and Democracy, American Criminal Law Review, 제43권 (2006) 89-105면 참조.

818 의회는 지방경찰기관에 대한 40억 달러 지원을 승인했다. David Harris, What Criminal Law and Procedure Can Learn from Criminology: How Accountability-Based Policing Can Reinforce-or Replace-the Fourth Amendment Exclusionary Rule, Ohio State Journal of Criminal Law, 제7권 (2009) 186면 참조.

819 1994년의 경우 지방경찰 증원 지원 결과 범죄율 감소뿐만 아니라 구금형 비율 증가 완화에도 기여했다. 1994년법 입법 당시 전국 살인범 죄율은 인구 10만 명당 9명이었다. 2000년의 경우 5.5명으로 감소했다(Crime in the US: 2001, 표 1). 이는 지난 60년 동안 가장 큰 규모의 감소다. 또한 1990년대 말 전국 구금형 비율은 21% 증가했다. 1973년 구금형 비율이 상승하기 시작한 이래 6년 동안 가장 적은 증가율을 보였다(Online Sourcebook, 표 6.28. 2009).

820 1994년법은 지방경찰기관에 대한 6년간 88억 달러 지원을 승인했다. 1994년법에 관한 상세한 사항은 Harry Chernoff et al, The Politics

of Crime, Harvard Journal on Legislation, 제33권 (1996) 527-579면 참조. 2000년도 예산에 따르면 해당 6년 기간 동안 매년도 지방경찰관 약 18,000명의 인건비를 충당할 액수다. 2003 Sourcebook, 4, 표 1.3; 37, 표 1.26 참조.

821 Sourcebook 상 형사사법 통계가 완전히 제시되는 가장 최근 연도인 2004년을 기준으로 미국 내 주 및 지방 전임경찰관은 모두 731,903명, (연방교도대를 제외한) 연방수사관은 86,627명이다. Online Sourcebook, 표 1.27. 2004, 1.72. 2004 참조. 이는 인구 10만 명당 경찰관 279명에 해당된다. 2007 Statistical Abstract, 7, 표 2. 경찰관 10만 명 증원할 경우 전국 경찰관 비율은 313명이 된다(2007 Statistical Abstract, 7, 표 2). 2004년 기준 유럽 경찰관 비율은 인구 10만 명당 351명이다. 이에 관하여는 European Sourcebook of Crime and Criminal Justice Statistics: 2010, 113, 표 1.2.4.1 참조.

822 Online Sourcebook, 표 1.4. 2006, 1.27. 2004 참조.

823 92 US 542 (1876)

824 McCleskey, 481 US 279 (1987) Castle Rock, 545 US 748 (2005)

825 무력 급습작전의 실수가 빚은 사태를 보여주는 사례는 April Witt, "Deadly Force: What a SWAT Team Did to Cheye Calvo's Family May Seem Extreme, but Decades into American War on Drug, It's Business as Usual," Washington Post Magazine, 2009년 2월 1일자. 메릴랜드 프린스 조지 카운티 시장이 마약범죄자로 오인받은 사건이다. 불심검문과 관련하여 1990년대 말 뉴욕 경찰 검문연구에 따르면 검문 건수 10건 중의 1건만 체포로 이어진다. State of New York,

Office of the Attorney General, Civil Rights Bureau, The New York City Police Department's "Stop & Frisk" Practices: A Report to the People of the State of New York from the Office of the Attorney General (1999) 111면.

826 Herman Goldstein, Improving Policing: A Problem Oriented Approach, Crime and Delinquency, 제25권 (1979) 236–258면; Herman Goldstein, Problem Oriented Policing (1999)

827 James Wilson & George Kelling, Broken Windows, Atlantic Monthly, 1982년 3월호, 29–38면; George Kelling & Catherine Coles, Fixing Broken Windows (1996). 깨진 유리창 이론에 대한 비판적 입장으로는 Bernard Harcourt, Illusion of Order: The False Promise of Broken Windows Policing (2005) 참조.

828 Damien Cave, Troops Cut Death, but Not Fear, in Bagdad Zone, New York Times, 2006년 9월 4일자.

829 안전확보전술과 지역사회 경찰 활동 간의 관련성에 관하여는 Ganesh Sitaraman, The Counterinsurgent's Constitution: Law in the Age of Small Wars (2011), 제6장 "The Organic Rule of Law". 지역사회 경찰 활동에 관한 문헌은 방대하다. 주요 저작만 선별해도 각주 하나에 담기에 너무 많다. 지역경찰 활동을 적극 옹호하는 관점과, 그리고 다소 회의적인 관점에 입각한 의미 있는 논의로는 Tracey Meares, Praying for Community Policing, California Law Review, 제90권 (2002) 1593–1634면; David Sklansky, Democracy and the Police (2007) 82–105면, 114–124면 참조.

830 시카고의 사례에 관하여는 Meares, Praying for Community Policing, 1594-1595면 참조. 조직폭력배들에게 당근과 채찍을 섞은 신호를 보내는 점에 관하여는 Anthony Braga & David Kennedy, "Reducing Gang Violence in Boston", Winfred Reed & Scott Decker편, Responding to Gangs: Evaulation and Research (2002) 265-288면 참조.

831 지역사회 경찰 활동의 의미 폭에 관하여는 Sklansky, Democracy and the Police, 114-124면 참조.

832 2009년 기준 흑인 응답자의 38%가 경찰에 대해 "매우 많이" 또는 "상당한 정도" 신뢰하고 있다고 응답했다. 이에 비해 "약간" 또는 "아주 조금" 신뢰한다는 응답은 58%였다(Online Sourcebook, 표 2.12. 2009). 1970년에는 경찰을 신뢰하지 않는다는 흑인 응답자 비율이 50%였다(1974 Sourcebook, 180, 표 2.48). 1970년 흑인 구금형 비율은 인구 10만 명당 361명이었다. Cahalan, Historical Corrections Statistics, 65, 표 3-31; 1972 Statisitcal Abstract, 16, no.15 참조. 2008년 비非히스패닉계 흑인의 구금형 비율은 인구 10만 명당 약 1,600명이다(Online Sourcebook, 표 6.33. 2008).

833 휘트먼에 따르면 1999년 프랑스 수형자들의 평균 구금기간은 8개월이며, 1975년에는 4개월 남짓의 수준이었다. James Whitman, Harsh Justice: Criminal Punishment and the Widening Divide between American and Europe (2003) 70면. 미국 주 교도소 평균 구금기간은 1999년의 경우 53개월이다(2003 Sourcebook, 510, 표 6.43). 1960년에는 28개월이었다(Cahalan, Historical Corrections Statistics, 52, 표

3-23).

834 수형자 수에서 인종 분포에 관하여는 Online Sourcebook, 표 6.33, 2008 참조. 전체 인구에서 인종 분포에 관하여는 2010 Statistical Abstract, 표 10 참조.

835 가석방 또는 보호관찰 중 재수감된 수형자 수를 줄이기 위한 조치에 관하여는 Jeffrey Rosen, Prisoners of Parole, New York Times Magazine, 2010년 1월 10일자. 캘리포니아 주에서의 조직폭력 관련 금지명령에 관한 논의로는 Kim Strosnider, Anti-Gang Ordinances after Chicago v. Morales: The Intersection of Race, Vagueness Doctrine, and Equal Protection in the criminal Law, American Criminal Law Review, 제39권 (2002) 101-144면 참조.

836 Frank Bowman III, Beyond Band-Aids: A Proposal for Reconfiguring Federal Sentencing after Booker, University of Chicago Legal Forum, 제2005권 157면. 보우면에 따르면 연방 양형 기준의 경우 어떠한 주 양형 법체계보다도 양형 범주의 수가 훨씬 많다.

837 543 US 220 (2005)

838 부커 판결에서 다수의견은 두 가지다. 제1 다수의견을 대표하는 스티븐스Stevens 대법관은 연방 양형기준 하에서의 과거 실무는 위헌적이라고 본다(Frank Bowman III, Beyond Band-Aids, 226-244면). 제2 다수의견을 대표하는 브레이어Breyer 대법관은 연방 양형기준에 권고적 효력이 있다고 본다(같은 글, 244-271면).

839 Gall v. US, 552 US 38 (2007) 참조. 결과적으로 훨씬 많은 피고인들이 양형기준을 초과하는 형량보다는 양형기준에 특정된 형량 범위 내

의 형량을 선고받게 되었다. 예를 들어 Paul Hofer, How Well Do Sentencing Commission Statistics Help in Understanding the Post-Booker System?, Federal Sentencing Reporter, 제22권, 제2호 (2009년 12월) 91면 표 1 참조.

840 연방수사국 살인범죄 관련 가장 최근의 자료에 따르면 흑인 간 살인범죄율은 다른 인종 살인범죄율에 비해 7배 높다. Crime in the US: 2009, Expanded Homicide Data, 표 3; 인구 관련 자료는 2010 Statistical Abstract, 표 10 참조.

841 정부자료에 따르면 흑인의 9.6%, 백인의 8.8%, 라틴계의 7.9%가 일상적으로 불법마약을 복용한다. Substance Abuse and Mental Health Services Administration, Results from the 2009 National Survey on Drug Use and Health: Volume I. Summary of National Findings 23 (2010)

842 학계의 이러한 개선 주장의 예로는 David Sklansky, Cocaine, Race, and Equal Protection, Stanford Law Review, 제47권 (1995) 1283-1322면 참조. 이 문제와 관련하여 연방법이 개정되었다. 형량 비율은 100:1에서 이제는 18:1이다. Fair Sentencing Act 2010, Pub. L.No.111-220, 124 Stat.2372 (2010년 8월 3일). 그 비율은 1:1까지 조정되어야 한다.

843 McCleskey, 481 US 279 (1987); Armstrong, 517 US 456 (1996)

844 130 S.Ct. 2011(2010)

845 130 S.Ct. 2024(2010)

846 Rachel Barkow, Administering Crime, UCLA Law Review, 제52권

(2005) 715-814면 ; Rachel Barkow, Federalism and the Politics of Sentencing, Columbia Law Review, 제105권 (2005) 1276-1314면 참조.

847 검사의 숫자에 관하여는 Bureau of Justice Statistics, US Department of Justice, Prosecutors in State Courts, 1990 (1992) 1-2면; Oline Sourcebook, 표 1.85. 2005 참조. 1970년대 중반부터 2000년 중반까지의 유죄인정률에 관하여는 David Jones, Crime Without Punishment (1979) 44면, 표 4-1 참조. 중죄기소 건수와 관련해서 30만 건이라는 숫자는 다수 자료로부터 추정한 결과다. 1978-91년 기간 중 중죄기소 건수는 약 105% 이상 증가했다. 적절한 추정치는 120% 내지 125%다. National Center for State Courts, State Court Caseload Statistics: Annual Report 1984 (1986) 189-190면, 표35 참조; National Center for State Courts, State Court Caseload Statistics: Annual Report 1991 (1993) 37면, 표 1.25. 1990년대 초반 중죄 기소 건수는 연간 80만 건 내지 90만 건에 달했다. 1993 Sourcebook, 535, 표 5.55 참조. 1974-78년 기간 중 중죄기소는 적어도 20% 내지 25% 증가했다고 보는 것이 적절할 것이다. 교도소 수형자 수는 그 보다 더 증가했고, 같은 기간 중 평균 형량은 실질적으로 증가하지 않았기 때문이다. 이러한 사실을 종합해본 합리적 추정치는 1970년대 중반 연간 약 30만 건에 가깝다.

848 초기에는 그렇게 보이지 않았었다. Powell v. Alabama, 287 US 45 (1932)에서 연방대법원은 공판 당일 국선변호인이 지정된 피고인에 대한 유죄판결을 파기하였다. 해당 피고인이 수정헌법 제6조가 요구

하는 적절한 정도의 변호를 받지 못했다는데 헌법 위반의 핵심이 있기 때문이다. US v. Cronic, 466 US 648 (1984)부터 시작된 일련의 판례들은 변호인의 조력을 받을 권리를 보장하는데 목적이 있었다. 다만 실체 없는 보장이었다. Bell v. Cone, 535 US 685 (2002) 참조.

849 Constance Hays, Martha Stewart Indicted by US on Obstruction, New York Times, 2003년 6월 5일자 참조; David Carr & Claudia Deutsch, The Stewart Verdict—The Company: A Harsh Blow to a Company Based on Image, New York Times, 2004년 3월 6일자.

850 Daniel Richman & William Stuntz, Al Capone's Revenge: An Essay on the Political Economy of Pretextual Prosecution, Columbia Law Review, 제105권 (2005) 620-621면 참조.

851 이에 대한 좀 더 상세한 논의는 Daniel Richman & William Stuntz, Al Capone's Revenge Daniel Richman & William Stuntz, Al Capone's Revenge, 618-624면 참조.

852 Attorney General John Ashcroft, Prepared Remarks for the US Mayors' Conference, 2001년 10월 25일 (www.justice.gov/archive/ag/speeches/2001/agcrisiremarks10_25.htm)

853 Stephanos Bibas, Plea Bargaining outside the Shadow of Trial에서 인용한 문장이다. (연방) 유죄인정협상이 자동적 판결 체계에 다름 없다는 논의에 관하여는 Gerard Lynch, Our Administrative System of Criminal Justice, Fordham Review, 제66권 (1998), 2117-2151면 참조.

854 지도적 판례는 Crawford v. Washington, 541 US 36 (2004); Davis v.

Washington, 547 US 813 (2006); Melendez-Diaz v. Massachusetts, 129 S.Ct. 2527 (2009)

855 Apprendi v. New Jersey, 530 US 466 (2000) ; Blakely v. Washington, 542 US 296 (2004); US v. Booker, 543 US 220 (2005) 참조.

856 대표적 사례로는 US v. Coffman, 62 M.J.677 (N.-M.Ct.Crim. pp.2006); US v. Oglivie, 29 M.J.1069 (A.C.M.R.1990). 유죄인 정 심사에 동일한 기준을 적용한 주 법원 판례에 관하여는 State v. Schminkey, 597 N.W.2d 785 (Iowa 1999) 참조.

857 연방대법원은 Halbert v. Michigan, 545 US 605 (2005) 판결을 통해 이러한 방향으로 나아가기 시작했다. 핼버트 판결에 따르면 유죄인정한 가난한 피고인은 항소할 경우 주 정부가 선임한 변호사의 조력을 받을 권리가 있다. 이는 군사법원 심사에서 적용되는 필요조건이다.

858 입법자들이 엄격 책임 규정을 더 자주 부과할 것이다. 하지만 명백하게 입법적으로 규정된 엄격 책임의 경우 현재 법제보다는 더 투명하게 적용될 수 있다. 엄격 책임의 기능적 특성을 내용으로 하지만 형식상 범죄 의도 기준을 유지하고 있기 때문이다. 뿐만 아니라 적어도 상당수의 경우 입법자는 종래 범죄 의도 기준을 유지하고 있어서 정의 실현의 관점에서 볼 때 큰 성과라 할 것이다.

859 지도적 판례는 US v. Viola, 35 F.3d 37,43 (2d Cir.1994). 동 판결에서 법원은 폭력조직 두목의 심부름꾼 소년은 두목의 18 USC § 1962(c) 규정 위반 조직범죄 행위와 관련하여 "직간접적으로 사건 행태에 가담하였다"고 볼 수 없다고 판시하였다.

860 George Fletcher, Rethinking Criminal Law (개정판, 2000) 779–798 면 참조.

861 이러한 입장은 형사책임규칙만큼 양형규칙에도 적용 가능할 것이다. 특히 연방 양형규칙의 경우 형량 범위가 분명하고 엄중한 양형규칙은 유죄인정협상에서 더 효과적인 위협수단이 될 것이며, 지난 세대를 거치면서 연방 양형법은 더 규칙에 가깝게 엄중해진 것으로 유명하다. 예를 들어 Kate Stith & Jose Cabranes, Fear of Judging: Sentencing Guidelines in the Federal Courts(1998) 참조. Gall v. US, 552 US 38 (2007); Kimbrough v. US, 552 US 85 (2007); US v. Booker, 543 S 220 (2005) 참조. 점차 주 법원에서의 유죄인정협상에 대한 연방법의 영향력이 줄어들어야 할 것이다. 이를 통해 형벌의 완화와 평등을 향해 나아갈 수 있다.

862 수정헌법 제6조 상의 공정한 선정기준에 따르면 소환 배심원 후보는 해당 관할 지역 인구 일반의 대표성이 요건이다. Duren v. Missouri, 439 US 357 (1979) 참조. 현행 평등보호 관련법에 따르면 인종 또는 성별을 이유로 한 배심원 배척 청구는 금지된다. Miller-El v. Dretke, 545 US 231 (2005); J. E. B. v. Alabama ex rel. T.B., 511 US 127 (1994) ; Batson v. Kentucky, 476 US 79 (1986) 참조.

863 배심원 선정방식에 있어 좀 더 혁신적인 변화가 필요할 것이다. 배심원을 유권자 등록과 운전면허에 근거해 선정한다면 도시지역 빈민들은 배심원 후보 명단에 거의 포함되지 않게 된다. 도시지역 빈민 중 배심원 선정을 늘리려면 다른 방식의 배심원 선정 수단이 유용할 것이다.

864 효과 없는 해당 법률에 관하여는 Miller-El v. Dretke, 545 US 231, 266-273 (2005) (브레이어 대법관 동조 의견) 참조.

865 여전히 초기단계에 있는 지역사회 검찰 활동 운동에 관하여는 예를 들어 Brian Forst, Prosecutors Discover the Community, Judicature, 제84권 (2000년 11-12월) 135-141면; Kelley Gray, Community Prosecution: After Two Decades, Still New Frontiers, Journal of the Legal Profession, 제32권, 199-214면; Kay Levine, The New Prosecution, Wake Forest Law Review, 제40권 (2005), 1125-1214면 참조

866 방화 피해 건물 관련 판례는 Jones v. US, 529 US 848 (2000) 참조. 강도 관련 판례는 Craig Bradley, Federalism and the Federal Criminal Law, Hastings Law Journal, 제55권 (2004), 592-598면 참조.

867 David Barry가 생각하는 것처럼 본서의 저자가 만들어낸 사례는 아니다. US v. Terry, 257 F.3d 366, 369-370(4th Cir.2001) (방화 피해 교회가 비영리 육아시설을 운영하고 있다는 이유로 연방 관할을 인정) 동 판결 373(King 판사의 동조 의견)은 해당 교회가 주일학교 물품을 다른 주에서 구입하고 있다는 사실을 연방 관할 근거로 인정하였다.; US v. Rayborn, 312 F.3d.229,234-235(6th Cir.2002)은 방화 피해 교회가 예배를 라디오로 중계하고 있기 때문에 주일예배 참석 교인 중 다른 주에서 찾아오는 자들이 있을 것이며, 무엇보다도 해당 교회가 레크리에이션 용도의 차량을 소유하고 있다는 이유로 연방 관할을 인정하였다.; 이와 대조적으로 US v. Lamont, 330 F.3d 1249, 1255(9th Cir.2003)은 대부분의 교회 방화는 연방 관할문제를 제기하지 않을 것

이나, "초대형 교회mega-churches" 방화의 경우는 연방 관할의 가능성이 있다고 판시했다.

868 출입국관리법의 경우 실제로는 전적인 연방형법 관할은 아니다. Cristina Rodriguez, The Significance of the Local in Immigration Regulation, Michigan Law Review, 제106권 (2008) 567-642면 참조

869 David Super, Rethinking Fiscal Federalism, Harvard Law Review, 제118권 (2005) 2544-2652면. 이 논문의 주제는 주 및 지방 정부의 경기순환에 대한 민감성이다. 연방정부의 지출 역시 경기의 고점과 저점에 민감하지만 반대 방향으로 움직인다. 즉 경제가 나빠지면 연방 지출은 늘어난다. 이 논문에 따르면 그 결과 주 및 지방 정부들은 연방 재정 진작fiscal stimulus을 저해하는 경향이 있다(같은 글, 2607-2615면). 이 점을 좀 더 긍정적으로 보면 주 및 지방 정부 지출이 감소할 경우 연방 지출을 통해 그 충격을 완화할 수 있다.

870 클린턴의 대책 방안은 1994년 폭력범죄통제및법집행법(Violent Crime Control and Law Enforcement Act of 1994, Public Law No.103-322, 108 Stat.1796)으로 입법되었지만, 예산은 계획보다 훨씬 적게 배정되었다. 이상하게도 제출된 법안은 도시지역에서 이른바 "심야 농구midnight basketball" 게임을 지원하는 법으로 주로 알려졌다. (역주: 1990년대 미국 도심지역 청소년들의 불법마약거래와 범죄를 예방하기 위해 길거리를 배회하는 대신 스포츠 등 대체활동을 할 수 있도록 지원하는 프로그램이다. 1994년 클린턴 행정부의 범죄예방대책에서도 주요 프로그램으로 거론되었다) 동 법안과 이를 둘러싼 정치에 관한 훌륭한 논의로는 Chernoff et al, Politics of Crime 참조.

871 이를 다룬 고전적 연구로는 Vincent Blasi, The Pathological Perspective and the First Amendment, Columbia Law Review, 제 85권 (1985) 449–514면; John Ely, Democracy and Distrust: A Theory of Judicial Review (1980) 참조.

오늘날 대부분의 미국 형사사법 연구자들은 경찰, 검찰과 법원, 교정기관이 상호 연관된 체계를 이루고 있으며, 현실 정치 경제와의 연관성 속에서 형사사법 법제와 정책을 이해해야 한다고 본다. 이러한 관점을 대표하는 학자가 바로 하버드대학 로스쿨의 윌리엄 스턴츠 William J. Stuntz 교수이다.

법조계와 법학계의 많은 사람들이 인정해 마지않는 스턴츠 교수의 영향력은 통념을 좇는 주장과 이념에 갇힌 입장 차이를 뛰어넘는 지혜롭고 깊은 통찰에서 나온다. 하지만 안타깝게도 그는 2011년 3월, 쉰두 살의 젊은 나이에 대장암으로 세상을 떠났다. 이 책은 그가 마지막 남긴 유작이다.

스턴츠 교수는 국내 법학계나 법조계에 잘 알려진 인물은 아니지만, 학문적으로 뿐만 아니라 인간적으로 주목할 만한 형법 학자이자 크리스천 법률가다. 그의 학문과 사상을 결집해 세상에 마지막으로 남긴 이 책이 미국 형사사법의 과거와 현재, 성공과 실패를 교훈삼아 우리 형법과 형사제도의 문제점을 살피고 더 나은 정책을 전망하는데 도움이 되기를 바라면서 이 책을 우리말로 옮기게 되었다.

현대 미국 형사사법의 불편한 진실

미국은 여전히 우리가 모범으로 삼는 '선진 외국'이다. 형사정책 현안이 있을 때마다 미국 사례부터 찾아보고, 미국에서 운영 중인 제도를 들여오는 일도 여전하다. 하지만 미국 학자들이 보기에 미국의 형사사법 체계와 형사정책은 많은 문제점을 안고 있다. 사실 역사적 경과를 따져 봐도, 현실 상황의 구조적인 문제점을 살펴봐도 실패나 붕괴 위험에 대한 경고마저 나올 지경이다. 범죄학자 족 영Jock Young은 "범죄를 어떻게 해결할지에 대해 미국에서 무얼 배운다는 말은 사우디아라비아에서 여성의 권리에 대해 배우겠다는 말이나 마찬가지다"라고 말하기까지 한다.

그도 그럴 것이 미국의 성인 인구 10만 명당 교도소에 구금된 수형자 수는 756명으로 세계 최고 수준이다(세계 평균은 인구 10만 명당 145명이다). 2011년 기준 미국 내 수형자는 229만 명으로, 미국 인구는 세계 인구의 5%에 불과하지만 전 세계 수형자 980만 명의 25%나 차지하고 있다. 더욱 놀라운 것은 현재 미국의 20~30대 흑인 남성 10만 명당 7,000명이나 구금되어 있다는 사실이다. 이처럼 미국의 교도소는 범죄자로, 특히 젊은 흑인 남성들로 넘쳐난다. 게다가 사회로 되돌아온 전과자는 얼마 지나지 않아 다시 범죄를 저질러 교도소로 되돌아간다. 현대 미국의 '불편한 진실'이다.

그 내막을 들여다보면, 1970년대 초반 범죄와의 전쟁이 시작되면서 수형자 수가 급증했는데, 공화당 정부는 엄격한 법집행을 강조했고, 민주당도 유약한 이미지를 우려해 이를 방조했기 때문이다. 그 결과 1980년대 연방교도소 수형자 수는 800%나 폭증했는데, 거의 절반이 마약사범이다.

마침내 2013년 8월 미국 연방법무장관은 미국 변호사협회 연례총회 연설에서 "너무 많은 사람들이 너무 오랫동안 잘못된 법집행 때문에 너무 많이 감옥에 가고 있다"고 인정하면서 "빈곤이 범죄로 이어지고, 다시 투옥으로 이어지는 악순환이 많은 미국인들을 억누르고 공동체를 약화시키고 있다. 이런 시스템은 2010년 한 해에만 800억 달러의 부담을 안겼고, 치러야 할 사회적 비용은 계산할 수도 없을 지경"이라며 사회경제적 관점에서 제도개혁에 나설 뜻을 밝혔다.

미국뿐만 아니라, 우리나라에서도 범죄자에 대한 처벌을 강화해서 교도소에 장기간 가둘수록 범죄가 줄어들고 예방될 수 있다고 믿는 사람들이 많다. 하지만 스턴츠 교수는 미국의 교도소가 수형자로 넘쳐나도 범죄가 줄어들지 않고, 교도소에 갇힌 수형자들 중에 흑인이 압도적으로 많은 현실을 직시해야 한다며, 그 원인을 보수적인 정치인들과 진보적 성향의 법관들, 그리고 정치적 야심에 넘치는 검사들 때문이라고 본다.

연방대법원에서 범죄자들의 권리를 보장하는 판결을 내리면, 주 의회들은 이에 맞서 범죄의 범위를 확대하고 처벌을 강화하는 법을 만든다. 이렇게 되면 체포되는 사람이 늘어나고 교도소에 수감되는 기간도 늘어날 뿐만 아니라, 가난한 사람들과 사회적 소수자들일수록 범죄와 형벌이 미치는 부정적 영향을 더 크게 받는다. 의원들은 처벌 규정을 계속 늘리면서 범죄자 처우를 위한 예산은 늘리지 않는다. 국선변호인의 도움이 필요한 빈곤층 피고인들을 위한 예산지원도 적다.

이러한 현실은 스턴츠 교수가 보기에도 너무 많은 죄 없는 사람들이 너무 심한 처벌을 받고 있는 결과로 이어졌다. 형사사법 기관과 형벌을 통해 범죄를 막지도 못하고 사회적 차별은 더욱 심화시키면서 안전도, 정의도 이루지 못한다면 미국 형사사법의 정당성 위기는 붕괴로 이어질 수 있다. 중앙집중, 정치적 불평등과 차별, 관료화로 인한 형사사법의 붕괴를 막으려면 법치주의와 민주주의가 함께 실현되어야 한다. 특히 지역공동체 주민이 참여하는 지역 민주주의local democracy의 회복이 관건이다.

현대 미국 형사사법의 위기와 그 해법

이 책의 핵심적인 논제는 현대 미국의 형사사법의 가장 큰 문제 두 가지, 즉 엄청난 숫자의 교도소 수형자, 그리고 인종차별적인 형벌 집행을 겨냥한다. 첫째, 정치적 왜곡과 법원의 절차에 대한 강조 때문에 체포, 기소와 구금형이 과도하게 행해지고 있다는 점과 둘째, 아프리카계 미국인들이 정책 실패의 가장 큰 피해자이면서도 제도와 정책개혁에 영향을 미칠 힘이 없다는 점이다. 이러한 현실에서 스턴츠 교수는 형벌 중심의 강성 전략보다는 예방지향적이고 지역사회 중심적인 연성 전략에 따른 형사사법 개혁을 해법으로 제시한다.

그는 미국의 근·현대사를 가로지르는 정치 경제 통계자료와 판례 해석, 과거와 현대의 정책 비교를 통해 지역 민주주의 전통이 형사사법 영역에서 되살아나야 한다는 점, 형벌의 필요성과 해악성을 모두 살필 수 있는 지혜가 필요하다는 점, 형벌은 사회문제 해결을 위한 최후의, 최소한의 수단이어야 한다는 점을 입증해 보인다. 무엇보다도 가난한 사람들과 권력을 가진 사람, 흑인과 백인, 형사사법 공무원들과 지역 주민들 사이의 신뢰와 협력의 인간관계가 바로 잡힐 때 더 효과적이면서도 인간존중적인 형사사법 제도와 형사정책이 실현될 수 있고, 나아가 민주주의와 정의가 함께 실현될 수 있다는 사실을 강조한다.

이 책은 범죄 증감의 역사적, 정치적, 사회경제적 차원을 다양한 사료와 통계자료를 통해 거시적으로 살피는 흥미로운 접근방식을 택하고 있다. 특히 범죄 추세와 형벌 추세는 일치하지 않는다는 사실, 즉 처벌 정도와 규모가 증가한다고 해도 범죄는 소폭 감소하거나 영향을 받지 않는다는 점을 보여준다. 범죄 감소는 형사정책상의 변화보다는 인구변동이나 경제순환효과로 더 많이 설명된다. 더구나 엄벌과 관용의 양극단을 오락가락하는 시계추 같은 형사사법의 불안정성이 형사사법의 위기를 가져왔다고 본다. 또한 미국 형사사법을 규정하는 법이념과 법제가 식민지시대와 건국, 남북전쟁 시기까지 거슬러 올라가는 시대적 산물이되, 일정한 법 원리에 따른 신중한 설계의 결과라기보다는 우연의 산물에 더 가깝다는 지적 역시 눈길을 끈다.

뿐만 아니라 형사사법 개혁과 관련해서는 도시 빈민지역의 불법마약시장을 근절하기 위한 형사법적 개입이 역효과를 낳는 개혁의 모순을 지적하면서, 형사처벌의 양보다는 질이 중요하다는 점을 일깨워준다. 음주나 성매매와 같은 행위를 형법적으로 규율할 때 오히려 계급차별 등 의도치 않은 결과를 낳을 수 있다는 역사적 교훈 또한 상기시킨다.

스턴츠 교수는 이 책에서 미국 헌법과 형법이 절차를 강조하지만, 입법자들은 절차적 제한을 회피하거나 무력케 하기 위해 실체법을 이용할 수 있다는 점에서 실체법 개혁에 오히려 관심을 두어야 한다고 주장한다. 보통 워렌 대법원의 적법절차 이념에 근거한 권리보장 판결들은 형사사법의 진보에 크게 기여했다는 평가를 받지만, 평등한 법적 보호를 보장하는데 실패하면서 오히려 20세기 후반 엄벌정책의 등장을 도왔다는 아이러니 때문이다. 정치적 상징효과를 노려 형사사법을 동원하는 이른바 법질서정치law and order politics의 탄생과정 역시 이 책에 잘 설명되어 있다.

스턴츠 교수의 연구업적에 대해 더 알고 싶다면 참고할 만한 문헌은 다음과 같다.

- M. Klarman, D. Skeel & C. Steiker, Introduction: Appreciating Bill Stuntz, Public Law and Legal Theory

Research Paper Series No.11-24. University of Pennsylvania Law School, 2011 (스턴츠 교수의 학자로서의 경력과 연구업적을 개괄적으로 설명한다.)

- W. J. Stuntz, The Uneasy Relationship Between Criminal Procedure and Criminal Justice, Yale Law Journal, vol. 107, no. 1, 1997 (20세기 후반 미국 형사소송법에 관한 가장 중요한 연구성과로 평가받는 논문이다. 20세기 후반 범죄율 증가현상을 형사사법 체계전반의 관점에서 해명하였다.)

- D. A. Skeel & W. Stuntz, The Puzzling History of the Criminal Law of Gambling, in A. Wolfe & E. Owens eds., Gambling and the American Moral Landscape, 2009 (도박에 관한 형법사적 연구를 통해, 정치적 영향에 따라 도박죄 대상 연방법 규제가 강화될수록 법집행의 효과는 줄어드는 현상을 규명하였다.)

- W. Stuntz, The Pathological Politics of Criminal Law, Michigan Law Review, vol. 100, 2001 (형법의 확대강화 현상은 대중정치보다는 법원과 검찰, 입법부의 기관 간 정치에서 비롯된다고 보면서 형법의 헌법화를 해법으로 주장하였다.)

고통의 의미를 발견한 크리스천 법률가

스턴츠 교수는 하버드대학에서도 보기 드문 복음주의 기독교인이었다. 그는 형사사법 체계에서 '자비mercy'라는 가치가 간과되고 있다고 보았다. 기독교 원리를 자신의 학문 배경으로 삼으면서도, 보수 기독교인들이 헌법 해석상 원리주의를 고집하는데 대해서는 우상숭배라 비판하는 면모를 보이기도 했다.

스턴츠 교수는 1999년 자동차사고로 중상을 당하고 난 뒤부터 고통에 대해 많은 생각을 글로 남겼다. 고질적인 통증에 대해 마치 자기 손으로는 꺼버릴 수 없는 자명종 시계가 귓가에 붙어있는 듯하다고 비유했다. 사고 후 얼마 뒤 하버드대학 로스쿨로 자리를 옮긴 그에게 이번에는 자녀가 중병에 걸리는 고통이 찾아왔다. 거기에 더해 2008년에는 자신에게 대장암이, 그로부터 얼마 뒤에는 폐암이 발병해 2년 시한부 삶이라는 선고가 내려졌다.

그는 누구나 최악이라 여길 만한 삶의 순간, 자신이 받은 세 가지 선물Three Gifts for Hard Times에 대해 미국의 복음주의적 기독월간지인 〈크리스채너티 투데이Christianity Today〉에 다음과 같은 내용의 글을 게재했다.

고통이 나를 더 나은 사람이 되게 해주지는 못한다고 인정할 수밖에 없다. 더 아프고, 더 괴로울 뿐이다. 고통 받아야 마땅한 사람은 없다. 고통은 우연히 사람을 가리지 않고 찾아들 뿐이다. 왜, 내게 이런 일이? 그러나 이 힘들고 고통스런 때에 하나님이 세 가지 놀라운 깨달음의 선물을 주셨음을 고백한다.

첫째, 하나님은 인생의 고통과 저주를 아예 없애버리지는 않으신다. 다만 속량해 주신다. 구약 성경 속의 인물 야곱은 친형제들로부터, 그리고 주인집 아내에게서 끔찍한 고통을 겪는다. 하나님은 이 고통을 겪도록 하는 대신 훗날 유대 민족을 기아에서 구해내는 발단으로 삼으셨다. 하나님의 트레이드마크가 바로 이렇다. 일으켜 세우시기 위해 바닥에 넘어뜨리고, 죽음으로부터 생명을 구하며, 추악함에서 아름다움을 이룩하신다.

둘째, 고난 속에서 삶의 모습이 변화한다. 예수님은 고통을 당하고 죽임을 당하심으로써 부활의 영광을 보이셨다. 암과 고질적인 통증은 끔찍하다. 하지만 암환자로서의 삶도 끔찍하지는 않다. 영화 〈쇼생크 탈출〉에서 주인공이 더러운 하수관을 타고 교도소를 탈출하여 탁 트인 바깥세상으로 나왔을 때 더럽고 추했던 그의 몸은 빗물에 깨끗이 씻겨 자유롭게 되었다. 그처럼 고통스런 삶을 지난 저편에서는 자유롭고 아름다운 삶을 살게 될 것이다.

셋째, 가장 큰 선물은 하나님이 우리 한 사람, 한 사람을 결코 잊지 않고 기억하신다는 사실이다. "주께서는 나를 부르셨겠고 나는 대답하였겠나이다. 주께서는 주의 손으로 지으신 것을 아껴 보셨겠나이다"(욥기 14장 15절) 고난의 사람 욥도 엄청난 아픔 속에서 하나님을 신뢰했다.

스턴츠 교수는 하나님 자신이 지으신 사람을 아껴보신다는 말씀이 믿을 수 없을 정도로 위로가 되었다는 말을 남겼다.

* * * *

한국과 서로 역사와 문화와 정치의 맥락이 다른 미국 형사사법 제도와 정책의 내용을 통변하는 일은 쉽지 않다. 올바른 번역은 더욱 어렵다. 다만 미국과 한국의 사회적, 법제적 맥락을 모두 고려한 정확한 번역을 위해 노력했다. 연구자들이 이 책을 읽으며, 다시 원문The Collapse of American Justice을 찾지 않고도 인용할 만큼의 한국어판을 목표로 하였다.

한국어판의 제목은 「미국 형사사법의 위기」로 정하였다. 책의 제목에 쓰인 'collapse'라는 말은 미국의 형사사법 제도가 몰락했다거나 무너지고 있다는 뜻이라기보다는, 형사사법criminal justice을 통해 정의justice를 실현하는데 실패하고 있다는 지적을 하기 위함이다. 궁극적으로 정당성 위기에 대한 비판보다는 더 나은 정의에 대한 희망을 제시하려는데 저자의 본뜻이 있다 하겠다.

스턴츠 교수가 세상을 떠나자, 하버드 로스쿨 학장과 법무차관을 역임한 엘레나 케이건Elena Kagan 연방대법관은 "그의 저술을 읽고 강의를 경청한 사람들마다 얼마나 진지하게 받아들이던지, 늘 감탄스러웠다. 우리 학자들은 그의 독창적인 생각들을 스턴츠주의라 부르곤 했다"면서 스턴츠 교수의 업적을 기렸다. 미국의 범죄와 형벌의 실상에 대한 그의 독창적인 통찰이 이 책을 통해 한국에도 받아들여지기를 바라는 마음이다.

김한균

미국 형사사법의 위기

지은이 | 윌리엄 스턴츠
옮긴이 | 김한균
펴낸이 | 박영발
펴낸곳 | W미디어
등록 | 제2005-000030호
1쇄 발행 | 2015년 2월 24일
주소 | 서울 양천구 목동서로 77 현대월드타워 1905호
전화 | 02-6678-0708
e-메일 | wmedia@naver.com

ISBN 978-89-91761-80-3 93360

값 29,000원